2014年度山西经济社会发展重大课题

2016年度山西省哲学社会科学规划课题

西沟口述史及档案史料

（1938—2014）

李中元　杨茂林　主编
刘晓丽　执行主编

村政卷一

本卷编者　赵俊明

人民出版社

出版说明

《西沟口述史及档案史料（1938—2014）》是2014年度山西经济社会发展重大课题，2016年度山西省哲学社会科学规划课题，是山西省社会科学院“西沟系列研究”课题组历时3年的研究成果，从2013年3月至2014年6月，课题组核心团队经过了艰苦的田野调查、深度访谈与原始档案的拍摄及扫描，拿到了大量的极其宝贵的第一手资料，这些资料全面深刻地反映了山西省平顺县西沟村，怎样从太行山深处的一个偏僻小山村，凤凰涅槃般地成为互助合作化时期的中国名村、成为全国农业金星奖章获得者所在地、第一届至第十二届全国人大代表诞生地的历史图景；到2015年3月，经过课题组全体成员艰苦紧张的专业性努力，这些原始资料成为在乡村社会史、当代中国史、口述史学、妇女史学等研究领域具有很大价值的学术成果。再经过一年多的修改打磨，2016年7月，全套书籍正式交由人民出版社，又经过一年多的出版方与作者双方的多次沟通、协商、精细化打磨，现在，这项研究成果终于要与读者见面了！其间艰辛自不必说！

《西沟口述史及档案史料》涵盖两大内容：一是西沟村民群体性口述史成果，二是从1938年至2014年间西沟村完整原始档案的整理与发掘，它们与本课题另一重要成果——反映西沟专题人物的口述史著作《口述申纪兰》相互印证，在西沟这个小小山村范围内，集专题人物、村民群体、原始档案整理于一体，在相关学术领域内的意义是有目共睹的。

“西沟系列研究”课题是立体性学术研究成果，首先，它突破了书斋式研究范式，课题组成员走向田野，走进被研究者生活之中，走进鲜活的社会现实，将平生所学运用于广泛深刻的中国农村变迁。这种科研体验是全新的，有生命力的，课题组的每一位成员，都在这种科研体验中得到了成长；其次，“西沟系列研究”课题从开题到正式出版，得到了方方面面人士的关注，除课题组成员付出大量的艰辛的劳动之外，从申纪兰以下，本套书中出现的每一位工作人员，都从不同方面为它的成功出版作出了努力。

整套书除已经明确署名部分外，其他分工如下：西沟口述史部分，第一章、第五章、第七章由赵俊明编撰，第二章由刘晓丽编撰，第三章、第四章、第六章由郭永琴编撰，第八章、第九章、第十章由张文广编撰。整套书由刘晓丽最后统稿。

本套书不足之处：口述访谈部分过于碎片化、一些提问缺乏深度，显示访谈者前期功课不足；档案史料部分，注重了史料的内容，忽视了拍摄清晰度，由于重新拍摄难度太大，只能对清晰度加以调整。这两个不足，既有主观原因，也有客观原因，不能不说是一大遗憾。

编　者

2017年7月29日

凡例二

一、本档案史料为《西沟口述史及档案史料（1938—2014）》的子课题，内容涵盖西沟村经济、土地林权、农林牧业、政治活动、人口、养老、青年工作、科教文卫、民事调解、人物手稿、照片、锦旗等。

二、本档案史料涵盖1938年到2014年的历史阶段。

三、本档案史料按不同专题分卷出版，有一个专题一卷，也有多个专题一卷，共分八卷。

四、所选档案史料一般以同一内容为一类别，或彼此有直接联系的组成一类别，同一类别内按照年代先后排序。

五、档案史料中涉及个人隐私部分，如姓名、证件号码等，一律作屏蔽处理。

六、所选档案史料如需注释，则在页下作注。

七、文中数字用法：

使用阿拉伯数字的情况：说明中的公历年月日、年龄等，一般用阿拉伯数字；一般有精确统计概念的十位以上数字用阿拉伯数字；一组具有统计意义的数字中，为照顾段落格式统一，个位数有时也使用阿拉伯数字 。

使用汉字的情况：一个数值的书写形式照顾到上下文，不是出现在一组表示有统计意义数字中的一位数字，使用汉字，如一个人、三本书等；数字作为词素构成定型的词、词组或具有修辞色彩的语句用汉字。如：十来岁、二三十斤、几十万等；星期几一律使用汉字，如星期六等。

八、正文之后附录两篇：

附录一：西沟大事记述。简略记述从1938年至2014年间西沟重要历史事件及人物活动轨迹。

附录二：课题组采访编撰纪事。时间为2013年3月16日至2016年7月，即课题组的工作日志，从中可以了解本课题研究的基本脉络，成为重要的补充资料。

总 序

一

人类文明的演进经历了原始文明、农业文明和工业文明三个阶段。在历时上百万年原始文明阶段，人们聚族而居，食物完全依靠大自然赐予，必须依赖集体的力量才能生存，采集和渔猎是主要的生产活动。大约距今一万年前，人类由原始文明进入到农业文明，通过创造适当的条件，使自己所需要的物种得到生长和繁衍，不再依赖自然界提供的现成食物，农耕和畜牧成为主要的生产活动。在这一阶段，以畜牧为生的草原游牧民族逐水草而居，经常性地迁徙流动，居无定所；以农耕为生的农耕民族通过开荒种地，居住地逐步固定下来，在此基础上形成了农耕文明的重要载体——村庄。纵观历史，不论是社会生产关系的变革还是国家方针政策的调整，作为地缘和血缘关系组成的共同体，村庄始终能够保持一种较为稳定的结构。

放眼中华文明发展的历史长河，农业文明时代经历的时间漫长，在中华民族的形成和发展过程中具有不可替代的作用。中华民族创造了灿烂辉煌的农耕文明。历经几千年的发展，农耕文明成为中华民族的珍贵文化遗产之一，是中华文明的直接源泉和重要组成部分。农耕时代，特别是原始农耕时代，由于生产工具简陋，单个的人难以耕种土地，需要多人合作，甚至是整个部落一起耕种，由此产生了人与人之间的合作共存。可以说农耕时代是人和人关系最为密切的时代，也是人和自然关系最为密切的时代。

随着社会生产力的发展，人类征服和改造自然的能力日趋提高，随着铁器、牛耕的运用，单个的农户逐渐成为农业生产的核心，村庄成为组织农业生产最基本单元，在农业生产和农耕文明发展过程中起了重要作用。作为族群集聚地的村庄同时也是中华传统文化形成和发生的主要载体。村庄的历史，可以看成是一个民族一个时代的历史缩影。与时代发展有着特殊紧密联系的村庄，它的历史可以说代表着那个时代的历史，蕴含着那个时代的缩影。

西沟，一个深藏于太行山深处的小山村，是数十万中国村庄中的一个典型代表。她是中国第一个互助组的诞生地，她曾被毛泽东称赞为边区农民的方向，她是全国第一批爱国丰产金星奖章获得者。在相当长的一段时间里，她是共和国版图上唯一被标出名字的行政村。

清代理学家李渔在《闲情偶寄》中说过“辟草昧而致文明”，意即“文明”与“野蛮”是相对的，越是文明的社会，社会的进步程度就越高。马克思认为：“文明是改造世界实践活动的成果，他包括物质和精神两个方面”。西沟人用自己的实践，不仅创造出了丰富的物质财富，创造出了更为丰富的精神财富。由于西沟的典型性和特殊性，村庄中留存有丰富的历史文化信息，保存下了大量的珍贵的档案史料。这些都极具价值，因而引起了我们的关注。

二

西沟是一个什么样的村庄呢？

明代以前的西沟，人烟稀少，还没有形成真正意义上的村落。明代洪武至永乐年间的大移民后，当地人口逐渐增多，村落渐趋形成。清代咸同年间以后，河南省林县（今林州市）的大量移民迁居当地，李顺达便是其中之一，今日西沟的村庄基本形成。在这几百年的历史进程中，西沟和当地的众多村庄一样，始终默默无闻。

历史更迭白云苍狗、风云际会，从上世纪三十年代末开始，西沟这个小山村与中国960万平方公里国土上发生的许多重大事件开始产生千丝万缕的联系。伴随着中国革命、建设和改革的历程，这里出了两位在共和国历史上有着相当影响的人物李顺达和申纪兰，西沟的历史也由于这两位人物的出现而发生了翻天覆地的变化。

山连山，沟套沟，山是光头山，沟是乱石沟，冬季雪花卷风沙，夏天洪水如猛兽。这就是民谣中所唱的过去的西沟。这样一个自然条件非常恶劣的穷地方，由于一个人物的出现而发生了根本改变。李顺达朴实、憨厚、善良，是中国农民的典型代表，在他的带领下，西沟的历史掀开了崭新的一页。在抗日战争最艰苦的岁月里，李顺达响应太行区边区政府“组织起来，自救生产”的号召，组织贫苦农民成立了全国第一个互助生产组织——李顺达互助组，组织群众开荒种地，度过饥荒。互助组通过组织起来发展生产，通过合作生产度过困难，在发展生产、支援前线的斗争中做出了突出的成绩，李顺达因此被评为民兵战斗英雄、生产劳动模范，西沟被评为劳武结合模范村。1944年，李顺达出席太行区召开的群英会，被评为一等劳动模范，晋冀鲁豫边区政府授予李顺达“边区农民的方向”的光荣称号，西沟成为中国农民发展的方向。

新中国成立后社会主义建设初期，西沟李顺达互助组向全国农民发出了爱国增产竞赛倡议，得到全国农民的热烈响应，极大地带动了全国农业生产的发展。1952年，中央人民政府农业部给李顺达颁发了爱国丰产金星奖状，他的模范事迹开始在国内外广为传播。1951年到1955年4年间，西沟农业生产合作社农林牧生产和山区建设都取得了显著成就。合作社的公共积累由120元增加到11000多元。1955年，社员每人平均收入粮食884斤，比抗日以前增加77%，比建社之前增加25.1%。这一成就得到了毛泽东主席的充分肯定。合作社副社长申纪兰动员妇女下田参加集体生产劳动，并带领西沟妇女争得了男女同工同酬。《劳动就是解放，斗争才有地位——李顺达农林牧生产合作社妇女争取男女同工同酬的经过》通讯1953年1月25日在《人民日报》发表后，在全国引起轰动，申纪兰由此名扬天下。1950年和1953年，李顺达和申纪兰先后成为全国劳动模范；1954年，李顺达、申纪兰当选第一届全国人民代表大会代表，两人双双出席了第一届一直到第四届全国人代会；李顺达于1969年和1973年分别当选为中共九届、十届中央委员。在20世纪50年代至60年代，西沟村成为共和国版图上唯一被标名的行政村。这期间，西沟的社会经济有了长足的发展。1971年，全村总收入达到33.64万元，粮食亩产533公斤，总产量达73.9万公斤，交售国家公粮15万公斤。为了改变恶劣的生态环境，在李顺达和申纪兰的带领下，西沟人开始大面积植树造林，70年代末，有林面积达10000余亩，零星植树100多万株，恶劣的生态环境逐步趋好。西沟成为那个时期太行山区农村建设中的一刻璀璨明珠。

党的十一届三中全会以来，农村发生了举世瞩目的变化，在这场伟大变革中，农村始终处于最活跃的状态。改革开放使得村庄这个社会经济细胞更具活力，成为家庭经营为基础、统分结合为特征的双层经营体制的主要载体，在农村经济中发挥着日益显著的作用。西沟在全国人大代表申纪兰为核心的领导班子带领下，把工作重点转移到调整产业结构、发展市场经济上来。村集体先后兴办了铁合金厂、饮料公司、“西沟人家”及房地产开发公司等企业，西沟初步形成了建筑建材、冶炼化工、农副产品加工等外向型企业为主的新格局。2008年，西沟经济总收入达到1.5亿元，实现利税1000万元，农民人均纯收入达到4000余元，是平顺县农民人均纯收入最高的村庄。此后，为了开展爱国主义教育和生态环境旅游，建设了金星森林公园，修复扩建了西沟展览馆，修建了金星纪念碑和互助组纪念雕塑。在改善生态方面，继续不断地植树造林，现今已有成林15000多亩，幼林10000多亩。光头山都变得郁郁葱葱，乱石沟到处都生机勃勃。

如今的西沟，已经由过去的农业典型变为绿色园林生态村、老有所养的保障村、西沟精神的红色村、平安敦厚的和谐村。西沟是一个缩影，它浓缩了新中国成立以来中国农村的发展和变迁，承载了中国几亿农民几代人追求富裕生活的梦想。今天，在西沟这种梦想正在一步步变为现实。

随着人类社会的发展，一个个自然村落的消失，从某种意义上讲，可以说是时代的必然，但从另一个方面而言，消失的又是一种传统和记忆。我们就是要传递和记载西沟这样一个村庄的变迁，把这种消失变为历史的存照，把传统和记忆原原本本地留给后人，原汁原味地展示在世人面前。代代相传的不仅是生活，更重要的是精神。建设一个新西沟，让村民一起过上幸福舒心的生活，是西沟人世世代代追求的梦想。望得见山水，记得住乡愁；梦想不能断，精神不能忘。

三

为了能够将西沟这样一个记录中国乡村几十年变迁的村庄的历史真实而详尽地展示给读者，研究选择通过口述史的方式来进行。以山西省社科院历史所研究人员为主体的研究团队，先后编撰出版了《山西抗战口述史》和《口述大寨史——150位大寨人说大寨》两部口述史著作，得到了学术界乃至全社会的认可，在口述史研究方面有着丰富的经验。让西沟人说话，让老百姓讲述，他们是西沟历史的创造者和见证人。通过他们的集体记忆，以老百姓原汁原味的口述来最大限度地还原真实的历史。课题组进行口述访谈的过程中，发现了西沟建国后至今的各种档案资料保存极为完整，为了弥补口述历史的不足，课题组从西沟现存的档案资料中选取价值较高的部分将其整理出版。经过课题组成员三年多的辛勤工作，《西沟口述史及档案史料（1938–2014）》（十卷本）终于完成了。

希望这套书能够真实、立体、全面地展现西沟的历史，并且希望通过课题组成员的辛勤工作，通过书中的访谈对话，通过对过去时代的人物、事件的生动、详细的描述，并且对照留存下来的档案资料，展现出西沟这个中国村庄几十年的历史变迁。同时力求能够为学界提供一批新的研究资料，为合作化时代的农村研究贡献一份力量，也为今天的新农村建设提供更多有益的借鉴。

由于课题参与者专业与学识积累的不同，编撰过程中遗漏、讹传甚至谬误之处，肯定难免，虽然竭尽全力去查实考证，去粗取精、去伪存真的任务很难全部完成。衷心希望社会各界众多有识之士提出宝贵的批评意见。

本套书出版之际，特别感谢西沟村民委员会、西沟展览馆，是他们为访谈活动、收集资料提供了诸多便利条件；感谢所有接受过课题组访谈的人们，正是他们的积极配合和热情支持，才使课题研究能够顺利完成；同时，也要特别感谢接受过课题组访谈的专家学者、作家记者以及曾经担任过领导职务的老同志们的热情支持。可以说，这套书是他们与课题组集体合作的结晶。

是为序。

山西省社会科学院院长、党组书记、研究员

李中元

2017年7月11日

序二

众所周知，乡村文化是中国文化的依托和根基，乡村又是连接过去和未来的纽带。在中国这样的农业大国，研究乡村就是寻找我们的根脉和未来发展的方向。

关于乡村的研究早在20世纪20年代就已开展，当时学者们已经将社会学和人类学的研究方法应用到村落研究当中，对中国乡村社会的政治、经济、文化、习俗和社会结构，以及其中的权力关系进行分析和综合。比较有代表性的论著有李景汉的《定县社会概况调查》、费孝通的《江村经济》和《乡土中国》、林耀华的《义序的宗教研究》和《金翼》、李珩的《中国农村政治结构的研究》等。在实证性资料收集方面，为了侵略中国，日本在我国东北设置了“南满洲铁道株式会社”，其庶务部的研究人员于1908年至1945年间在我国的东北、华北和华东进行了大规模的乡村习俗和经济状况调查，记录了大量的一手资料。

与学院式研究的旨趣完全不同，中国共产党人的乡村研究，是在大规模开展农民运动的同时展开的。他们更关注对乡村社会政治权力关系的改造，并写出了大量的社会调查报告。其中，毛泽东的《中国农民中各阶级分析及其对于土地革命的态度》《湖南农民运动考察报告》和彭湃的《海丰农民运动报告》最为著名。

学术界大范围多角度地对中国乡村社会进行深入细致的研究是从20世纪80年代才开始的。这一时期学者们收集资料的方式开始多元化，研究的角度也越来越丰富，从而诞生了一大批有影响的村落研究著作。如马德生等人通过对广东陈村26位移民的多次访谈而写成的《陈村：毛泽东时代一个农村社区的现代史》和《一个中国村落的道德与权力》等著作，侧重探讨了社会变革与中国传统权力结构的关联性，以及“道德”和“威严”等传统权力结构与全国性政治权力模型的联系。美国学者杜赞奇运用华北社会调查资料写成的《文化、权力和国家》，提出了“权力的文化网络”概念，用以解释国家政权与乡村社会之间的互动关系。萧凤霞在《华南的代理人和受害者》一书中通过对华南乡村社区与国家关系的变化过程的考察提出，本世纪初以来，国家的行政权力不断地向下延伸，社区的权力体系已完成了从相对独立向行政“细胞化”的社会控制单位的转变。90年代以后，张厚安等人系统地论述了研究中国农村政治问题的重要性，并出版了《中国农村基层政权》这部当代较早系统研究农村基层政权的专著。王沪宁主持的《当代中国村落家族文化》的课题研究，揭示了中国乡村社会的本土特征及其对中国现代化的影响。王铭铭和王斯福主编的《乡土社会的秩序、公正与权威》等著作，通过对基层社会的深入考察，关注了中国乡土社会的文化与权力问题。徐勇在《非均衡的中国政治：城市与乡村比较》这部专著中，从城乡差别的历史演进出发，运用政治社会学和历史比较分析等方法，对古代、近现代和当代城市与乡村政治社会状况、特点、变迁及历史影响进行了系统的比较分析。黄宗智的《华北的小农经济与社会变迁》及《长江三角洲小农家庭与乡村发展》从社会学和历史学的视野，分析了近一个世纪以来村庄与国家之间的相互关系。中国社会科学院农村发展研究所主持编写的《当代中国的村庄经济与村落文化丛书》对乡村社会结构及权力配置问题也给予了一定的关注。其中，胡必亮在《中国村落的制度变迁与权力分配》一书中对制度创新与乡村权力的关系进行了实证分析。

毫无疑问，这些研究成果对我们认识中国村落经济社会政治关系和权力结构提供了许多相关性结论和方法论启示。但是，这些从不同的理论视野及不同的理性关怀所得出的研究成果，或是纯理论的推论而缺乏实证考察，或者是在实证研究中简单地论及乡村问题，而没有将村落问题作为一个专门的领域来进行全面而系统的实证研究，缺乏在观念、制度和政策层次上进行深入、精致、系统的分析，尤其是对村落社会整体走向城市变迁过程中村落经济、社会、政治、文化结构的连续转换缺乏细致的研究。之所以出现这些不足，除了我们需要新的理论概括和更高层次的综合外，还在于我们对于基本资料的掌握不够完善，无论是在区域的广度上，还是个案资料的精度上，都有继续探寻和整理的必要。

如前所述，早在20世纪上半叶，在乡村研究进入学者视野之时，资料搜集工作便已开始。到了20世纪80年代以后，随着学术视野的开阔和多学科研究方法的引入，学者们资料搜集的方式也日趋多元化，口述访谈、田野调查、文本收集等方法都被普遍采用。这一时期，乡村档案资料受到了学者更多的关注。

相比口述史料，档案资料有其先天的优势。所谓档案：“是指过去和现在的国家机关、社会组织以及个人从事政治、军事、经济、科学、技术、文化、宗教等活动直接形成的对国家和社会有保存价值的各种文字、图表、声像等不同形式的历史纪录。”[①]也有学者指出：“档案是组织或个人在以往的社会实践活动中直接形成的清晰的、确定的、具有完整记录作用的固化信息。”[②]简言之，档案是直接形成的历史纪

① 《中华人民共和国档案法》（1988年1月1日执行）。

② 冯惠玲、张辑哲：《档案学概论》，中国人民大学出版社2006年第二版。

录。它继承了文件的原始性和记录性，是再现历史真实面貌的原始文献。原始性、真实性和价值性是档案的基本属性。而这些属性也恰恰反映出了档案资料对于历史研究的重要意义。可见，乡村社会研究若要更加深入决然离不开这些宝贵的乡村档案资料。

西沟村位于山西省平顺县的太行山区，与现在的生态环境相比，曾经是山连山，沟套沟，山是石头山，沟是石头沟，冬季雪花卷风沙，夏季洪水如猛兽，真可谓是穷山恶水，不毛之地。西沟土地贫瘠，最适合种植的经济作物是当地人称之为地蔓的土豆，土地利用率也很低，一般只有三年时间，即第一年种土豆，第二年种谷子，第三年种些杂粮，到第四年地力基本就耗尽了。历史上这里的常住人口除少量为本地居民外，大多为河南迁移来的难民。而今的西沟甫入眼中的却是一片郁郁葱葱，天然氧吧远近闻名。而西沟人也住进了将军楼，吃上了大米白面，过上了衣食无忧的生活。可以说，西沟人的生存环境和生活状态都有了天翻地覆的变化。纵观西沟村的形成和发展史，无不与中国共产党的领导紧密相连。西沟村发迹于中国共产党领导下的农业生产互助合作组，成长于农业合作化和新农村建设时代。在新中国建立的最初十几年中西沟代表了中国农村发展的方向，在中国农村发展史上具有里程碑式的地位。

西沟是典型的金木水火土五行俱缺的穷山沟，西沟人在中国共产党人的带领下用艰苦奋斗、自力更生、顽强拼搏的精神，以无比坚强的意志坚持互助合作、科学建设，用自己的劳动改变了穷山恶水的生态环境。改变自己的境遇虽是人性最深处对生存的渴望和作为社会的人的一种追求的体现，但是必须肯定的是中国共产党的领导是这种境遇得以改变的关键。从西沟的发展过程来看，党的领导在西沟发展的各个时期都发挥着主导的作用，西沟党支部在任何时候都是人们的主心骨，党的领导催发了西沟人锐意进取、奋发向上的精神。现在的西沟是平顺县最富裕的村庄，在许多老人眼里，村里提供的福利待遇在整个平顺县都是“头等”水平，村集体的实力也是最强的。然而我们还必须正视西沟在历史上和当下遇到的问题。它既是中国共产党领导下的代表了中国农村方向十余年时间的一面旗帜，同时也是改革开放后中国农村中发展缓慢的村庄之一。如此大的差距，应当如何理解？从更广的层面来看，当下中国农村社会发展同样出现了不平衡问题，而且差距越来越大，这一难题又应当如何破解？可以说小到一个个体村落，大到全中国的所有农村，都面临着严峻的发展问题。这是我们国家发展的全局性、根本性问题和难题。我们认为要破解这一难题需要回到历史中去寻找它的根源。

我们无法还原历史的真实，只能无限地接近历史的真实，那么原始资料可谓是实现这一愿望的最好选择。西沟村在这一方面便有着得天独厚的优势。从李顺达执掌西沟村开始，西沟村的档案管理工作就开始有条不紊地展开。直到20世纪80年代，随着社会形势的改变，长期积累的档案资料面临散失的危险。这时西沟村党总支副书记张章存在村两委的支持下，组织人手对20世纪30年代到80年代的档案资料进行归类整理，完整地保留了西沟村在集体化时代的档案资料。此后，村两委又建立了规范的档案存放体制，延续至今。可以说，西沟档案资料无论在保存的完整性，数量的众多性和内容的丰富性上，都是其他地方保存的同时期档案资料无法比拟的。现在呈现在大家面前的《西沟档案史料》，正是从山西省社会科学院“西沟系列研究”课题组于2014年4月16日到5月29日期间，历时一个半月在西沟村搜集的原始资料中抽取的精华部分汇编而成。这批内容丰富且极具研究价值的档案资料，不仅是典型村庄生产生活全景的详细记录，也是研究山西乃至中国农村历史珍贵的原始文献资料，对于重新认识当时的历史具有重要的价值与意义，也可为新农村建设和破解当前中国农村遇到的发展难题提供有益的借鉴。

《西沟档案史料》共分为八卷，即《西沟口述史及档案史料（1938—2014）》的第三卷至第十卷，包括村政、村务经济、社会人口、土地林权、单据、历史影像等六个专题。

《西沟档案史料》基本上每个专题单独成卷。由于村政类和单据类档案资料内容最为丰富，因此选择的资料较多，将其各分为两卷。

村政类档案资料收录在第三卷和第四卷。此类资料时间跨度很长，从1938年至2014年，历时70余年。其内容非常丰富，涉及政治、经济、科教文卫、社会救助、村民矛盾调解、精神文明建设等各个方面，几乎覆盖了西沟村发展的方方面面。村政卷虽名为村政，但由于西沟村的特殊性，其内涵实则极为丰富，不仅是西沟社会管理工作的汇编，其实更是西沟村级事务的综合。通过村政卷的资料，人们不仅能够了解西沟的社会管理和村级事务变迁，也能了解中国近现代基层农村的发展历程。

单据类档案资料是西沟村档案资料中保存最多的一类。此次呈现给大家的主要是1970年和1975年部分月份的会计凭证，分别收录在第八卷和第九卷。为保证单据的原始性，我们保留了单据保存时期的初始状态，按原档案保存形式，整体收录。这就造成了一个年份分布在两卷资料中，而且月份也未能按照顺序排列的缺憾。但是这些单据之间有着天然的相关性，不仅可以进行统计分析，而且也能够给我们提供20世纪70年代有关西沟村产业结构、生产经营、收入水平、商业贸易等集体经济活动方面的诸多信息。其中有关收入和支出的财务单据客观反映出了西沟村集体经济生产、经营、流通、销售的情况，西沟村商业贸易活动所覆盖的地区以及西沟村民当时的生存状态。

第五卷为村务经济卷。该卷成分单一，主要反映的是20世纪50年代到70年代西沟村经济活动的详细情况，包括财务状况和经营成果。包括分配表、工票领条表、记工表、粮食结算表、粮食分配表、金额分配决算表、参加分配劳动日数统计表、预分表、包产表、任务到队（初步计划）表、固定资产表、账目、小队欠大队粮登记表、历年各项统计表等十四类。这些财会信息保存完整，内容丰富，是研究中国农村生产生活难得的资料。

第六卷为社会人口卷。该卷分为人口和社会保障两大部分。人口部分以西沟村二十世纪七、八十年代的常住人口和劳动力及青壮年人口统计表为主，能够反映不同阶段男女劳动力比例和工分分配情况。社保服务的内容主要为2011–2013年的村民医疗和参保的部分数据，反映出西沟近年来在社保服务这一方面所做的工作和取得的成绩。

第七卷为土地林权卷。该卷涵盖了20世纪50年代到21世纪初期西沟村重要的林木入股、林权证、土地入股、土地所有证和宅基地申请、审批等资料。该卷是对我国农村土地、山林等生产资料进行四次确权过程的鲜活例证，反映了我国农村土地制度由农民私有制发展到土地合作社、人民公社，再到农村村民自治的村民委员会所有的集体所有制的演变过程。

第十卷为历史影像卷。该卷收录的资料从图像和文本的角度反映了西沟七十余年的发展历程，不仅生动体现了西沟人改天换地的战斗精神，再现了西沟进行社会主义农村建设的生动画面，而且也显示出了西沟对于中国农村发展的影响，是深入研究中国农村历史的重要依据。本卷根据资料的相关性将其分为书信手稿、领导题词、照片资料、锦旗、会议记录以及工作笔记等六大类。这些资料真实的体现了西沟村为探索中国农村的发展道路做出的卓越贡献。

保持西沟档案资料的原始性是我们进行此次资料汇编坚持的重要原则。此次收入的资料全部原图拍摄，不进行任何加工，档案排序也遵照原有序列不做任何调整。同时由于篇幅有限，我们还会对收录的资料进行一些选择，力争收录内容有代表性且相对完整的材料，这样就可能将一些零散的资料剔除，因此会出现一本档案不能全部收录的情况。由此给大家带来的不便，我们深表歉意。尽管我们在资料的选择和编辑上进行了多次的讨论和修改，但是由于学识有限，其中一定还存在不少问题，衷心希望资料使用者能提出宝贵的批评意见。

在本书出版之际，我们特别感谢西沟村两委，尤其是西沟村党总支书记王根考、原党总支副书记张章存、村委办公室主任周德松、村支委委员郭广玲的大力支持。在他们的积极配合和热情支持下，我们才得以将这些尘封的档案资料搜集、整理、选择，并汇编成册，奉献在大家的面前。

杨茂林

2017年4月

目　录

本卷序

本卷资料主要为西沟村历年来部分相关村务的档案，包括农业合作社期间的生产情况、村委会开具证明材料、村民调解委员会调解资料、村务公开资料、村民委员会选举资料、村精神文明创建资料以及护林防火资料等等，内容丰富，涉及面广泛，对西沟村村务的方方面面都有所涉及。这些资料是西沟村几十年来村务工作的一些真实记录，能够为我们了解西沟村的村务情况提供第一手资料，有助于我们全面认识西沟村这么多年来的村务运行情况。

为了方便读者阅览，在编辑整理过程中，本着不破坏档案整体性的原则，编者按照时间顺序对这些村务档案资料选择性地进行了分类编排，具体内容分为以下几个方面。

一、农业合作社期间西沟的的生产情况资料。主要以1957年的资料为多，涉及到当时西沟金星合作社的生产情况、发展经验、规章制度、生产规划、分配方案及远景规划等多个方面，包括当时西沟金星合作社的大量原始珍贵资料，比较全面地反映了农业合作化时期西沟合作化运动中情况，对研究合作化运动期间农业合作社的具体状况有较大价值。资料中的一份1954年西沟乡的缺粮户登记表尤其值得关注，从中可以看出，作为贫困山区的西沟在那个年代由于可耕地少、生产条件落后，还有相当多的困难户，缺粮户还比较多。解读这些资料，有助于我们从另一个方面了解李顺达为首的西沟人在那个年代艰苦奋斗、发展生产、改变山区面貌的艰辛。同时，从这些资料也可以看出，尽管只是一个普通的村级集体组织，西沟金星合作社在运作过程中制定了一系列较为规范的规章制度，管理严格，运作规范，极为难得。

二、西沟村委会历年来出具的一些证明材料。在那个时代，村一级组织对村内的村民有着严格的管辖权，具体到村民的社会关系审查、村民外出的证明、村民的政治审查及对对外来人员的审查等等，都需要村委会出具证明材料，这是那个年代特有的一些东西。该部分资料尽管数量不多，但还是能够从中看出那个年代人口管理的严格和对人的身份的看重，如果没有村级组织出示的证明或介绍信，村民们外出可以说是寸步难行，更不用说有序的人口流动了。

三、西沟大队部分档案资料。包括西沟大队科研组一九七九年农业科学实验计划、地富反子女改变成份表、西沟大队选举管理委员会候选人名单三种，都极具历史价值。西沟大队科研组一九七九年农业科学实验计划相当详细，作为一个村级集体，极为重视农业科学实验，制定详细规范的实验计划，极为难得。地富反子女改变成份表分映出那个时代人们对阶级成份的重视，如果深入探究，也让我们对解放初的划分阶级成份产生一些疑问，在耕地极为缺乏的那样一个贫困山区，仅改变成份的地富反子女就有如此之多，让人很难信服。西沟大队选举管理委员会候选人名单这份材料仅仅显示那个时候西沟大队选举管理委员会的集体成员，得票几乎都是全票，有些耐人寻味。

四、西沟村调委会调解资料。这部分资料极为详细，时间段主要为1992年至1996年，对这几年西沟村的村民纠纷作了详细的记录。经过编者分类总结，最多的是村民之间因为房屋宅基地、道路出入、土地划分等问题发生的纠纷，可以这样说，关乎居住权的宅基地是那个时期村民最为关心的问题。西沟村人多地少，土地贫乏，加上村里管理极为严格，宅基地问题突出，由此产生的村民纠纷也最为突出，有些时候村民们甚至可以说是“寸土必争”，当然从另一个方面也反映出村集体对土地这一最主要的生产资料的看重和爱护。另外一些是村民和集体之间的纠纷，主要为调整土地、破坏集体财物、抢占集体土地等，作为一个管理严格的村集体，西沟村委会对这些问题极为重视，村干部对集体财产爱护有加，那怕是丢失一颗树木、别人采走一些松籽，都会有人揭发，有人报告，村集体会对损坏者进行处罚惩戒，以保护集体的权益不受损害。除此而外，其他纠纷多种多样，有交换土地的，有交换住房的，有村民丢失财物的，有发生交通事故调解的，如此等等。有些资料极具价值，像张有才财产登记表，对其所有财产作了极为详细的登记，让人们可以全面地了解那时候一个普通村民的财产状况。还有一份对五保户的照顾资料，也极为珍贵。总体来看，九十年代的村民调解委员会在维护治安、处理纠纷、保护集体财产等方面起到了较大的作用，村民之间的纠纷基本上都是依靠调委会来解决，只有少数村调委会不能解决的问题被转到乡法律服务所解决，村中很少有通过诉讼渠道由法院来处理的纠纷。由此可以看出，西沟村作为一个民风淳朴的山区村落，九十年代村内的社会治安状况相当好，人与人之间相处和睦，矛盾纠纷较少，可以说是中国乡村的一个典范。

五、村务公开资料。该部分包括2006年西沟村的三务公开资料和2009年至2013年西沟村财务公开资料。2006年西沟村的三务公开资料包括党务、计生和财务三部分，较为简略，包含信息较少。2009年至2013年村财务公开资料极为详细，每一年度村集体的收支情况都有详尽的财务报表，清晰明了。村集体收入主要有上级拨款、接受捐赠、日常收入等几部分。上级拨款为上级财政对农村村集体的转移支付款，这是现今所有农村集体都有的一部分收入，西沟村也不例外。日常收入主要有上级拨付福利费、经营性收入、发包及上交收入以及其他收入几项，为村集体的自主收入，作为一个村集体，西沟村这几年期间这方面的收入还是较为可观的。接受捐赠为西沟不同于其他地方的一部分收入，作为一个几十年的先进典型，每年总会收到一些各级部门甚至个人的捐赠款，这也表现出国家乃至一些个人至今都没有忘记西沟，觉得应该回馈给西沟这个地方一些东西。集体支出包括工程款、日常支出、财产购置、专项支付等几个方面，从一些巨额的工程款可以看出，上级部门给予了西沟相当大的支持，村里争取到的工程项目在村级组织层面来说是比较多的。当然，作为一个先进典型，和其他地方相比，西沟用于迎来送往的接待开支也比一般村级组织要多不少。这些都是西沟不同于其他村级组织的特别之处。总的来说，西沟村的村级收支状况还是比较好的，每年都有一定数量的结余，同事给予村民的福利也比当地其他村庄要好许多。

六、村民委员会选举资料。为2008年西沟村第八届村民选举委员会公告，反应了当时西沟村换届选举推荐候选人的具体情况，从中可以看出，推荐的候选人的得票率相当的集中，可见村民们对村委领导班子还是比较认可的。

七、精神文明创建资料。作为一个几十年的先进典型，其传承主要体现在精神方面，西沟村对精神文明工作一向相当重视，资料中全面反映了2010年度精神文明创建工作，具体包括精神文明创建规章制度、自愿者活动实施方案、争创十星级文明户评比标准、文明家庭评选细则、精神文明创建五年规划、精神文明建设工作计划、精神文明创建工作汇报等多个方面，其中既有规章制度，又有评选细则，还有工作计划和汇报材料，足见其对精神文明创建工作的重视程度。与当今的大多数村级组织相比，西沟村级组织有着优良的工作作风，在抓经济建设的同时不忘精神文明的创建，尤为难能可贵。更深地看，则体现了一个先进典型几十年的精神传承。

八、巡山护林日志。植树造林，绿化荒山，从李顺达开始，西沟人几十年如一日不曾间断，昔日的荒山秃岭，如今都已郁郁葱葱，这也是几十年的传承。种树容易成活难，成活之后养护难，凭借集体的重视，依靠村民的支持，西沟的植树造林工作成绩显赫，村中的荒山荒坡现今已经全部绿化，护林防火成为现今工作的重头。村干部们以身作则，带头肩负起护林防火的重任，从西沟村委副主任周王亮2013年的这本护林防火日志中可以窥见一斑，护林防火工作几乎成为他的全部，没有节假日，没有星期天，只要有空闲，就要去沟里、山头、林中走一走、看一看，主要是防火，还有就是有没有虫害，有没有人为破坏。实事求是的说，几十年的植树造林，只有八九十年代的苹果树给部分西沟村民带来了优厚的经济收入，如今漫山遍野的松树几乎没有给村民带来多大的经济效益，但他们却将其视为生命中的一部分，对其进行守护。

对于一些档案资料，由于研究者的研究视角不同，着重点不同，可能会有截然不同的解读，可以说是仁者见仁，智者见智。作为这一卷资料的整理者，由于学识与研究视角所限，编者仅有这些粗浅的见解，期望能够对读者有所帮助。

本卷内容简介

本卷资料主要为西沟村历年来与村务相关的档案，主要包括以下几个方面：

一、1957年农业合作社期间的生产情况，涉及到当时西沟金星合作社的生产情况、发展经验、规章制度、生产规划、分配方案及远景规划等。

二、村委会历年来出具的一些证明材料，涉及村民的社会关系审查、村民外出的证明、村民的政治审查、对外来人员的审查等等。

三、西沟大队部分档案资料，有西沟大队科研组一九七九年农业科学实验计划、地富反子女改变成份表、西沟大队选举管理委员会候选人名单三种。

四、村民调解委员会调解资料，为1992年至1996年间西沟村的村民纠纷的详细记录，多数是村民之间因为房屋宅基地、道路出入、土地划分等问题发生的纠纷。

五、2006年西沟村的三务公开资料和2009年至2013年西沟村财务公开资料。

六、2008年西沟村民委员会选举资料。

七、2010年度西沟村精神文明创建资料

八、周王亮护林防火日记。

本卷资料内容丰富，涉及面广泛，是西沟村几十年来村务方面的一些真实记录，能够为我们了解西沟村的村务情况提供第一手资料，有助于我们全面认识西沟村这么多年来的村务运行情况。

本卷编者简介

赵俊明，男，1976年8月生，山西省寿阳人。1996—2003年就读于山西大学历史系历。现为山西省社会科学院历史研究所近代史研究室主任、副研究员。主要研究方向为民国史、山西历史文化。

村政卷（一）

一、1954、1957年生产情况资料（共71张）

（一）1954年缺粮户登记与合作社会议记录

1. 西沟乡缺粮户统记表（1954年12月）

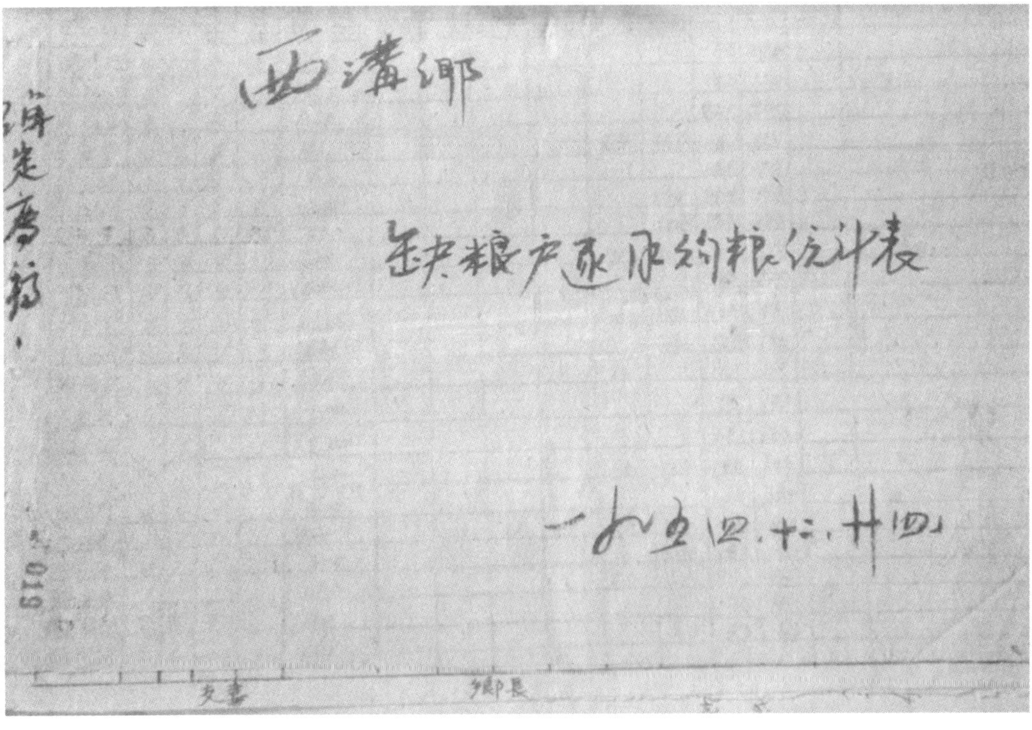

图1-1-1-1　西沟乡缺粮户统计表封皮

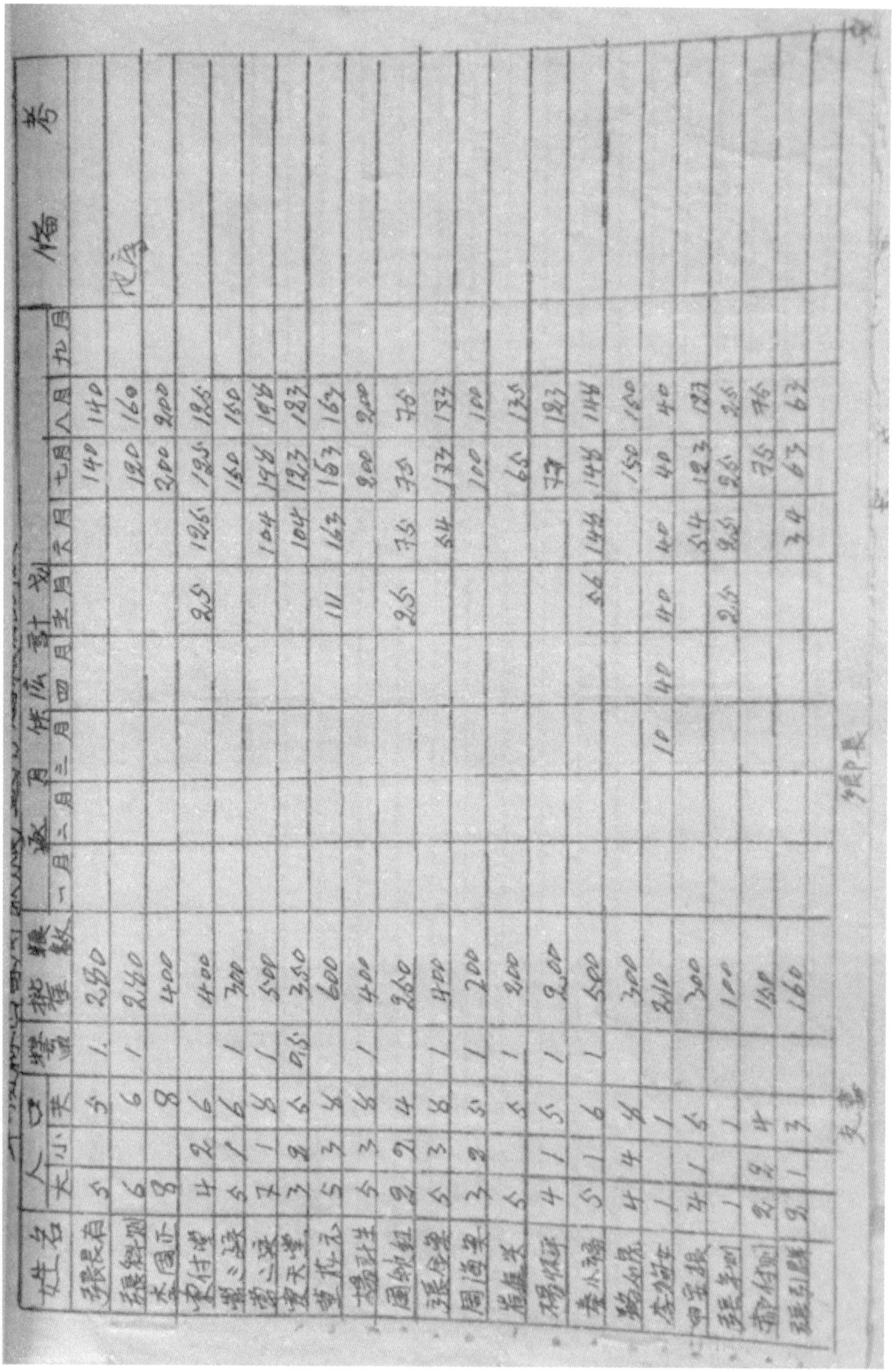

姓名	人口 大	人口 小	人口 共	劳力	批准粮数	一月	二月	三月	四月	五月	六月	七月	八月	九月	备考
張[illegible]	5		5	1	280							140	140		
張[illegible]	6		6	1	240							120	160		化驗
李[illegible]	8		8		400							200	200		
[illegible]	4	2	6		400					25	125	125	125		
[illegible]	5	1	6	1	300							150	150		
[illegible]	7	1	8	1	500						104	198	198		
[illegible]	3	2	5	0.5	350						104	123	123		
[illegible]	5	3	8		600					111	163	163	163		
楊[illegible]	5	3	8	1	400							200	200		
周[illegible]	2	2	4		250					25	75	75	75		
張[illegible]	5	3	8	1	400						54	133	133		
周[illegible]	3	2	5	1	200							100	100		
[illegible]	5		5	1	200							65	135		
楊[illegible]	4	1	5	1	200							77	123		
李小[illegible]	5	1	6	1	500					56	144	144	144		
[illegible]	4	4	8		300							150	150		
李[illegible]	1		1		210			10	40	40	40	40	40		
[illegible]	4	1	5		300						54	123	123		
張[illegible]	1		1		100					25	25	25	25		
[illegible]	2	2	4		150							75	75		
張[illegible]	2	1	3		160						34	63	63		

支書　組長

图1-1-1-2　西沟乡缺粮户统计表一

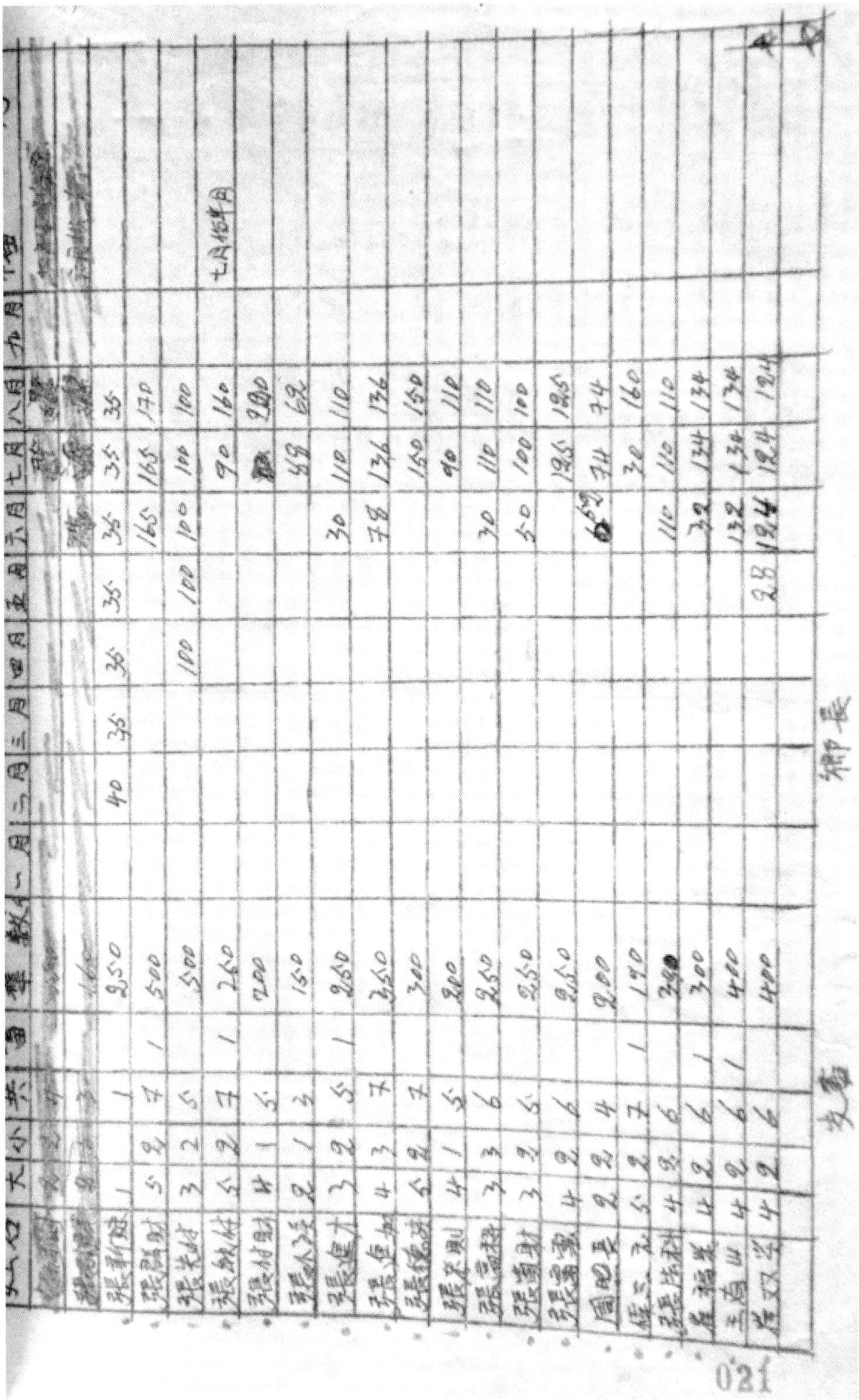

姓名	大	小	共	富	粮数	一月	二月	三月	四月	五月	六月	七月	八月	九月	[illegible]
[illegible]	2	2	7		[illegible]							[illegible]	[illegible]		[illegible]
[illegible]	2	1	3		160						[illegible]	[illegible]	[illegible]		[illegible]
張新娃	1		1		250		40	35	35	35	35	35	35		
張麟財	5	2	7	1	500						165	165	170		
張光財	3	2	5		500				100	100	100	100	100		
張鈍財	5	2	7	1	260							90	160		七月15半月
張付財	4	1	5		200							[illegible]	200		
張小孩	2	1	3		150							48	62		
張進才	3	2	5	1	250						30	110	110		
張進加	4	3	7		350						78	136	136		
張德孩	5	2	7		300							150	150		
張宋則	4	1	5		200							90	110		
張高科	3	3	6		250						30	110	110		
張富財	3	2	5		250						50	100	100		
張富家	4	2	6		250							125	125		
周兜長	2	2	4		200						[illegible]	74	74		
侯三元	5	2	7	1	190							30	160		
張依科	4	2	6		380						110	110	110		
崔福英	4	2	6	1	300						32	134	134		
王高山	4	2	6	1	400						132	134	134		
崔双学	4	2	6		400					28	124	124	124		

支書　　　　鄉長

021

图1-1-1-3　西沟乡缺粮户统计表二

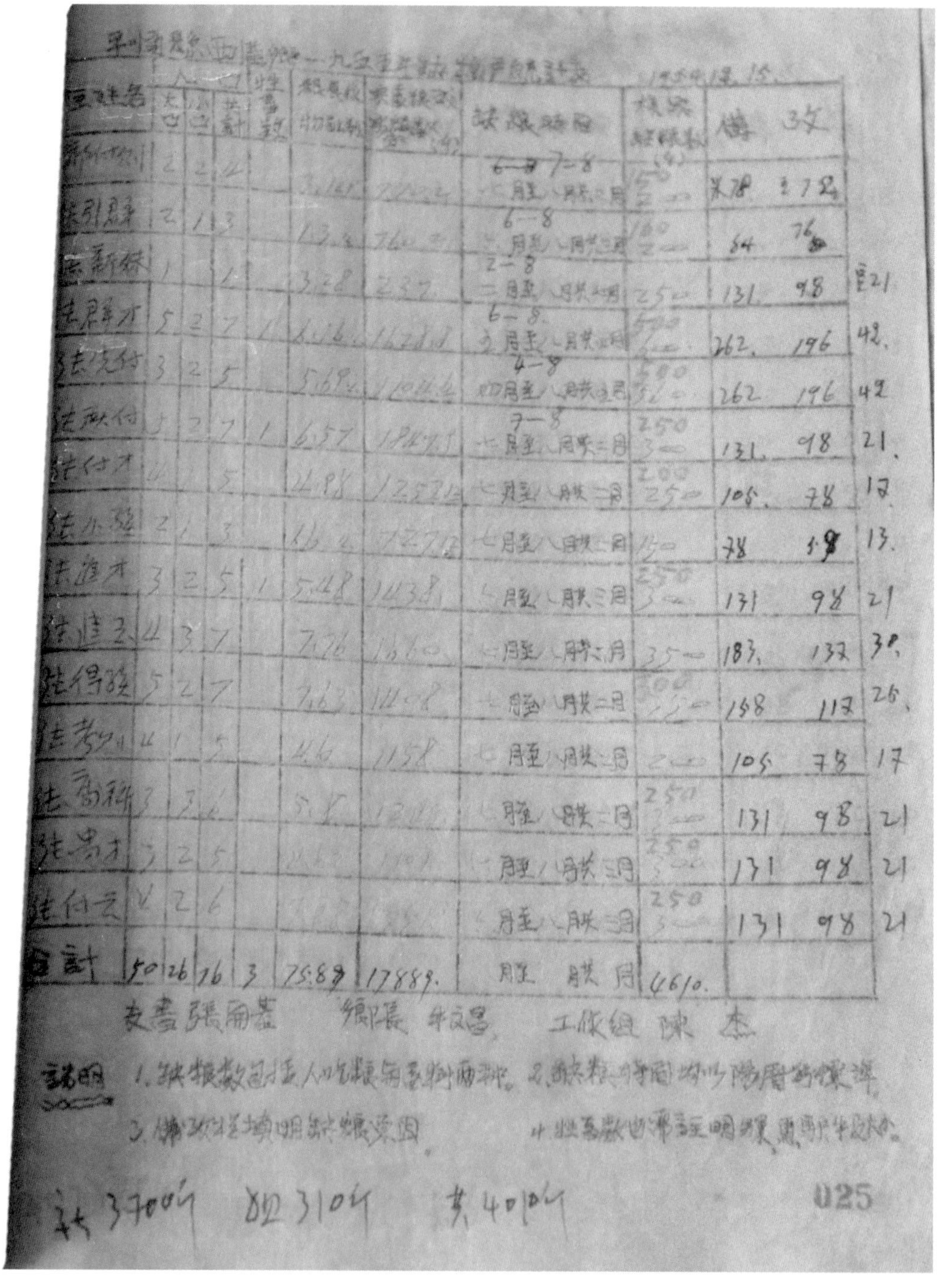

图1-1-1-4　西沟乡缺粮户统计表三

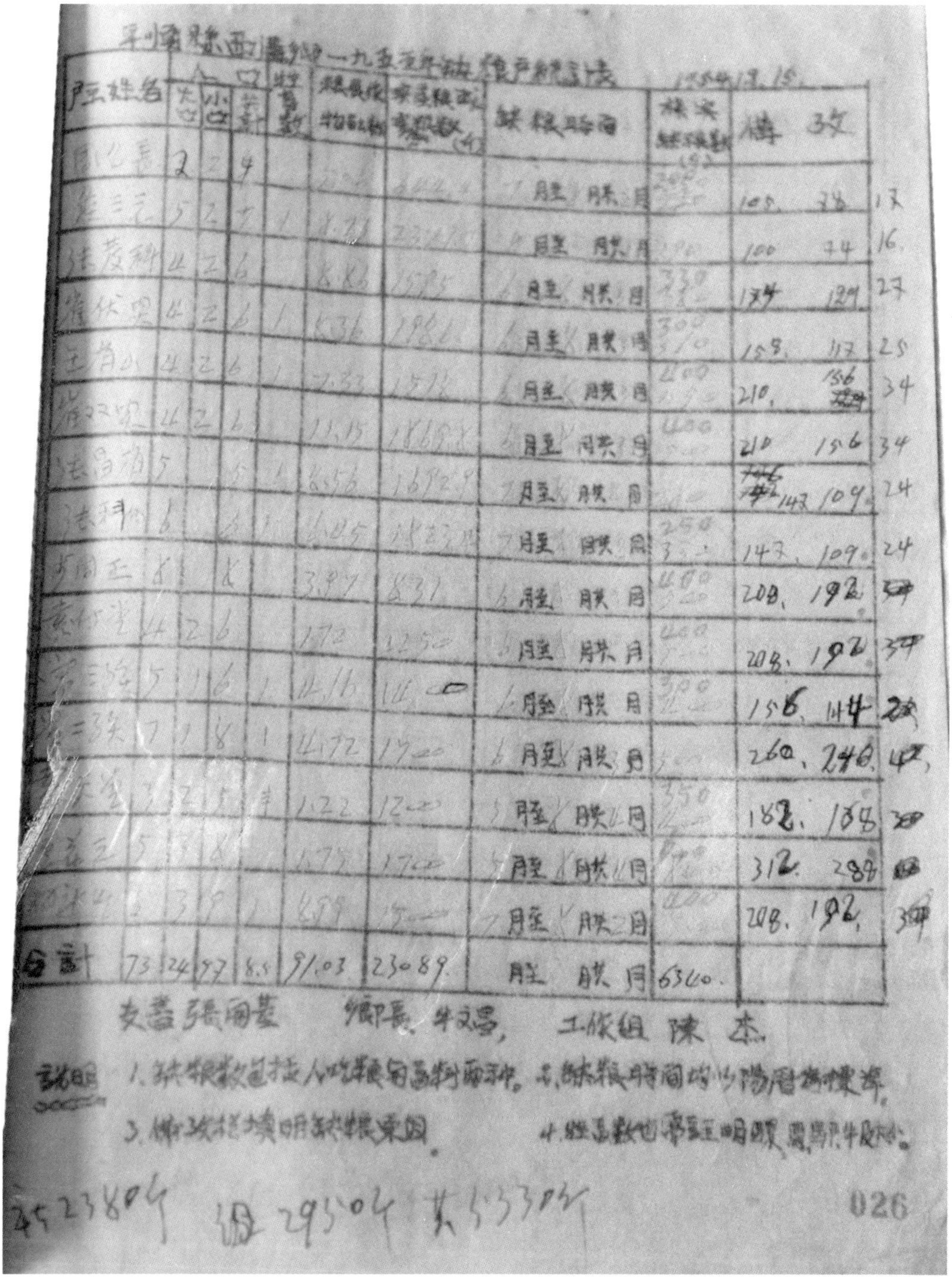

图1-1-1-5　西沟乡缺粮户统计表四

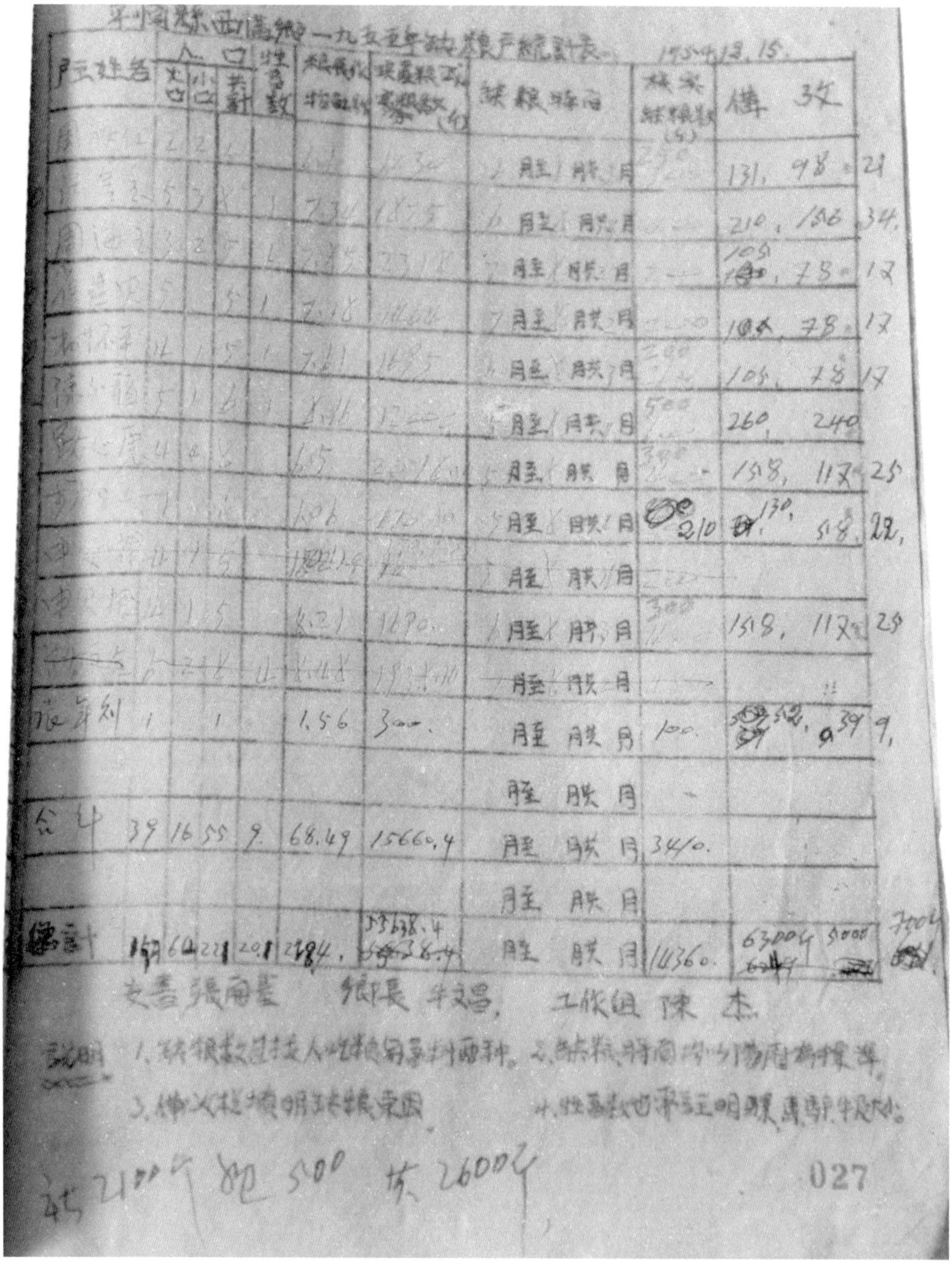

平[illegible]县东西沟乡一九五五年缺粮户统计表 1955年12.15.

户主姓名	人口 大口	小口	共計	牲畜数	[illegible]	缺粮数(斤)	缺粮時間	核实缺粮数(斤)	備考
[illegible]	2	2	[illegible]		[illegible]	[illegible]	月至 月共 月	[illegible]	131, 98 21
[illegible]	5	3	8	1	7.34	1875	月至 月共 月	[illegible]	210, 156 34.
[illegible]	[illegible]	[illegible]	[illegible]	1	[illegible]	[illegible]	月至 月共 月	[illegible]	105 78 17
[illegible]	5		5	1	7.18	1606	月至 月共 月	[illegible]	108, 78 17
[illegible]	[illegible]	1	5	1	7.21	1685	月至 月共 月	300	108, 78 17
[illegible]	5	1	6		[illegible]	[illegible]	月至 月共 月	500	260, 240
[illegible]	4	[illegible]	[illegible]		1.65	[illegible]	月至 月共 月	300	158, 117 25
[illegible]	[illegible]	[illegible]	[illegible]		1.86	[illegible]	月至 月共 月	210	130, 58 22
[illegible]	[illegible]	[illegible]	5		[illegible]	[illegible]	月至 月共 月	[illegible]	
[illegible]	[illegible]	1	5		[illegible]	1690.	月至 月共 月	300	158, 117 25
[illegible]	[illegible]	[illegible]	[illegible]	[illegible]	[illegible]	[illegible]	月至 月共 月		
[illegible]	1		1		1.56	300.	月至 月共 月	100.	52, 39 9
							月至 月共 月		
合計	39	16	55	9.	68.49	15660.4	月至 月共 月	3410.	
							月至 月共 月		
總計	[illegible]	[illegible]	221	201	284.	33638.4	月至 月共 月	11360.	6300斤 5000 7300

支書[illegible] 鄉長[illegible] 工作組陳[illegible]

說明 1.缺粮数[illegible] 2.缺粮[illegible] 3.備考[illegible] 4.[illegible]

[illegible] 2100斤 [illegible] 500 [illegible] 2600斤

027

图1-1-1-6　西沟乡缺粮户统计表五

2. 李顺达农林牧合作社会议记录（1954年9月）

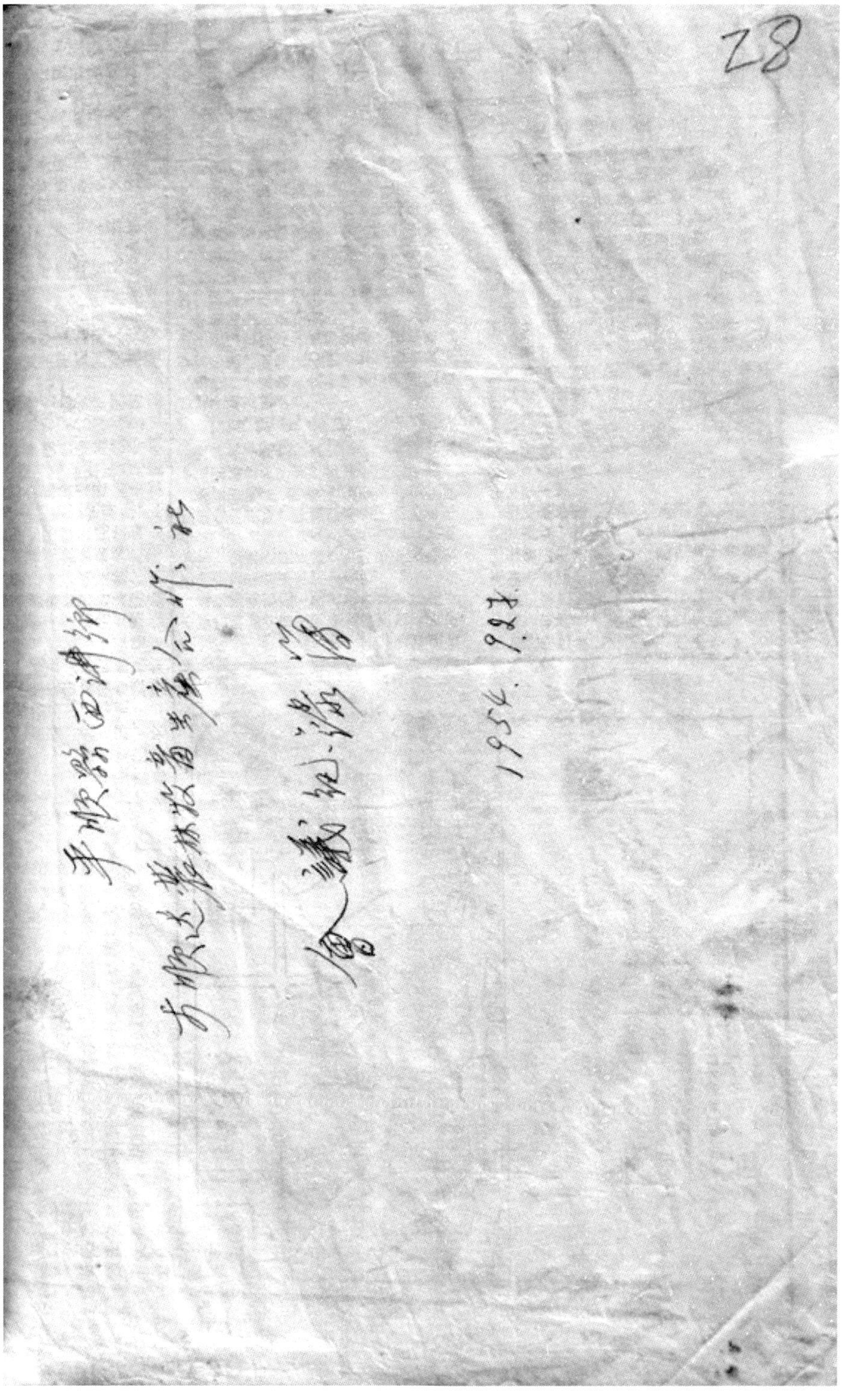

图1-1-2-1　西沟乡李顺达农林牧合作社会议记录封皮

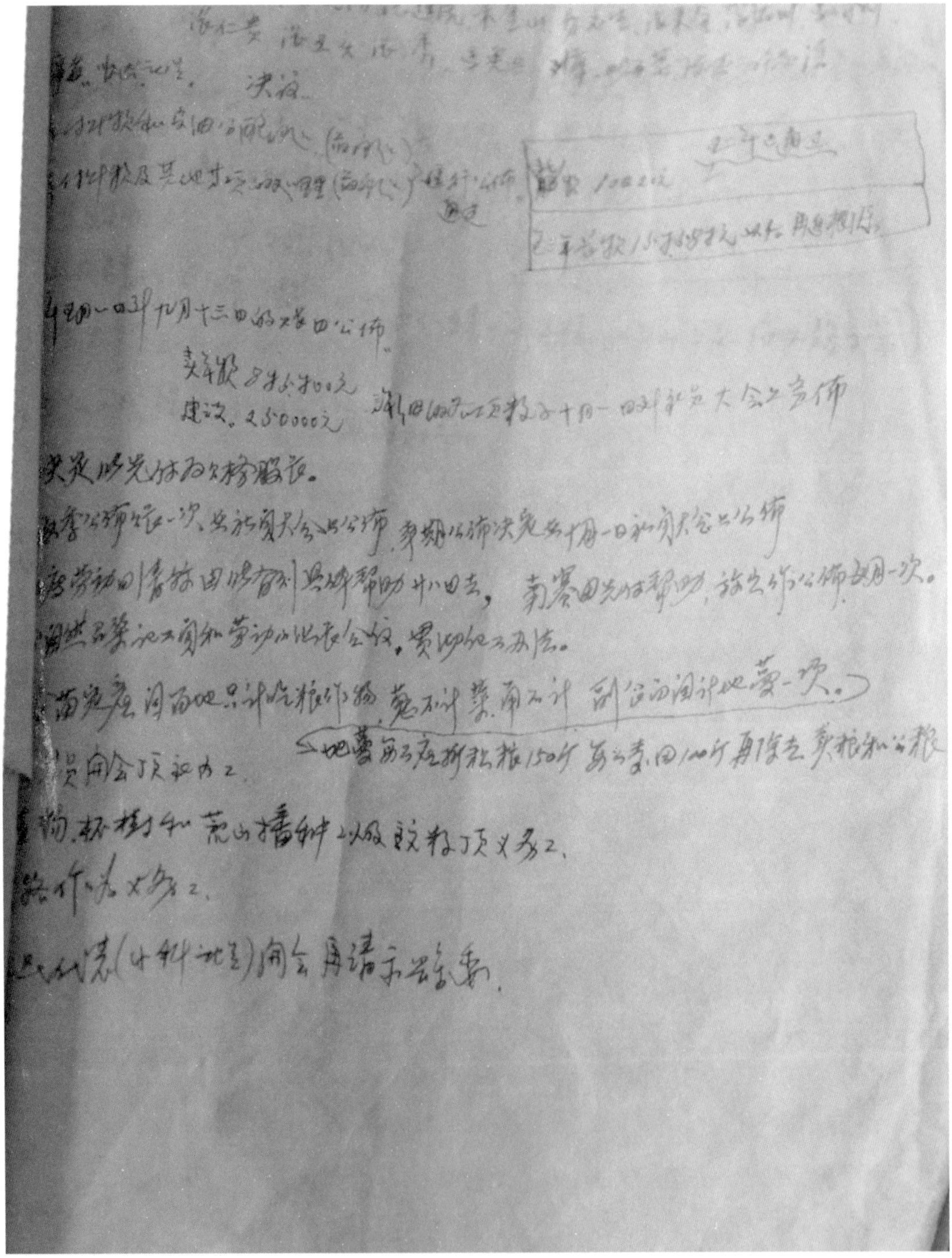

图1-1-2-2　西沟乡李顺达农林牧合作社会议记录第一张

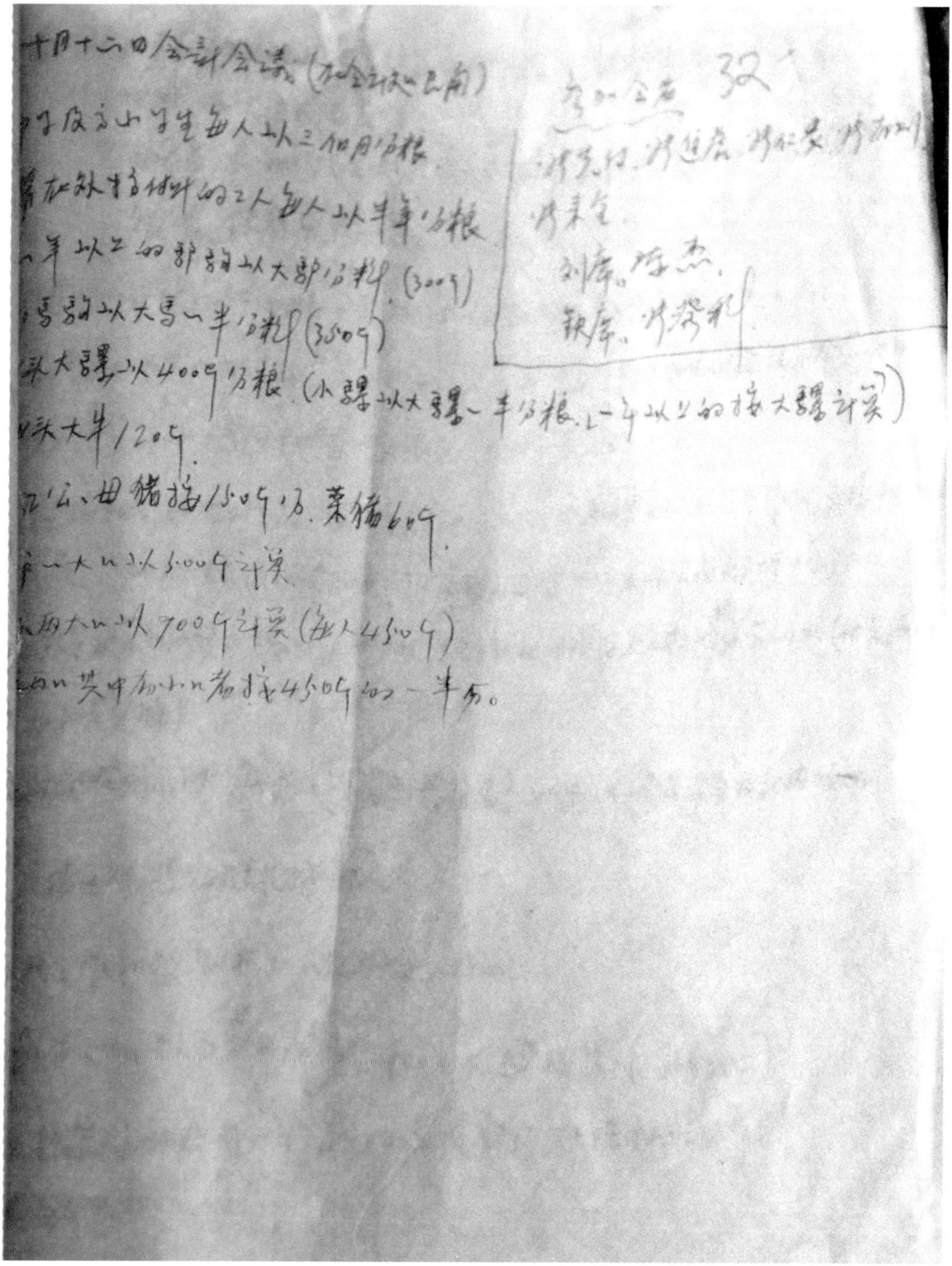

十月十六日会计会议（[illegible]）

[illegible]学生每人以三个月分粮。

[illegible]的工人每人以半年分粮

一年以上的驴驹以大驴分料（300斤）

马驹以大马一半分料（350斤）

[illegible]大骡以400斤分粮（小骡以大骡一半分粮，一年以上的按大骡计算）

[illegible]大牛120斤。

[illegible]公、母猪按150斤分，菜猪60斤。

[illegible]一大口以500斤计算

[illegible]两大口以700斤计算（每人450斤）

[illegible]其中有小口者按450斤的一半分。

参加会者 32人

[illegible]

许杰

许登科

图1-1-2-3　西沟乡李顺达农林牧合作社会议记录第二张

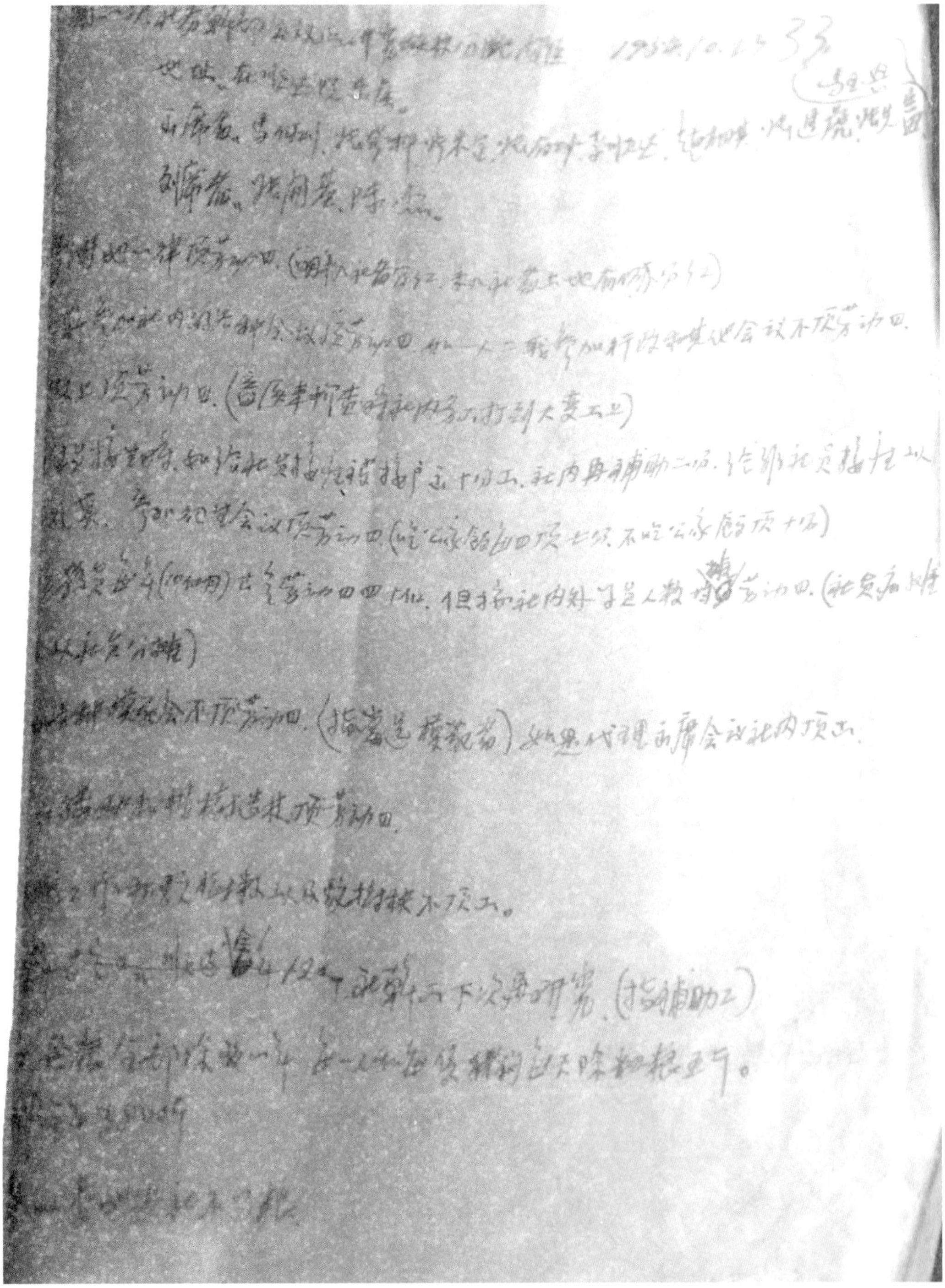

图1-1-2-4　西沟乡李顺达农林牧合作社会议记录第三张

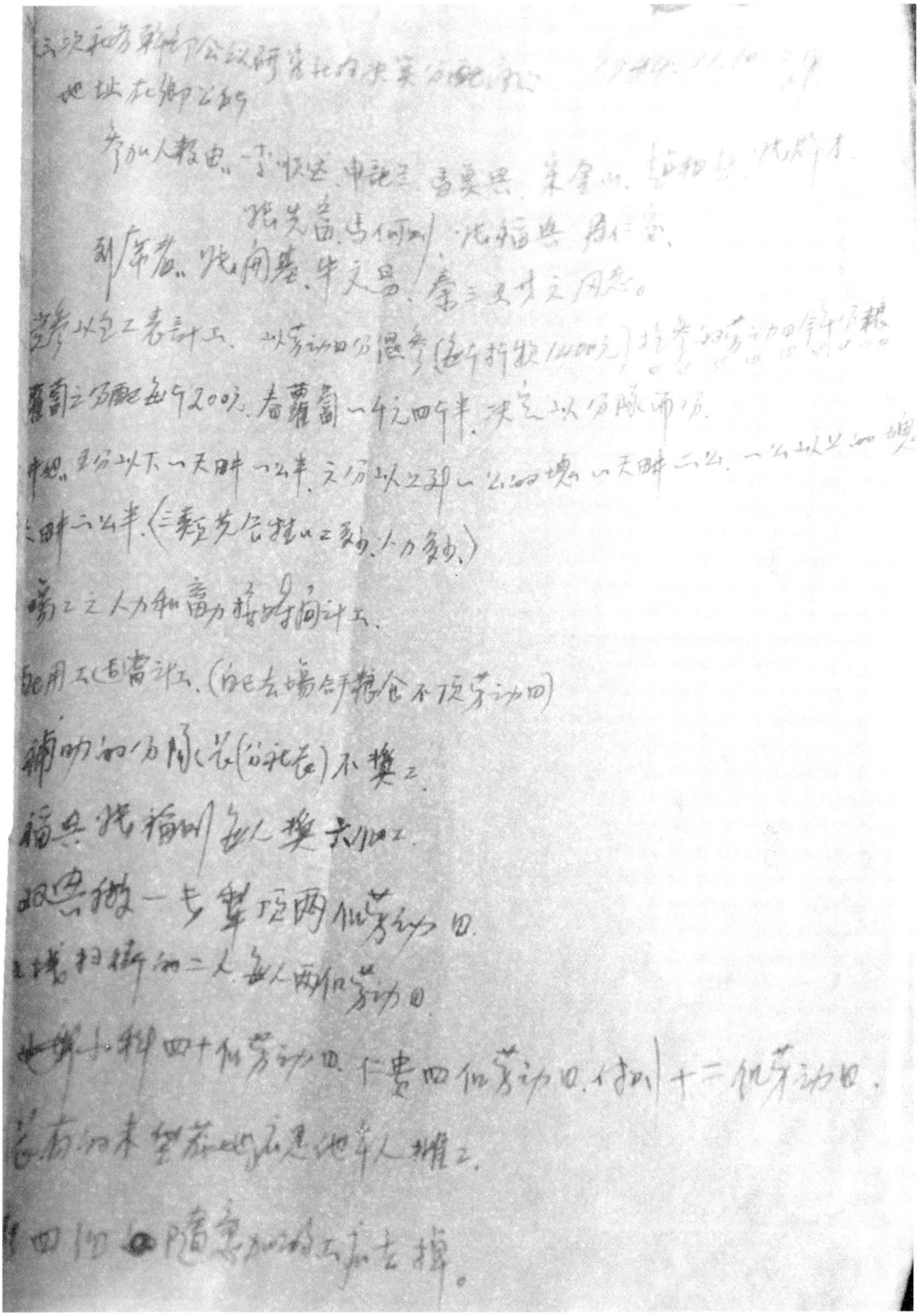

图1-1-2-5　西沟乡李顺达农林牧合作社会议记录第四张

（二）西沟乡金星社农林牧副远景规划（1957年6月22日）

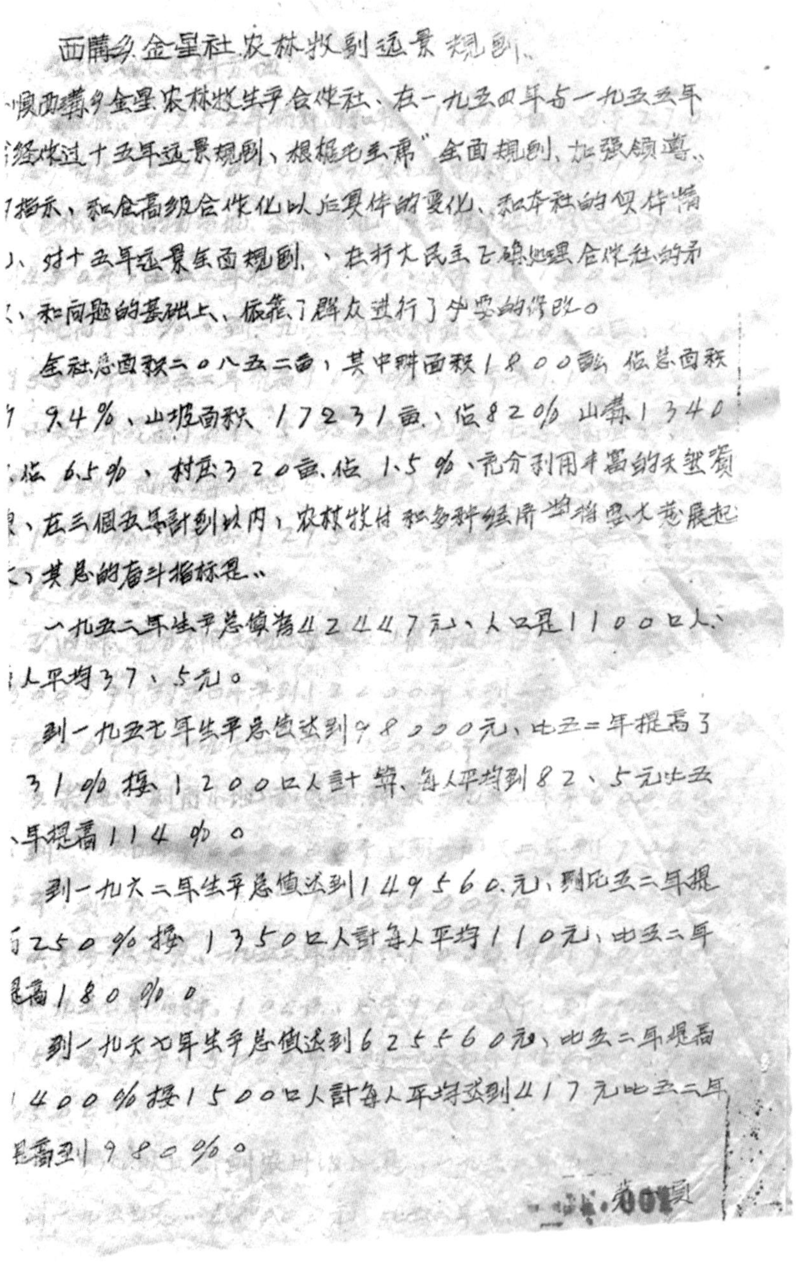

西沟乡金星社农林牧副远景规划

顺西沟乡金星农林牧生产合作社、在一九五四年与一九五五年经做过十五年远景规划、根据毛主席"全面规划、加强领导、指示，和食高级合作化以后具体的变化、和本社的具体情况、对十五年远景全面规划、、在扩大民主巩固合作社的和问题的基础上、依靠了群众进行了必要的修改。

全社总面积二〇八五二亩，其中耕面积1800亩占总面积9.4%、山坡面积17231亩、占82% 山沟1340亩占6.5%、村庄320亩、占1.5%、充分利用丰富的天然资源、在三个五年計划以内，农林牧付和多种经营按照指示大发展起来、其总的奋斗指标是、

一九五二年生产总值为42447元、人口是1100口人、每人平均37、5元。

到一九五七年生产总值达到98200元、比五二年提高了31%按1200口人計算、每人平均到82、5元比五二年提高114%。

到一九六二年生产总值达到149560元、则比五二年提高250%按1350口人計每人平均110元、比五二年提高180%。

到一九六七年生产总值达到625560元、比五二年提高1400%按1500口人計每人平均达到417元比五二年提高到980%。

图1-2-1　西沟乡金星社农林牧副远景规划第一张

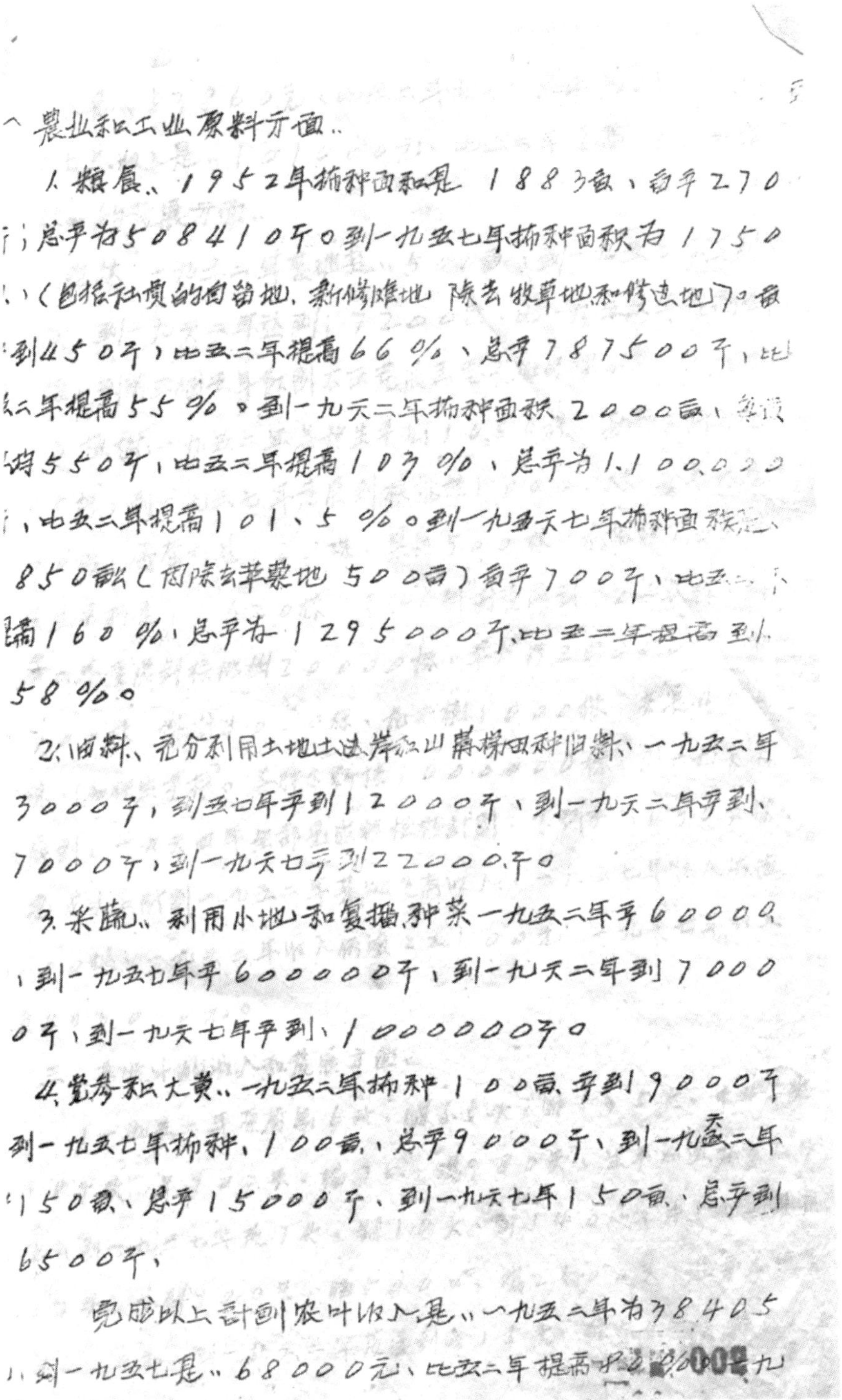

一、农业和工业原料方面：

1.粮食：1952年播种面积是1883亩，亩产270斤，总产为508410斤。到一九五七年播种面积为1750亩（包括社员的自留地、新修滩地，除去牧草地和修造地）。亩产到450斤，比五二年提高66%，总产787500斤，比五二年提高55%。到一九六二年播种面积2000亩，每亩产550斤，比五二年提高103%，总产为1,100,000斤，比五二年提高101.5%。到一九六七年播种面积是1850亩（内除去苹果地500亩），亩产700斤，比五二年提高160%，总产为1295000斤，比五二年提高到58%。

2.油料：充分利用土地、河岸和山崖梯田种油料，一九五二年3000斤，到五七年产到12000斤，到一九六二年产到7000斤，到一九六七年产到22000斤。

3.蔬菜：利用小块地和复播种菜，一九五二年产60000斤，到一九五七年产600000斤，到一九六二年到70000斤，到一九六七年产到1000000斤。

4.党参和大黄：一九五二年播种100亩，产到9000斤，到一九五七年播种100亩，总产9000斤，到一九六二年150亩，总产15000斤，到一九六七年150亩，总产到6500斤。

完成以上计划农业收入是：一九五二年为38405元，到一九五七是：68000元，比五二年提高[illegible]九

图1-2-2　西沟乡金星社农林牧副远景规划第二张

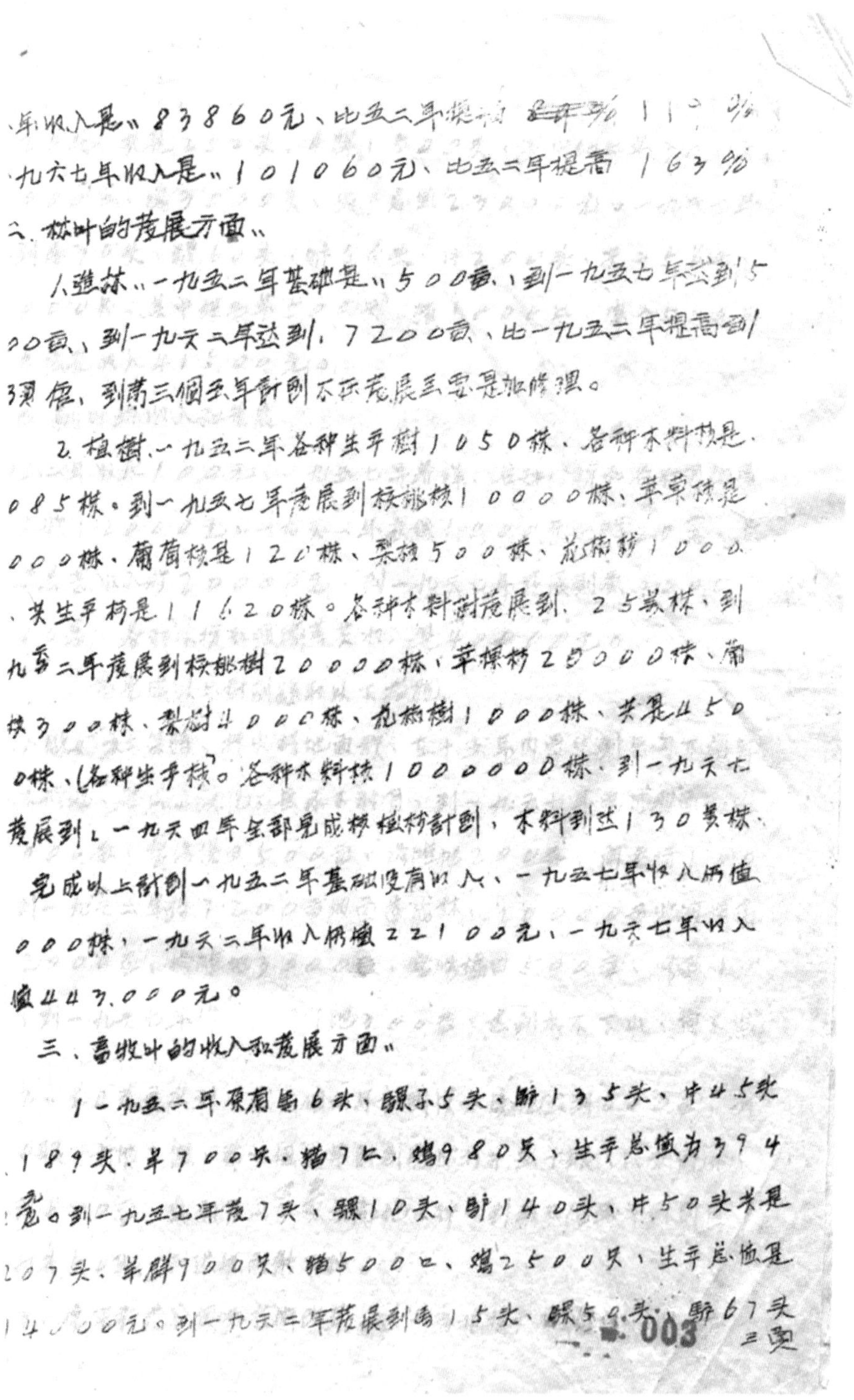

年收入是：83860元、比五二年提高 110%

九六七年收入是：101060元、比五二年提高 163%

二、林业的发展方面：

1.造林：一九五二年基础是：500亩、到一九五七年达到1500亩、到一九六二年达到7200亩、比一九五二年提高到13倍，到第三個五年計劃不在發展主要是加修理。

2.植树、一九五二年各种生产树1050株、各种木料树是085株。到一九五七年发展到核桃树10000株、苹果树是000株、葡萄树是120株、梨树500株、花椒树1000、共生产树是11620株。各种木料树发展到25万株、到九六二年发展到核桃树20000株、苹果树20000株、葡萄300株、梨树4000株、花椒树1000株、共是4500株、（各种生产树）。各种木料树1000000株、到一九六七发展到、一九六四年全部完成林檎树計劃，木料到达130万株。

完成以上計劃一九五二年基础没有收入、一九五七年收入价值000株，一九六二年收入价值221000元、一九六七年收入价值443,000元。

三、畜牧业的收入和发展方面：

1.一九五二年原有马6头、骡子5头、驴135头、牛45头189头、羊700只、猪72、鸡980只、生产总值为394元。到一九五七年发展马7头、骡10头、驴140头、牛50头共是207头、羊群900只、猪500口、鸡2500只、生产总值是14000元。到一九六二年发展到马15头、骡50头、驴67头

003

三页

图1-2-3　西沟乡金星社农林牧副远景规划第三张

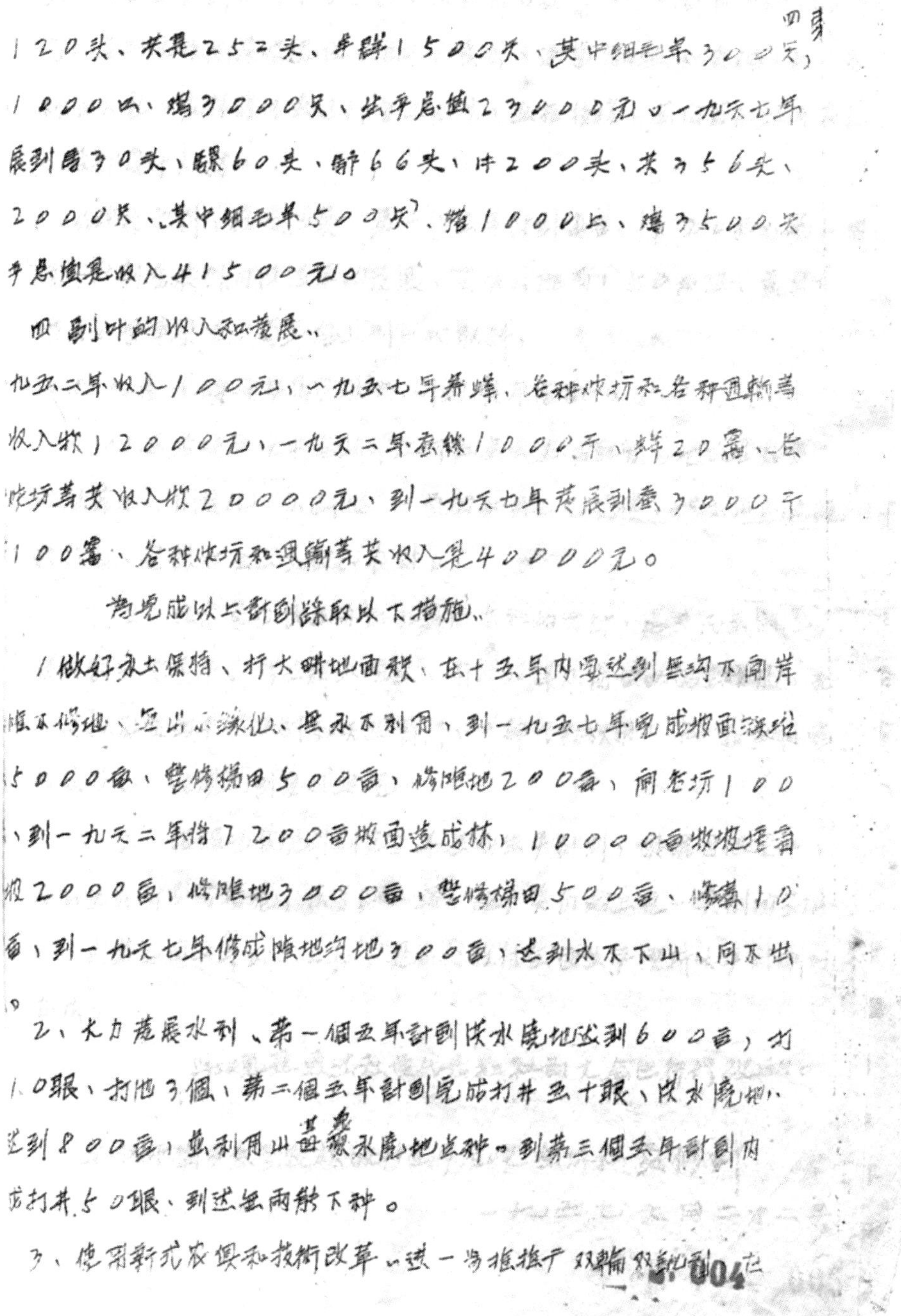

120头、共是252头、羊群1500只、其中细毛羊300只，
1000只、鸡3000只、出产总值23000元。一九六七年
展到马30头、骡60头、驴66头、牛200头、共356头、
2000只、其中细毛羊500只、猪1000口、鸡3500只
产总值是收入41500元。

四 副业的收入和发展：

九五二年收入100元，一九五七年养蜂、各种作坊和各种运输等
收入共12000元、一九六二年养蚕1000斤、蜂20箱、各
作坊等共收入共20000元、到一九六七年发展到蚕3000斤
100箱、各种作坊和运输等共收入是40000元。

为完成以上计划采取以下措施：

1做好水土保持、扩大耕地面积、在十五年内要达到无沟不闸岸
堰不修地、无山不绿化、无水不利用，到一九五七年完成坡面治理
5000亩、整修梯田500亩、修堰地200亩、开荒坊100
、到一九六二年将7200亩坡面造成林，10000亩牧坡种草
坡2000亩，修堰地3000亩，整修梯田500亩、修滩10
亩，到一九六七年修成堰地沟地300亩，达到水不下山、泥不出
。

2、大力发展水利、第一个五年计划水浇地达到600亩，打
10眼、打池3个、第二个五年计划完成打井五十眼、水浇地
达到800亩，并利用山其泉水浇地点种。到第三个五年计划内
完打井50眼、到达无雨能下种。

3、使用新式农具和技术改革：进一步推广双轮双铧犁

004

图1-2-4　西沟乡金星社农林牧副远景规划第四张

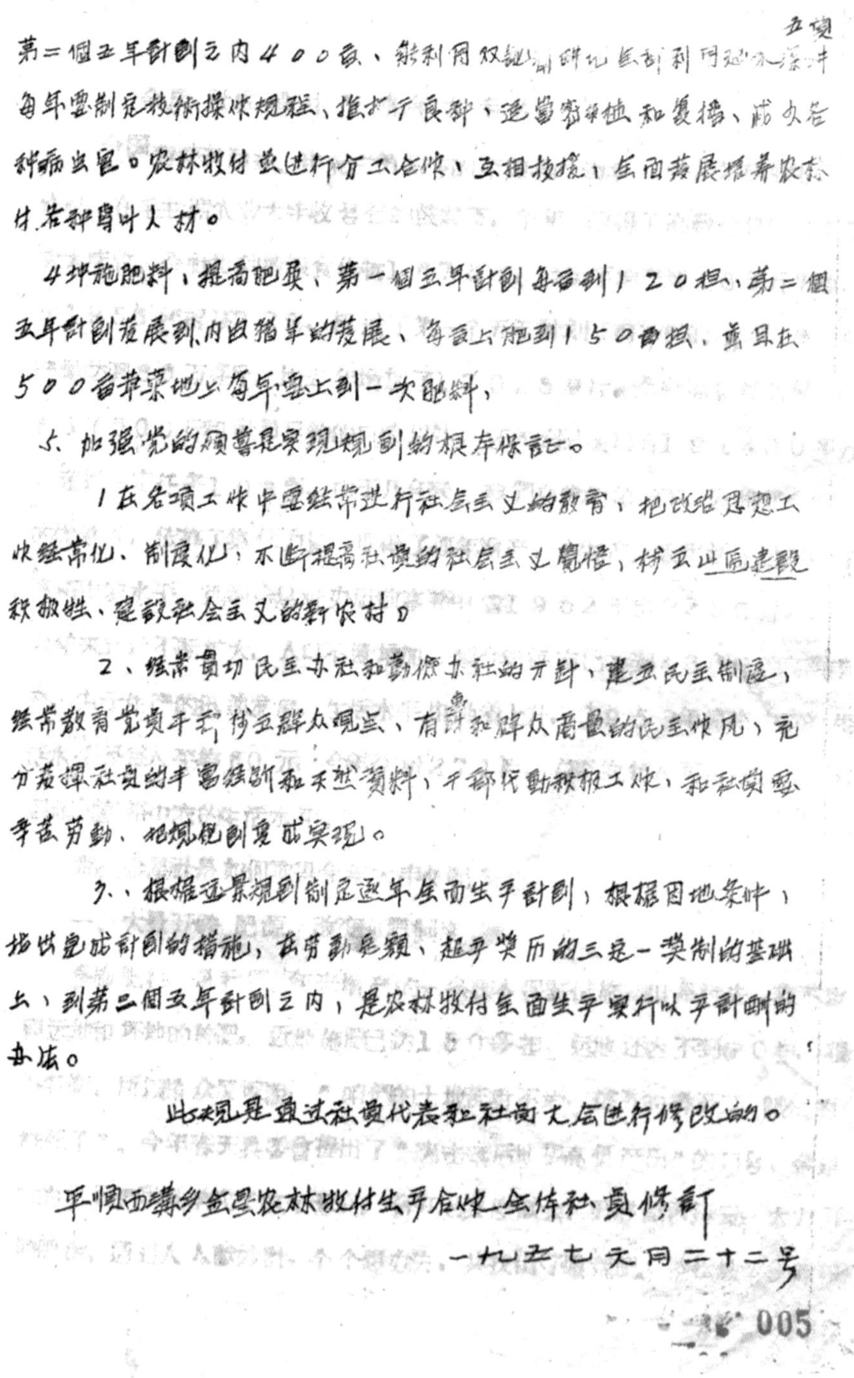
五页

第二個五年計劃之内400亩、能利用双铧犁耕作，长期利用起来深耕

每年要制定技术操作规程、推广良种、适当密植和复播、防止各种病虫害。农林牧付要进行分工合作、互相支援，全面发展培养农林牧各种专业人材。

4增施肥料，提高肥质、第一個五年計劃每亩到120担、第二個五年計劃发展到、由于猪羊的发展、每亩上肥到150担、并且在500亩菜地上每年要上到一次肥料，

5、加强党的领导是实现规划的根本保証。

1在各项工作中要经常进行社会主义的教育，把政治思想工作经常化、制度化，不断提高社员的社会主义觉悟，树立山区建设积极性、建設社会主义的新农村。

2、经常贯彻民主办社和勤俭办社的方针，建立民主制度，经常教育党员干部树立群众观点、有事和群众商量的民主作风，充分发挥社员的丰富经验和天然资料，干部带动积极工作，和社员参加劳动、把规划变成实现。

3、根据远景规划制定逐年全面生产计划，根据因地条件，提出完成計劃的措施，在劳动定额、超产奖励的三包一奖制的基础上，到第二個五年計劃之内，是农林牧付全面生产实行以产计酬的办法。

此规是通过社员代表和社员大会进行修改的。

平順西沟乡金星农林牧付生产合作社全体社员修訂

一九五七年元月二十二号

005

图1-2-5　西沟乡金星社农林牧副远景规划第五张

（三）金星社农业生产连年大丰收（1957年11月18日）

金星社农业生产連年大丰收

全国劳模李順达、申紀兰領导下的平順县西沟乡 金星农林牧生产合作社，在毛主席农业大丰收号召的鼓舞下，今年又取得了高級合作化后第二次大丰收。全社共种植粮食作物1 6 7 5亩，每亩平均产到4 8 8斤7两，比1 9 5 6年提高2 2%，超过了第一个五年計划原訂指标的 8 %，总产量达到8 6万多斤，比去年增加了1 7 0 2 5 9斤，全社除留存种籽、飼料3 7 5 0 0斤和社員足夠的口粮以外，还卖給国家粮食1 9 1 4 0 0多斤，超过三定任务1 0 8%。由于几年来，我們在党的領导下，发揮了合作化的优越性，依靠了集体力量，取得了連年增产，在生产上和生活上已超过了富裕中农水平。西沟金星社办社前富裕中农1 9 5 2年亩产2 5 0斤，办社六年来土地不断扩大，人口不断增加，到今年每亩已达到4 8 8斤的高額丰产，由于生产的迅速发展，生活水平也随着上升，1 9 5 2年富裕中农的生活水平是每人平均6 0元 今年全社2 7 1戶，总平均每人可达6 2元，普遍超过富裕中农的生活水平。

那么金星社是如何取得今年大丰收呢？

一、大量开辟肥源，改变施肥制度

多施肥料，是我們历年来增产的一条根本保証措施，但是过去一貫不重視远地和坏地的施肥，近地施肥已达1 5 0多担，远地还达不到5 0担，很不平衡，所以群众反映說：“咱們的土地苦甜不均，撑死的撑死了，餓死的餓死了”。今年春天县委會提出了“突击落后地提高低产田”的口号，金星社的社員們积极响应了这个号召，召开老农座談会，开展献計运动，大力开辟肥源，通过人人献妙計，个个想办法，共找出了燻荒肥、挖松坡等多种积

~066

图1-3-1 金星社农业生产连年大丰收第一张

肥門路，开展了群众性的积肥运动。光荒肥一項就积有12万担，妇女儿童拾羊肥就有1050多石，結果使每亩平均达到155担，比去年增加了30担。不但数量增加了，而且改变了过去不合理的施肥制度，过去远地施肥很少，又大部是质量很低的此渣肥，今年提出了牛羊上山踩肥的办法，并提出了“远地近地同样施肥”的口号，使全社231亩远地坏地都普遍上到了155担肥料，而且质量很高。群众都高兴的說：“过去是后娘看儿女，走一走就算，現在是亲娘看儿女，好坏一样待”。不仅如此，还改变了过去秋耕施肥少，春耕全部施肥的旧习惯。这样不但使肥料能夠早日翻到地下，充分腐烂，而且还能保蓄了墒土。1956年冬每亩上底肥50担，今年春，結合春耕每亩又施底肥70担，特别是794亩玉茭普遍实行了窩肥点种的办法，每亩平均上到窩肥15担。中耕培土的时候，县委又提出了“加追加鋤确保农业大丰收”的口号，全体社員在这个口号的鼓舞下，积极开展了秋田后期加工运动，結果使全社790多亩玉茭539亩谷子都普遍鋤过三遍，普施一遍追肥，并有32%的面积都施到二次追肥。每亩平均30担，象这样的普遍追肥，在这里还是第一次。因而使块块土地都有了足夠的肥料，保証了增产。过去不重視的落后地一般都比去年增产150斤，共增产34000斤。全社仅增施肥料一項，即可增产84100斤。

二、进行土地基本建設，改良土壤，扩大洪澆

由于去年洪水災害严重，边岸倒塌很多，土地冲刷厉害，这种土壤如果不經过很好的整修与改良，是很难保証增产的。因此，今春一开始，就发动全部劳力，专門用了25天时間，集中力量进行土地加工，整修边岸等基本建設，共修起了塌岸2700多处，長达4300多丈，被冲坏的工程80

图1-3-2　金星社农业生产连年大丰收第二张

%都得到了恢复。使1100多亩土地，仍然起到了保水、保土、保肥的三保作用。并且还里切外垫，修边垒岸、培地埂，倒崗子、整修土地800亩，共扩大耕地面积31亩，每亩增产400斤，共增产在12400斤以上，除此以外，还开了大小水渠275道，使620多亩河滩地、凹道地等可以引洪灌溉的土地，都全部进行了洪澆，从洪水到来开始到庄稼不需要水澆为止，共进行洪澆3—4次，这不但供給了庄稼足夠的水分，而且还增施了肥料，加厚了土层，实际对比証明，洪澆后每亩可增产20斤，全社仅土地基本建設和洪澆一項就增产24800斤。有力的保証了大丰收。

三、稀植变密植，单株变双株

今年继續貫彻执行了合理密植的原則，在播种玉茭时使用等距密植耙，按照土质、地势、品种不同，分别为河滩地种金皇后每亩留苗1700—1800株，梁地种串种玉茭每亩留苗1800—1900株，上稍地种土玉茭每亩留苗2000—2100株，高稍地、山头地每亩留到2200—2500多株，都比过去提高了100—200株。而且分区分类，做到密植合理。除此以外，今年全社还种植了双株玉米131亩，播种方法是，行距2·2尺，株距2·1尺，双株之間6—8寸，每亩1200窩，2400多株，比单株增加600多株。他的好处是：增加了株数，扩大了行距，空气流通，产量提高。如四队庙后有13亩地，亩栽1800株是单株，亩产750斤，庙后3亩地，双株，亩栽2400株，亩产1100斤。这样充分証明了双株密植，确实是保証增产的好办法。在春播推广这項办法的时候，却有好多人鬧不通，他們說：“又麻烦、又悞工，还不知道頂事不頂事”还有的說：“一亩就播2400多株，弄不好就光长成稈子了”。但經过秋

~3~

007

图1-3-3 金星社农业生产连年大丰收第三张

后活的事实教育了大家以后，这种說法就听不見了，群众普遍反映說：“这倒是个好办法，既多栽，又多收”經驗証明每亩增产150斤計，全社共增产19600斤。

四、劣种变优种，低产变高产

扩大优良品种面积是我們一貫重視的一項增产措施，今年金星社优种面积已經达到普及，特別突出的是在去年他們就培育了20多亩玉米杂交留种地，今年共种有第一代玉米杂交优种310多亩，据对比証明，杂交后的优种比金皇后出苗整齐，生長旺盛，成熟早，丰卫高，每亩增产60斤以上，全社共增产1860 0斤。全社有山药蛋174亩80%以上都是五台山优种，539亩谷子全部是母鸡咀、馬拖韁优种。另外按照县委提出的“突击落后地，提高低产田”的指示，就把原来的320亩黍子、豆类等低产，80%的改种成玉茭、山药蛋等高产作物，一般每亩提高产量150斤，亩产达到330多斤，变成了高产，共增产在48000斤以上。低产田絕对不是命定的低产，只要我們加工管理，同样可以达到高产。全社320多亩远地、坏地，在过去不重視耕作施肥，一般种成黍子等作物，每亩仅产180多斤，而在今年县委提出了“低产田翻一翻”的口号后，決心改变落后田的面貌，首先对落后地进行加工，过去每亩地只投工15个，今年最低达到20个，另外进行了加肥和进行改种。过去只种一些豆类、蔴类作物，今年絕大部分都种成了山药蛋、玉茭等高产作物。过去对于这些地的管理当成捎带，今年不論中耕、施肥都是同时完成。为了切实提高低产田的产量，还确定了专人領导，进行了包干，这都大大加强了責任心，保証了提高产量，所以到秋后每亩平均产到330多斤，改变了低产面貌，达到了高产。

～4～

图1-3-4　金星社农业生产连年大丰收第四张

五、一作变两作，单作变間作

为什么在去年災害严重的情况下，西沟金星社仍然取得农业丰收呢？普遍复播和間作要算主要的一条。因此普遍复播和間作在今年已經成为群众的共同要求。播种时期，他們就将760多亩玉茭地全部間作了黄豆、眉豆等低稈作物，为了保証間作与主要作物都能夠很好生長，分别为金皇后間作黄豆，每亩800多株，串种玉茭間作黄豆和眉豆，每亩1000—1200株，土玉茭間作眉豆，每亩1400—1600多株，金皇后因为生長旺盛和黄豆进行了間作，而且間作株数也不多，眉豆因为生長的快，蔓子大与土玉茭进行了間作，这样一来都不致于互相影响，而且豆类与玉茭間作，高稈与低稈間作，还可互相促进生長。今年实际經驗証明，每亩增产在25斤以上。另外全社的539亩谷子也普遍間作了玉茭、豆类和高粱，按对比結果証明，間作玉茭，每亩多产在50斤以上，因此全社仅普遍实行間作一項，就增产44500多斤。夏收后，他們又把152亩麦田95%的面积复播为大麦、蔬菜等作物，比去年扩大5%，一般每亩增产150斤，共增产在21000斤以上。不但进行了間作和复播，而且还开始改变了以往不好解决的連作制度，例如河滩地，一般都有三年沒調茬了，甚至还有10多年沒調过茬的，常年种玉茭，烏霉很多，而在今年选择了100亩不过洪水的河滩地改种为谷子，結果生長良好，例如第五队南河有5亩地，已經种了7年玉茭了，每亩产量超不过400斤，而今年調茬为谷子以后，每亩就平均产到700斤，产量翻了一翻。

六、最根本的一条是毛主席提出的爭取农业大丰收的号召，鼓舞了我們前进

~005~

图1–3–5　金星社农业生产连年大丰收第五张

1. 调动了一切积极因素，全力动員爭取大丰收。

今年春天，毛主席提出了“千方百計，想尽一切办法，爭取农业大丰收的号召后，大大振奋了人心，鼓起了社員們的劳动劲头。春耕播种时，西金星社按照县委的指示，开展了“人人献妙計”运动，全社586个社員提出280条合理化建議，其中有双株密植，牛羊上山，燻荒等150条是直接有利于大丰收的意見，都及时进行了采納。例如張三交老汉提出双株玉米可以比单株增产100斤的意見后，社內就按照条件推广了双株玉米31亩，秋后共增产19600多斤。張秋全等提出了牛羊上山踩地的意見后，全社实行了这个办法，不但保証了远地同样可以施到150多担肥料而且还省工2500个，大大的节省了劳力，促进了增产。全社205个妇女响应了毛主席的号召，90%的都經常参加了生产，这是以往任何一年都办不到的。50多岁的老太太郝秀英过去不能参加劳动，听說毛主席号召大丰收，春天也上地点籽，秋天也上場切谷了，并且說：“毛主席叫千方百計，爭取丰收，我們这些过去不参加劳动的人，今年参加劳动，这就是一个好計，秋收实現了大丰收，也有我一分光荣”。过去常在街上閑談的人看不見了。串門子、閑遊蕩的人也不見了，总之，全社所有男女劳力，已經全力参加了生产，投入了爭取农业大丰收运动中了，所以到秋收，每个男劳力都平均做到320个劳动日，比去年提高15%，每个妇女都做到了90个劳动日，比去年提高12%，全社总投工也比去年增加了7000多个，提高8·5%。

2. 改变了領导作风，以生产領导生产。

自从党中央提出了社干部参加体力劳动的指示后，再加上毛主席提出的

～9～

图1-3-6　金星社农业生产连年大丰收第六张

争取农业大丰收的鼓舞，社里的正付主任、会計，就彻底改变了过去在家多、下地少的現象，不断的参加了田間劳动，通过生产領导生产，到秋后6个社干共做了劳动日630　个，平均每人105个，比去年提高20%。李順达去年只作了50个，今年也做到了120个，增加了1倍还多。除此以外，他們在每項工作上都認眞貫彻了群众路綫的工作作风，在今年春天播种时，为了适时下种，提高质量，他們还召开了老农的座談会，通过座談共提出了40条合理化建議，保証了春播順利完成，从此以后我們就专門选出10个老农成立了老农参謀部，按照农事季节，經常向老农請教，到秋后为止，共召开了老农座談会5次，　共提出了建議100多条，这都为争取丰收，提供了有力的保証。例如在追鋤季节，县委提出玉米100%的鋤三遍，争取四遍，好多社員鬧不通，他們感到太迟了，季节赶不上了，有些社干也同样存在这种右傾思想，后来就召开了老农参謀会議进行商量，結果老农提出：不是节令不行了，而是思想过时了。接着我們就按照老农意見重新发动了群众，开展了田間后期加工追鋤，終于完成了玉茭普鋤三遍，40%的还鋤了四遍，100%上了追肥，追二次达50%，谷子普遍鋤到三遍，四遍达30%，100%上了追肥，追二遍占20%。这一項就增产在48000斤以上，保証了大丰收。所以我們感到今年領导作风的改变，深入田間生产，傾听群众意見，以生产領导生产是取得大丰收的一条宝貴經驗。

3. 实行了三定一奖制，改善了經营管理

为了进一步改善經营管理，今春一开始，全社9个生产队都实行了三定一奖制，这样以来不但克服了过去生产管理中的混乱現象，而且大大有利于增产，例如第四队，在去年沒有实行三定一奖，玉茭仅鋤过一遍，谷子一遍

图1-3-7　金星社农业生产连年大丰收第七张

也未锄完，追肥更是不普及，达不到社里要求，曾是一个落后队，而今年实行了包工包产制以后，春季下种时就比其它队提前了5天，而且质量很高，曾选为模范队，秋天进行追锄时，70多亩玉茭普遍锄过四遍，上到一次追肥，70多亩谷子普锄三遍，普上一次追肥，又超过了其他队，秋后每亩平均产到520斤，其中玉茭产到700斤，谷子产到460多斤。成为全社最高产量的生产队。超过了原来包产70斤。全社9个队也因为三定一奖制的鼓舞，就有6队超了产，2队达到平产。所以改善了經营管理也是今年大丰收的重要保証。

4、国家的帮助与兄弟社的支援

在保証取得农业丰收中，国家的支援也是一項重要原因。如支援化学肥料8000斤，农业貸款1100元等都对增加产量起了有力的保証。另外还从其他社調济了五台山药蛋和谷子优种，也为今年大丰收提供了有利条件。

1957年11月18日

~8~

图1-3-8　金星社农业生产连年大丰收第八张

（四）“金星”社周玉仓生产组为什么能亩产511斤？（1957年3月13日）

平顺县农业生产合作社第二次代表会議材料

“金星”社周玉仓生产組为什么能亩产511斤？

西沟乡“金星”农林牧生产合作社、小东峪村周玉仓領导的生产小组共16戶，参加农业生产的男女劳力18个，經营土地93·5亩，全部土地均为梯田，地块零碎，土质貧薄，但是在实現高級化头一年，由于社員刻苦劳动、精耕細作等，因而全组共玉茭地52·6亩，平均产618斤，谷地27亩，平均亩产417斤，山药蛋6亩，平均亩产折粮301斤，小麦5·5亩，平均亩产187斤，糜黍2·4亩，平均亩产150斤，复播大麦2·5亩，平均产65斤，总共产粮食42826斤，平均亩产511·8斤。較1955年亩产398斤基础增产103·8斤，超出全社平均产400·7斤水平28·99%。为什么能在貧瘠的梯田土地上获得高产呢？

一、深耕、多耙、保墒、改进播种方法。全組的社員根据过去的經驗都認为深耕、多耙、保墒、适时下种、保証全苗是增产的首要关鍵。在1955年秋天就用新式步犁在40亩大块地深耕一遍，用套耕的办法深耕5亩，全組深耕土地达到了一半。为了保墒，清明节前后連續耙过三次，下种前又淺耕一次耢一次。因气候冷下种較西沟和池底早五到七天，播种方法玉茭采用窩肥方形点种，谷子采用两条腿耧大墒播种。根据实驗它的好处是：肥料集中，株行距均匀，保証密植，好間作，通风不怕热蒸坏庄稼。

二、增施肥料。社員周发拴老汉說：增产要保險，肥料第一点。每亩施肥由80担基础上增加到140担，在施肥方法上做到：(1)选好地、好

010

图1-4-1 “金星”社周玉仓生产组为什么能亩产511斤？第一张

地、近地、远地平衡施肥；(2)分期施肥，谷子和玉茭平均底肥１　２０担，玉茭上了两次追肥，谷田施了一次追肥，平均２０担；(3)因地施肥，背阴上了羊肥，向阳地施了猪牛肥。这样充分发挥了肥效。

三、起高垫低、加边垒岸，是保証梯田土地增产的一个重要措施，１９５６年每亩土地較往年多投工３个进行了土地加工，在５２亩地內进行了倒塌子、起高垫低、加边垒岸，占总亩数５５％，在其它地内新垒起十年前倒塌的岸塄６２道，並进行了加边岸。这样就起到了保水、保土、保肥三保作用，根据大山七亩土地收打，在往年产玉茭５５０斤基础上提高到８００斤，增产２５０斤。

四、推广了六变增产措施：(1)低产变高产，金皇后由１０亩增加到３５亩，土玉茭由４０亩減小少到５亩，每亩增产１５０斤，因而全組玉茭平均产量达到６１８斤；(2)单作变間作，在７９亩谷、玉茭地內間作了豆子、高粱和玉米，每亩增产３０斤；(3)劣种变优种，玉茭推广了金皇后、串种等，淘汰了六十黄等三种，谷子推广了母鸡咀等４个良种，淘汰了小黄谷等五个劣种。优种面积由６５％达到普及；(4)稀植变密植，根据土地条件，玉茭分别达到１８００株、２０００株、２５００株，谷子达到２４０００株，較过去增加２０００株左右；(5)改变了不种边岸旧习惯，全部种了边岸；(6)变一年一收为一年两收，５．５亩麦田內有２．５亩复播，每亩增产６５斤。

五、战胜自然灾害。全組的土地除了未受冰雹灾害外，其它风、涝、洪水灾害一点也不少，受灾后社員悲观洩气，在党支部和社管理委員会的統一領导下，向社員进行抗灾斗爭教育，坚定信心，树立人定胜天思想，

图1-4-2　“金星”社周玉仓生产组为什么能亩产511斤？第二张

在"扶起来，补起来，抗灾必胜"的口号下，唤起了社员抗灾斗争的积极性。首先将被风刮倒的42亩玉茭，全部扶起来，在50亩玉茭、谷地内又进行了加追肥，27亩谷全部锄了三遍。就这样经过向自然灾害进行了顽强斗争，最后获得了丰收。

1957年3月13日

011

图1-4-3 "金星"社周玉仓生产组为什么能亩产511斤？第三张

（五）金星农林牧合作社全面发展建设山区的经验（1957年）

金星农林牧生产合作社

全面发展建设山区的经验

山西平顺县西沟乡金星农林牧生产合作社的社员们，勤俭办社艰苦奋斗，经过了几年的生产全面发展起来，山区面貌大大改变。来过这里的人都知道，西沟原来是个荒凉偏僻的山庄。位于海拔1200公尺的太行山脊，四周围绕的高山秃岭叠叠山峰，山坡很陡，土薄石头厚，水源缺乏，河里没水，雨后成洪，自然条件很坏。西沟村1938年前，除了古代留下的几株松柏树以外，都是光秃秃的荒山。共470多亩耕地，散为成2700多小块，亩均产180斤。1943年在党的领导下组织了李顺达生产互助组，1952年以这个组为基础建成了金星农林牧生产合作社，初建社20户，到1955年春扩大到246户，当年冬天281户全部入社，并转成高级社。依靠这个合作化的集体力量改造大自然创造财富的。

全面规划建设山区

金星社有2万多亩山地，蕴藏着无穷的生产潜力和广阔生产门路，1952年建社后，在中共平顺县委的指导下，制订了三年和五年建设计划，明确了农林牧全面发展的方针，克服了部分群众下山思想，

012

图1-5-1　金星农林牧合作社全面发展建设山区的经验第一张

坪证了建设山区的信心。但是在全面发展过程中，由于缺乏经验，没有生产规划，使农、林、牧三者之间的矛盾，如造林不顾牧，放牧不顾林，小树被牛羊啃坏，把苹果树栽到最好的地里，即影响粮食增产又阻碍果树正常生长，致使多种经济不能很快的发展起来。为解决这个矛盾，1954年在上级党政的指导下，进行了全面生产规划。规划的办法，依靠群众智慧，选出13个有生产经验的老农协同乡社干部组成规划委员会，成立农林牧付四个小组，分头进行规划，采用统拟步弓代替皮尺进行山、坡、沟、滩实地勘查和全面计标标志，规划总面积约有20852亩，其中耕地1800亩占总面积的9.4%，山坡面积17231亩，占82%，沟滩面积1540亩，占6.5%；村庄320亩，占1.5%。同时根据地势高低，坡度大小，气候冷热，土层厚薄，作物生长习惯，沟滩宽窄等不同情况，因地制宜，规定农业、水果、干果、造林、畜牧等6种区域。把这个天然资源充分利用起来，有11000余亩宜林面积可以造林，7000亩面积适宜育草放牧，800亩河滩可修500亩良田，1000余亩土地能利用山洪灌溉，6000亩面积植果树，具体规划后，订出15年远景规划，实现川

图1-5-2　金星农林牧合作社全面发展建设山区的经验第二张

後，到1967年收入总值达438678元，每人平均290元，比1953年增长897%。通过群众討論，最後定案。这样规划後，发展方向进一步明确，农林牧之间的矛盾解决了，每年都制訂年度、季度和各项生产具体計划，保証长期計划的实现。他们在"靠山吃山，建設山，山区前途大来由，农林牧付全面发展，把穷山变成宝山，艰苦奋斗15年，社会主义像苏联"的行动口号下，始終贯彻了"人尽其材，地尽其力，财尽其用，勤俭办社"的方針，全面发展建設山区。

不断提高劳动生产率。

劳動是創造一切的源泉，在这么多的邊阔的山野上全面建設，就要靠全社520个男女劳力的双手来实现这个规划。可是过去的劳动生产率是很低的，建設前每年只做工35300个。按照规划的要求，每年需工6万至8万个，劳动力不足的困难就明显的提出来了。如何合理使用劳力，提高劳动生产率，適應大规模生产建設的需要，就成為急待解決的问题了。几年来解决这个矛盾的办法是：

一、統筹兼顧，合理安排"建社初期，劳动调配不当把

013

图1-5-3　金星农林牧合作社全面发展建设山区的经验第三张

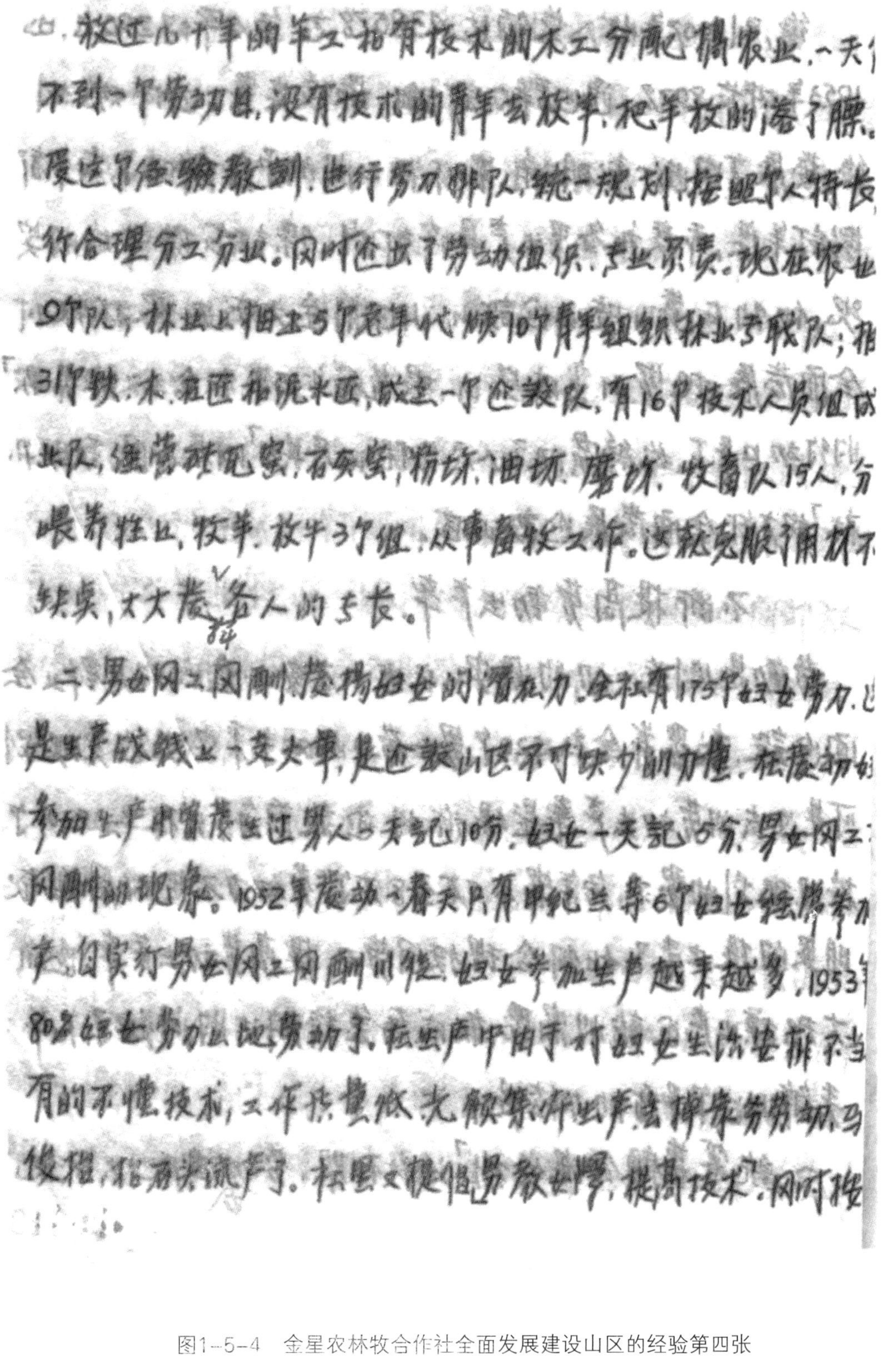

一、放过几十年的羊工和有技术的木工分配搞农业，一天做
不到一个劳动日，没有技术的青年去放羊，把羊放的落了膘。
根据这个经验教训，进行劳力排队，统一规划，按照个人特长，
实行合理分工分业。同时建立了劳动组织、专业负责。现在农业
9个队，林业以烟土5个老年代队10个青年组织林业专业队；抽
31个铁、木、石匠和泥水匠，成立一个建筑队，有16个技术人员组成
副业队，经营砖瓦窑、石灰窑、粉坊、油坊、磨坊。牧畜队15人，分
喂养牲口、放羊、放牛3个组，从事畜牧工作。这就克服了用材不
得当，大大发挥各人的专长。
二、男女同工同酬，发扬妇女的潜在力。全社有175个妇女劳力，这
是生产战线上一支大军，是建设山区不可缺少的力量。社发动妇
参加生产以前发生过男人一天记10分，妇女一天记6分，男女同工不
同酬的现象。1952年发动一春天只有申纪兰等6个妇女经常参加
生产。自实行男女同工同酬以后，妇女参加生产越来越多，1953年
80名妇女劳力出能劳动了。在生产中由于对妇女生活安排不当，
有的不懂技术，工作质量低，光顾算分出产去掉不劳劳动，马
虎粗，形成头流产了。社里又提倡男教女学，提高技术，同时按

图1-5-4　金星农林牧合作社全面发展建设山区的经验第四张

季节把各种农业排了队，全年有150多种生活，适合妇女做的农业活有90多种分配妇女去做。因此妇女劳力的劳动生产率、劳动日都逐年增加，1956年共做15000多个劳动日，每人平均75个，占总农业工数的20%。

三、加强劳动定额管理，实行合理报酬制度。在农业方面，1953年开始实行「四定」包工制，对劳动效率提高起很大作用，克服了「劳动一窝蜂」「干部乱点兵」的混乱现象。在生产队「四固定」的基础上，把108种农活分为6级，规定一级活12分，6级活6分，逐级差一分的劳动定额，实行「按件计酬制」，今年又实行了「三定一奖」制，以劳力的本身较提高劳动效率20%左右。林业方面，荒山造林包种、包工、包成活；植树包栽、包活、包保护。水土保持实行定时、定工、定质。牧畜上规定了每年保胎率和成活率达85%以上的标准，加强社员的责任心。

四、改变旧习惯，发挥先进生产工具和牲畜的动力，减少人力的浪费量。金星社绝大部是山地、坡地，都是羊肠小路，运粪、运庄稼，用人力担来担去，送公粮、担煤炭搞

014

图1-5-5　金星农林牧合作社全面发展建设山区的经验第五张

運输没大車用牲口驮，过去很少烧煤，一年打柴工需1万多个，几年来修通二条大車路，40余条驮路，在山上修闸42个，買大車子辆，排子車9辆，采取人担变驮，牲口驮变車拉，烧柴变烧煤，往返地担粪变成驮肥的四变措施，据1956年计算，共可节省人工15000多个，投入了山区建設。

五、减少非生产性投工，全社干部都有明确分工，只有总会计保常驻办公外，其余都深入各队参加劳动，学会了生产领导生产的工作方法，非生产性的管理工由3.3%减少到2.3%。

六、组织劳动竞赛，鼓舞生产积极性，去年向全国和苏联斯大林集体农庄开展社会主义友谊劳动竞赛，在社内组织了队与队，人与人之间的竞赛，并製定了劳动竞赛世標表，每月公布各人的劳动日数，按季评比，超过规定每个劳力投工的標準，奖励超过部份10%的劳动日，年终评比出现了提高劳动效率，积极多投工的模范社员，社员175个有120个得到奖励。

因此1956年全社投入农、林、牧、付業运等劳动日81586个（每个男力平均271个，女力平均75个）劳动出产率比成前提高

图1-5-6　金星农林牧合作社全面发展建设山区的经验第六张

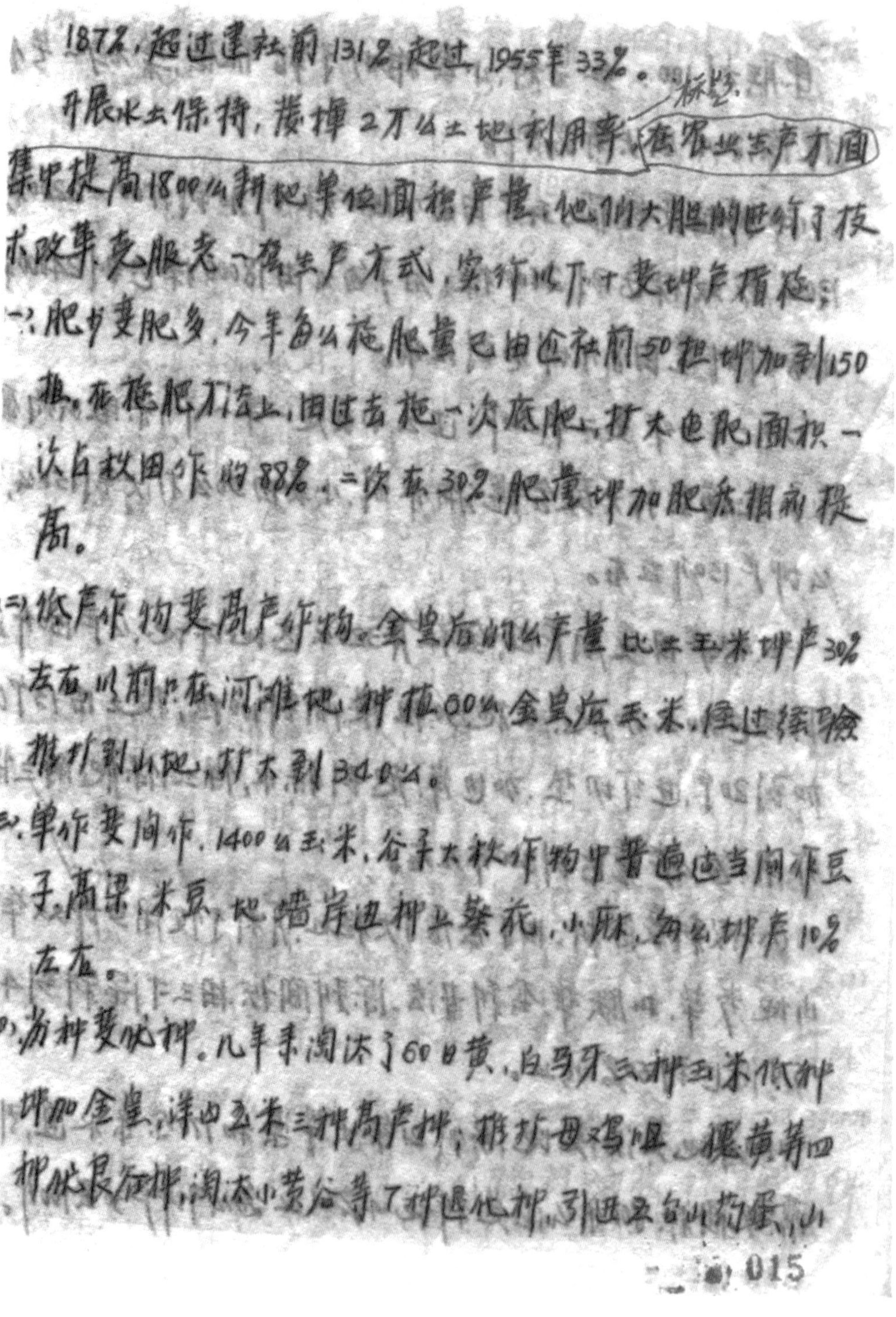

187%，超过建社前131%，超过1955年33%。

开展水土保持，搞掉2万公亩土地利用率，在农业生产方面集中提高1800公亩耕地单位面积产量。他们大胆的进行了技术改革，克服老一套生产方式，实行以下十项增产措施：

（一）肥少变肥多。今年每公施肥量已由建社前50担增加到150担。在施肥方法上，由过去施一次底肥，扩大追肥面积，一次占秋田作物的88%，二次占30%，肥量增加肥效相应提高。

（二）低产作物变高产作物。金皇后的公产量比一般玉米增产30%左右，以前只在河滩地种植00公金皇后玉米，经过试验推广到山地，扩大到340公。

（三）单作变间作。1400公玉米、谷子大秋作物中普遍适当间作豆子、高粱、米豆，地堰岸边种上紫花、小麻，每公增产10%左右。

（四）劣种变优种。几年来淘汰了60日黄、白马牙三种玉米低产种，增加金皇、洋白玉米三种高产种；推广母鸡咀、穗黄等四种优良谷种，淘汰小黄谷等7种退化种，引进五台山药蛋、山

015

图1-5-7　金星农林牧合作社全面发展建设山区的经验第七张

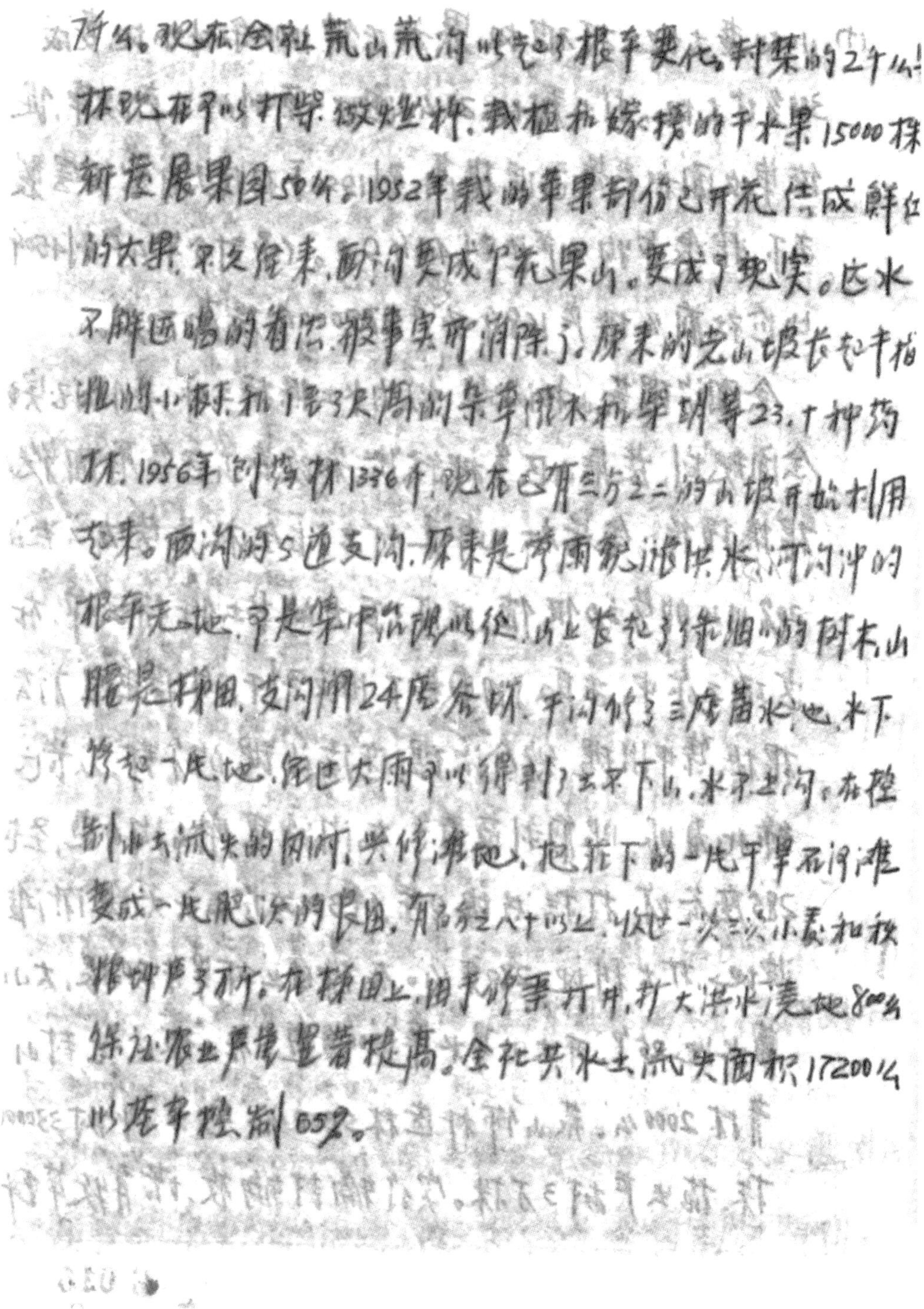

亩以。现在全社荒山荒沟以完全的根本变化，针叶的2千亩
林现在可以打柴，做燃料，栽植和嫁接的干水果15000株
新扩展果园50亩。1952年栽的苹果树今年已开花结成鲜红
的大果，明后年来，荒沟变成了花果山。变成了现实。使水
不能出沟的看法，被事实所消除了。原来的光山坡长起千棵
椴树、山楸、柞树、[illegible]大榆、山杂等灌木和柴胡等23个种药
材。1956年创药材1336斤。现在已有三分之二的山坡开始利用
起来。[illegible]沟有5道支沟，原来是降雨就流洪水，河沟冲的
根本无地，可是集中治理以后，山上长起了绿油油的树木，山
腰是梯田，支沟有24座谷坊，干沟修了三座蓄水池，水下
修起一片地，经过大雨可以得到了土不下山，水不出沟。在控
制水土流失的同时，共修滩地，把[illegible]下的一片干旱石河滩
变成一片肥沃的良田，[illegible]八十亩以上，收过一次[illegible]小麦和秋
粮[illegible]万多斤。在梯田上，[illegible]打井，打大洪水浇地800亩
保证农业产量显著提高。全社共水土流失面积17200亩
以在本控制85%。

图1-5-8　金星农林牧合作社全面发展建设山区的经验第八张

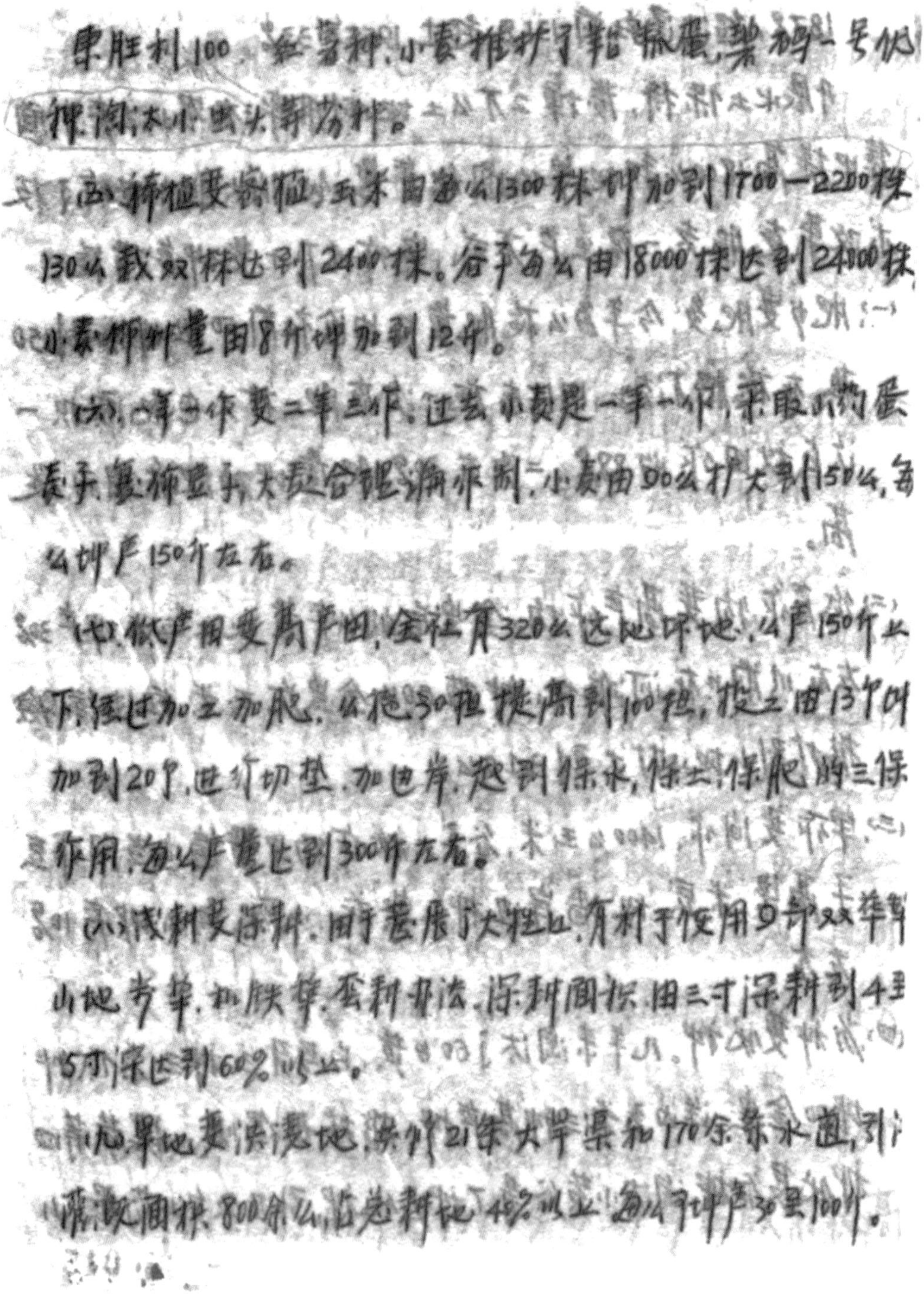
东胜村100亩红薯种，小麦推广了籽粒饱满，紫秆一号优
良种洵沐小麦头等芬种。
(五)种植要密植。玉米由每亩1300株增加到1700—2200株，
130亩栽双株达到2400株。谷子每亩由18000株达到24000株，
小麦播种量由8斤增加到12斤。
(六)庄稼耕作要二年三作。过去小麦是一年一作，采取以前长
季手复种豆子、大麦合理轮作制，小麦由90亩扩大到150亩，每
亩增产150斤左右。
(七)低产田变高产田，全社有320亩远地坏地，亩产150斤以
下，经过加工加肥，亩施30担提高到100担，捉土由13个时
加到20个，进行切垫，加田岸，起到保水、保土、保肥的三保
作用，每亩产量达到300斤左右。
(八)浅耕要深耕。由于普及了大牲口，有利于使用5部双铧犁
山地步犁、机械犁、套耕办法，深耕面积由三寸深耕到4至
5寸深达到60%以上。
(九)旱地变浇地。共修了21条大型渠和170余条水道，引洪
灌溉面积800余亩，占总耕地40%以上，每亩增产30至100斤。

图1-5-9　金星农林牧合作社全面发展建设山区的经验第九张

(十)小地变大地，打破地界和坟墓1000余块小地变成300多块大地，扩大耕地20亩。通过一系列的生产改革，促使单位面积产量迅速提高。到1956年在特大自然灾害袭击下，粮食亩均产达到400斤9两。(预计今年亩产到450斤)比建社前亩增产168斤，共增产275000斤，提高72%。

全面治理荒山和河滩，做好水土保持工作，是保证实现全面规划，发展山区多种经济，和改变山区贫困面貌的根本措施。金星社几年来付出了占全社总劳力工数的20%以上的劳动价值，进行了巨大的水土保持工作。在这项工作中，采取了由上而下由支到干的坡沟兼治方法。根据集中治理，综合治理，连续治理的方针，从长远综合着眼，眼前利益着手，在河滩里闸山沟6道，垒起285座谷坊，打拦洪坝9条，修370丈长石头大坝治滩淤地，扩大耕地280余亩。在梯田上打旱井20眼，大小蓄水池25个，开大小旱水渠300多道。在山坡上，先封山育林2000亩，荒山停耕造林5600亩，栽干种树330000株，植出产树3万株。实行轮封轮牧，培育牧草的

016

图1-5-10　金星农林牧合作社全面发展建设山区的经验第十张

（六）大力发展畜牧业和副业生产（1957年）

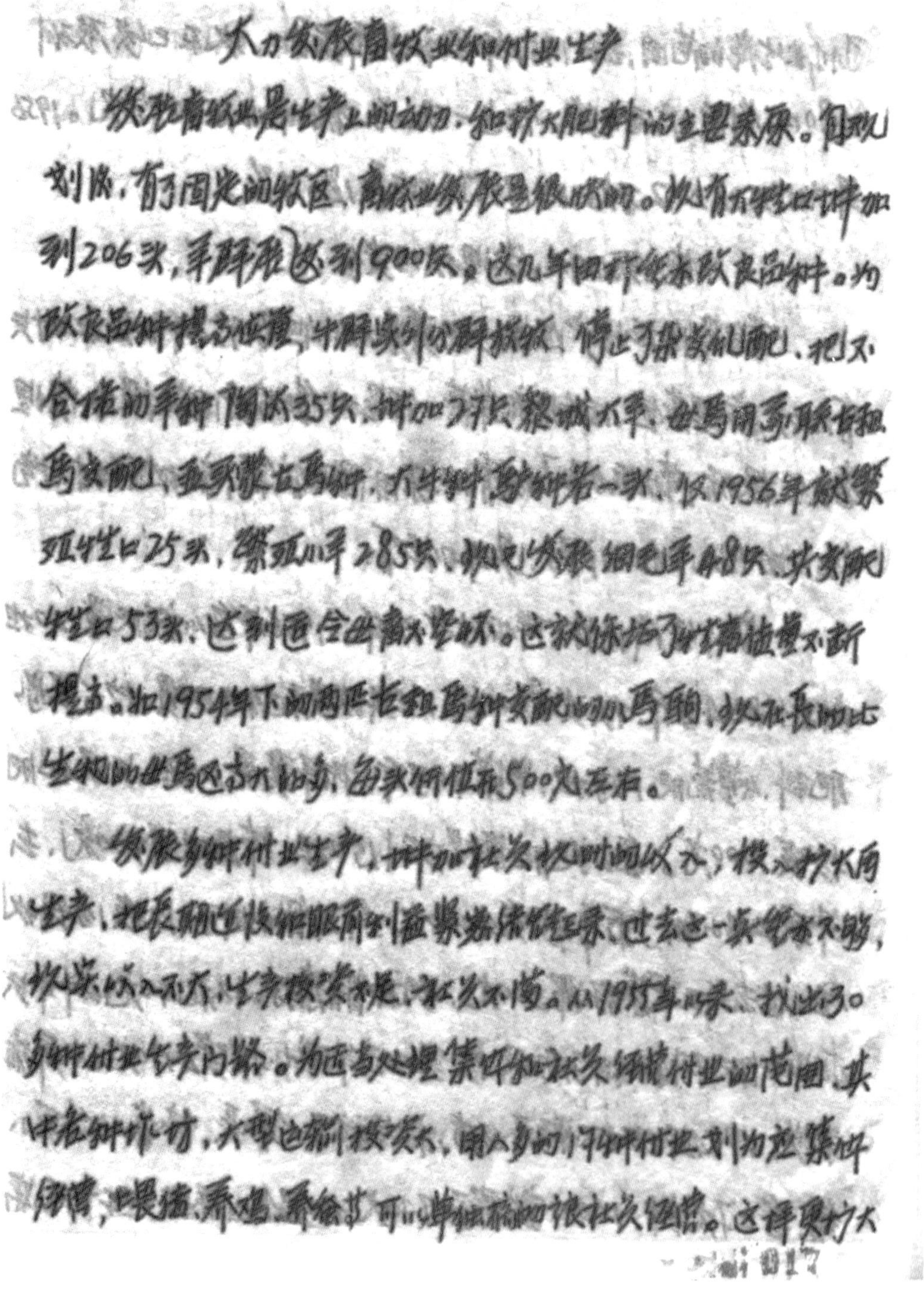

大力发展畜牧业和副业生产

发展畜牧业是生产上的动力，和扩大肥料的主要来源。自从[illegible]划后，有了固定的牧区，畜牧业发展是很快的。[illegible]有大牲口增加到206头，羊群发展到900只。这几年[illegible]本队良品种。为改良品种提高质量，牛群实行分群放牧，停止了杂交乱配，把不合格的种[illegible]淘汰35头，增加了[illegible]，[illegible]，母马[illegible]马交配，[illegible]蒙古马种，大牛种，[illegible]若一头，仅1956年就繁殖牲口25头，繁殖小羊285只，[illegible]细毛羊48只，[illegible]牲口53头，达到[illegible]。这就保证了[illegible]不断提高。如1954年下的[illegible]马种交配的小马驹，现在长的比[illegible]还高大的多，每头价值在500元左右。

发展多种副业生产，增加社员收入[illegible]，扩大再生产，[illegible]。过去这一项做的不够，收入[illegible]不大，生产投资不足，社员不满。从1955年以来，提出了多种副业生产门路。为适当处理集体和社员经营副业的范围，其中[illegible]作坊，大型[illegible]，[illegible]副业划为集体经营，喂猪、养鸡、养[illegible]可以单独[illegible]社员经营。这样更扩大

图1-6-1　大力发展畜牧业和副业生产第一张

了付业生产的范围，如1952年全社只养猪8口，现在已发展到480口，[illegible]一户两口猪，仅此一项收入就有15000余元。1956年付业收入2万元，比1955年增长185.7%。

勤俭办社，合理使用资金

资金是保证生产正常进行的物质基础，但是1952年初建社时只有120元底根基金，困难很大，但是[illegible]，发扬艰苦奋斗，勤俭办社的精神，采用因陋就简，就地取材，挖掘一切潜力，节约的开支，具体办法有：

一、采取经济措施，降低生产成本。1956年每亩施肥量120担[illegible]买化肥4万斤，投资8000元，三年[illegible]，扩大[illegible]肥料，如垦荒肥13万担，割青草70万斤，[illegible]100车，只买化肥投资1000元。每亩施肥[illegible]150担，节约投资7000元。去年买[illegible]5万斤投资4000元，今年[illegible]资金。过去[illegible]300元，现在[illegible]40元，今年只[illegible]投资比去年减少，投资190元。从养猪来说，1956年[illegible]养母猪，社里[illegible]，依靠从外买小猪，每口[illegible]100口就需要700元，如果[illegible]一年下两窝

图1-6-2　大力发展畜牧业和副业生产第二张

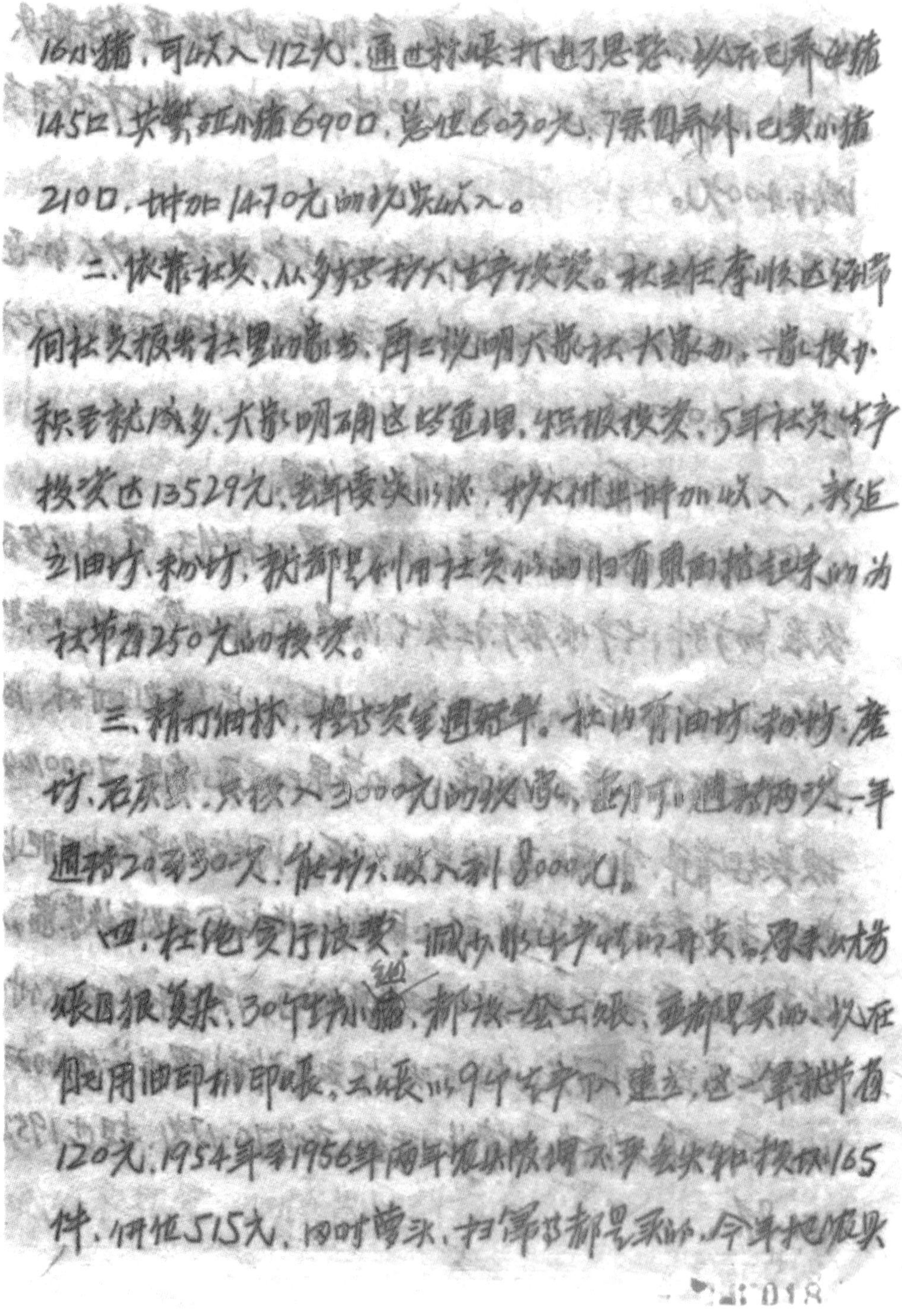

16口猪，可收入112元。通过粮食折价思想，从而已养母猪

145口，共繁殖小猪690口，总值6030元。除自养外，已卖小猪

210口，增加1470元的现款收入。

二、依靠社员，从多方面扩大生产投资。社主任李顺达领导

向社员报告社里的情况，再三说明大家社、大家办，一点一滴

积累就成多。大家明确这些道理，纷纷投资，5年社员生产

投资达13529元，[illegible]，扩大副业增加收入，新建

立油坊、粉坊，就都是利用社员们的旧有原料搭起来的，为

社节省250元的投资。

三、精打细算，提高资金周转率。社内有油坊、粉坊、磨

坊、石灰窑，共投入3000元的资金，每月可周转两次，一年

周转20至30次，能扩大收入到8000元。

四、杜绝贪污浪费，减少非生产性的开支。原来的帐

目很复杂，30个小组，都按一套工帐，每都是买的，现在

自己用油印机印帐，工帐以9个生产队建立，这一笔就节省

120元。1954年至1956年两年[illegible]165

件，价值515元，同时[illegible]、扫帚等都是买的，今年把[illegible]

018

图1-6-3　大力发展畜牧业和副业生产第三张

修理农具的门，加强领导，要组织两个铁匠修打农具500件，两个人编造簸头筐农具200件，这两项的非生产性开支减少400元。

全乡社农业有着储存起码的方针，保证了生产投资的扩大和逐年的增加。全社公共积累由1952年的120元增加到40000元。

只有综合发展，才能出好结果

全面规划以后，农业社在党的领导下贯彻执行了农林牧全面发展的方针，生产发展了，社员生活提高了，旧的贫困面貌已经改变，一幅幅新的美丽的乡村图景出现，山上栽的一片绿色树林，成长的树木已经成林成荫，果如苹果已开花结果，7000亩坡地长起了青草，有了绿色的马、牛、羊在放牧。河滩里修起了肥沃的良田，都长着稻和水的庄稼，到处呈现出一片社会主义建设景象。从生产总值上看，第一个五年计划四年完成了。1956年农林牧副业生产总值达82157元，超过第一个五年计划要求总值的23.3%，比较河林长工作，生产总值每人平均70.17元，超过1952年54.8%。

图1-6-4　大力发展畜牧业和副业生产第四张

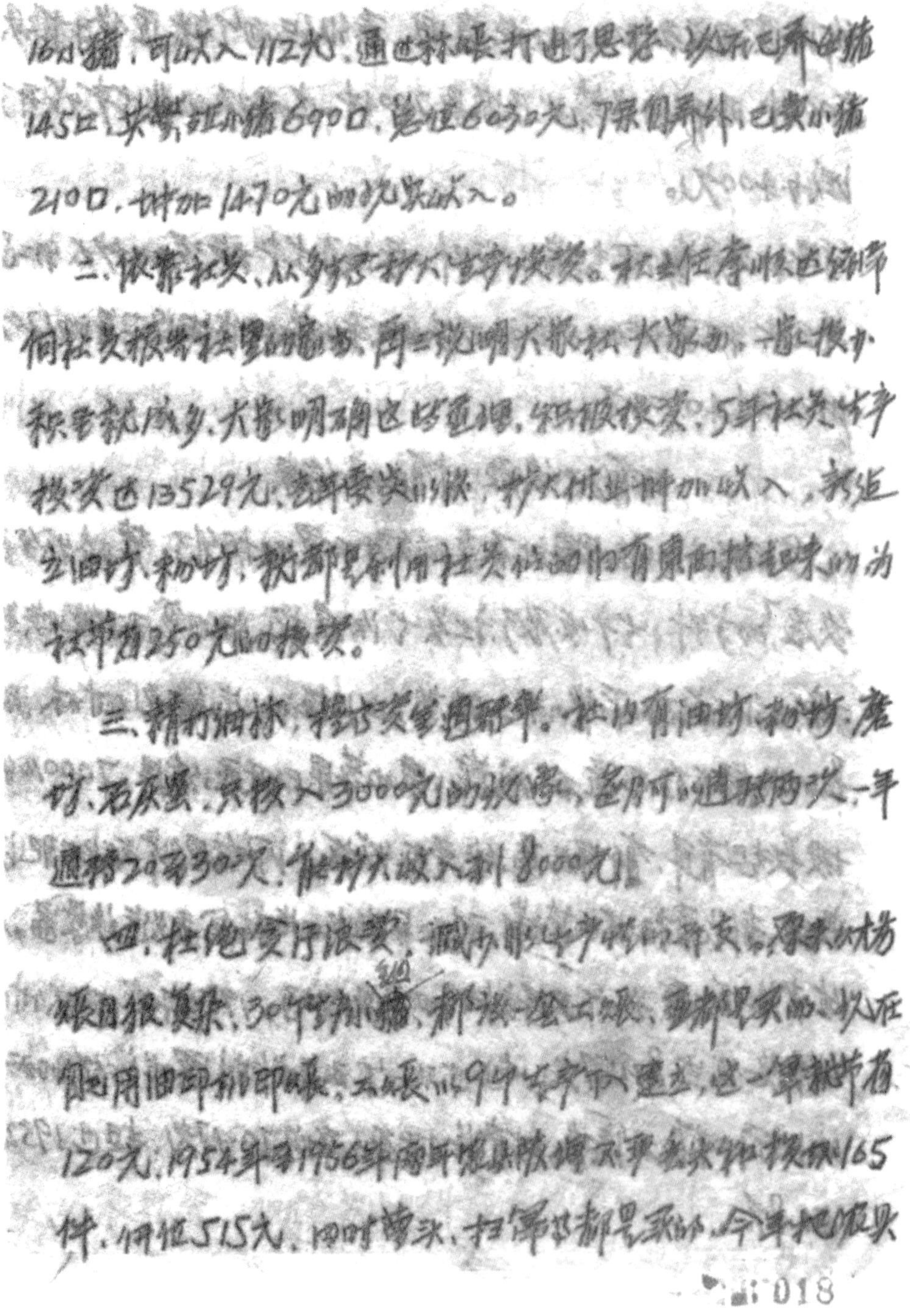

16只猪，可收入112元。通过社员打通了思想，从而已养的猪145口，共繁殖小猪690口，总值6030元，除自养外，已卖小猪210口，增加1470元的现款收入。

二、依靠社员，从多方面扩大资金投资。社主任李顺达经常向社员根据社里的情况，再三说明大家社大家办，一家人投入[illegible]积金就成多，大家明确这些道理，纷纷投资，5年社员共向社投资达13529元，支援农业的，扩大林业增加收入，新近建立油坊、粉坊，就都是利用社员在过去的自有积蓄的来的为社节省250元的投资。

三、精打细算，按时发放周转款。社内有油坊、粉坊、磨坊、石灰窑，共投入3000元的资金，每月可以周转两次，一年周转20至30次，能扩大收入到8000元。

四、杜绝贪污浪费，减少非生产性的开支。[illegible][illegible]，30个[illegible]，都[illegible]，[illegible][illegible]，[illegible][illegible]，[illegible][illegible]120元，1954年至1956年[illegible]165件，价值515元，[illegible]、扫[illegible]都是[illegible]，今年把[illegible]

018

图1-6-5　大力发展畜牧业和副业生产第五张

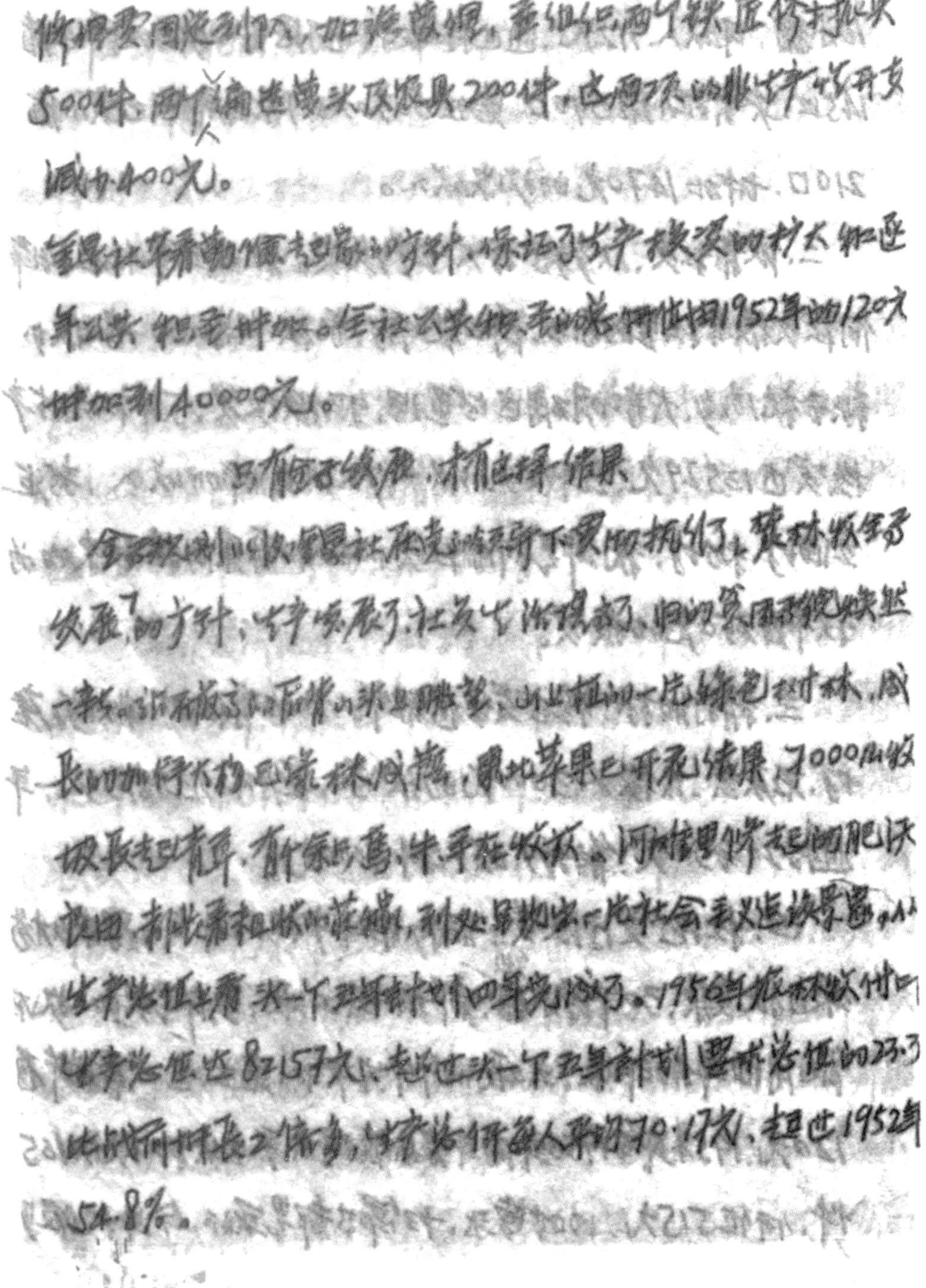

修理要用很多钱，加强管理，再组织两个铁匠修打农具500件，两个人编造簸头及农具200件，这两项的农业生产就开支减少400元。

全乡社员看到了勤俭办社的方针，保证了生产，积资的扩大[illegible]年以来，组织专业[illegible]。全社公共积累由1952年的120元增加到40000元。

五、有计划发展，才能见到结果

全乡认真贯彻执行了党的方针下贯彻执行了农林牧全面发展的方针，生产发展了，社员生活提高了，旧的贫困面貌焕然一新。过去荒无人烟的荒山秃岭，如今植起一片绿色树林，成长的如同[illegible]已成林成荫，果如苹果已开花结果，7000亩坡坡长起青草，有许多马、牛、羊在放牧。河滩里修起了肥沃良田，都长着粗壮的庄稼，到处显出一片社会主义建设景象。全社生产总值上升第一个五年计划四年完成了。1956年农林牧副业生产总值达82157元，超过第一个五年计划要求总值的23.3%，比战前增长2倍多，生产总值每人平均70.17元，超过1952年54.8%。

图1-6-6　大力发展畜牧业和副业生产第六张

随着生产的发展，人民的生活有了提高。每人平均收入1952年
310斤，1956年达到390斤，提高25%，比收入提高14.3%。从每个
购买力来看，由建社前的16.3元，提高到37.2元。从购买用物上看，
自行车、手电灯、毛毯子是社员们的日常用品了。1952年在西临一带就买
吃、穿得很困难，现在普不多每户都有一套或几套。从住房来看，1953
到1956年四年中，共盖新房127间，翻盖112间，新修造屋15处，
不少旧墙壁刷成灰粉，安上玻璃窗。从文化卫生上看，现有
小学四座，176个学令儿童基本上全部入学，社办民校5座，
114个男女青年业余参加扫盲，每人已识到500至1000字，社内
有俱乐部，收音机、有线广播网、小剧会。卫生方面新
建卫生所，接生站。

兵社以后能够取得以上优异成绩的原因，主要是我们在党的
领导下，正确的贯彻执行了农林牧副全面发展的山区建设
方针。但是我们并不为此而满足，将继续贯彻这个方针，在
完成第一个五年计划的基础上，订出了1957至1967年的建设
社会主义新农村十年建设计划。在粮食生产上贯彻执行以积
先发展粮食，同时大力发展油料、蔬菜发展的方针。到1967年

019

图1-6-7　大力发展畜牧业和副业生产第七张

耕地面积达到1850亩，平均亩产700斤，总产量达到129.5万斤，油料达到2.2万斤。农林生产，充分发挥荒山的作用，进行播种造林，以农业生产和木料林，改造自然面貌，支援国家工业建设，增加收入。十年的荒山播种7200亩，木料树130万株，生产树45万株。畜牧生产，采取大力繁殖，提高质量的方针，十年的牲口达到356头（马30匹，骡60头，驴66头，牛200头），羊2000只，其中细羊500只。副业生产，到1967年养猪1000口，养鸡3500只，养蜂产蜜3000斤，养蚕20箱，并且大力培育药材，采集和大搞150亩，年产量为1.165万斤。同时搞好副业加工，编织等生产。在兴修水利，水土保持方面，继续贯彻执行以蓄为主，以小型为主，连续治理的方针，十年的修水浇地3000亩，石修梯田5000亩，营造2000亩，7200亩宜林荒山全部播种造上林，闸谷坊200座，打旱井100眼，做到坚决控制水土流失和保水，天不下雨能够保证播种。到1962年生产总值为625560元，比1952年提高1400%，每人平均417元。全社总收入达到350万元，每户收入1.3万元，向社会主义道路上大踏步前进。

图1-6-8　大力发展畜牧业和副业生产第八张

（七）金星社生产情况（1957年）

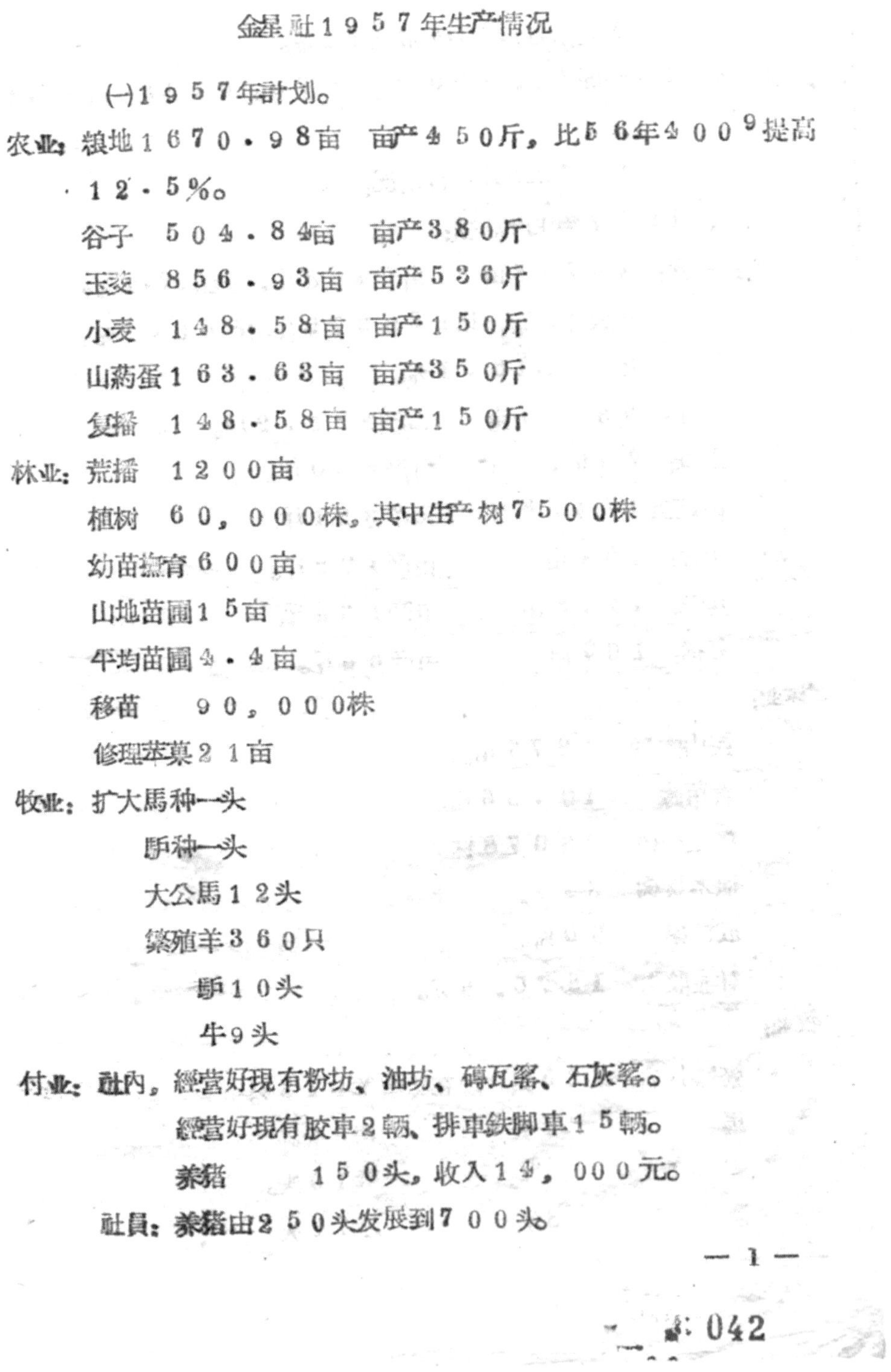

图1-7-1　金星社生产情况第一张

养鸡由每户7只发展到10支。

总收入由56年的64，180元提高到76，013元，占21.5‰

（二）1957年計划执行情况：

一、1957年生产成績：

农业：粮食：1670.8亩　　亩产488斤，超额22.7%。

完成了計划，比52年270斤增产80.7%。

每年平均16.1%。

谷子：539.1亩　　亩产385.2斤。

玉茭：790.1亩　　亩产650斤。

山药蛋174.8亩　　亩产381斤。

小麦：151亩　　亩产102斤。

其他：14.8亩　　亩产168斤。

复播：100亩　　亩产86斤。

林业：

荒山播种　1375亩。

育苗圃　10.56亩。

植生产树　23078株。

植木材树　344，498株。

成活率　90%。

林业收入　1870，5元。

牧业：

繁殖小羊　235只　现在共有羊913只。

馬　1头　馬8头。

騾　1头　騾10头。

驴　8头　驴72头

图1-7-2　金星社生产情况第二张

牛　　5头　　牛49头。

牧业收入 1224，89元。

付业：

社内付业收入共計　14039，01元。

社員 养猪 525头 其中社内养 50头。

农、林、牧、付总收入101，065元 每人平均82，5元。

净收入每人平均62，4元。

生产和收入都超过富裕中农水平：

57年农业社亩产488斤 入社前富裕中农亩产250斤。

每人平均净收入62，4元 入社前富裕中农净收入55元。

生产上超过战前富农水平：战前富农亩产330斤。

二、农业增产的主要措施。

1.增施肥料提高肥质：今年每亩上肥155担。比去年增加24%。为了增施肥料提高肥质曾經发动社員开展了献斗献宝运动。共挖出五项主要肥源：(1)刷窑旧肥。(2)熏荒肥。(3)发动妇女儿童拾羊粪。(4)牧畜勤垫圈勤出圈改善圈肥管理。(5)增加經济肥料。由于发动社員积肥全年节省化肥投资4000多元。

2.合理密植：其中主要是：推广玉茭双株密植法。56年在不同类型土地中試驗，河灣地干子粗叶子大容易坏，凹地不透风容易热死，河边两岸地較适当。同等土地可增产150斤，全社共推广了131亩，每亩由单株1800株提高到2400株。其他玉茭地边由过去1600株到2000株提高到1800株到2200株，谷子全用9寸楼播种，每亩留苗由去年22000株增加到24000株

3.适当間作取消套田，谷地間作玉茭、高粱、大黑豆，田边岸边种麻和南瓜，玉茭地間作高粱、大黑豆，群众称之为「三层楼加一条边」，每亩多产50——60斤。

— 8 —

043

图1-7-3　金星社生产情况第三张

4.加强远地坏地管理。加工加肥。全社有远地820亩。今年加工细修。每亩用工由过去15工增加到20工。增加肥料。由过去每亩三四十担提高一百担。提前下种。改变先种近地好地稍带种远地的习惯。因地制宜多种高产作物。加强田間管理。实行責任制。因此57年平均亩产达880斤。比56年180提高150斤。

5.扩大优良品种。57年采用去年培养的杂交玉麦共810亩。每亩平均比本地玉麦多60斤。山药蛋全用五台山种。每亩比土种多收400斤到500斤。母鸡嘴谷由56年的60亩扩大到180亩。其余的玉麦谷子全用本地穗选的优种。

6.变洪害为洪利。57年全社共修大小渠道275道。使620亩地洪澆一次到四次。約占全社地40%。

7.深耕細作。56年秋后普耕一次。深耕四至五寸。耕二次占50%。并結合耕二次上了底肥。今年春天旱。普遍打坷垃二至三次。普耙普耢三次。一半以上的秋田耪了四次。春种时大多数玉麦采用了刨窩点种。由于动手高耙耢保墒好。保証了絕大部分土地全苗。秋前田間管理。玉麦谷子普锄三次。锄四次的达82亩。并进行了一次普追，追二次的达82%。这些耕作是任何富裕中农都赶不上的。战前富裕中农每亩投工十三四个。今年全社秋耕地每亩平均达20个。

1.加强政治思想工作。在毛主席千方百計爭取大丰收的号召下，全年貫彻了献斗运动。光春前挖掘增产措施就提了92条。因此和去年相比，眞正做到了措施十二分。指标十分。在措施上克服了保守思想，糾正了过去先定指标后找措施的做法。由于献斗运动貫彻了全年，保持了群众在农业生产上頑强的斗争信心。

附：金星社1958年农业生产計划（草案）

一、增产指标：全部耕地1670亩。亩产600斤。比57年

……

图1-7-4　金星社生产情况第四张

增加112斤，提高22.7%。

二、增产措施：

1.多种玉麦少种谷。全社主要作物是玉麦、谷子、土豆和小麦。其中玉麦要算高产作物，比谷子每亩多产200多斤。計划58年扩大玉麦200亩，共种1000亩，共計增产四万斤。

2.扩大优种。扩大金皇后400亩，每亩增产150斤，共計六万斤。

3.扩大山药蛋80亩，每亩增产200斤，共增1.6万斤。

4.继续加强远地坏地管理，坏地300亩，每亩增产100斤，共計三万斤。

5.整地1200亩——扩大面积60亩，每亩500斤，共計三万斤。

6.多种双株玉麦400亩，每亩增产150斤，共計6万斤。

共計增产27.6万斤，每亩平均增产140斤。

× × ×

为了顺利执行上述措施，要改进生产管理，加强政治思想工作。在生产管理方面，要在三定一奬基础上实行以产計酬制，实行任务到底，措施到田，责任到户的管理办法。在政治思想工作方面要經常采用大鸣大放大字报，大辯論的方法，依靠群众多数解决群众思想問題。

— 5 —

044

图1-7-5 金星社生产情况第五张

（八）西沟乡金星社三定一奖制度（1957年5月5日）

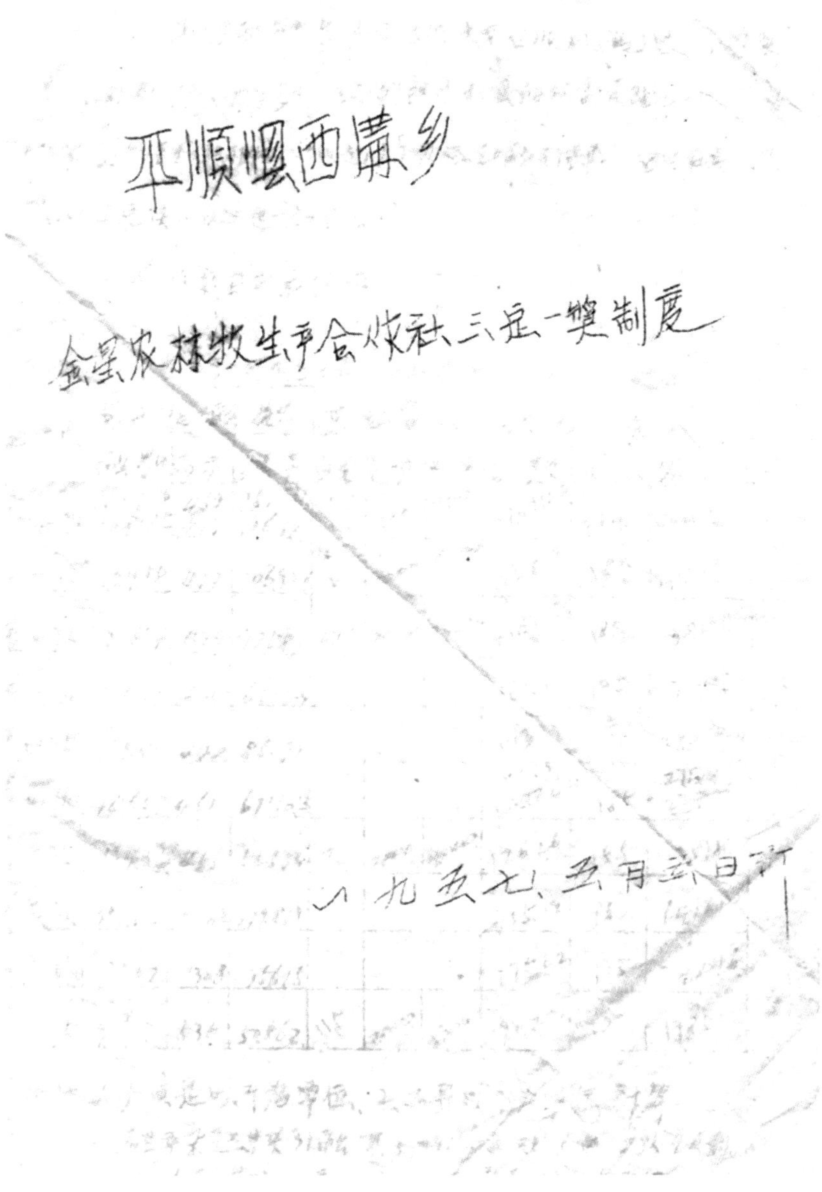
平順縣西溝乡

金星农林牧生产合作社三定一奖制度

一九五七、五月五日订

图1-8-1　西沟乡金星社三定一奖制度第一张

西沟乡金星农林牧生产合作社三定一奖制度

平顺西沟乡金星农林牧生产合作社，为了进一步的贯彻民主办社、勤俭办社的方针，全面的改进社里的经营管理工作，调动生产队和社员们的劳动积极性，掀起大丰收运动的新高潮，通过社员代表大会，现以确定保证做三定一奖制。

一、田间包工 评件数目列表说明

附表一

西沟乡金星社包工包产表、一九五七年

生产单位别	包产总亩数			其红萝卜			总包工数		
	亩数	亩产	总产	亩数	亩产	总产	亩数	亩工	总工数
金星社总数	1680.25	477	787.931	10.81	2000	21620	1691.06	184	311.715
其中第一队	224.18	477	106.934	4	2000	8000	228.18	180	41.772分
第二队	206.94	473	97.883	3.66	2000	7320	210.6	180	38.102
第三队	160.1	425	68.043				160.1	190	30.419
第四队	193.39	440	85.092				193.39	180	35.050分
第五队	145.57	461	67.150				145.57 ~~126.26~~	185	27130 ~~23.518~~
第六队	124.26	455	56.533	2	2000	4000	126.26	185	23.518
第七队	355.12	506.5	179.819				355.12	180	64.161分
第八队	175.62	430.8	75.615				175.62	195	34.246
第九队	95.07	535	50.862	1.15	2000	2300	96.22	185	17.881分

说明 1、产量是以斤为单位、2、工是以分为单位计算。

3、各生产队更五米共31亩，其中一队5亩 二队5亩 四队4.6亩 五队5亩、六队4亩、七队6亩，每亩加工4分在内。

055

图1-8-2　西沟乡金星社三定一奖制度第二张

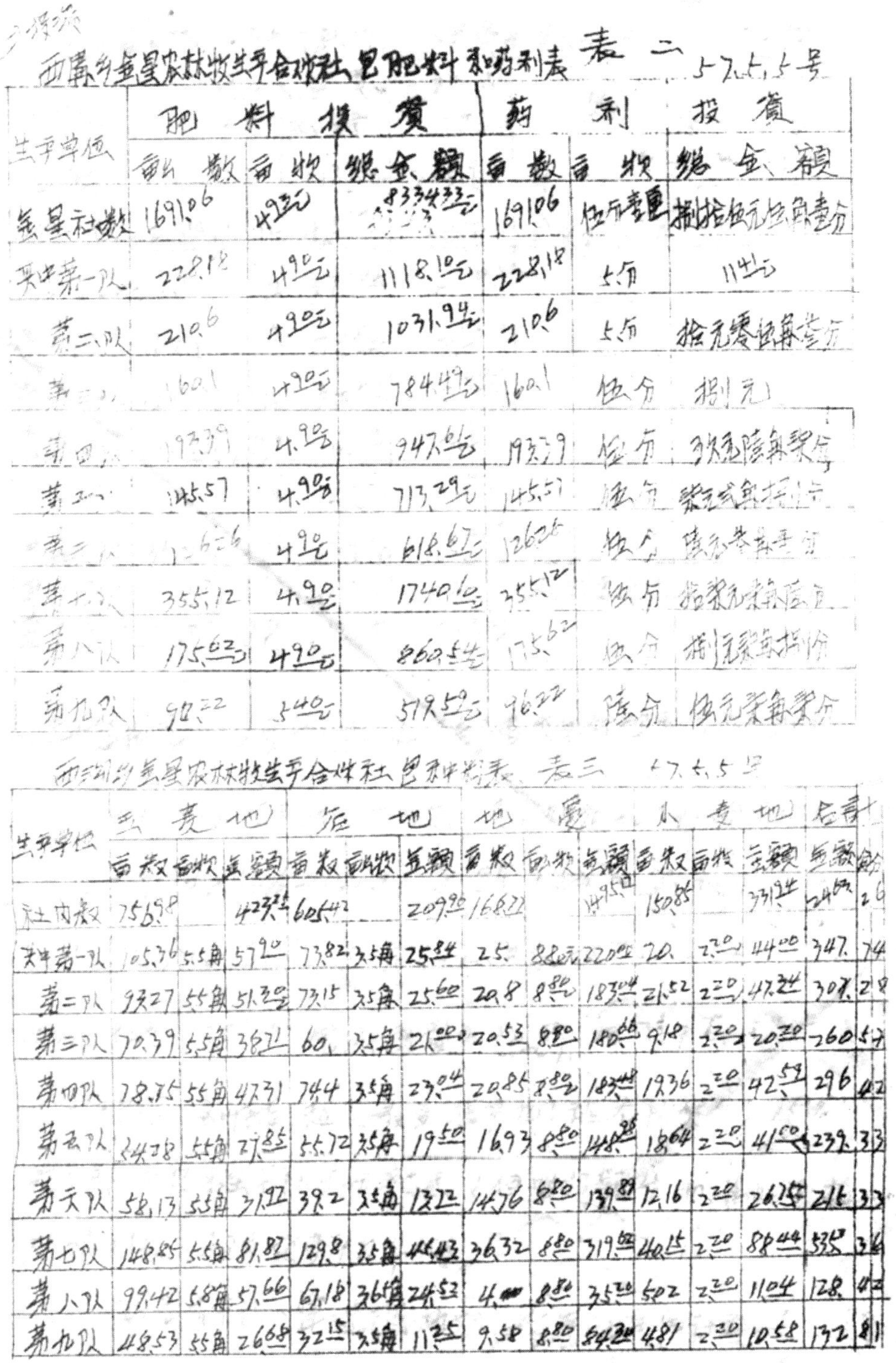

西沟乡金星农林牧生产合作社包肥料和药剂表 表二 57.5.5号

生产单位	肥料投资			药剂投资		
	亩数	亩收	总金额	亩数	亩收	总金额
金星社数	1691.06	4.9元	8334.33元	1691.06	伍分壹厘	捌拾伍元伍角壹分
其中第一队	228.18	4.90元	1118.10元	228.18	5分	11.41元
第二队	210.6	4.90元	1031.94元	210.6	5分	拾元零伍角叁分
第三队	160.1	4.90元	784.49元	160.1	伍分	捌元
第四队	193.39	4.90元	947.61元	193.39	伍分	玖元陆角柒分
第五队	145.57	4.90元	713.29元	145.57	伍分	柒元贰角捌分
第六队	126.26	4.90元	618.67元	126.26	伍分	陆元叁角壹分
第七队	355.12	4.90元	1740.09元	355.12	伍分	拾柒元柒角陆分
第八队	175.62	4.90元	860.54元	175.62	伍分	捌元柒角捌分
第九队	96.22	5.40元	519.59元	96.22	陆分	伍元柒角柒分

西沟乡金星农林牧生产合作社包种籽表 表三 57.5.5号

生产单位	大麦地			荒地			地瓜			小麦地			合计	
	亩数	亩收	金额	亩数	亩收	金额	亩数	亩收	金额	亩数	亩收	金额	金额	余
社内数	756.98		[illegible]	605.42		209.90	168.22		1495.0	150.86		331.94	249	2
其中第一队	105.36	5.5角	57.90	73.82	3.5角	25.84	25.	8.80元	220.00	20.	2.20	44.00	347.	74
第二队	93.27	5.5角	51.30	73.15	3.5角	25.60	20.8	8.80	183.04	21.52	2.20	47.34	307.	28
第三队	70.39	5.5角	38.71	60.	3.5角	21.00	20.53	8.80	180.66	9.18	2.20	20.20	260	57
第四队	78.75	5.5角	43.31	74.4	3.5角	23.04	20.85	8.80	183.48	19.36	2.20	42.59	296	42
第五队	54.28	5.5角	29.85	55.72	3.5角	19.50	16.93	8.80	148.98	18.64	2.20	41.00	239.	33
第六队	58.13	5.5角	31.92	39.2	3.5角	13.72	14.76	8.80	139.88	12.16	2.20	26.75	216	33
第七队	148.85	5.5角	81.87	129.8	3.5角	45.43	36.32	8.80	319.00	40.15	2.20	88.44	535	36
第八队	99.42	5.8角	57.66	67.18	3.6角	24.53	4.00	8.80	35.20	5.02	2.20	11.04	128.	42
第九队	48.53	5.5角	26.68	32.15	3.5角	11.25	9.58	8.80	84.34	4.81	2.20	10.58	132	81

图1-8-3　西沟乡金星社三定一奖制度第三张

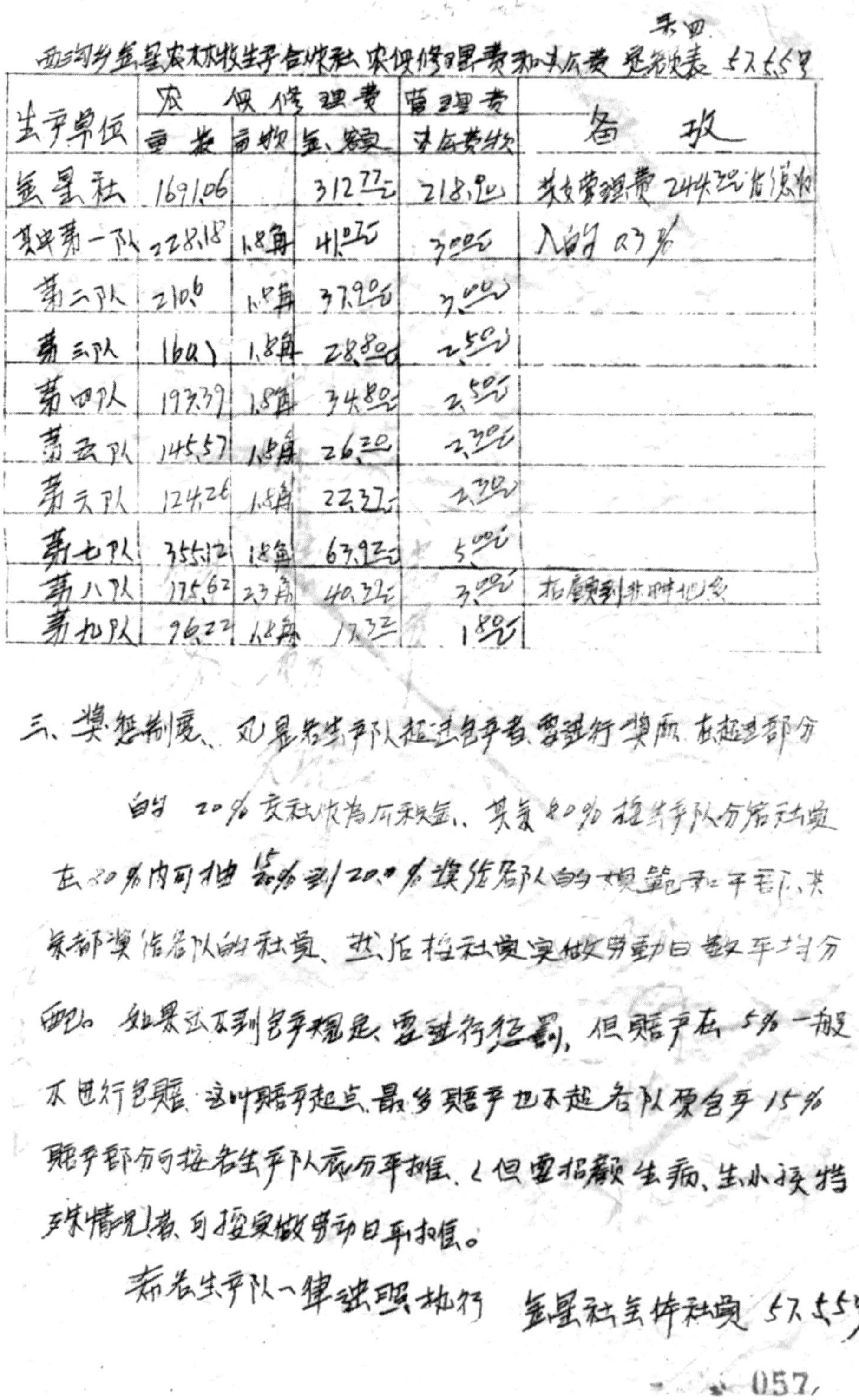

表四

西沟乡金星农林牧生产合作社农具修理费和办公费定额表 57.5.5

生产单位	农具修理费			管理费	备考
	总数	百分比	金额	办公费数	
金星社	1691.06		312.77元	218.90元	其中管理费244.52元占总收入的03%
其中第一队	228.18	1.8角	41.07元	3.00元	
第二队	210.6	1.8角	37.90元	3.00元	
第三队	160	1.8角	28.80元	2.50元	
第四队	193.39	1.8角	34.80元	2.50元	
第五队	145.57	1.8角	26.20元	2.30元	
第六队	124.26	1.8角	22.37元	2.30元	
第七队	355.12	1.8角	63.92元	5.00元	
第八队	175.62	2.3角	40.32元	3.00元	占磨到非耕地多
第九队	96.22	1.8角	17.32元	1.80元	

三、奖惩制度、凡是各生产队超过包产者，要进行奖励，在超过部分的20%交社作为公积金、其余80%按生产队分给社员，在80%内可抽15%到20%奖给各队的模范和干部，其余部奖给各队的社员、然后按社员实做劳动日数平均分配。如果达不到包产规定、要进行惩罚，但赔产在5%一般不进行包赔，这叫赔产起点，最多赔产也不超各队原包产15%，赔产部分可按各生产队分平摊，但要照顾生病、生小孩特殊情况者，可按实做劳动日平摊。

希各生产队一律遵照执行　金星社全体社员 57.5.5

057

图1-8-4　西沟乡金星社三定一奖制度第四张

（九）西沟乡团结社财务、劳动、生产规划（1957年1月）

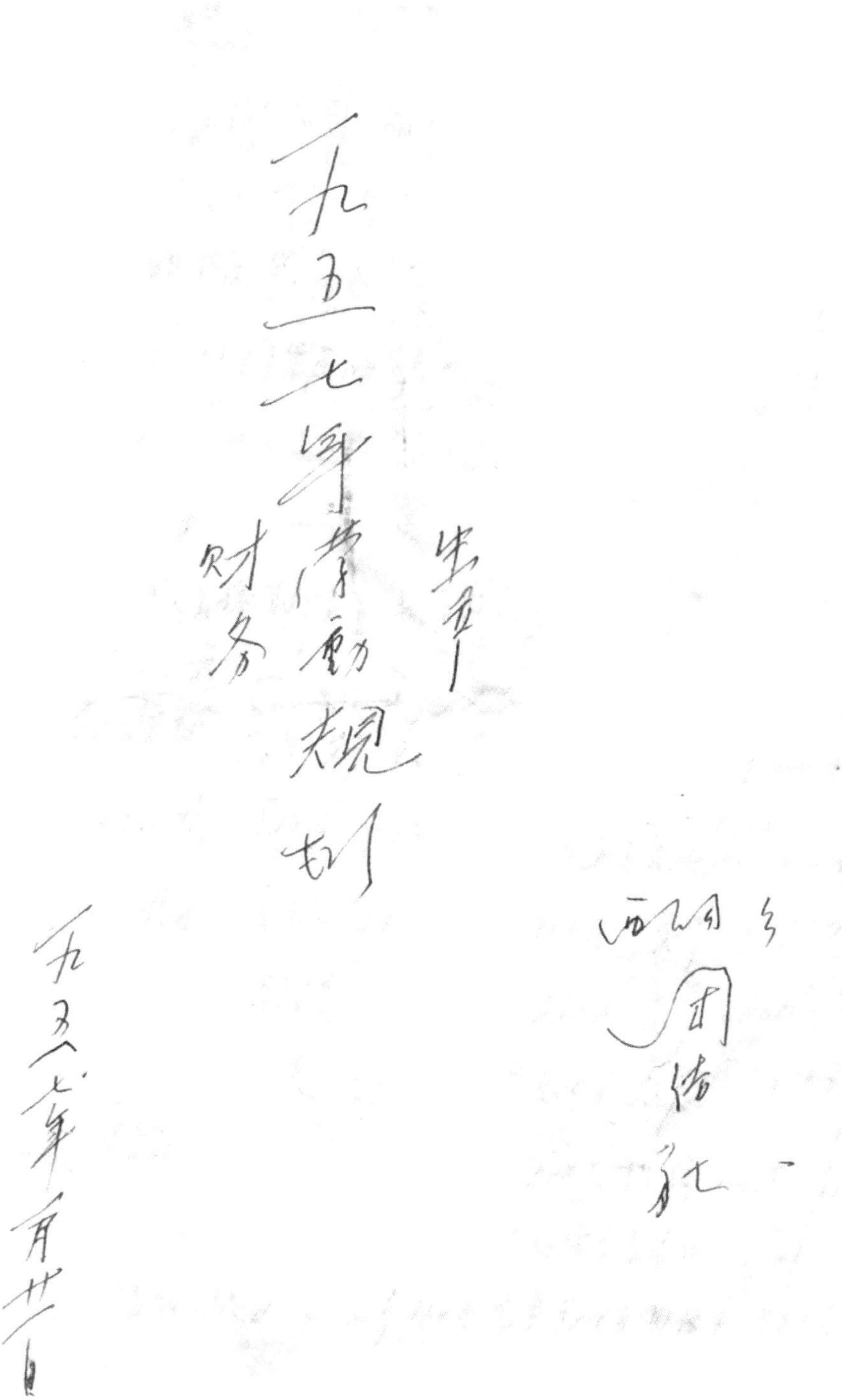
一九五七年
财务
劳动
生产
规划

西沟乡
团结社

一九五七年一月廿一日

图1-9-1　西沟乡团结社财务、劳动、生产规划第一张

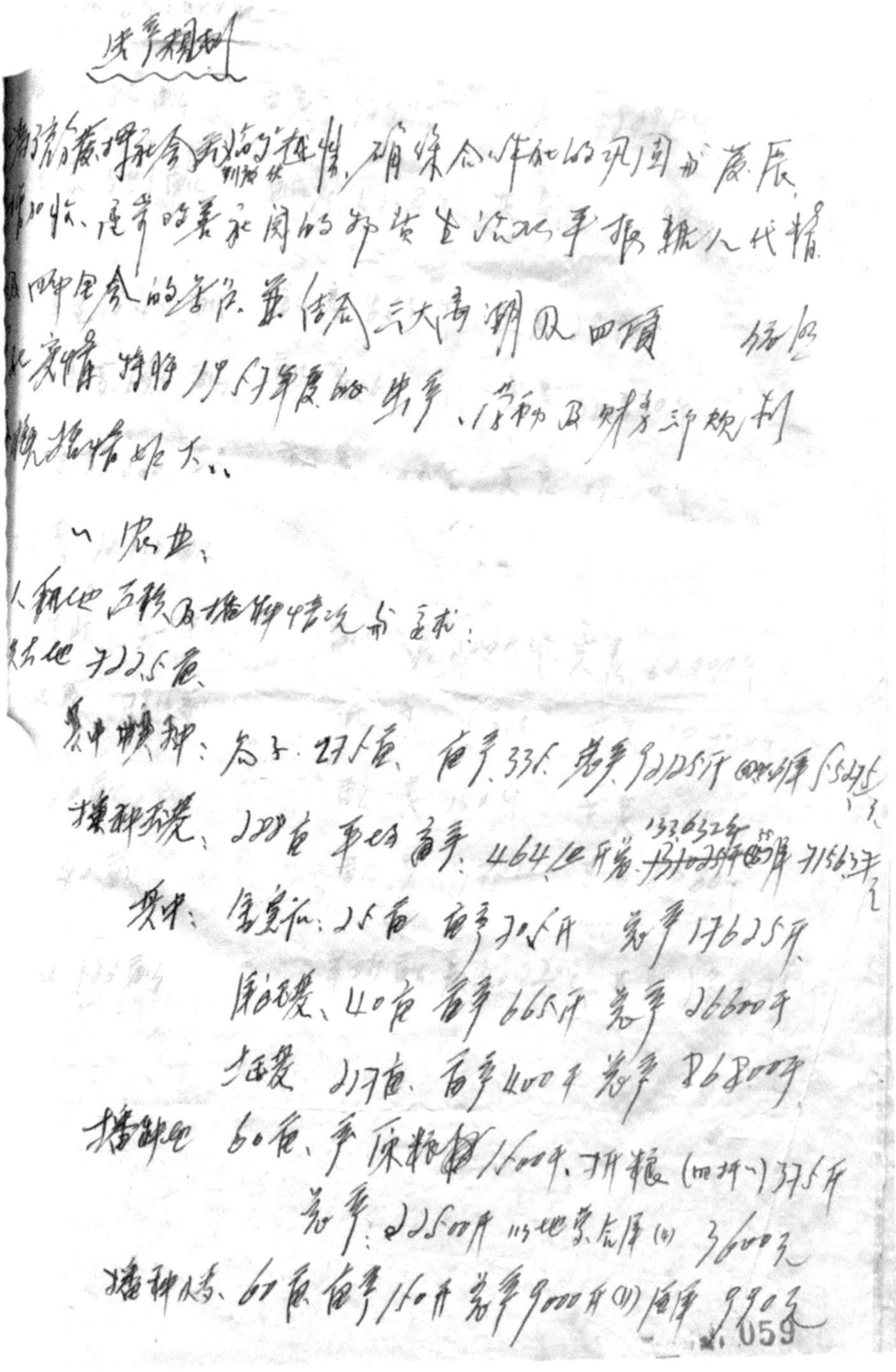

生产规划

为了贯彻[illegible]情，确保合作社的巩固和发展，增加收入，[illegible]人代精[illegible]全会的号召，并结合三大高潮及四项[illegible]实际情况，特将1957年度的生产、劳动及财务三项规划概括如下：

一、农业：

1.耕地面积及播种情况分述：

耕地 922.5亩

其中播种：谷子 275亩，亩产335，总产92125斤 [illegible] 15475元

播种玉米，228亩，平均亩产464.4斤，总产133632斤 [illegible] 71563元

其中：金皇后 25亩，亩产705斤，总产17625斤

[illegible] 40亩，亩产665斤，总产26600斤

土玉米 213亩，亩产400斤，总产85200斤

播种山药 60亩，产原粮15000斤，折粮（四折一）3750斤

总产22500斤 [illegible] 3600元

播种[illegible] 60亩，亩产150斤，总产9000斤 [illegible] 990元

059

图1-9-2　西沟乡团结社财务、劳动、生产规划第二张

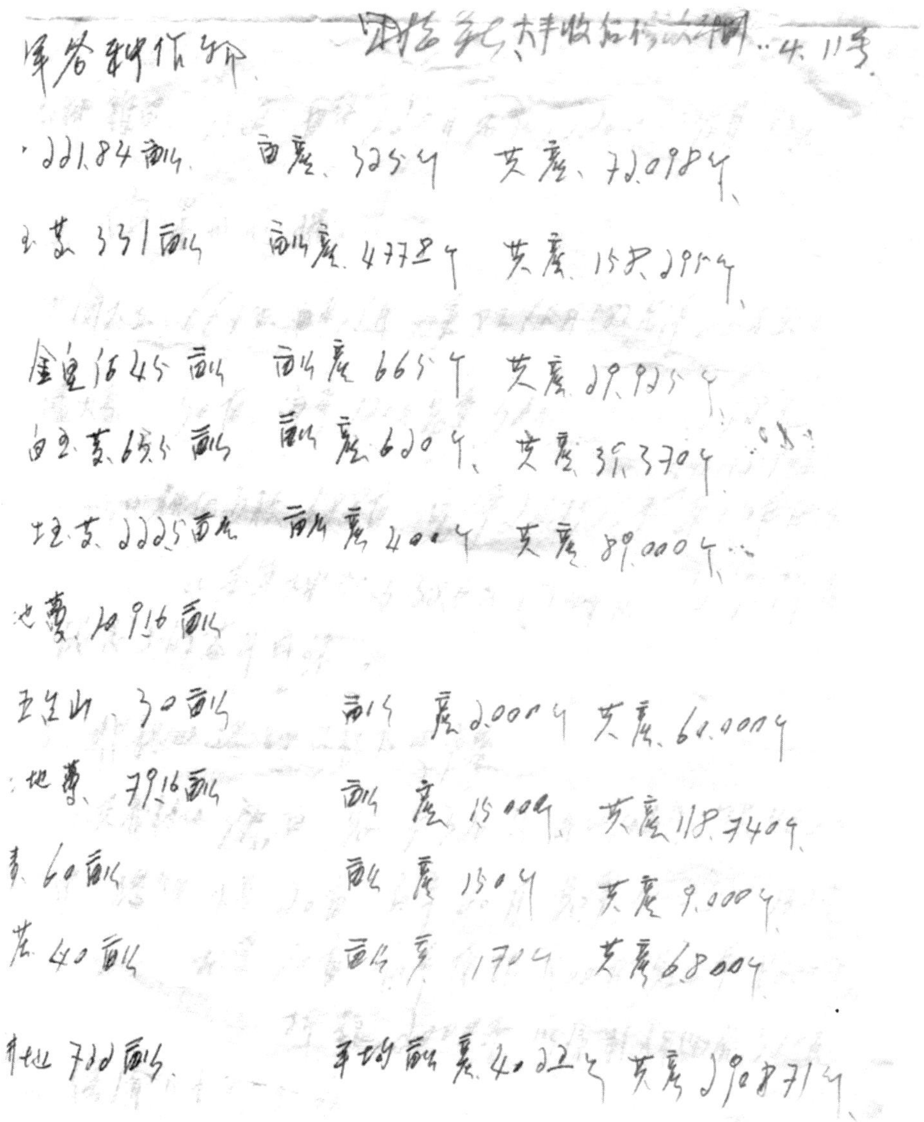

粮谷耕作分析　　团结乡农社大丰收结构……4.11号

谷221.84亩　亩产325斤　共产72098斤

玉茭331亩　亩产477.5斤　共产158295斤

金皇后45亩　亩产665斤　共产29925斤

白玉茭65.5亩　亩产620斤　共产35370斤

红玉茭222.5亩　亩产400斤　共产89000斤

山药109.16亩

土豆30亩　亩产2000斤　共产60000斤

地蔓79.16亩　亩产1500斤　共产118740斤

麦60亩　亩产150斤　共产9000斤

豆40亩　亩产170斤　共产6800斤

耕地788亩　平均亩产402.2斤　共产3[illegible]871斤

图1–9–3　西沟乡团结社财务、劳动、生产规划第三张

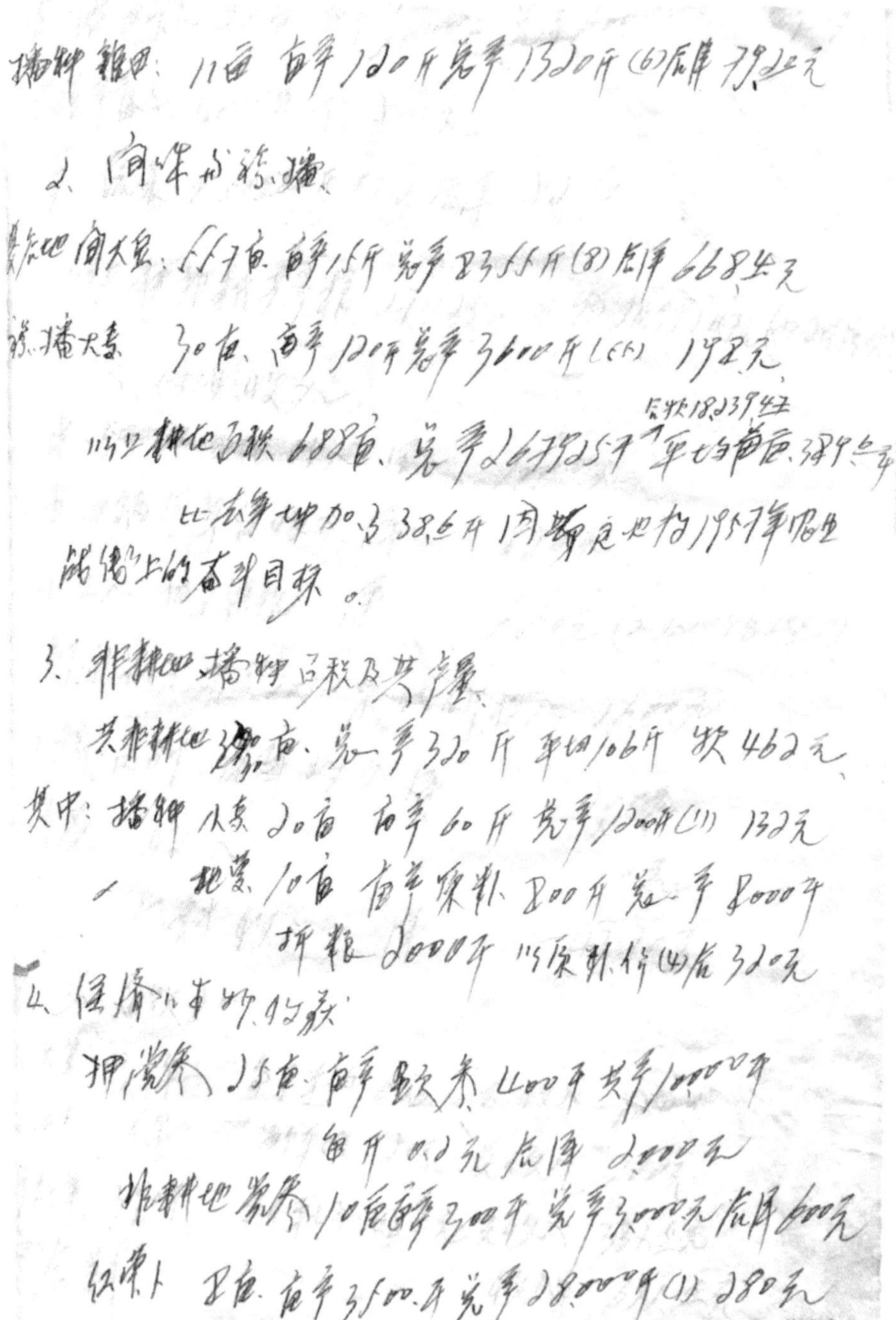
播种糜田：11亩 亩产120斤 总产1320斤 (6) 价值79.20元

2、间作开荒播

熟荒地间大豆：55.7亩 亩产15斤 总产835.5斤 (8) 价值66.84元

荒播大麦 30亩 亩产120斤 总产3600斤 (5.5) 198元

以上耕地面积688亩、总产264925.5斤 价值18239.47 平均每亩产384.5斤

比去年增加了38.5斤 同时也达到1957年增产能达到的奋斗目标。

3、非耕地播种面积及其产量

共非耕地30亩、总产320斤 平均10.6斤 价值462元

其中：播种大麦 20亩 亩产60斤 总产1200斤 (11) 132元

〃 种菜 10亩 亩产原料800斤 总产8000斤

折粮2000斤 以原料价 (4) 合320元

4、经济作物收获

种洋麻 25亩 亩产皮麻400斤 共产10000斤

每斤0.2元 价值2000元

非耕地洋麻 10亩 亩产300斤 总产3000元 价值600元

红萝卜 8亩 亩产3500斤 总产28000斤 (1) 280元

061

图1-9-4 西沟乡团结社财务、劳动、生产规划第四张

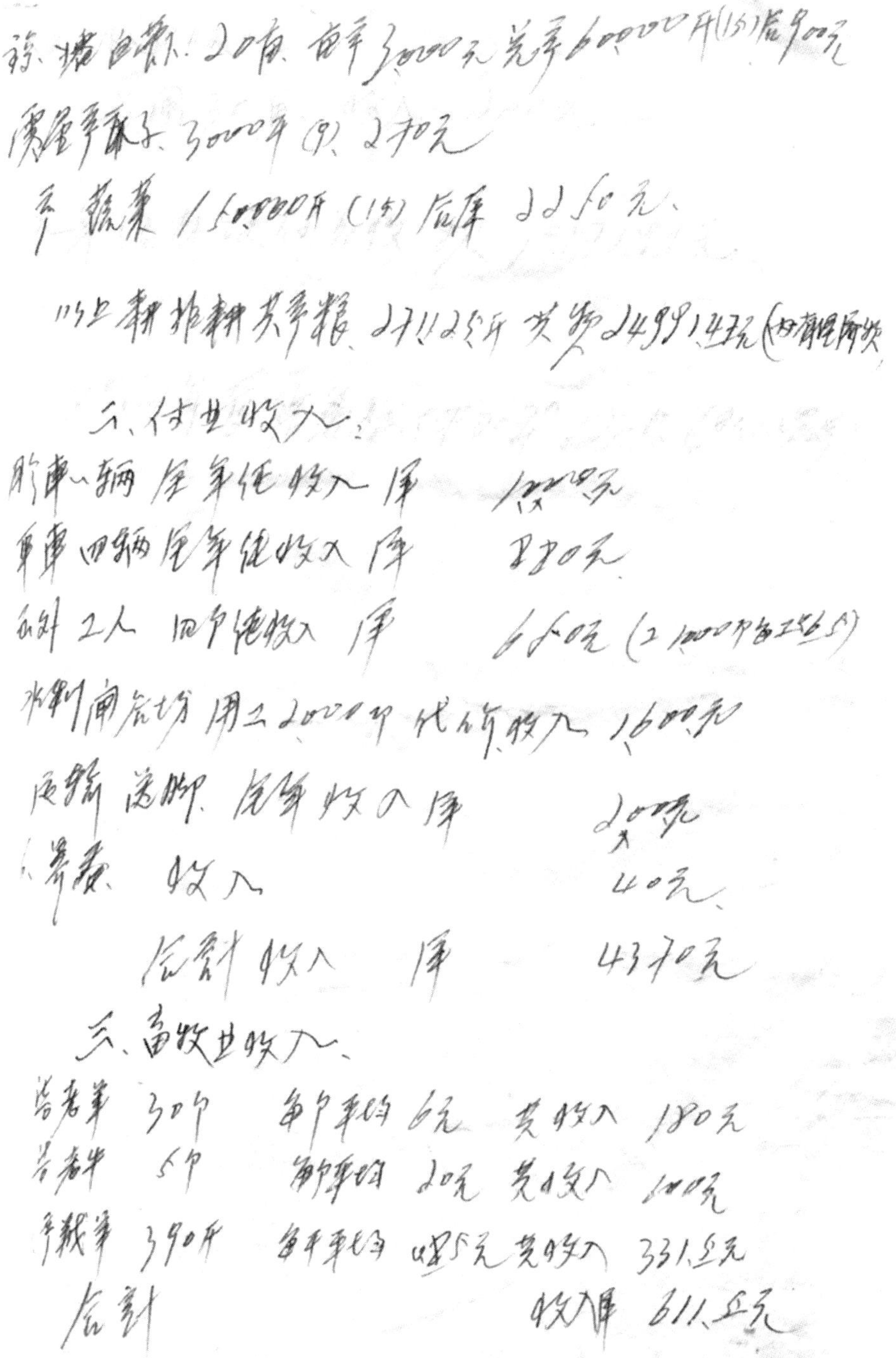
蔬、糖白菜：20亩 亩产3000斤 共产60000斤（15）合900元
馬鈴薯蔴子、30000斤（9）、270元
產 蔬菜 150000斤（15）合洋 2250元
以上耕作耕共產糧、271125斤 共值24991.4元（以有價值可收）
二、付业收入：
胶車一辆 全年纯收入洋 1200元
牛車四辆 全年纯收入洋 680元
缝纫工人 四户纯收入洋 650元（21000个每工65）
水利南舍坊 用工2000个 代价收入 1600元
运输 送脚 全年收入洋 200元
其他 收入 40元
合計收入 洋 4370元
三、畜牧业收入：
母猪羊 30个 每个平均6元 共收入 180元
母猪牛 5个 每个平均20元 共收入 100元
产绒毛 390斤 每斤平均0.85元 共收入 331.5元
合計 收入洋 611.5元

图1-9-5 西沟乡团结社财务、劳动、生产规划第五张

四、林业收入：

苗圃30亩、收入、200元

全年农林牧付总收入3017154元。

1957年发展养猪比56加到220只（私人喂养）

图1-9-6　西沟乡团结社财务、劳动、生产规划第六张

劳动规划：

一、全社劳动力基本情况：

男全劳力：92个、半劳力15个、非的劳力9个、共116个、

女全劳力 61个 半劳力 19个 共 80个

二、劳动日的资源、

全年总投工 33500个、男劳力平均 261.5个 最高做到300个、

女劳力平均 52个 最高做到120个、

三、劳动日的用途：

1、农业、722.5亩、用工平均26.45个 共用工19123个（包括积肥工在内）

非耕地 用工 640个、

2、畜牧业用工 用工4406个

3、基建水利 用工2000个

4、副业用工、

①、大车 600个

②、马车 880个

③、副业工人 1200个

④、运输 210个

⑤、养蚕 50个

5、林业用、

①、育林坑 120个

064

图1-9-7　西沟乡团结社财务、劳动、生产规划第七张

㈡、造林 3,500工

㈢、零星植树 2,000株 用工 100工

㈣、荒山苗圃 30亩 用工 300工

㈤、修理梯林坝 用工 400工

㈥、修新修林坝 用工 800工

㈦、养苗圃 用工 8工

㈧、养菜园 1亩 用工 10工

6、私人应役 用工 519工

7、副业工 600工

8、公共应役工 350工

9、机动工 800工

10、修梯田工 1540工

共平摊非生产应役工 13,500工

除私人应役工 519

共除工 4019工

实际余下可分配的 29491工

图1–9–8 西沟乡团结社财务、劳动、生产规划第八张

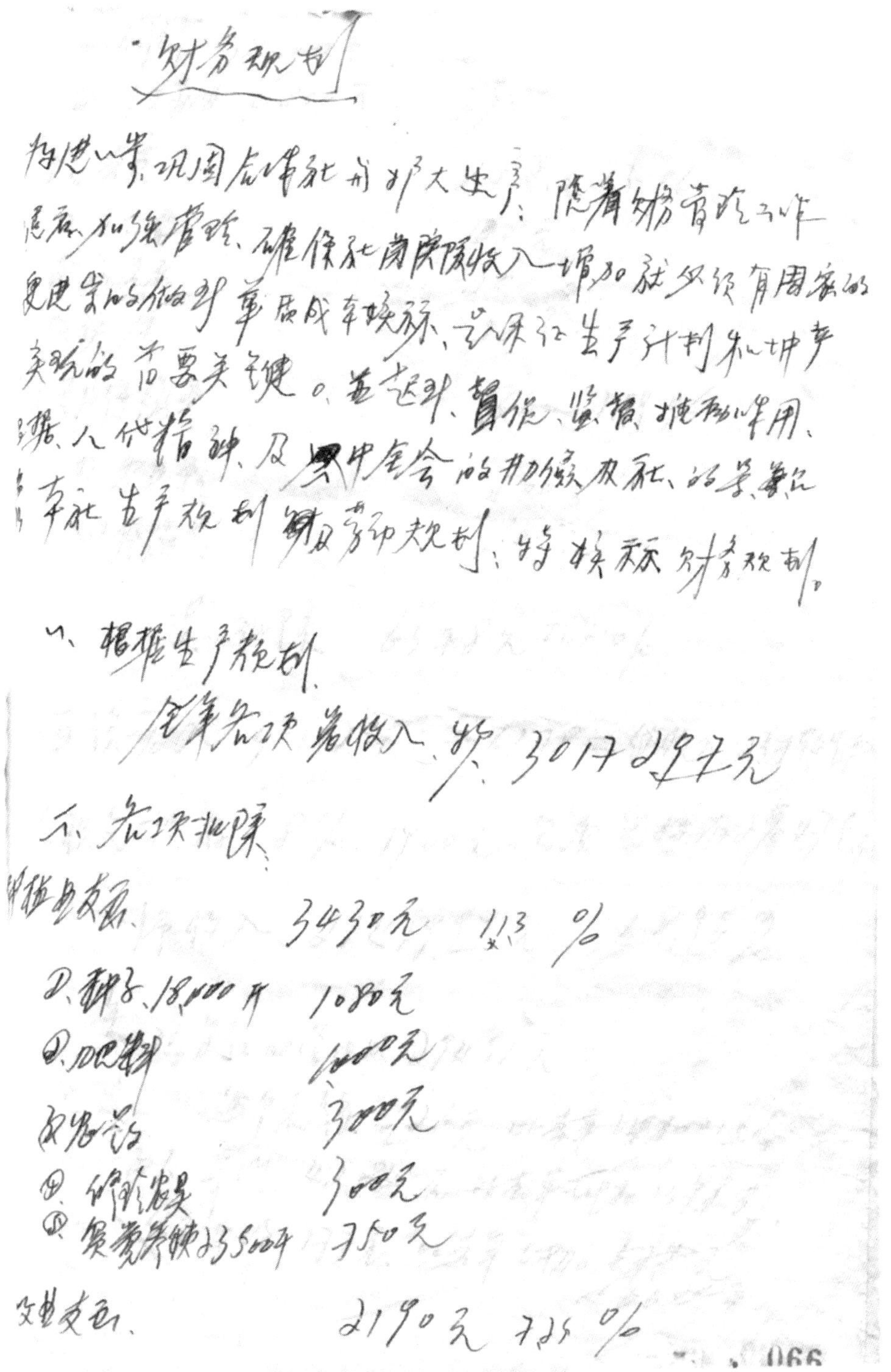

财务规划

为进一步巩固合作社扩大生产，随着财务管理工作愿加强管理、确保社员实际收入增加，就必须有周密的规划做到革命成本核算，它是保证生产计划和增产实现的首要关键。本着计划、节约、监督、推动作用、根据八届精神及十中全会的指示及本社的具体情况本社生产规划、劳动规划，特拟定财务规划。

一、根据生产规划

全年各项总收入为 30172.9元

二、各项扣除

生产支出 3430元 11.3%

①种子 18000斤 1080元

②肥料 1000元

③农药 300元

④修补农具 300元

⑤贷款 750元

管理支出 2190元 7.25%

066

图1-9-9 西沟乡团结社财务、劳动、生产规划第九张

④.饲料、300000斤 1800元
⑤.牛羊喂饭 68000斤 390元

管理费 158元 0.5%

①.办公费 100元
②.旅差费 20
③.奖金 38元

税金及保险费 600 1.99%

①.农业税 500元
②.保险费 100元

共扣除、6378元 21.04%

由总收入、30172.85元－6378＝纯收入、23794.85元

公积金提存 8% 1900元、公益金提存 2%475元

净收入、21419.85元 68.96%

参加分红的劳动日 29491元

每户花销 226元 比去年增加 56

每人平均 42.84元 比去年增加 13.98元。

每户平均 177元、比去年增加 66.22元

067

图1-9-10 西沟乡团结社财务、劳动、生产规划第十张

（十）平顺县西沟乡金星合作社秋收预分方案（1957年）

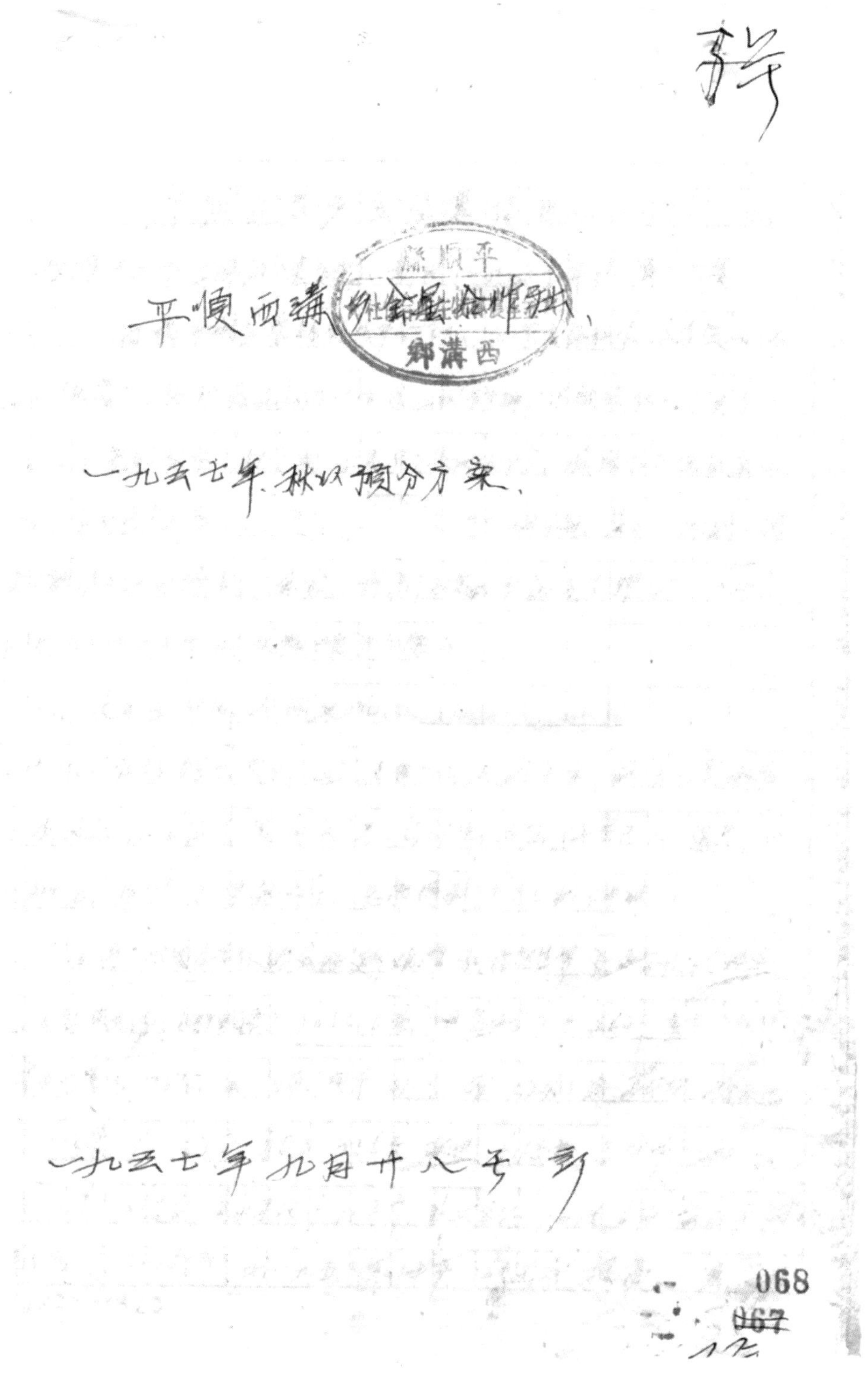
平顺西沟乡金星合作社

一九五七年秋收预分方案

一九五七年九月廿八号

068

067

图1-10-1　平顺县西沟乡金星合作社秋收预分方案第一张

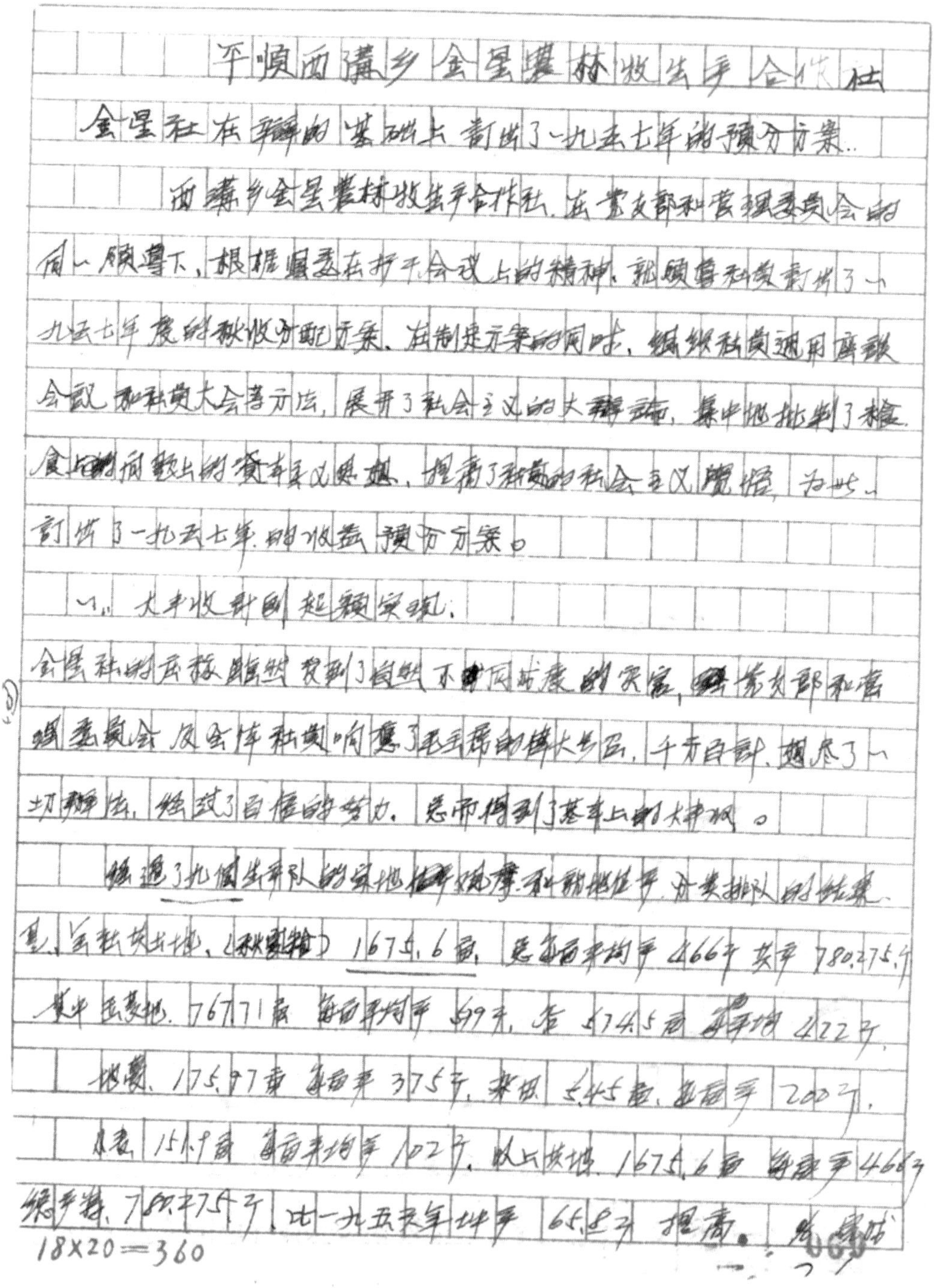

平顺西沟乡金星农林牧生产合作社

金星社在辩论的基础上订出了一九五七年的预分方案。

西沟乡金星农林牧生产合作社，在党支部和管理委员会的同一领导下，根据县委在扩干会议上的精神，就领导社员订出了一九五七年度的秋收分配方案。在制定方案的同时，组织社员通用座谈会议和社员大会等方法，展开了社会主义的大辩论，集中地批判了粮食问题上的资本主义思想，提高了社员的社会主义觉悟，为此订出了一九五七年的收益预分方案。

一、大丰收计划超额实现：

金星社的庄稼虽然受到了自然不同程度的灾害，但党支部和管理委员会及全体社员响应了毛主席的伟大号召，千方百计，想尽了一切办法，经过了百倍的努力，总而得到了基本上的大丰收。

经过了九个生产队的实地估产和群众评产分类排队的结果。全社共秋田地（秋田）1675.6亩，总每亩平均产466斤，共产780275斤。其中玉茭地767.71亩，每亩平均产[illegible]斤。谷574.5亩，每亩平均422斤。地蛋175.97亩，每亩产375斤。米谷5.45亩，每亩产200斤。小麦151.9亩，每亩平均产102斤。以上秋地1675.6亩，每亩产466斤，总产量7[illegible]0275斤，比一九五六年每亩65.8斤提高。

18×20=360

图1-10-2　平顺县西沟乡金星合作社秋收预分方案第二张

計劃4560斤 10[illegible]55%。

農林牧付業總收入實際達到8206.5元，比去年提高 %

完成計劃的 %

六、 進一步地貫徹執行三定政策，切實履行對國家的義務

為保證完成國家的糧食統購任務，支援工業，支援國家工業化建設，是農業社員的光榮責任。金星合作社在訂方案時，首先遇到第一個問題是，大部份社員說：“統一價打不到，按照國家的要求多少[illegible]，不如自己留些好，每個問題：因為地產量定的太高，如張富[illegible]說：產量不夠[illegible]，[illegible]實際每畝才分來[illegible]產量60斤[illegible]，這是人的[illegible]”

黨支部和管理委員會，根據各生產隊的不同情況反映，就深入到各農戶，一戶一戶地和實際對比，社員張有[illegible]說：“我實說吧，有的地比我地產量[illegible]，王家康去年沒[illegible]，今年算上了。”大部份基本上是合理的。黨支部和管理委員會根據[illegible]地產量一去，就提出[illegible]大家討論，有的地產量高就不能說，光顧個人打算是不對的，和先顧個人不顧集體利益害處，趙[illegible]說：“我們[illegible]，[illegible]產量是合理的，就拿去年來說吧，咱受了風、雹、蟲的災害，國家就[illegible]給咱社[illegible]000元救濟款，還撥給糧食9900斤救濟，今年咱大丰收了，多賣些餘糧還不應該嗎？”幹部和社員都認識到從前是

18×20=360

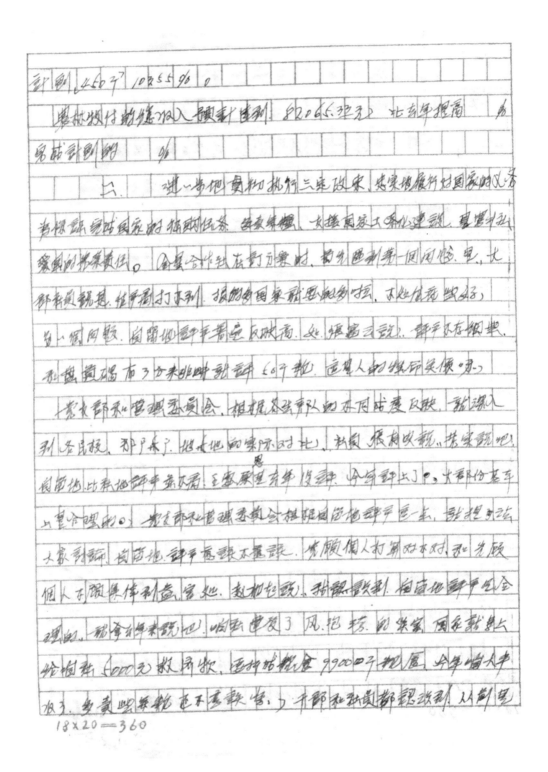

图1-10-3　平顺县西沟乡金星合作社秋收预分方案第三张

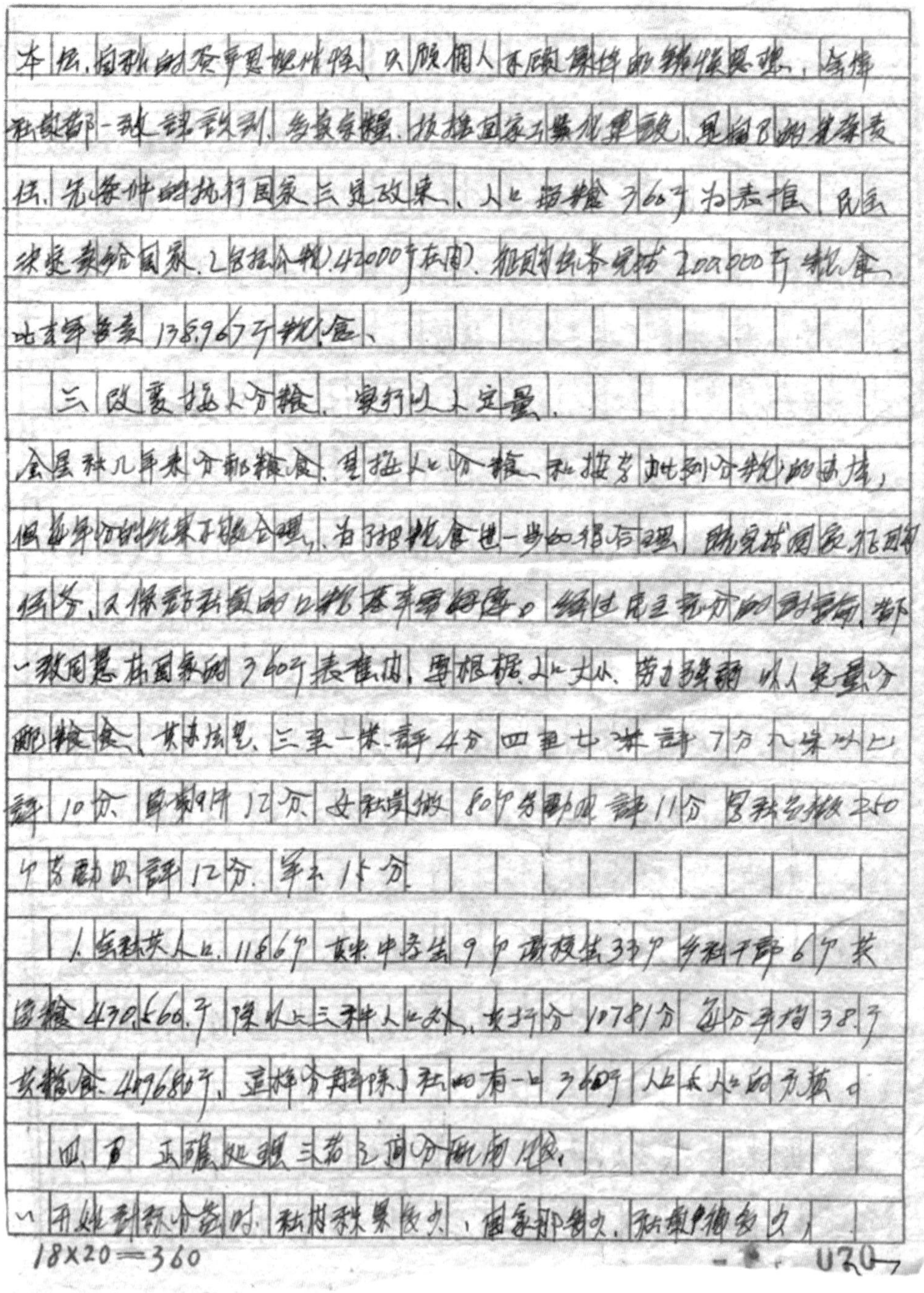

本位、自私自利资本主义思想性，只顾個人不顾集体的错误思想，全体
社员都一致認識到，参加讨论，根据国家方针政策，克服了個人主义，负
任，先保证地执行国家三定政策，人口按每人360斤为标准，民主
决定卖给国家（包括公粮42000斤在内），[illegible]200000斤粮食，
比去年多卖138967斤粮食。

三、改变按人分粮，实行以人定量。

金星社几年来分配粮食，是按人口分粮，和按劳动力分粮的办法，
但每年分配结果不够合理，为了把粮食进一步分得合理，既完成国家[illegible]
任务，又保证社员的口粮基本够吃。经过民主讨论的[illegible]，都
一致同意在国家的360斤标准内，要根据人口大小、劳动强弱，以人定量分
配粮食，其办法是，三岁一岁评4分，四岁七岁评7分，九岁以上
评10分，[illegible]12分，女社员做80个劳动日评11分，男社员[illegible]250
个劳动日评12分，[illegible]15分。

1、全社共人口1186个，其中中学生9个，高校生33个，乡社干部6个，共
[illegible]430560斤，除以上三种人口外，共折分10781分，每分平均38斤，
共粮食409680斤，这样分配除了社内有一口360斤人口[illegible]的方案。

四、[illegible]三者之间分配[illegible]。

1、开始[illegible]时，社内[illegible]，国家[illegible]，社员[illegible]，

18×20=360　　[illegible]

图1-10-4　平顺县西沟乡金星合作社秋收预分方案第四张

社干部心中无数，社员担心社内扣除大，分不到手里收入。

党支部和管理委员会，首先从算帐入手，根据社内的实际需要，和中央的指示，少扣多分，少留多分，增加社员的收入，首先肯定了今年是丰收年。在这个情况下，有的干部怕扣的少了，社员分的多了，收入增加不了，在生产中不起劲。党支部和管理委员会，根据以上的思想，就摆开了社内的债务

1. 欠国家银行贷 15295元，其中到期贷款 9945元，社内买牲口修仓库5间、新缝窑 1500元，以上两项款需要投资款 11445元，在下年度要扩大再生产，也需要好多投入。这样社员和干部都一致认识到，不归还国家贷款国家不能建设，不留一定的生产资金不能扩大再生产，对今后年增加收入也是有好处的。从而，民主决定，今年的分配比例：经过算账全社总收入82065.39元，除按数扣除的农业税 2397.11元，估总收入 2.92%

再按数扣除当年生产费用款为 23606.41元，估总收入的 28.74%

再扣除管理费 200元，估收入的 0.24%，纯收入为 55861.81元，估总收入的 68.1%。再扣除公积金 10%扣除 5586元，再 2%扣除公益金 1117.42元，分给社员的劳动日报酬为 49827.61元，估总收入 59.98%

比上年分配增加 10545元。

五、解决上年按劳力投工的方法问题。

在去年分配时，实现按劳基本建设工 14000个，每个劳力平均 40个工，

18×20=360

图1-10-5　平顺县西沟乡金星合作社秋收预分方案第五张

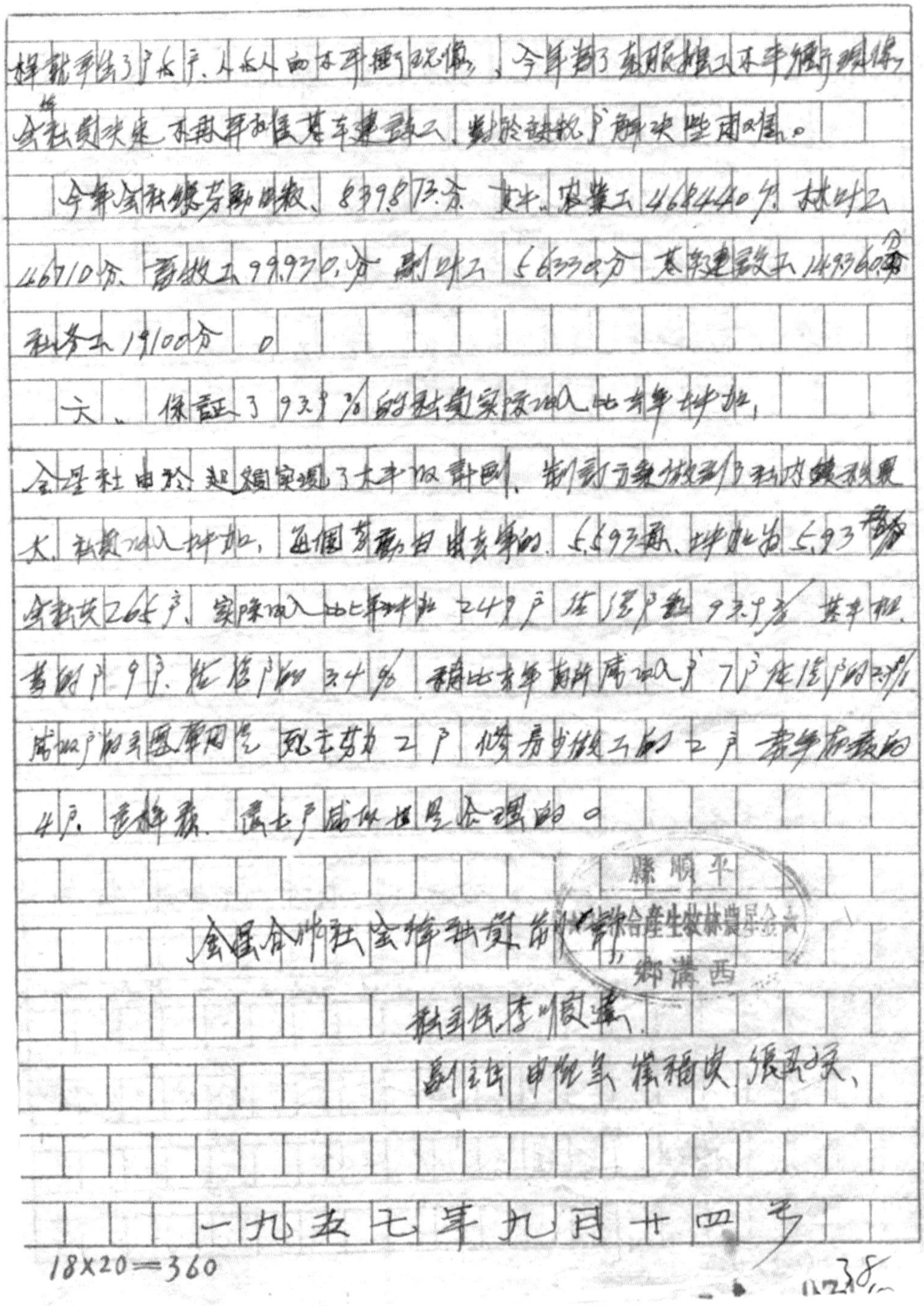

图1–10–6　平顺县西沟乡金星合作社秋收预分方案第六张

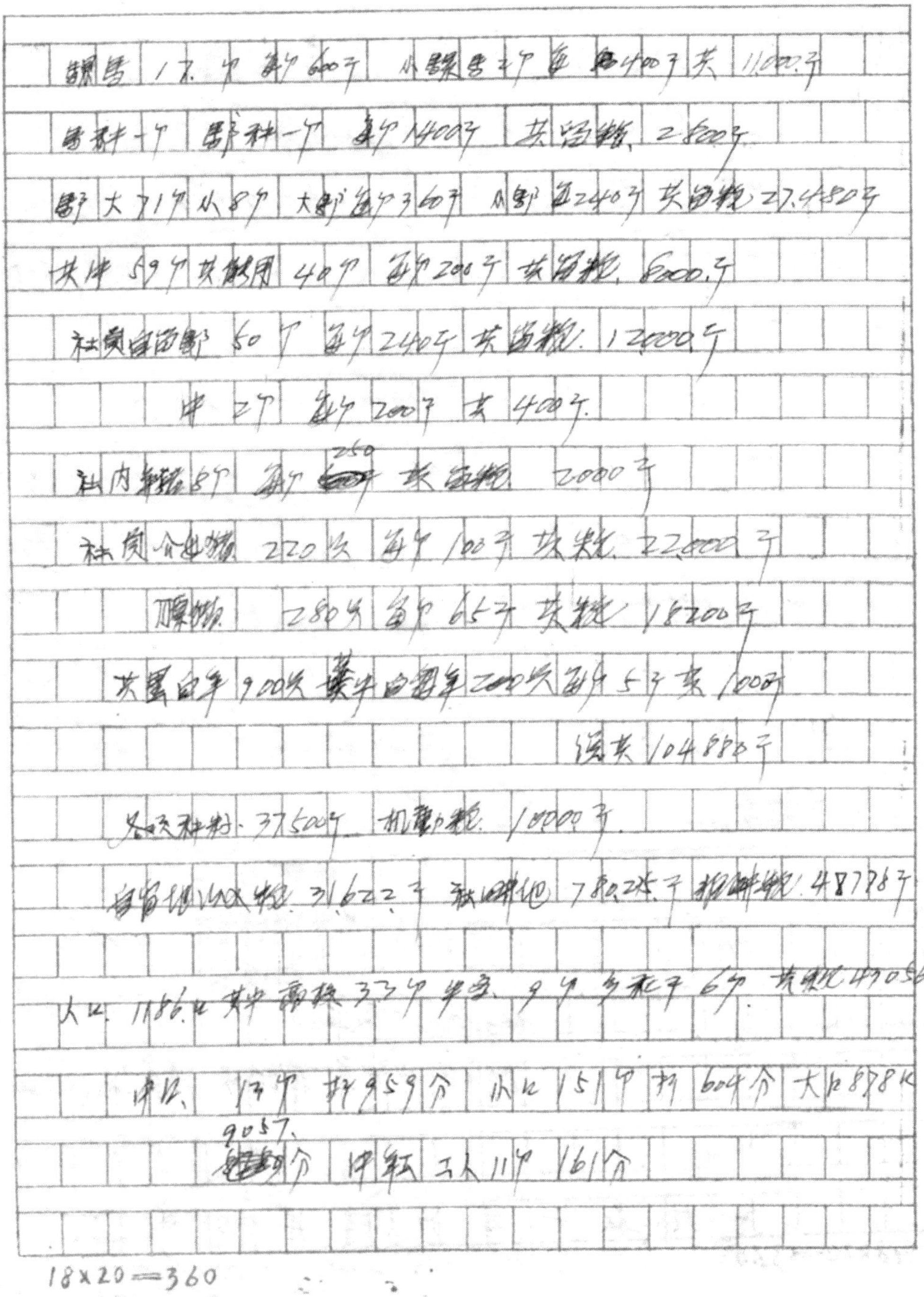

图1-10-7　平顺县西沟乡金星合作社秋收预分方案第七张

二、1962—1985年西沟村委会历年来出具的一些证明材料（共11张）

（一）档案封面、目录

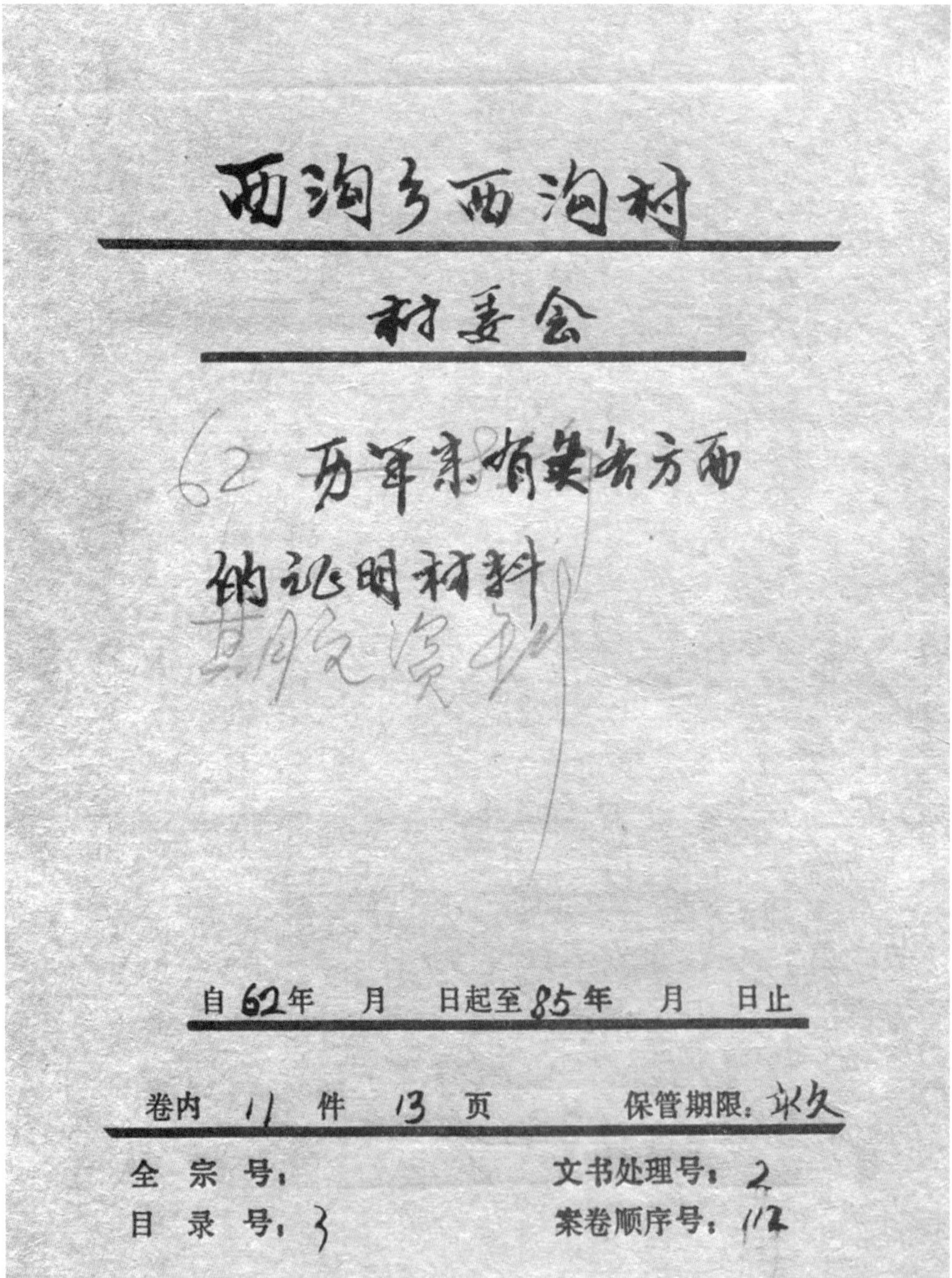

西沟乡西沟村

村委会

62 历年来有关各方面的证明材料

其它资料

自62年　月　日起至85年　月　日止

卷内　11　件　13　页　　保管期限：永久

全　宗　号：　　　　文书处理号：2

目　录　号：3　　　案卷顺序号：112

图2-1-1　档案封面

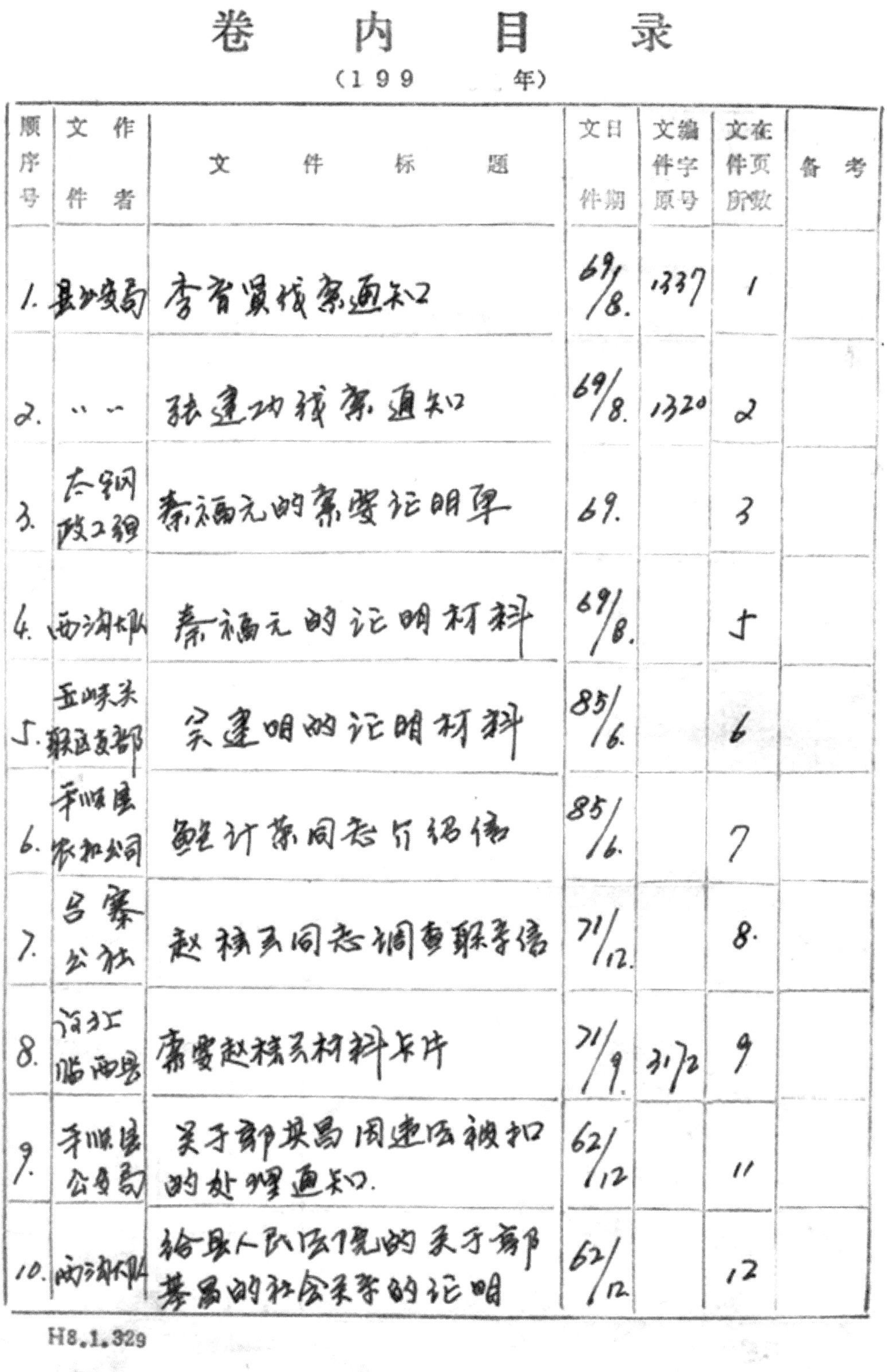

卷内目录

（199　　年）

顺序号	文件作者	文件标题	文件日期	文件编字原号	文件在页所数	备考
1.	县公安局	李省贤找案通知	69/8.	1337	1	
2.	〃〃	张连功找案通知	69/8.	1320	2	
3.	太钢政工组	秦福元的案要证明单	69.		3	
4.	西沟大队	秦福元的证明材料	69/8.		5	
5.	五峪关联区支部	吴建明的证明材料	85/6.		6	
6.	平顺县农机公司	鲍计荣同志介绍信	85/6.		7	
7.	吕寨公社	赵核云同志调查联系信	71/12.		8.	
8.	河北临西县	索要赵核云材料卡片	71/9.	31/2	9	
9.	平顺县公安局	关于郭共昌同志被扣的处理通知.	62/12		11	
10.	西沟大队	给县人民法院的关于郭基昌的社会关系的证明	62/12		12	

H8.1.329

图2-1-2　卷内目录第一页

卷　内　目　录

（199　　年）

顺序号	文件作者	文件标题	文件日期	文件编字原号	文件在页所数	备考
11.	西沟大队	写给县人民医院的关于郭某昌打架问题的证明	62/12		13	
12.						

H8.1.329

图2-1-3　卷内目录第二页

（二）历年证明材料

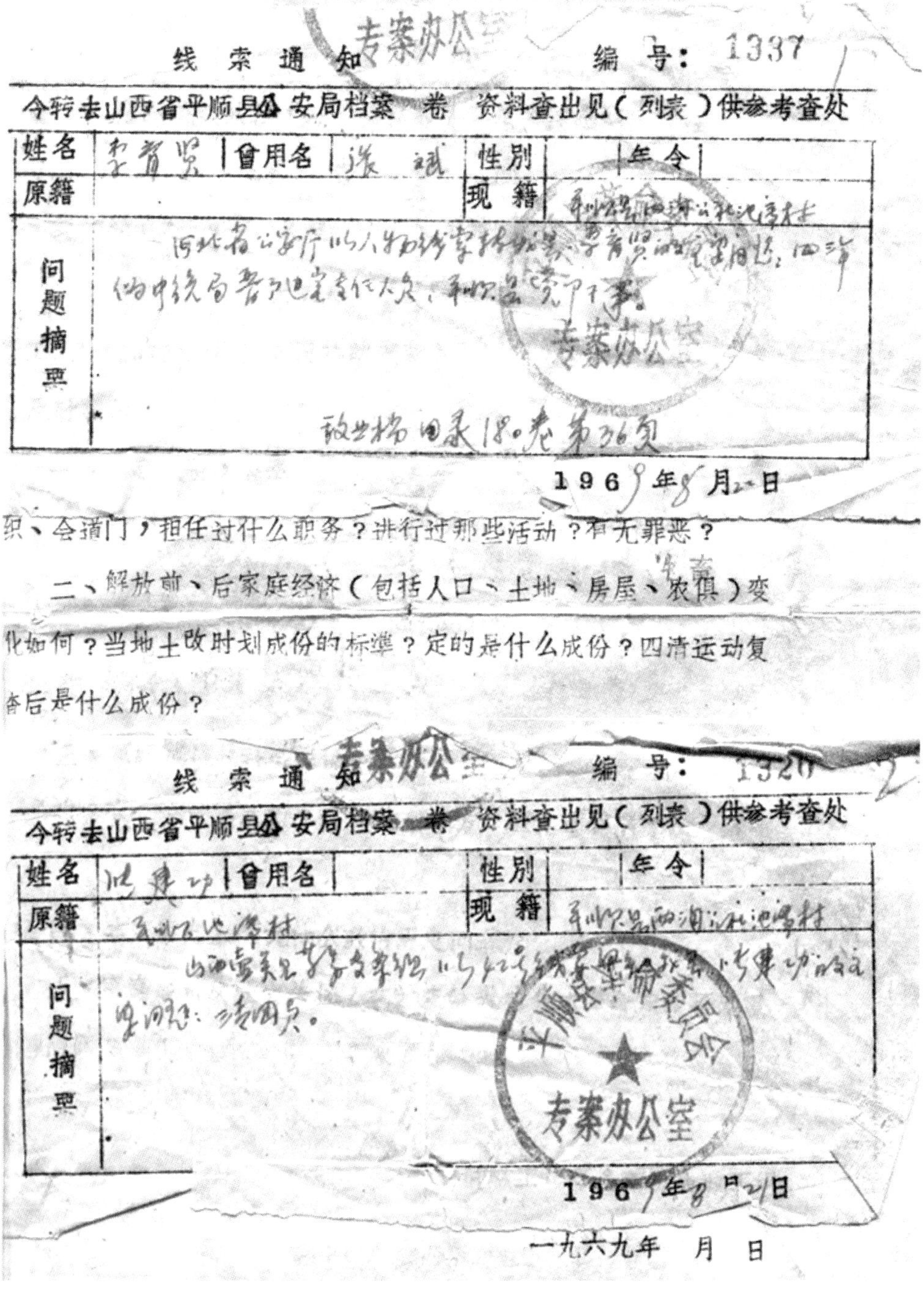

线索通知　　　　编号：1337

今转去山西省平顺县公安局档案　卷　资料查出见（列表）供参考查处

姓名	李育贤	曾用名	张斌	性别		年令	
原籍				现籍	平顺县[illegible]公社池底村		
问题摘要	河北省公安厅以人物线索[illegible]李育贤[illegible] 敌伪档目录180卷第36页						

专案办公室

1969年8月2日

织、会道门，担任过什么职务？进行过那些活动？有无罪恶？

二、解放前、后家庭经济（包括人口、土地、房屋、农具）变化如何？当地土改时划成份的标準？定的是什么成份？四清运动复查后是什么成份？

线索通知　　　　编号：1320

今转去山西省平顺县公安局档案　卷　资料查出见（列表）供参考查处

姓名	张建功	曾用名		性别		年令	
原籍	[illegible]池底村			现籍	平顺县西沟公社池底村		
问题摘要	[illegible]张建功[illegible]						

平顺县革命委员会
专案办公室

1969年8月21日

一九六九年　月　日

图2–2–1　李育贤、张建功线索通知（1969.8）

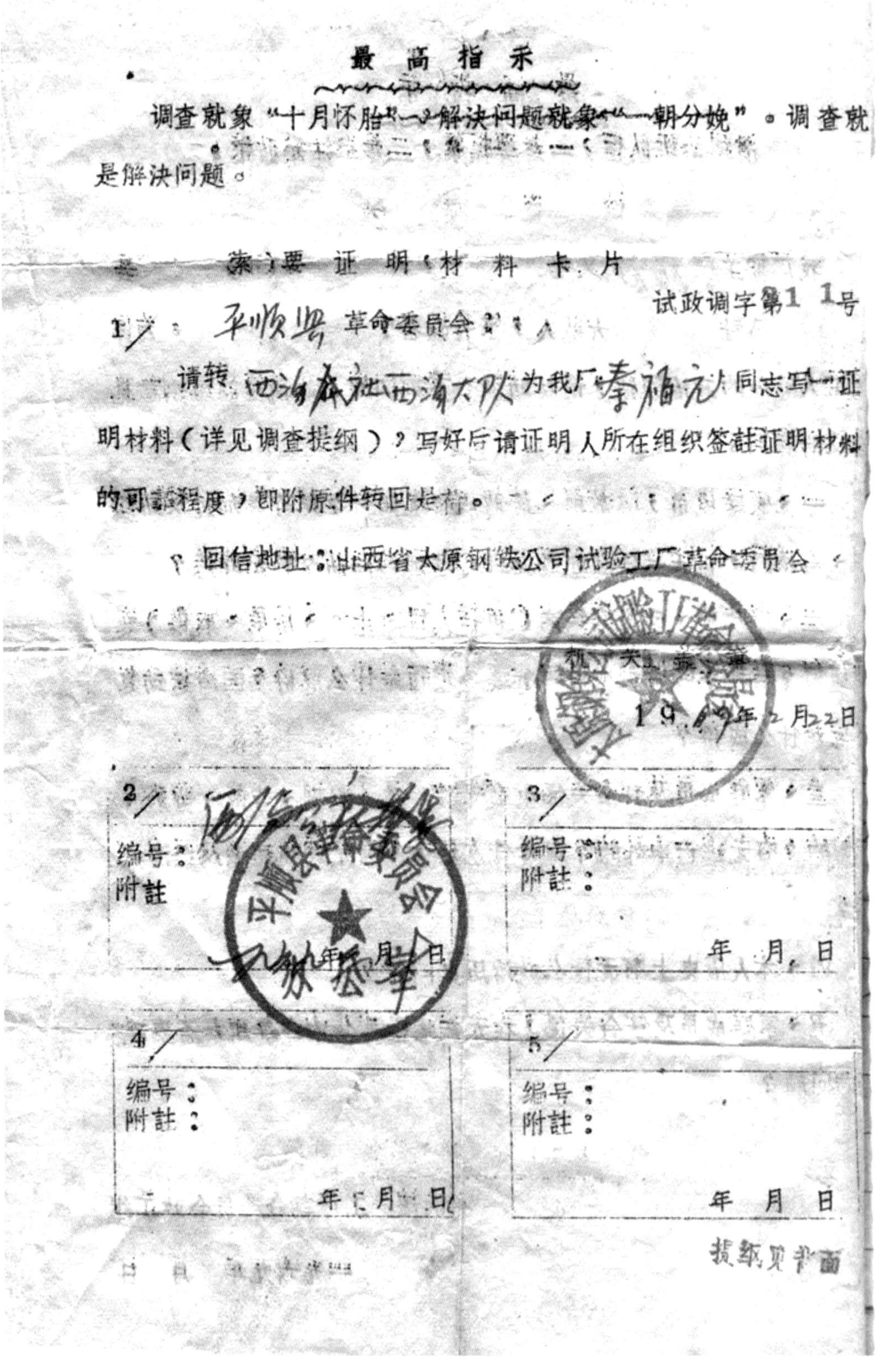
最高指示

调查就象"十月怀胎"，解决问题就象"一朝分娩"。调查就是解决问题。

索要证明材料卡片

试政调字第1 1号

1/：平顺县革命委员会：

请转西沟公社西沟大队为我厂秦福元同志写一证明材料（详见调查提纲），写好后请证明人所在组织签註证明材料的可靠程度，即附原件转回是荷。

回信地址：山西省太原钢铁公司试验工厂革命委员会

1969年2月22日

2/
编号：
附註
年 月 日

3/
编号：
附註：
年 月 日

4/
编号：
附註：
年 月 日

5/
编号：
附註：
年 月 日

提纲见背面

图2-2-2 秦福元的索要证明单（1969.2）

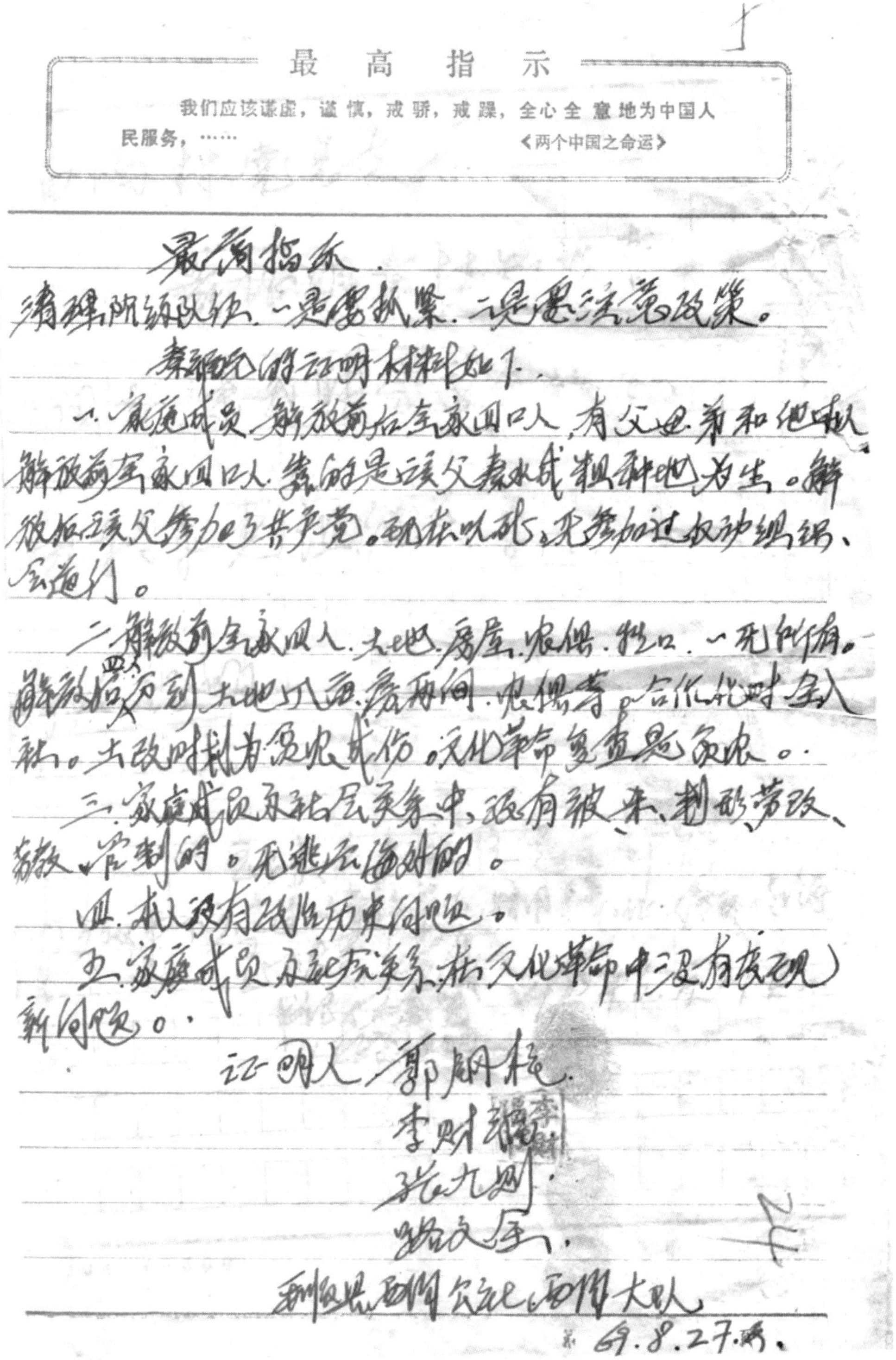

最高指示

我们应该谦虚，谨慎，戒骄，戒躁，全心全意地为中国人民服务，……

《两个中国之命运》

最高指示

清理阶级队伍，一是要抓紧，二是要注意政策。

秦福元的证明材料如下：

一、家庭成员：解放前后全家四口人，有父母、弟和他本人。解放前全家四口人，靠的是该父秦水成租种地为生。解放后该父参加了共产党。现在此人，无参加过反动组织、会道门。

二、解放前全家四人，土地、房屋、农具、牲口，一无所有。解放后四人分到土地八亩，房两间、农具等。合作化时全入社。土改时划为贫农成份，文化革命复查是贫农。

三、家庭成员及社会关系中，没有被杀、判刑、劳改、劳教、管制的。无逃台海外的。

四、本人没有政治历史问题。

五、家庭成员及社会关系在文化革命中没有发现新问题。

证明人：郭朝栋

李财福

张九刚

路文全

新乡县西阳公社西阳大队

69.8.27日

图2-2-3　秦福元的证明材料（1969.8）

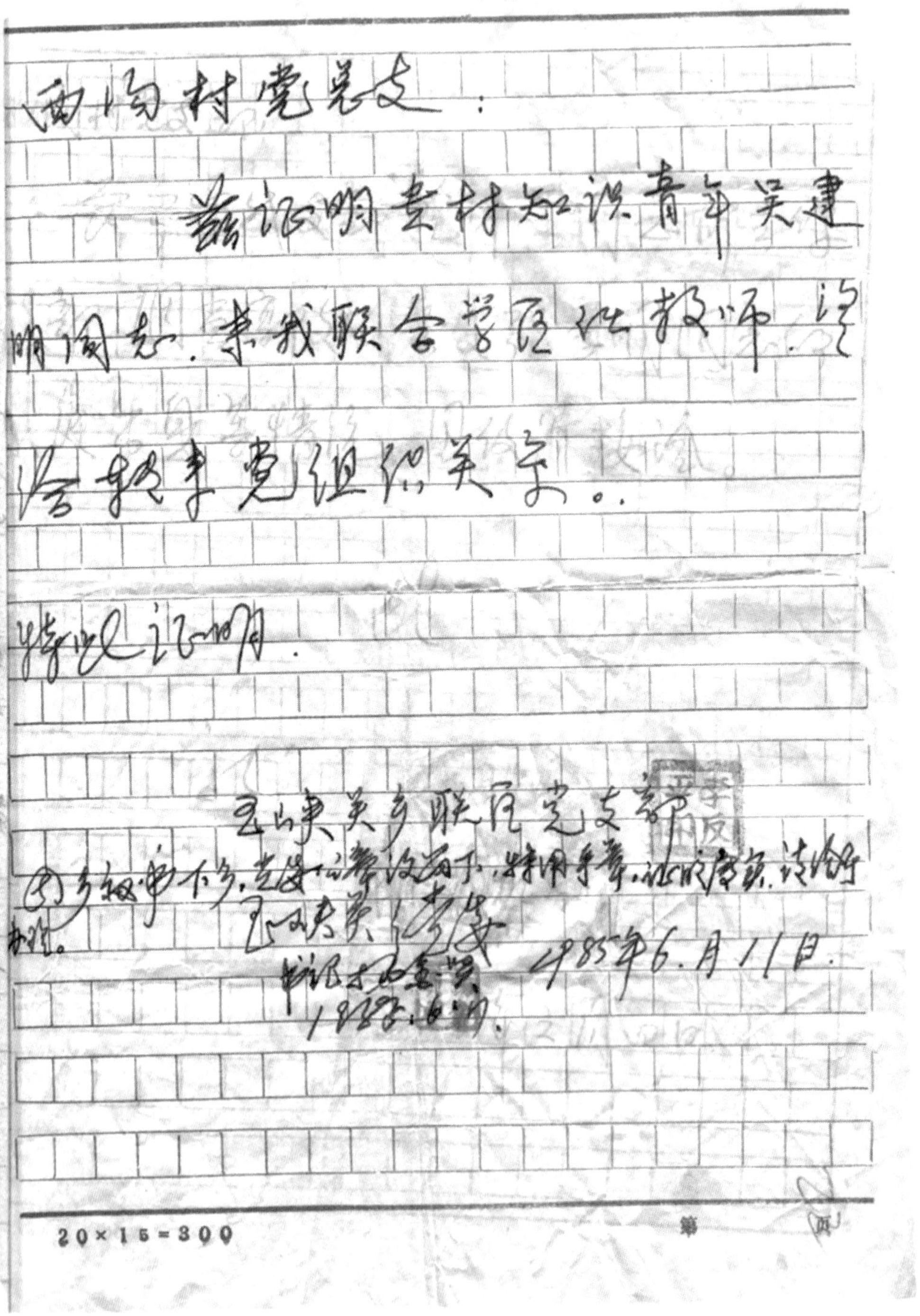
西陶村党总支：

兹证明我村知识青年吴建明同志，来我联合学区任教师。请给转来党组织关系。

特此证明。

王山東关乡联区党支部

[illegible]乡级单位不多，党委公章没有了，特用手章，证明属实，请给予办理。

王山负责人：[illegible]

1985年6月11日

[illegible]
1985.6.11.

20×15=300 第 页

图2-2-4　吴建明党组织关系转调函（1985.6）

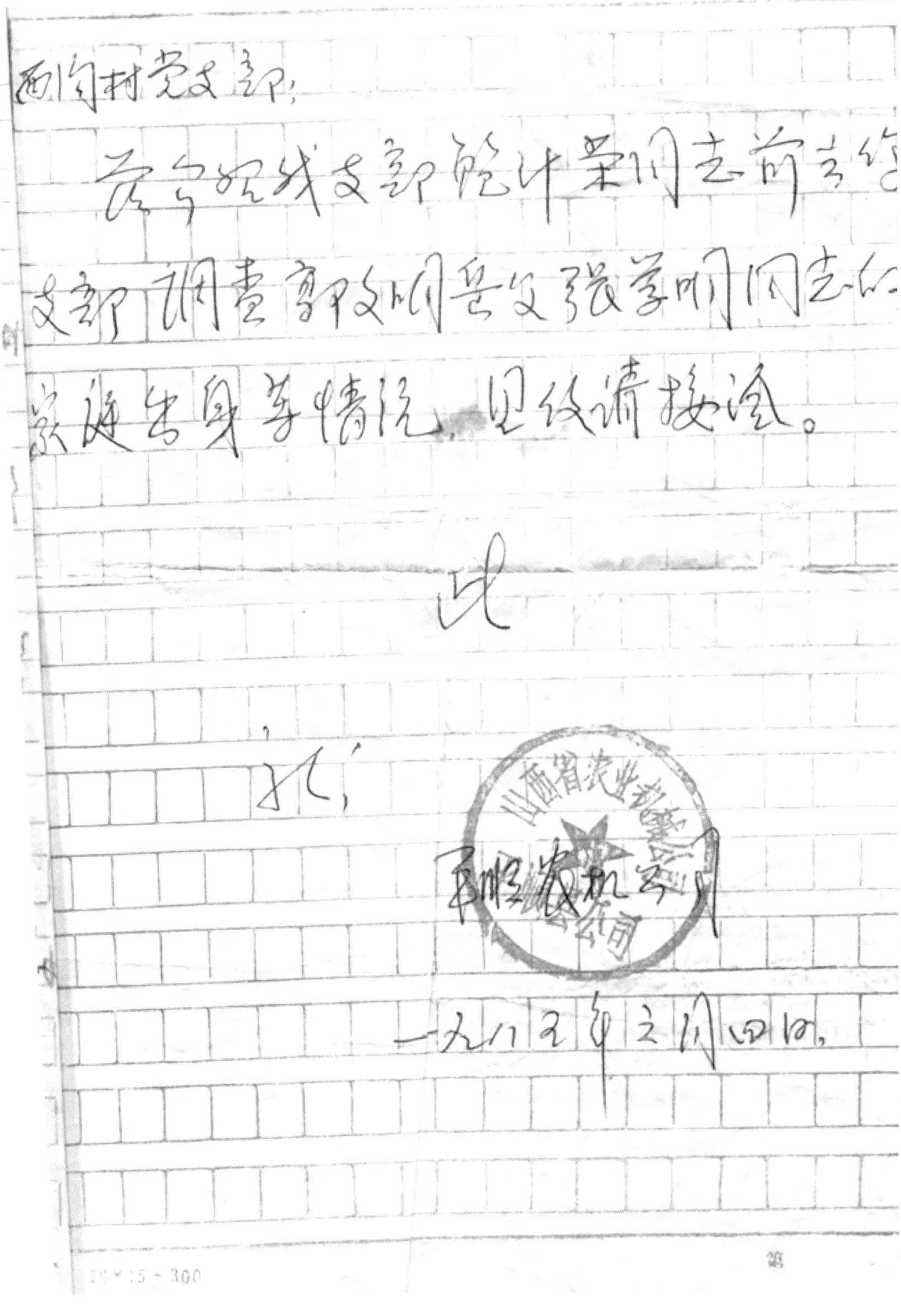

西河村党支部：

兹介绍我支部鲍计荣同志前去你支部调查郭汉明岳父张学明同志的家庭出身等情况，望你们接洽。

此

礼，

寿阳农机公司

一九八五年六月四日。

图2-2-5 鲍计荣同志介绍信（1985.6）

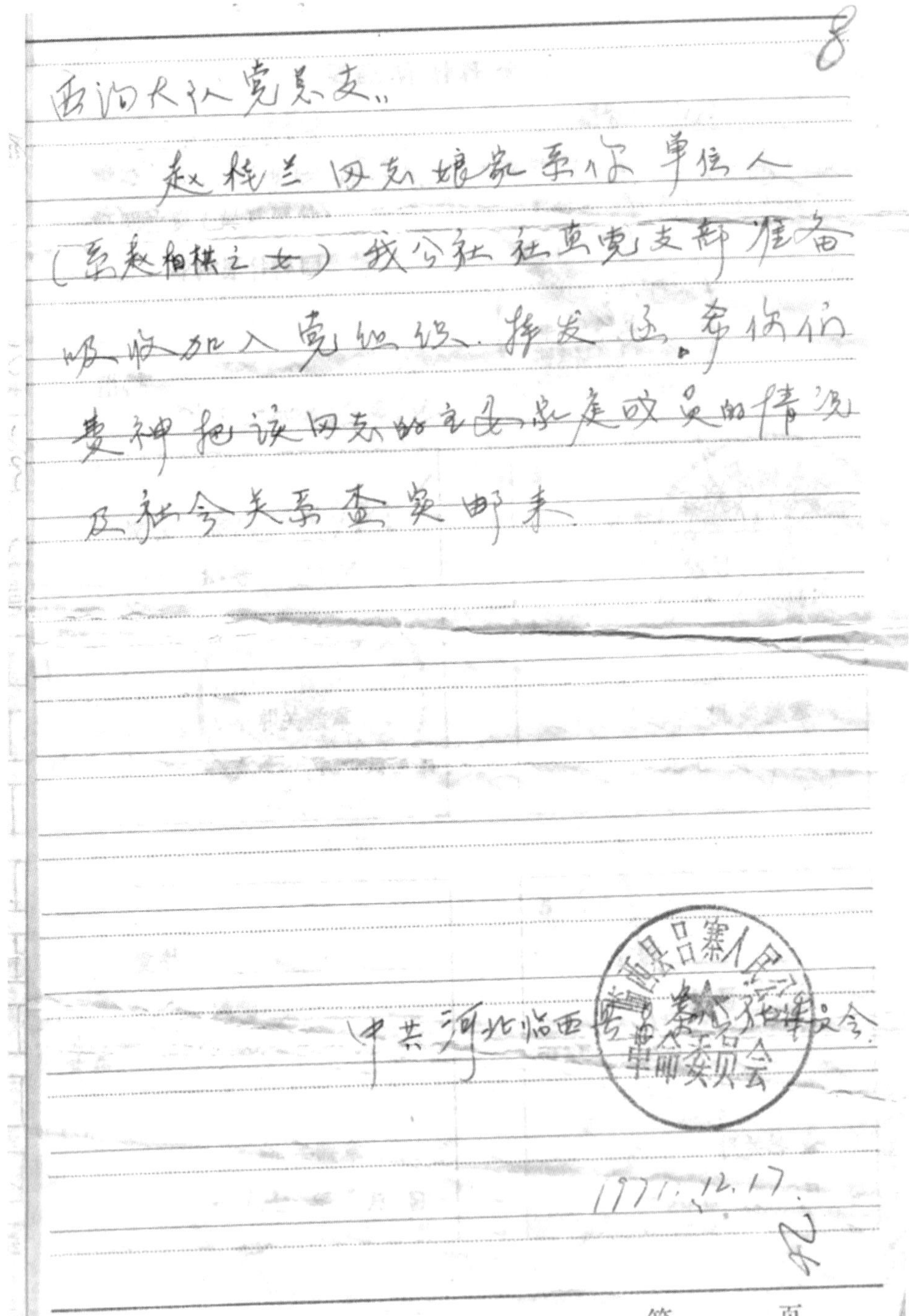

西沟大队党总支：

赵桂兰同志娘家系你单位人（系赵相林之女）我公社社直党支部准备吸收加入党组织，特发函，希你们费神把该同志的主要家庭成员的情况及社会关系查实邮来

中共河北临西县吕寨人民公社委员会

1971.12.17.

第　　页

图2-2-6　赵桂兰家庭、社会关系审查函（1971.12）

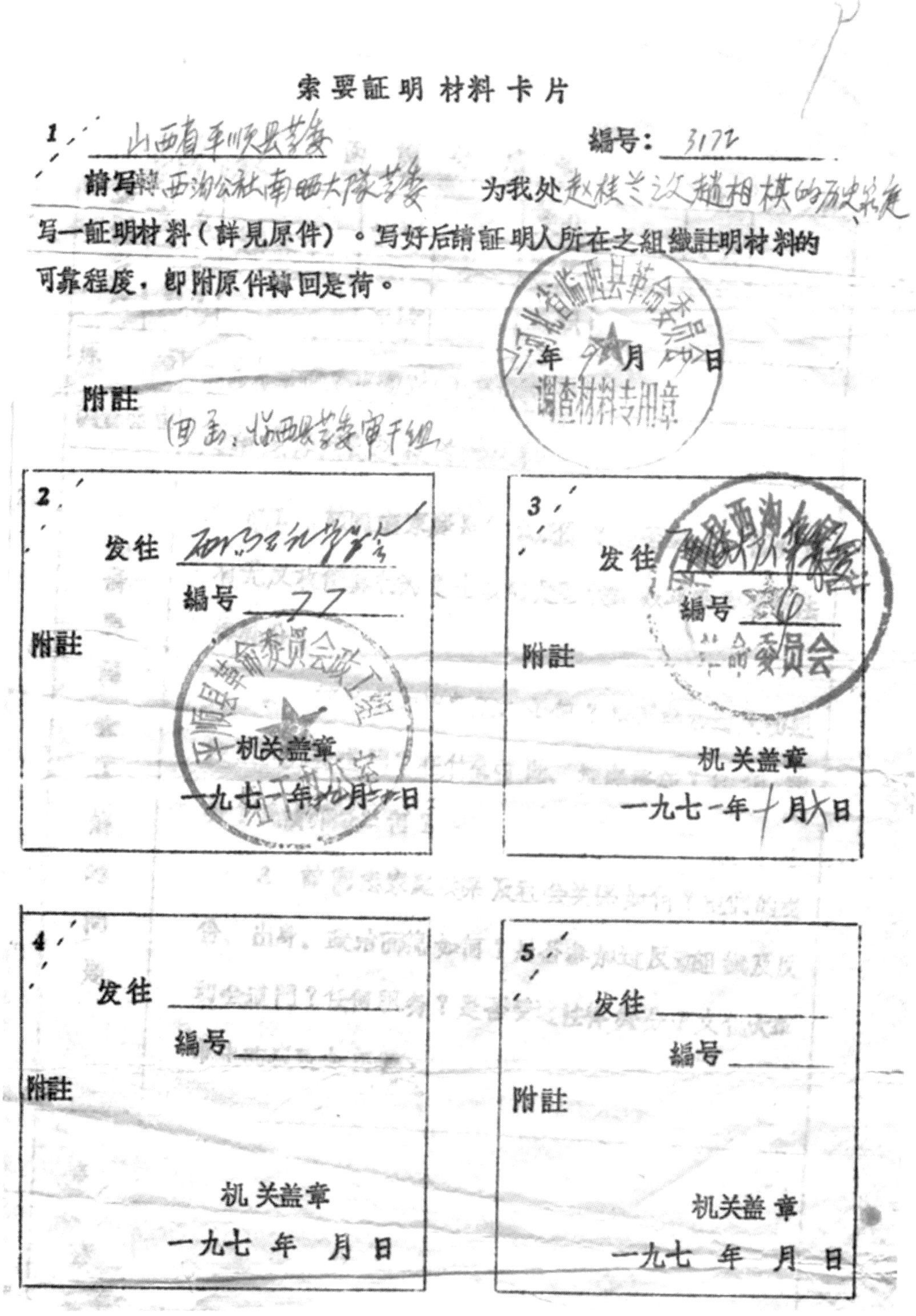

索要証明 材料 卡片

1 山西省平顺县革委　　编号：3172

請写西沟公社南畦大队革委　为我处赵桂兰之父赵相棋的历史家庭写一証明材料（詳見原件）。写好后請証明人所在之組織註明材料的可靠程度，即附原件轉回是荷。

年 9 月 29 日

附註

回函：临西县革委审干组

2

发往 西沟公社革委

编号 77

附註

机关盖章

一九七一年10月 日

3

发往

编号

附註

机关盖章

一九七一年 月 日

4

发往

编号

附註

机关盖章

一九七 年 月 日

5

发往

编号

附註

机关盖章

一九七 年 月 日

图2-2-7　索要赵桂兰材料卡片第一张（1971.10）

[illegible]　　**函调专用表**　　71年9月17日

被调查人	姓名	趙相棋	性别	男	文化程度		民族
	别名		年龄		现职		
原籍	山西省平顺县西沟公社南赛大队				现住		
调查理由	趙相棋係我县赵桂兰的父親						
需要调查了解的問題	1. 該同志家庭是什么成份？是否地主、富农？有无反攻倒算行为？土改时是否被群众斗爭和受过法律处分？ 2. 該同志的出身历史如何？是否参加过反动組織及反动会道門？在什么时間、地点参加？任何职务？民憤罪恶如何？ 3. 該同志家庭关係及社会关係如何？他們的成份、出身、政治面貌如何？是否参加过反动組織及反动会道門？任何职务？是否受过法律处分？文化大革命中的表现如何？						
备註							

图2-2-8　索要赵桂兰材料卡片第二张（1971.9）

三、1979年西沟大队部分档案资料（共11张）

（一）档案封面

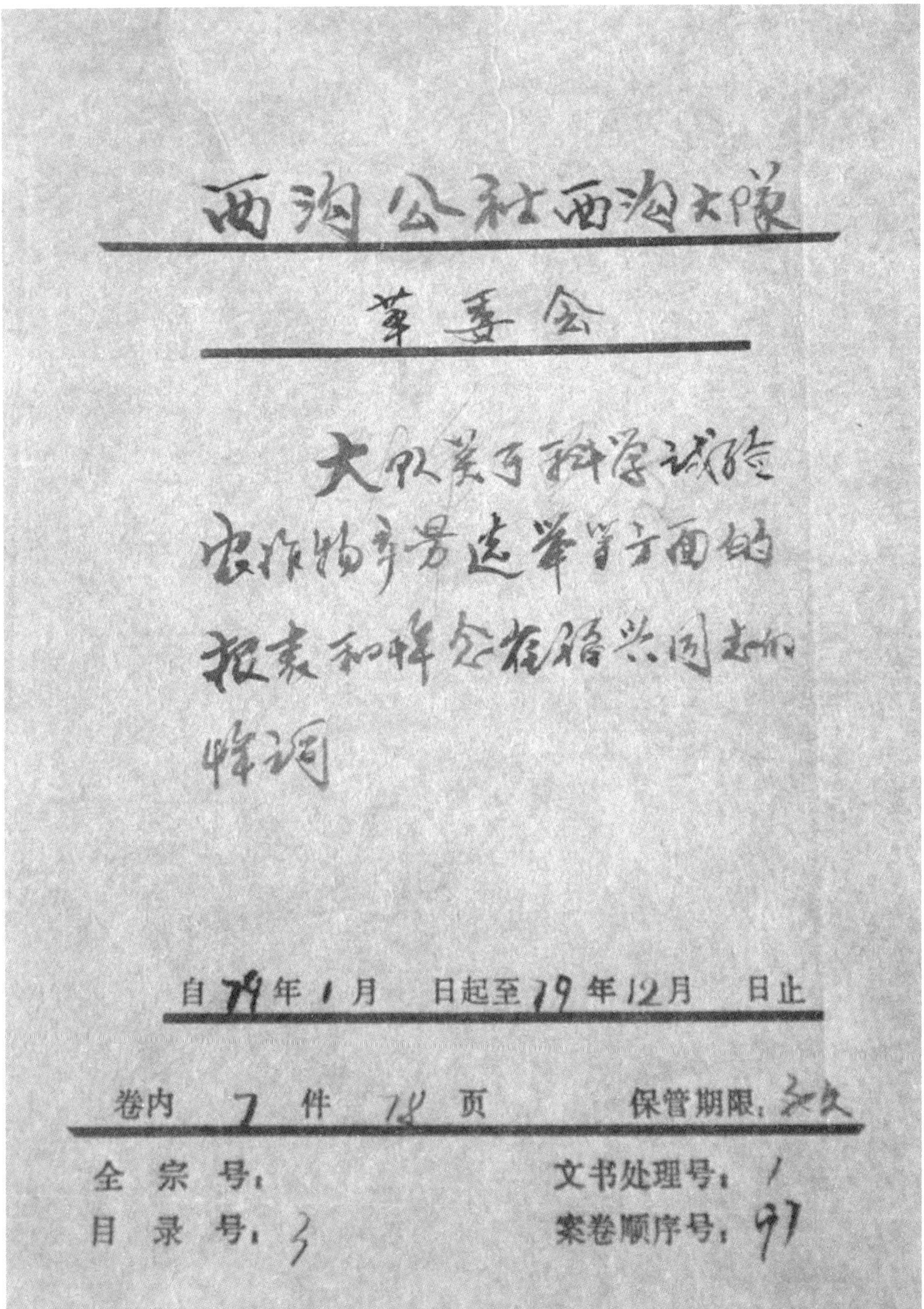

西沟公社西沟大队

革委会

大队关于科学试验农作物良种选育等方面的报表和样本在籍共同志的材料

自79年1月 日起至79年12月 日止

卷内 7 件 78 页 保管期限：永久

全宗号：

文书处理号：1

目录号：3

案卷顺序号：91

图3-1-1 档案封面

（二）西沟大队科研组一九七九年农业科学实验计划

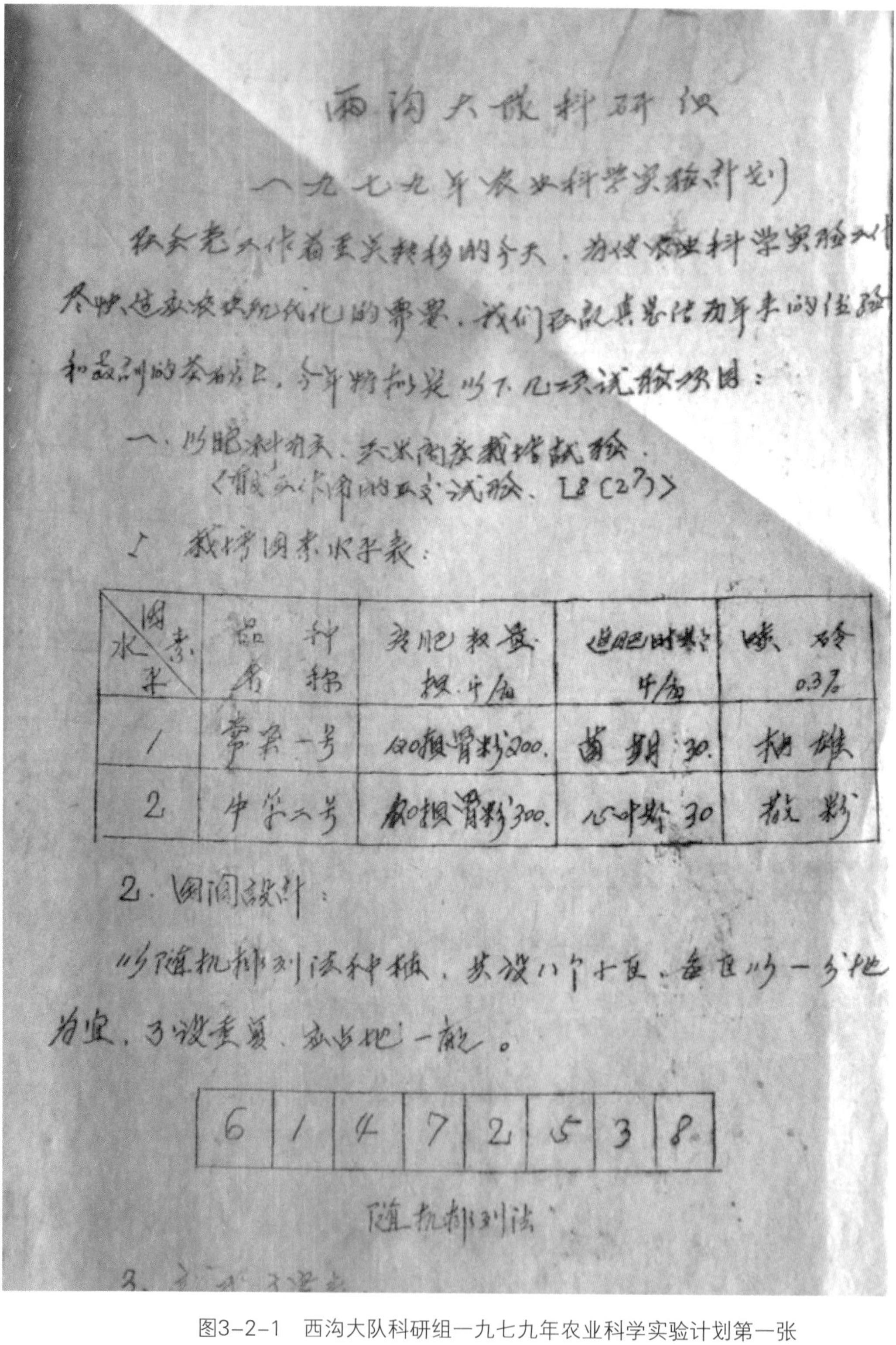

西沟大队科研组

一九七九年农业科学实验计划

在全党工作着重点转移的今天，为使农业科学实验工作尽快适应农业现代化的需要，我们在认真总结历年来的经验和教训的基础上，今年特制定以下几项试验项目：

一、以肥料种类、玉米间套栽培试验。

〈假设不作用的正交试验、L8（2^7）〉

1. 栽培因素水平表：

因素 水平	品种名称	底肥数量 担、斤/亩	追肥时期 斤/亩	喷药 0.3%
1	[illegible]一号	60担骨粉200.	苗期30.	抽雄
2	中单二号	80担骨粉300.	心叶期30	散粉

2. 田间设计：

以随机排列法种植，共设八个小区，每区以一分地为宜，不设重复，实占地一亩。

6	1	4	7	2	5	3	8

随机排列法

图3-2-1　西沟大队科研组一九七九年农业科学实验计划第一张

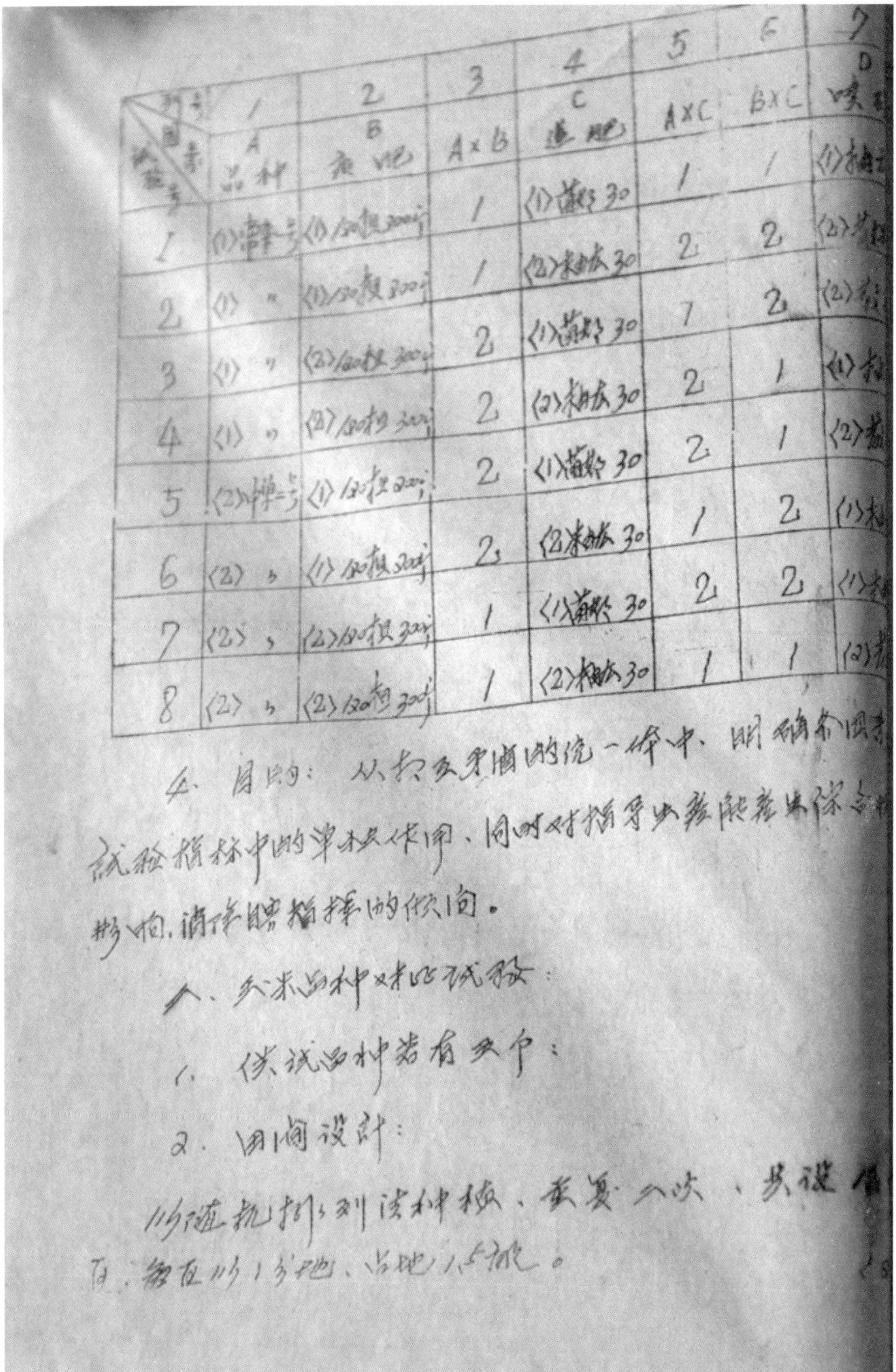

试验号＼因素＼列号	1 A 品种	2 B 施肥	3 A×B	4 C 追肥	5 A×C	6 B×C	7 D 喷[illegible]
1	⟨1⟩[illegible]二号	⟨1⟩120担300斤	1	⟨1⟩苗期30	1	1	⟨1⟩[illegible]
2	⟨1⟩ "	⟨1⟩120担300斤	1	⟨2⟩抽穗30	2	2	⟨2⟩[illegible]
3	⟨1⟩ "	⟨2⟩120担300斤	2	⟨1⟩苗期30	1	2	⟨2⟩[illegible]
4	⟨1⟩ "	⟨2⟩120担300斤	2	⟨2⟩抽穗30	2	1	⟨1⟩[illegible]
5	⟨2⟩[illegible]二号	⟨1⟩120担300斤	2	⟨1⟩苗期30	2	1	⟨2⟩[illegible]
6	⟨2⟩ "	⟨1⟩120担300斤	2	⟨2⟩抽穗30	1	2	⟨1⟩[illegible]
7	⟨2⟩ "	⟨2⟩120担300斤	1	⟨1⟩苗期30	2	2	⟨1⟩[illegible]
8	⟨2⟩ "	⟨2⟩120担300斤	1	⟨2⟩抽穗30	1	1	⟨2⟩[illegible]

4、目的：从打乱平衡的统一体中，明确各因素在试验指标中的主次作用，同时对指导生产能看出除各[illegible]影响，消除瞎指挥的倾向。

八、玉米品种对比试验：

1、供试品种若有五个：

2、田间设计：

以随机排列法种植，重复二次，共设[illegible]区，每区1/3分地、总地八[illegible]亩。

图3-2-2　西沟大队科研组一九七九年农业科学实验计划第二张

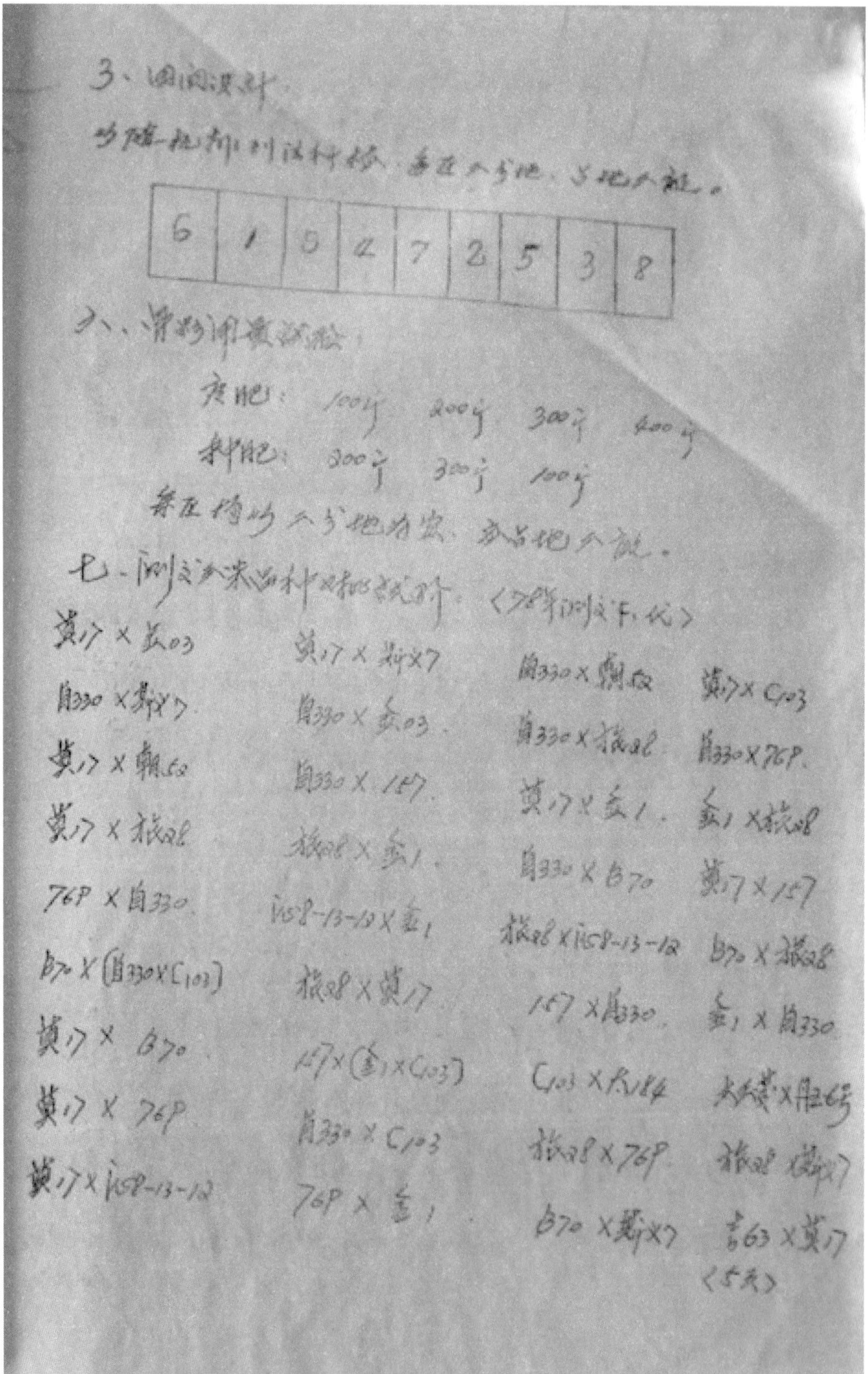

3、田间设计

以随机排列试种植，每区八分地，3地八社。

6	1	9	4	7	2	5	3	8

八、肥料用量试验：

底肥：100斤 200斤 300斤 400斤

种肥：200斤 300斤 100斤

每区增加八分地为宜，分占地八社。

七、测交、杂交出种和组配试行〈78年测交F1代〉

黄17×农03　黄17×莫红7　自330×朝60　黄17×C103

自330×莫红7　自330×农03　自330×旅28　自330×76P

黄17×朝60　自330×157　黄17×金1　金1×旅28

黄17×旅28　旅28×金1　自330×B70　黄17×157

76P×自330　ic58-13-12×金1　旅28×ic58-13-12　B70×旅28

B70×(自330×C103)　旅28×黄17　157×自330　金1×自330

黄17×B70　157×(金1×C103)　C103×大184　大黄×丹65

黄17×76P　自330×C103　旅28×76P　旅28×莫红7

黄17×ic58-13-12　76P×金1　B70×莫红7　吉63×黄17

〈5天〉

图3-2-3　西沟大队科研组一九七九年农业科学实验计划第三张

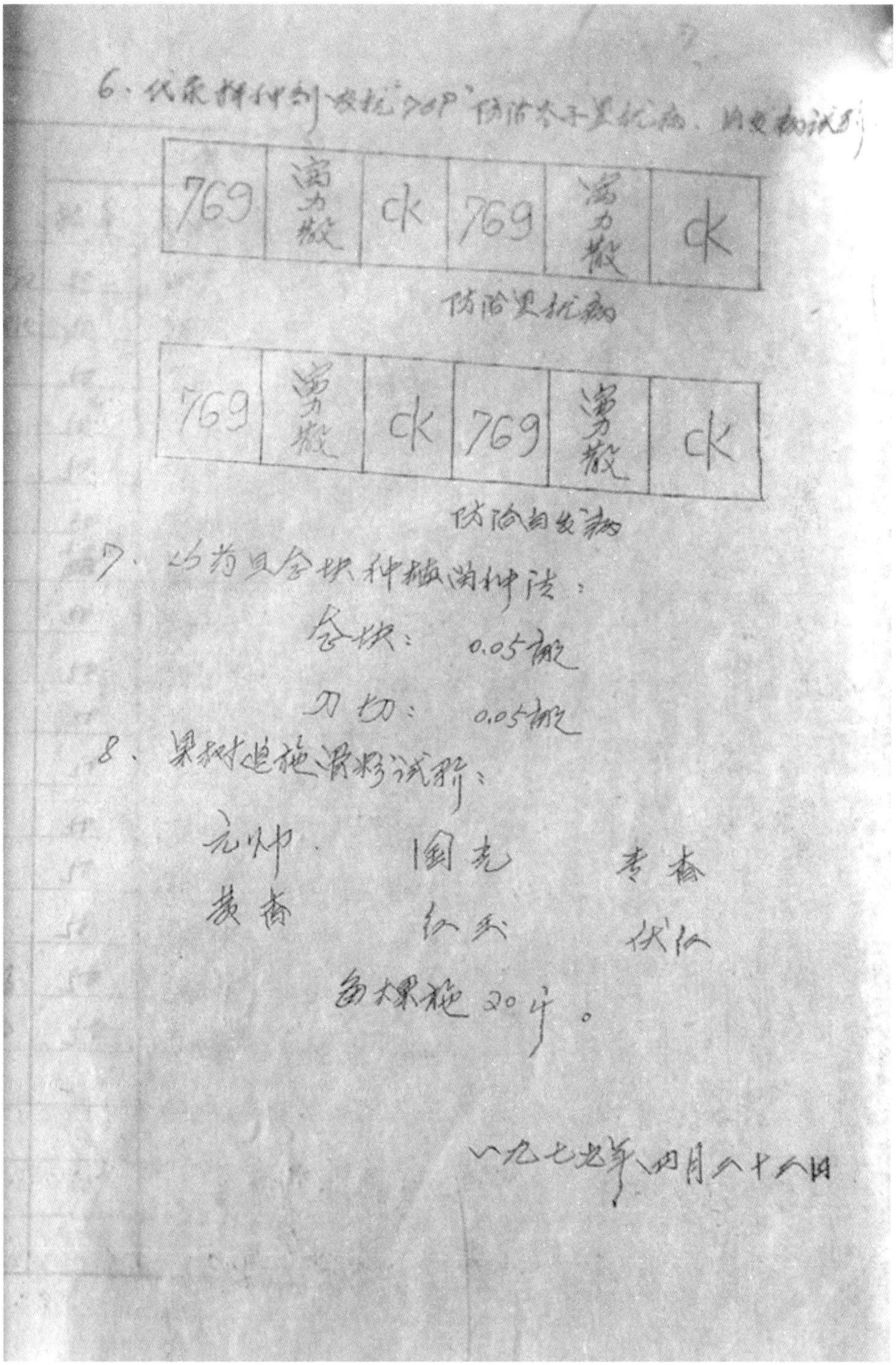

6. 代表样种剂农抗"769"防治杏子果抗病、白发病试验

769	滴力散	ck	769	滴力散	ck

防治果抗病

769	滴力散	ck	769	滴力散	ck

防治白发病

7. 马铃薯全块种植与切种法：

全块：0.05亩

刀切：0.05亩

8. 果树追施磷肥试验：

元帅　国光　青香

黄香　红玉　伏红

每棵施20斤。

一九七九年四月二十八日

图3-2-4　西沟大队科研组一九七九年农业科学实验计划第四张

（三）地付（富）反子女改变成份表

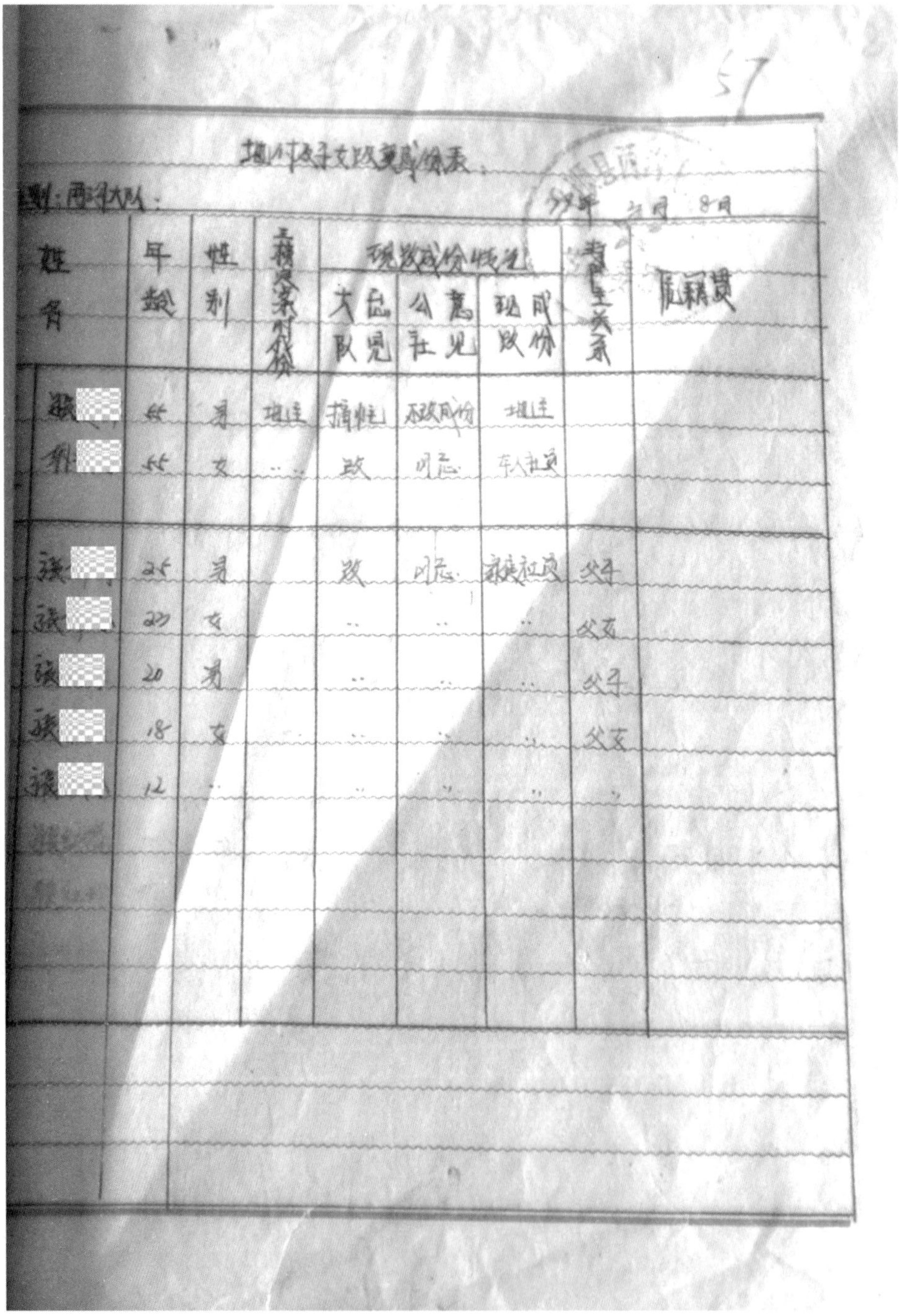

图3-3-1　地付（富）反子女改变成份表第一张（1979.3）

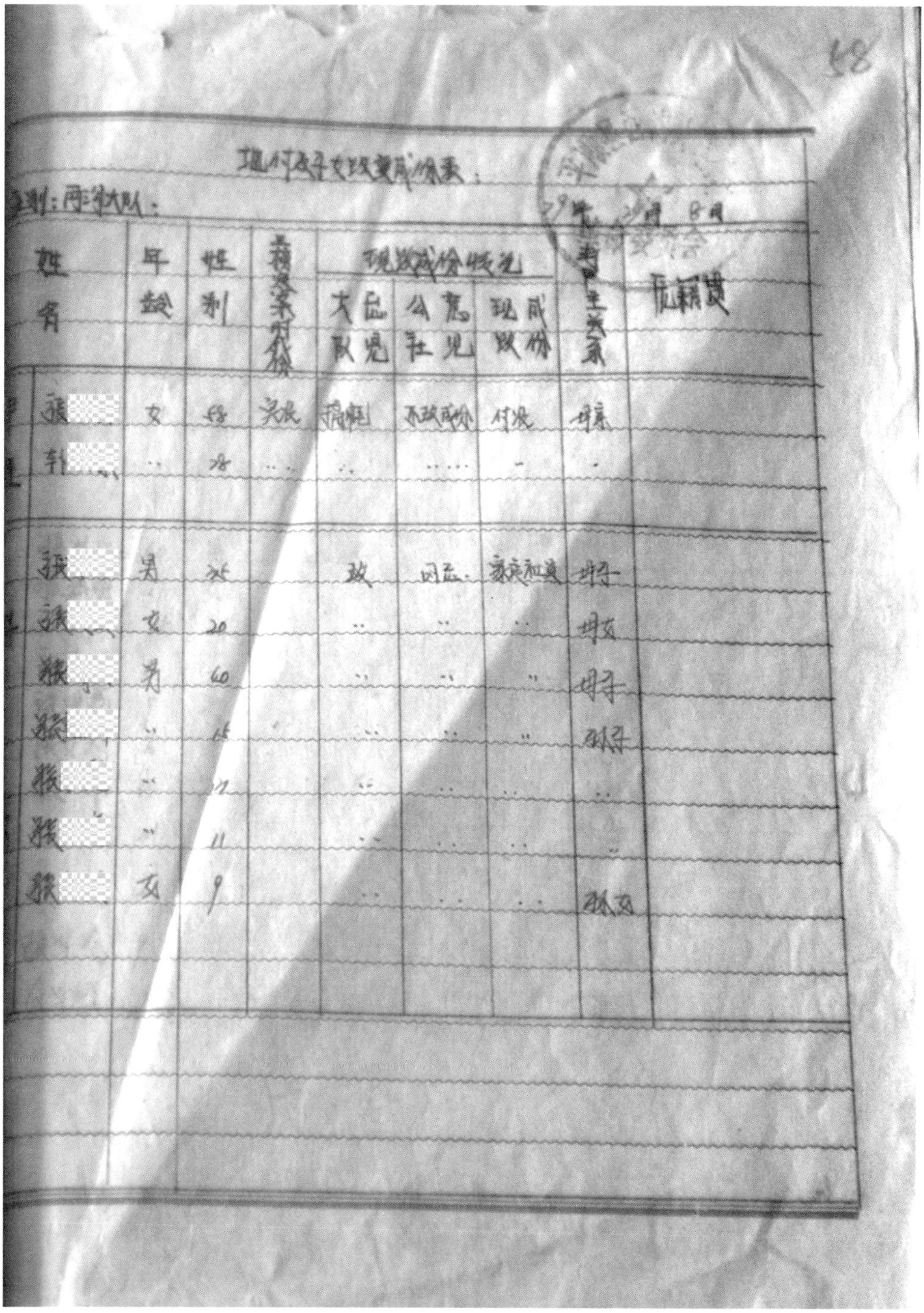

图3-3-2　地付（富）反子女改变成份表第二张（1979.3）

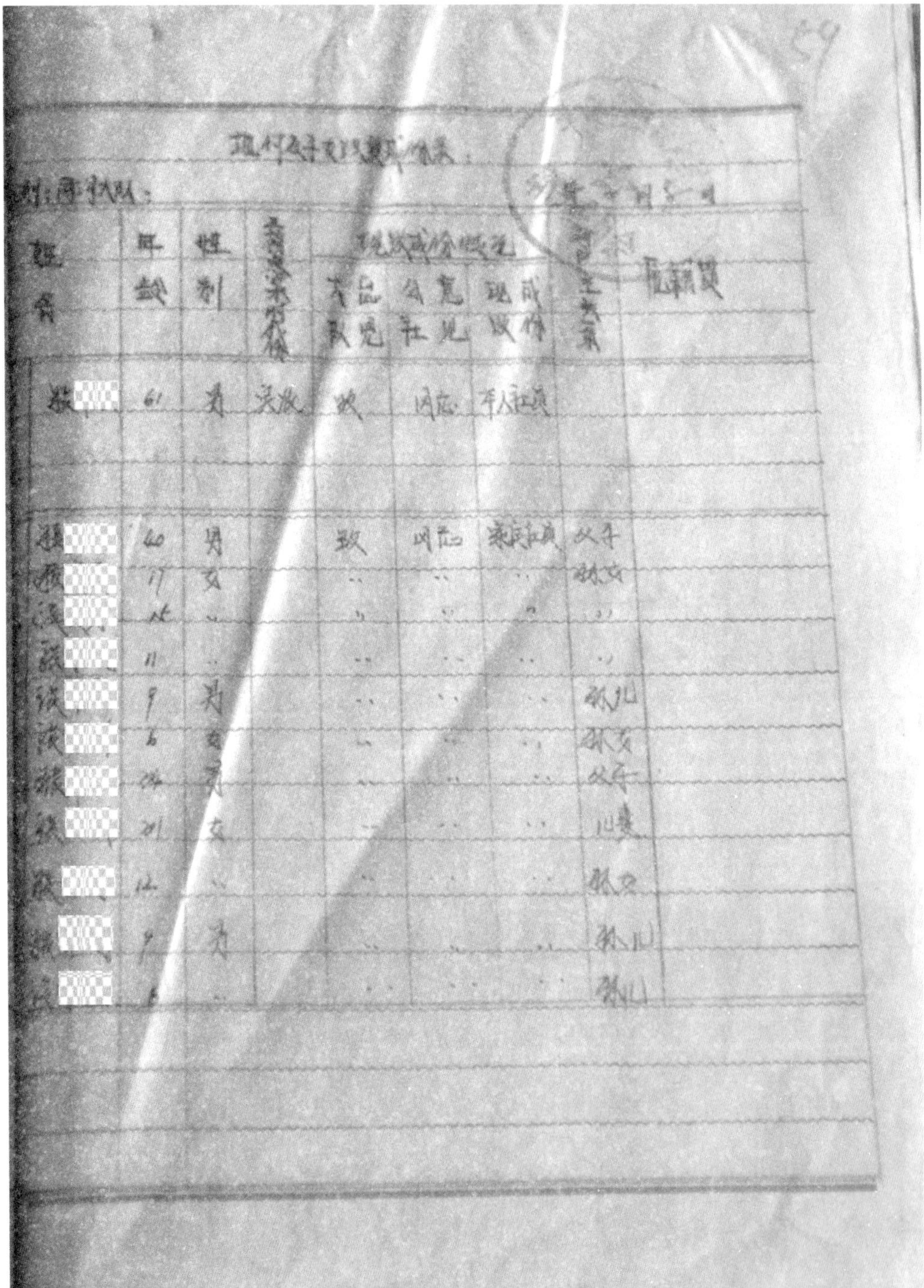

图3-3-3　地付（富）反子女改变成份表第三张（1979.3）

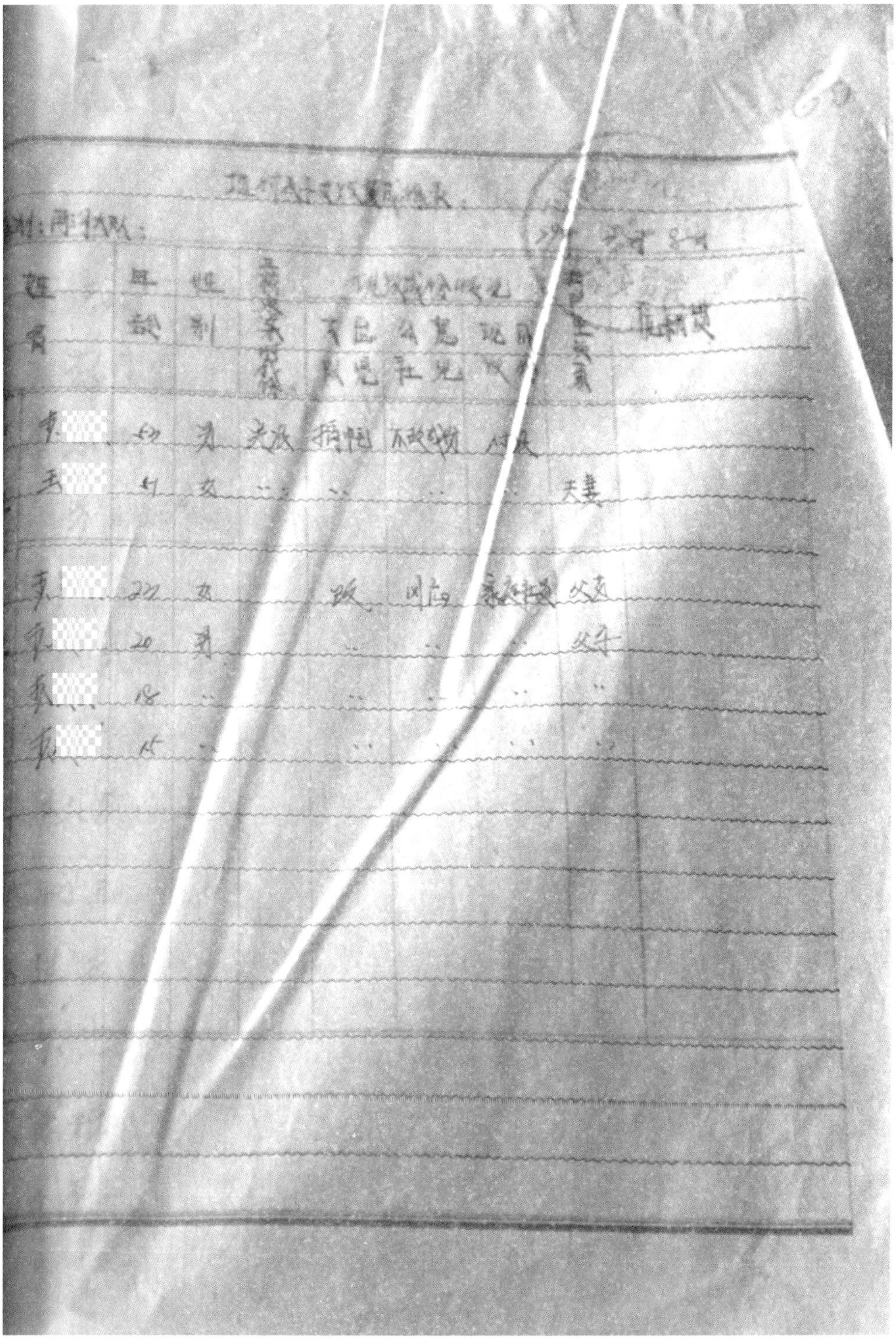

图3-3-4　地付（富）反子女改变成份表第四张（1979.3）

（四）西沟大队选举管理委员会候选人名单

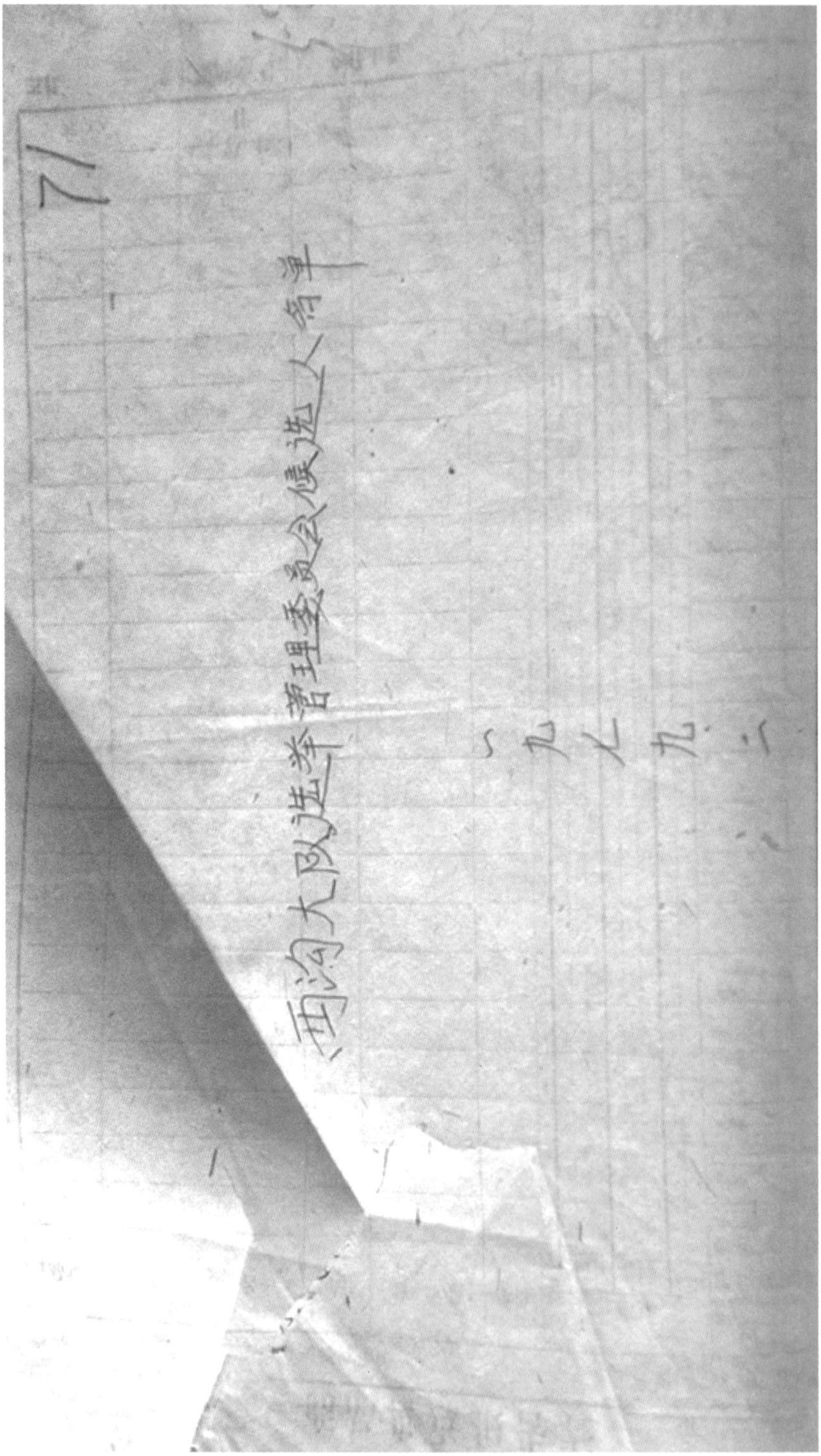

71

西沟大队选举管理委员会候选人名单

一九七九.二

图3-4-1　西沟大队选举管理委员会候选人名单第一张（1979.2）

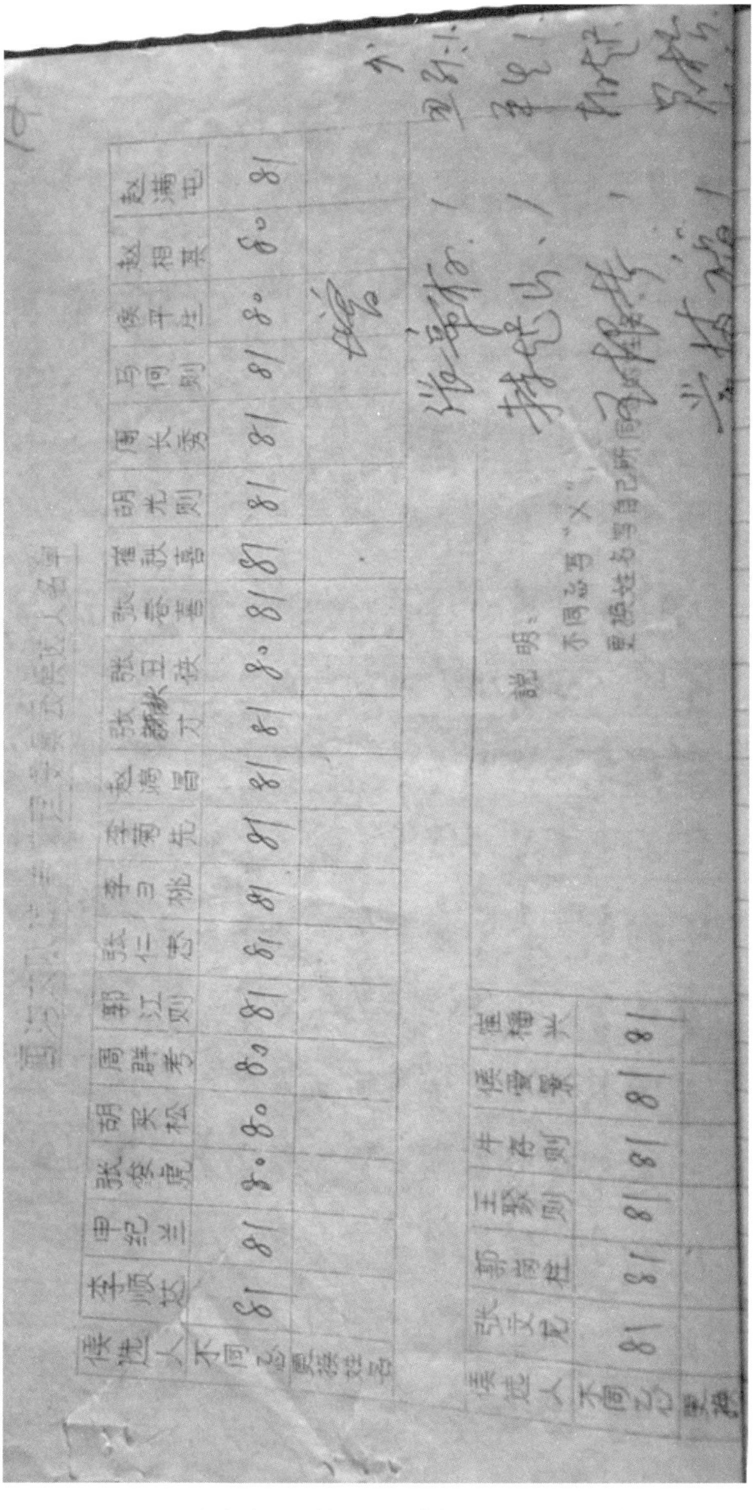

图3-4-2　西沟大队选举管理委员会候选人名单第二张（1979.2）

四、1992、1993、1996年西沟村调委员会调解资料（共60张）

（一）档案封面、目录

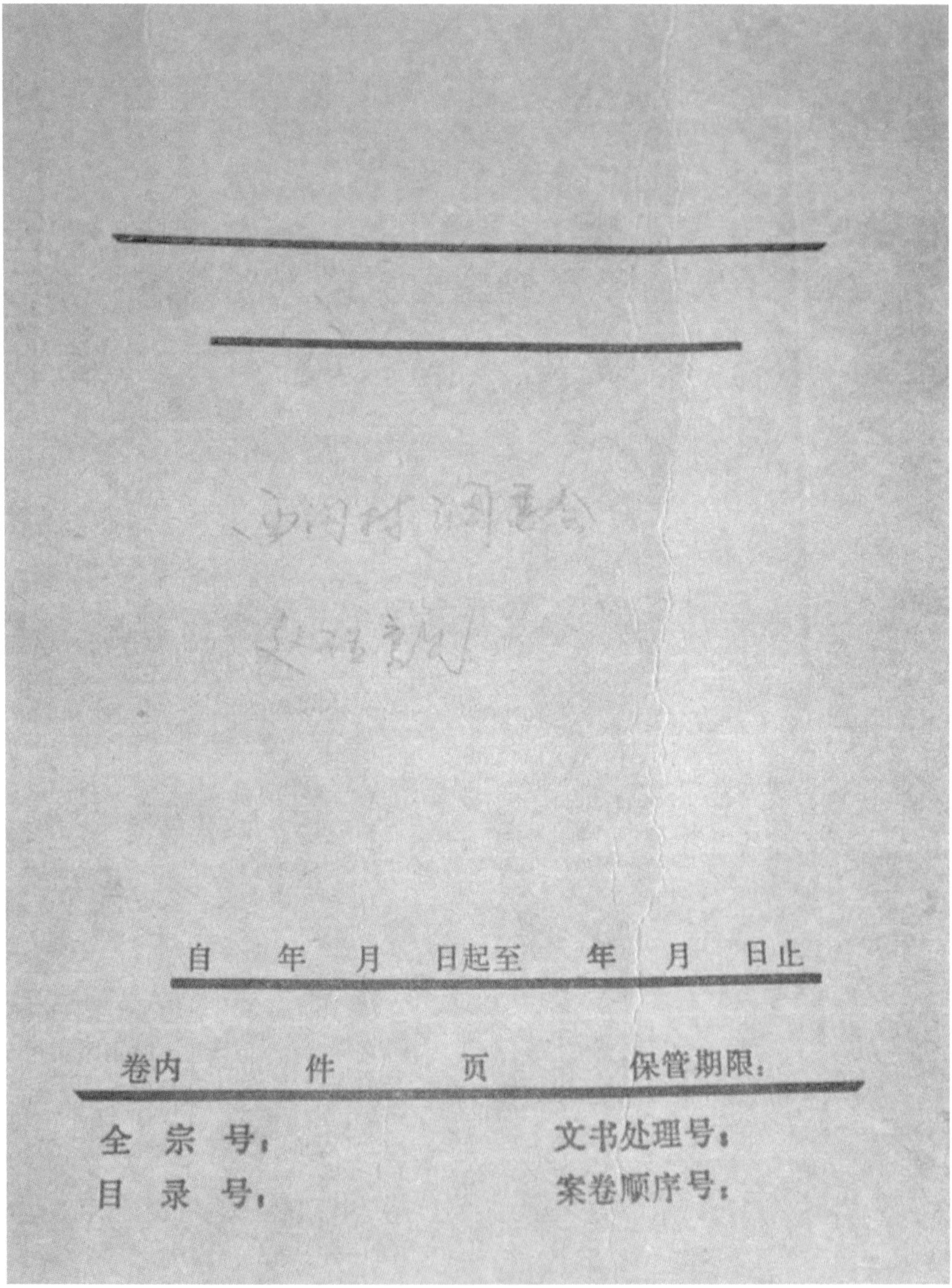

自　年　月　日起至　年　月　日止

卷内　件　页　保管期限：

全宗号：　文书处理号：

目录号：　案卷顺序号：

图4-1-1　档案封面

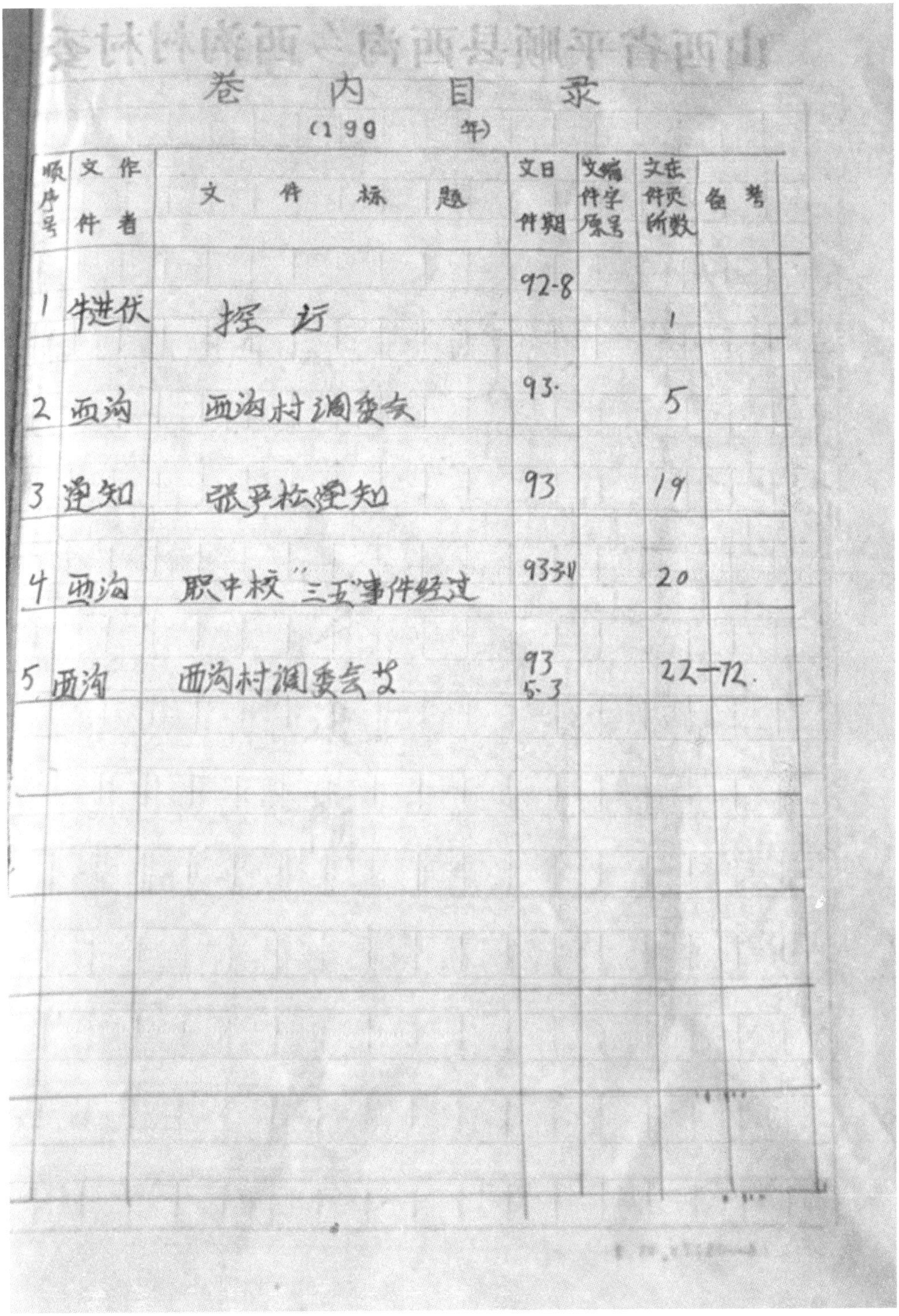

山西省平顺县西沟乡西沟村委

卷内目录

（199 年）

顺序号	文件作者	文件标题	文件日期	文件编字原号	文件在页所数	备考
1	牛进伏	探访	92-8		1	
2	西沟	西沟村调委会	93.		5	
3	通知	张平松通知	93		19	
4	西沟	职中校"三五"事件经过	93.3.11		20	
5	西沟	西沟村调委会公	93 5.3		22—72.	

图4-1-2　卷内目录

（二）西沟村村规民约

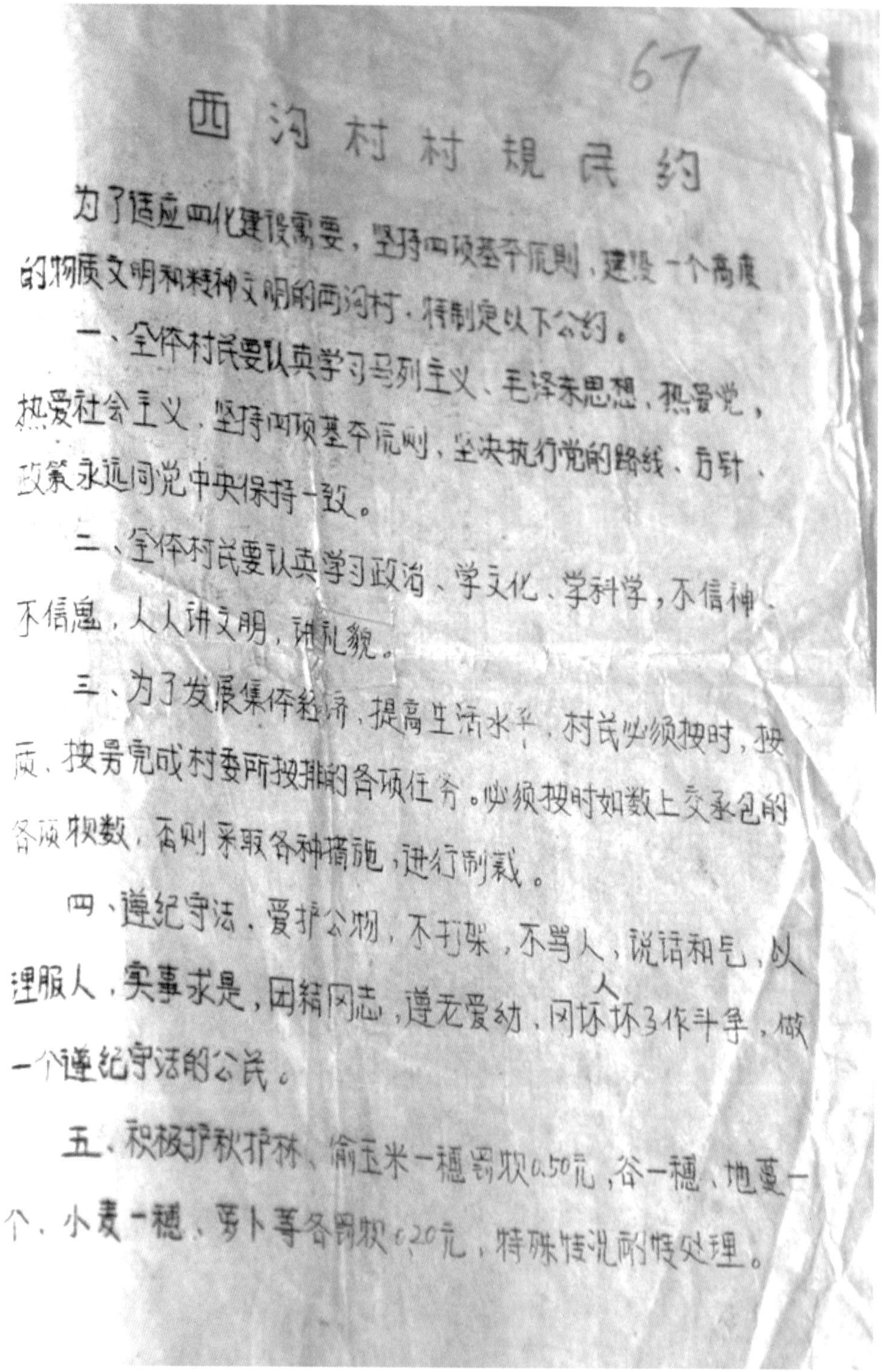

67

西沟村村规民约

为了适应四化建设需要，坚持四项基本原则，建设一个高度的物质文明和精神文明的西沟村，特制定以下公约。

一、全体村民要认真学习马列主义、毛泽东思想，热爱党，热爱社会主义，坚持四项基本原则，坚决执行党的路线、方针、政策，永远同党中央保持一致。

二、全体村民要认真学习政治、学文化、学科学，不信神、不信鬼，人人讲文明，讲礼貌。

三、为了发展集体经济，提高生活水平，村民必须按时，按质、按量完成村委所安排的各项任务。必须按时如数上交承包的各项款数，否则采取各种措施，进行制裁。

四、遵纪守法，爱护公物，不打架，不骂人，说话和气，以理服人，实事求是，团结同志，遵老爱幼，同坏人坏事作斗争，做一个遵纪守法的公民。

五、积极护秋护林，偷玉米一穗罚款0.50元，谷一穗、地蔓一个、小麦一穗、萝卜等各罚款0.20元，特殊情况酌情处理。

图4–2–1　西沟村村规民约第一张（1987.3）

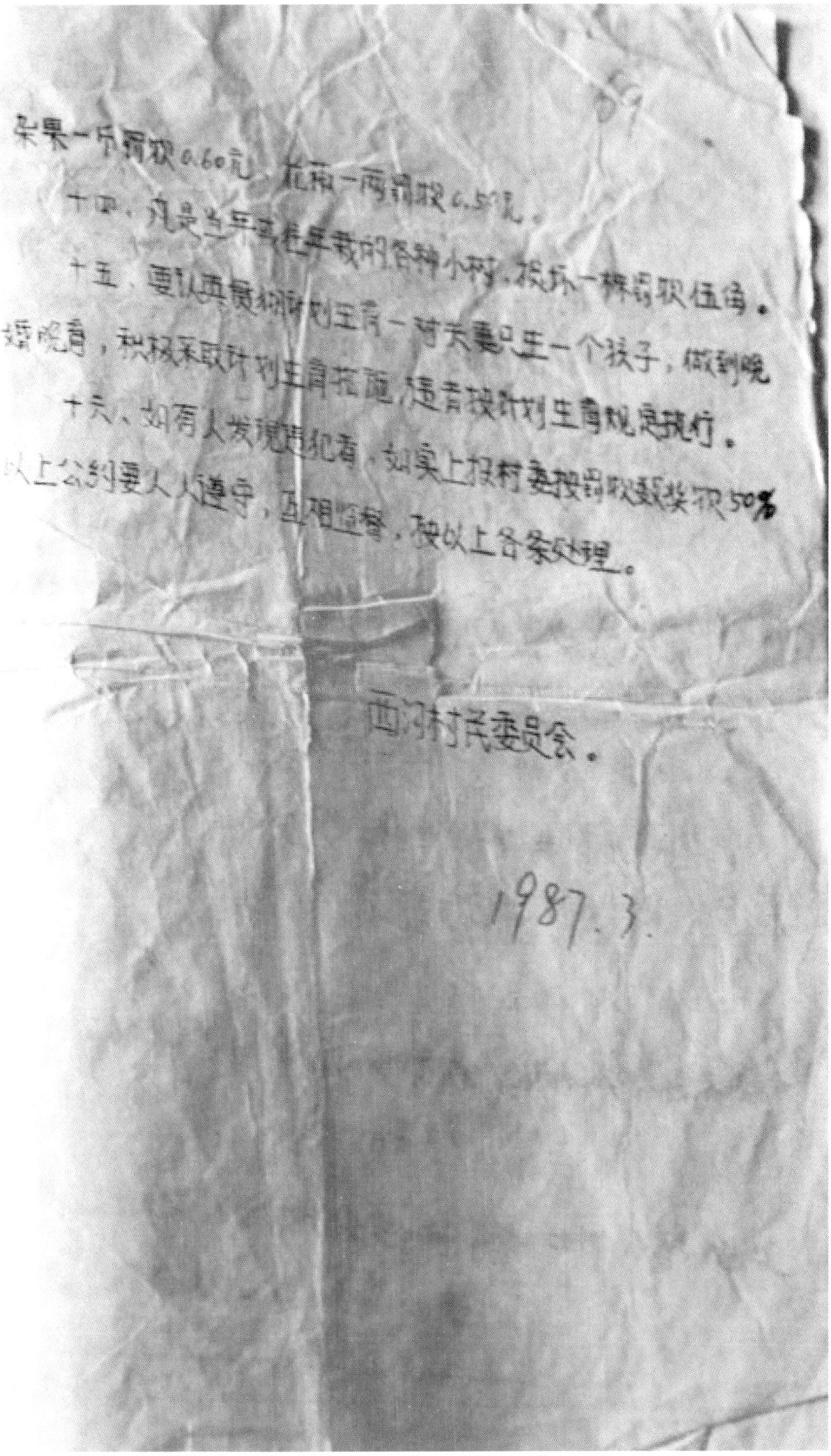
杂果一斤罚款0.60元，花椒一两罚款0.5元。
十四、凡是当年栽植年栽的各种小树，损坏一株罚款伍倍。
十五、要认真贯彻计划生育一对夫妻只生一个孩子，做到晚婚晚育，积极采取计划生育措施，违者按计划生育规定执行。
十六、如有人发现违犯者，如实上报村委按罚款数奖款50%
以上公约要人人遵守，互相监督，按以上各条处理。
西沟村民委员会。
1987.3.

图4-2-2　西沟村村规民约第二张（1987.3）

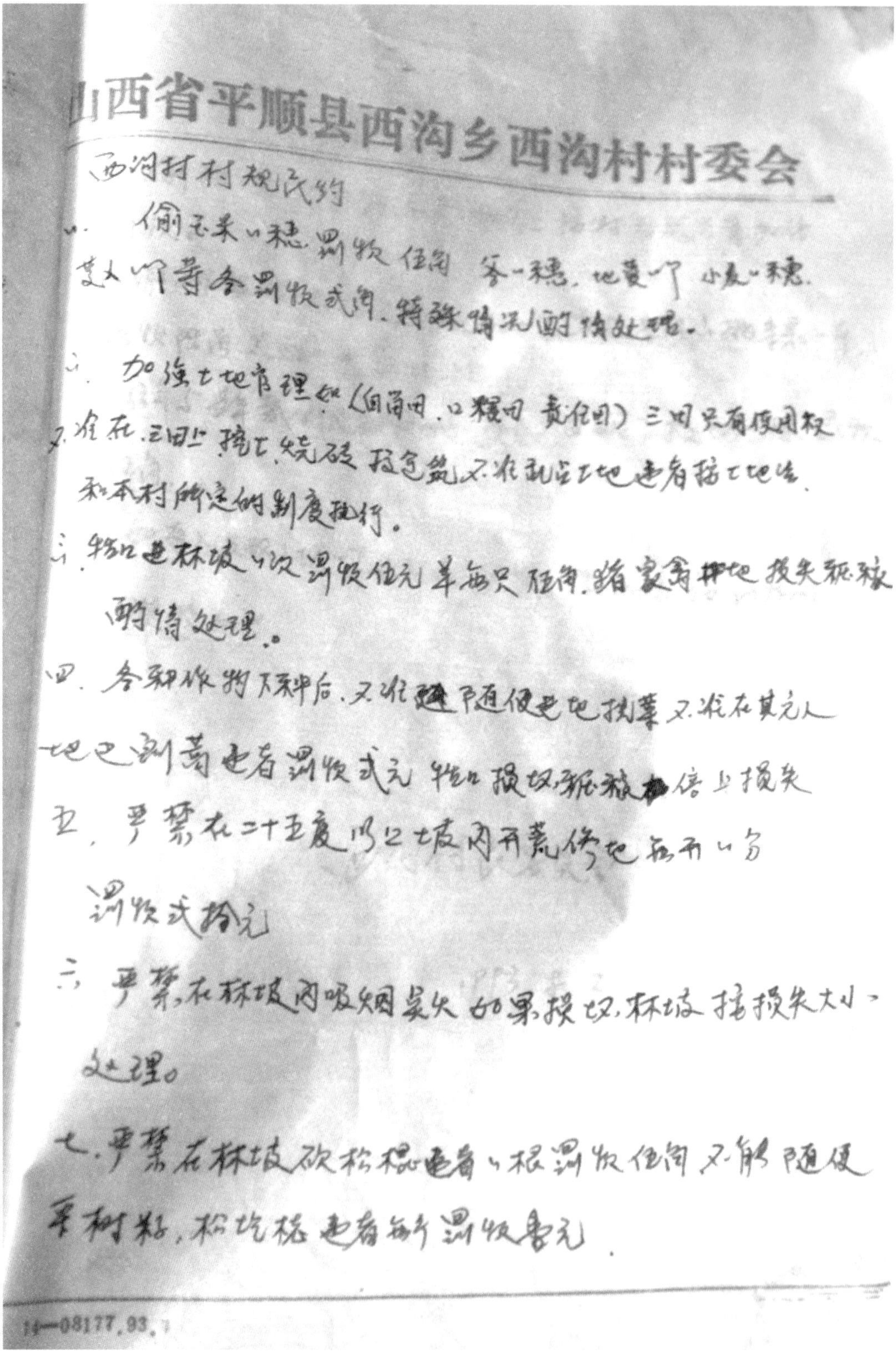

山西省平顺县西沟乡西沟村村委会

西沟村村规民约

一、偷玉米一穗罚款伍角 谷一穗、地黄一个 小麦一穗 豆类一个等各罚款贰角，特殊情况酌情处理。

二、加强土地管理，(自留田、口粮田、责任田)三田只有使用权，不准在三田上挖土、烧砖、打窑、盖房，不准乱占土地，违者按土地法和本村所定的制度执行。

三、牲口进林坡一次罚款伍元，羊每只伍角，猪、家禽进地按损失程度酌情处理。

四、各种作物下种后，不准随便进地挑菜，不准在其它人地边刨菁，违者罚款贰元，牲口损坏庄稼按倍赔偿损失。

五、严禁在二十五度以上坡内开荒种地，每开一分罚款贰拾元。

六、严禁在林坡内吸烟点火，如果损坏林坡按损失大小处理。

七、严禁在林坡砍松根，违者每根罚款伍角，不能随便采树籽、松塔，违者每斤罚款壹元。

14—08177.93.7

图4-2-3 西沟村村规民约第一张（1993.8.31）

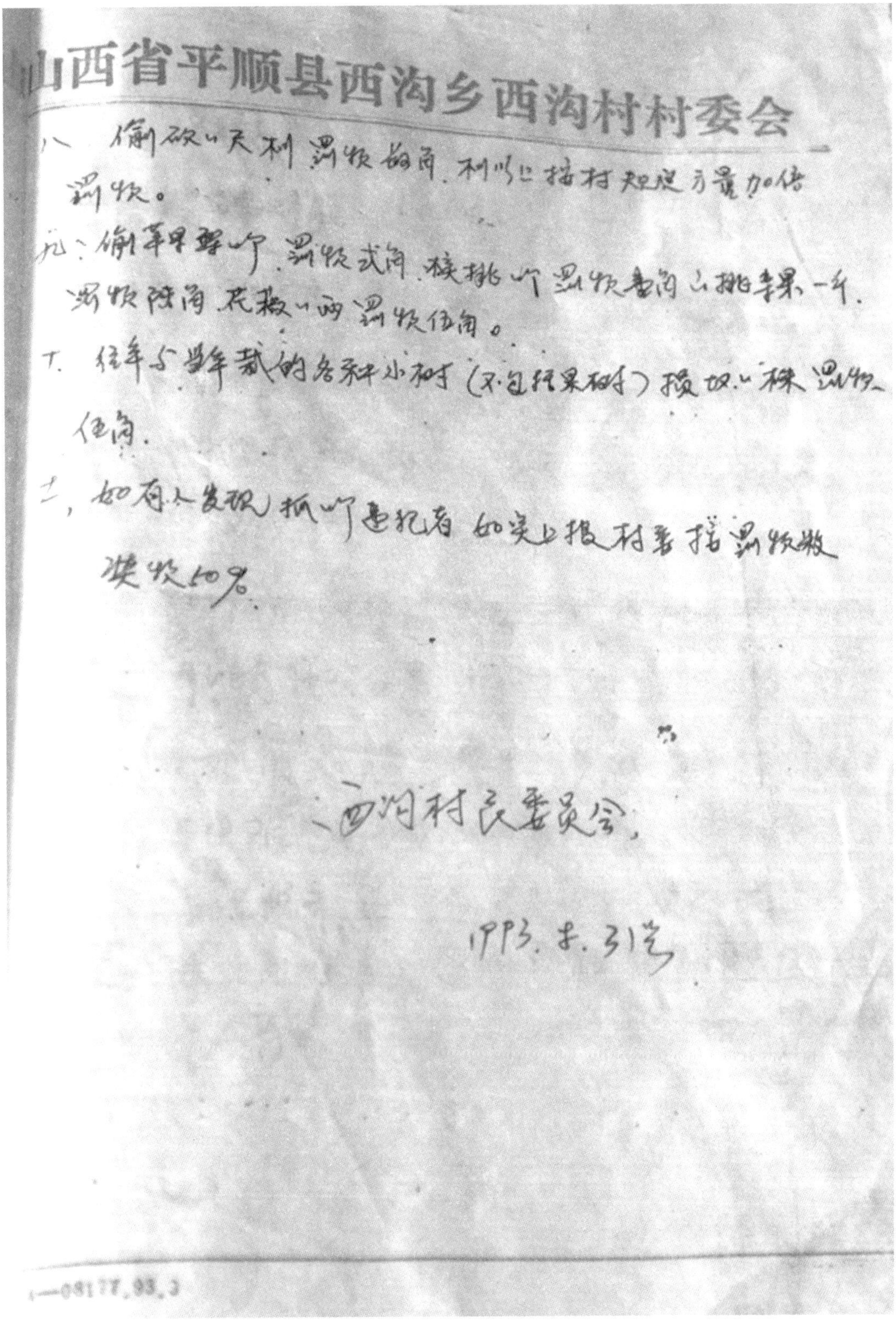

山西省平顺县西沟乡西沟村村委会

八、偷砍一天利罚款拾元，利以上按村规定方量加倍罚款。

九、偷摘果子的，罚款贰元，核桃的罚款叁元，山桃李果一斤罚款陆元，花椒一两罚款伍元。

十、往年5、6年栽的各种小树（不包括果树）损坏一株罚款伍元。

十一、如有人发现抓住违犯者，如实上报村委，按罚款数奖款50%。

西沟村民委员会

1993.8.31日

—08177.93.3

图4-2-4　西沟村村规民约第二张（1993.8.31）

（三）房屋、土地、道路纠纷

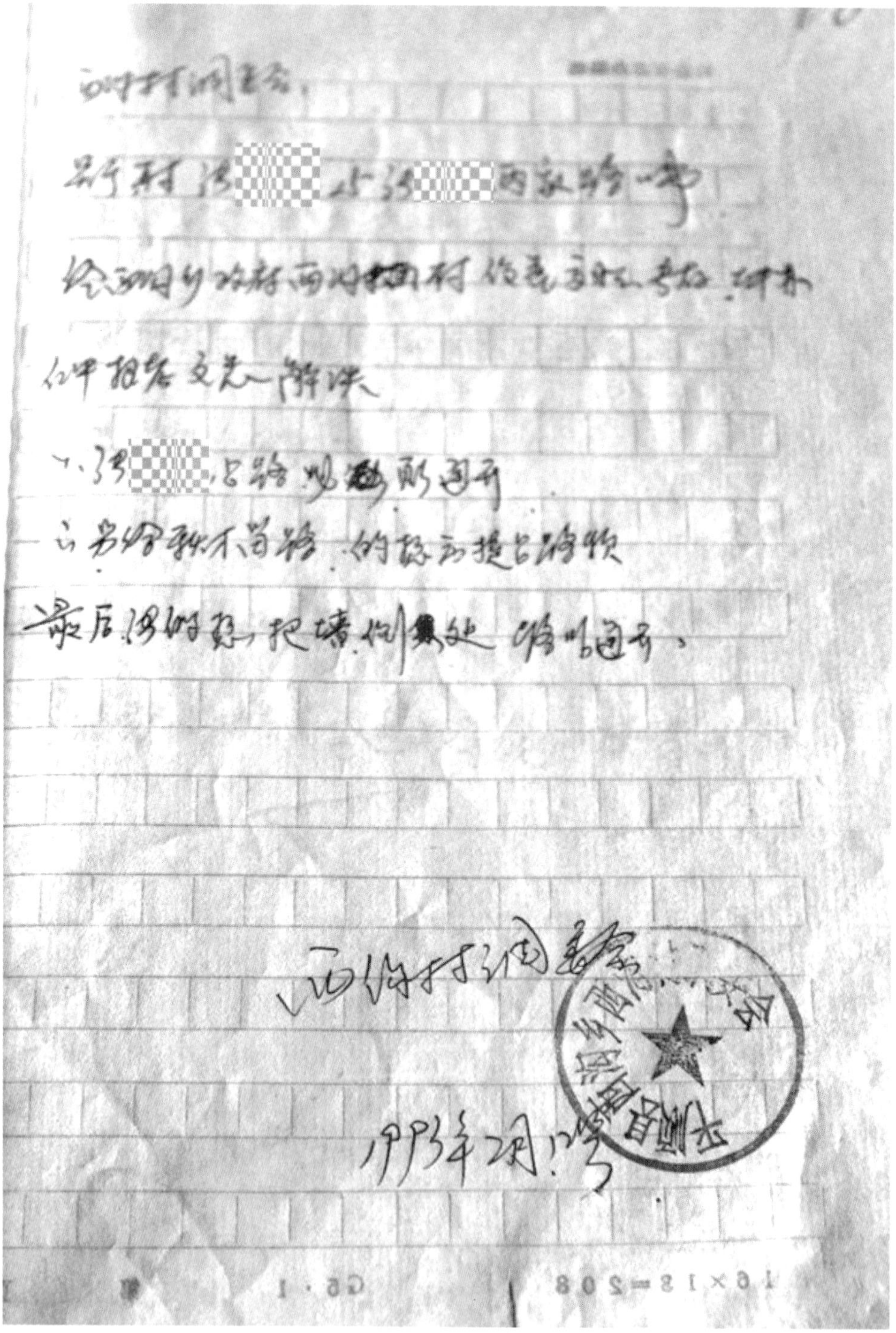

图4-3-1　张□□与张□□道路纠纷（1993.2.12）

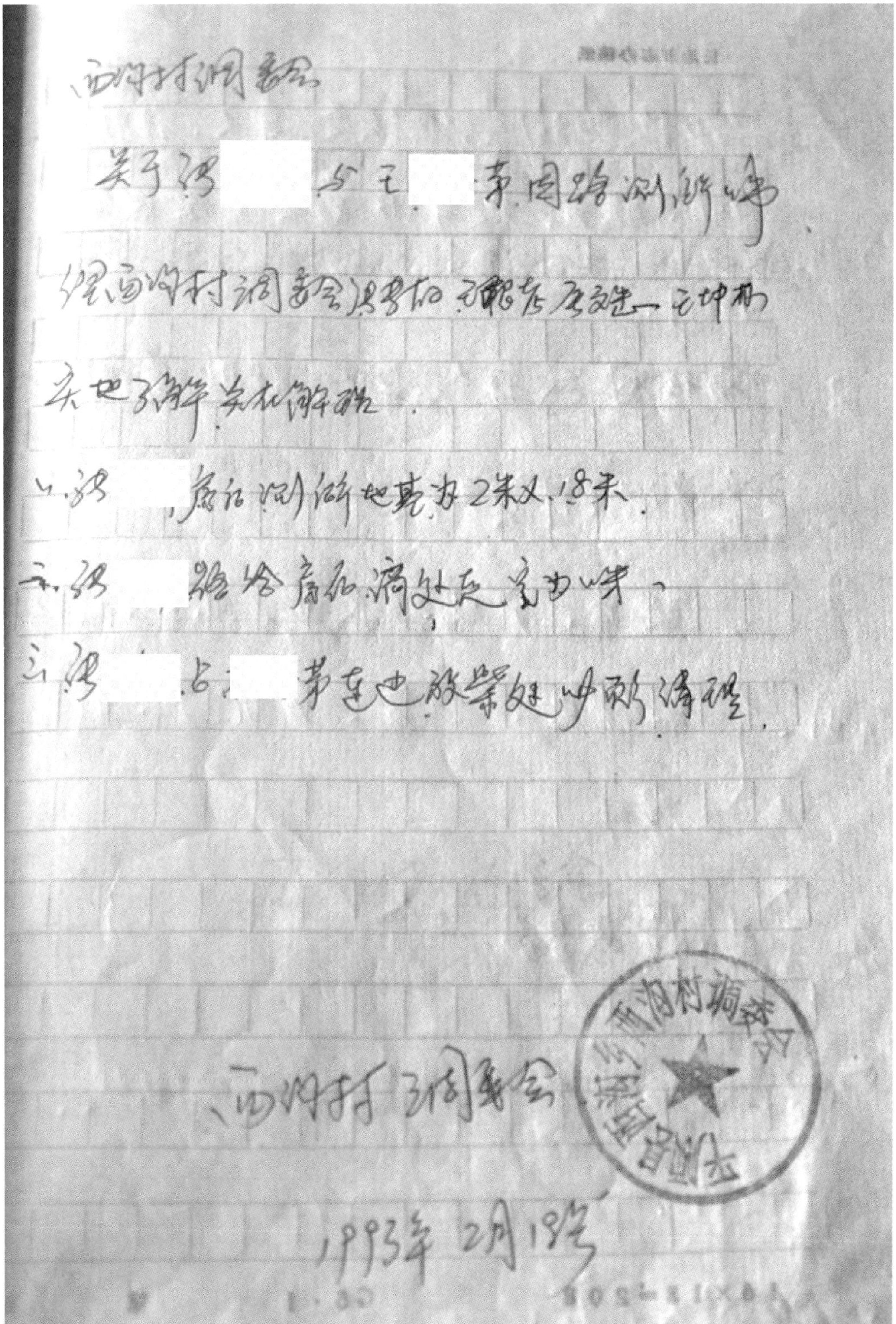

西沟村调委会

关于张[redacted]与王[redacted]弟因路纠纷一事

经西沟村调委会成员们到张家房后进一步实地了解并作解释。

1. 张[redacted]房后纠纷地界为2米又.18米。

2. 张[redacted]路给房后滴水处应留出1米。

3. 张[redacted]与王[redacted]弟在地[illegible]以后[illegible]清理。

西沟村调委会

1993年2月18日

图4-3-2 张□□与王□□道路纠纷（1993.2.18）

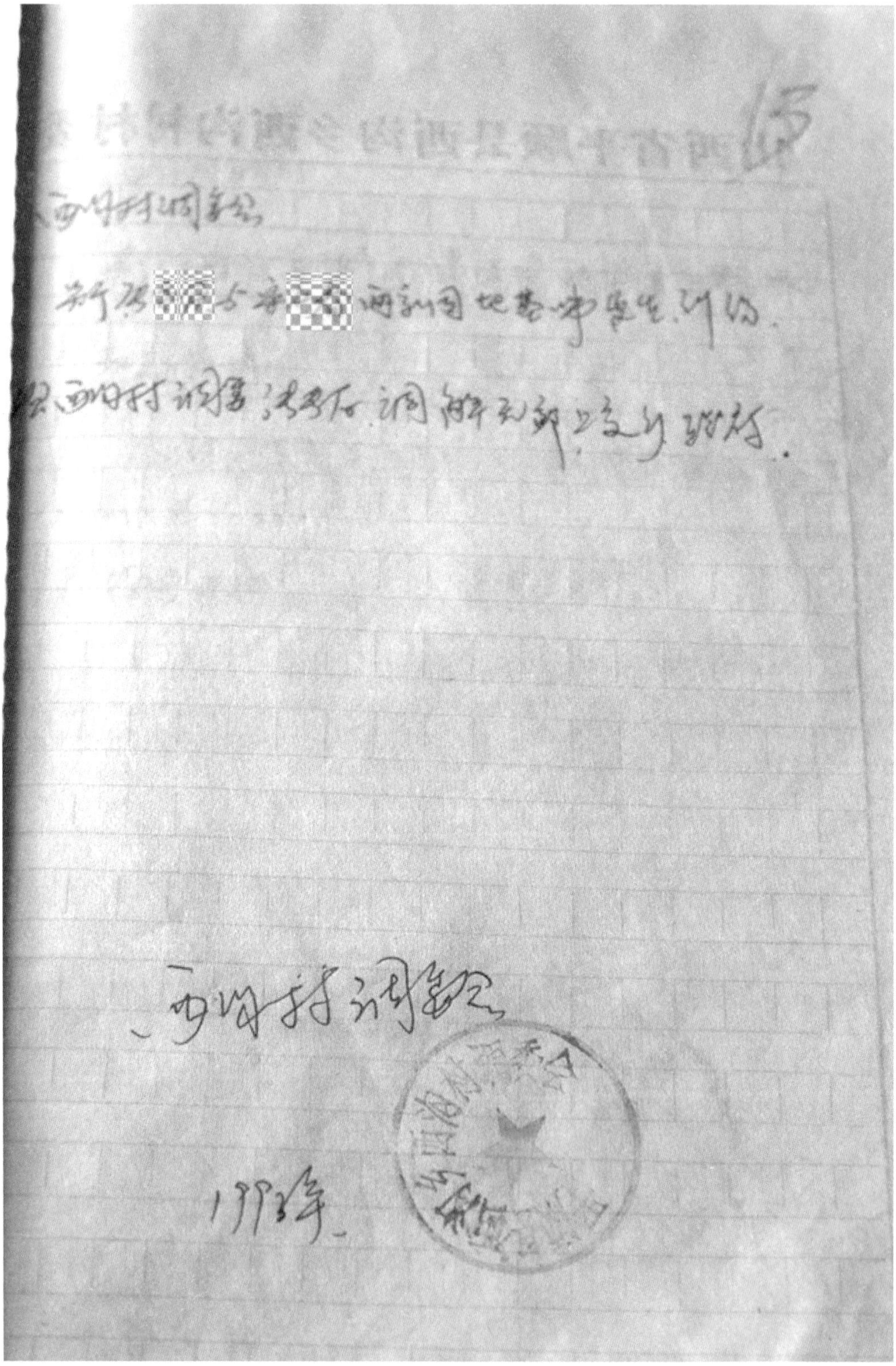

图4-3-3　张□□与宋□□地基纠纷（1993）

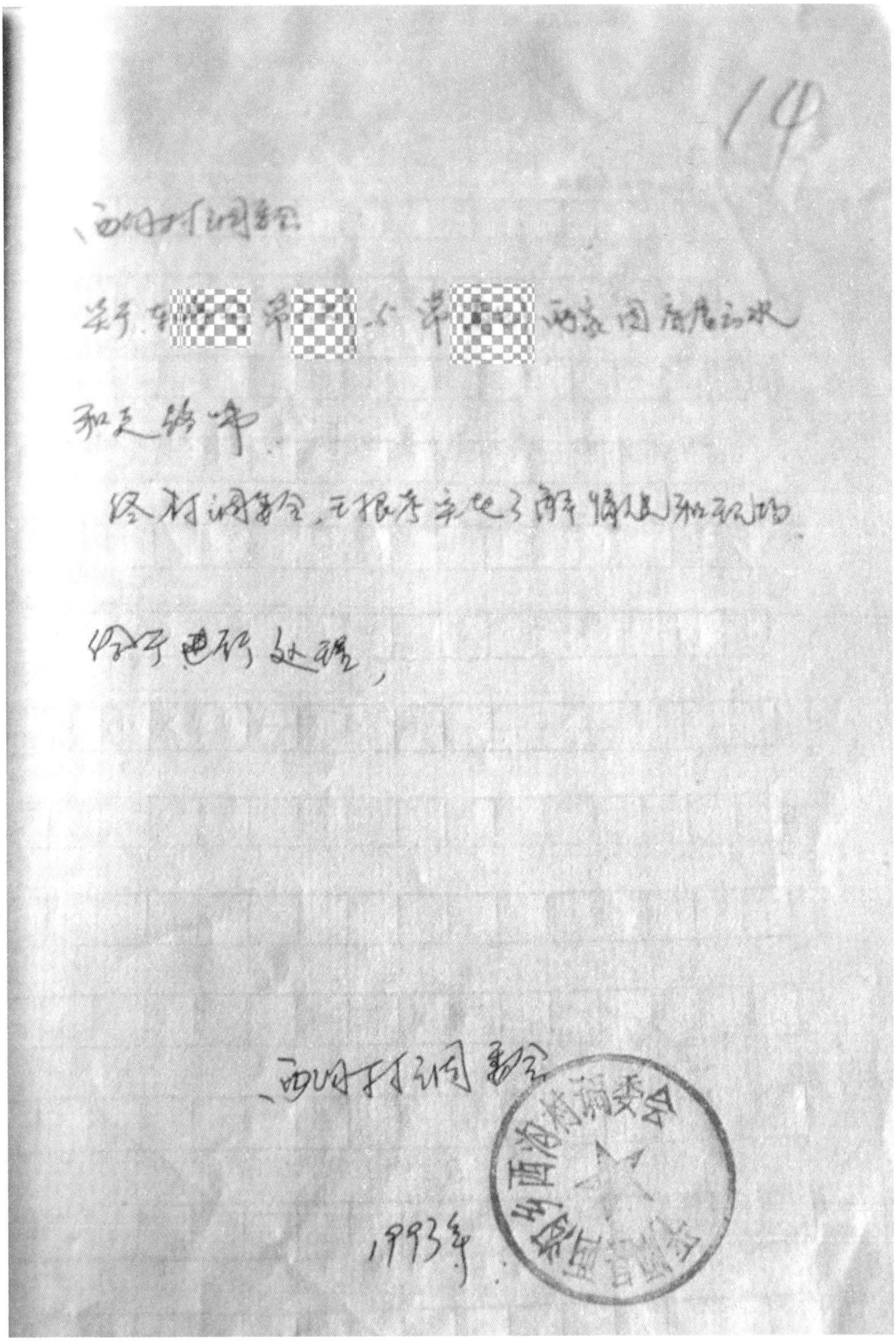
西峪村调委会

关于东[redacted]常[redacted]与常[redacted]两家因房屋出水

和走路纠纷，

经村调委会，已报告并已了解情况和现状

给予进行处理，

西峪村调委会

1993年

图4-3-4　东峪沟常□□与常□□房屋出水、走路纠纷（1993）

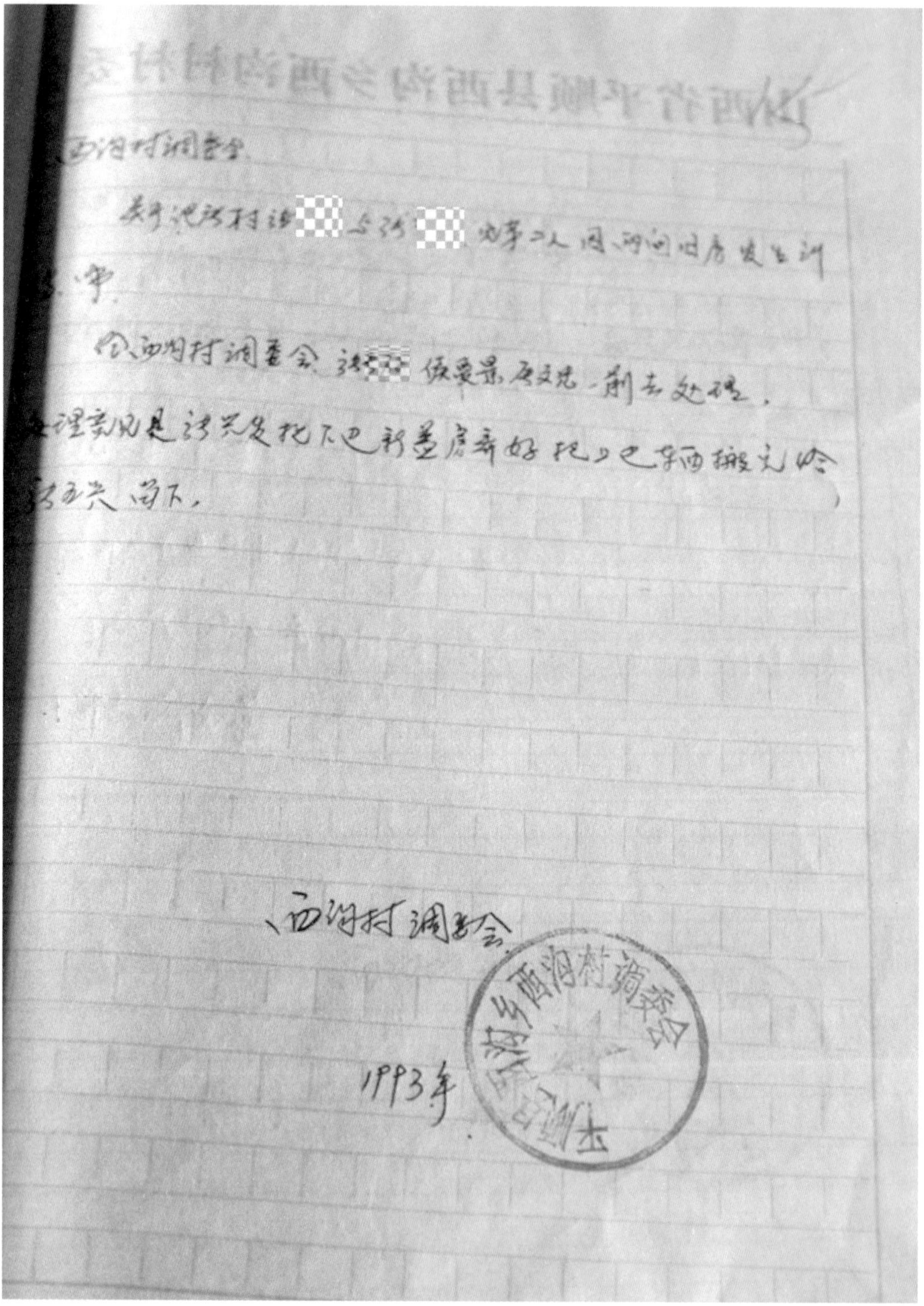

西沟村调委会

关于池底村张[redacted]、张[redacted]兄弟二人因为旧房发生纠纷一事。

经西沟村调委会张[redacted]、侯爱景、原文兆、荆太处理，处理意见是让兄长把下边新盖房弄好，把上边东西搬走给弟兄留下。

西沟村调委会

1993年

图4-3-5　池底张□□兄弟房屋纠纷（1993）

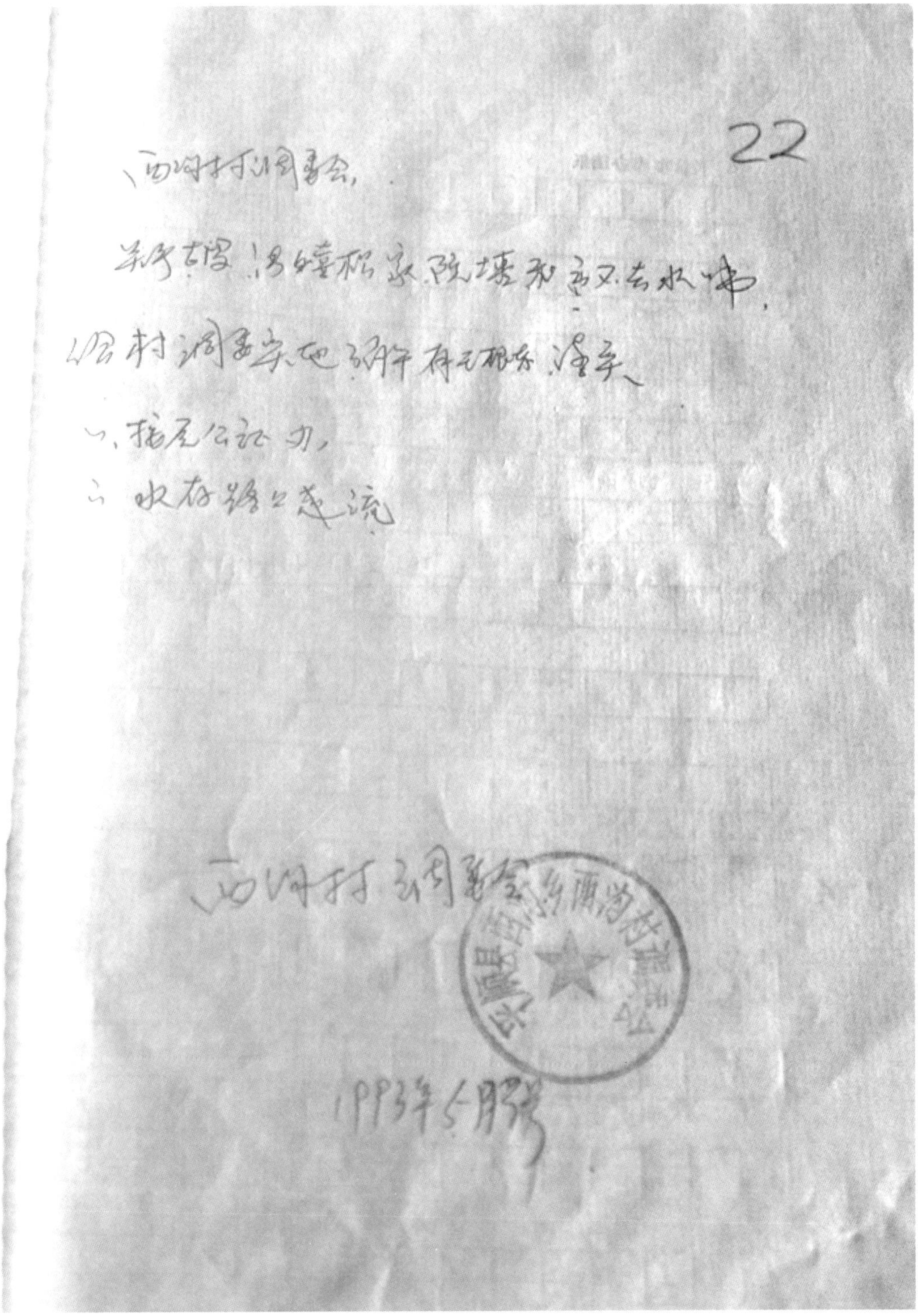

22

西冲村调委会：

关于古罗：张[illegible]家院墙东面双方去水问题，

经村调委实地调解，存无纠纷，决定：

一、拆屋公认办，

二、水存路口走流

西冲村调委会

（印章）

1993年5月3日

图4–3–6　古罗张□□家走水问题（1993.5.3）

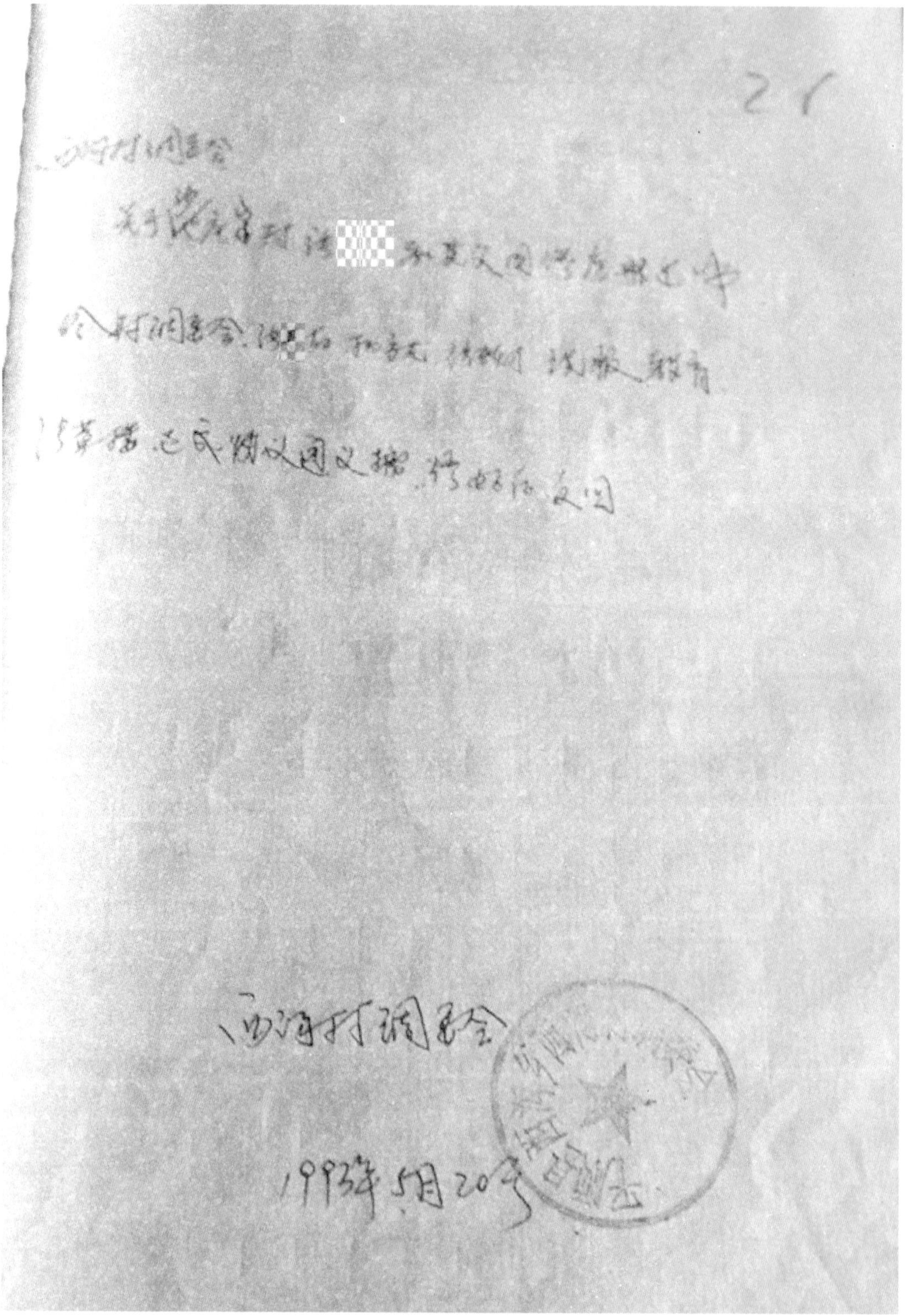

西河村调委会

关于池底张[redacted]和某某因修房纠纷一事，[illegible]

经村调委会调解[redacted][illegible]

[illegible]

西河村调委会

1993年5月20日

图4-3-7　池底张□□修房纠纷（1993.5.20）

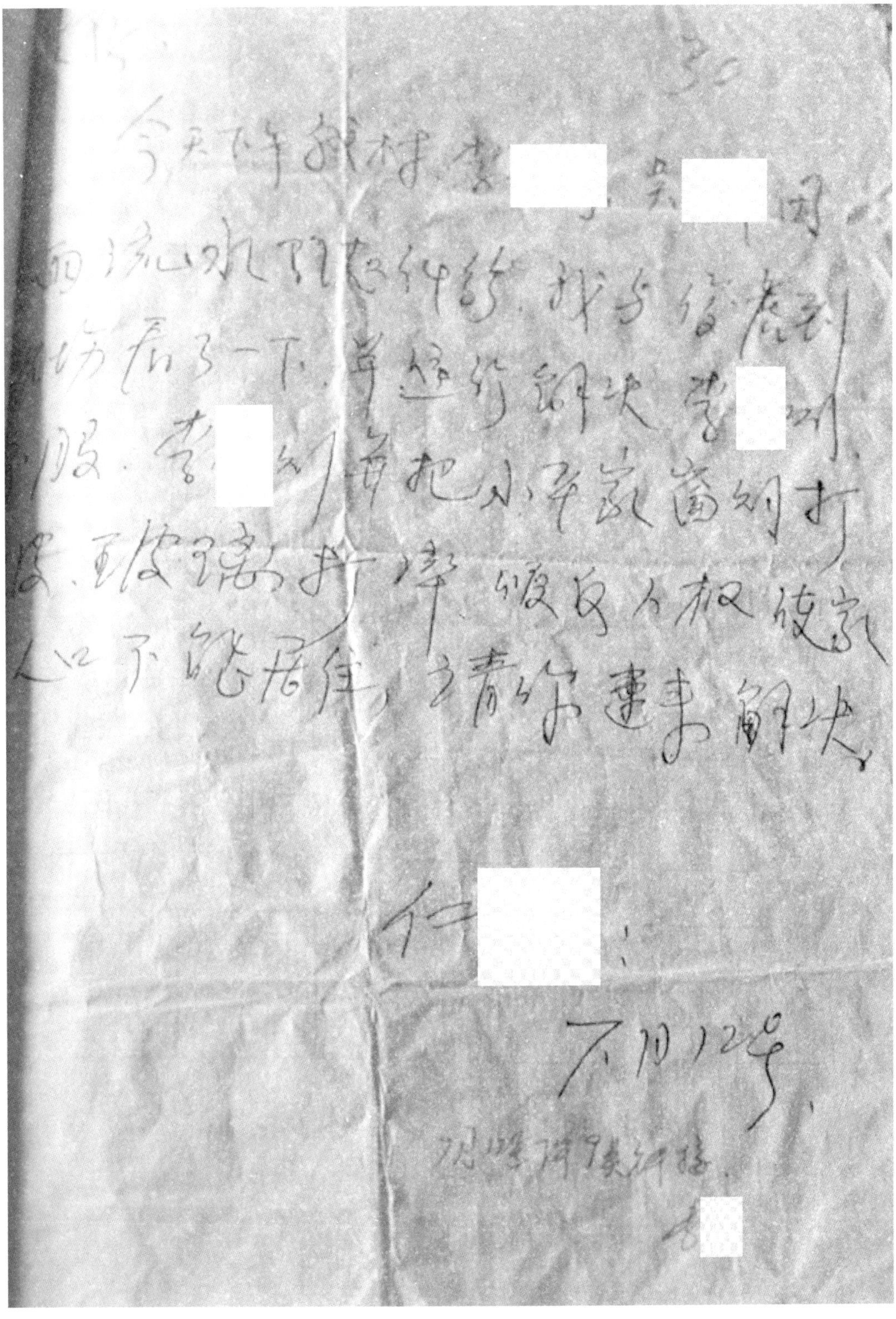

今天下午我村李[redacted]、吴[redacted]因
雨流水问题起纠纷，我去後来到
现场看了一下，并经行解决，李[redacted]不
服，李[redacted]到并把小平家窗纠打
破，玻璃打碎，破坏人权，使家
人口不能居住，请你速来解决。

任[redacted]

7月12号

图4-3-8　李□□、吴□□雨流水纠纷（1993.7.12）

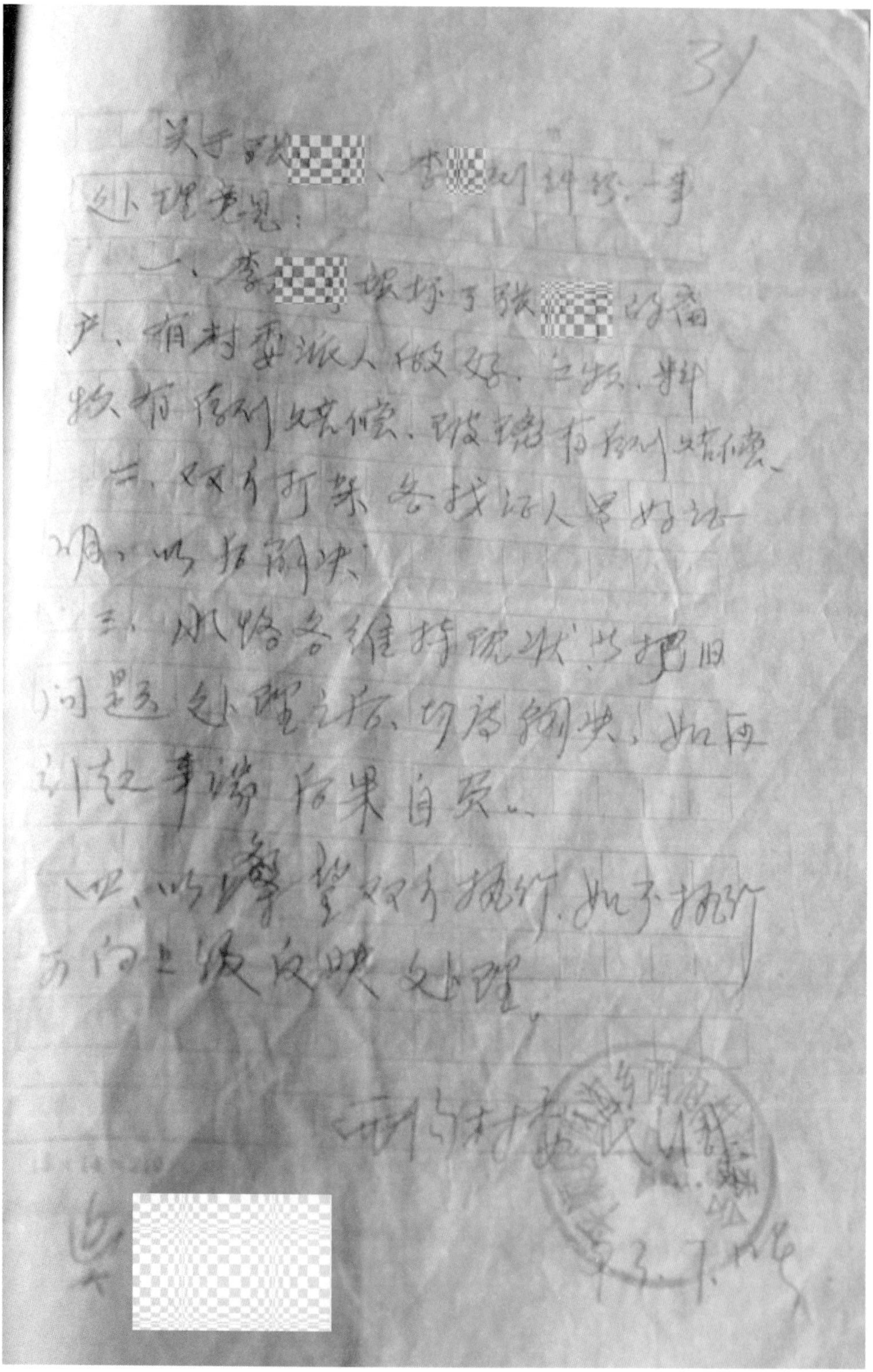

31

关于张[redacted]、李[redacted]纠纷一事处理意见：

一、李[redacted]损坏了张[redacted]的窗户，由村委派人做好，工钱、材料费由[illegible]赔偿，玻璃由[illegible]赔偿。

二、双方打架各找证人写好证明，以后解决。

三、水路各维持现状，此[illegible]旧问题处理之后，均待解决，如再引起争端后果自负。

四、以上希望双方执行，如不执行可向上级反映处理。

[illegible]村委

吴[redacted]

93.7.12

图4-3-9　李□□、吴□□雨流水纠纷处理意见（1993.7.12）

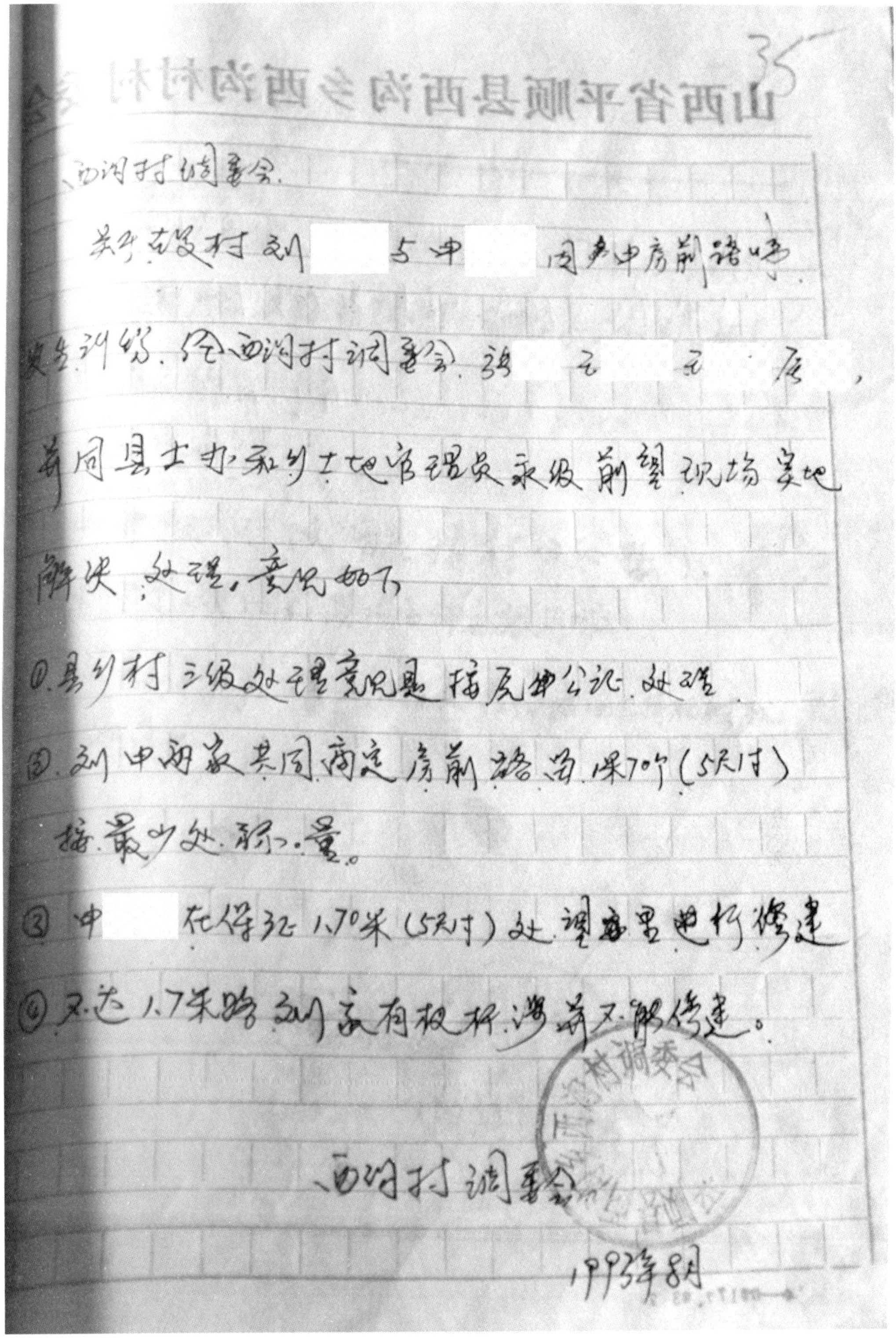

西沟村村调委会：

关于古罗村刘[redacted]与申[redacted]因房前路境发生纠纷，经西沟村调委会，张[redacted]、王[redacted]、王[redacted]、岳[redacted]，并同县土办和乡土地管理员永级前望现场实地解决处理，意见如下：

①县乡村三级处理意见是按居住公认处理。

②刘申两家共同商定房前路面保70吋（5尺寸）按最少处预留量。

③申[redacted]在保证1.70米（5尺寸）处理应留进行修建。

④不达1.7米路刘家有权干涉并不能修建。

西沟村调委会

1993年8月

图4-3-10　古罗刘□□、申□□房前道路纠纷（（1993.8）

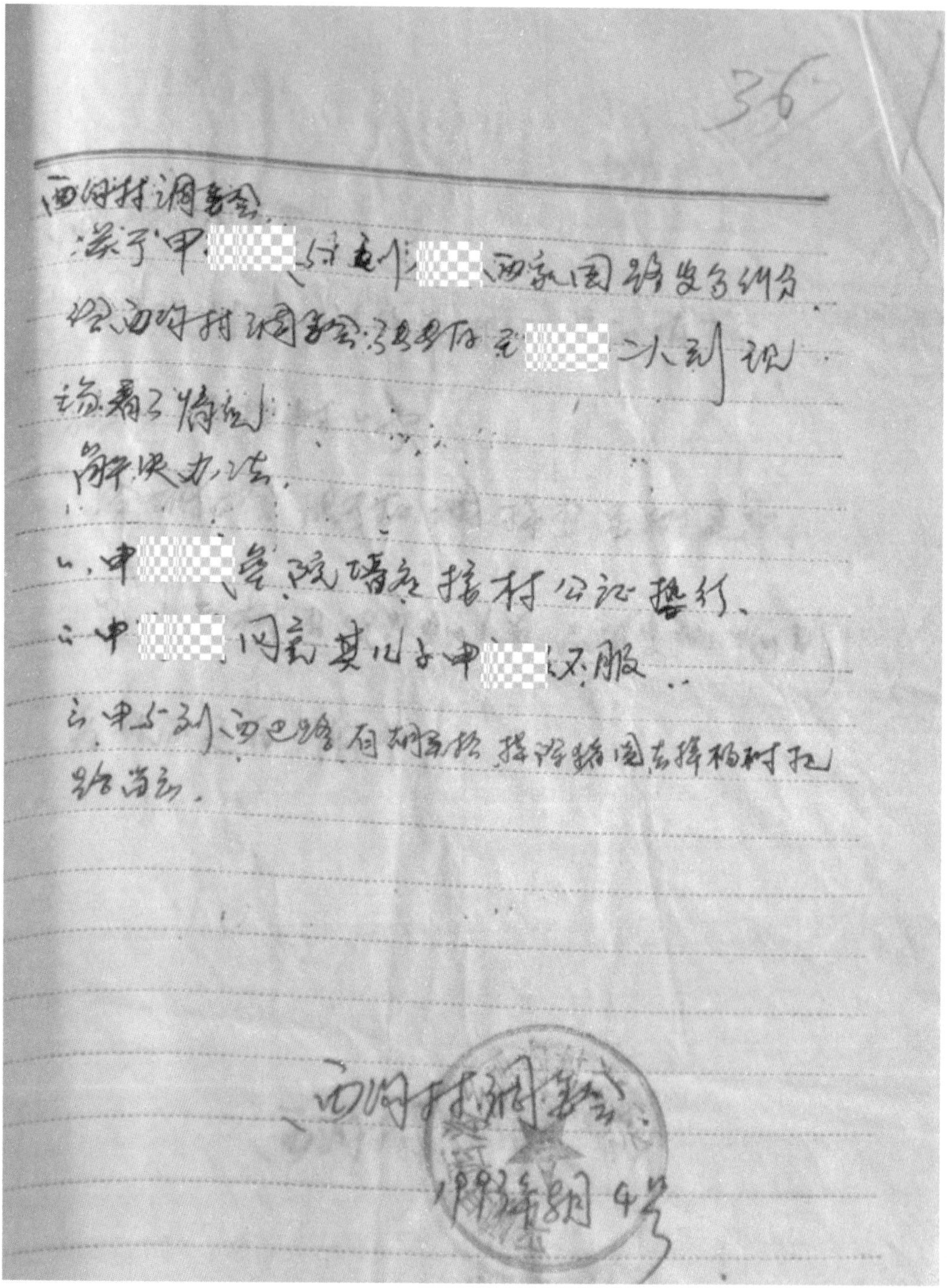

36

西岗村调委会：

关于申[redacted]、刘[redacted]两家因路发生纠纷

经西岗村调委会与乡司法所[redacted]二人到现

场看了情况

解决办法：

1、申[redacted]院墙应按村公议整齐。

2、申[redacted]同意其儿子申[redacted]不服。

3、申不到西边路 何 按照路面应按村规

路当之。

西岗村调委会

4号

图4-3-11　古罗申□□（与上边申□□系父子关系）刘□□房前道路纠纷（1993.8.4）

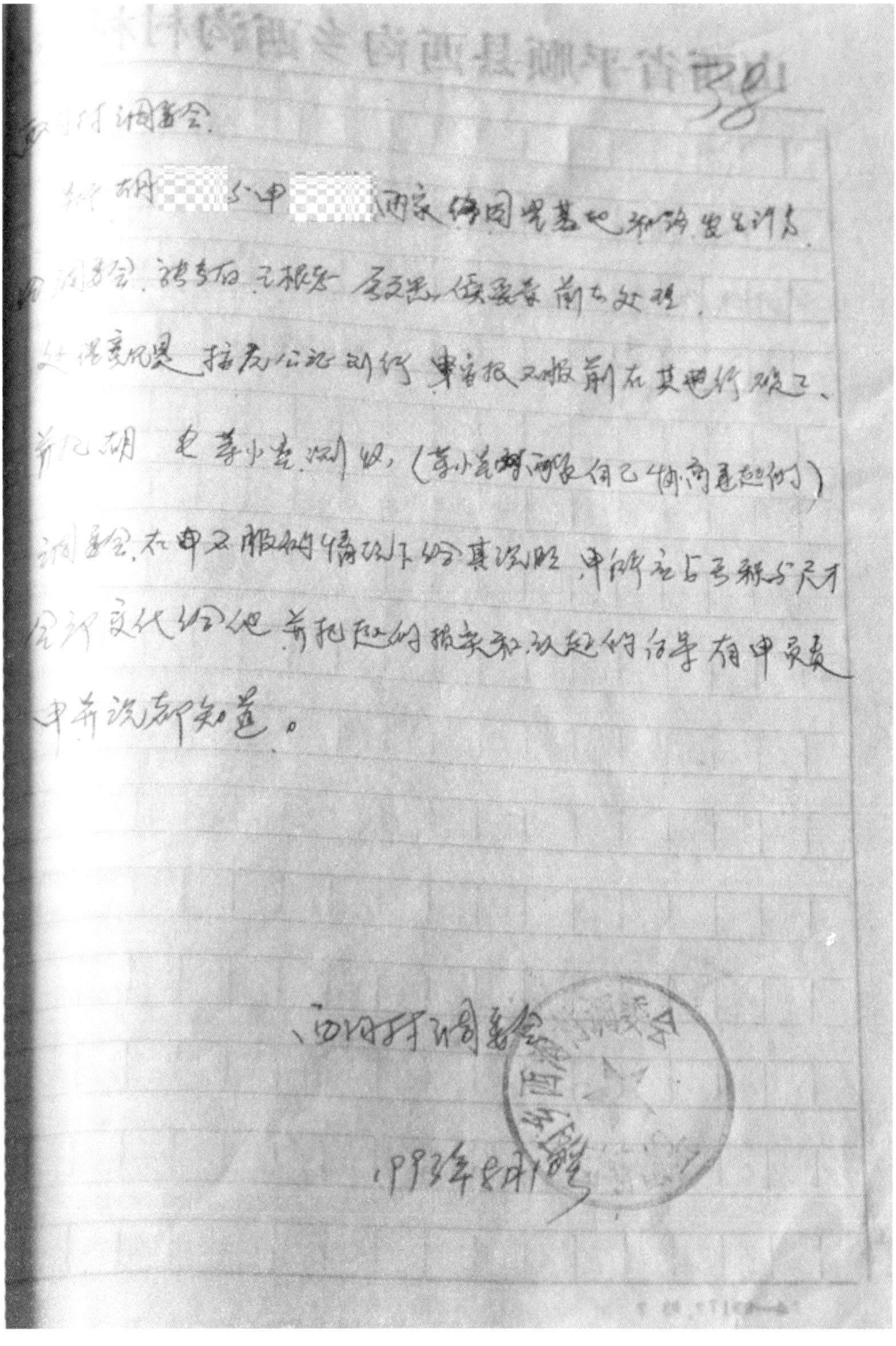

西沟村调委会：

兹有胡[redacted]与申[redacted]两家住宅基地和道路发生纠纷，

调委会，请[illegible]原[illegible]前去处理。

处理意见是：按原公路划行，申家[illegible]前往其他行路了，

并把胡[illegible]（[illegible]）

调委会在申不服的情况下给其说明，申所在[illegible]尺才

合计交代给他，并把[illegible]有申家

申并说都知道。

西沟村调委会

1993年8月10

图4-3-12　胡□□、申□□宅基地、道路纠纷（1993.8.10）

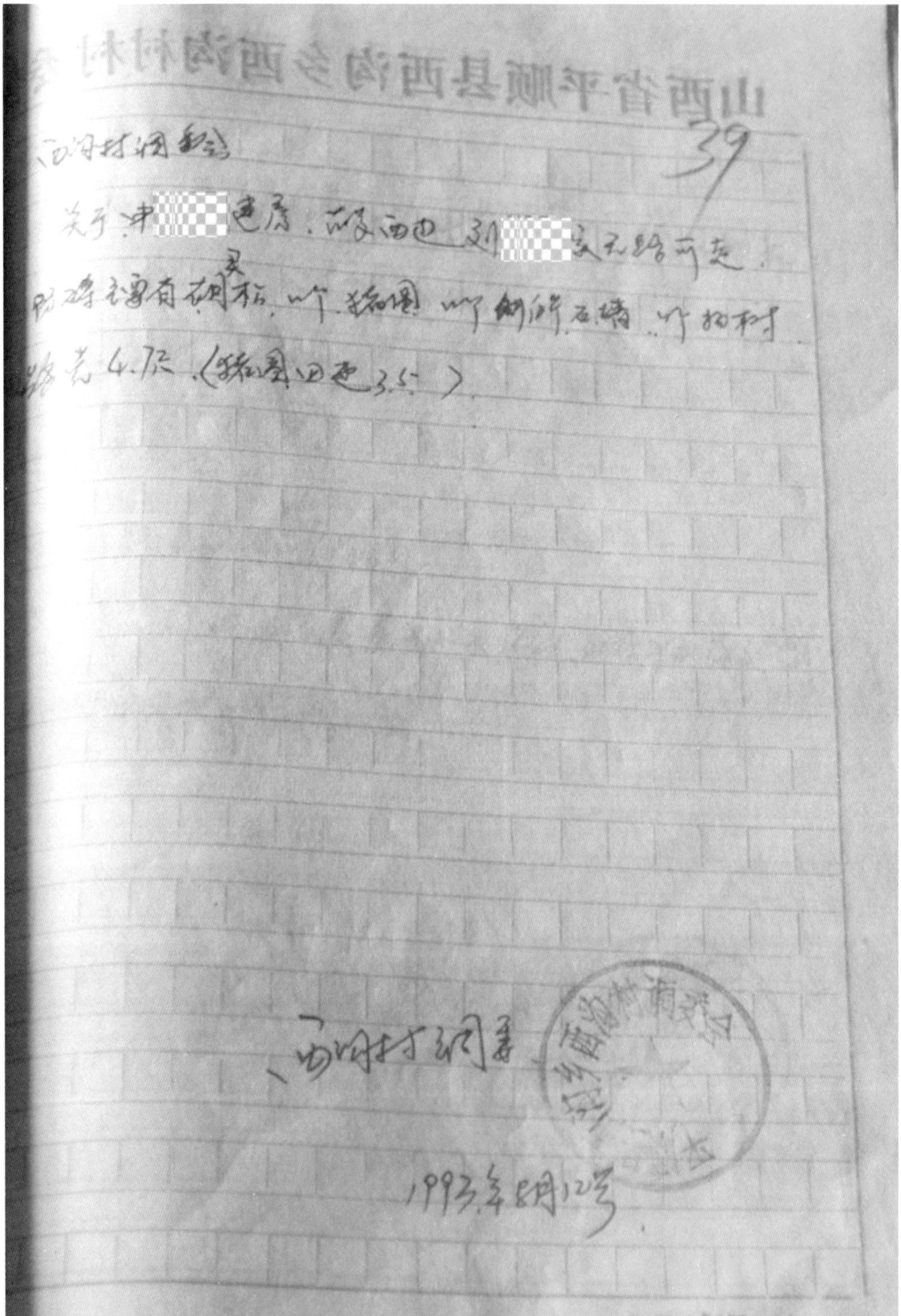

山西省平顺县西沟乡西沟村委

39

西沟村调解会

关于申[redacted]之房，路西边，刘[redacted]家之路两边，附件有胡桃树一个，猪圈一个，倒掉石墙一个，柏树。路是4.7尺（猪圈西边3.5尺）。

西沟村调委

1993年8月12日

图4-3-13　申□□、刘□□房前道路纠纷情况（1993.8.12）

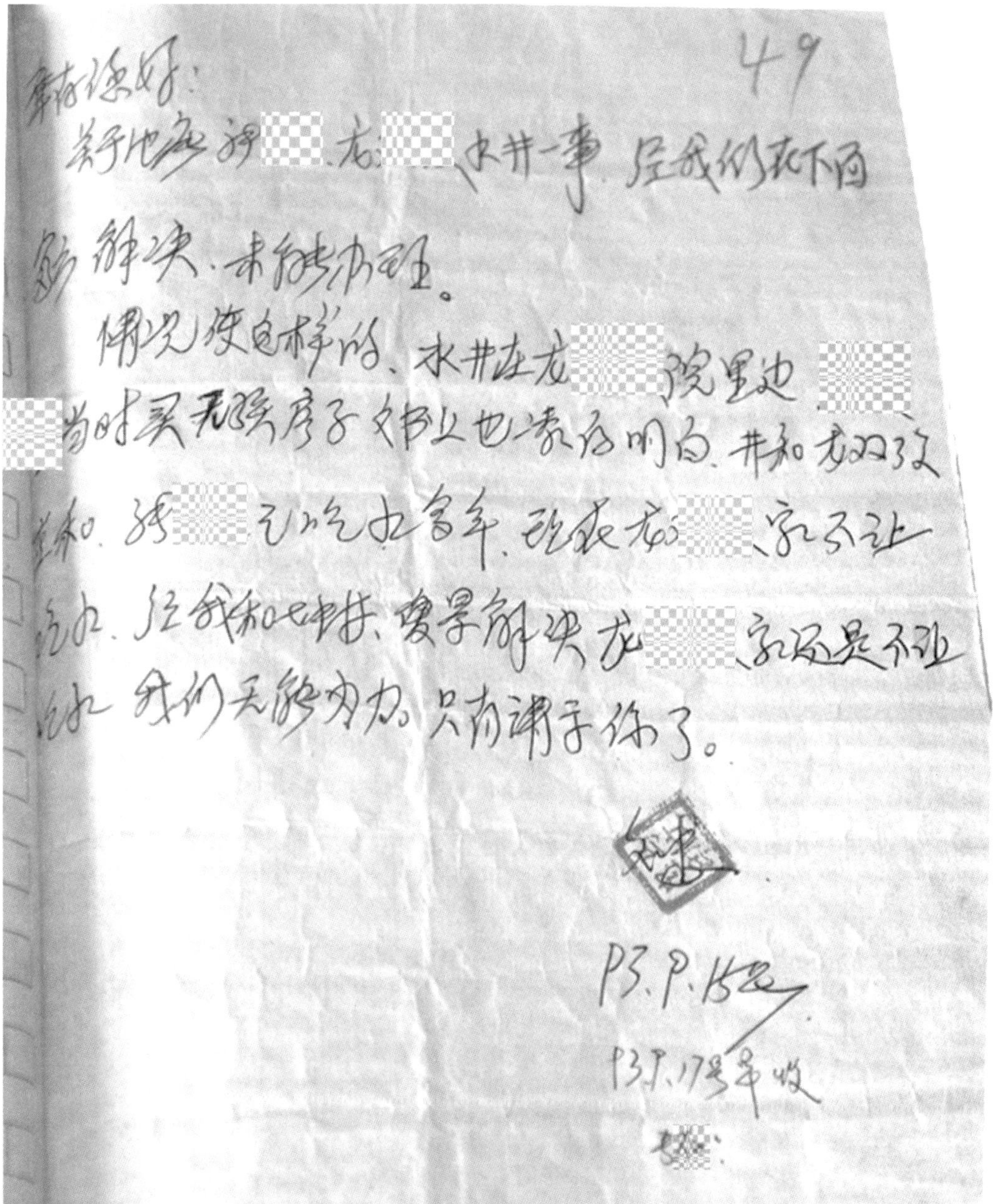

亲爱的您好：

关于池底张[redacted]、龙[redacted]水井一事，经我们在下面多解决，未能办理。

情况是这样的、水井在龙[redacted]院里边[redacted]当时买来院子房子文书上也写得明白，井和房双方共和。张[redacted]已吃水多年，现在龙[redacted]家不让吃水。经我和他讲，要求解决，龙[redacted]家还是不让吃水，我们无能为力，只有请求你了。

93.9.15号

93.9.17号收

[redacted]

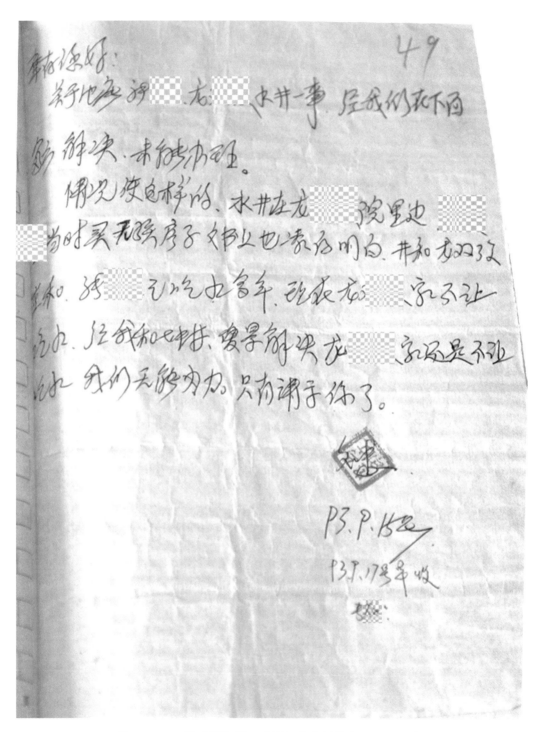

图4-3-14　池底张□□、龙□□水井纠纷（1993.9.15）

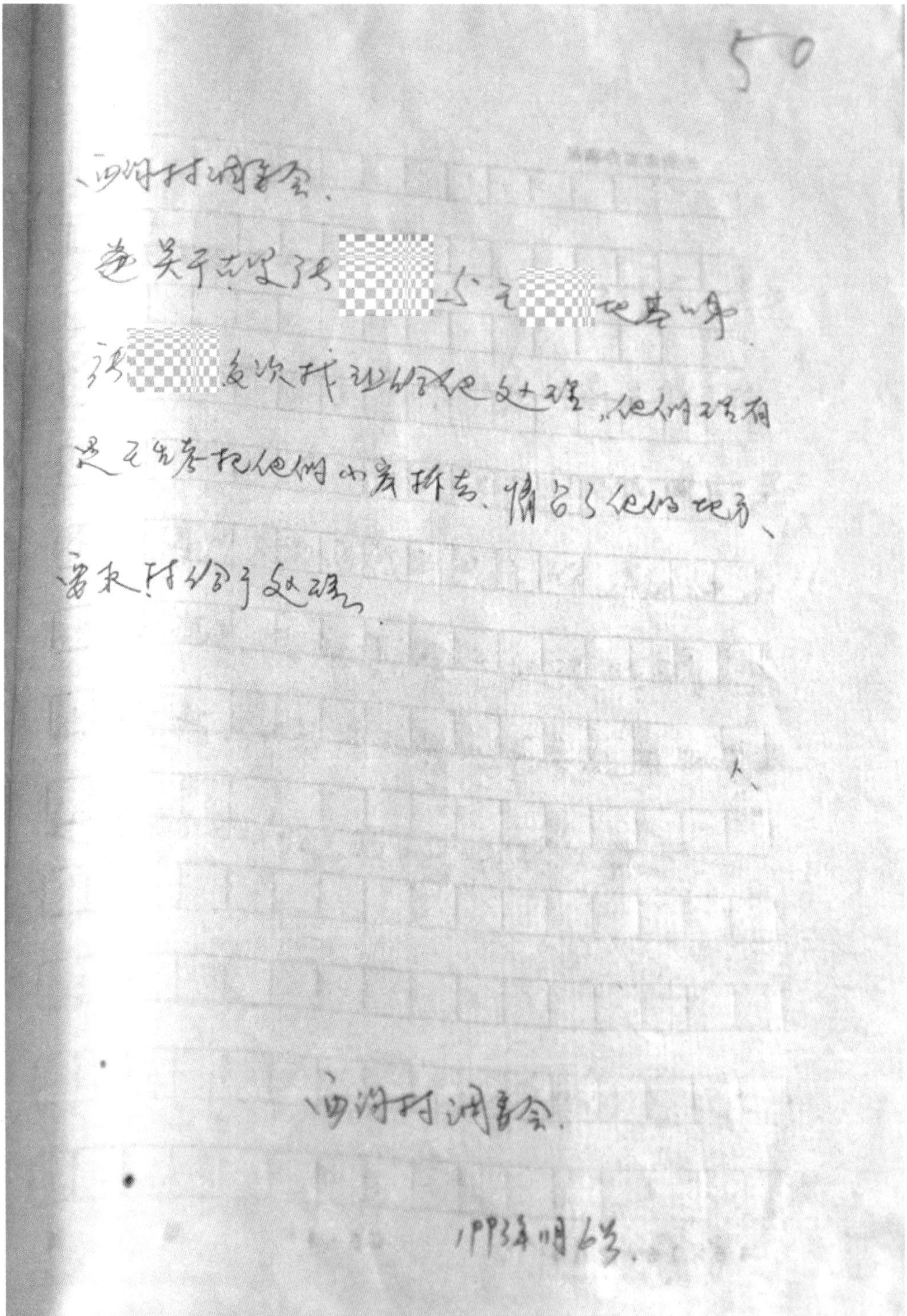

西河村调委会：

兹关于本组张[redacted]与王[redacted]地基纠纷。

张[redacted]多次找我们给他处理，他们理由是王先春把他们小房拆去、侵占了他们地方、要求村给予处理。

西河村调委会

1993年11月6号

图4-3-15　张□□、王□□地基纠纷（1993.11.6）

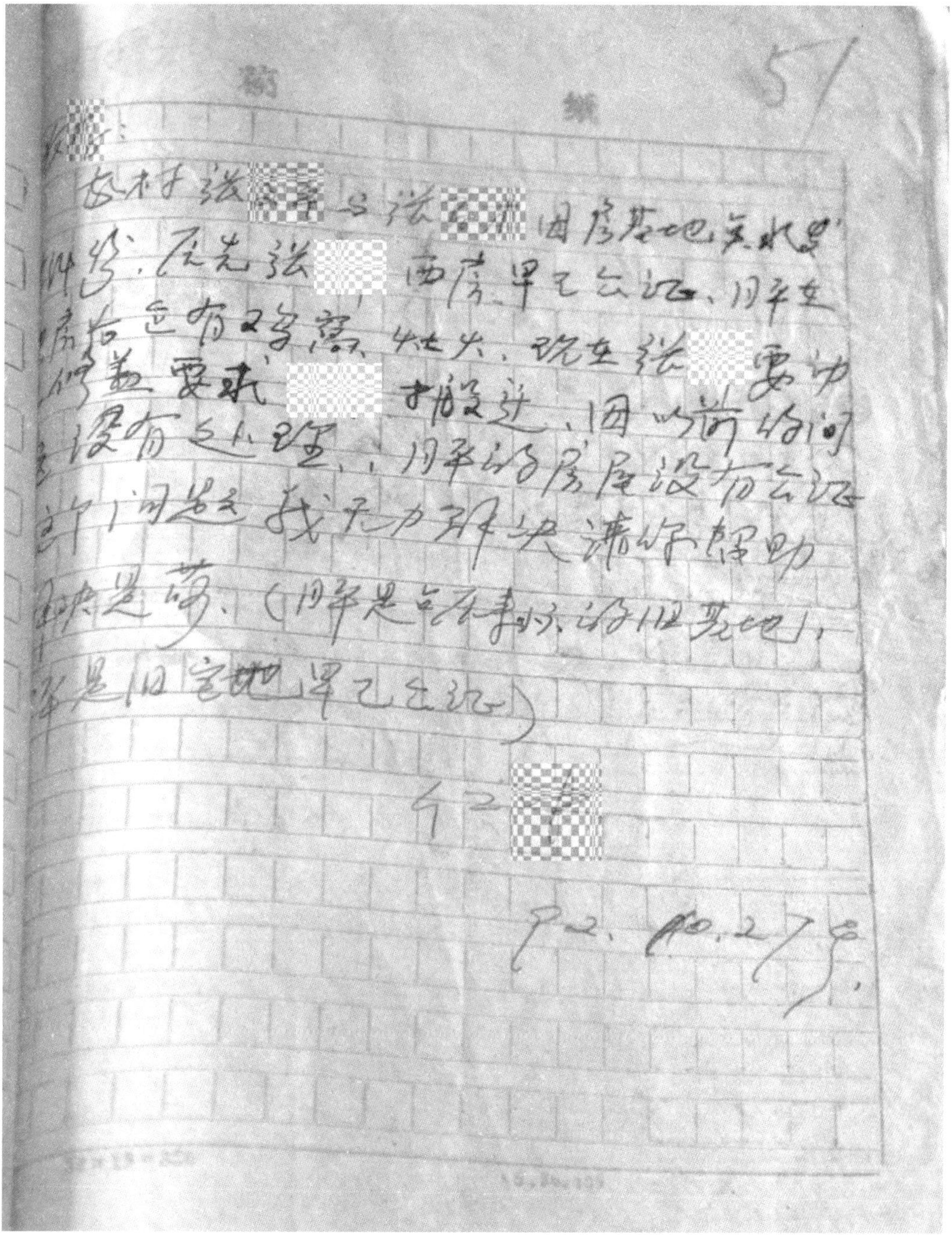
[redacted]：
我村张[redacted]与张[redacted]因房基地发生
纠纷，原先张[redacted]西房早已公认，旧屋在
房后边有2个窑、灶火，现在张[redacted]要他
们盖，要求[redacted]才能迁，因以前的问
题没有这个证，旧屋的房屋没有公认
这个问题我无力解决，请你帮助
解决是荷。（旧屋是占原来的旧基地，
不是旧宅地，早已公认）
行[redacted]
92.10.27日

图4-3-16　张□□、张□□房基地纠纷（1992.10.27）

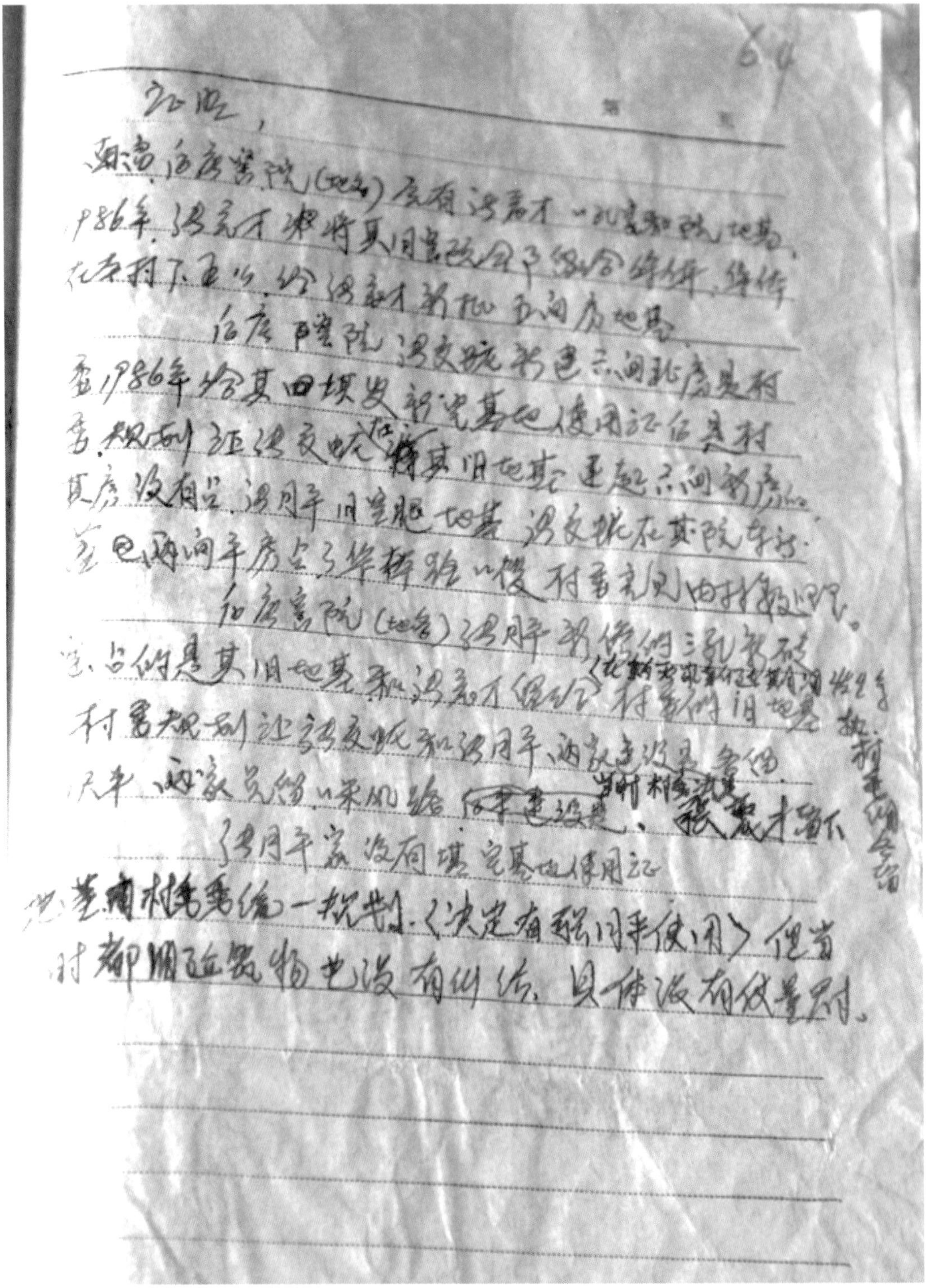

图4-3-17　张□□、张□□宅基地证明第一张

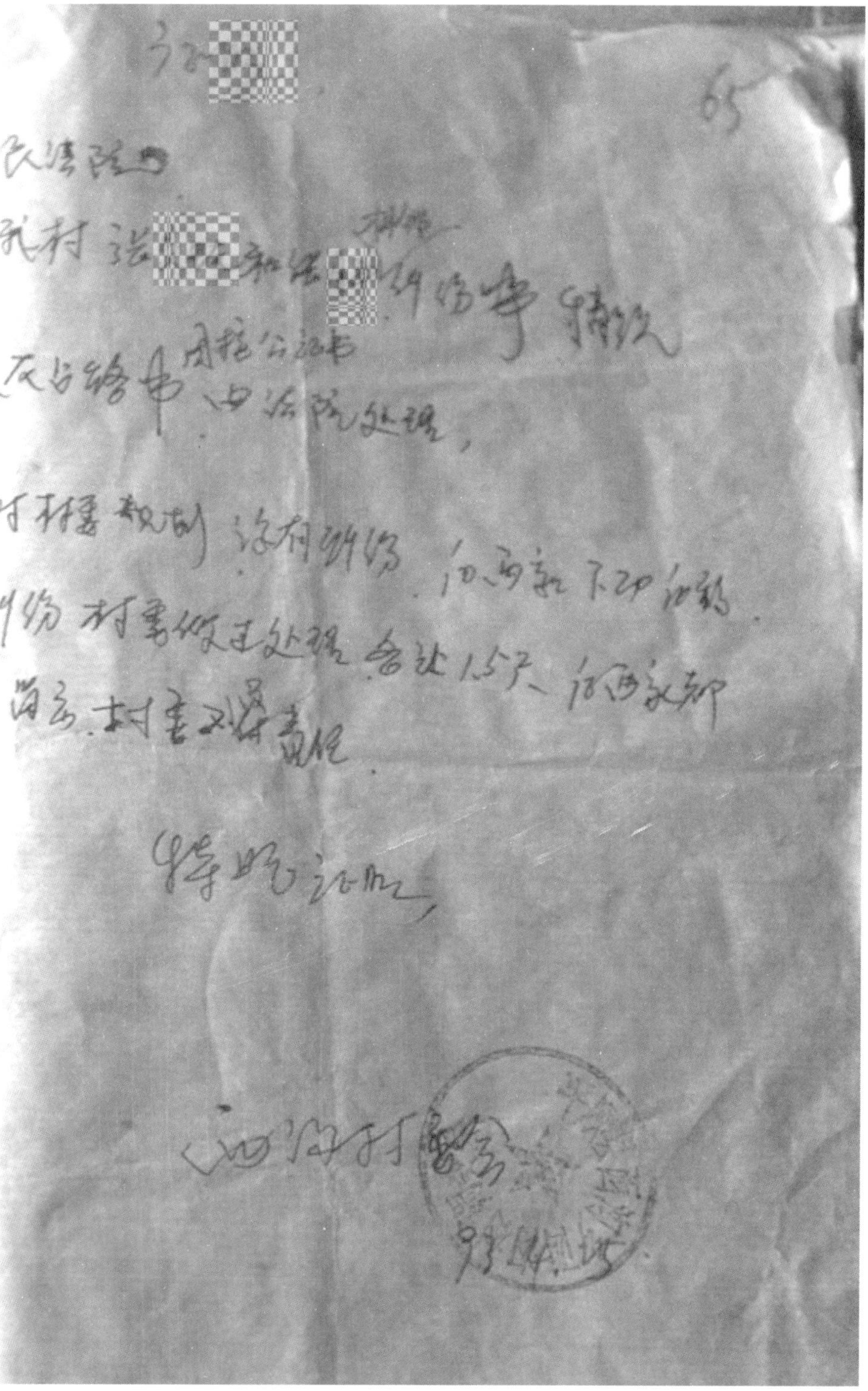

65

人民法院：

[illegible]武村 张[redacted]和张[redacted]纠纷一事 [illegible]

[illegible] 由法院处理，

[illegible]

[illegible]

[illegible] 证明，

[illegible]

图4-3-18　张□□、张□□宅基地证明第二张

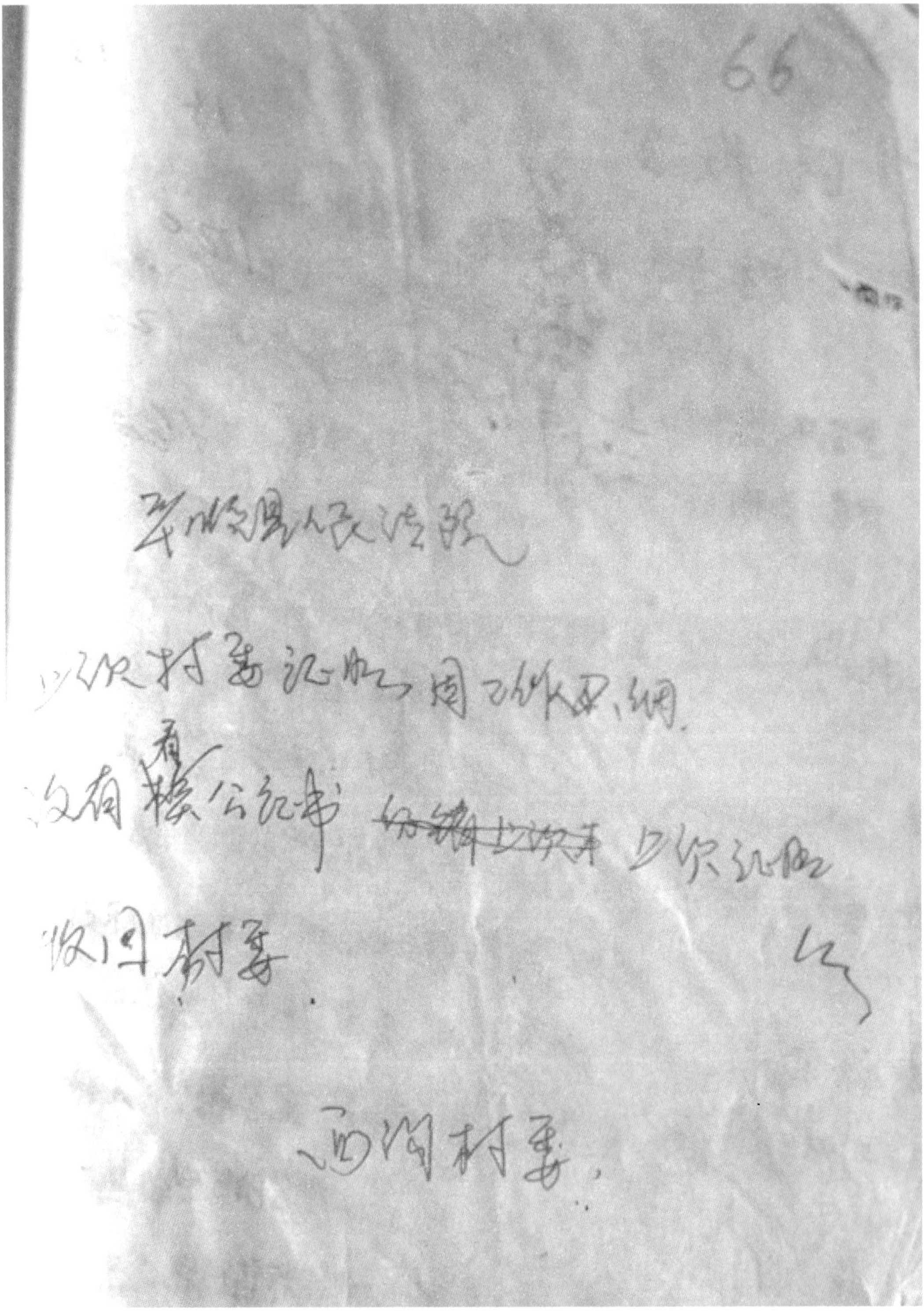

图4-3-19　张□□、张□□宅基地证明第三张

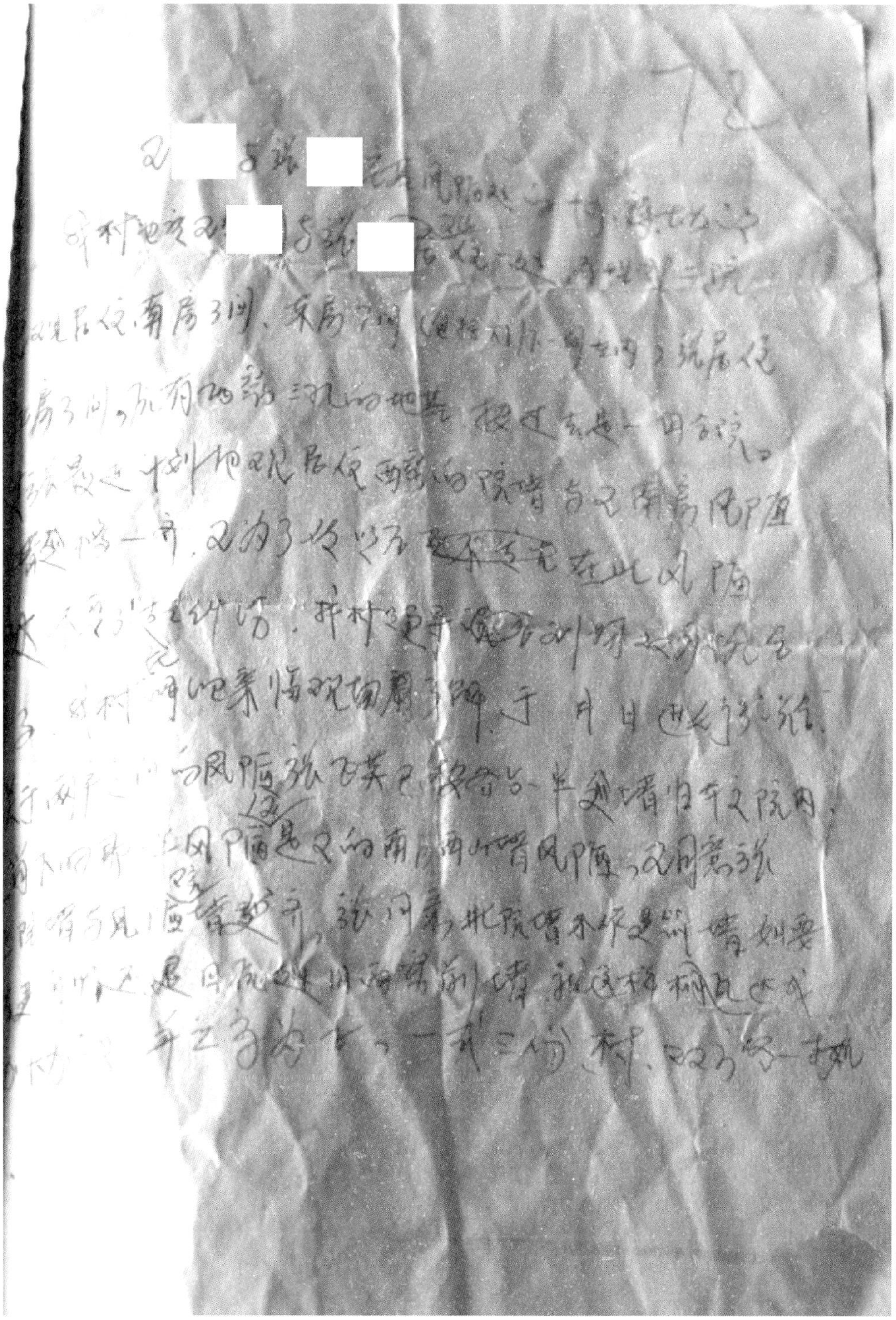

图4-3-20　王□□、张□□宅基地协议书

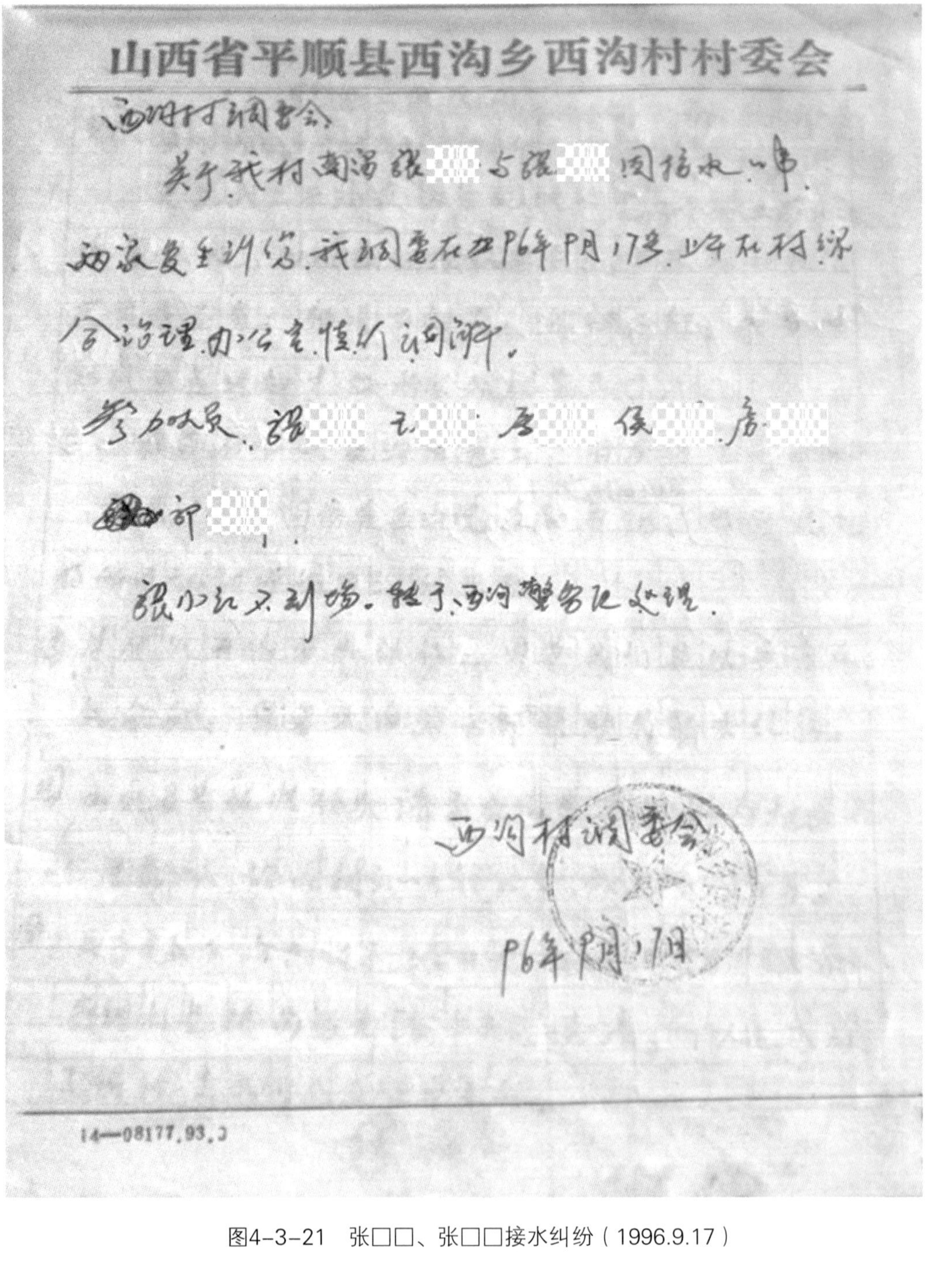

山西省平顺县西沟乡西沟村村委会

西沟村调委会

关于我村南沟张[redacted]与张[redacted]因接水一事，两家发生纠纷。我调委在96年9月17日，此在村综合治理办公室进行调解。

参加人员：张[redacted] 王[redacted] 房[redacted] 侯[redacted] 房[redacted]

部[redacted]。

张小江不到场。转于西沟乡司法处理。

西沟村调委会

96年9月17日

14—08177.93.3

图4-3-21　张□□、张□□接水纠纷（1996.9.17）

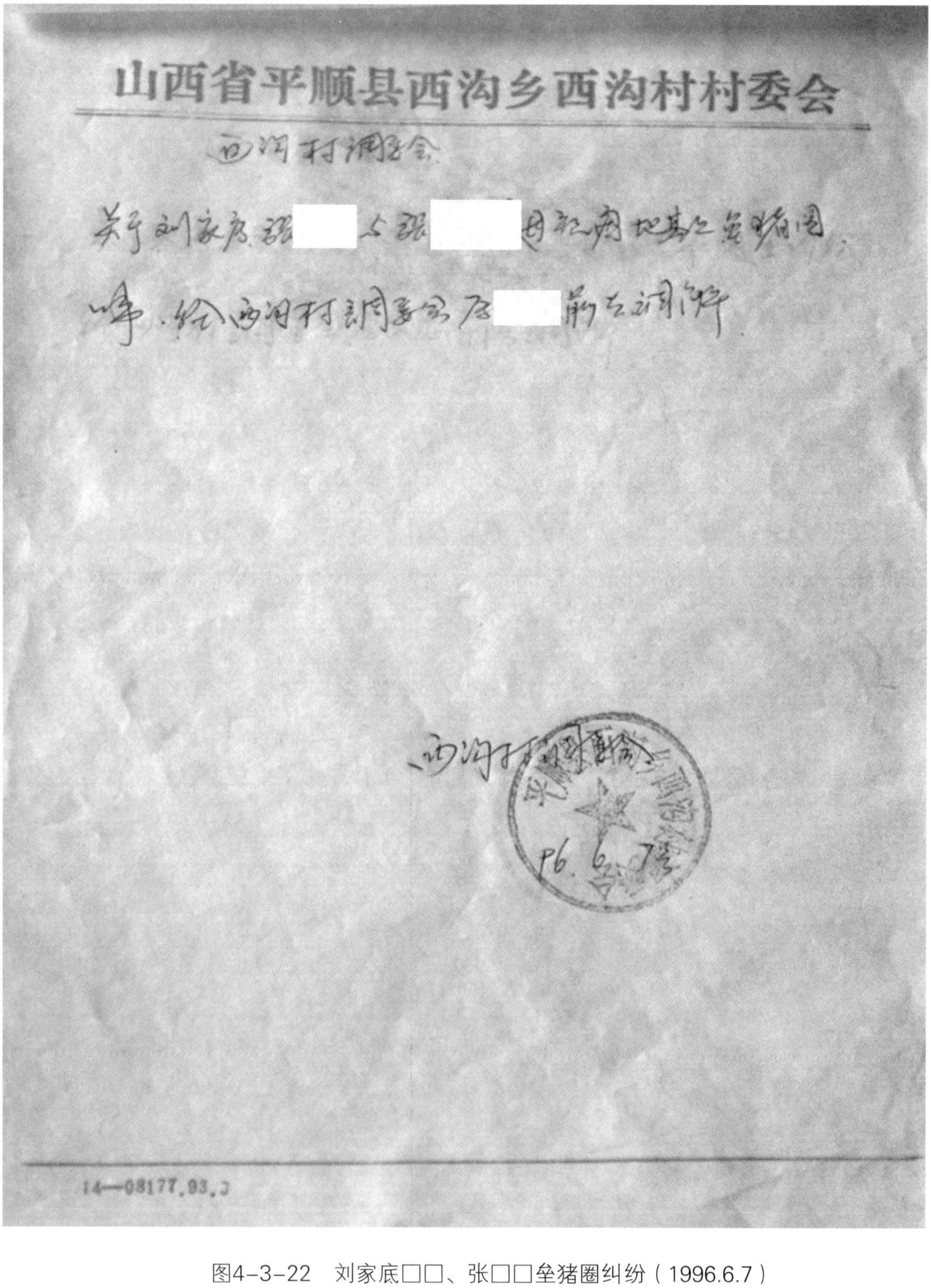

山西省平顺县西沟乡西沟村村委会

西沟村调委会

关于刘家底张[redacted]与张[redacted]因在自地基上垒猪圈问

题，给西沟村调委会及[redacted]前去调解。

西沟村调委会

96.6.7

14—08177.93.3

图4-3-22　刘家底□□、张□□垒猪圈纠纷（1996.6.7）

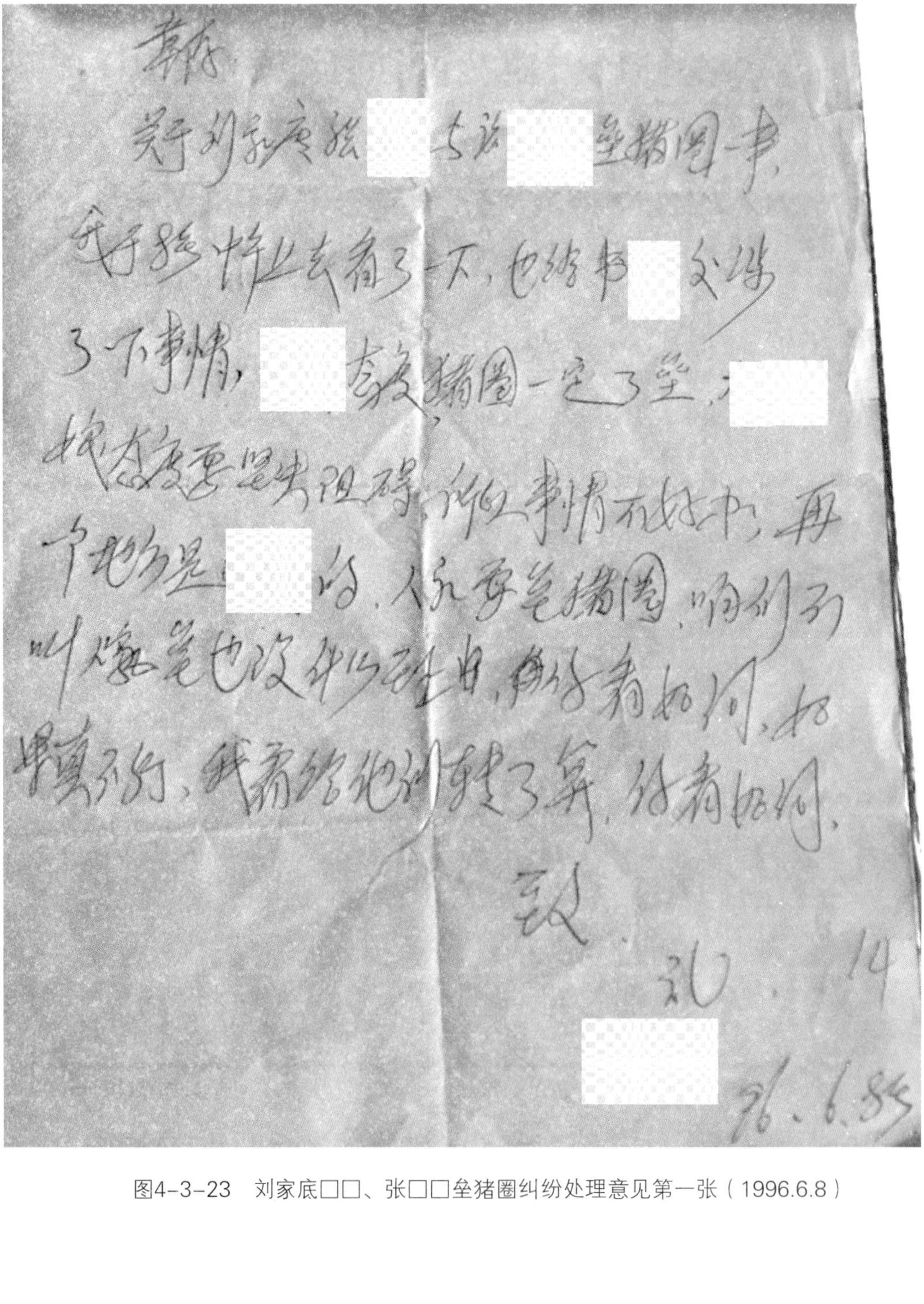

李存：

关于刘家底张[redacted]与张[redacted]垒猪圈一事，

我于昨天中午去看了一下，也给韦[redacted]交谈了一下事情，[redacted]去砍猪圈一定了垒，[redacted]的态度要是出阻碍，所以事情不好办，再个地方是[redacted]的，人家要垒猪圈，咱们不叫人家垒也没什么理由，你们看如何，如果真不行，我看给他调转了算，你看如何。

致

礼

[redacted]

96.6.8

图4-3-23　刘家底□□、张□□垒猪圈纠纷处理意见第一张（1996.6.8）

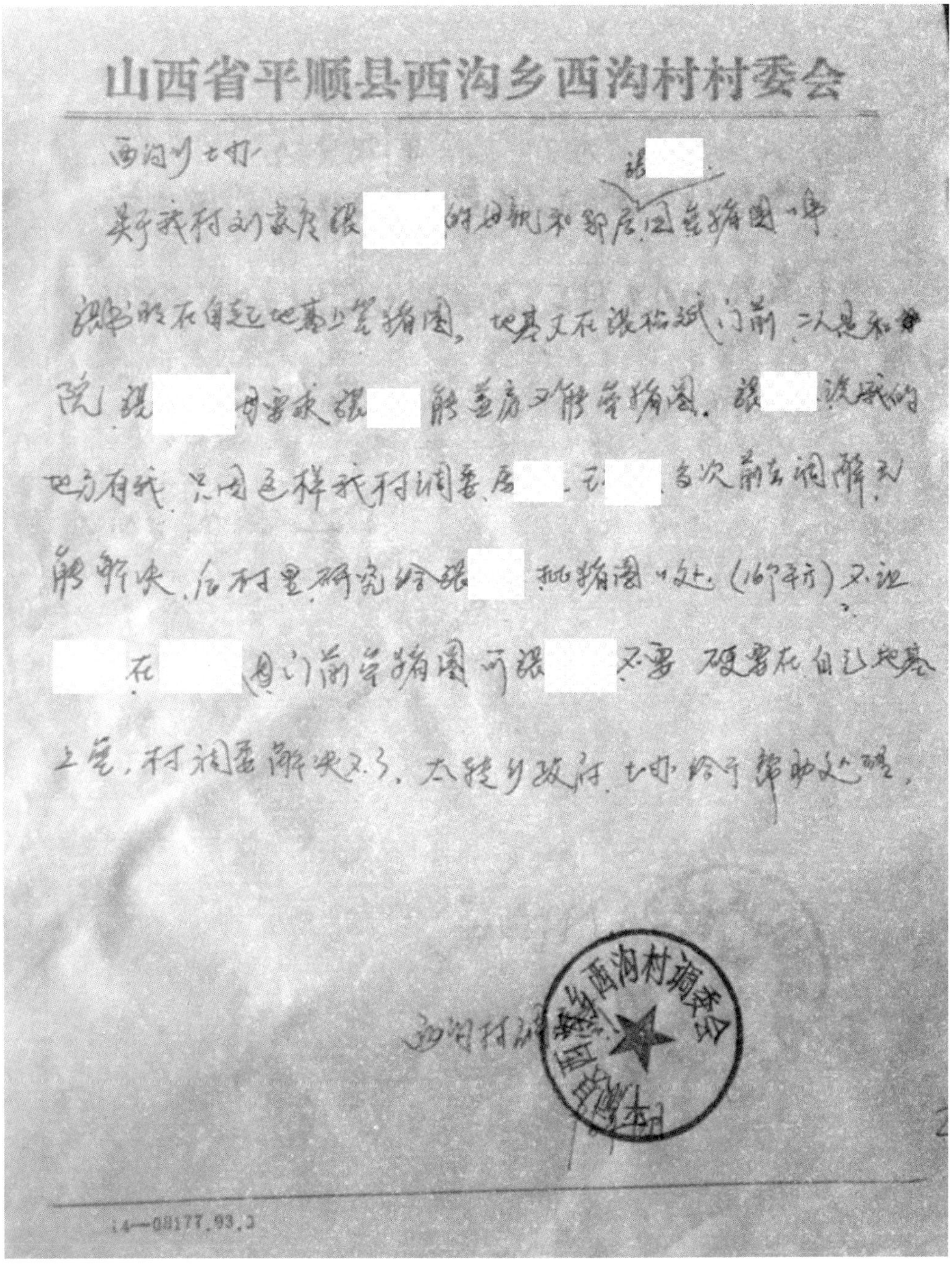

山西省平顺县西沟乡西沟村村委会

西沟乡七办：

关于我村刘家底张[redacted]的母亲和张[redacted]因垒猪圈一事，

张[redacted]的要在自己地基上垒猪圈，地基又在张松斌门前，二人是和一院，张[redacted]母要求张[redacted]能盖房又能垒猪圈，张[redacted]说我的地方有我，只因这样我村调委会[redacted]、[redacted]多次前去调解不能解决，后村里研究给张[redacted]批猪圈一处（16平方）不让[redacted]在[redacted]门前垒猪圈，可张[redacted]不要，硬要在自己地基上垒，村调委解决不了，本转乡政府七办给予帮助处理。

西沟村调委会

山西省平顺县西沟乡西沟村调委会

14—08177.93.3

图4-3-24　刘家底□□、张□□垒猪圈纠纷处理意见第二张（1996.8）

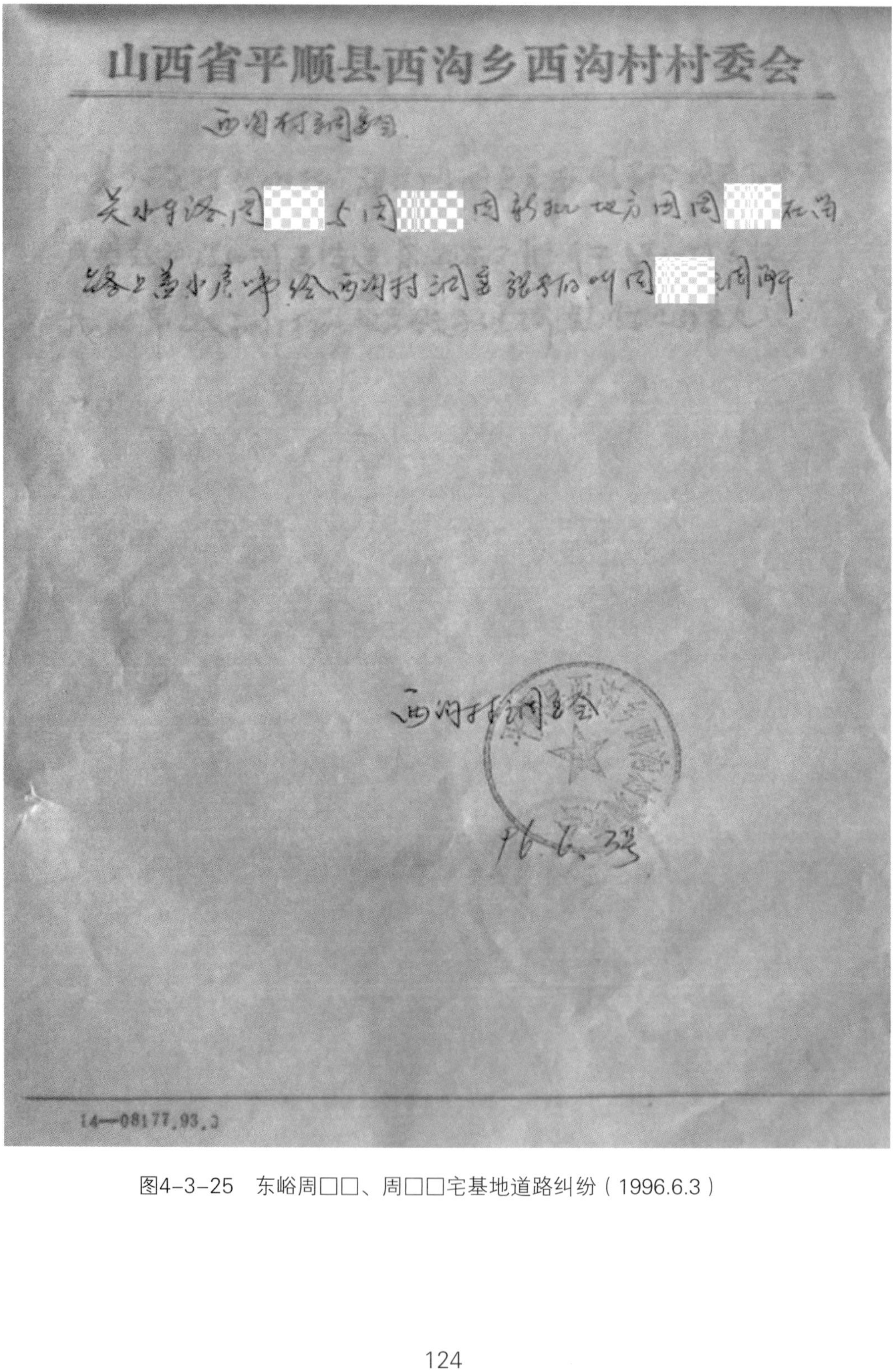

山西省平顺县西沟乡西沟村村委会

西沟村调委会.

关于修路，周[redacted]与周[redacted]因新批地方，因周[redacted]在沟路上盖小房，争给西沟村调委会，经我们叫周[redacted]调解.

西沟村调委会

14—08177.93.3

图4-3-25　东峪周□□、周□□宅基地道路纠纷（1996.6.3）

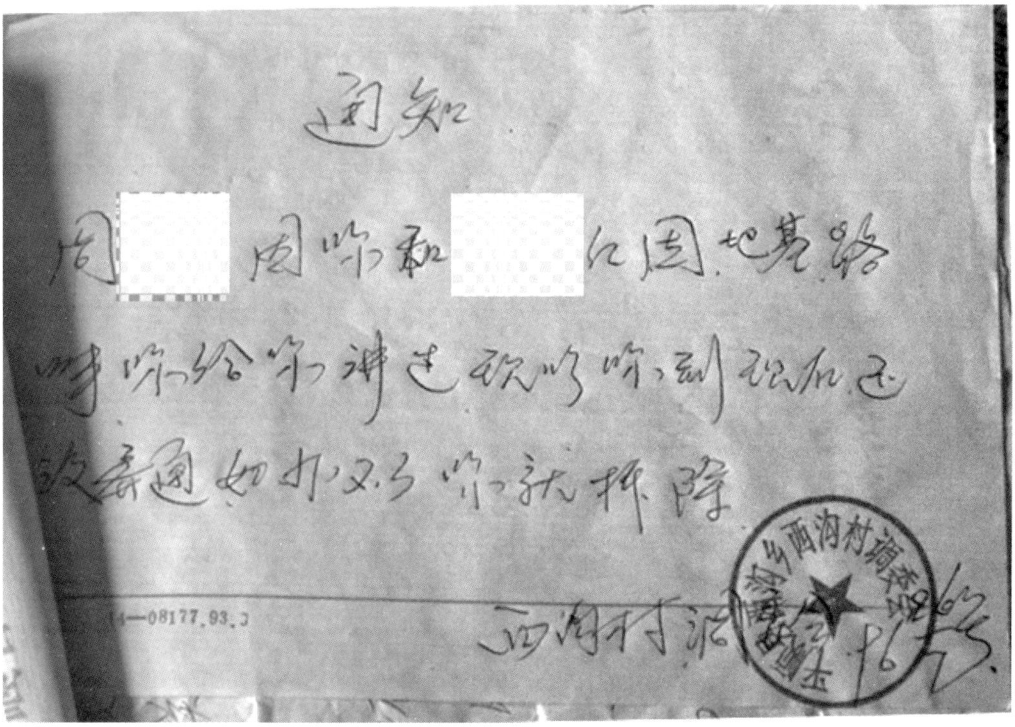

图4-3-26　周□□、周□□宅基地道路纠纷（1996.7.26）

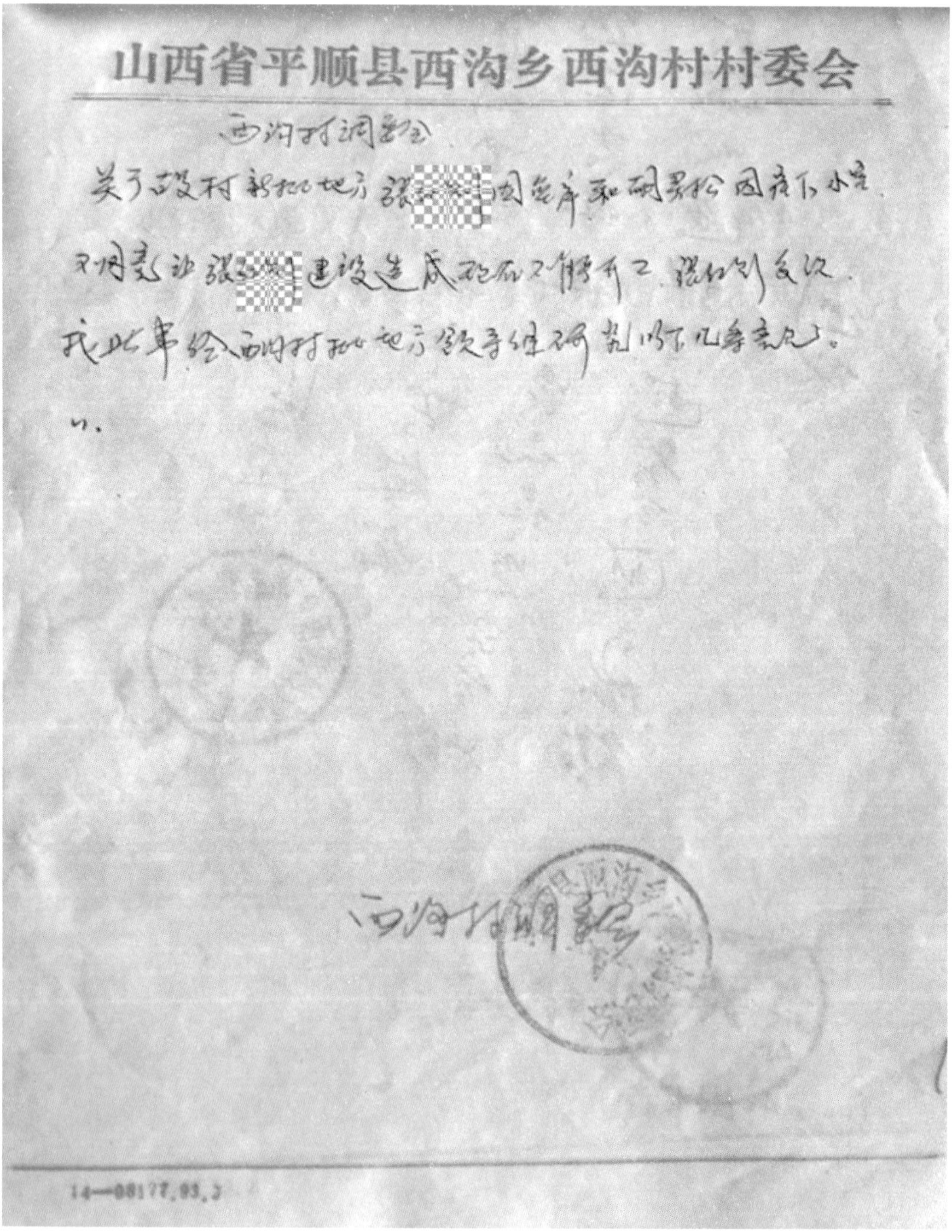

山西省平顺县西沟乡西沟村村委会

西沟村调解会

关于该村新批地方张[redacted]因老房和胡景松因房下水道，又阻挠让张[redacted]建设造成现在不能开工，张××多次找此事给西沟村批地方领导组调解，请作参考意见。

以。

西沟村调解会

14—08177.93.3

图4-3-27　古罗张□□建房与胡□□发生纠纷

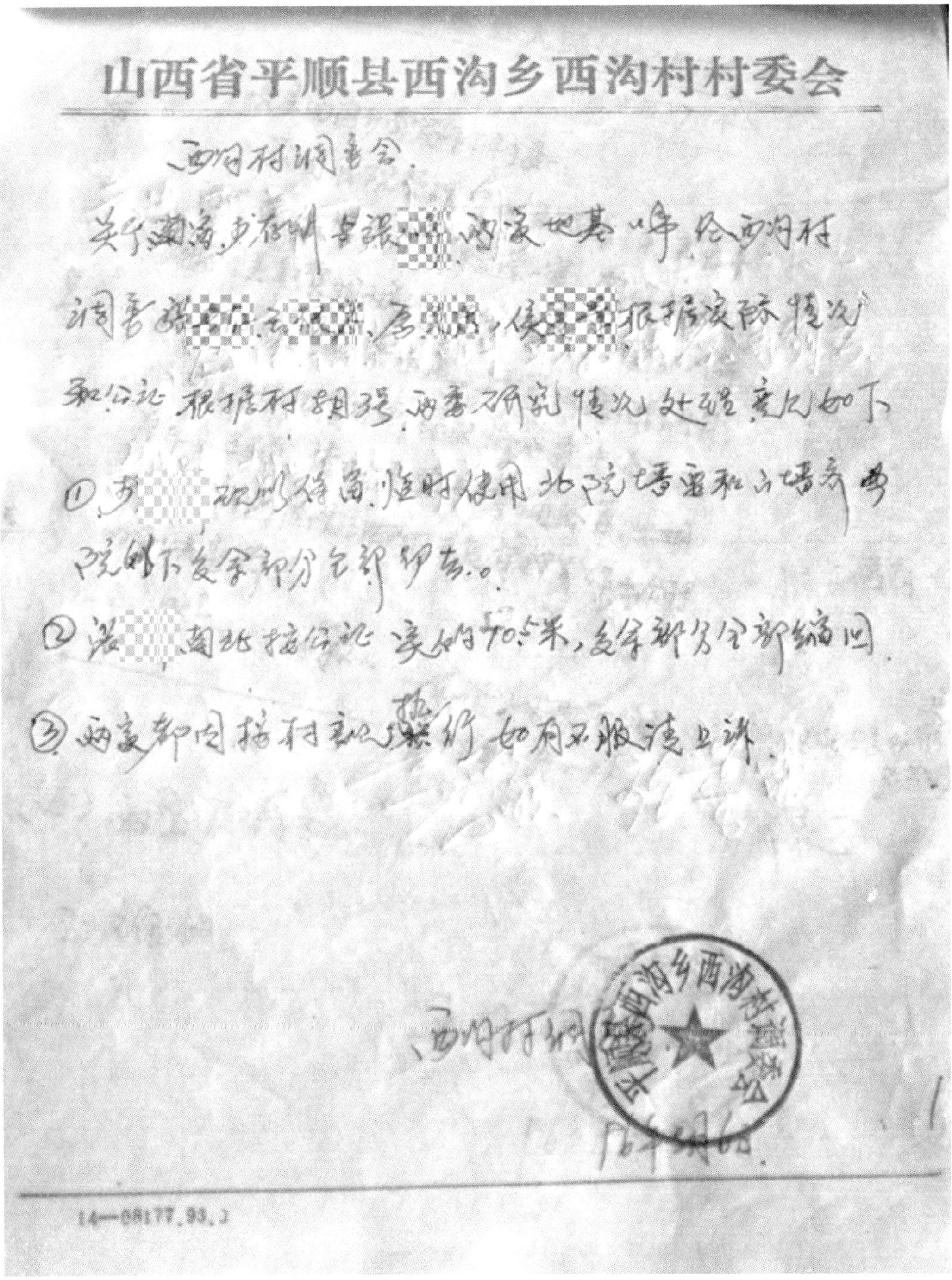
山西省平顺县西沟乡西沟村村委会

西沟村调委会：

关于南赛乡李[redacted]与张[redacted]两家地基一事，经西沟村调委会[redacted]、[redacted]、[redacted]、侯[redacted]根据实际情况和公证，根据村规民约，两委研究情况处理意见如下：

①李[redacted]仍然保留临时使用北院墙南和小墙东边院剩下多余部分全部归村。

②张[redacted]南北按公证实的7.05米，多余部分全部缩回。

③两家都同按村规民约执行，如有不服请上诉。

西沟村调委会

平顺县西沟乡西沟村调委会

14—08177.93.3

图4--3-28　南赛李□□、张□□地基纠纷（1996.8.6）

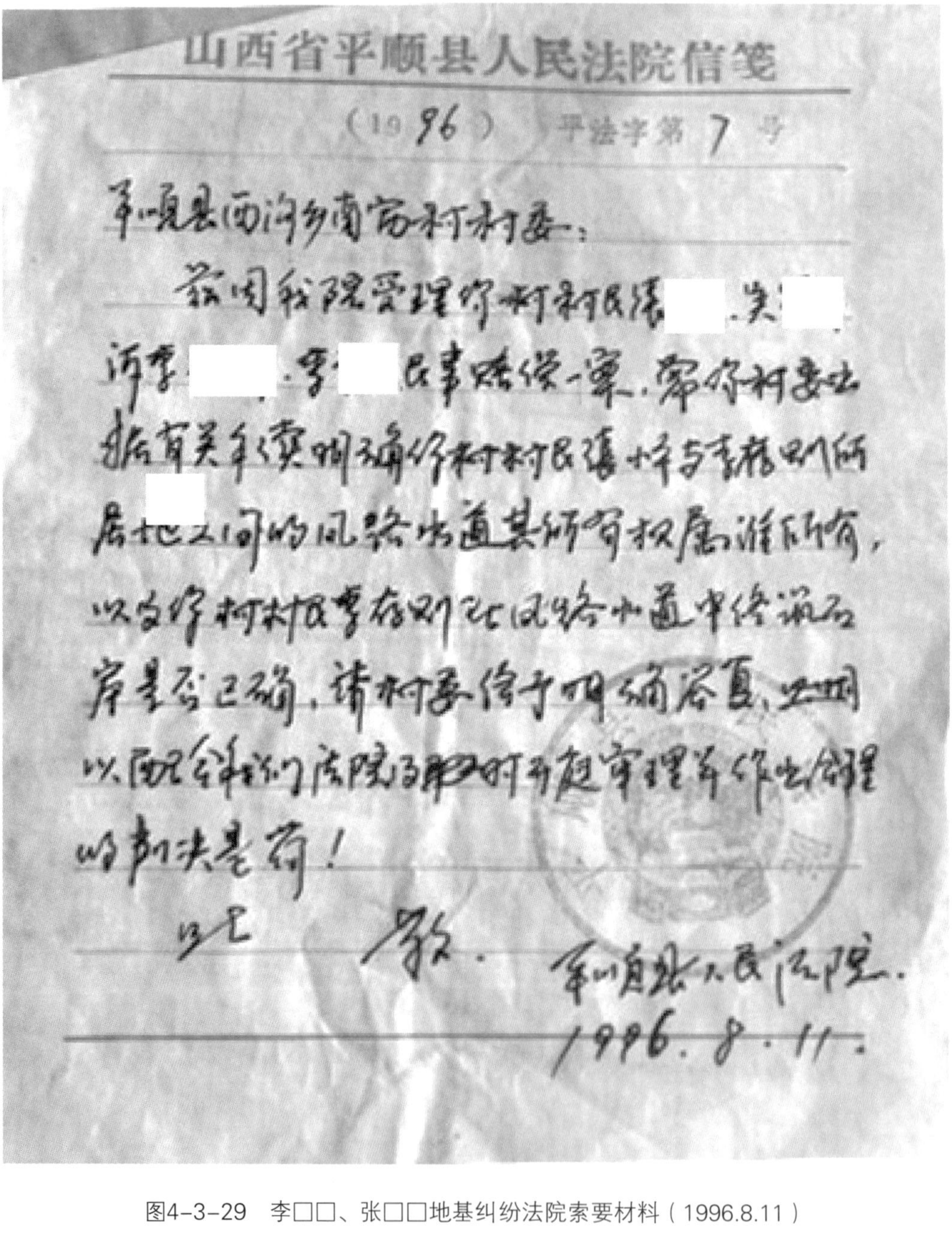

山西省平顺县人民法院信笺

（1996）平法字第7号

平顺县西沟乡南窑村村委：

获闻我院受理你村村民张[redacted]、吴[redacted]诉李[redacted]、李[redacted]民事赔偿一案，需你村委出据有关书面资料证明你村村民张[redacted]与李[redacted]所居地之间的风路出道其所有权属谁所有，以及你村村民李存所占风路小道中修的石岸是否正确，请村委给予证明答复，以便今后我们法院及时开庭审理并作出合理的判决是荷！

此致

敬礼。

平顺县人民法院

1996.8.11

图4-3-29　李□□、张□□地基纠纷法院索要材料（1996.8.11）

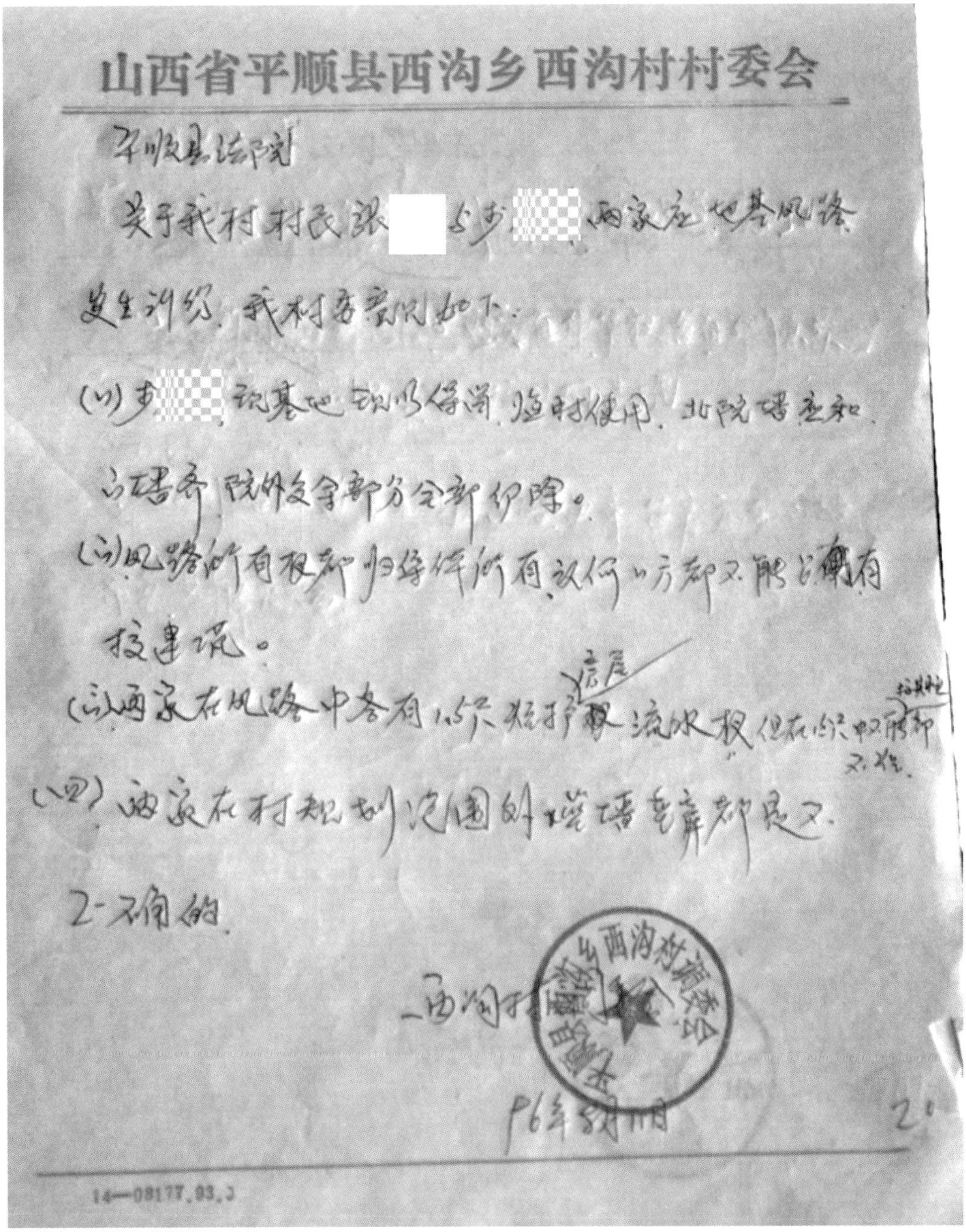
山西省平顺县西沟乡西沟村村委会

平顺县法院

关于我村村民张[redacted]与李[redacted]两家在地基风路发生纠纷，我村意见如下：

（1）李[redacted]说基地和风路得临时使用，北院墙壁和东墙院外多余部分全部拆除。

（2）风路所有权都归集体所有，任何一方都不能占有据建筑。

（3）两家在风路中各有1.5尺屋檐滴水权，但在1.5尺以内都不准。

（四）两家在村规划范围的院墙都是又。

2-不确的

西沟村委会

平顺县西沟乡西沟村村民委员会

96年8月11日

14—08177.93.3

图4-3-30　李□□、张□□地基纠纷村调委会意见（1996.8.11）

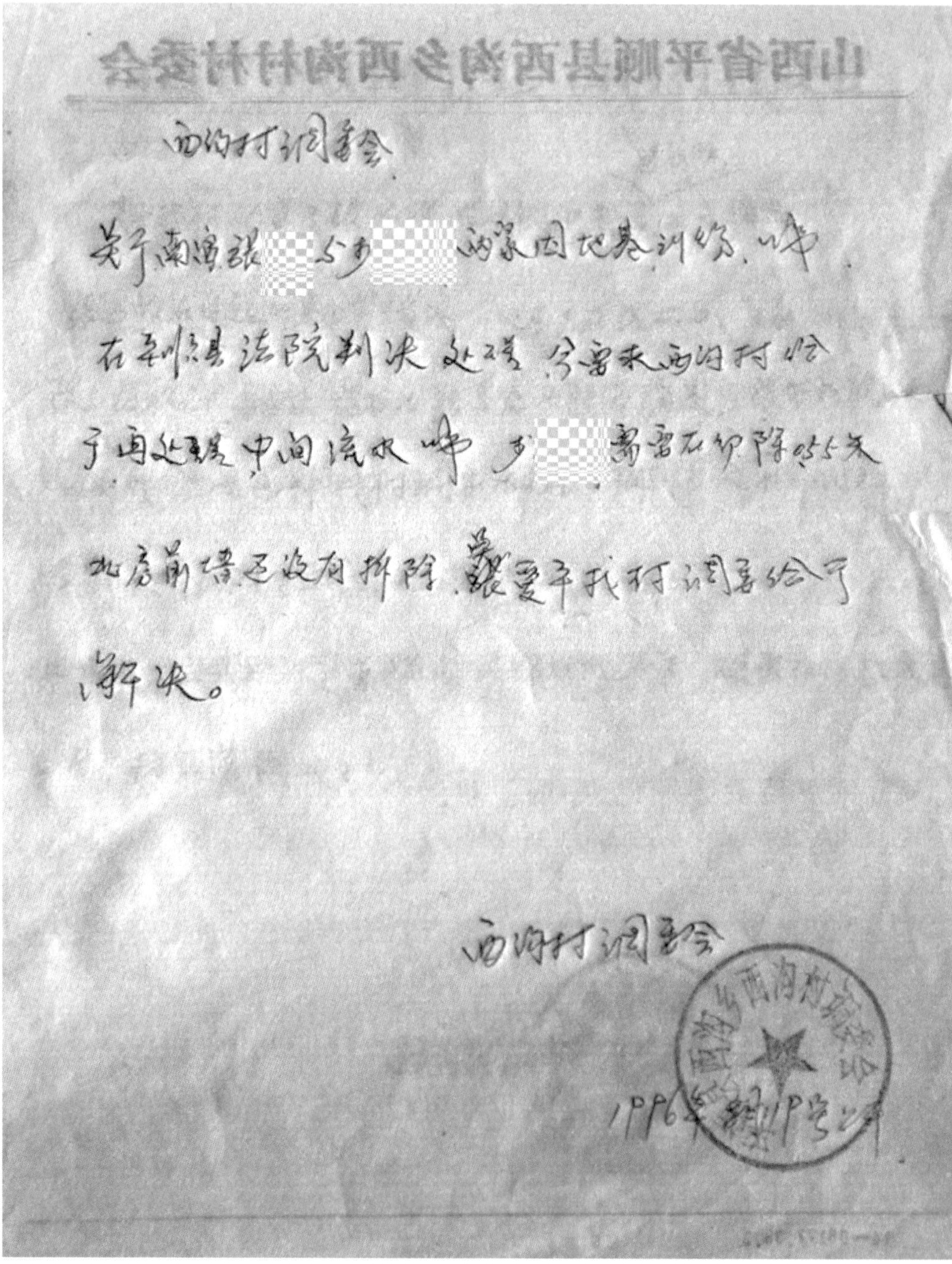
山西省平顺县西沟乡西沟村村委会

西沟村调委会

关于南坡张[redacted]与李[redacted]的家因地基纠纷，此事

在平顺县法院判决处理，今要求西沟村给

予再处理，中间流水此事李[redacted]需留在卸除的5尺

地房前墙还没有拆除，张要求我村调委会予

解决。

西沟村调委会

1996年8月19日

图4-3-31　李□□、张□□地基纠纷法院判决后村调委会处理意见（1996.8.19）

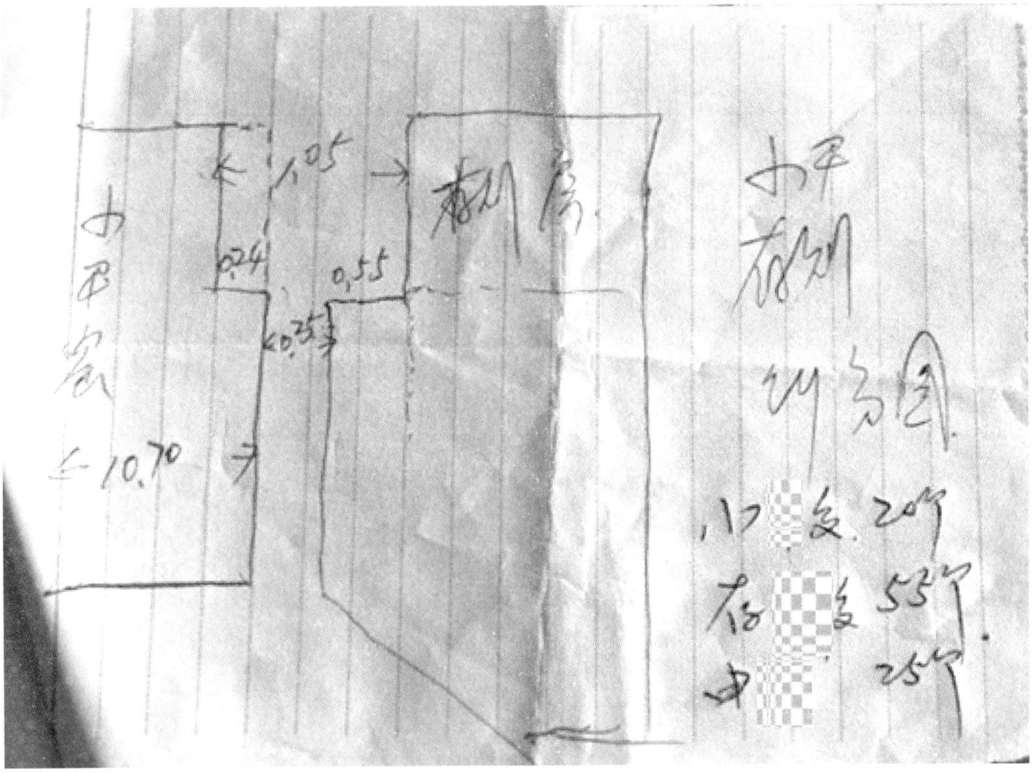

图4-3-32　李□□、张□□地基纠纷处理草图

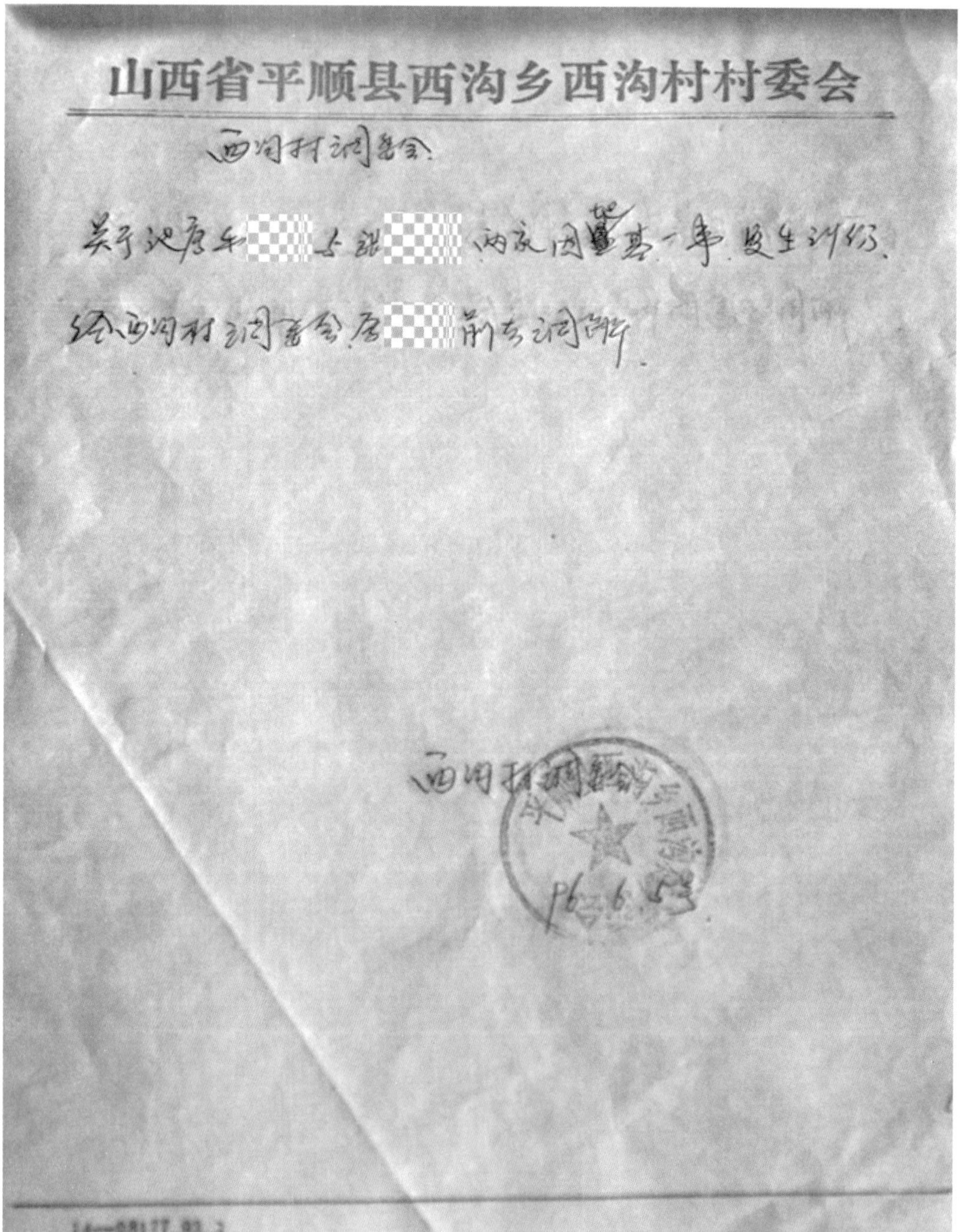

山西省平顺县西沟乡西沟村村委会

西沟村调委会：

关于池底牛[redacted]与张[redacted]两家因宅基一事发生纠纷，经西沟村调委会居[redacted]前去调解。

西沟村调解委员会

96.6.5

14—08177.93.3

图4-3-33　池底牛□□、张□□宅基地纠纷（1996.6.5）

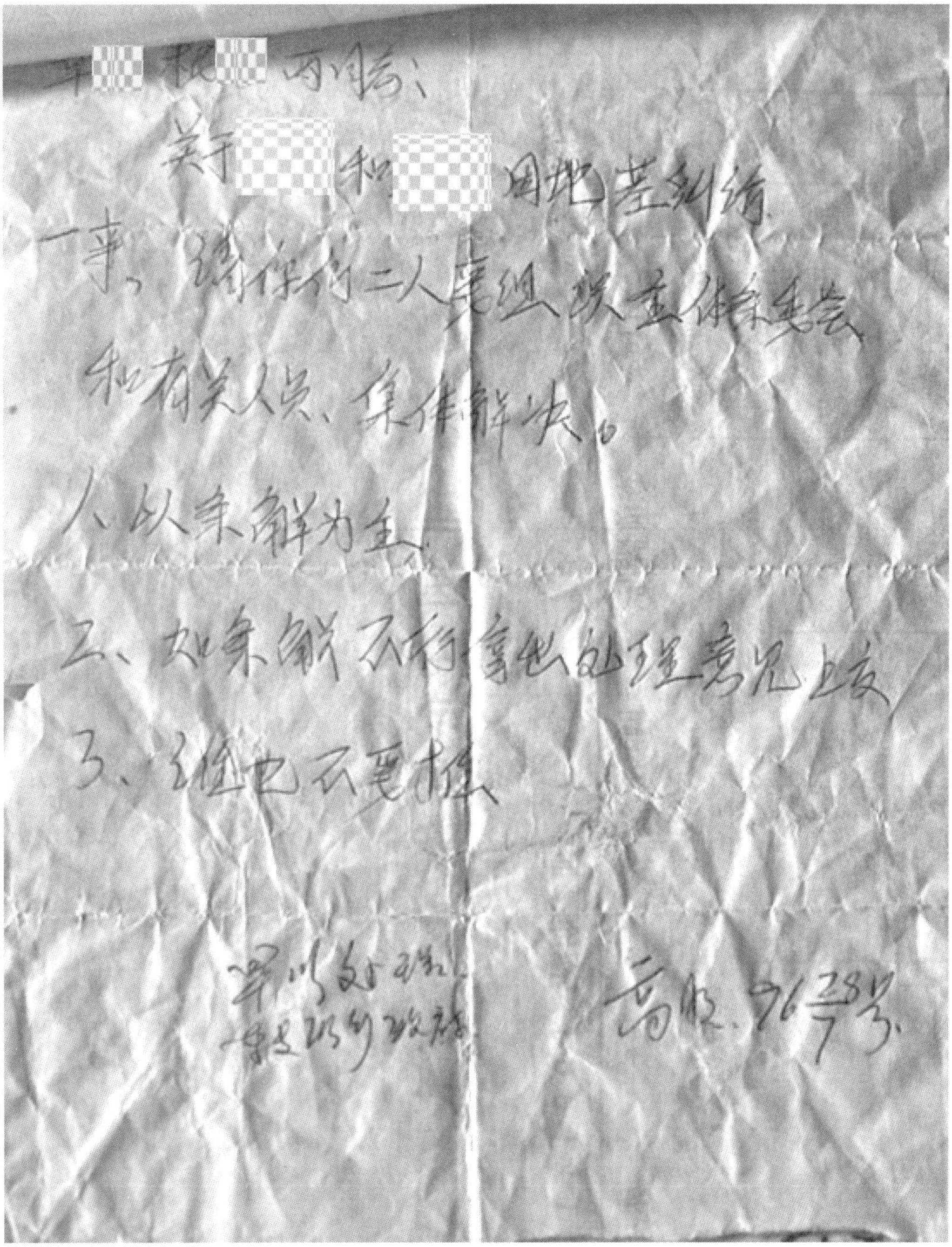

牛[redacted] 张[redacted] 同志：

关于[redacted]和[redacted]因地基纠纷一事，请你们二人去组找主任委员和有关人员，集体解决。

1、以调解为主。

二、如调解不行拿出处理意见上报

3、继续也不要打架

高[illegible] 96.7.28号

图4-3-34　牛□□、张□□宅基地纠纷（1996.7.28）

（四）集体问题纠纷

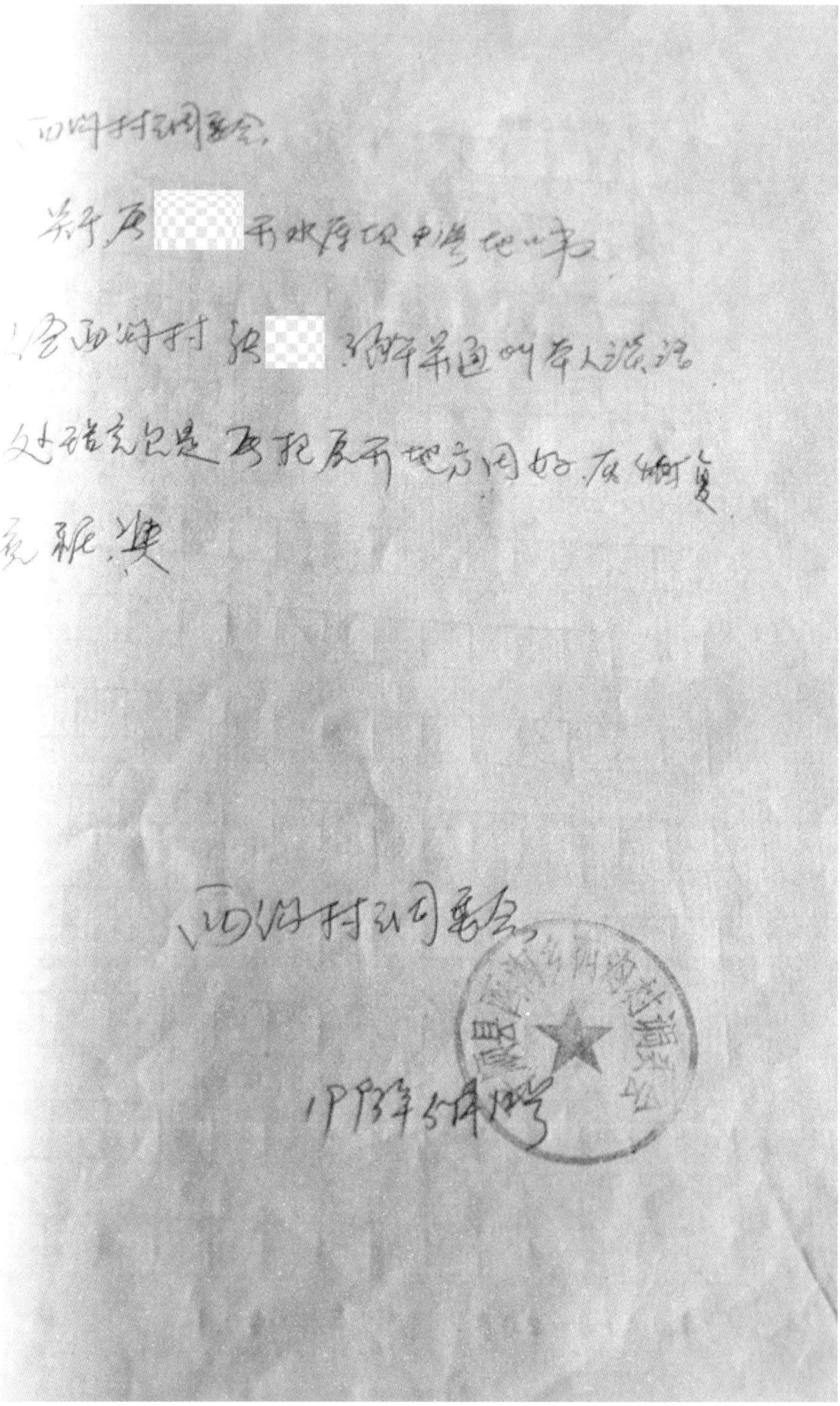

图4-4-1　马□□开水库内地（1993.5.12）

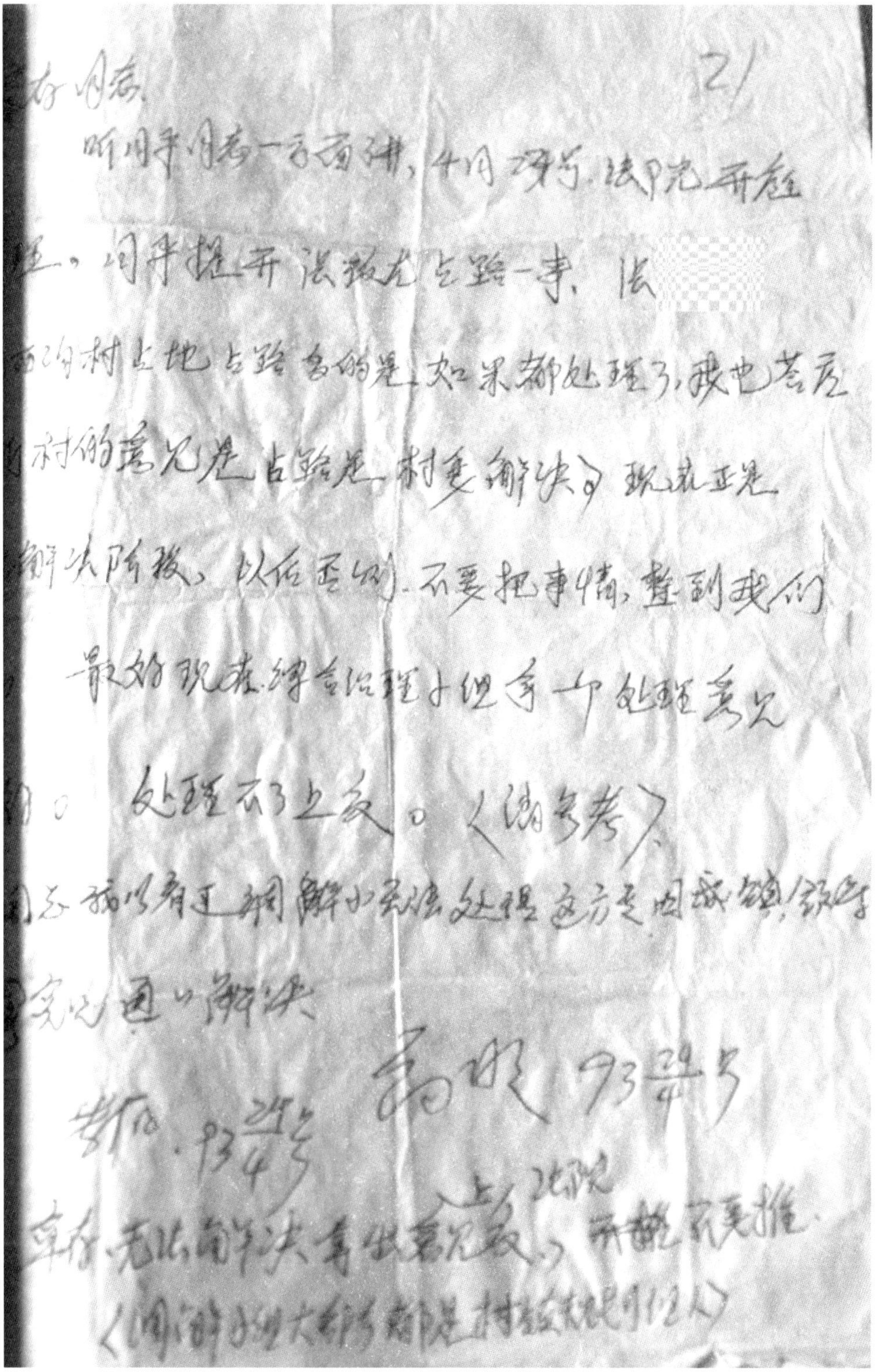

[illegible]同志

昨日开同志一方面讲，4月29号法院开庭

[illegible]，同开庭开法庭[illegible]占路一事，张[redacted]

[illegible]村占地占路多的是，如果都处理了，我也考虑

[illegible]村的意见是占路是村里解决了 现在正是

解决阶段，以后再说，不要把事情整到我们

最好现在综合治理小组拿一个处理意见

[illegible]。 处理不了上交。（[illegible]乡长）

[illegible] 以前调解以法处理，这方面由城镇领导

[illegible]以后解决

[illegible] 93.4.29号

[illegible] 93.4.29号

[illegible]

[illegible]

图4-4-2　张□□占路、占地处理意见（1993.4.29）

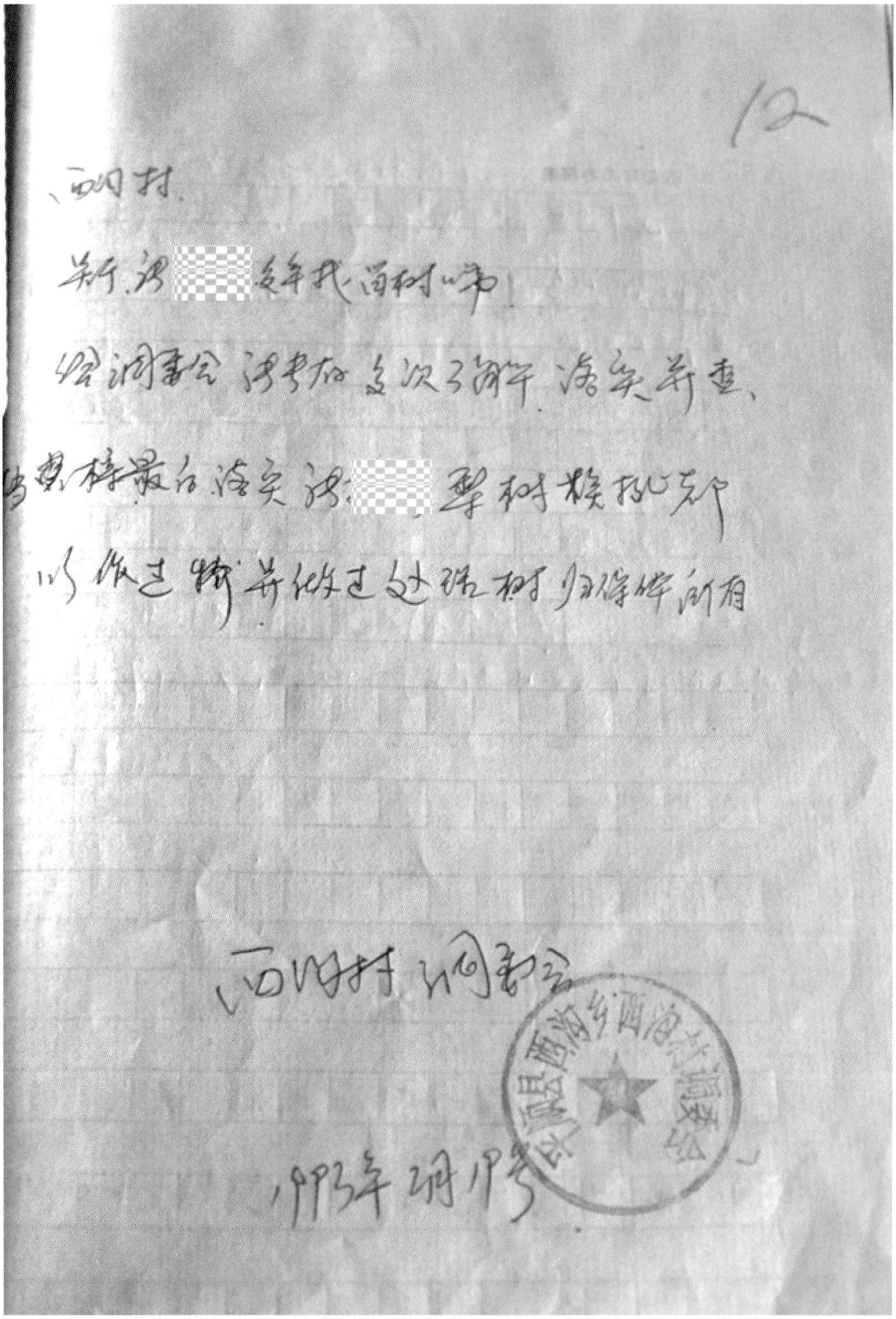

12

西沟村：

关于张[redacted]去年栽的梨树一事

经调委会讨论及多次了解、落实并查、

为照顾最后落实张[redacted]梨树按规定

以低价卖给并做出处理，树归集体所有

西沟村调委会

1993年2月19日

平顺县西沟乡西沟村调委会

图4-4-3　张□□占有集体梨树（1993.2.19）

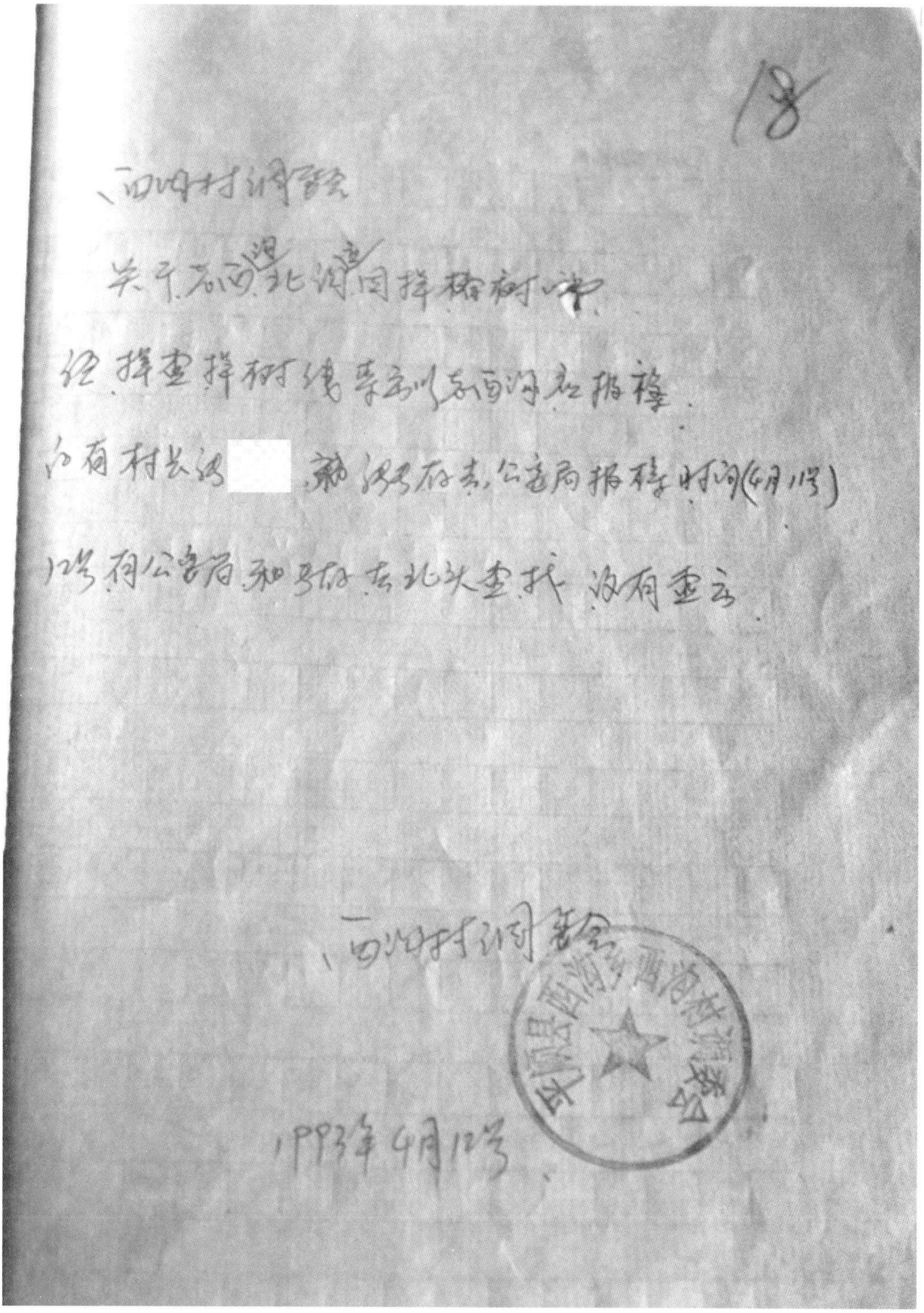

18

西沟村村委会

关于老西沟北沟丢掉槐树一事.

经搜查丢树线索要到老西沟去报案.

由有村长张[redacted]和张书记去公安局报案时间(4月11号)

12号有公安局和书记去北沟查找 没有查出.

西沟村村委会

平顺县西沟乡西沟村村民委员会

1993年4月12号

图4-4-4　老西沟北沟丢树（1993.4.12）

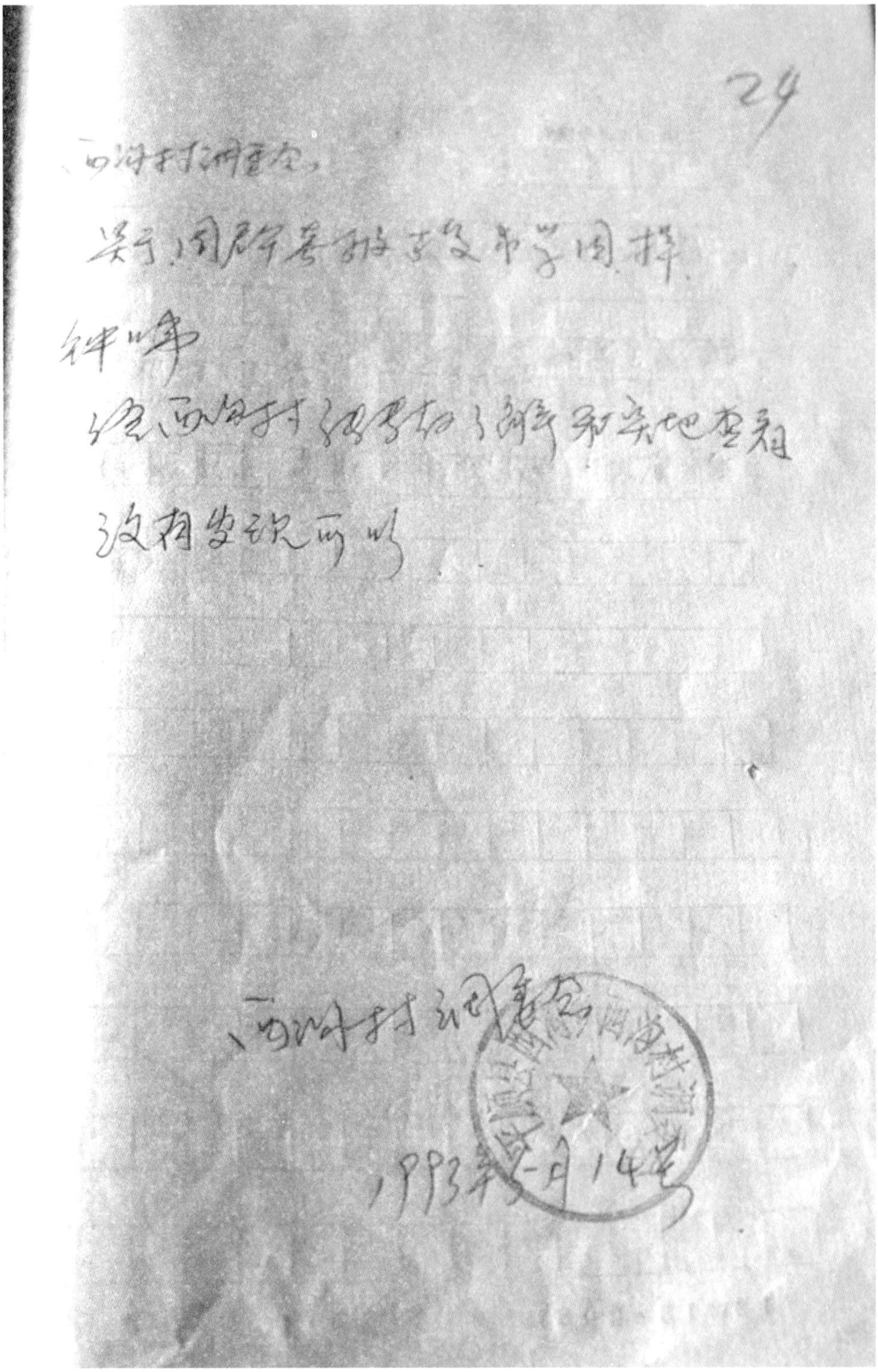

24

西沟村村委会：

关于[illegible]中学[illegible]

钟事

经西沟村领导[illegible]了解，[illegible]地查看

没有发现[illegible]

西沟村村委会

1993年5月14日

图4-4-5　中学丢钟（1993.5.14）

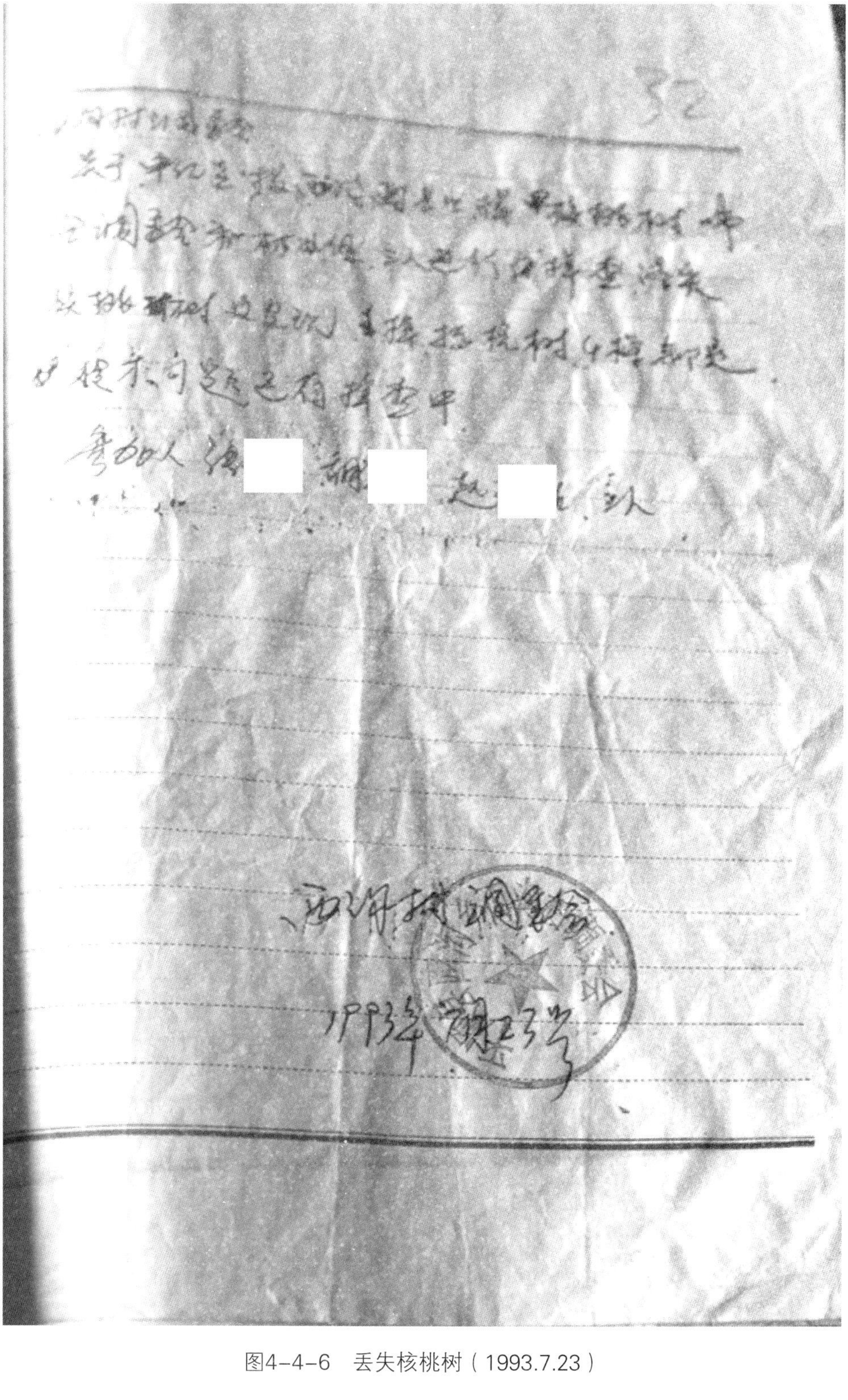

图4-4-6　丢失核桃树（1993.7.23）

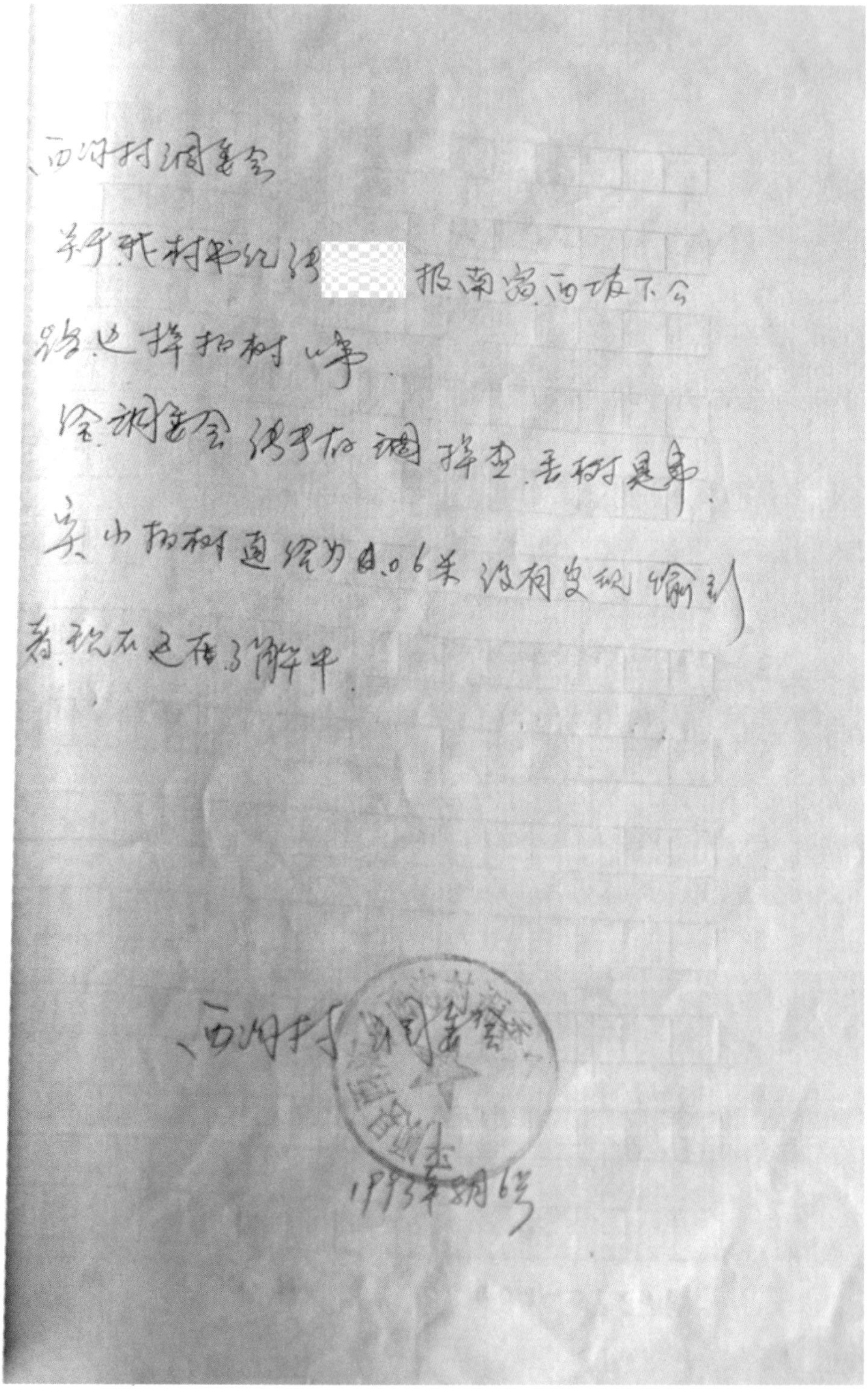

西冲村调委会

关于我村书记待[redacted]报南赛西坡下公路边丢柏树一事。

经调委会给予了调查查，丢树是事实，小柏树直径为0.06米，没有发现偷到者，现在还在了解中。

西冲村调委会

1993年8月6号

图4-4-7　南赛西坡下公路边丢失柏树（1993.8.6）

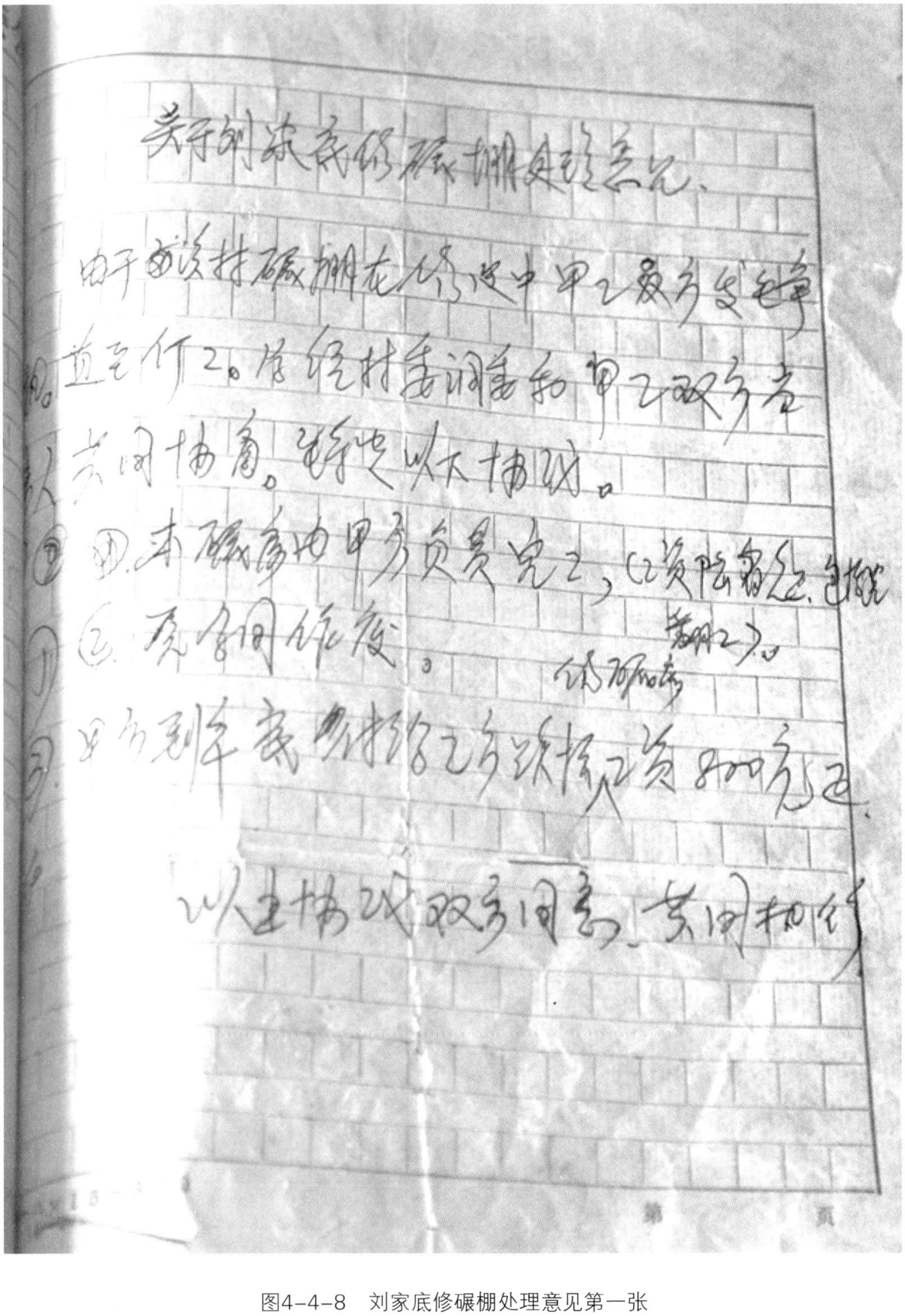

关于刘家底修碾棚处理意见。

由于该村碾棚在修建中甲乙双方发生争执而停工。经村委调委和甲乙双方在一起协商。经协商以下协议。

(一)本碾房由甲方负责完工，(工资除前已支付外)。

(二)原合同作废。

(三)甲方对刘家底修碾棚乙方补贴工资800元正。

以上协议双方同意，共同执行。

图4-4-8　刘家底修碾棚处理意见第一张

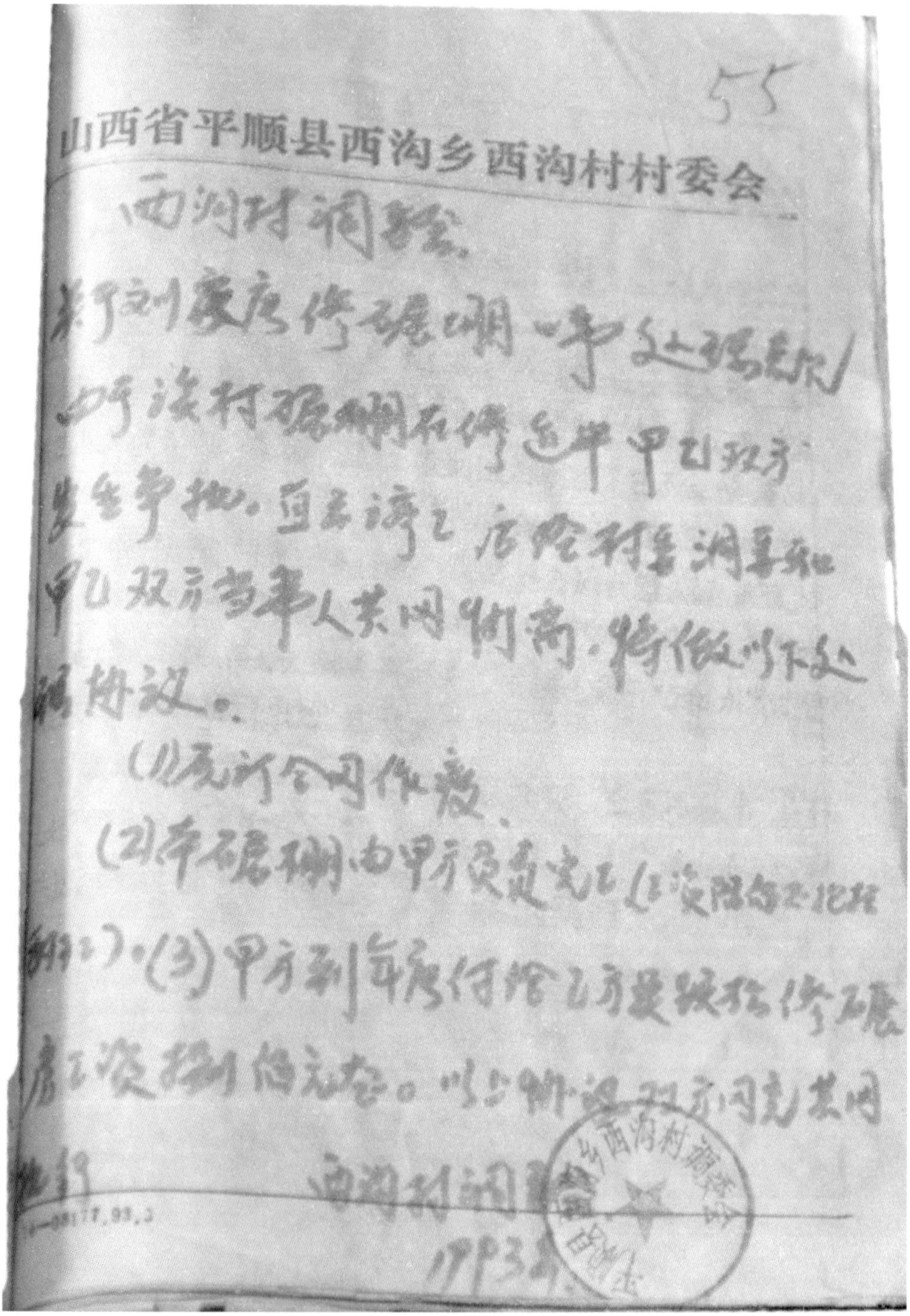
55

山西省平顺县西沟乡西沟村村委会

西沟村调解会

关于刘家底修碾棚一事处理意见

如下：该村碾棚在修造中甲乙双方

发生争执，通过调解后经村调解组

甲乙双方当事人共同协商，特做以下处

理协议。

(1)原订合同作废。

(2)本碾棚由甲方负责完工（工资照旧不变按

协议）。(3)甲方到年底付给乙方误工修碾

房工资损失的元整。以上协议双方同意共同

执行

西沟村调解会

1993.

平顺县西沟乡西沟村调解委员会

图4-4-9　刘家底修碾棚处理意见第二张（1993）

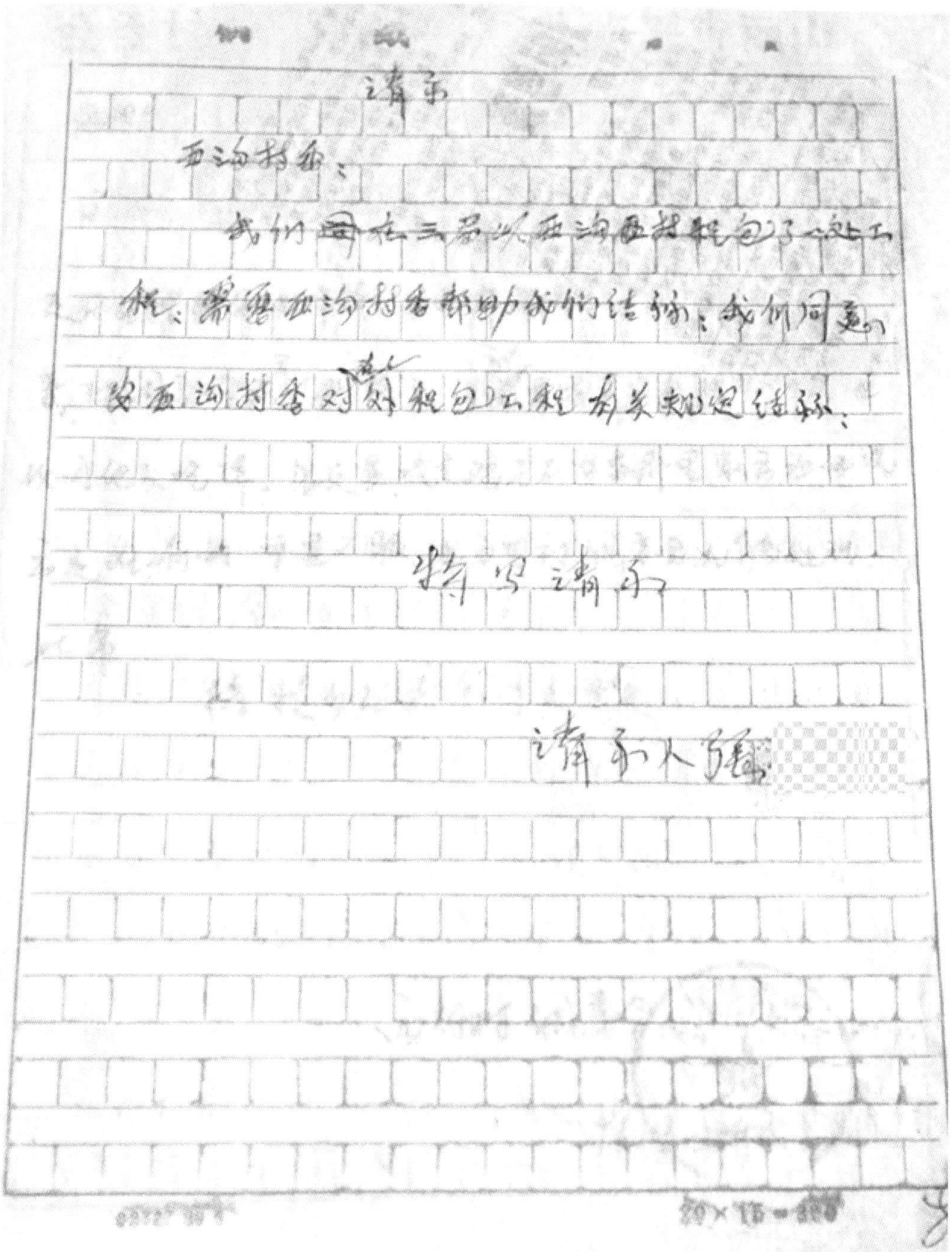

请示

西沟村委：

我们在三岔以西沟承包了一处工程，需要西沟村委帮助我们结算，我们同意按西沟村委对外承包工程有关规定结算。

特此请示

请示人

图4-4-10　求村委帮助结算工程请示

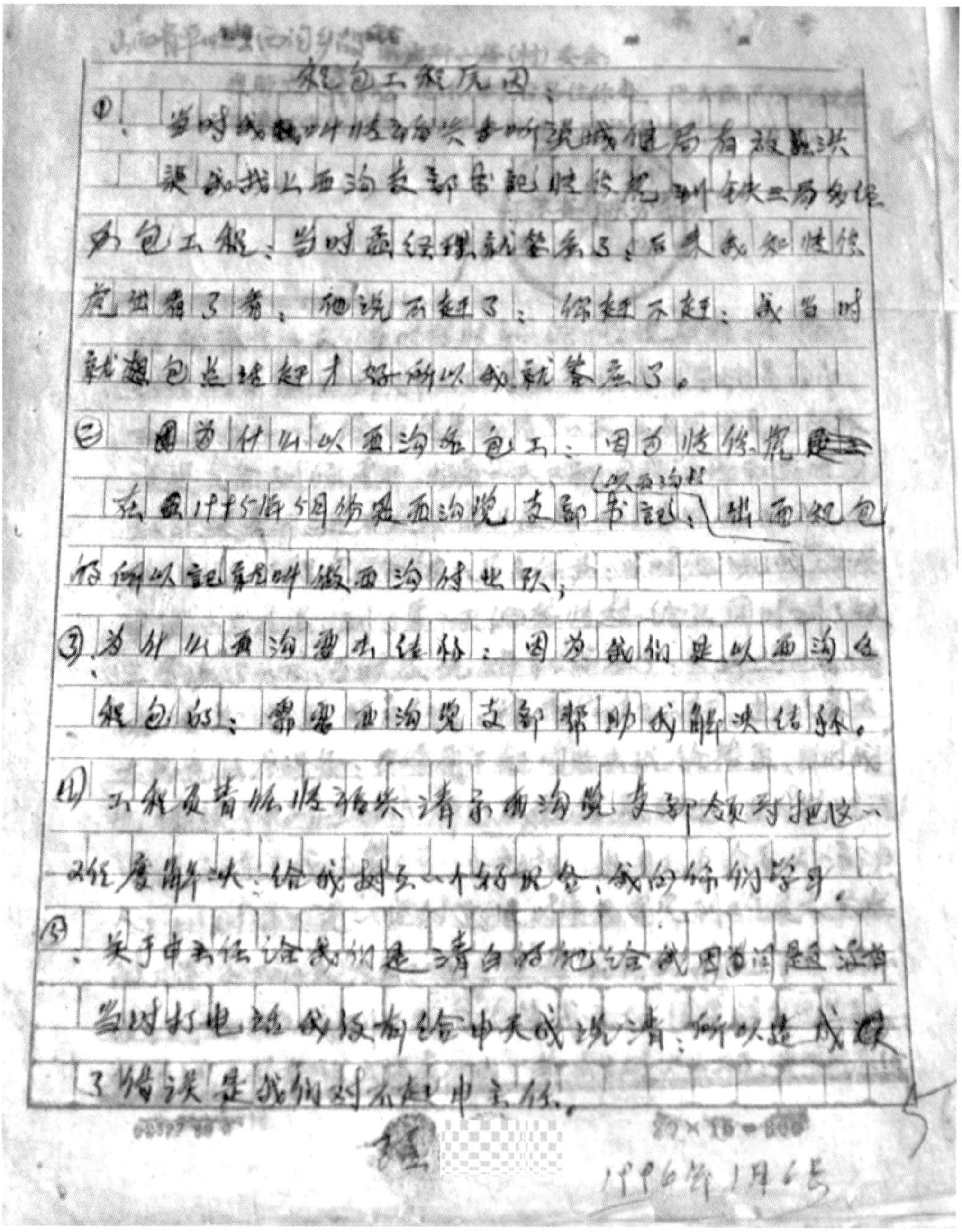

承包工程原因

②因为什么以西沟承包工，因为[illegible]西沟党支部书记（[illegible]）出面包的，所以[illegible]做西沟付业队；

③为什么西沟要去结帐：因为我们是以西沟名义包的，需要西沟党支部帮助我解决结帐。

④[illegible]请示西沟党支部领导把这一[illegible]解决，给我树立一个好观念，我向你们学习。

⑤关于[illegible]，当时打电话我[illegible]说清，所以造成了错误，是我们对不起[illegible]。

1996年1月6号

图4-4-11　承包工程原因（1996.1.6）

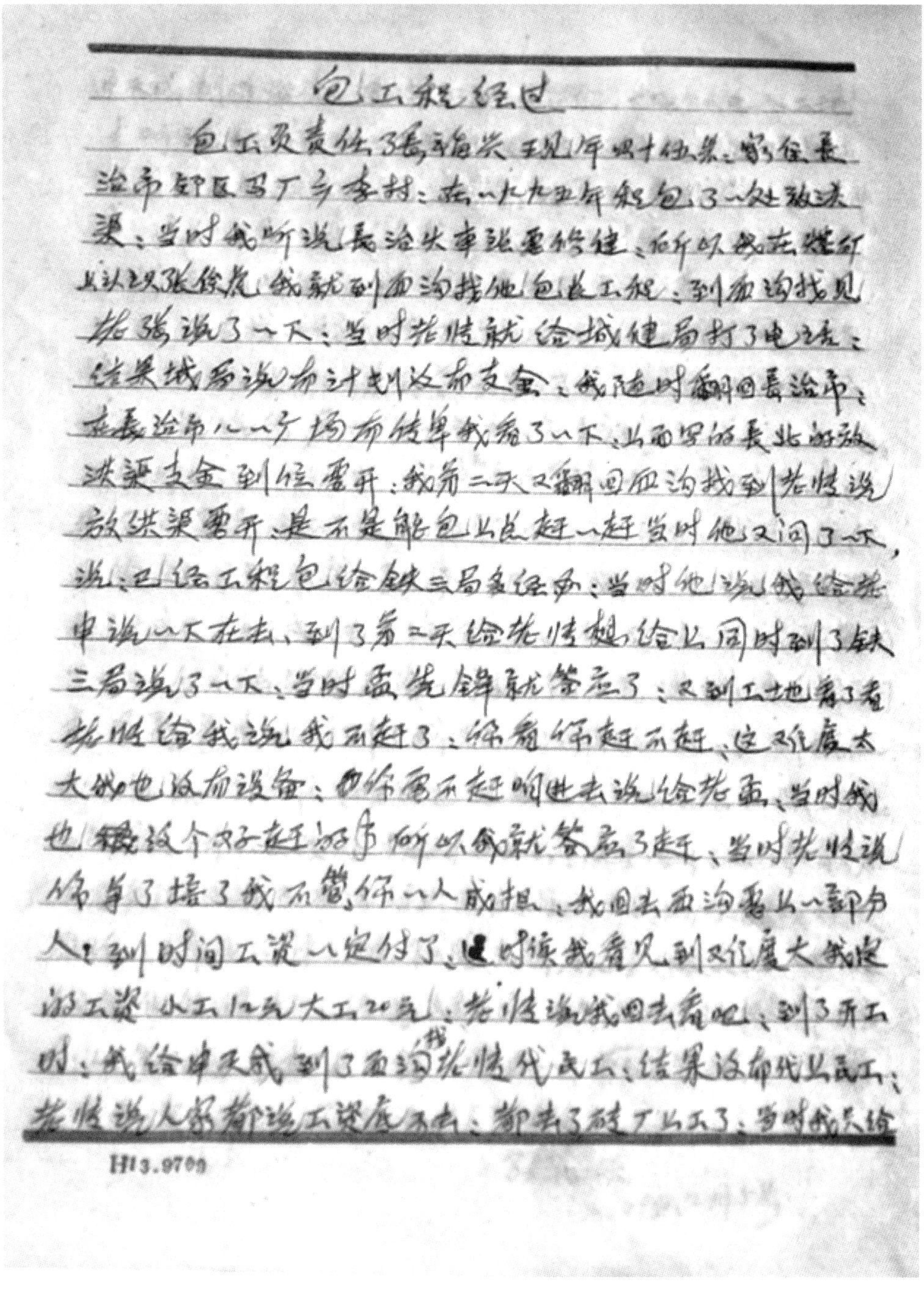
包工程经过

包工员责任张福兴，现年四十伍岁，家住長治市郊区马厂乡李村。在一九九五年我包了一处放洪渠。当时我听说長治火车站要修建，所以我在煤矿认识张徐茂，我就到西沟找他包点工程，到西沟找见苏张说了一下，当时苏峰就给城建局打了电话，结果城建局说有计划没有支金。我随时翻回長治市，在長治市八一广场有传单我看了一下，上面写的長北放洪渠支金到位要开。我第二天又翻回西沟找到苏峰说，放洪渠要开，是不是能包点段赶一赶，当时他又问了一下，说：已经工程包给铁三局务经办。当时他说我给苏申说一下在去。到了第二天给苏峰想给点同时到了铁三局说了一下，当时孟先锋就答应了。又到工地看了看，苏峰给我说我不赶了，你看你赶不赶，这难度太大也没有设备，你要不赶咱出去说给苏孟。当时我也想没个好赶的事，所以我就答应了赶。当时苏峰说你算了培了我不管，你一人成担。我回去西沟要点一部分人，到时间工资一定付了。这时候我看见到难度大我定的工资小工12元，大工20元。苏峰说我回去看吧。到了开工时，我给申庆武到了西沟找苏峰代民工，结果没有代点民工，苏峰说人家都说工资底不去，都去了就了点工了。当时我只给

H13.9709

图4–4–12　包工程经过第一张

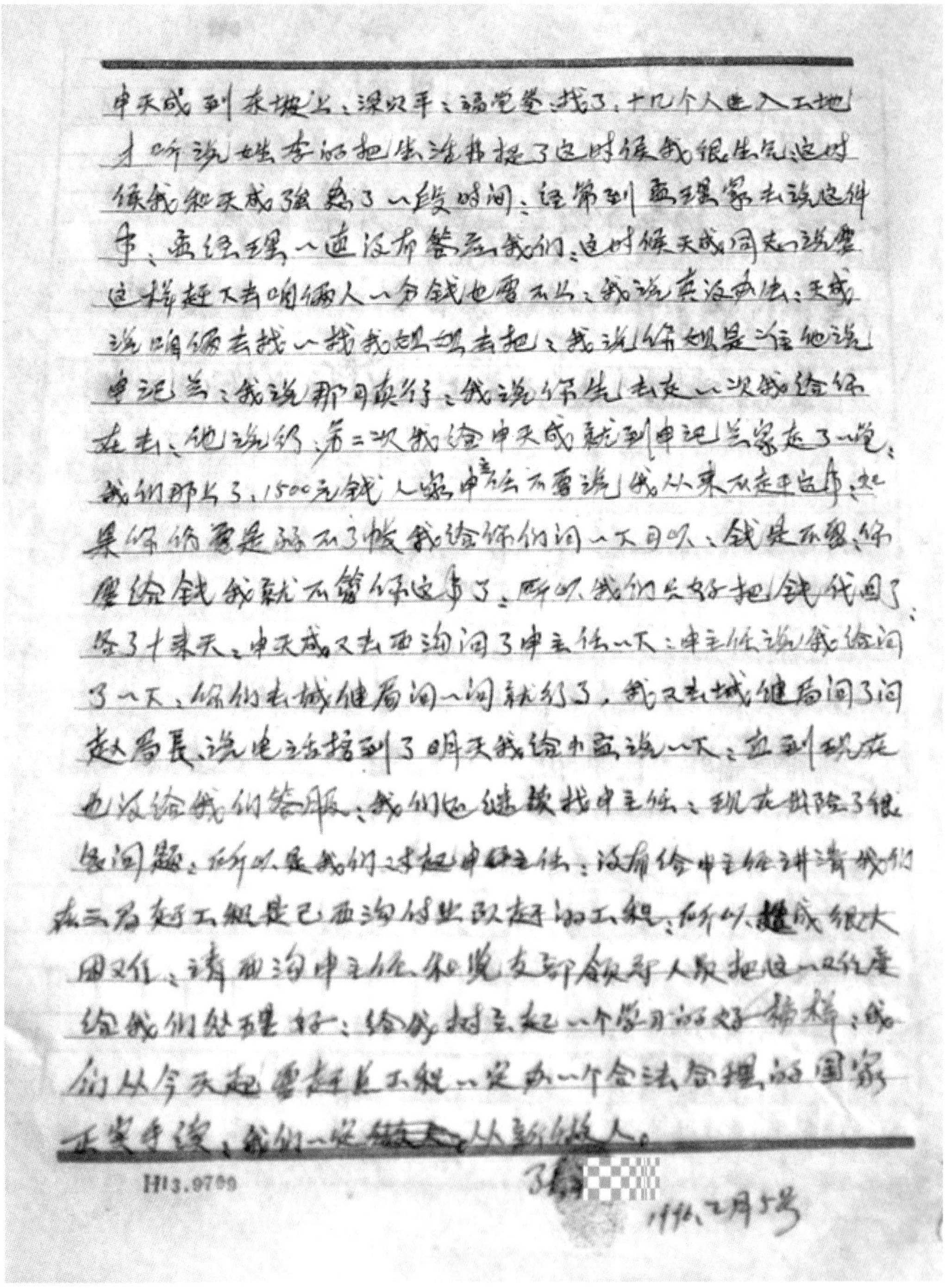

申天成到东坡山、梁以平、福堂登、找了十几个人进入工地
才听说姓李的把生活弄提了这时候我很生气这时
候我和天成强忍了一段时间、经常到孟经理家去说这件
事、孟经理一直没有答应我们、这时候天成同志说要
这样起下去咱俩人一分钱也要不上、我说有没办法、天成
说咱俩去找一找我姐夫去把、我说你姐夫是谁他说
申纪兰、我说那可真行、我说你先去走一次我给你
在去、他说行、第二次我给申天成就到申纪兰家走了一趟、
我们那去了、1500元钱人家申主任不要说我从来不走这事、如
果你们要是弄不了帐我给你们问一下可以、钱是不要你
要给钱我就不管你这事了、所以我们只好把钱代回了、
等了十来天、申天成又去西沟问了申主任一下、申主任说我给问
了一下、你们去城建局问一问就行了、我又去城建局问了问
赵局长、说电话接到了明天我给你们说一下、直到现在
也没给我们答服、我们也继续找申主任、现在出除了很
多问题、所以是我们对起申主任、没有给申主任讲清我们
在三岔村工程是已西沟付业队村的工程、所以造成很大
困难、请西沟申主任和党支部全体人民把这一工程
给我们处理好、给我树立起一个学习的好榜样、我
们从今天起要树立工程一定办一个合法合理的国家
正当手续、我们一定从新做人。

H13.9769

张[redacted]

1996 2月5号

图4-4-13　包工程经过第二张（1996.2.5）

老西沟没有批下房基的情况：

①老西沟原在批房时安排在老西沟后坐上果园下边那八块地批。大队说果园不能少，队里的把地要去给老西沟队另在那长四把地留下，因在这地方时批房户装不到，又原则前说地方低，不能住人，又去批这样大队就把果园地要了下去。

②大队研究要在老西沟新盖学校周围批，因学校周围都是石山，没有一块平地方。

③地委人要求原在老西沟口供销社门前边批房，大队再三研究上下两条路中间建房要造成路不通，研究不能在此地批。

④大队没有把地方定下造成批房户对包队干部反应很大。

96.6.

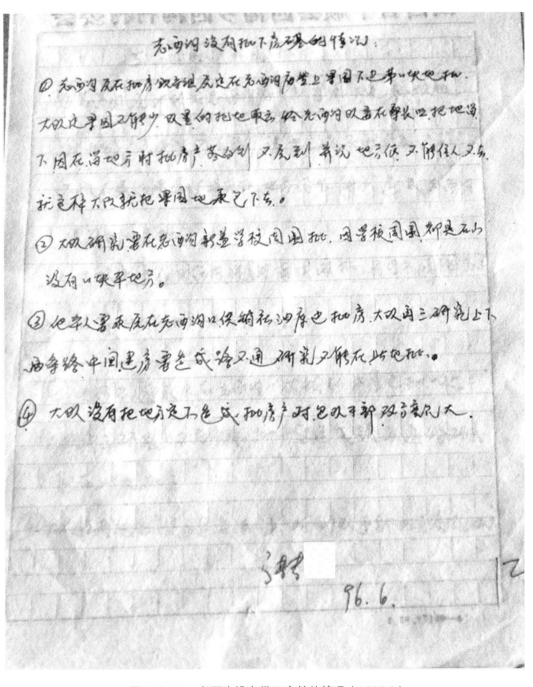

图4-4-14　老西沟没有批下房基的情况（1996.6）

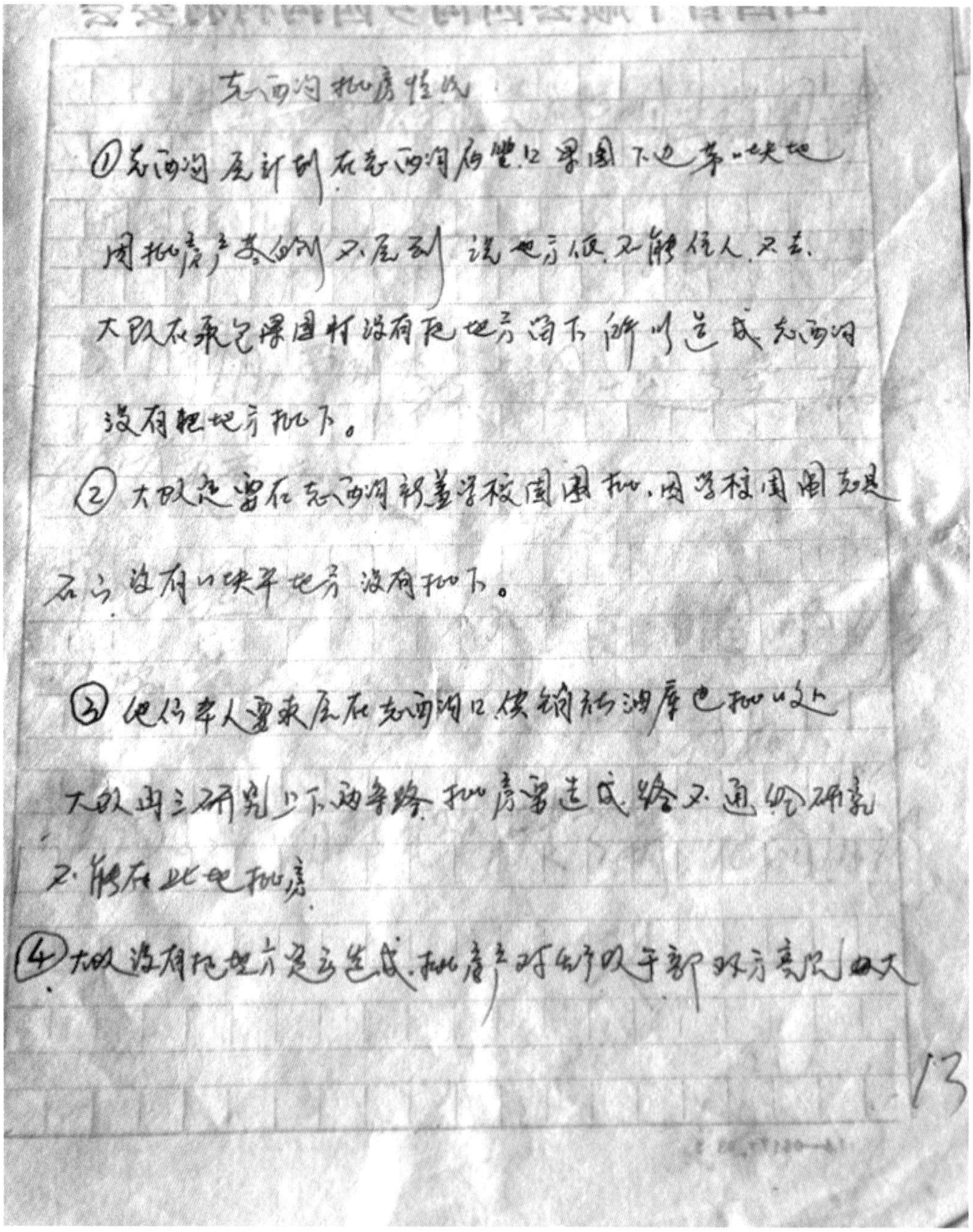

东西沟批房情况

①东西沟屋计划在东西沟后堡口梁园下边第一块地

囤批房产基础又在划，这地方低，不能住人，又去

大队在东包梁园村没有把地方留下，所以造成东西沟

没有把地方批下。

②大队决定留在东西沟新盖学校周围批，因学校周围都是

石方，没有一块平地方，没有批下。

③他们本人要求在东西沟口侯锦标油厂边批一处，

大队由三研究，上下两条路，批房要造成路不通，经研究

不能在此地批房

④大队没有把地方定出来，造成批房户对干部队方意见很大

13

图4-4-15　老西沟批房情况

（五）其他纠纷

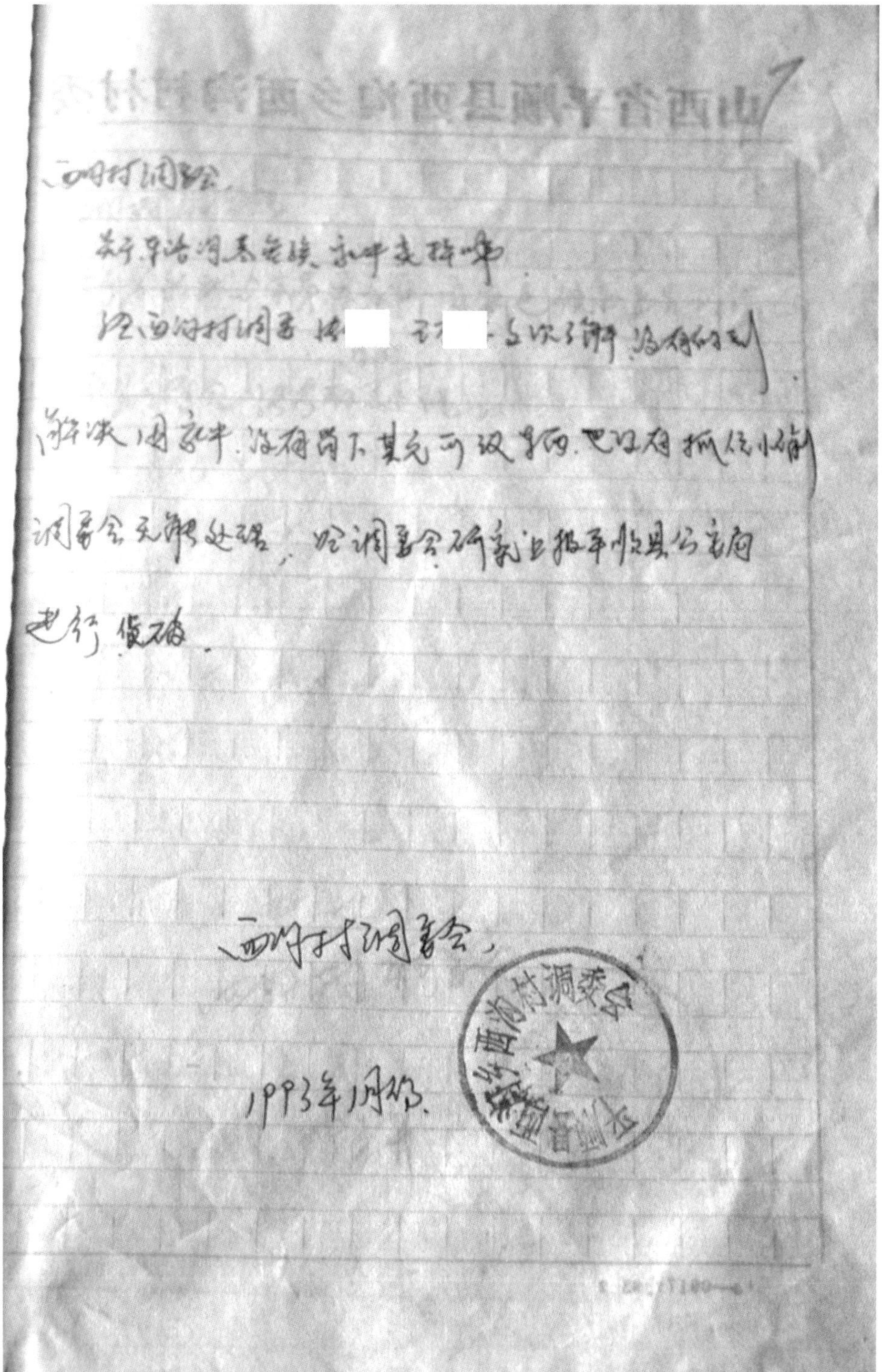

西沟村调解：

关于东峪沟[redacted]家中失窃一事

经西沟村调委 杨[redacted] 王[redacted] 多次了解 没有得到

解决，因家中 没有留下某些可疑事物，也没有抓住小偷，

调委会无法处理，经调委会研究上报平顺县公安局

进行侦破。

西沟村调委会

1993年1月18

图4-5-1　东峪沟□□孩家中失盗（1993.1）

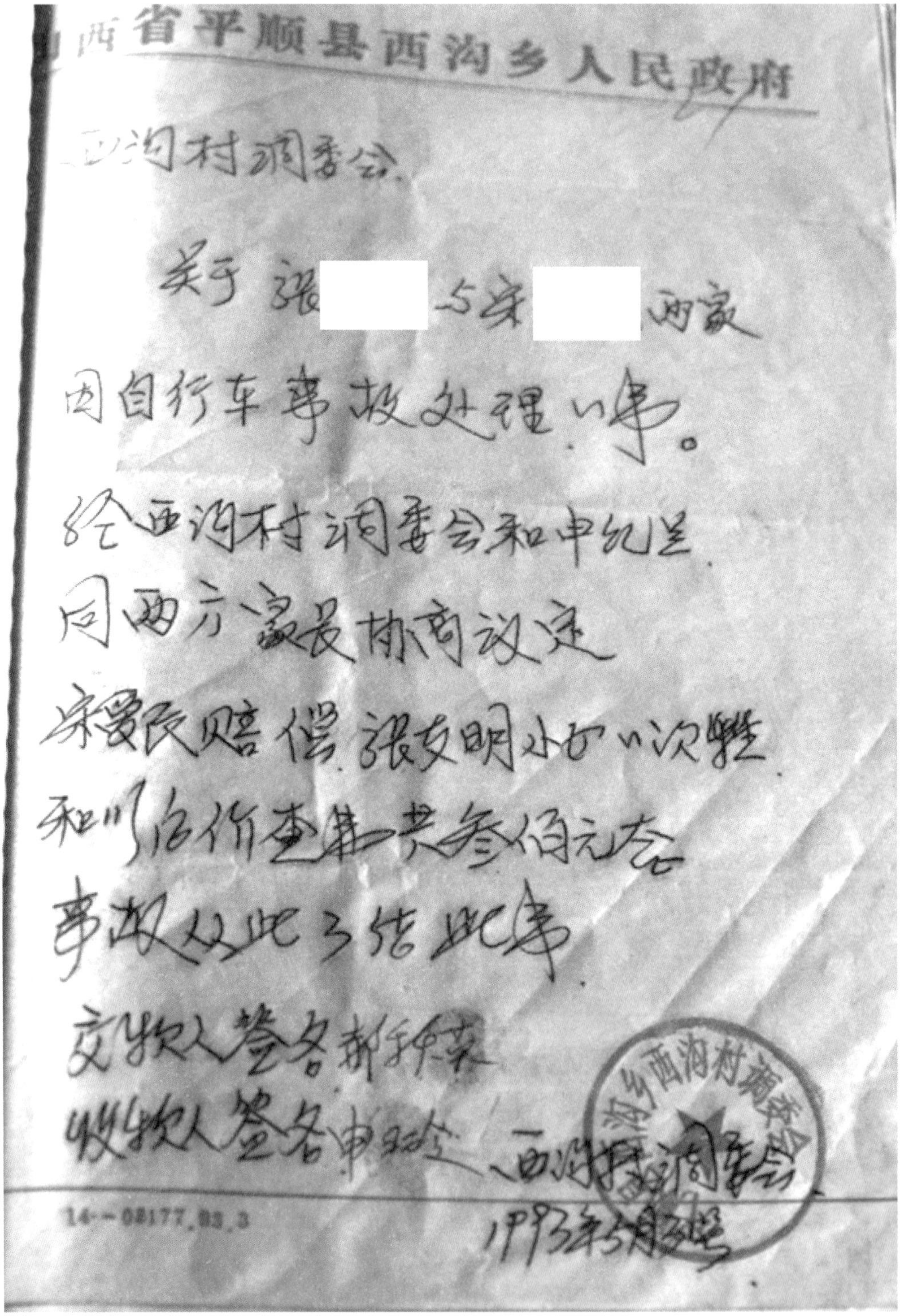

山西省平顺县西沟乡人民政府

西沟村调委会：

关于张[redacted]与宋[redacted]两家因自行车事故处理一事。

经西沟村调委会和申纪兰同两方家长协商议定，宋爱民赔偿张安明小女一次性和[illegible]自行车共叁佰元整，事故从此了结此事。

交款人签名郝[illegible]

收款人签名申[illegible]

西沟村调委会

1993年5月3号

14——08177.93.3

图4-5-2　张□□、宋□□两家自行车事故处理意见（1993.5.3）

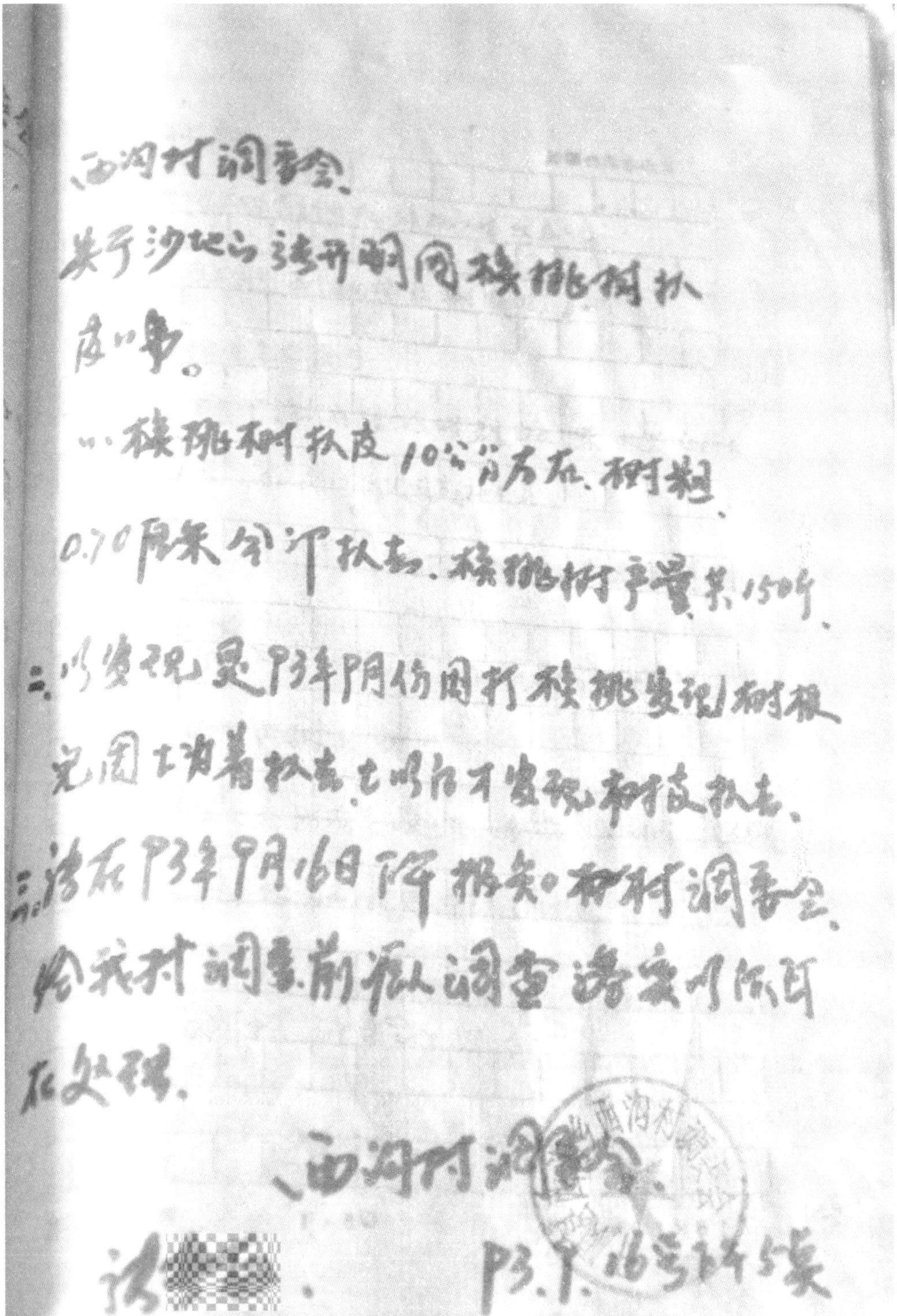

西沟村调委会：

关于沙地栈张[redacted]家核桃树扒皮一事。

一、核桃树扒皮10公分左右、树粗0.70厘米全部扒光、核桃树产量约150斤。

二、此发现是93年9月份因打核桃发现了树根周围土上有着扒皮，之后才发现树被扒光。

三、请在93年9月16日前报告本村调委会，给我村调委前往调查，请求了解后再处理。

西沟村调委会

诉[redacted]。　93.9.16 西沟村5组

图4-5-3　沙地栈张□□家核桃树被剥皮（1993.9.16）

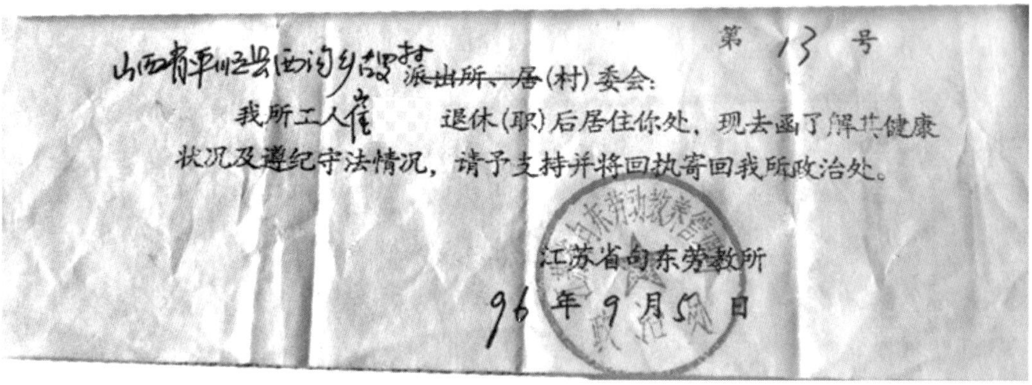

第 13 号

山西省平顺县西沟乡古罗村~~派出所、居~~(村)委会:

我所工人崔　　　退休(职)后居住你处，现去函了解其健康状况及遵纪守法情况，请予支持并将回执寄回我所政治处。

江苏省句东劳教所

96 年 9 月 5 日

图4-5-4　古罗崔吉龙情况调查函（1996.9.5）

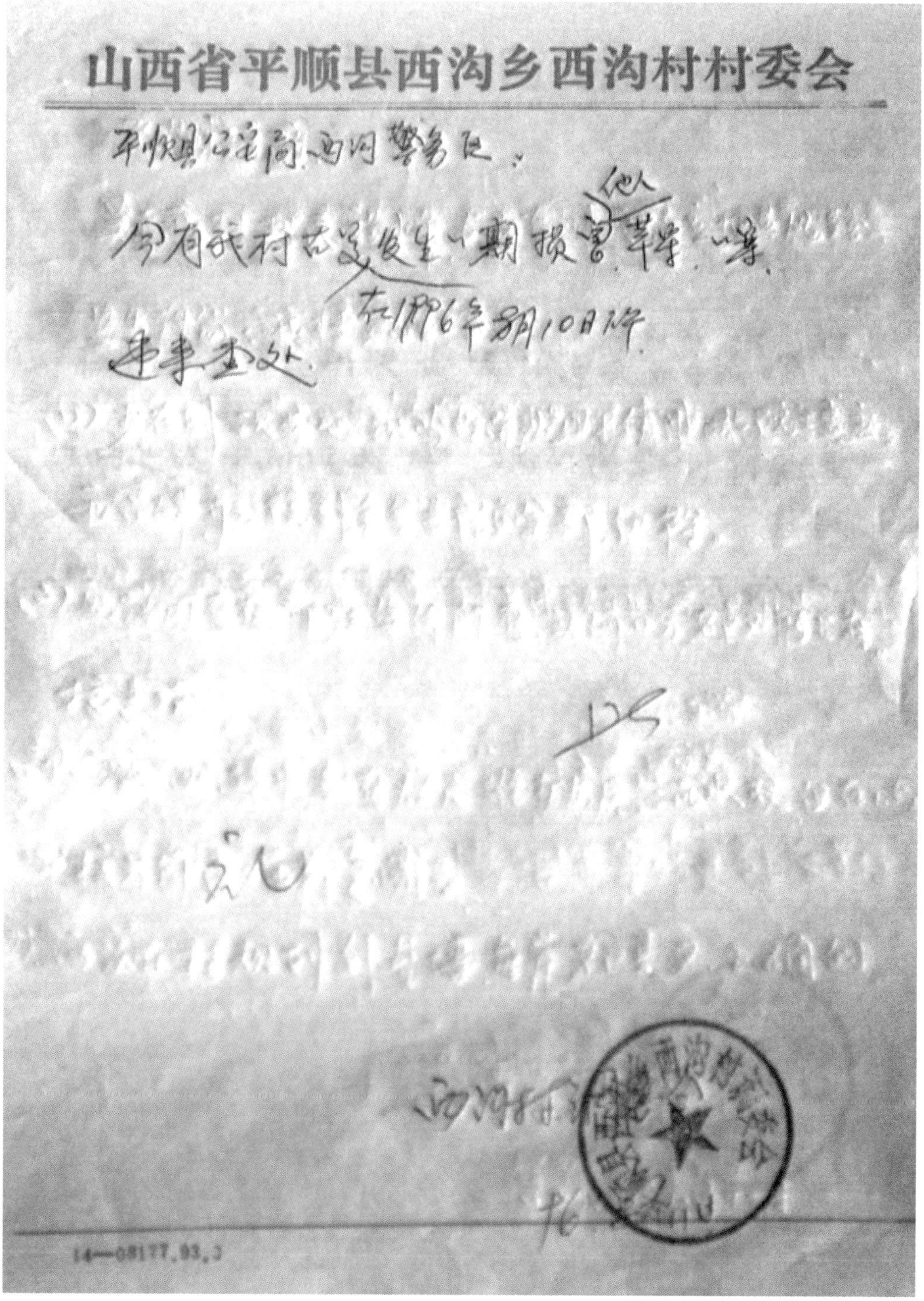

山西省平顺县西沟乡西沟村村委会

平顺县公安局、西沟警务区：

今有我村古罗发生一期损害他人苹果、树一案，在1996年8月10日下午

速来查处。

西沟村委

14—08177.93.3

图4-5-5　古罗发生损害苹果树案件（1996.8.11）

五、1994、1995年西沟村调委员会调解资料（共59张）

（一）档案封面、目录

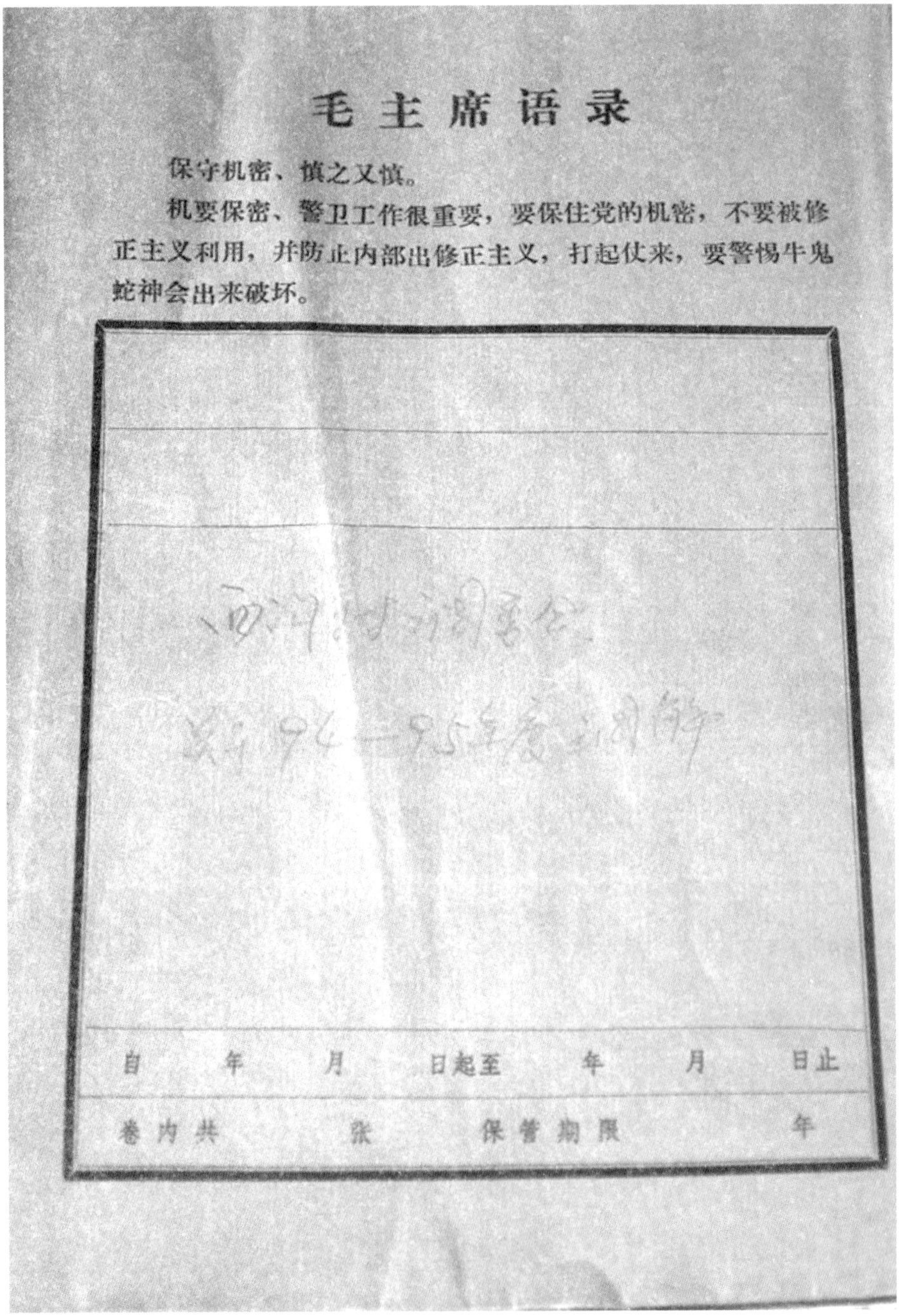

毛主席语录

保守机密、慎之又慎。

机要保密、警卫工作很重要，要保住党的机密，不要被修正主义利用，并防止内部出修正主义，打起仗来，要警惕牛鬼蛇神会出来破坏。

西沟村调委会

94—95年度调解

自　　年　　月　　日起至　　年　　月　　日止

卷内共　　张　　保管期限　　年

图5-1-1　档案封面

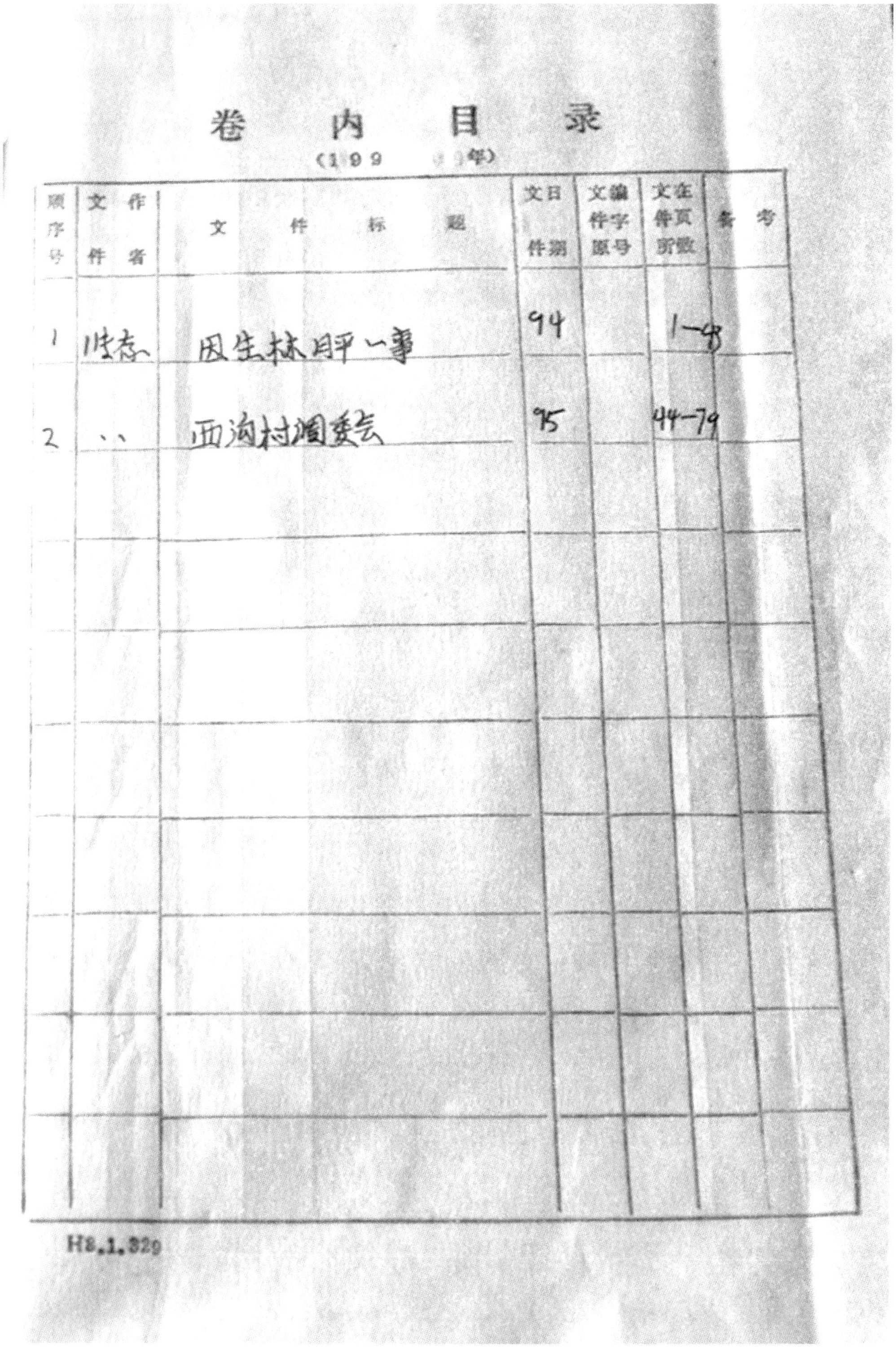

卷 内 目 录

（199　　年）

顺序号	文件作者	文件标题	文件日期	文件原编字号	文件所在页数	备考
1	[illegible]	[illegible]一事	94		1–43	
2	、、	西沟村[illegible]委会	95		44–79	

H8.1.829

图5-1-2　卷内目录

（二）房屋、土地、道路纠纷

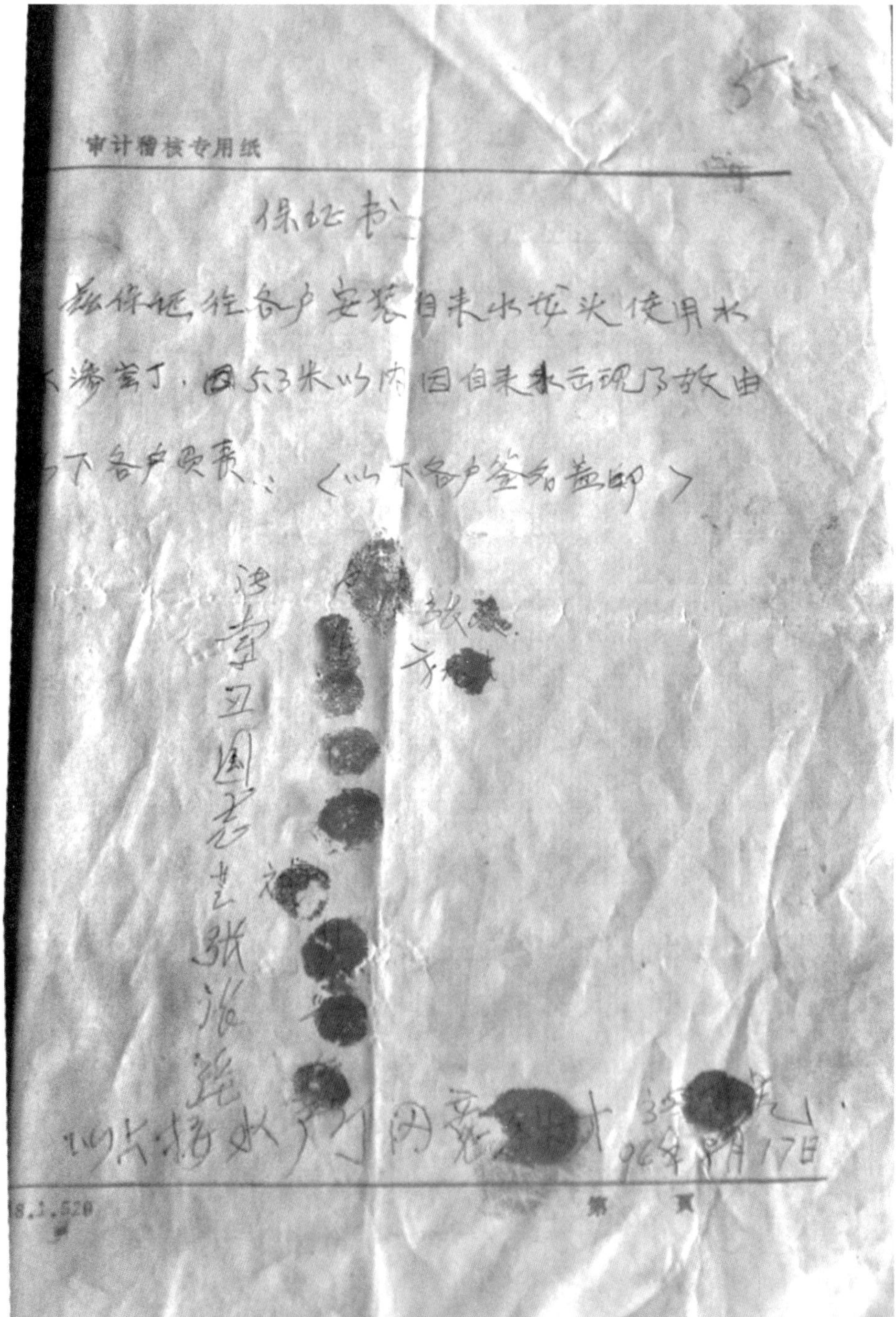
审计稽核专用纸

保证书

兹保证往各户安装自来水龙头使用水

涨宝丁，因在3米以内因自来水出现了故由

下各户负责。〈以下各户签名盖印〉

第　页

图5-2-1　安装自来水保证书（1994.8.17）

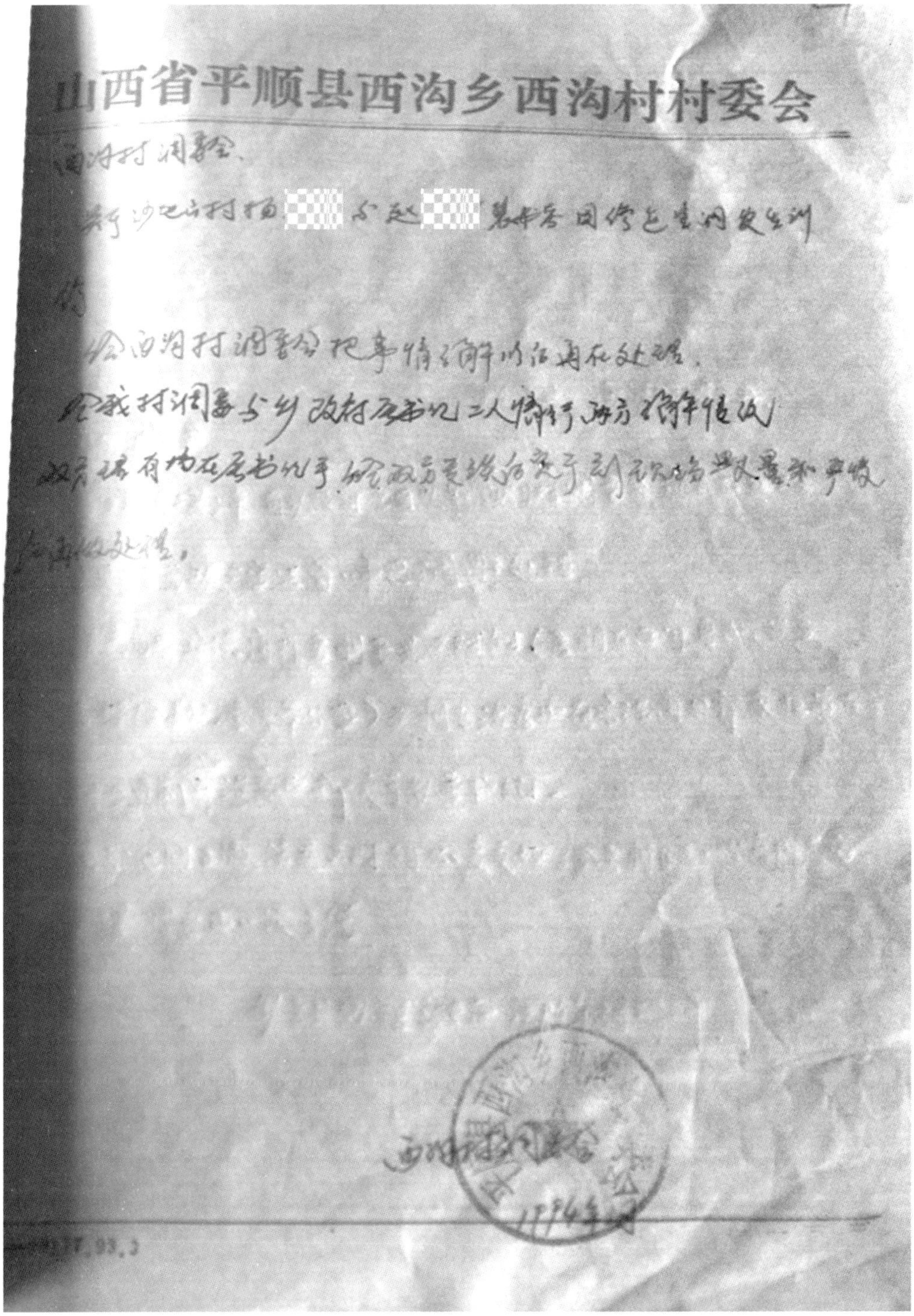

图5-2-2　杨□□、裴□□修建窑洞纠纷（1994.2）

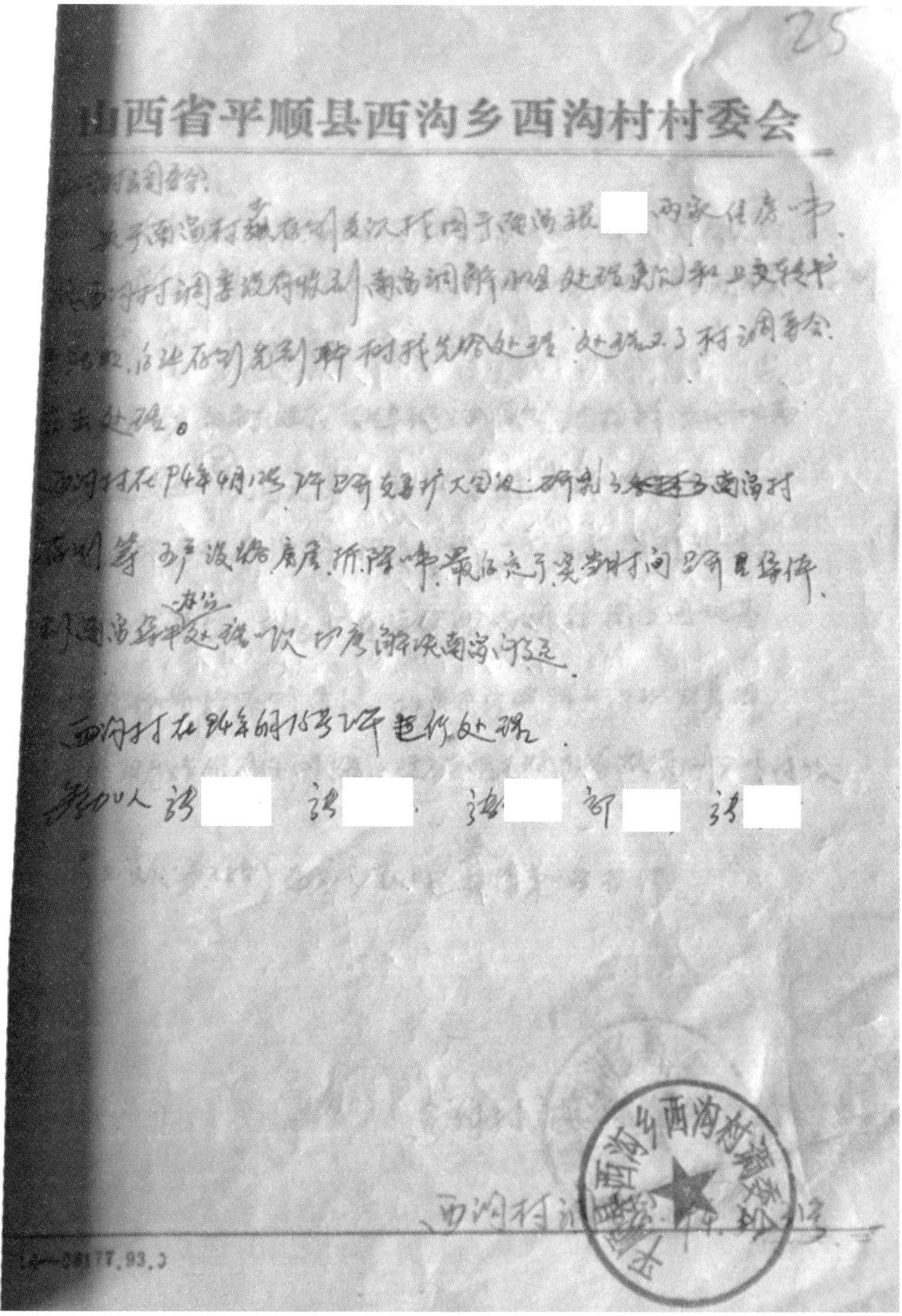

山西省平顺县西沟乡西沟村村委会

图5-2-3　南赛李□□、张□□住房纠纷（1994.3.31）

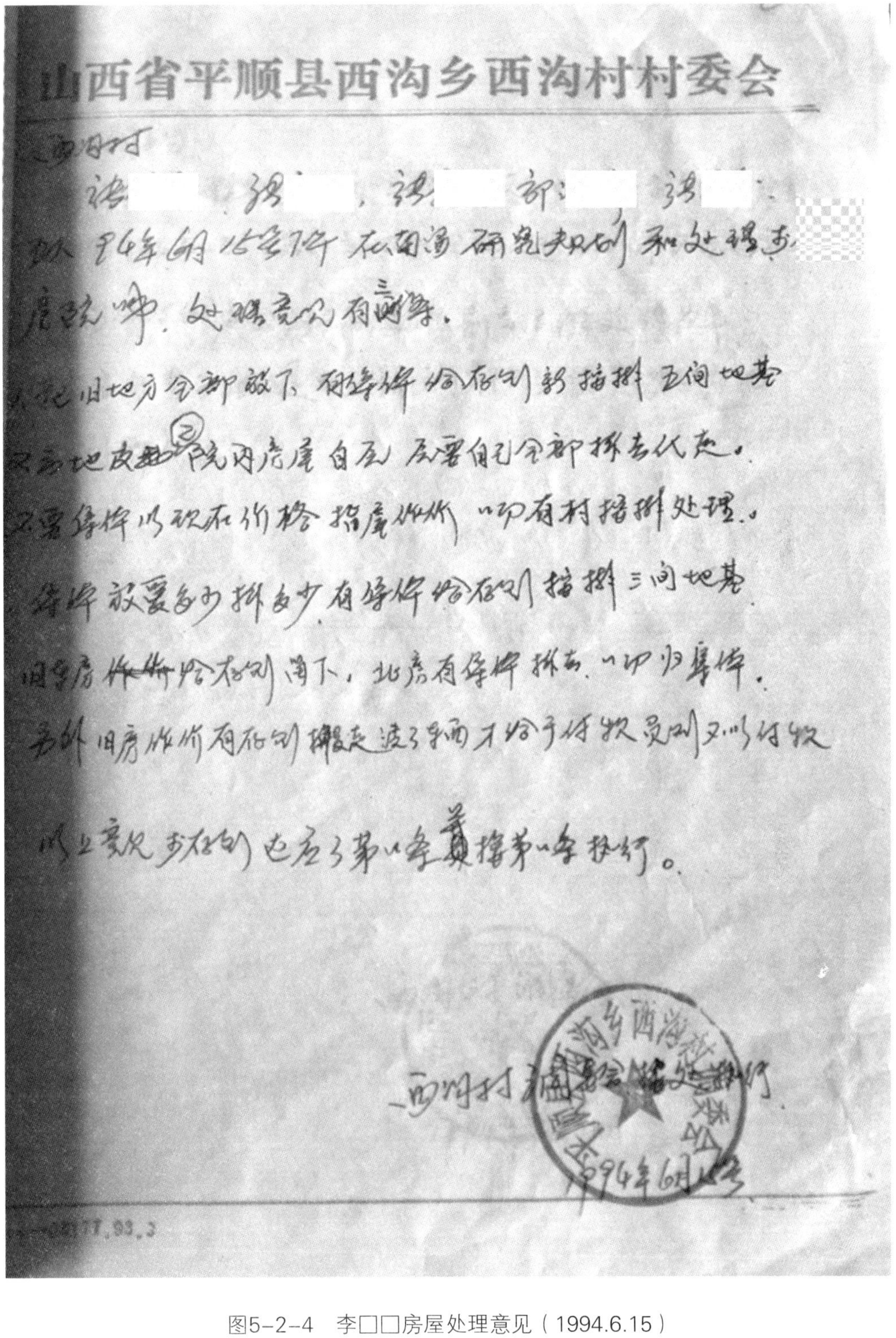

山西省平顺县西沟乡西沟村村委会

西沟村

谈[redacted]、张[redacted]，谈[redacted]、郭[redacted]、张[redacted]：

於94年6月15日下午在村委研究规划和处理你们房院问题，处理意见有三条。

1. 把旧地方全部放下，由集体给你们另划五间地基

2. 东地皮及院内房屋自己盖，房屋自己全部拆去代走。

3. 要集体以现在价格折房作价，以后有村拆掉处理。

集体放宽多少拆多少，由集体给你们拆掉三间地基

旧东房作价给你们留下，北房有集体拆去，以后归集体。

另外旧房作价有你们搬走这了再才给予付款，要即刻可以付款

以上意见由你们也定了第三条案接第三条执行。

西沟村委会处理

1994年6月15

图5-2-4　李□□房屋处理意见（1994.6.15）

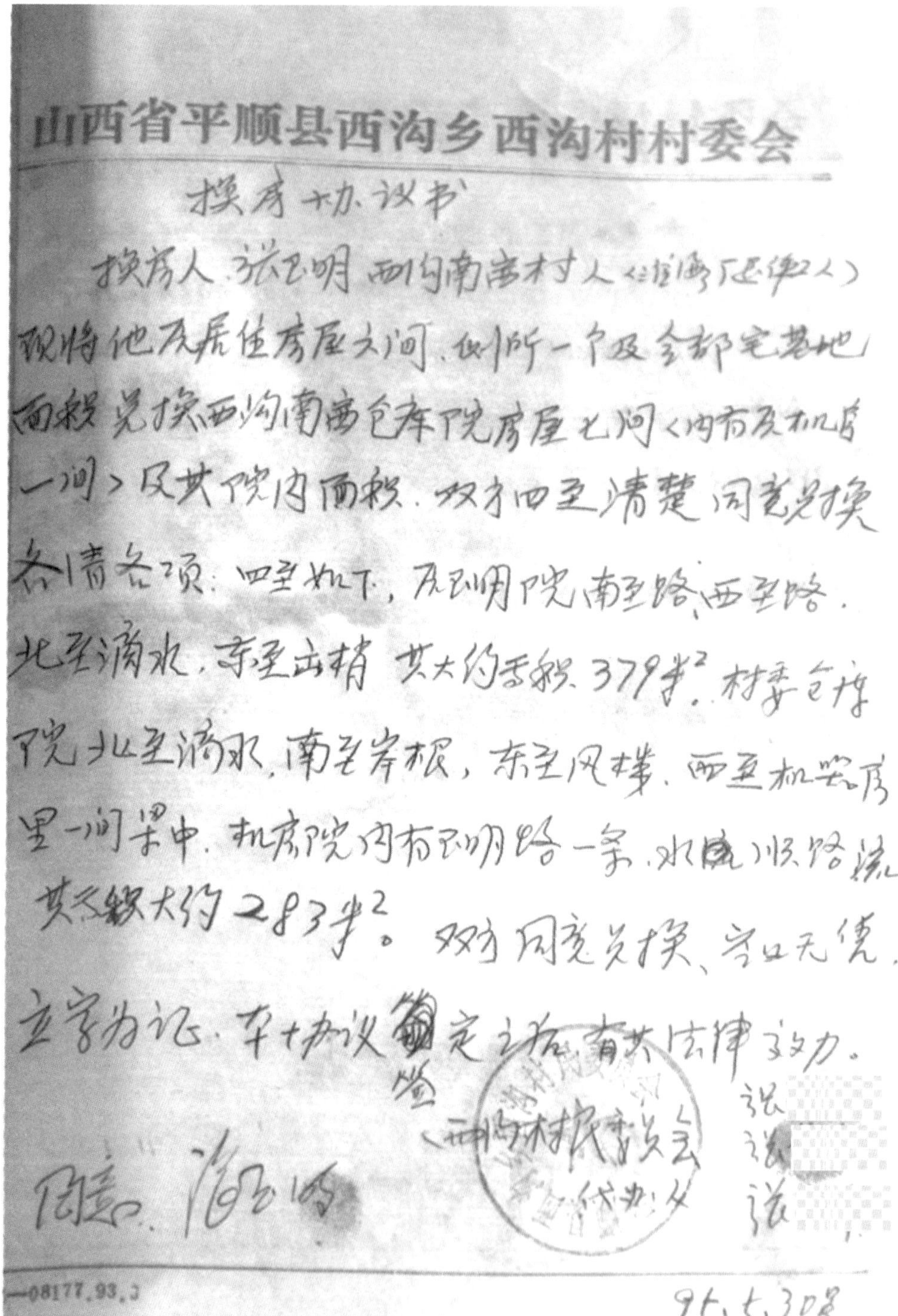

山西省平顺县西沟乡西沟村村委会

换房协议书

换房人：张正明 西沟南赛村人（[illegible]）现将他居住房屋六间、厕所一个及全部宅基地面积兑换西沟南赛仓库院房屋七间（内有发机房一间）及其院内面积。双方四至清楚，同意兑换各项。四至如下，正明院南至路、西至路、北至滴水、东至山墙，共大约面积379米²。村委仓库院北至滴水、南至岸根，东至风楼、西至机器房里一间梁中。机房院内有正明路一条、水流顺路流，共面积大约283米²。双方同意兑换，空口无凭，立字为证。本协议签定之后，有其法律效力。

同意 [illegible]

西沟村民委员会 代办人

张[illegible]

—08177.93.3

95.5.30号

图5-2-5　张正明换房协议书第一张（1995.5.30）

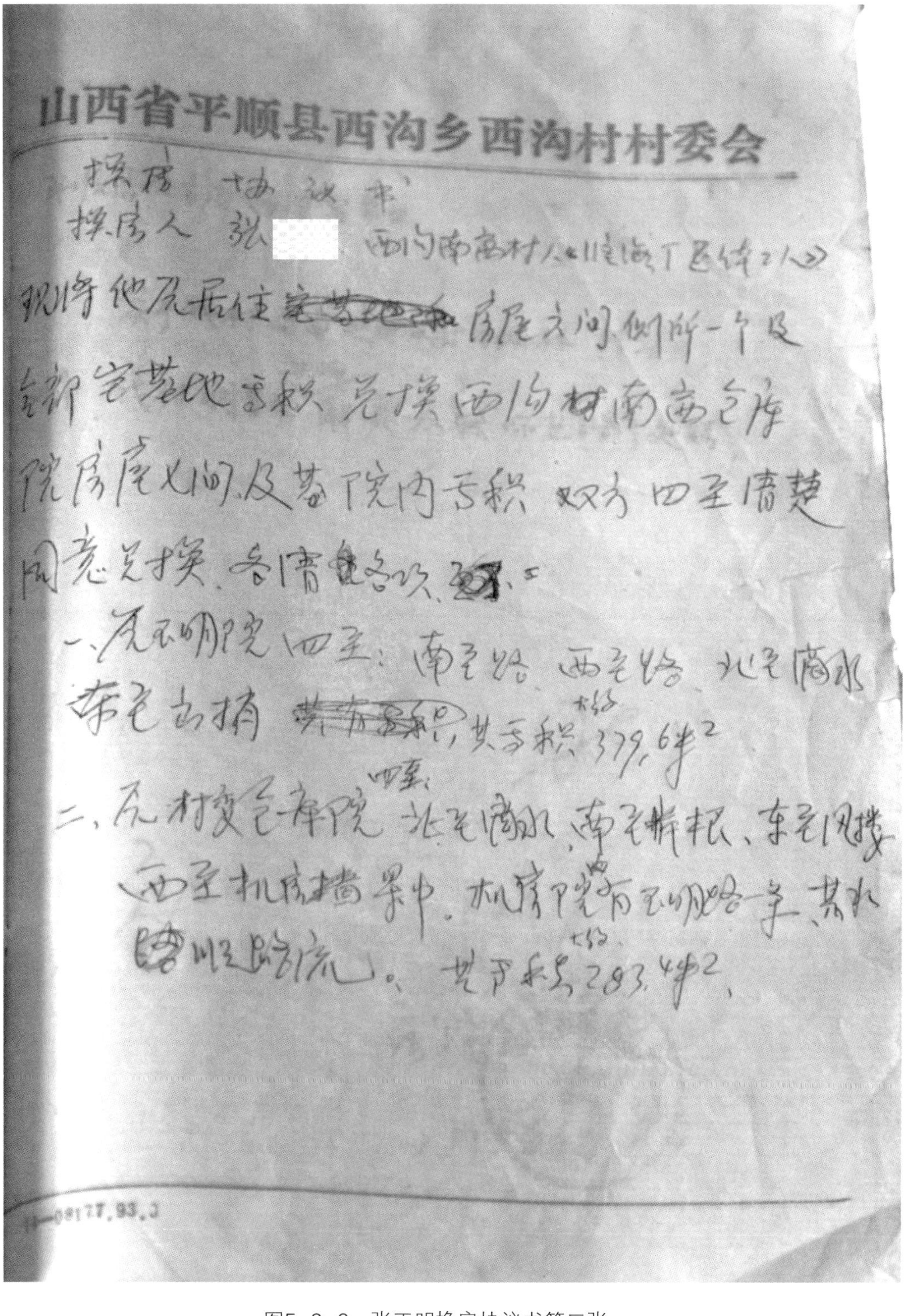

山西省平顺县西沟乡西沟村村委会

换房协议书

换房人 张[illegible] 西沟南赛村人（[illegible]）

现将他原居住[illegible]房屋六间厕所一个及全部宅基地面积，兑换西沟村南赛仓库院房屋七间及院内面积，双方四至清楚，同意兑换，各清各项。

一、原正明院四至：南至路、西至路、北至滴水、东至出檐，[illegible]，共面积（大约）379.6米2

二、原村委仓库院（四至）：北至滴水，南至排水、东至[illegible]、西至机房墙界中。机房院有正明路一条，[illegible]。共面积（大约）283.4米2。

图5-2-6 张正明换房协议书第二张

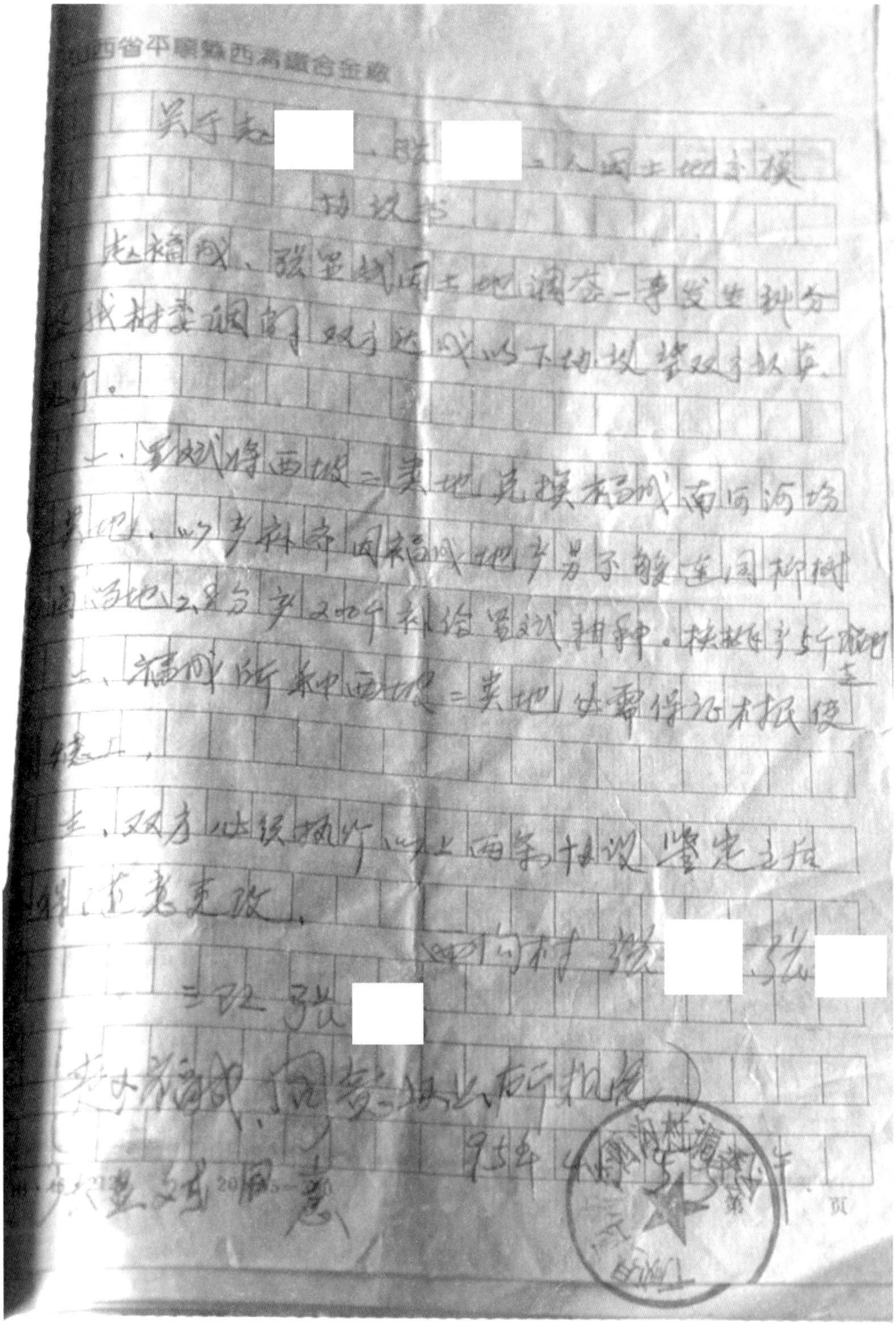

图5-2-7　赵福成、张贤斌交换土地协议书（1995.4.5）

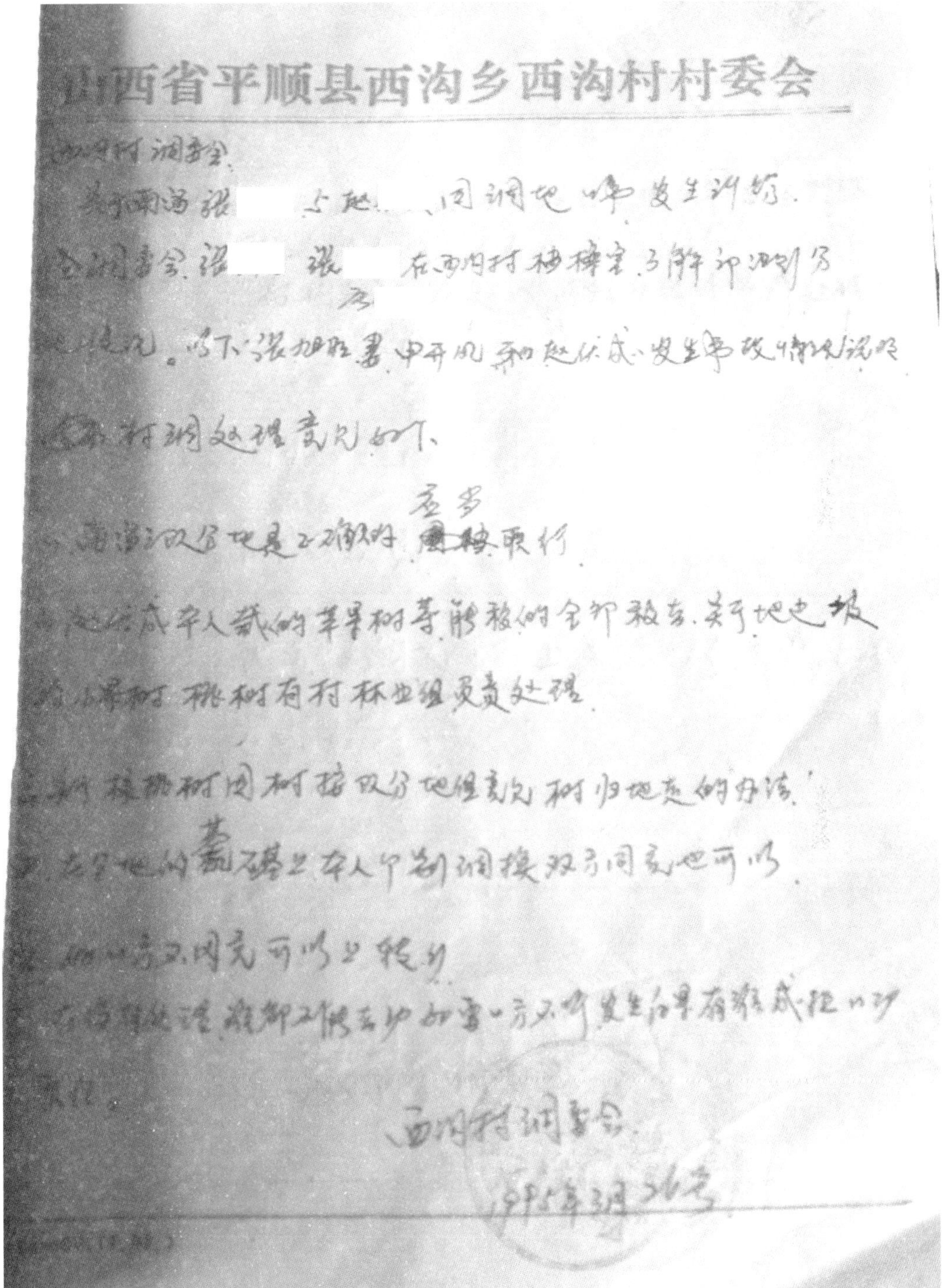

山西省平顺县西沟乡西沟村村委会

西沟村调委会：

关于南赛张[redacted]与赵[redacted]因调地一事发生纠纷，

我调委会张[redacted]、张[redacted]在西沟村林业室了解和调解[illegible]

情况。以下张[illegible]和赵从成发生事故情况说明

本村调处理意见如下：

一、南赛口粮分地是按[illegible]取行。

二、赵从成本人栽的苹果树等能栽的全部栽去，关于地边坡的小果树、桃树由村林业组负责处理。

三、[illegible]树同树按照分地但意见，树归地走的办法。

四、在空地的[illegible]本人户到调换双方同意也可以。

五、如双方不同意可以上[illegible]

六、按[illegible]处理后，双方都不[illegible]，如有一方不[illegible]发生后果由[illegible]承担一切责任。

西沟村调委会

1995年3月26日

图5-2-8　南赛张□□、赵□□调整土地纠纷处理意见（1995.3.26）

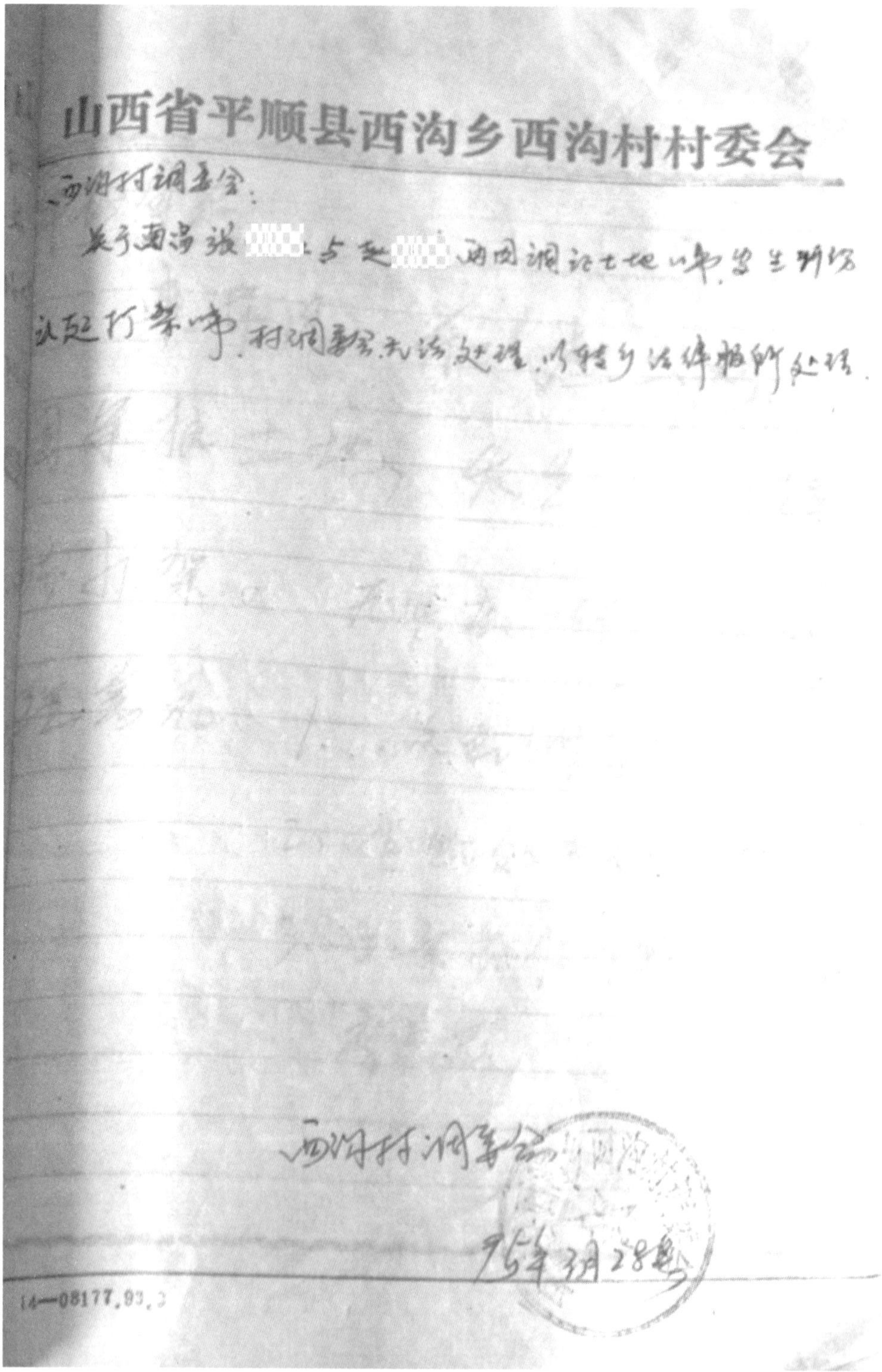
山西省平顺县西沟乡西沟村村委会

西沟村调委会：

关于南赛张[redacted]与赵[redacted]两因调整土地山而发生纠纷以起打架事，村调委会无法处理，特转乡法律服务所处理。

西沟村调委会

95年3月28日

14—08177，93，3

图5-2-9　南赛张□□、赵□□调整土地纠纷转乡法律服务所处理（1995.3.28）

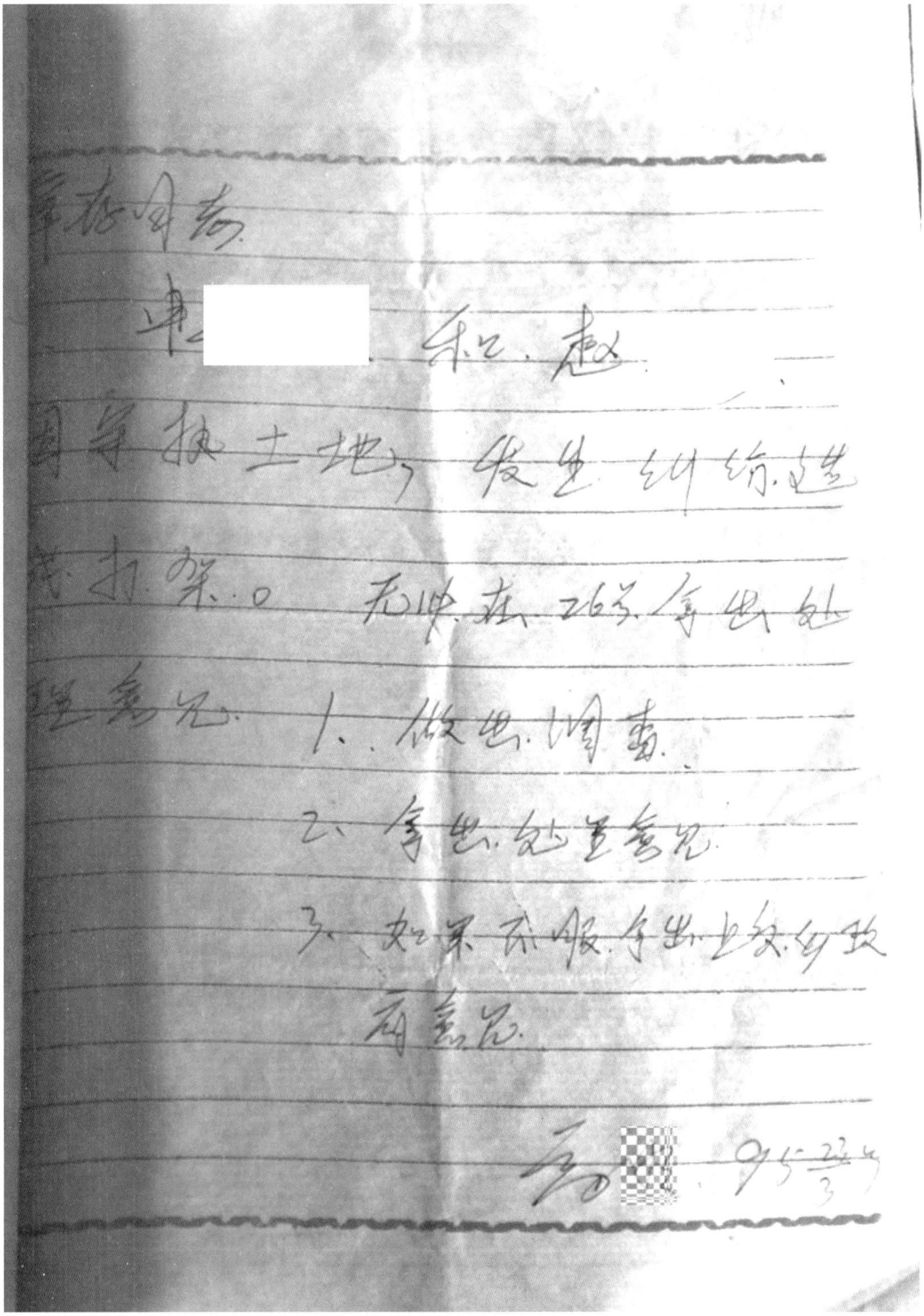
章本同志：
申[redacted]和赵[redacted]因争执土地，发生纠纷造成打架。望申庄二队拿出处理意见：1、做出调查。2、拿出处理意见。3、如果不服，拿出上级乡政府意见。
[redacted] 95.3.23

图5-2-10　申□□、赵□□土地纠纷（1995.3.23）

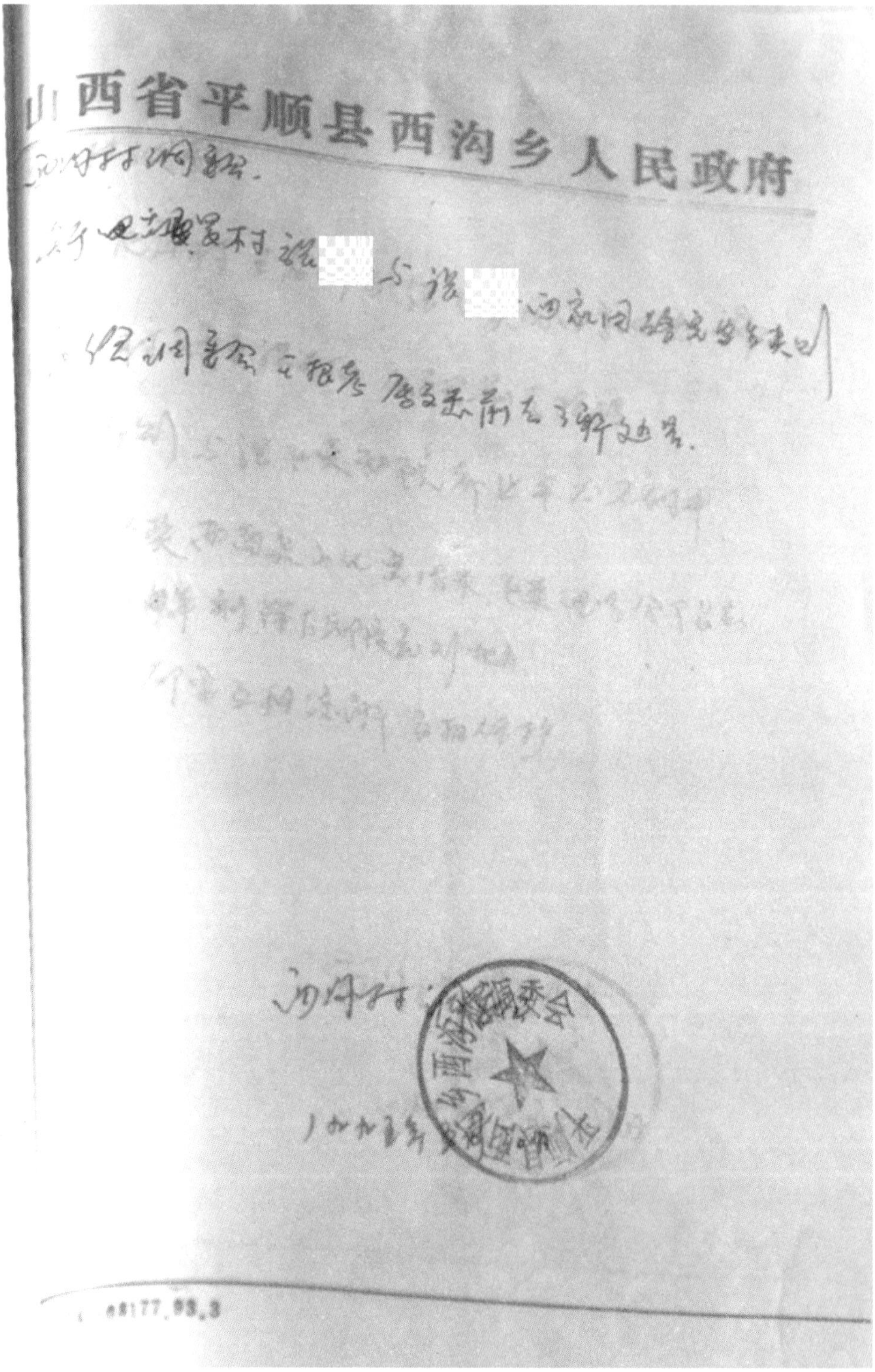

山西省平顺县西沟乡人民政府

图5-2-11　张□□、张□□道路纠纷第一张（1995.5.30）

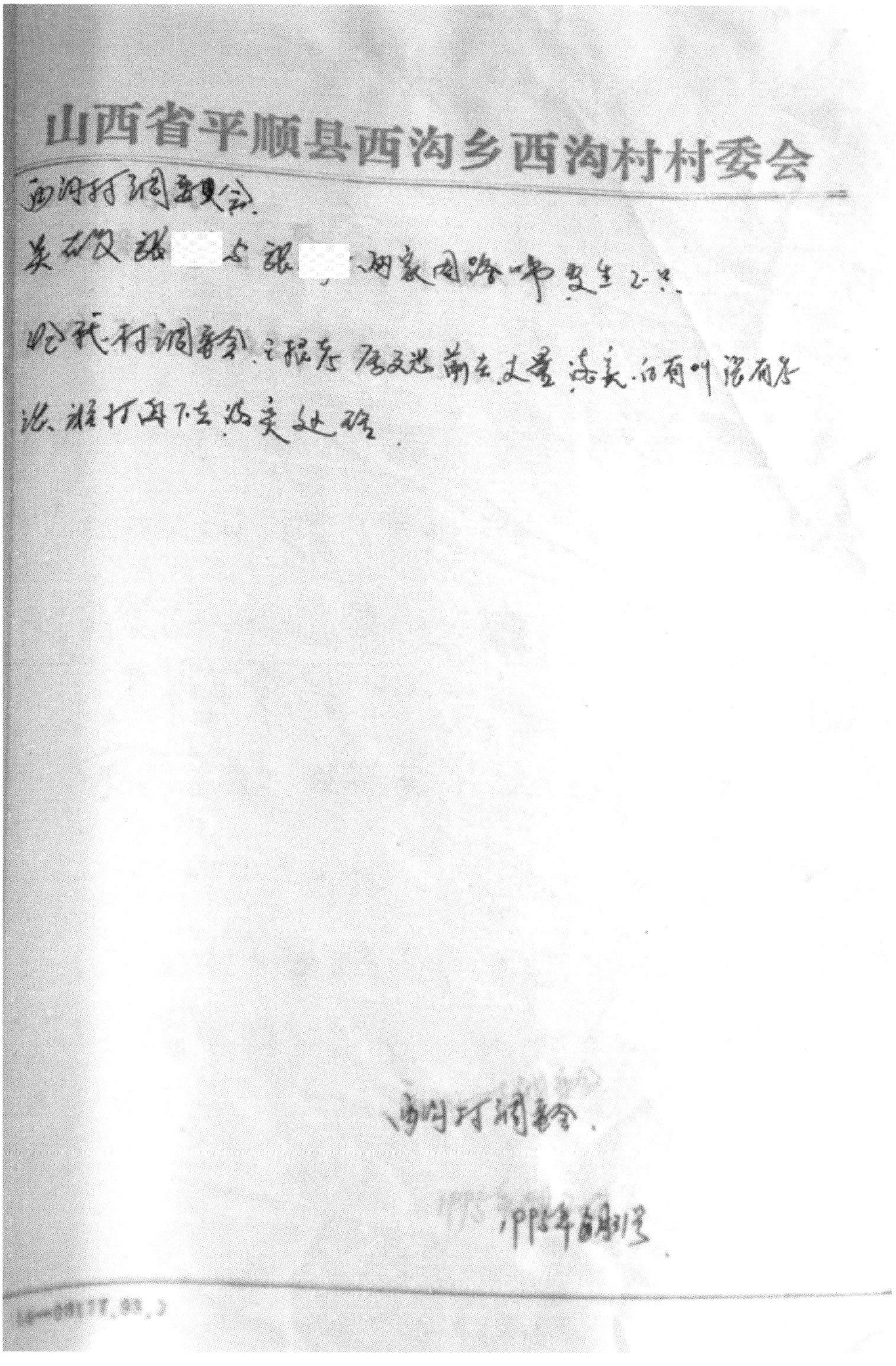

山西省平顺县西沟乡西沟村村委会

西沟村调委会：

关于张[redacted]与张[redacted]两家因路吵架发生一事。

经我村调委会之报告，后又召开丈量路界，但有些问题有矛盾，难于再下去，请求处理。

西沟村调委会

1995年5月31日

图5-2-12　张□□、张□□道路纠纷第二张（1995.5.31）

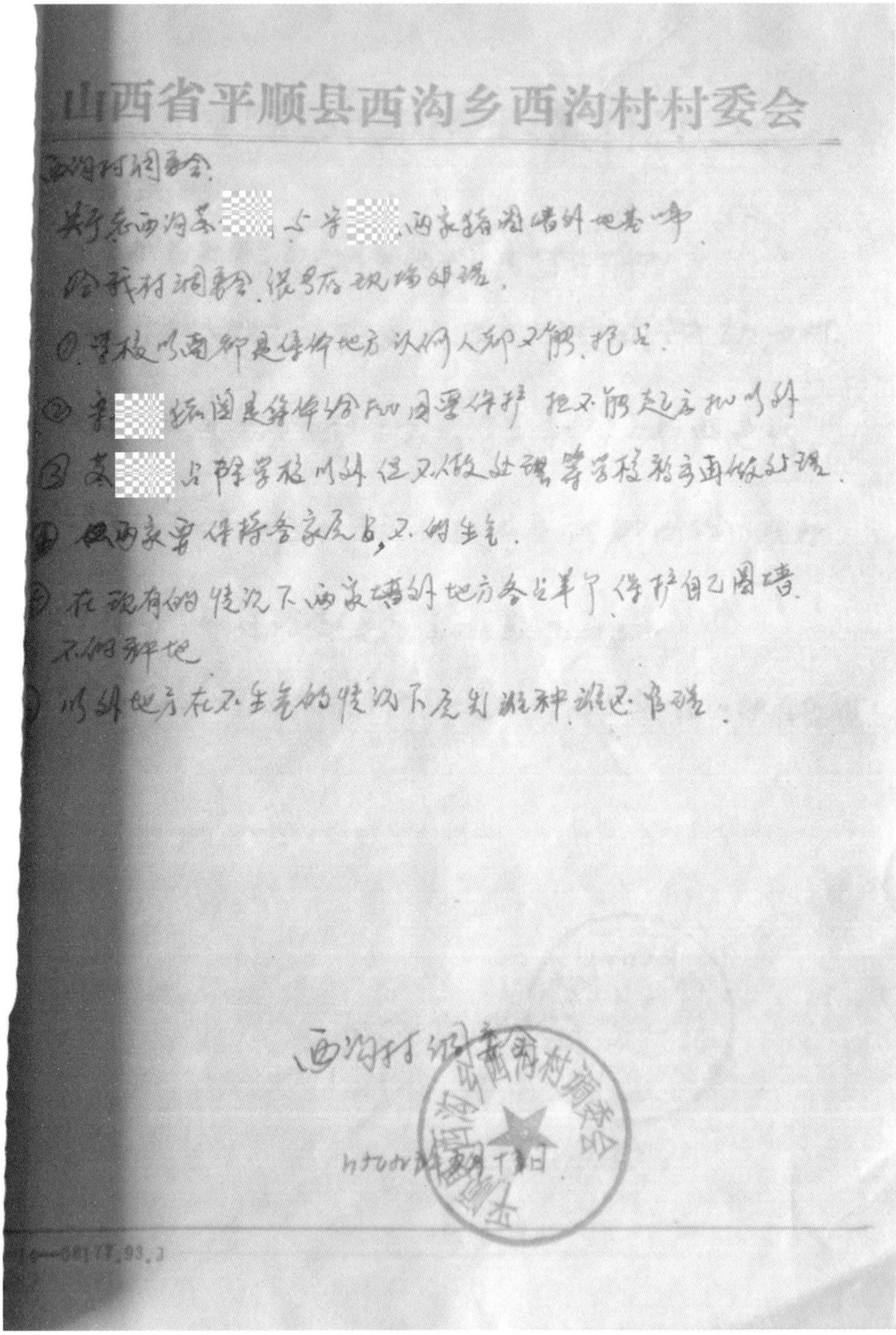

山西省平顺县西沟乡西沟村村委会

西沟村调委会：

关于老西沟苳[redacted]、宋[redacted]两家猪圈墙外地基一事，

经我村调委会派员到现场处理，

①学校以南卸是集体地方，认何人都不能挖土。

②宋[redacted]猪圈是集体给的，因要保护，但不能超出以外。

③苳[redacted]以除学校以外，任何人做处理，学校移交西级处理。

④两家要保持各家原貌，不得生气。

⑤在现有的情况下两家墙外地方各占半了，保护自己围墙，不得开地。

⑥以外地方在不生气的情况下应当协商处理。

西沟村调委会

一九九五年五月十五日

图5-2-13　老西沟苳□□、宋□□地基纠纷（1995.5.15）

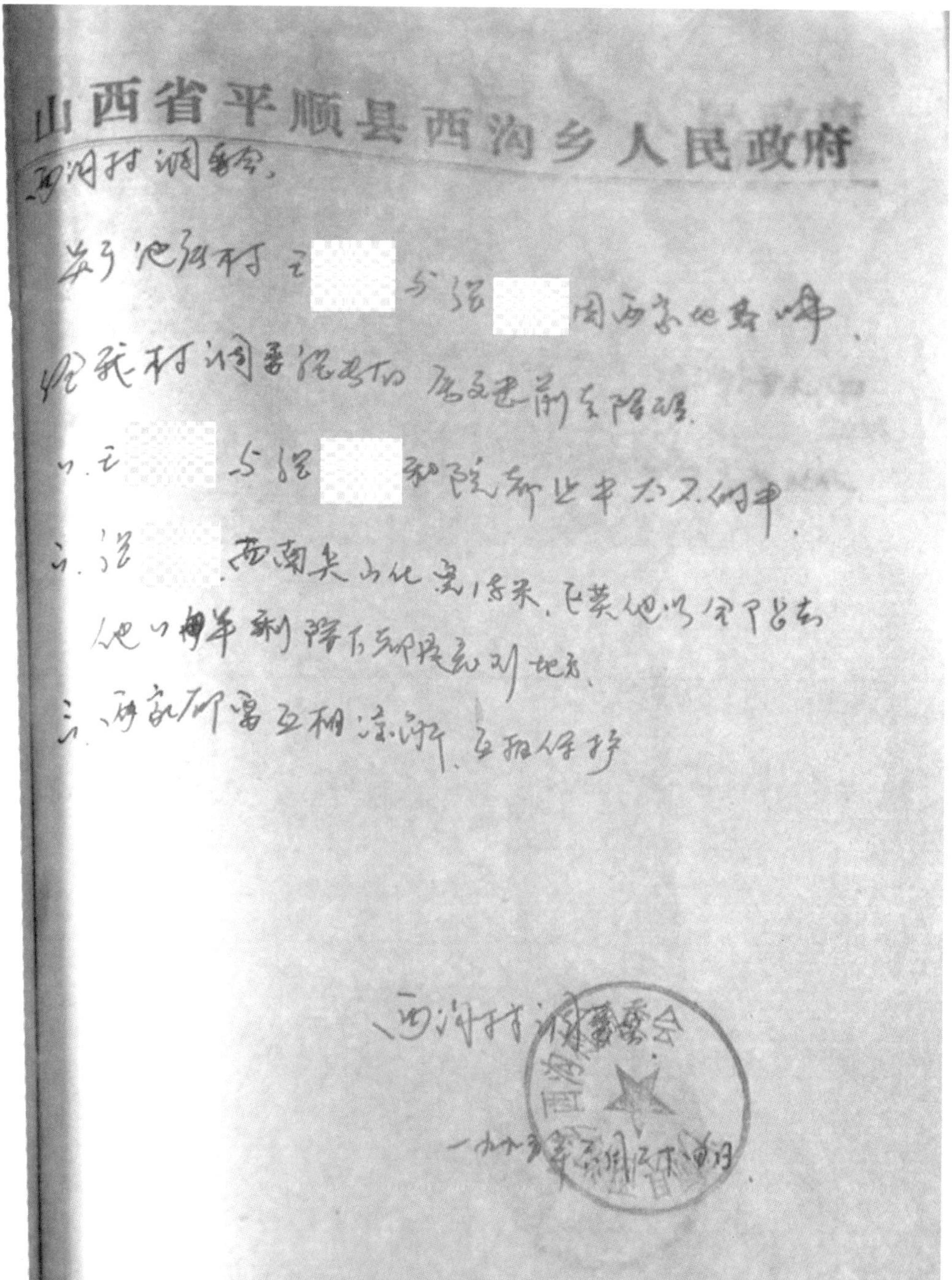

山西省平顺县西沟乡人民政府

西沟村调委会：

关于池底村王[redacted]与张[redacted]因两家地基纠纷，

经我村调委会调查后，处理意见如下：

一、王[redacted]与张[redacted]新院前让半尺不得伸。

二、张[redacted]西南角山化窑1米半，只要他们全部占去，

他们每年刹除不能绕乱地方。

三、两家都要互相谅解，互相保护。

西沟村调委会

一九九五年六月廿四日

14-03177.93.3

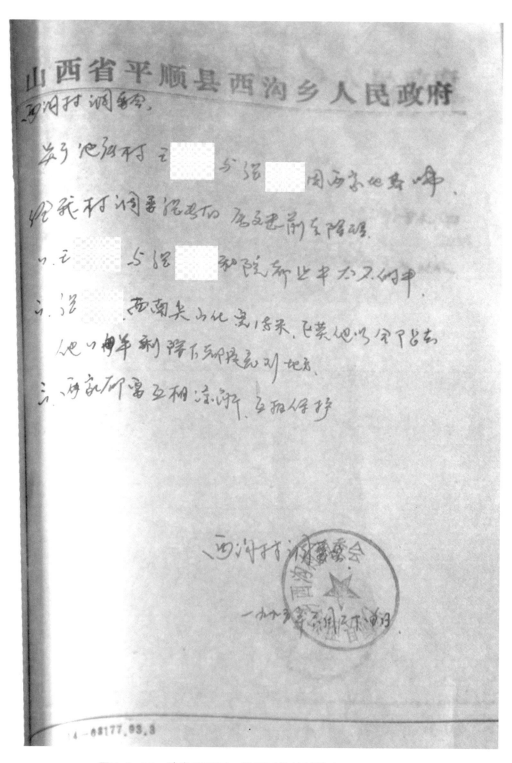

图5-2-14　池底王□□、张□□地基纠纷（1995.6.24）

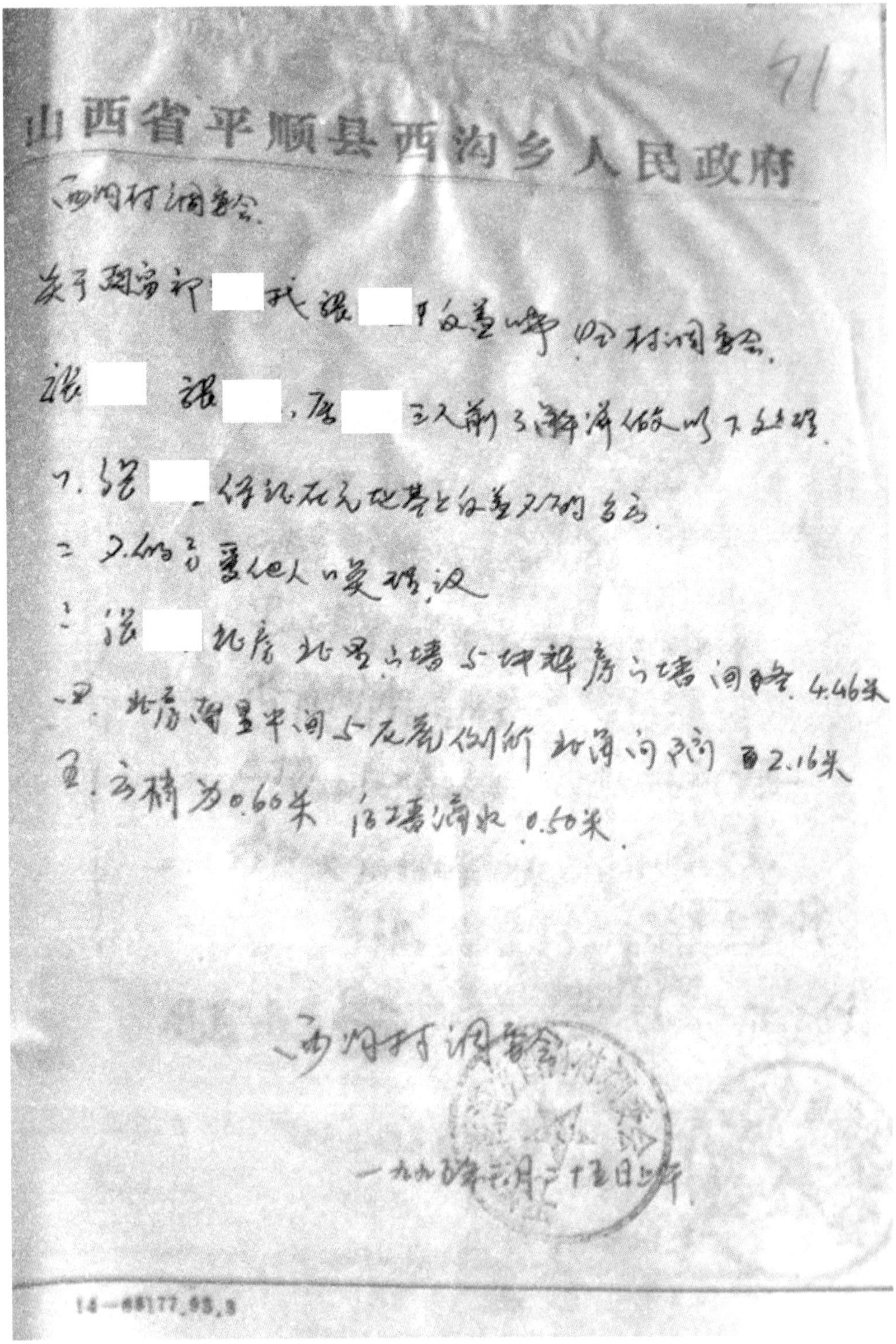

山西省平顺县西沟乡人民政府

西沟村调委会：

西沟村调委会

一九九五年六月二十五日

14—88177.93.3

图5-2-15　南赛郭□□、张□□盖房纠纷（1995.6.25）

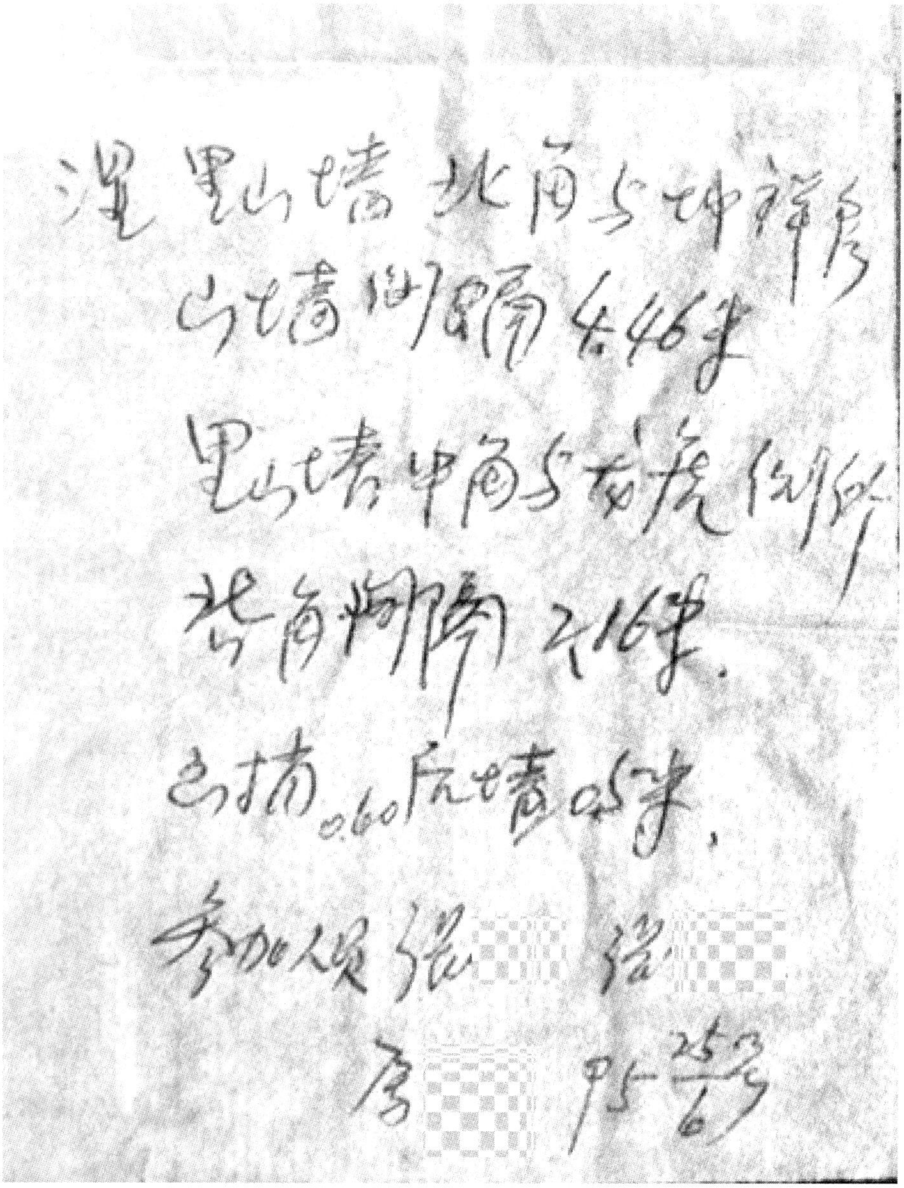

湿里山墙北角与坤祥房
山墙侧隔离4.46米
里山墙中角与发虎侧所
背角侧隔离2.16米.
山墙0.60后墙0.5米,
参加人员 张[redacted] 经[redacted]
房[redacted] 95 25/6

图5-2-16　郭□□、张□□盖房纠纷材料

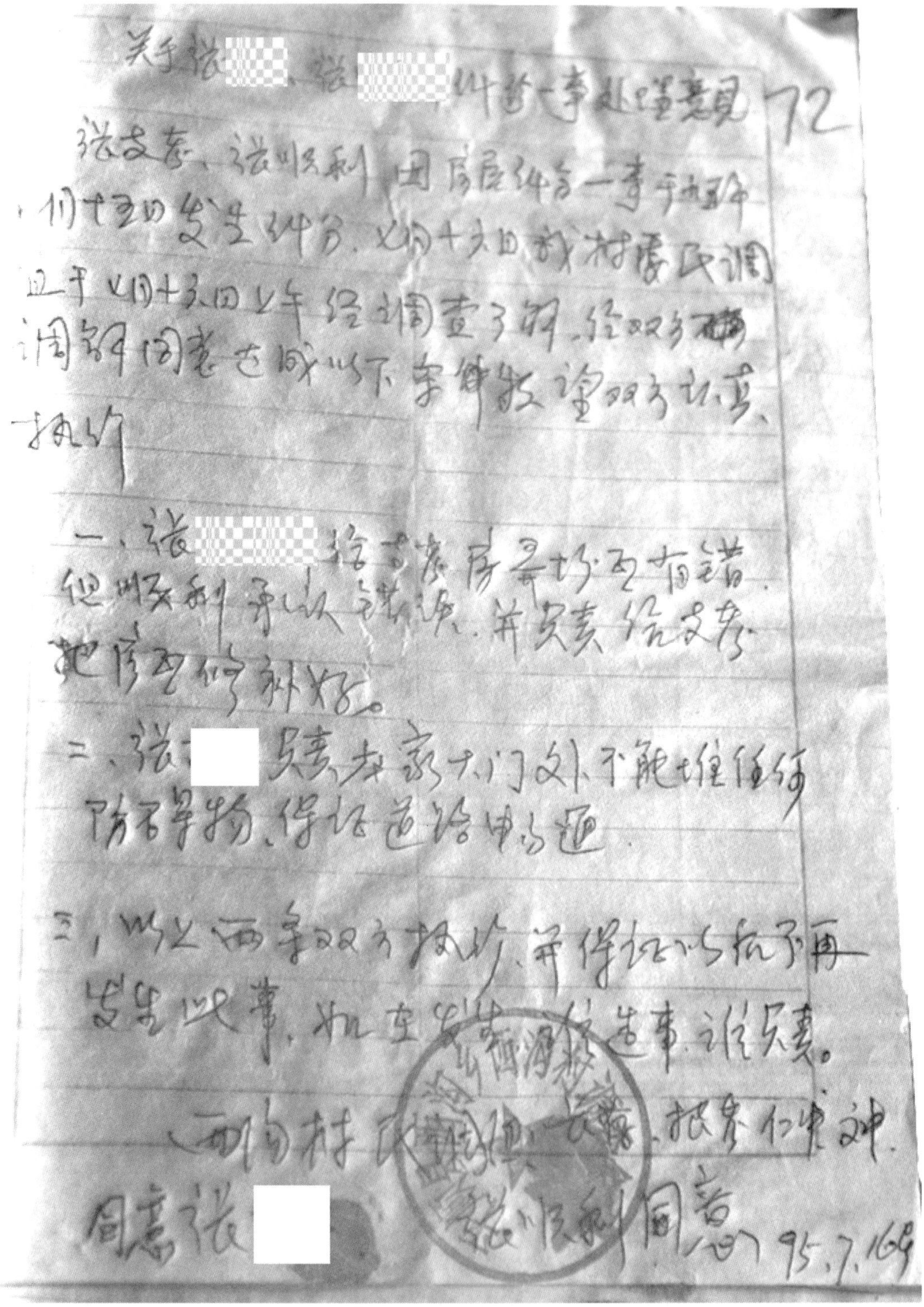

关于张[redacted]、张[redacted]纠纷一事处理意见　72

张文秀、张明利因房屋纠纷一事于五月
月十五日发生纠纷，七月十六日找村委民调
于七月十六日上午经调查了解，经双方
调解同意达成以下条件，望双方认真
执行

一、张[redacted]给文秀房屋坏的有错，
但明利承认错误，并负责给文秀
把房屋修补好。

二、张[redacted]负责本家大门外不能堆任何
障碍物，保证道路畅通。

三、以上两条双方执行，并保证以后不再
发生此事，如在发生，谁违章谁负责。

西沟村民委会调解　主任

同意张[redacted]　张明利同意　95.7.16

图5-2-17　张□□、张□□房屋纠纷（1995.7.16）

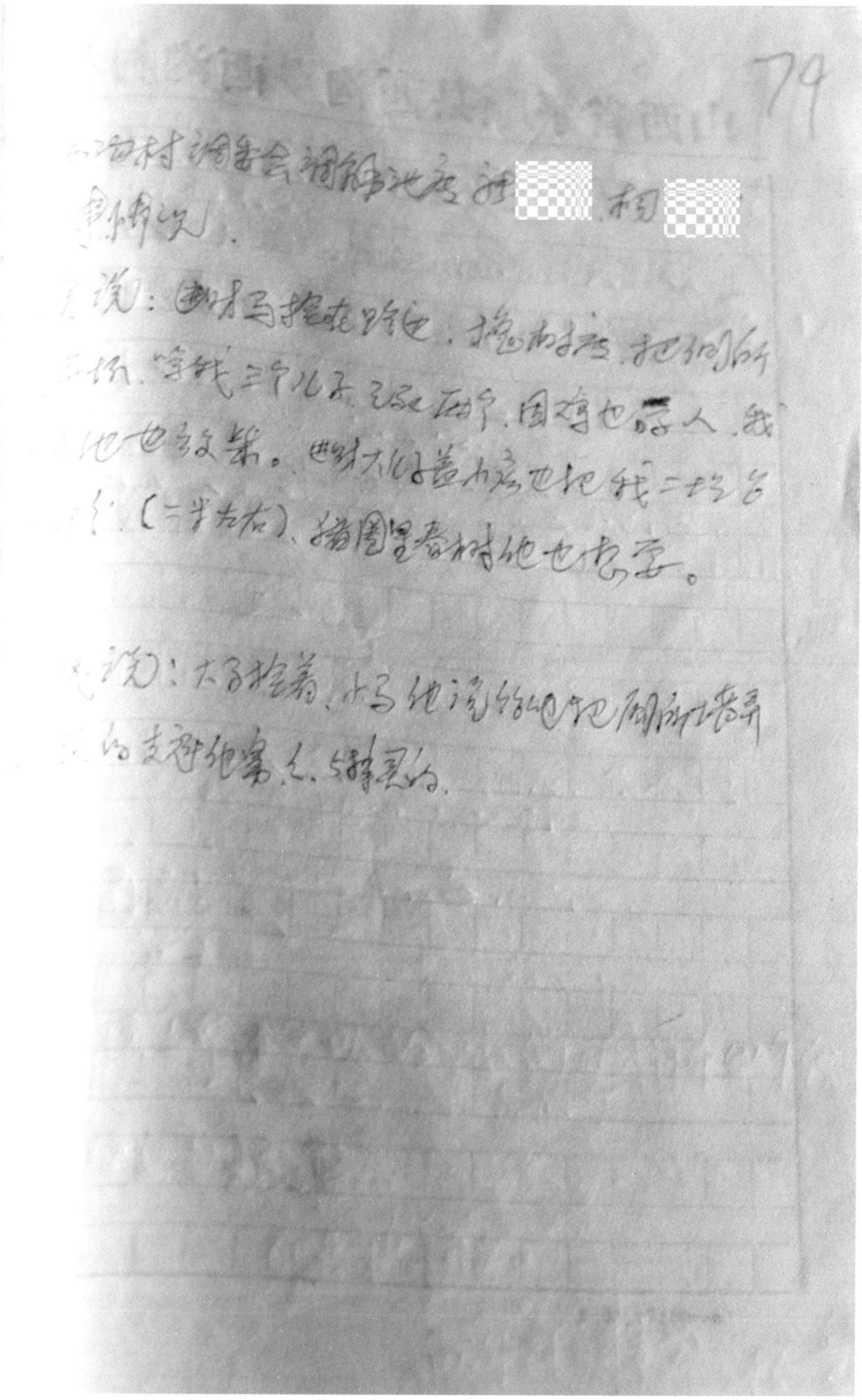

图5-2-18　池底张□□、杨□□空地纠纷材料第一张

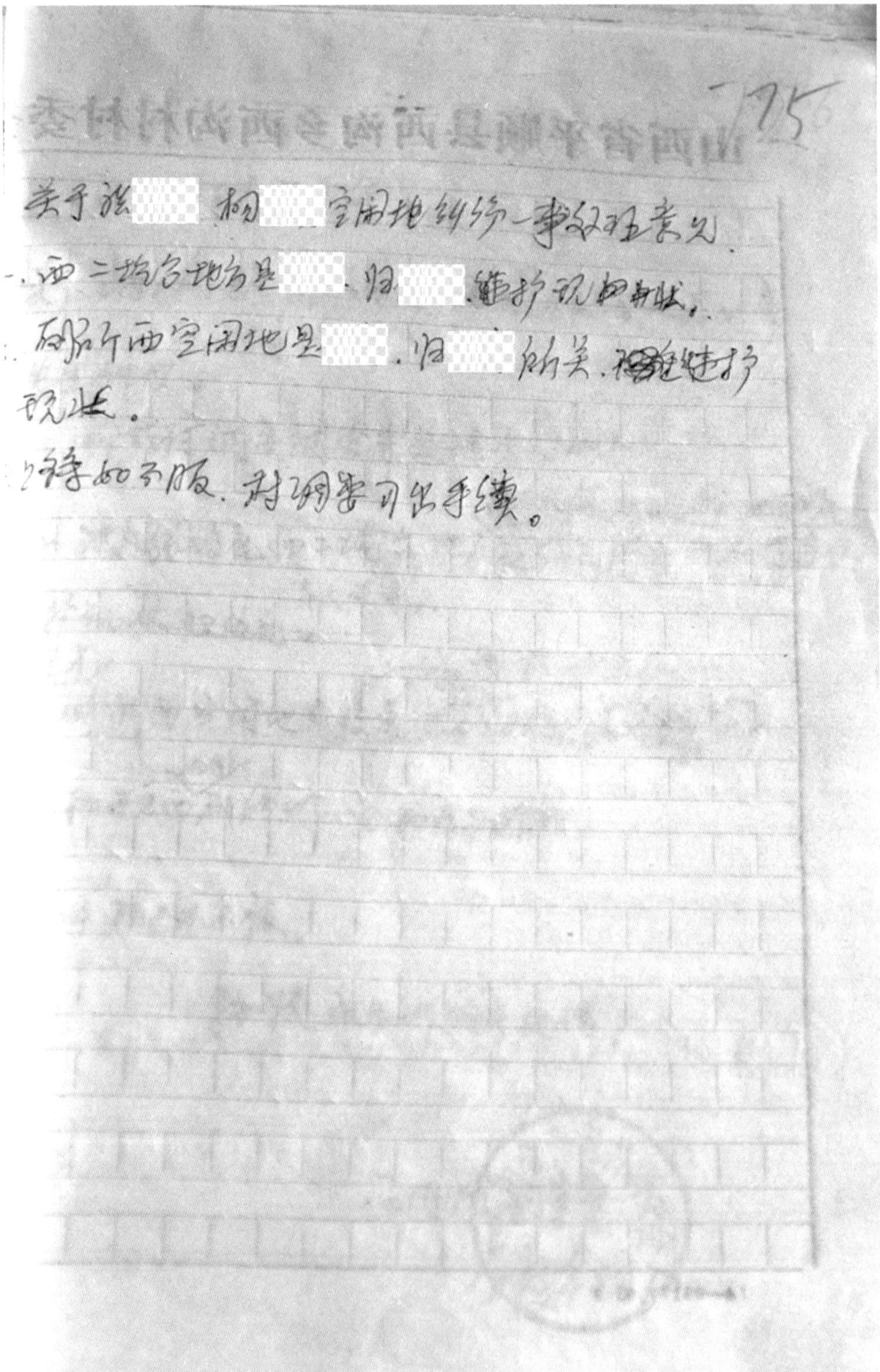
775

山西省平顺县西沟乡西沟村委

关于张[redacted]、杨[redacted]空闲地纠纷一事处理意见

一、西二堵的地方是[redacted]、归[redacted]、维护现状。

二、厕所西空闲地是[redacted]、归[redacted]所有、维护现状。

三、谁如不服，村调委可出手续。

图5-2-19　池底张□□、杨□□空地纠纷材料第二张

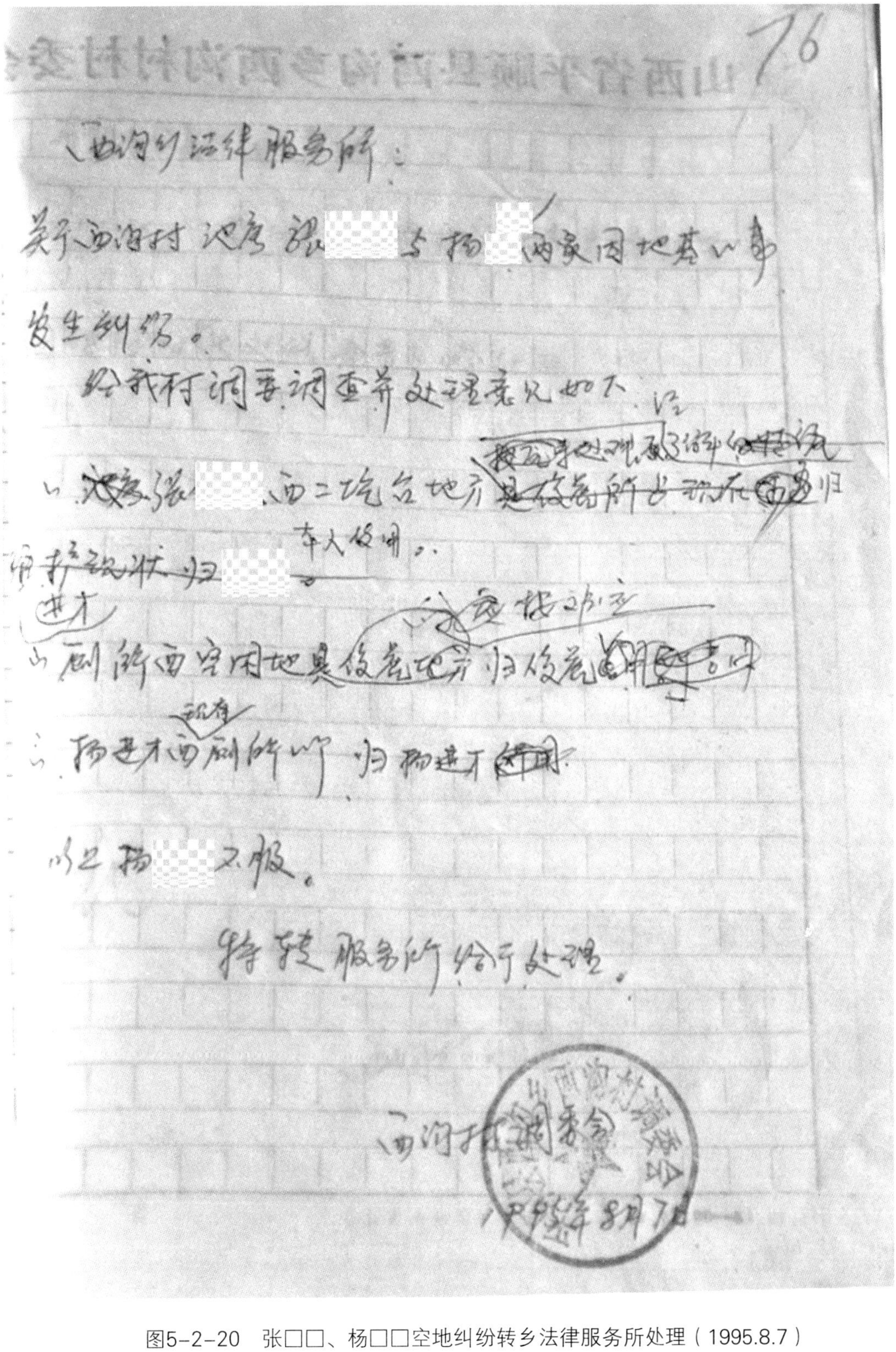
山西省平顺县西沟乡西沟村村委会

76

西沟乡法律服务所：

关于西沟村池底张　　与杨　　两家闲地基一事发生纠纷。

经我村调委调查并处理意见如下：

1、张　　西二坑台地方归本人使用。

2、厕所西空闲地是……归……

3、杨进才西厕所以……归杨进才使用。

以上杨　　不服。

特转服务所给予处理。

西沟村调委会

1995年8月7日

图5-2-20　张□□、杨□□空地纠纷转乡法律服务所处理（1995.8.7）

（三）集体问题纠纷

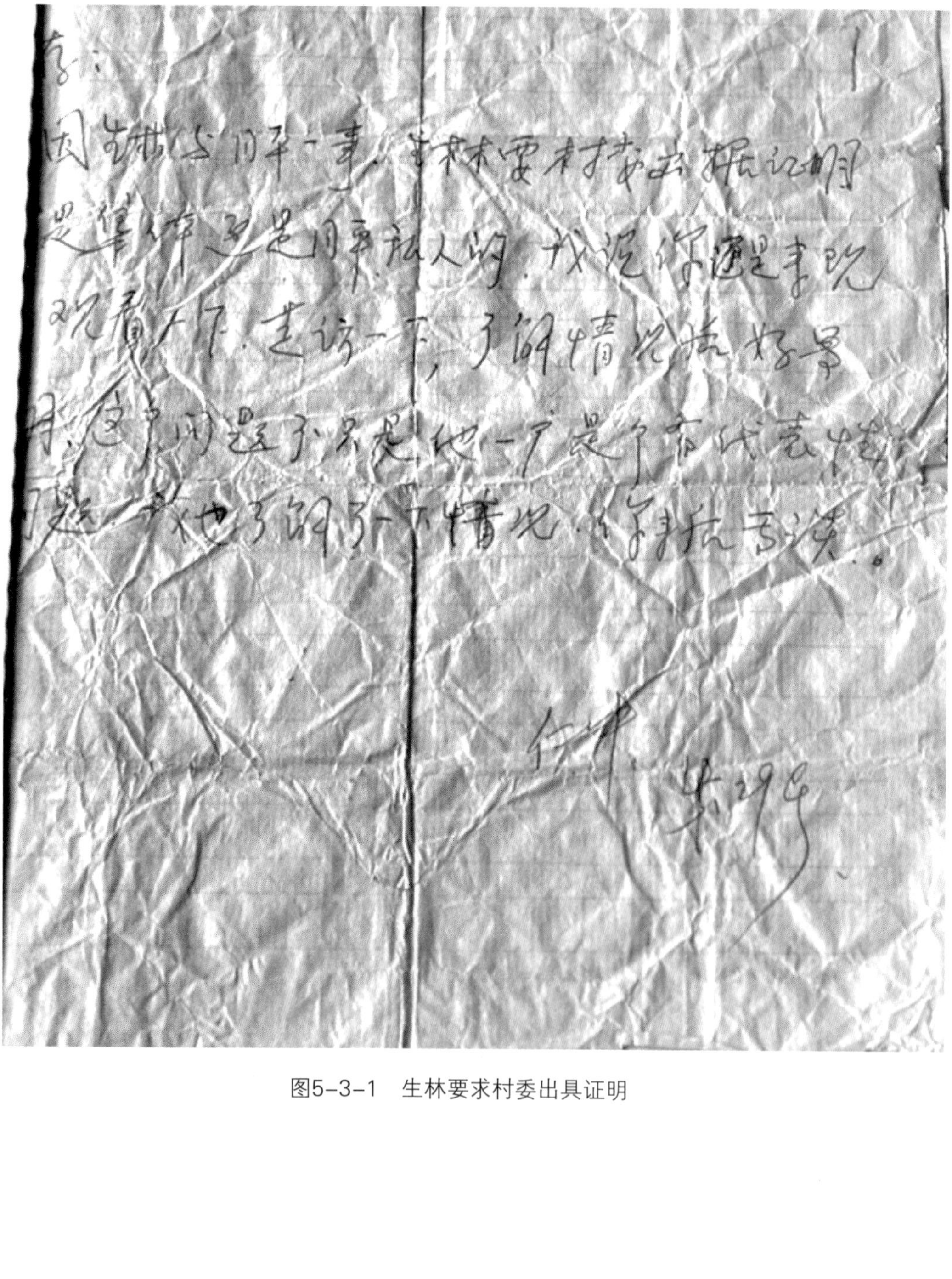

书记：

因生林公路一事，生林要村委出据证明是集体还是个人的。我说你还是多跑跑看一下，走访一下，了解情况后好掌握。这个问题不只是他一户，是个有代表性问题。我也了解了一下情况，你[illegible]。

伟中

[illegible]

图5-3-1　生林要求村委出具证明

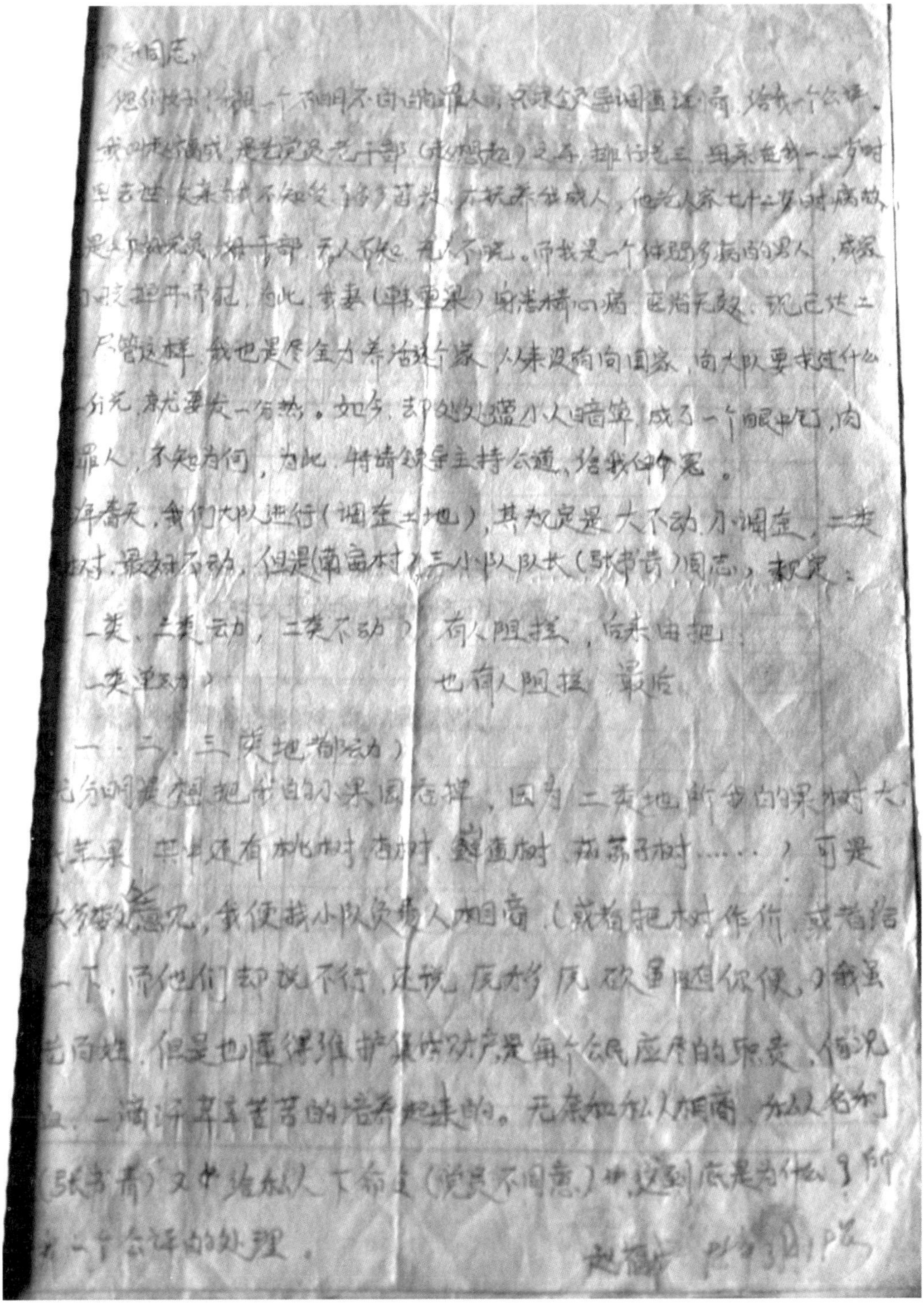

[illegible]同志：

您们[illegible]一个[illegible]，给我一个公平。

我叫赵福成，是老党员老干部（[illegible]）之子，排行老三，母亲在我一二岁时早去世，父亲[illegible]成人，他老人家七十二岁时病故，是[illegible]老党员老干部[illegible]。而我是一个体弱多病的男人，成家[illegible]，为此，我妻（[illegible]）患精神病[illegible]。尽管这样，我也是尽全力养活这个家，从来没有向国家、向大队要求过什么[illegible]，就要[illegible]。如今，却[illegible]小人暗算，成了一个[illegible]罪人，不知为何，为此，特请领导主持公道，给我伸冤。

[illegible]年春天，我们大队进行（调整土地），其规定是大不动小调整，二类[illegible]最好不动，但是（南赛村）三小队队长（[illegible]）同志，规定：

一类、二类[illegible]，三类不动），有人阻拦，后来由把

一类[illegible]），也有人阻拦，最后

一、二、三类地都动）

[illegible]，因为二类地[illegible]（[illegible]还有桃树、[illegible]树、[illegible]树、[illegible]树……）可是[illegible]，我便找小队负责人[illegible]（就[illegible]把树作价，或者[illegible]一下，而他们却说不行，[illegible]）我虽是百姓，但是也懂得维护集体财产是每个公民应尽的职责，何况[illegible]一滴汗辛辛苦苦的培养起来的。无奈[illegible]（张[illegible]）[illegible]下命令（党员不同意）[illegible]这到底是为什么？[illegible]一个公证的处理。

赵福成 [illegible]

图5–3–2　赵福成反应南赛调整土地问题（1995.3.19）

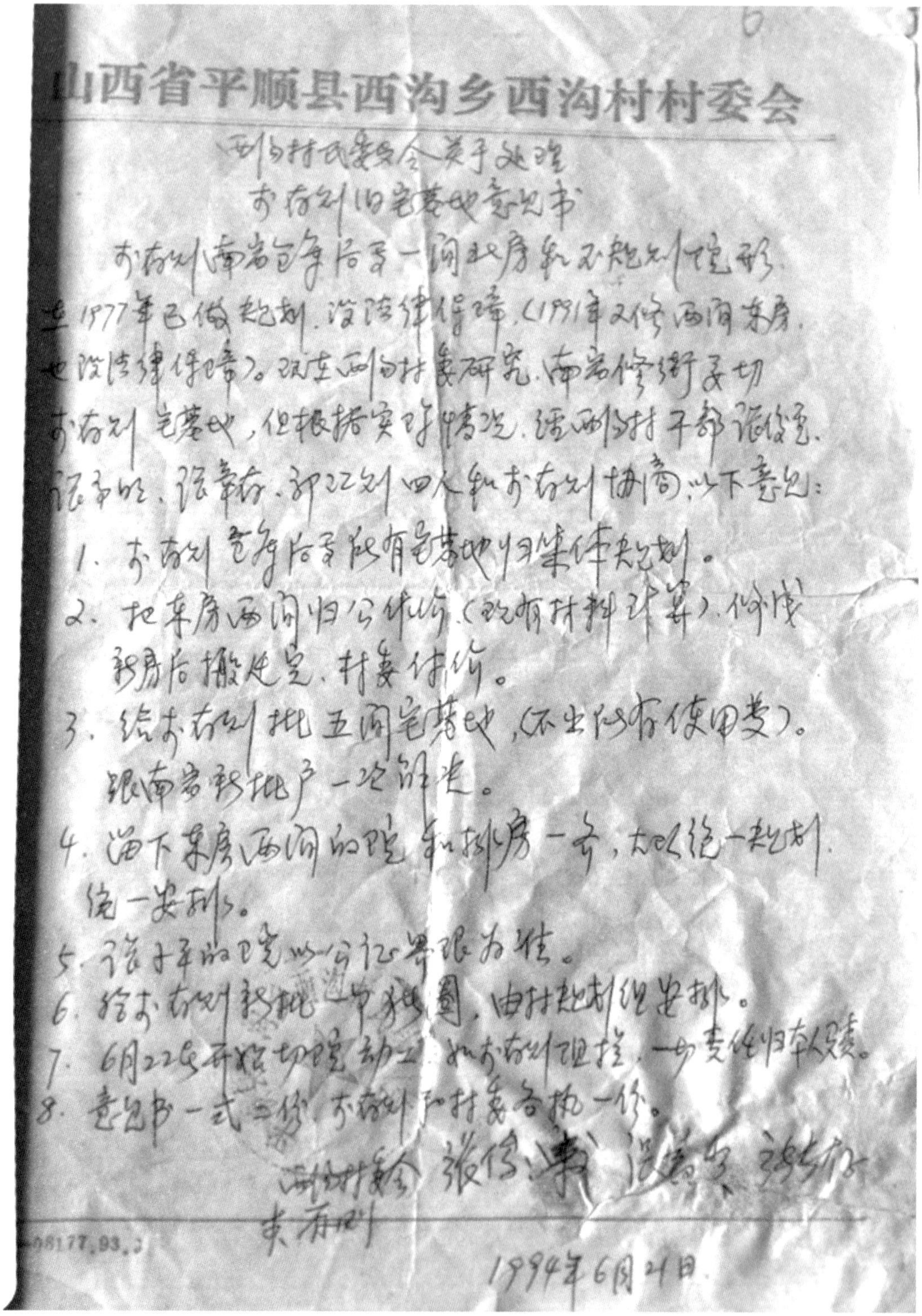

6

山西省平顺县西沟乡西沟村村委会

西沟村民委员会关于处理

李存则旧宅基地意见书

李存则（南窑）旧宅后第一间北房和不规划院落，在1977年已做规划，没法律保障，1991年又修西间东房，也没法律保障。现在西沟村委研究，南窑修街要切李存则宅基地，但根据实际情况，经西沟村干部张俊虎、张章存、郭[illegible]四人和李存则协商以下意见：

1. 李存则旧宅后面所有宅基地归集体规划。
2. 把东房西间归公作价（现有材料计算），修成新房后搬走，村委付价。
3. 给李存则批五间宅基地（不出附有使用费）。跟南窑新批户一起解决。
4. 留下东房西间的院和北房一个，加以统一规划，统一安排。
5. 张[illegible]的院以以前证明为准。
6. 给李存则新批一处粪圈，由村规划组安排。
7. 6月22日开始切院动工，如李存则阻挡，一切责任归本人负责。
8. 意见书一式二份，李存则和村委各执一份。

西沟村委会 张俊虎 张章存 郭[illegible]

李存则

08177.93.

1994年6月21日

图5-3-3　村委会处理李存则旧宅基地意见书（1994.6.21）

（四）古罗宅基地问题

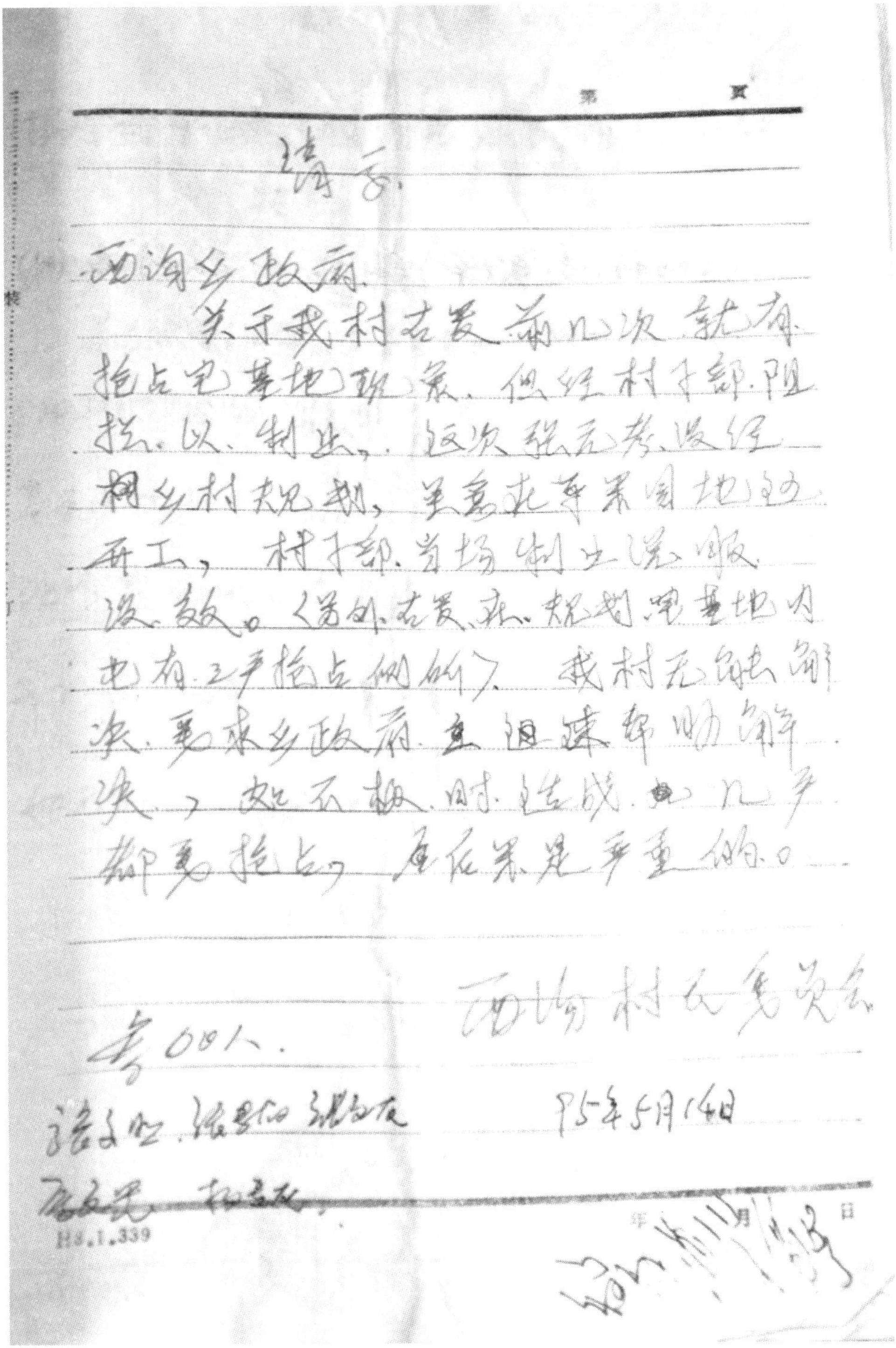

请示

西洵乡政府：

关于我村古罗前几次就有抢占宅基地现象，但经村干部阻拦，以制止。这次张云秀没经相乡村规划，义意在本算米园地动开工，村干部当场制止没服没效。（当时古罗规划宅基地内也有三户抢占他们了）我村无能解决，要求乡政府立即速帮助解决，如不极时造成几户都要抢占，后果是严重的。

西洵村民委员会

吉00人。

张子光 张豊仙 张占友　　95年5月14日

图5-4-1　因古罗抢占宅基地向乡政府请示报告一（1995.5.14）

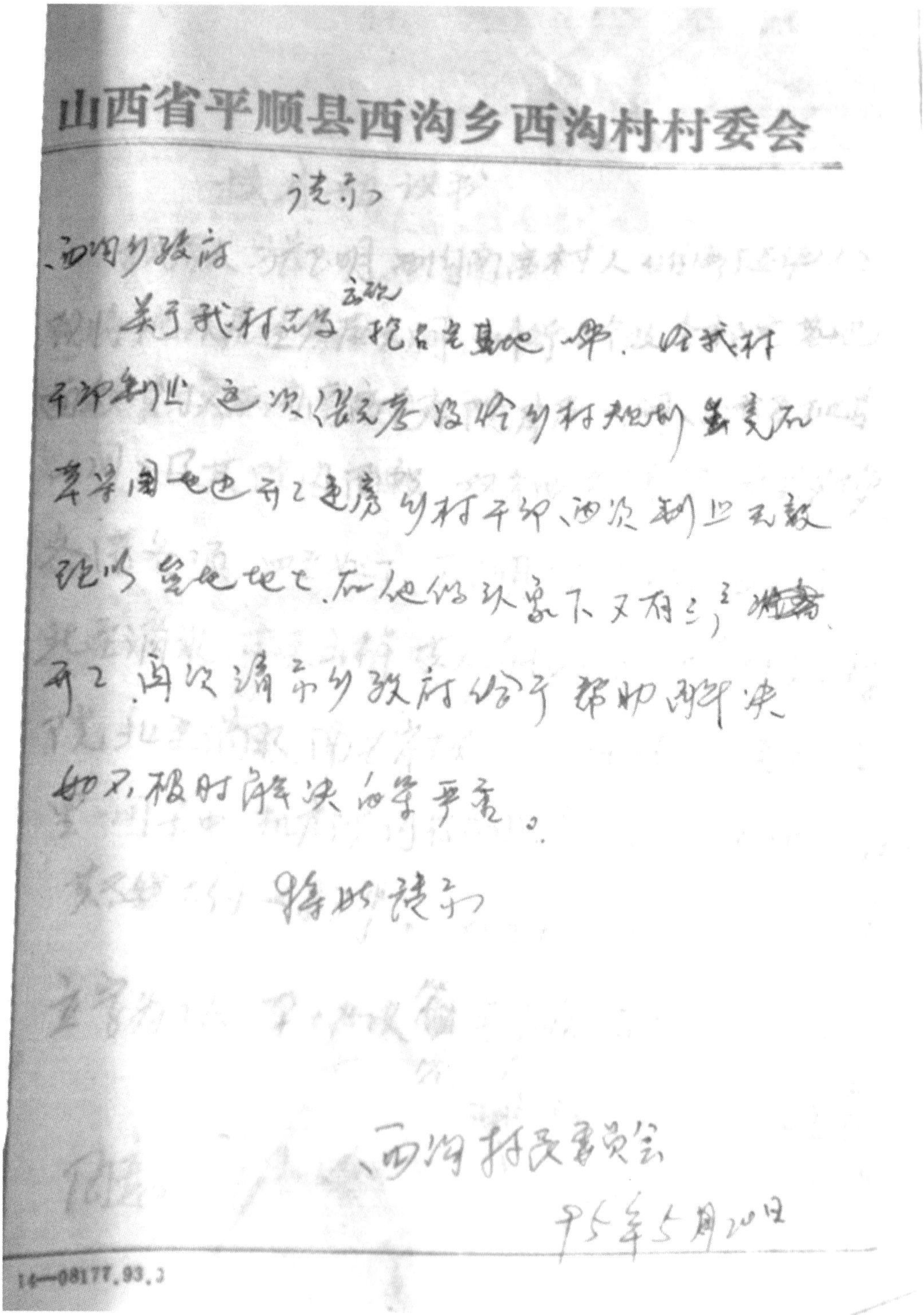

山西省平顺县西沟乡西沟村村委会

请示

西沟乡政府

关于我村古罗云龙抢占宅基地一事，给我村干部制止，这次[illegible]房将给乡村规划[illegible]考虑周围也进行了建房，乡村干部、两次制止无效，[illegible]地了，在他的[illegible]下又有三、三[illegible]开工，再次请示乡政府给予帮助解决，如不及时解决后果严重。

特此请示

西沟村民委员会

95年5月20日

14—08177.93.3

图5-4-2　因古罗抢占宅基地向乡政府请示报告二（1995.5.20）

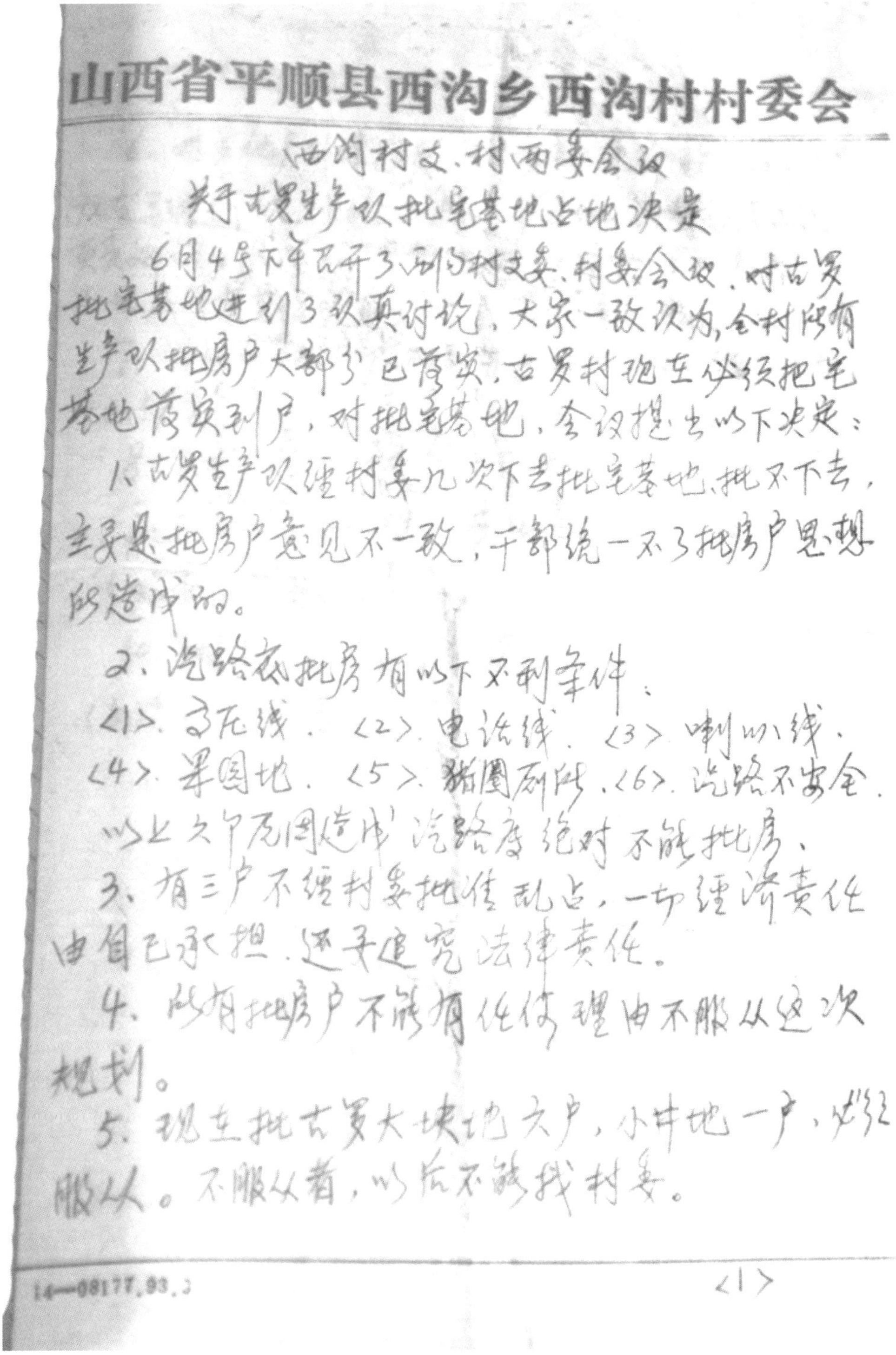

山西省平顺县西沟乡西沟村村委会

西沟村支、村两委会议

关于古罗生产队批宅基地占地决定

6月4号下午召开了西沟村支委、村委会议，对古罗批宅基地进行了认真讨论，大家一致认为，全村所有生产队批房户大部分已落实，古罗村现在必须把宅基地落实到户，对批宅基地，会议提出以下决定：

1、古罗生产队经村委几次下去批宅基地，批不下去，主要是批房户意见不一致，干部统一不了批房户思想所造成的。

2、汽路旁批房有以下不利条件：

<1>、高压线、<2>、电话线、<3>、喇叭线、

<4>、果园地、<5>、猪圈厕所、<6>、汽路不安全。

以上六个范围造成汽路旁绝对不能批房。

3、有三户不经村委批准乱占，一切经济责任由自己承担，还要追究法律责任。

4、所有批房户不能有任何理由不服从这次规划。

5、现在批古罗大块地六户，小井地一户，必须服从。不服从者，以后不能找村委。

14—08177.93.3　　<1>

图5-4-3　西沟村支、村两委会议关于古罗生产队批宅基地占地决定第一张（1995.6.4）

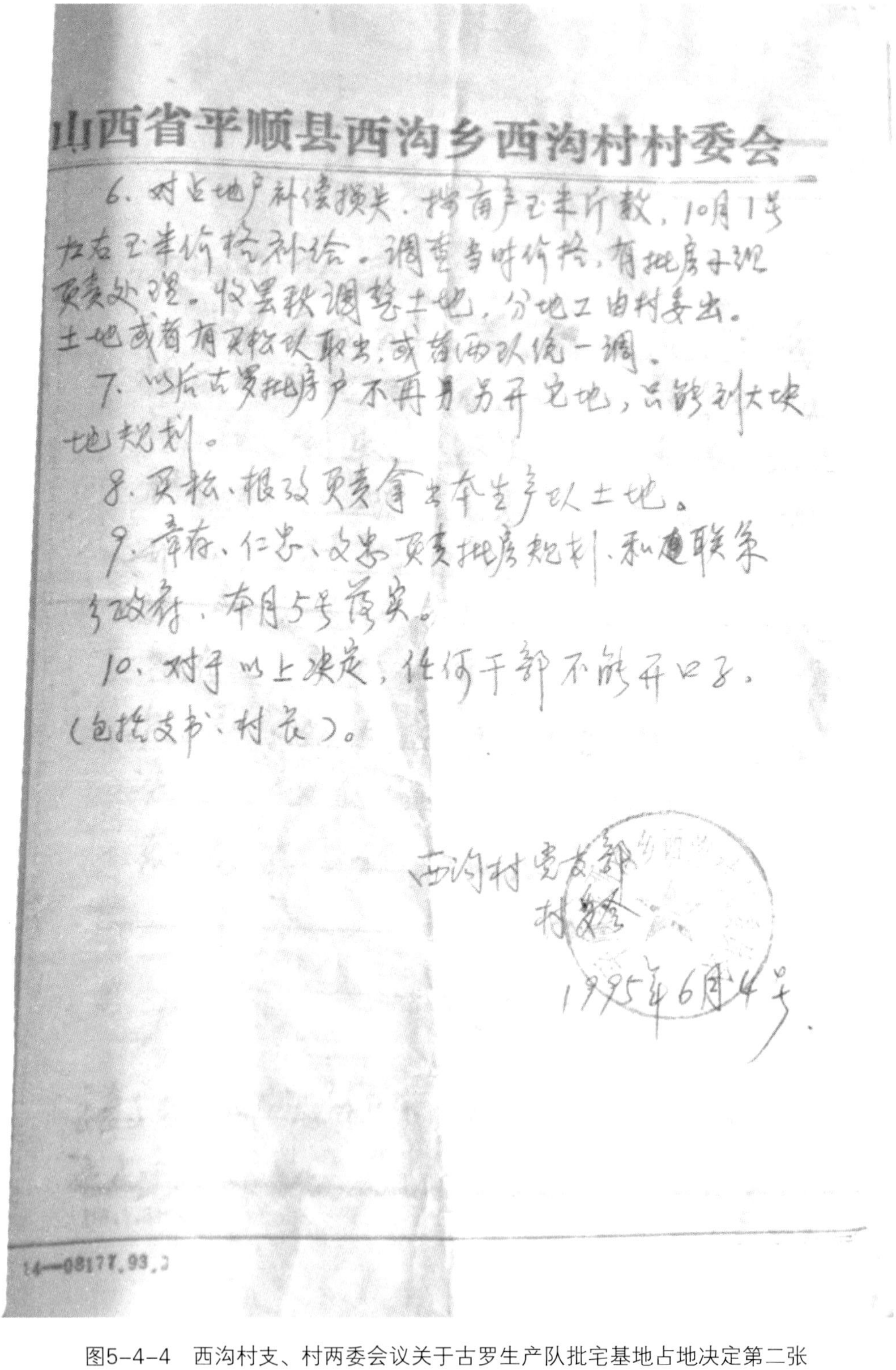

山西省平顺县西沟乡西沟村村委会

6. 对占地户补偿损失，按亩产玉米斤数，10月1号左右玉米价格补给。调查当时价格，有批房子现员负责处理。收后秋调整土地，分地工由村委出。土地或者有关粮认取出，或者两队统一调。

7. 以后古罗批房户不再另外开宅地，只能到大块地规划。

8. 买粮、根孩负责拿出本生产队土地。

9. 章存、仁忠、文忠负责批房规划，和建联系乡政府，本月5号落实。

10. 对于以上决定，任何干部不能开口子。（包括支书、村长）。

西沟村党支部
村委会
1995年6月4号

14—08177.93.3

图5-4-4　西沟村支、村两委会议关于古罗生产队批宅基地占地决定第二张

（五）张有才财产登记

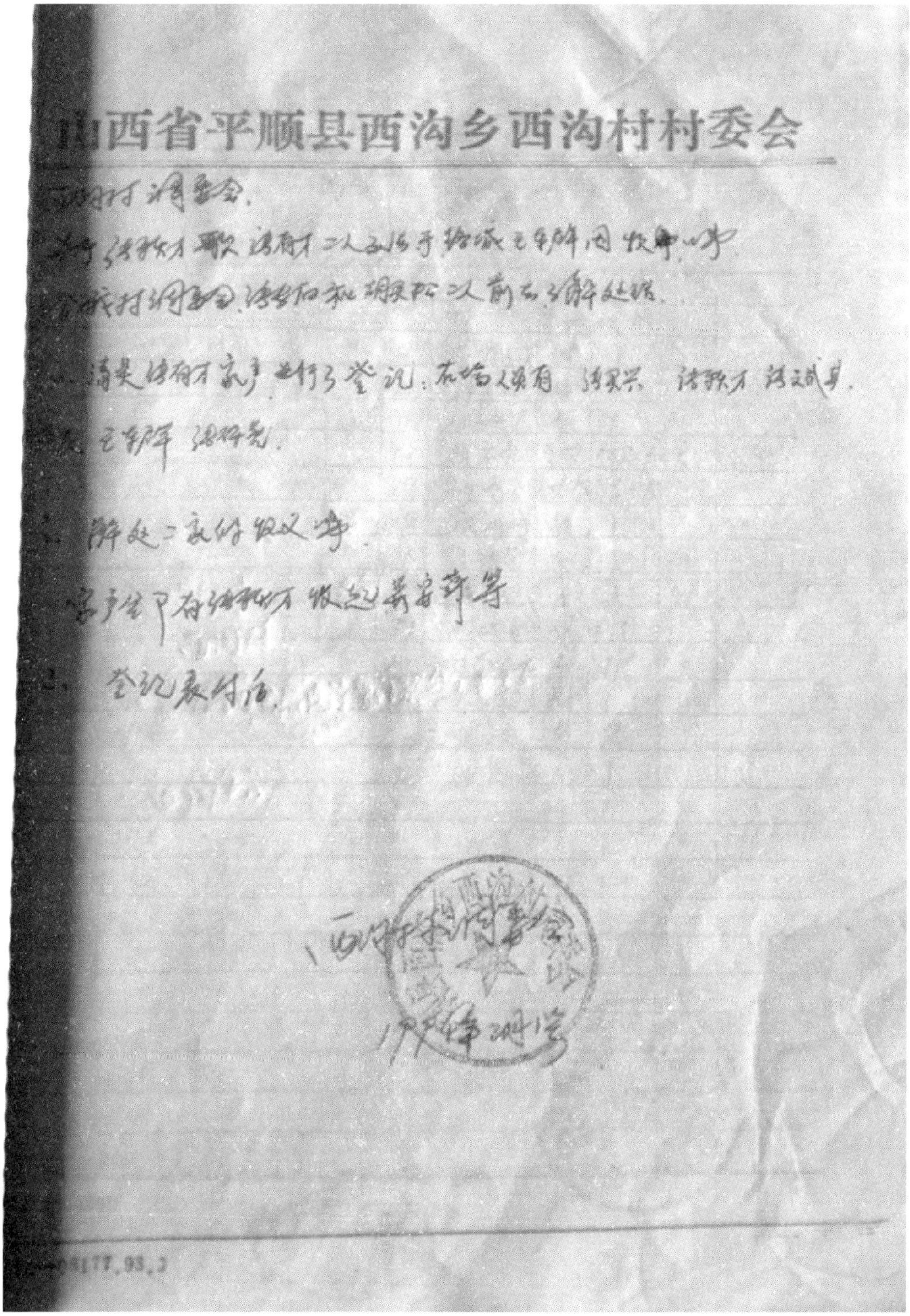

山西省平顺县西沟乡西沟村村委会

西沟村调委会：

关于张秋才与张有才二人之间[illegible]

经我村调委会、[illegible]二人前去了解处理。

一、清查张有才家产，进行了登记，在场人员有：张[illegible]、张秋才、张[illegible]、

[illegible]

二、解决二家纠纷问题。

三、家产全部由张秋才收起[illegible]等

四、登记表附后。

西沟村调委会

[illegible]

图5-5-1　关于张秋才收起张有才财产处理决定（1994.2.1）

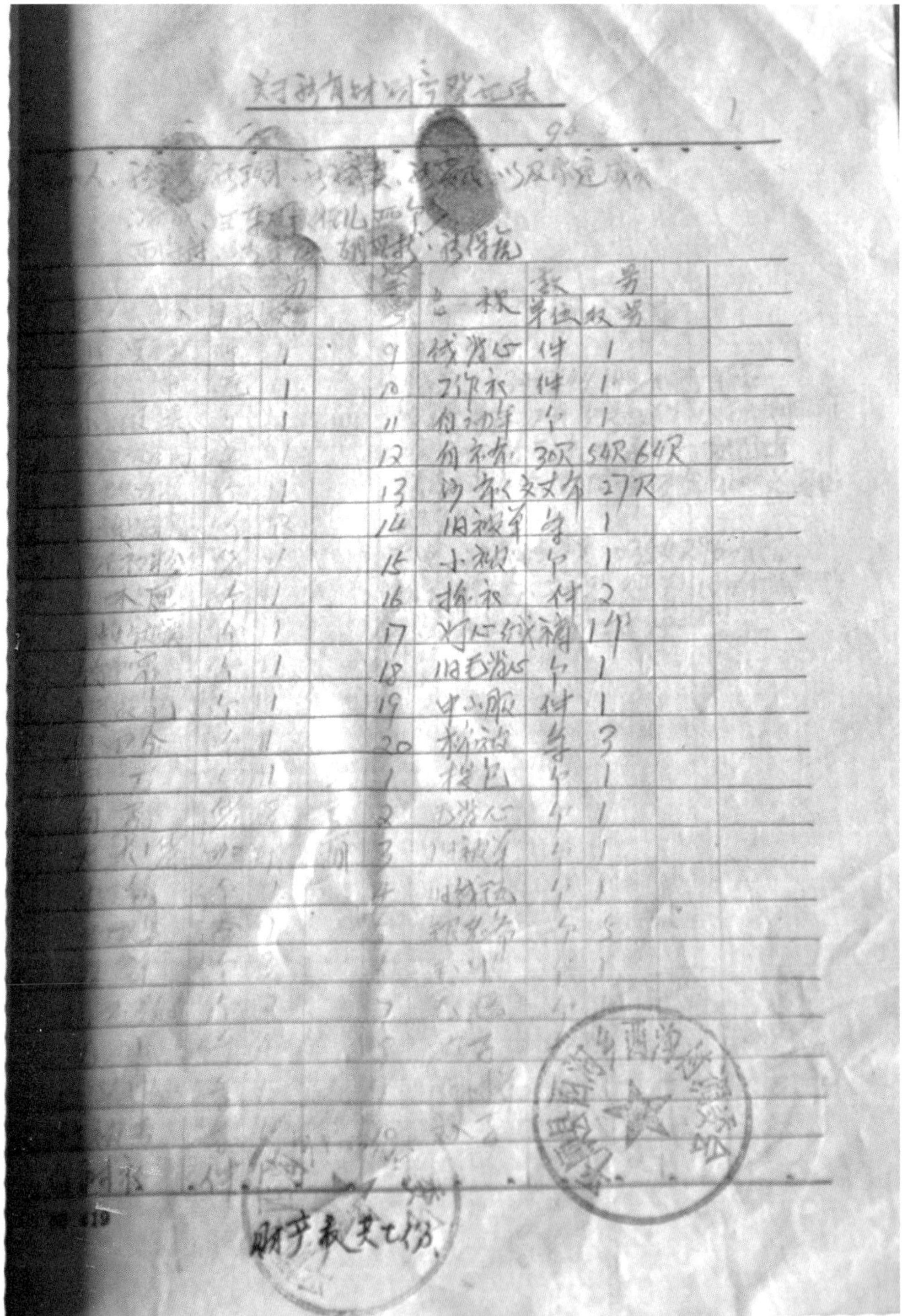

图5-5-2　张有才财产登记表一

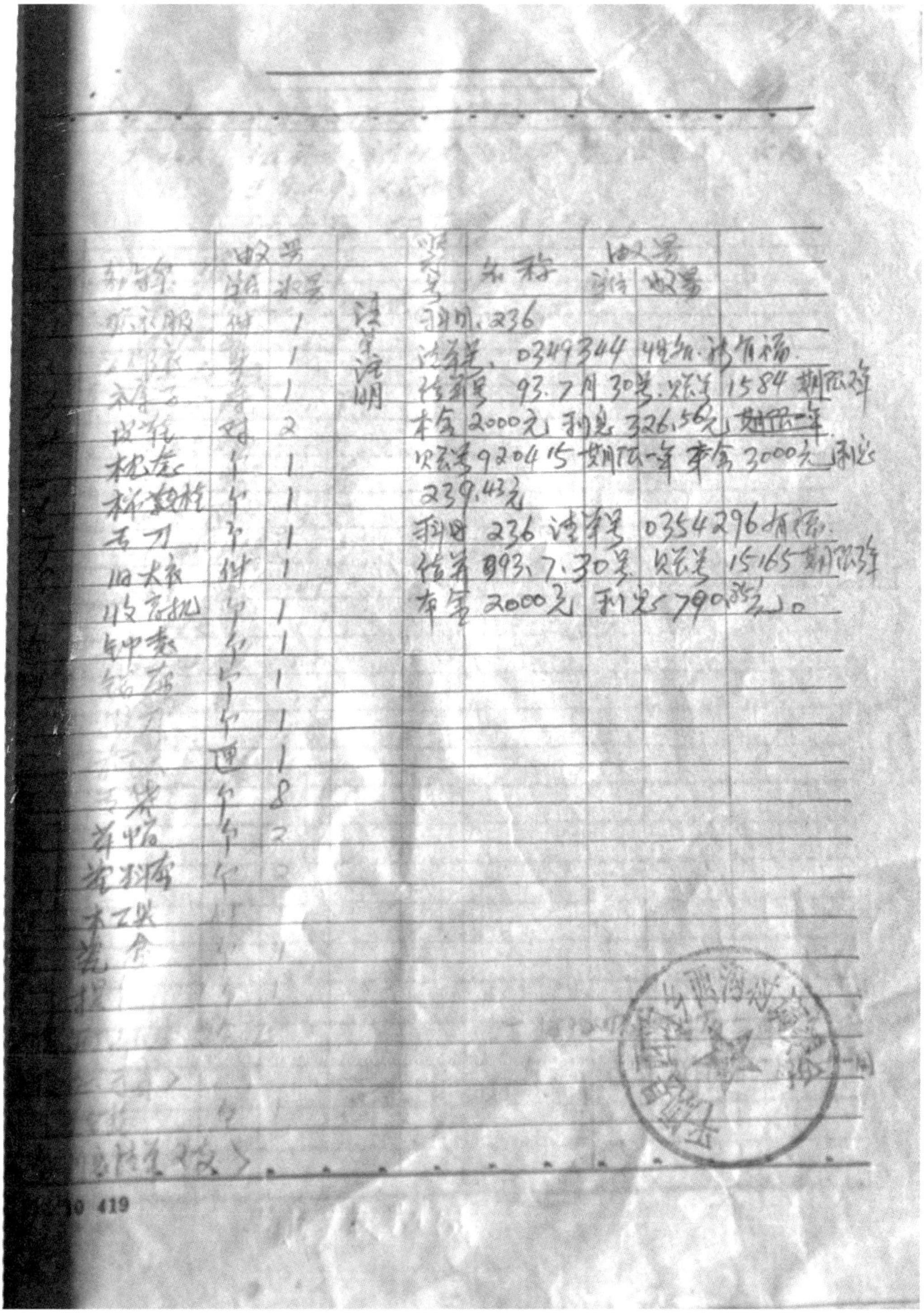

图5-5-3　张有才财产登记表二

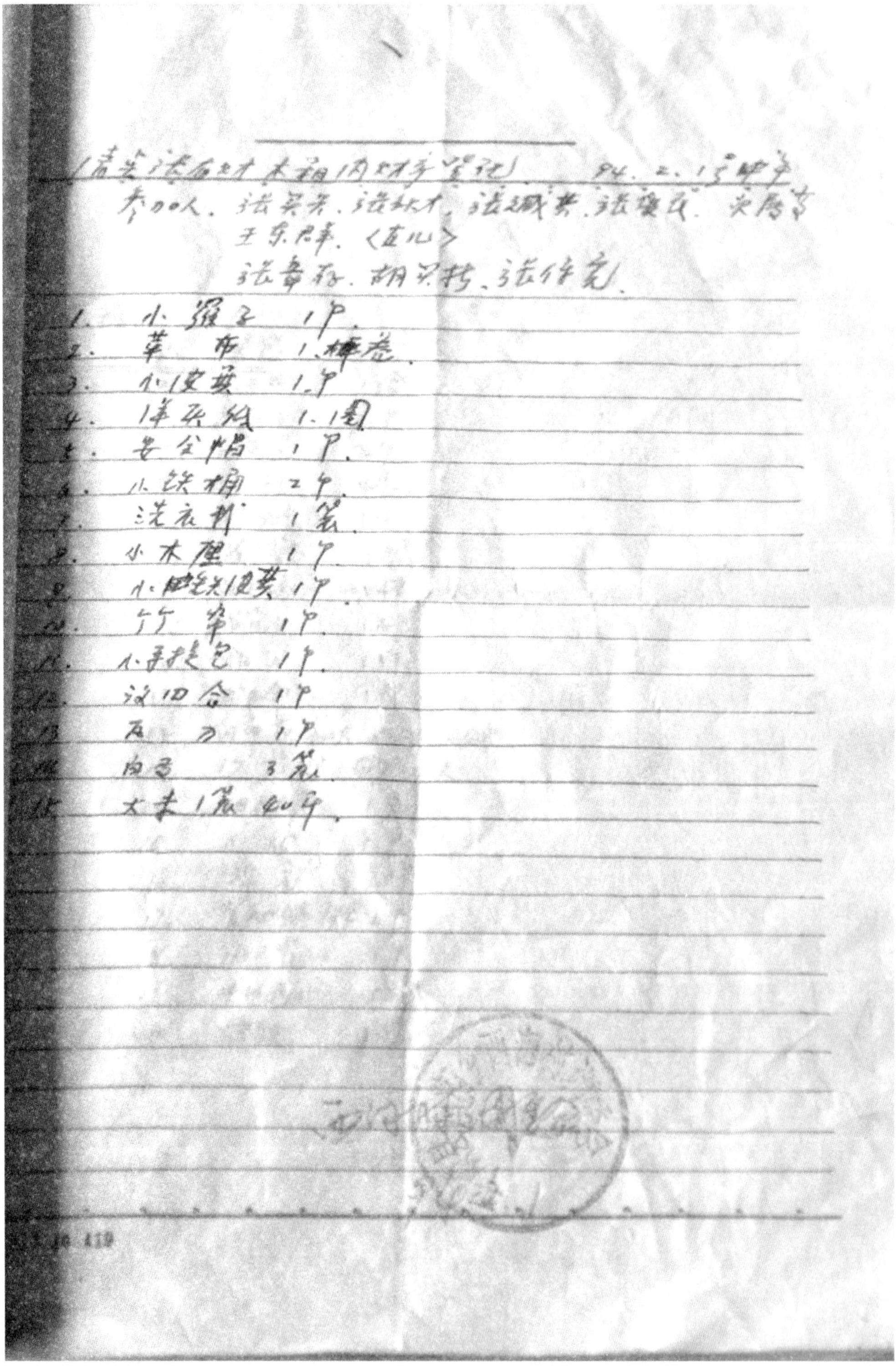

清查张有才木箱内财产登记 94.2.15中午

参加人.张[illegible].张[illegible].张[illegible].张[illegible].[illegible]

王东[illegible].〈[illegible]〉

张[illegible].胡[illegible].张[illegible].

1. 小箱子 1个.
2. 草布 1.捆卷.
3. 小皮箱 1.个
4. 牛皮纸 1.1圈
5. 老公帽 1个.
6. 小铁桶 2个.
7. 洗衣粉 1袋.
8. 小木匣 1个.
9. 小[illegible]皮鞋 1个.
10. 竹帘 1个.
11. 小手提包 1个.
12. [illegible]合 1个
13. 瓦刀 1个
14. 白糖 3袋.
15. 大米1袋 40斤.

图5-5-4　张有才财产登记表三

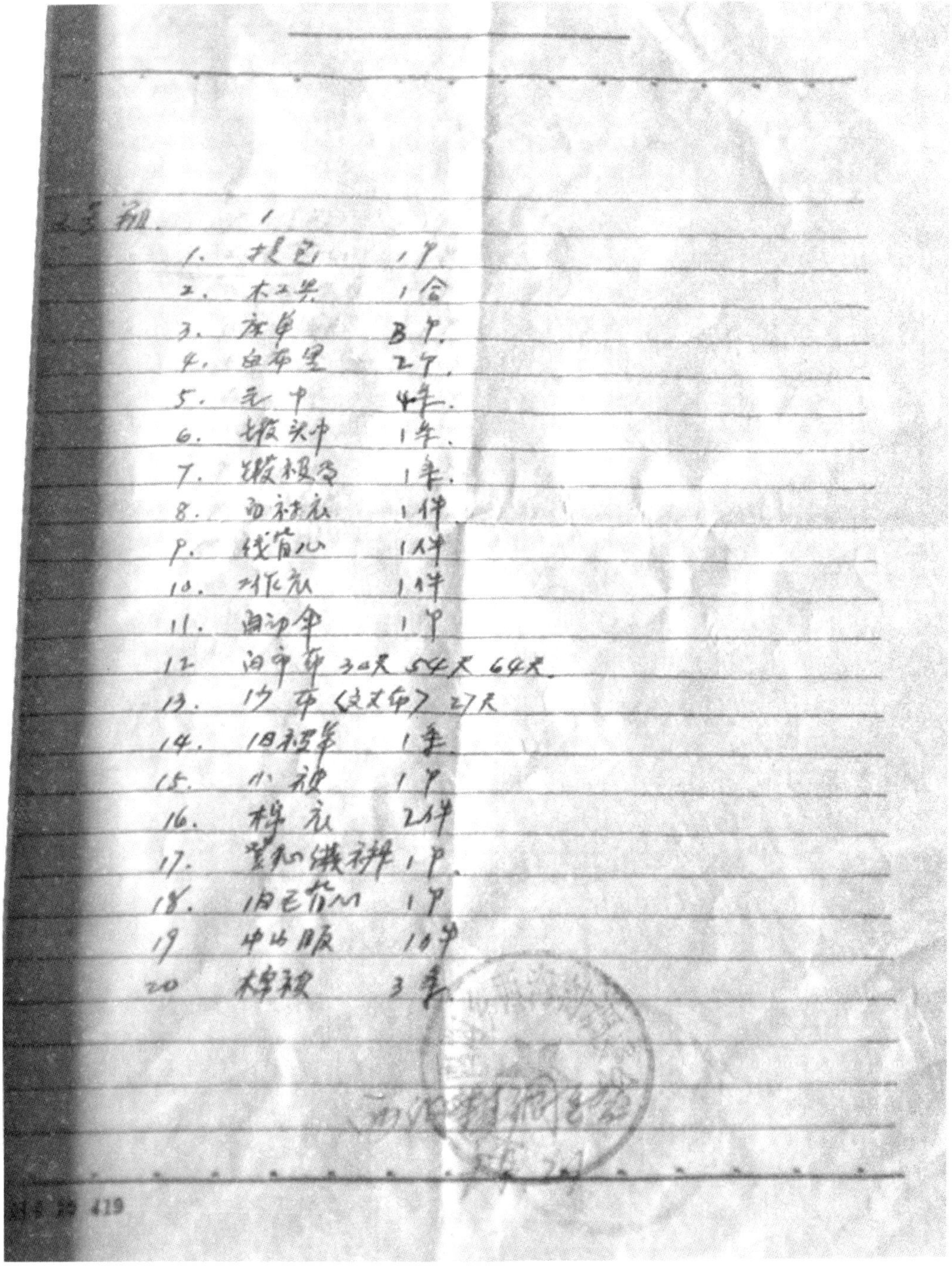

[illegible]箱 1

1. 提包 1个
2. 木工具 1合
3. 床单 3个
4. 白布里 2个
5. 毛巾 4条
6. 缎头巾 1条
7. 缎被[illegible] 1条
8. 白衬衣 1件
9. 线背心 1件
10. 工作衣 1件
11. 白[illegible] 1个
12. 白市布 30尺 54尺 64尺
13. 沙布〈[illegible]〉 27尺
14. 旧被单 1条
15. 小被 1个
16. 棉衣 2件
17. 紫红绒裤 1个
18. 旧毛背心 1个
19. 中山服 1件
20. 棉被 3条

419

图5-5-5　张有才财产登记表四

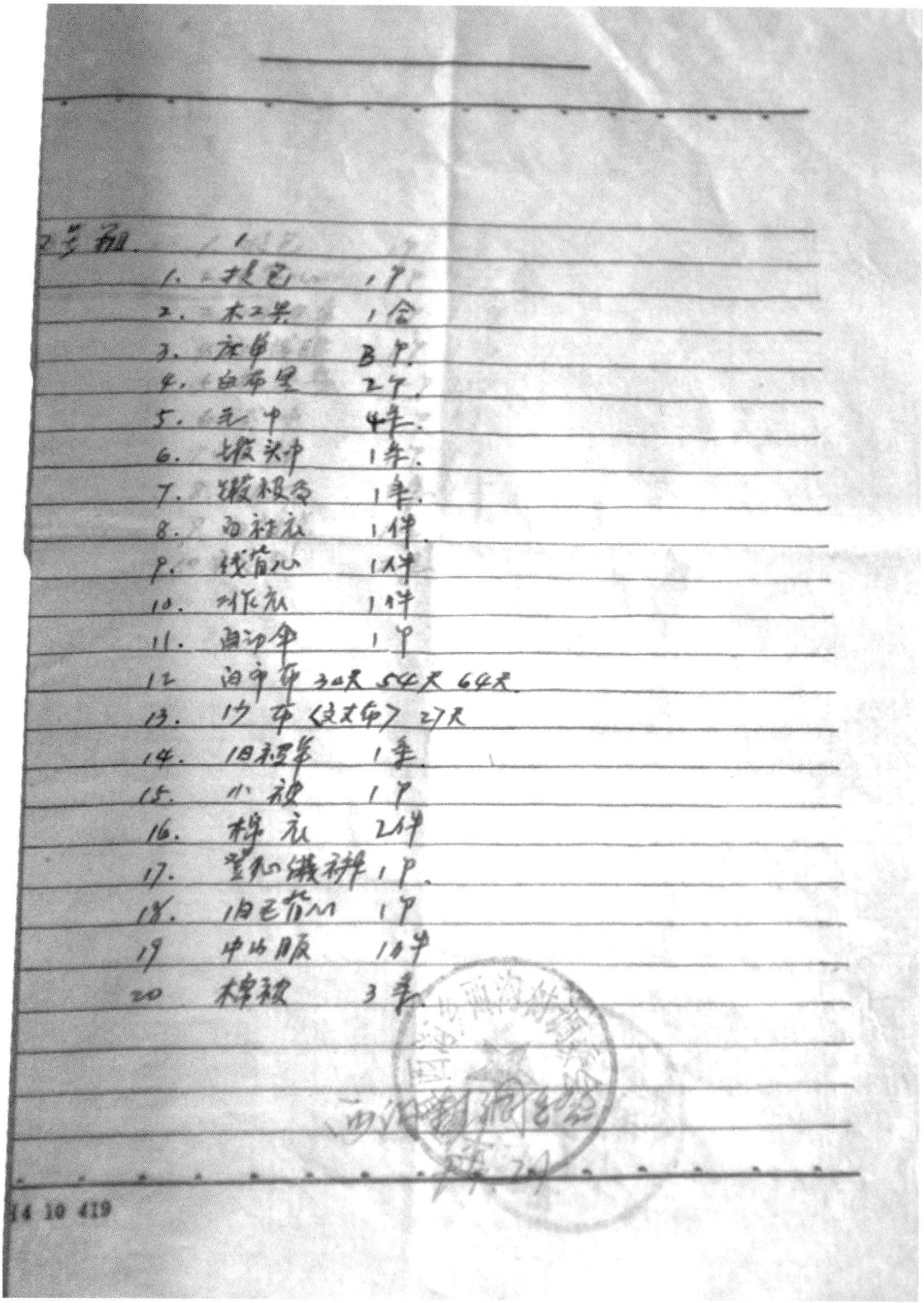
二号箱. 1

1. 挎包 1个
2. 木工具 1合
3. 床单 3个
4. 白布里 2个
5. 毛巾 4条
6. 缎头巾 1条
7. 缎被套 1条
8. 白衬衣 1件
9. 线背心 1件
10. 外衣 1件
11. 白油伞 1个
12. 白市布 30尺 54尺 64尺
13. 沙布〈文文布〉27尺
14. 旧被单 1条
15. 小被 1个
16. 棉衣 2件
17. 紫红线裤 1个
18. 旧毛背心 1个
19. 中山服 1件
20. 棉被 3条

84 10 419

图5-5-6　张有才财产登记表五

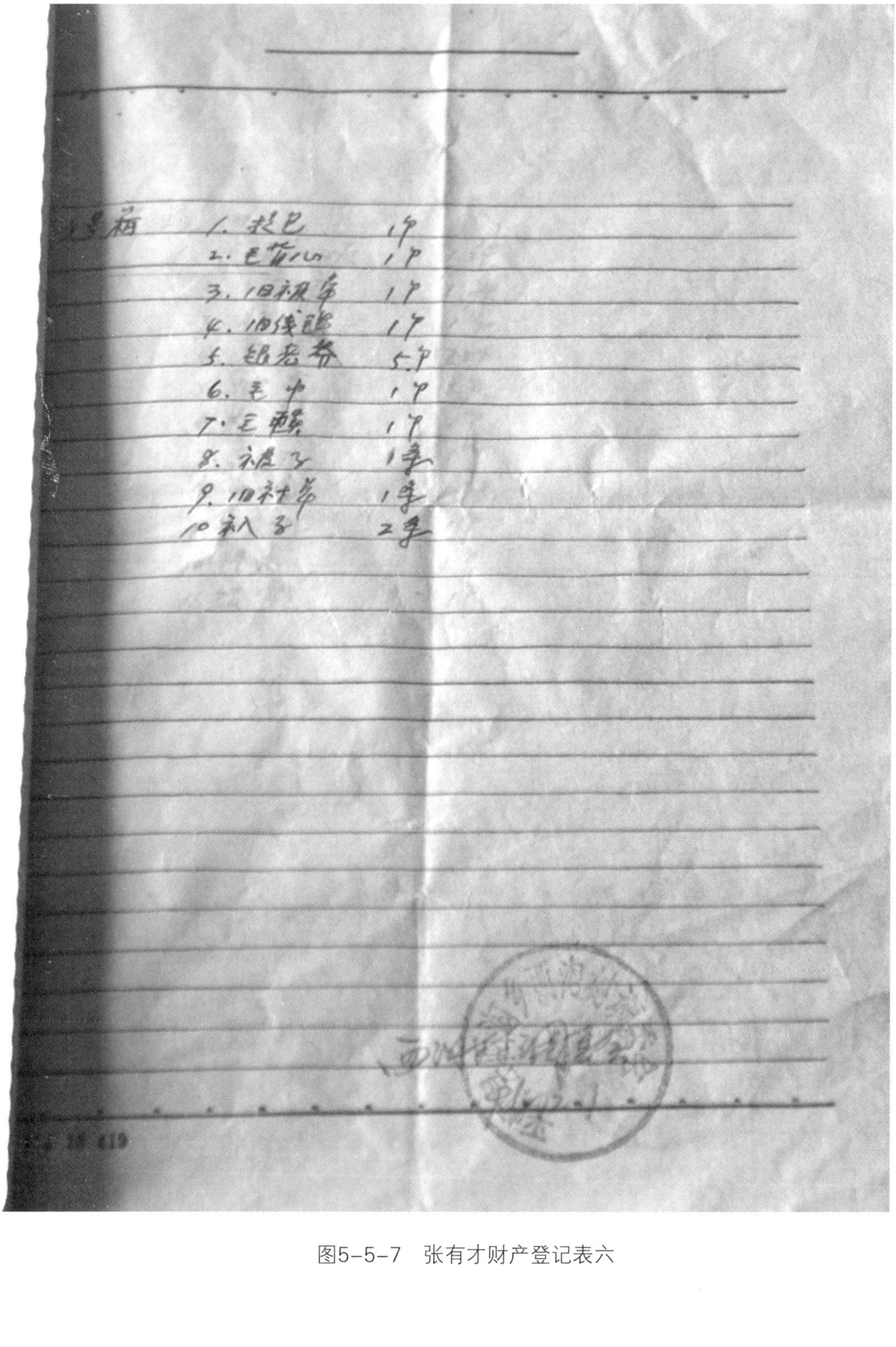

[illegible]号箱	1. 提包	1个
	2. 毛背心	1个
	3. 旧衬衣	1个
	4. 旧线毯	1个
	5. 银元券	5个
	6. 毛巾	1个
	7. 毛毯	1个
	8. 裤子	1条
	9. 旧衬裤	1条
	10 袜子	2条

图5-5-7　张有才财产登记表六

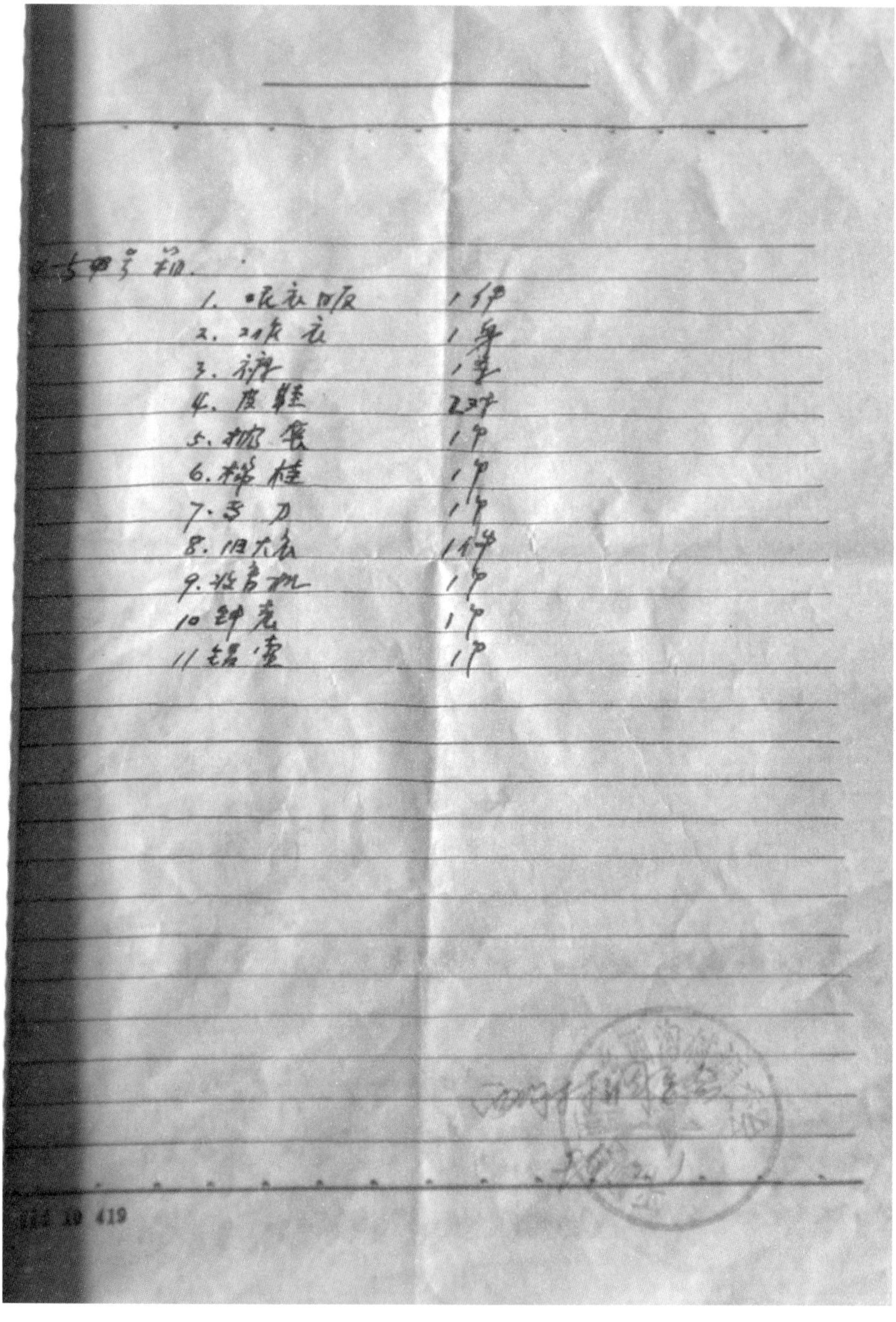

5. 四号箱.

1. 呢衣四服	1件
2. 衬衣	1身
3. 裤子	1条
4. 皮鞋	2双
5. 枕套	1个
6. 棉毯	1个
7. 剪刀	1个
8. 旧大衣	1件
9. 收音机	1个
10 钟表	1个
11 锡壶	1个

419

图5-5-8　张有才财产登记表七

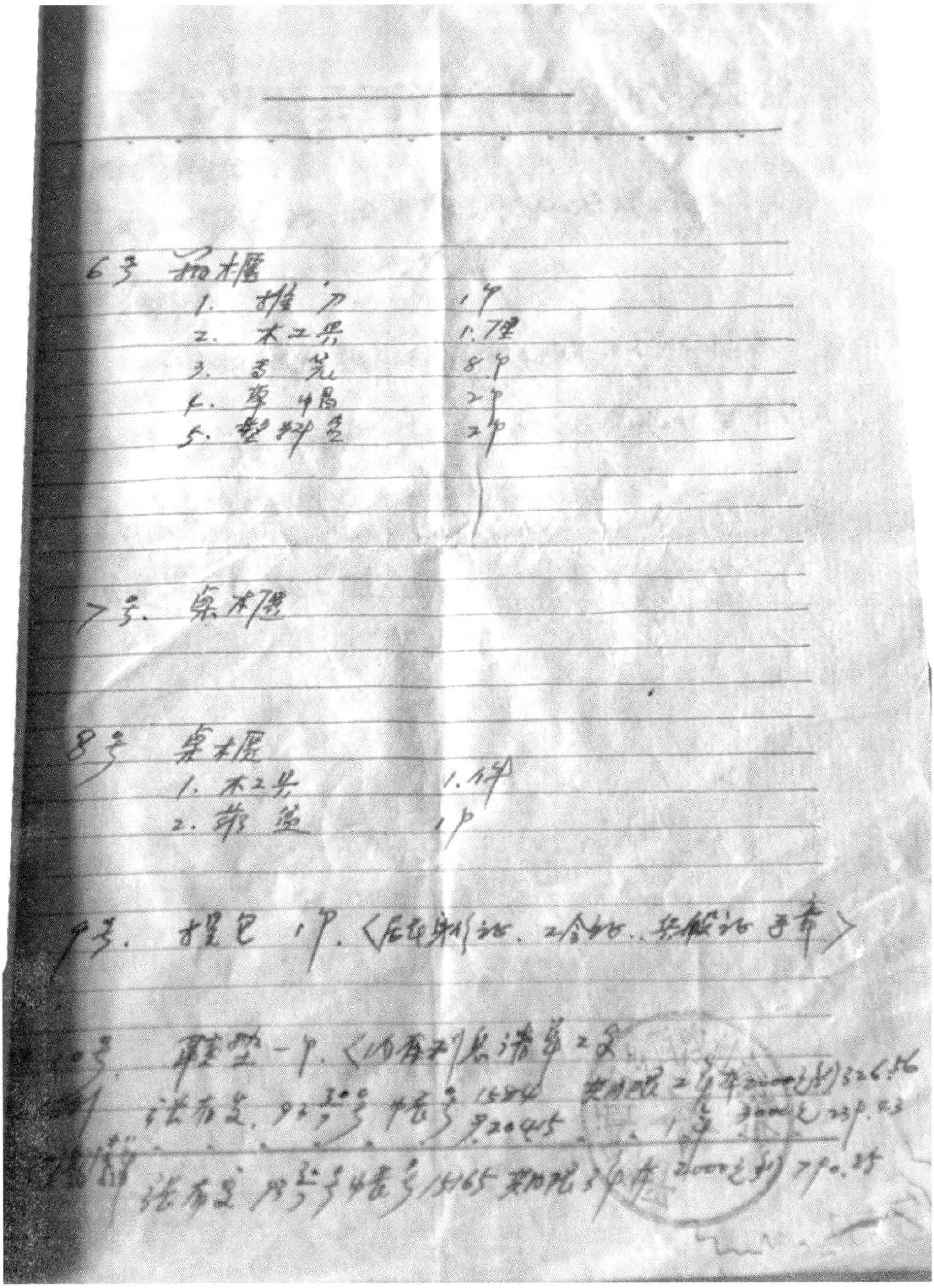

6号 西木柜

1. 推刀 1个
2. 木工具 1.7件
3. 书笼 8个
4. 草帽 2个
5. 塑料盆 2个

7号 东木柜

8号 东木柜

1. 木工具 1件
2. 菜盆 1个

9号 提包 1个 〈居民身份证、工会证、结婚证 3本〉

图5-5-9 张有才财产登记表八

（六）卖铁事件材料

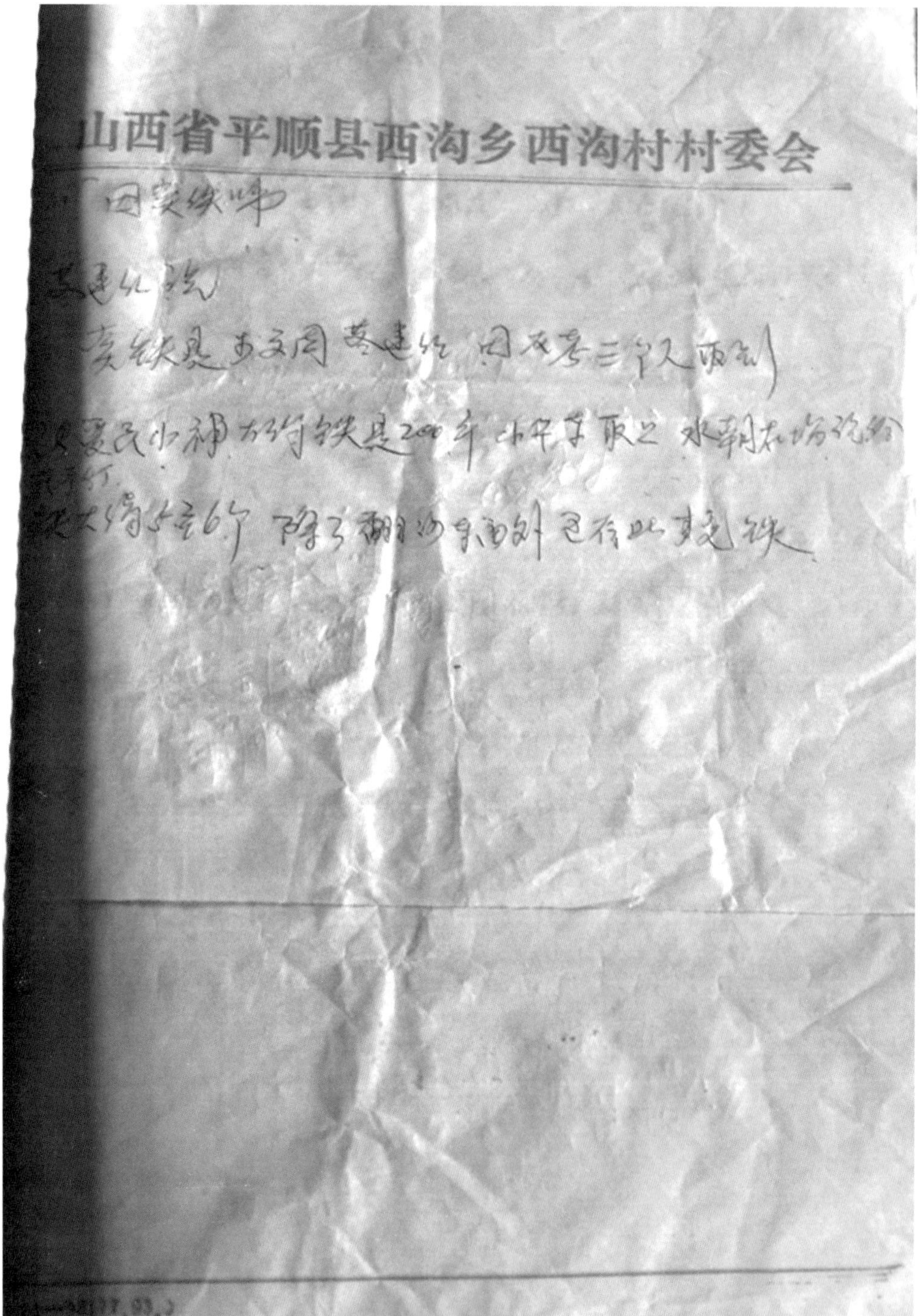

山西省平顺县西沟乡西沟村村委会

图5-6-1　卖铁事件材料第一张

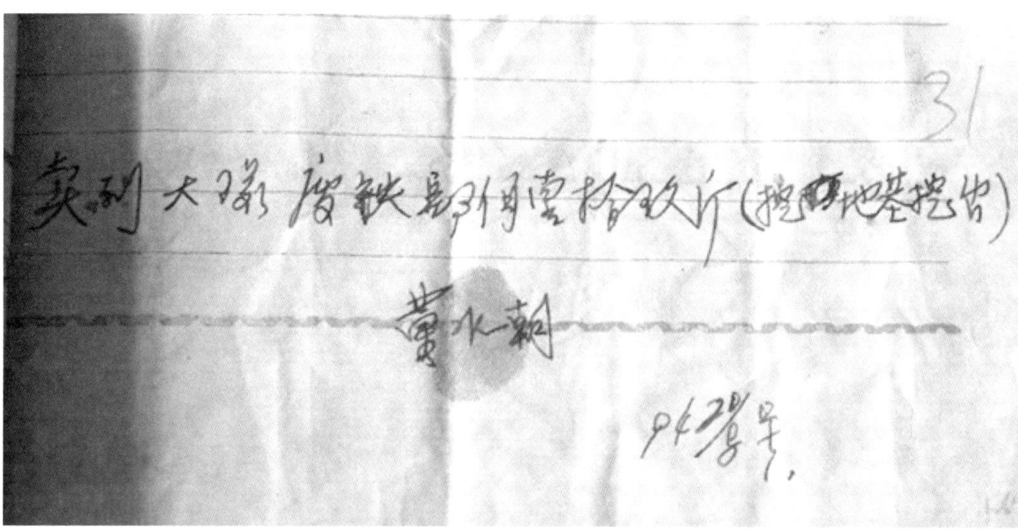
31

卖到大殿废铁壹佰壹拾玖斤（挖地基挖的）

董水朝

94 2/8号

图5-6-2　卖铁事件材料第二张

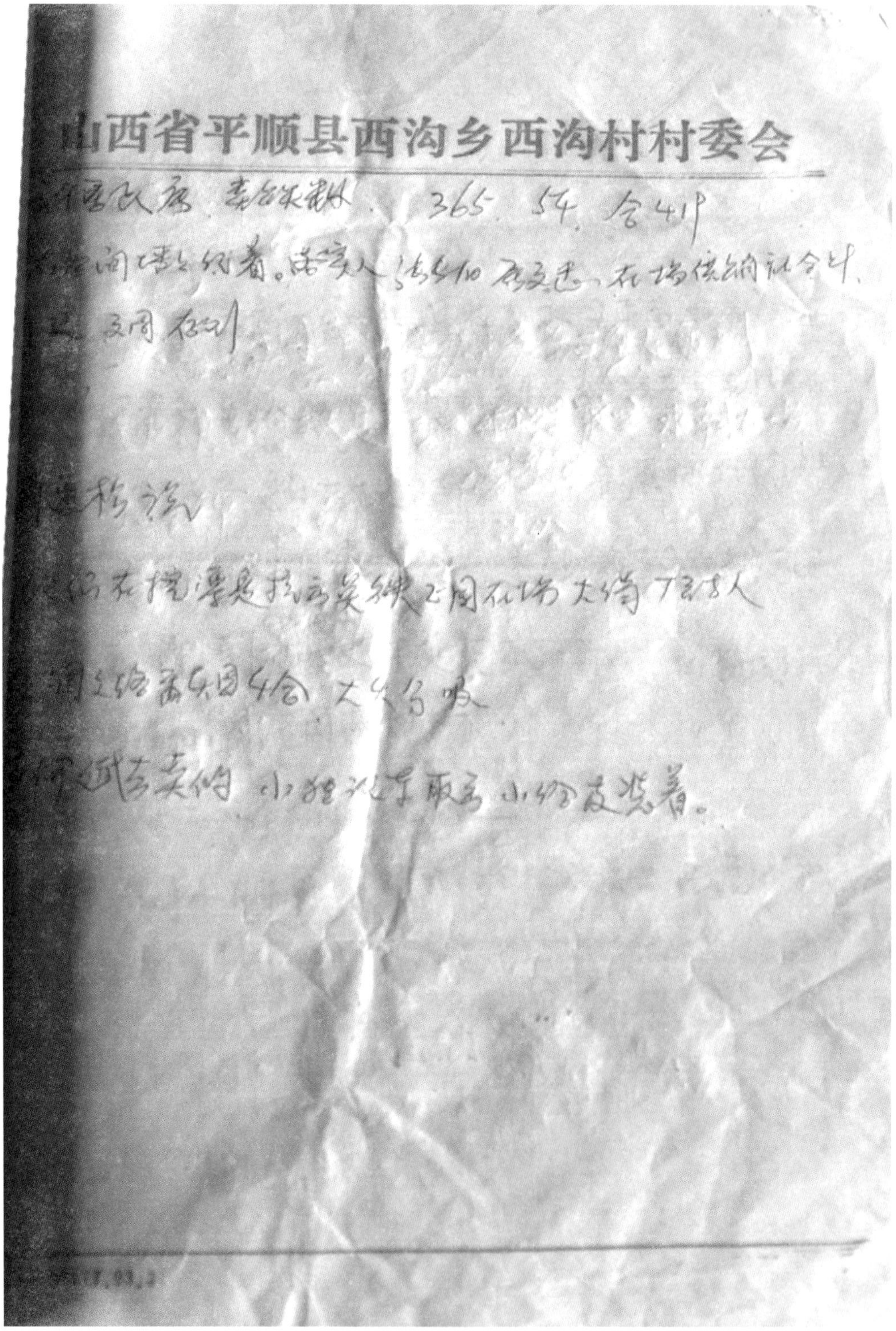

山西省平顺县西沟乡西沟村村委会

365. 54. 合41

图5-6-3　卖铁事件材料第三张

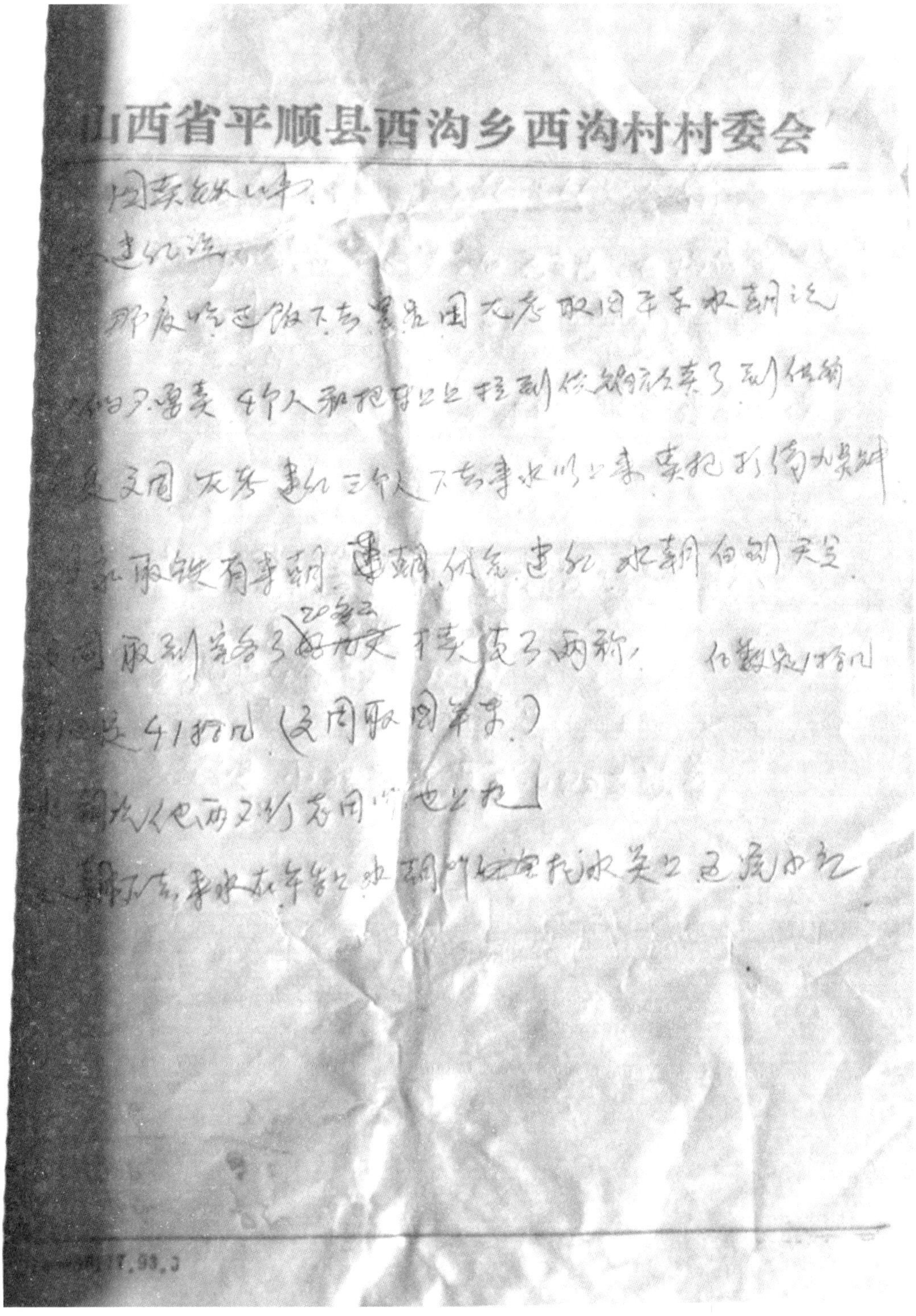

山西省平顺县西沟乡西沟村村委会

图5-6-4　卖铁事件材料第四张

山西省平顺县西沟乡西沟村村委会

[illegible]

图5-6-5　卖铁事件材料第五张

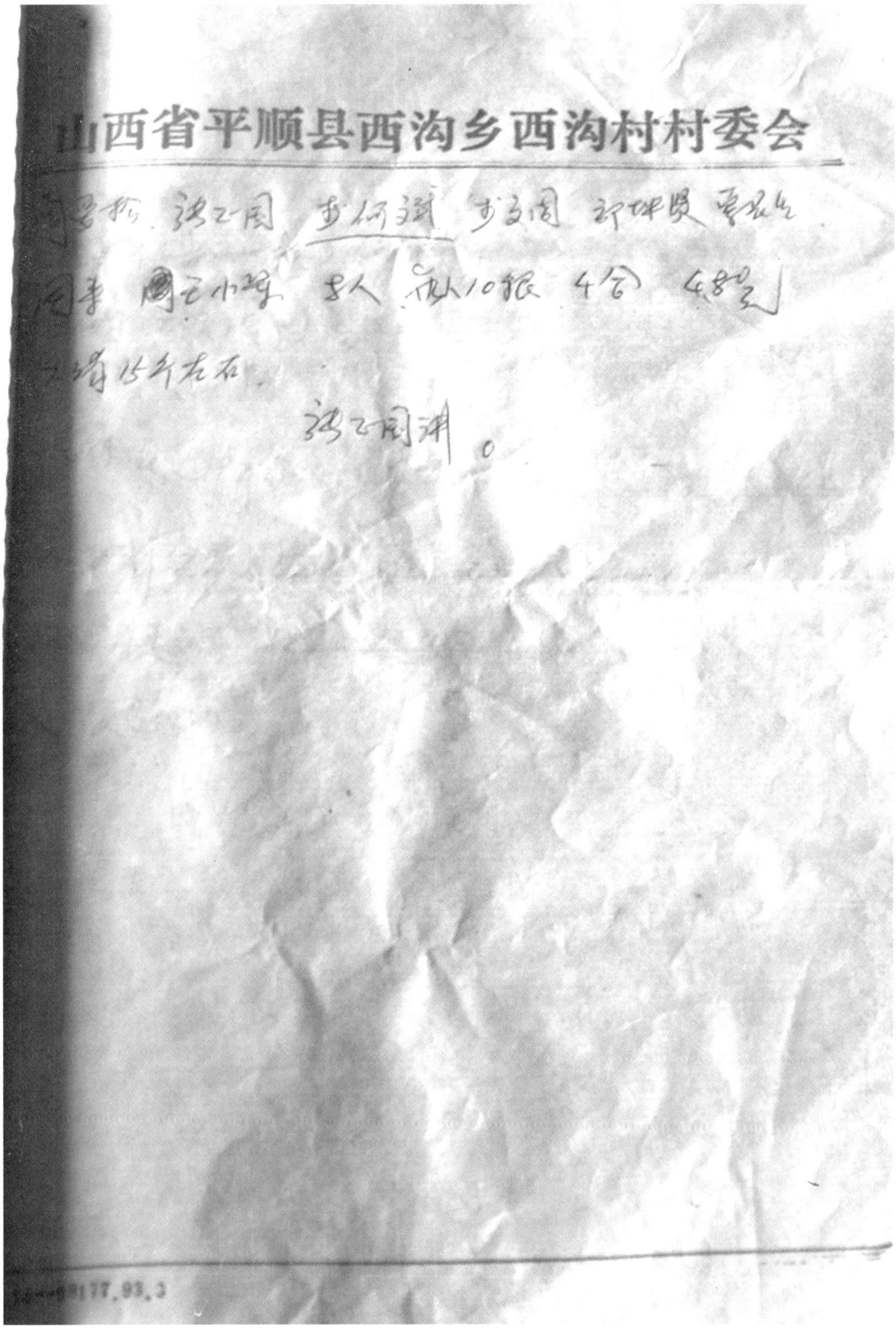
山西省平顺县西沟乡西沟村村委会

图5-6-6　卖铁事件材料第六张

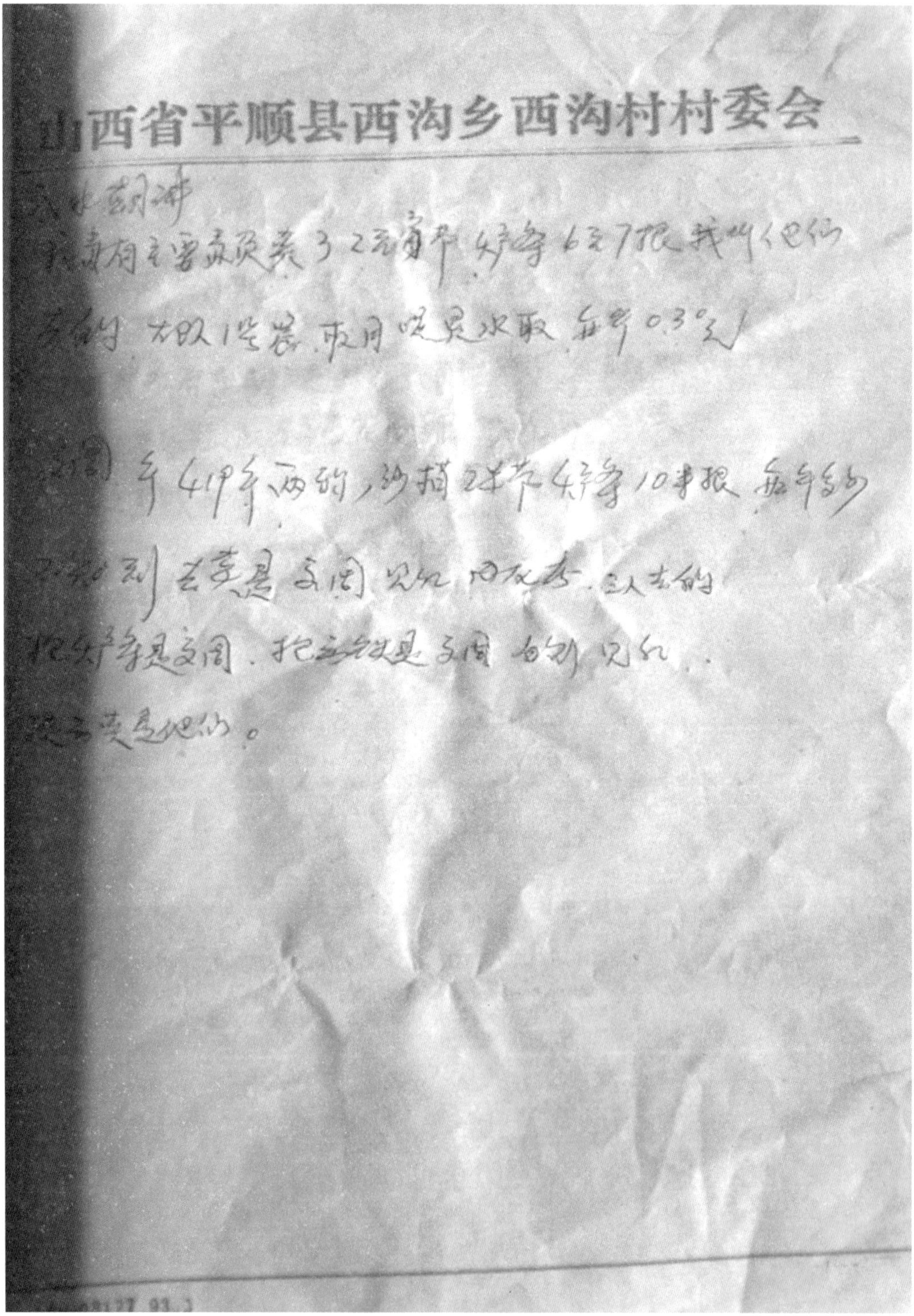
山西省平顺县西沟乡西沟村村委会

图5-6-7　卖铁事件材料第七张

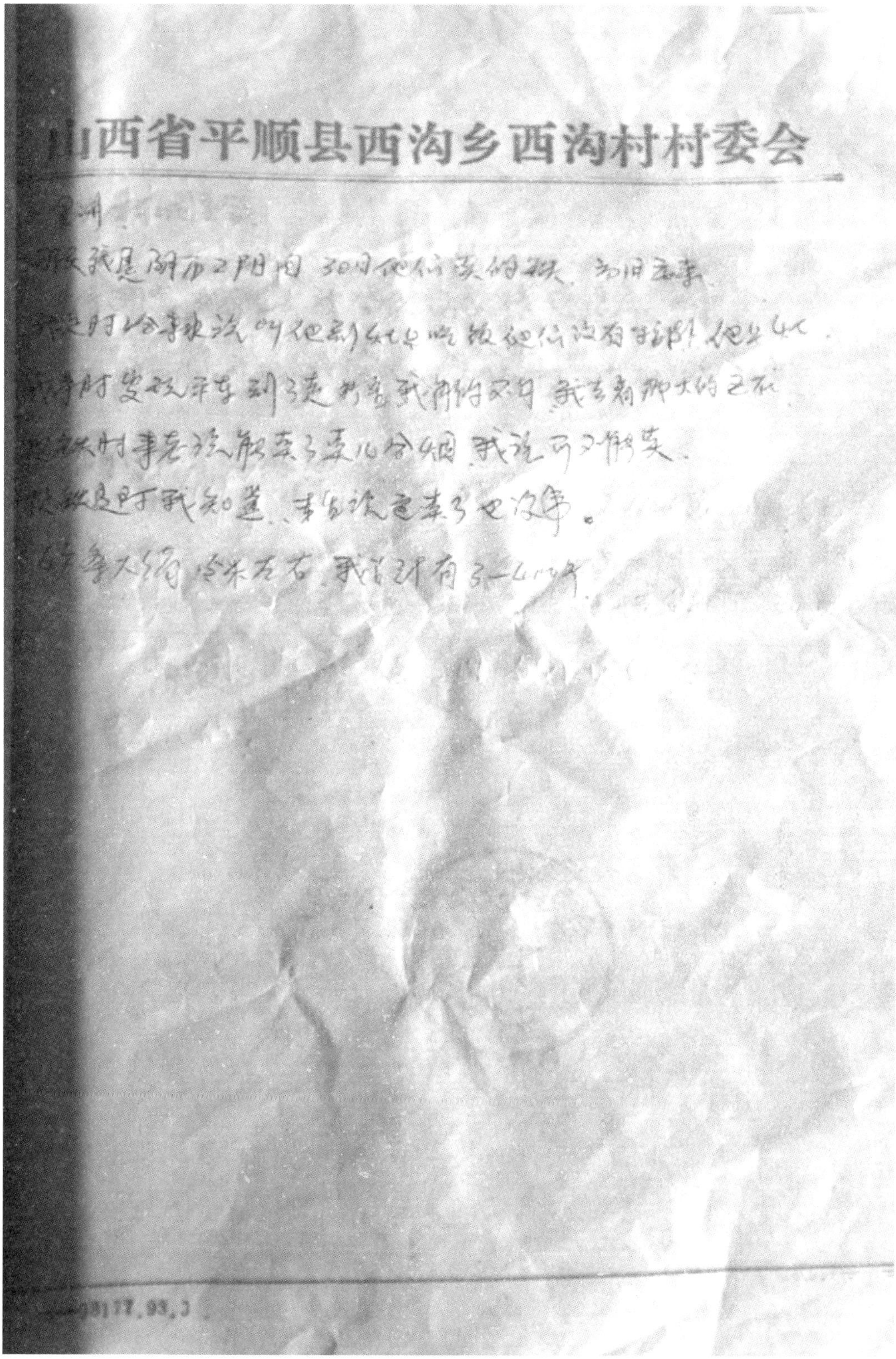
山西省平顺县西沟乡西沟村村委会

图5-6-8　卖铁事件材料第八张

（七）其他纠纷

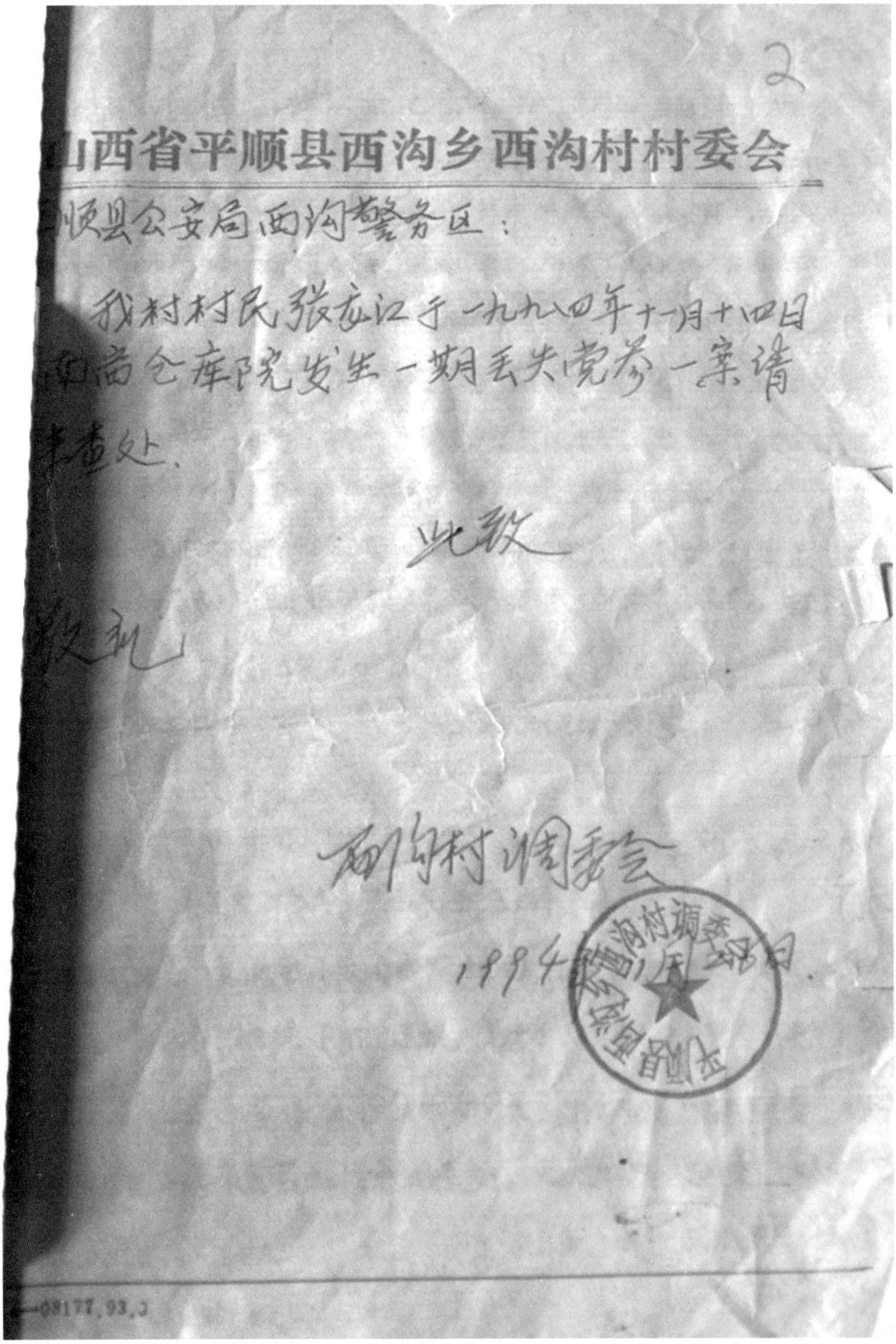

山西省平顺县西沟乡西沟村村委会

顺县公安局西沟警务区：

我村村民张龙江于一九九四年十一月十四日

南岗仓库院发生一期丢失党参一案请

查处。

此致

敬礼

西沟村调委会

1994年11月26日

图5-7-1　张龙江丢失党参（1994.11.26）

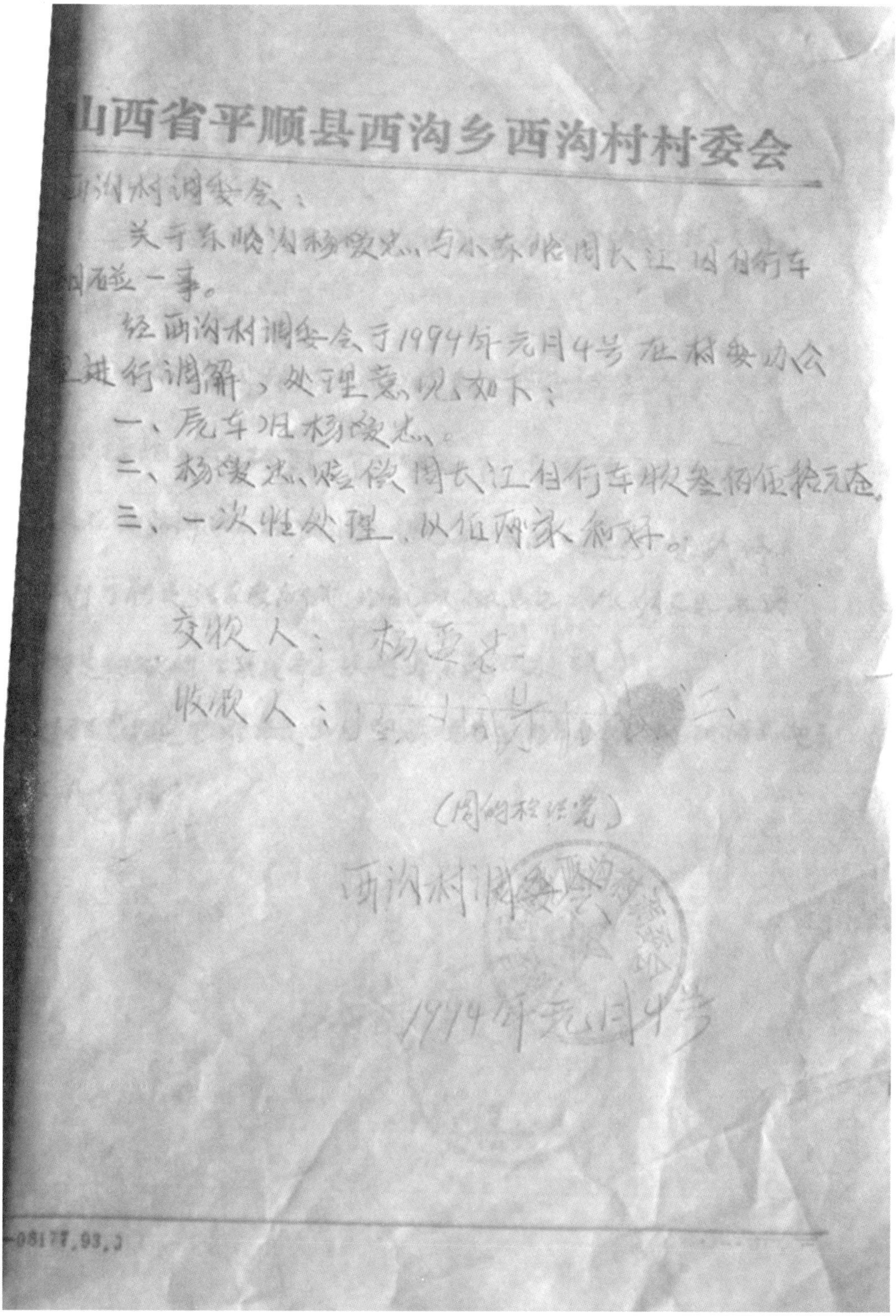

山西省平顺县西沟乡西沟村村委会

西沟村调委会：

关于东峪沟杨爱忠与小东峪周长江因自行车相碰一事。

经西沟村调委会于1994年元月4号在村委办公室进行调解，处理意见如下：

一、原车归杨爱忠。

二、杨爱忠赔偿周长江自行车修理费伍拾元整。

三、一次性处理，从此两家和好。

交款人：杨爱忠

收款人：[illegible]

（[illegible]）

西沟村调委会

1994年元月4号

图5-7-2　杨爱忠、周长江自行车相撞处理意见（1994.5.4）

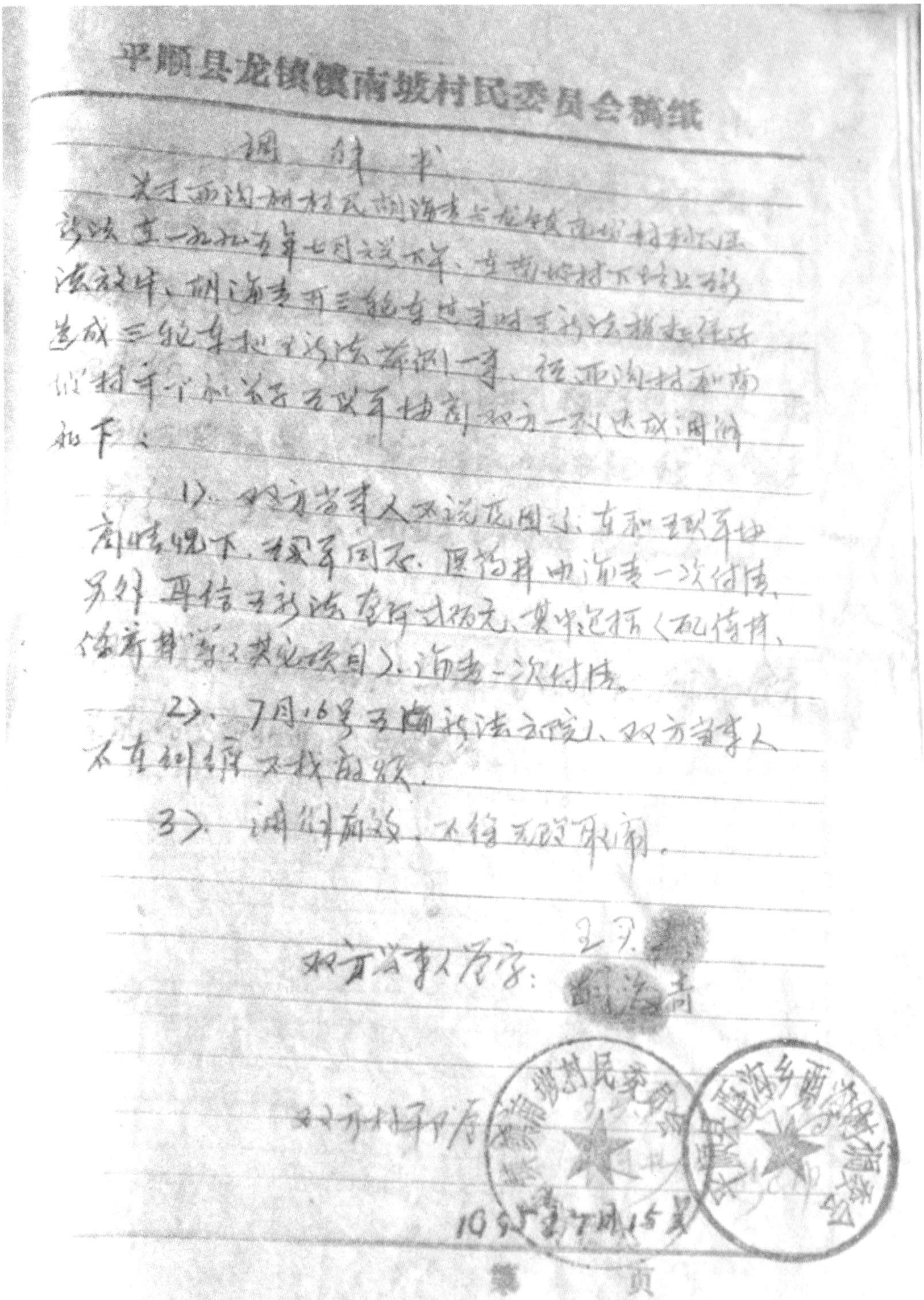

平顺县龙镇镇南坡村民委员会稿纸

调 解 书

关于西沟村村民胡海青与龙镇南坡村村民王新法于一九九五年七月六日下午，在南坡村下拉土碰法放牛，胡海青开三轮车过来时王新法拦车搭乘，造成三轮车把王新法碰倒一事，经西沟村和南坡村干部和当事人双方协商，双方一致达成调解如下：

1）、双方当事人在说理的情况下，在村干部协商情况下，双方同意，医药费由海青一次付清，另外再给王新法营养费[illegible]元，其中包括（误工费、营养费等其他项目），海青一次付清。

2）、7月16号王新法出院，双方当事人不再纠缠，不找麻烦。

3）、调解后，不得反悔。

双方当事人签字：王[illegible] 胡海青

双方村干部签字：

1995年7月15日

第 页

图5-7-3　三轮车撞人调解（1995.7.15）

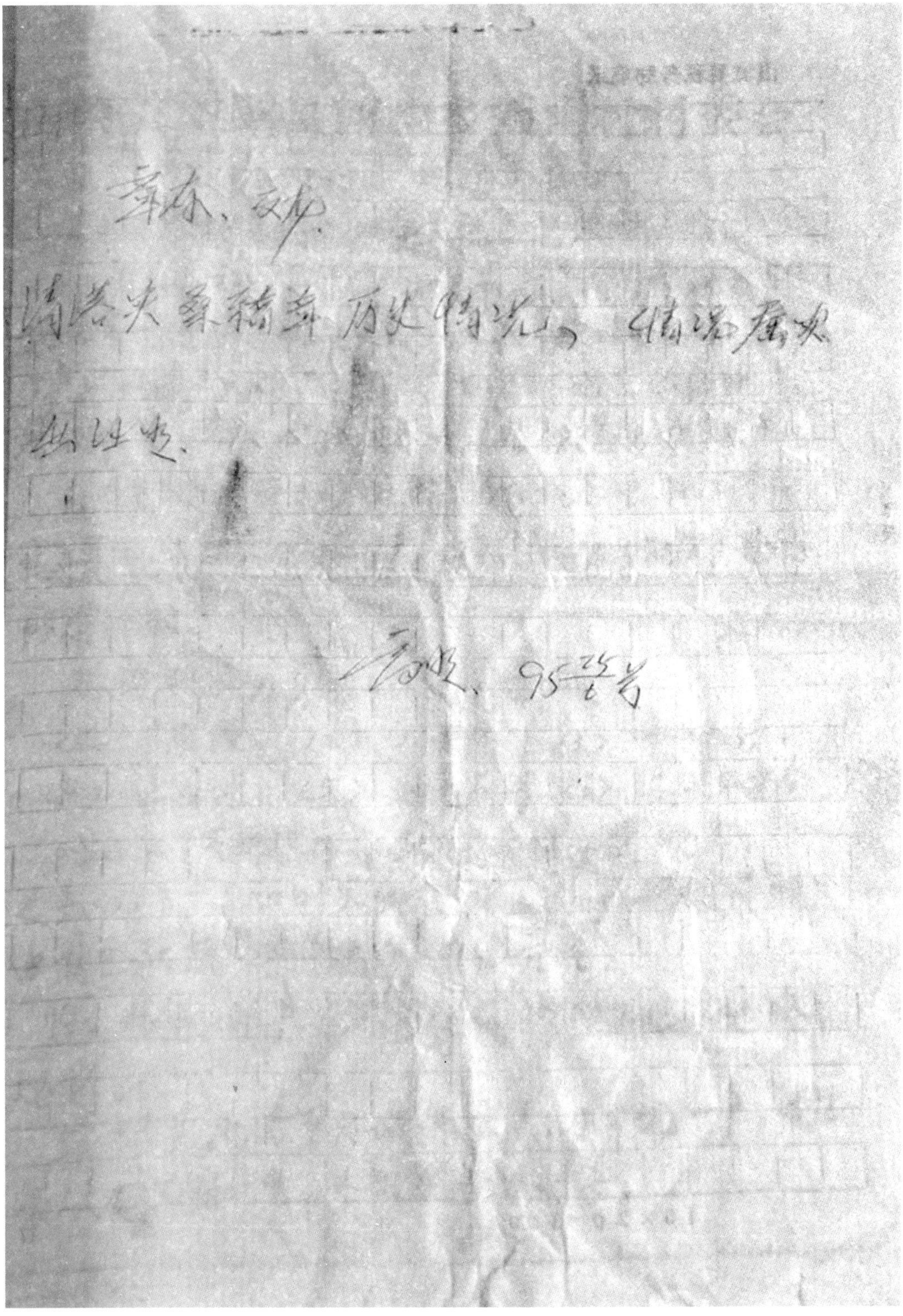

舜林、文彪：

请给出桑福章历史情况，请你尽快出证明。

[illegible] 95.6.25

图5-7-4　出具桑福章历史情况证明（1995.6.25）

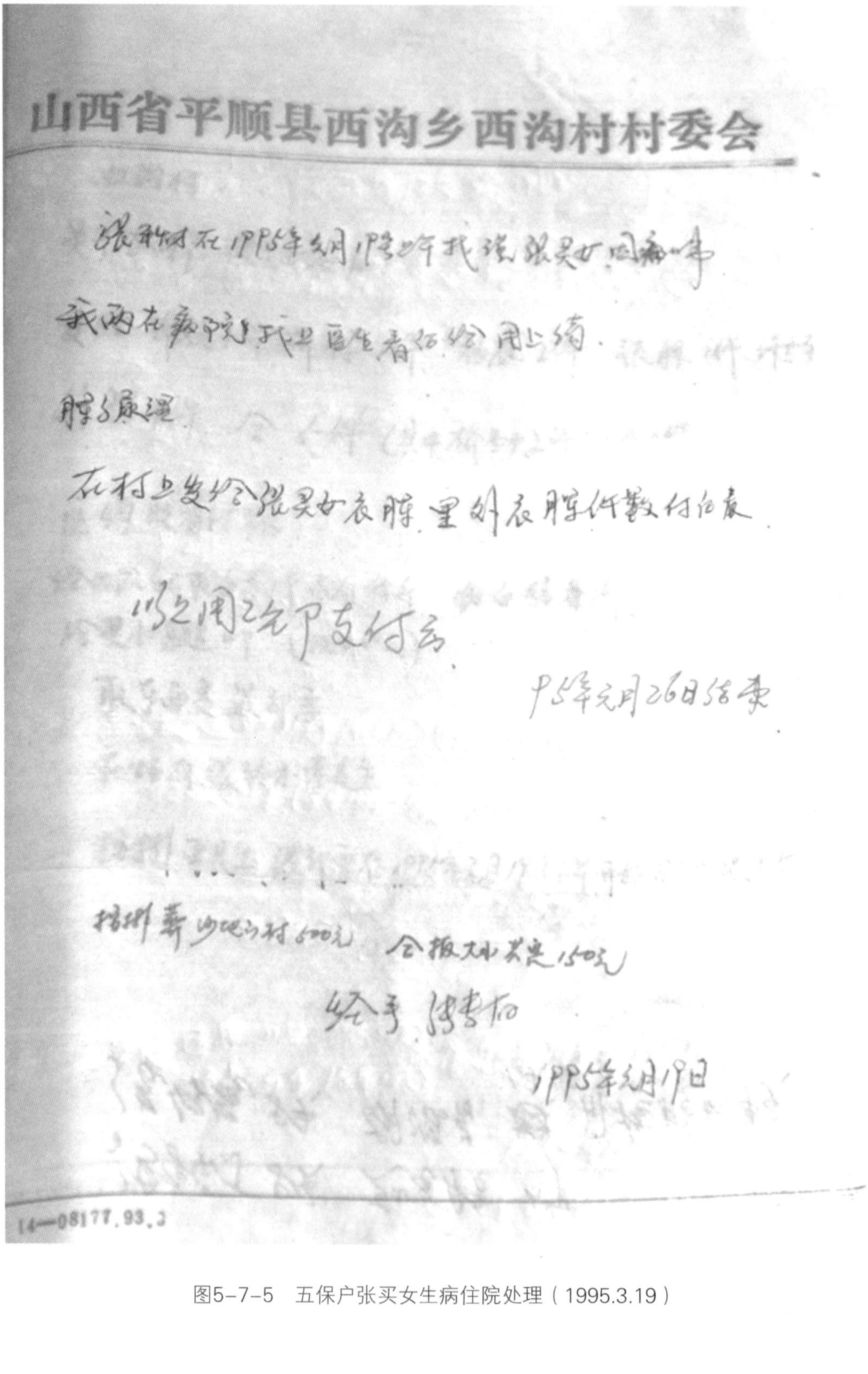

山西省平顺县西沟乡西沟村村委会

张新财在1995年3月19号下午找张买女住院一事

我两在病院找出医生看后给用上[illegible]

[illegible]

在村上发给张买女衣服 里外衣服件数付后表

[illegible]元用[illegible]户支付后

95年元月26日结束

招待费 [illegible]村 500元　合[illegible]150元

经手 [illegible]

1995年3月19日

14—08177.93.3

图5-7-5　五保户张买女生病住院处理（1995.3.19）

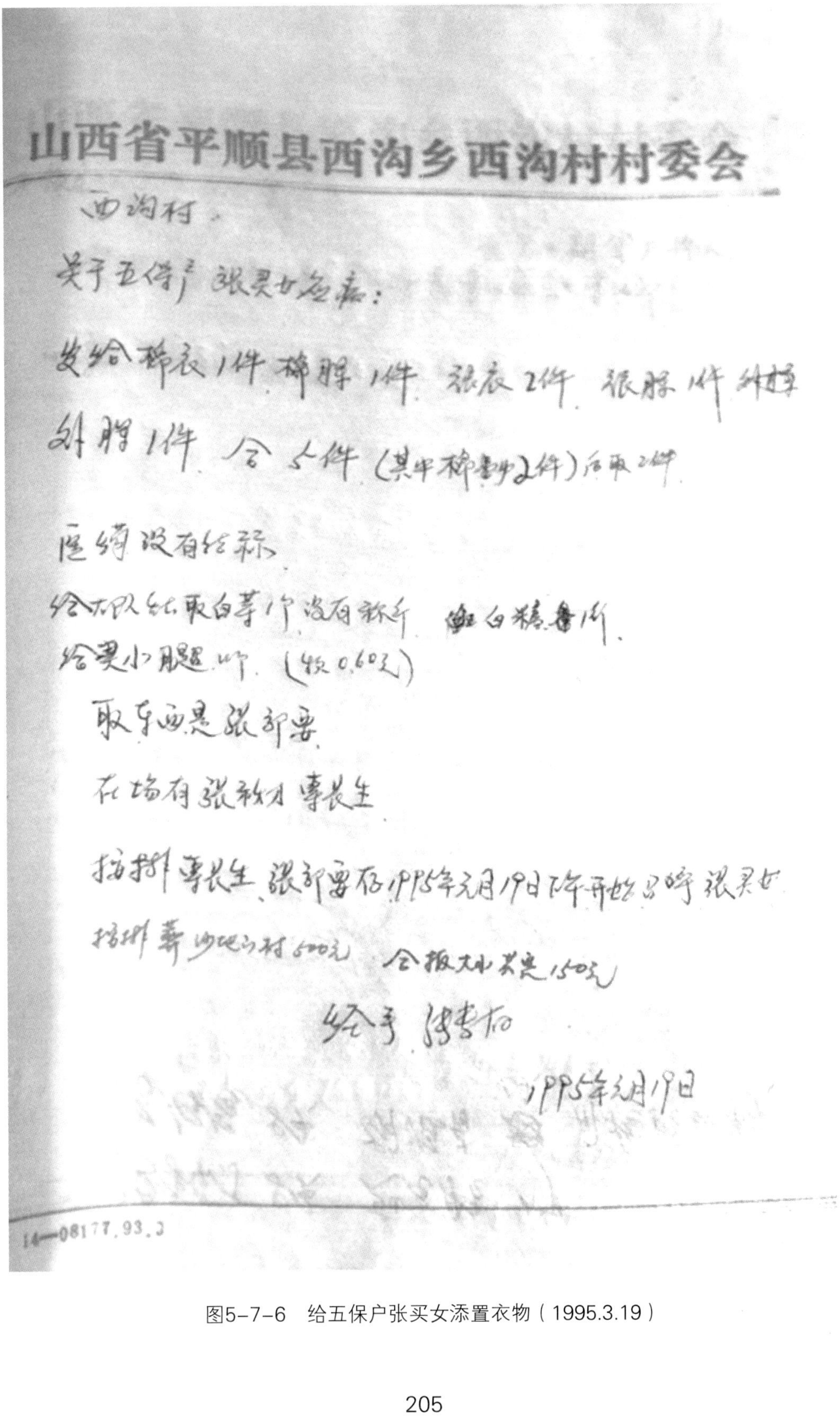
山西省平顺县西沟乡西沟村村委会

西沟村：

关于五保户张买女急需：

发给棉衣1件、棉裤1件、绒衣2件、绒裤1件、外罩

外裤1件，合5件（其中棉套少2件）后取2件。

医疗没有经济

给大队红取白面1斤 没有称斤 红白糖各1斤。

给买小腿1斤（价0.60元）

取东西是张部要。

在场有张献才 李长生

指挥李长生、张部要在1995年3月19日下午开始照顾张买女

指挥费小姐沙村600元 合报大小米费150元

经手 张书石

1995年3月19日

14—08177.93.3

图5-7-6　给五保户张买女添置衣物（1995.3.19）

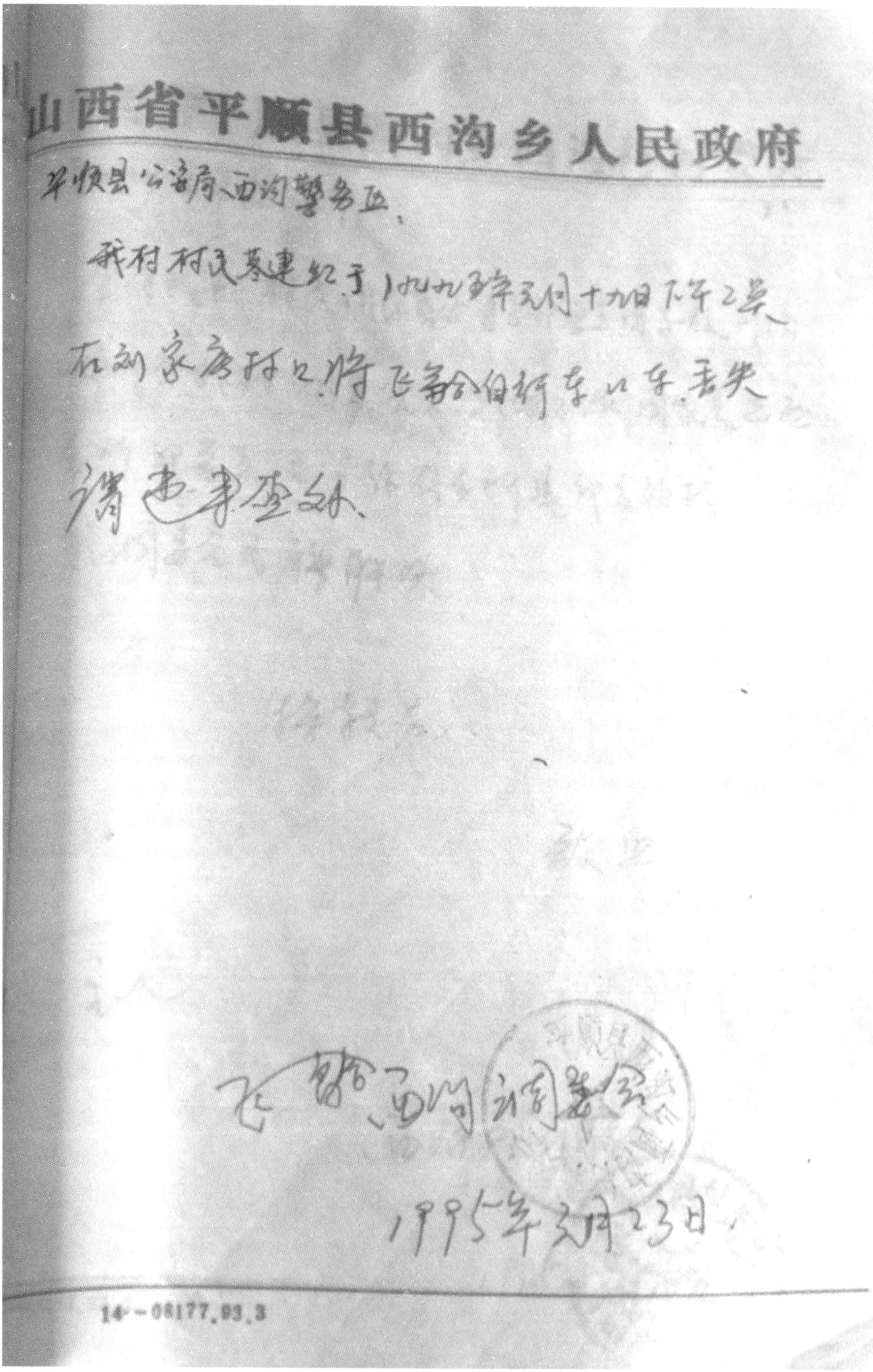

山西省平顺县西沟乡人民政府

平顺县公安局、西沟警务区：

我村村民苳建红于1995年3月十九日下午2点，在刘家店村口将飞鸽牌自行车一辆丢失，请速来查处。

平顺西沟村委会

1995年3月23日

14--08177,93.3

图5-7-7　苳建红丢失自行车（1995.3.23）

六、2006年西沟村三务公开（共9张）

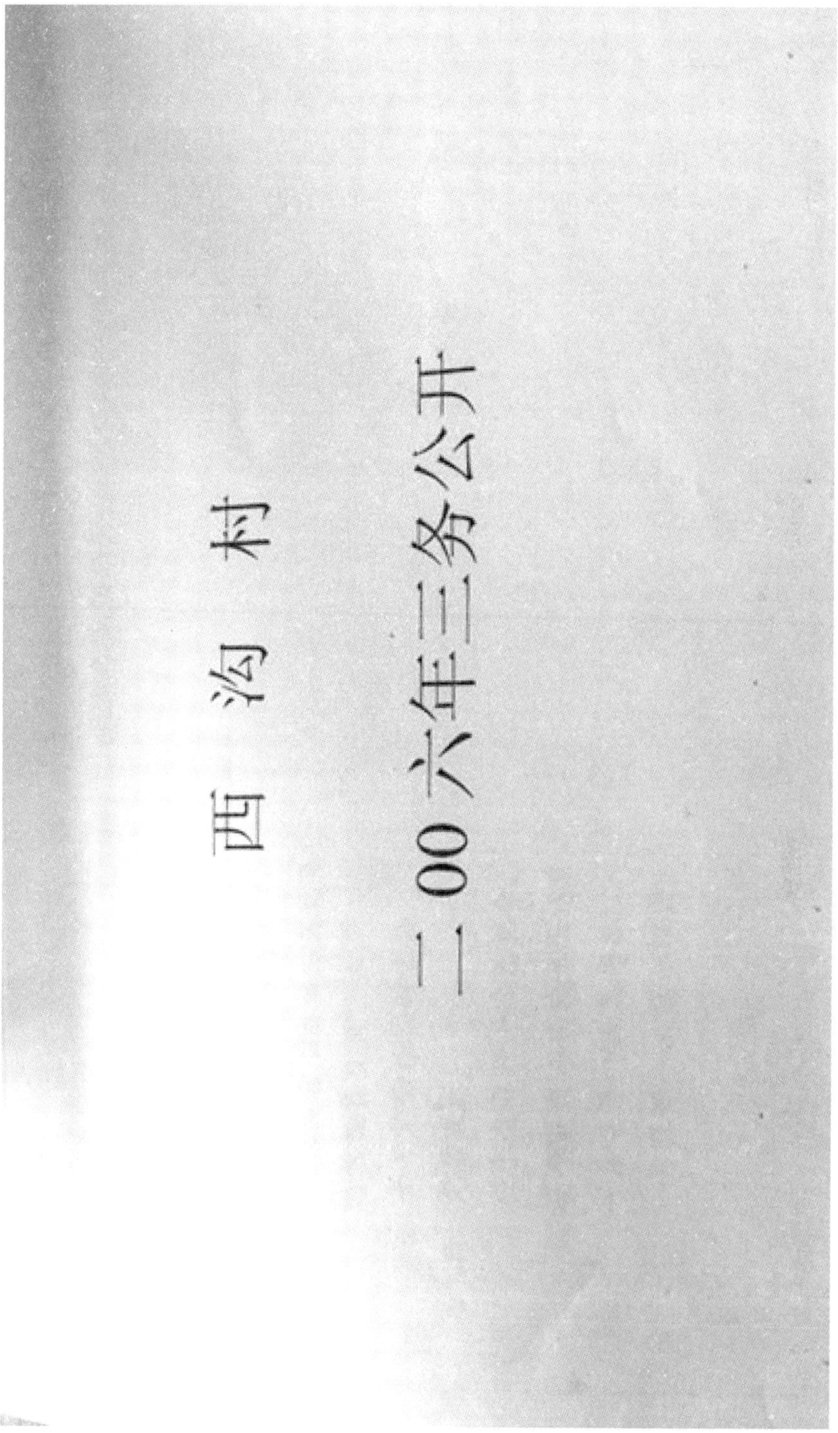

图6-1　西沟村2006年三务公开封面

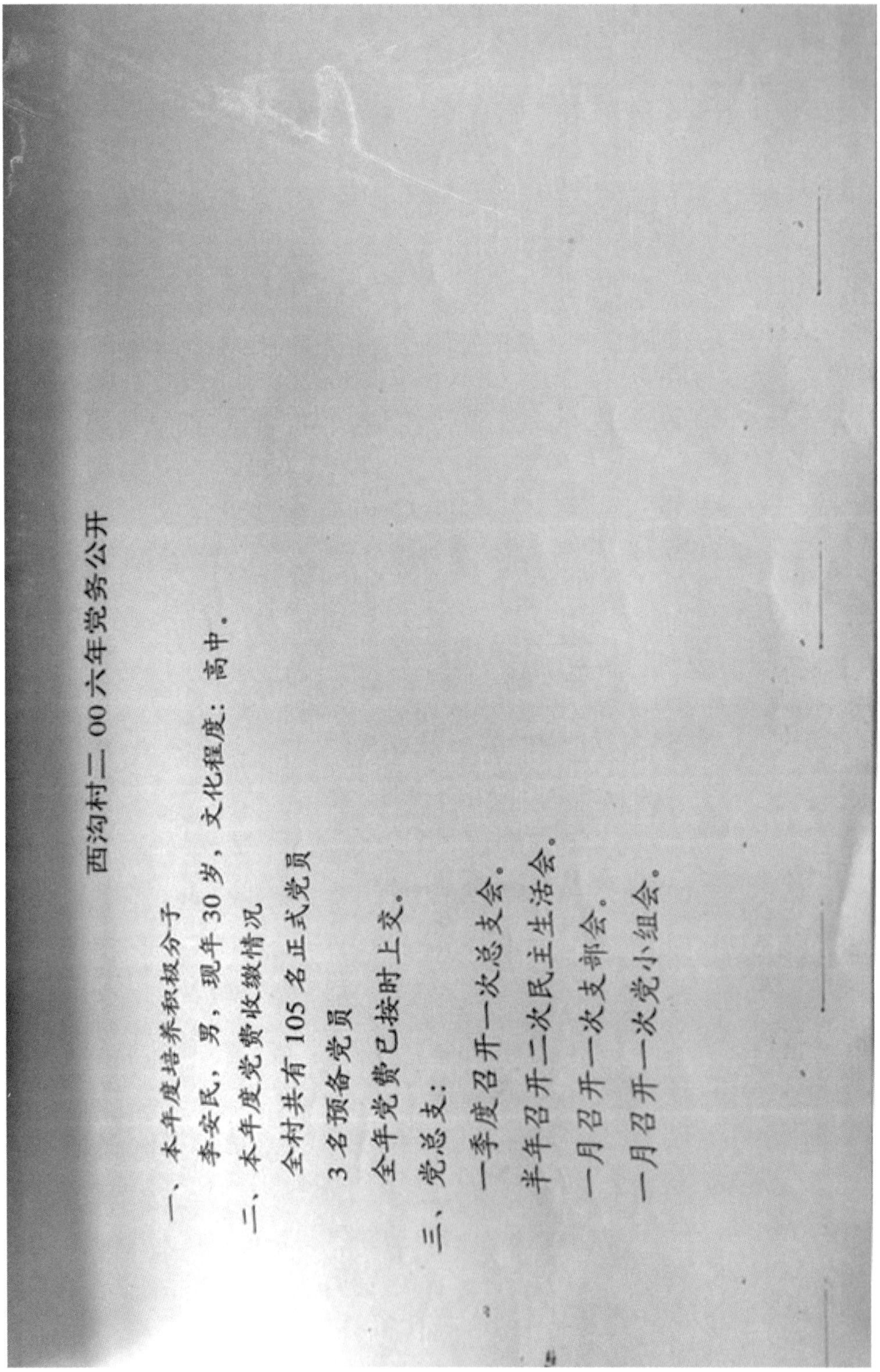

西沟村二 00 六年党务公开

一、本年度培养积极分子

李安民，男，现年 30 岁，文化程度：高中。

二、本年度党费收缴情况

全村共有 105 名正式党员

3 名预备党员

全年党费已按时上交。

三、党总支：

一季度召开一次总支会。

半年召开二次民主生活会。

一月召开一次支部会。

一月召开一次党小组会。

图6-2　西沟村2006年党务公开第一张

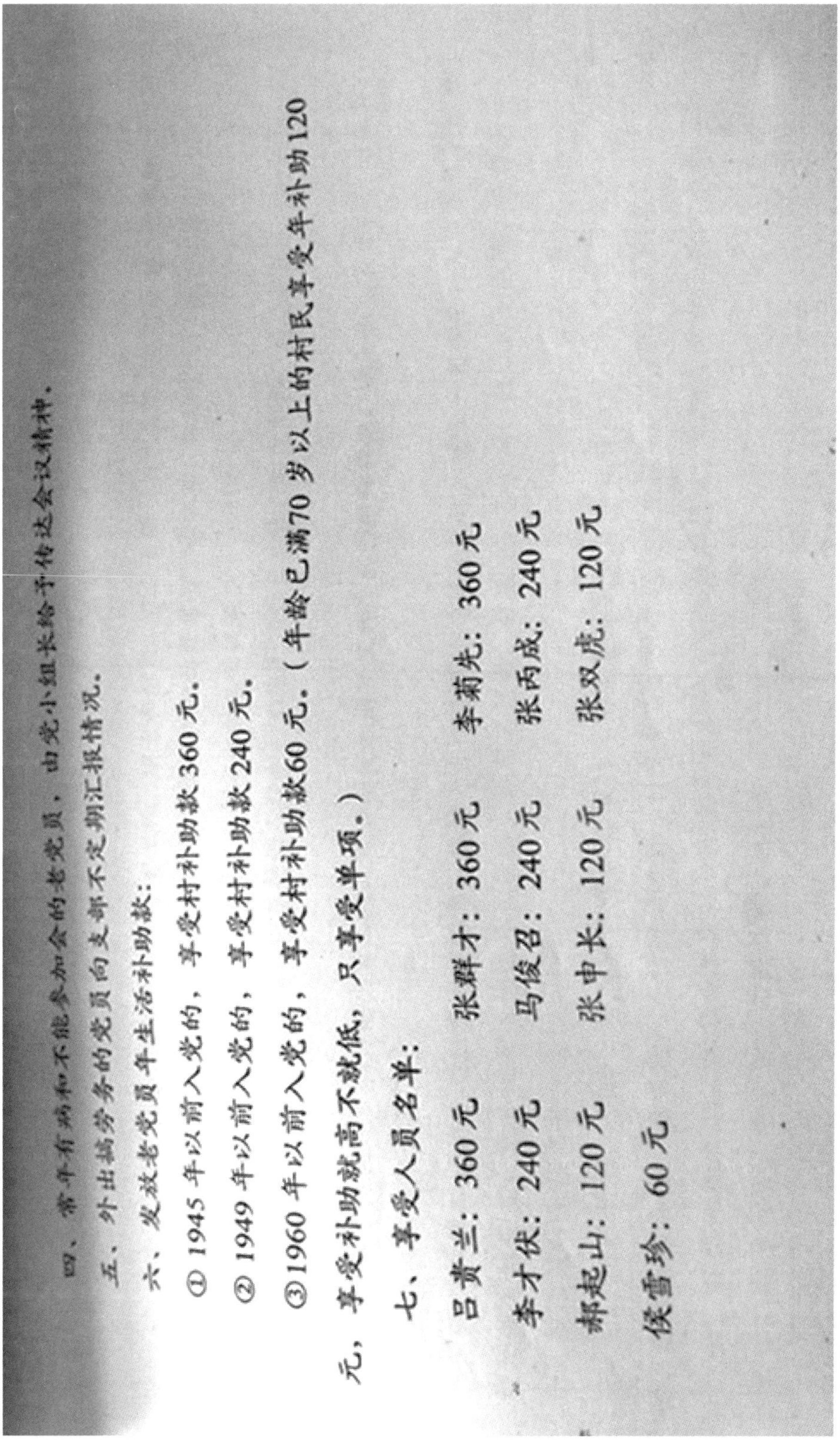
四、常年有病和不能参加会的老党员，由党小组长给予传达会议精神。
五、外出搞劳务的党员向支部不定期汇报情况。
六、发放老党员年生活补助款：
① 1945 年以前入党的，享受村补助款 360 元。
② 1949 年以前入党的，享受村补助款 240 元。
③1960 年以前入党的，享受村补助款60 元。（年龄已满70 岁以上的村民享受年补助120 元，享受补助就高不就低，只享受单项。）
七、享受人员名单：

吕贵兰：360 元	张群才：360 元	李菊先：360 元
李才伏：240 元	马俊召：240 元	张丙成：240 元
郝起山：120 元	张中长：120 元	张双虎：120 元
侯雪珍：60 元		

图6–3　西沟村2006年党务公开第二张

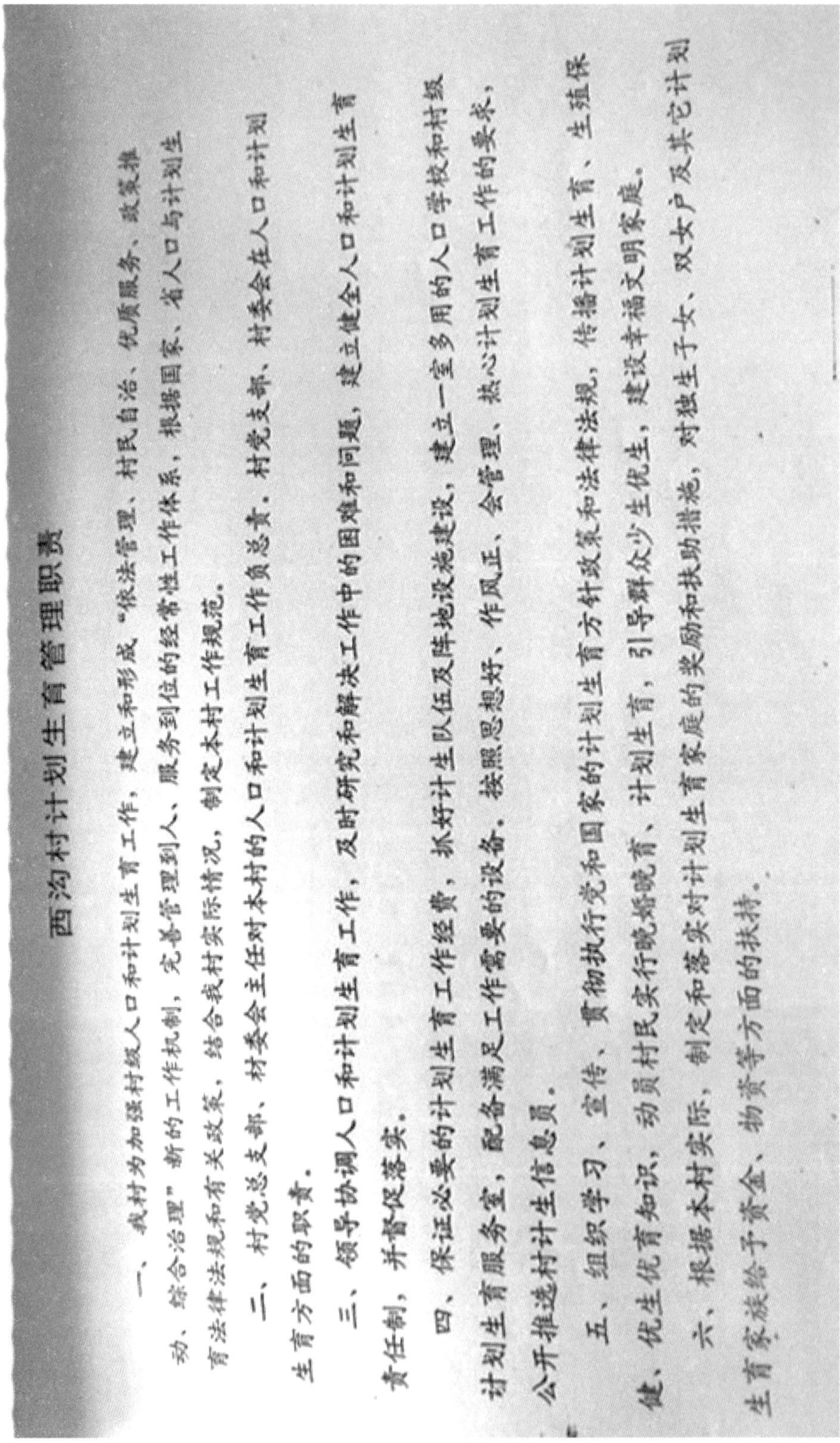

西沟村计划生育管理职责

一、我村为加强村级人口和计划生育工作，建立和形成“依法管理、村民自治、优质服务、政策推动、综合治理”新的工作机制，完善管理到人、服务到位的经常性工作体系，根据国家、省人口与计划生育法律法规和有关政策，结合我村实际情况，制定本村工作规范。

二、村党总支部、村委会主任对本村的人口和计划生育工作负总责。村党支部、村委会在人口和计划生育方面的职责。

三、领导协调人口和计划生育工作，及时研究和解决工作中的困难和问题，建立健全人口和计划生育责任制，并督促落实。

四、保证必要的计划生育工作经费，抓好计生队伍及阵地设施建设，建立一室多用的人口学校和村级计划生育服务室，配备满足工作需要的设备。按照思想好、作风正、会管理、热心计划生育工作的要求，公开推选村计生信息员。

五、组织学习、宣传、贯彻执行党和国家的计划生育方针政策和法律法规，传播计划生育、生殖保健、优生优育知识，动员村民实行晚婚晚育、计划生育，引导群众少生优生，建设幸福文明家庭。

六、根据本村实际，制定和落实对计划生育家庭的奖励和扶助措施，对独生子女、双女户及其它计划生育家族给予资金、物资等方面的扶持。

图6-4　西沟村计划生育管理职责

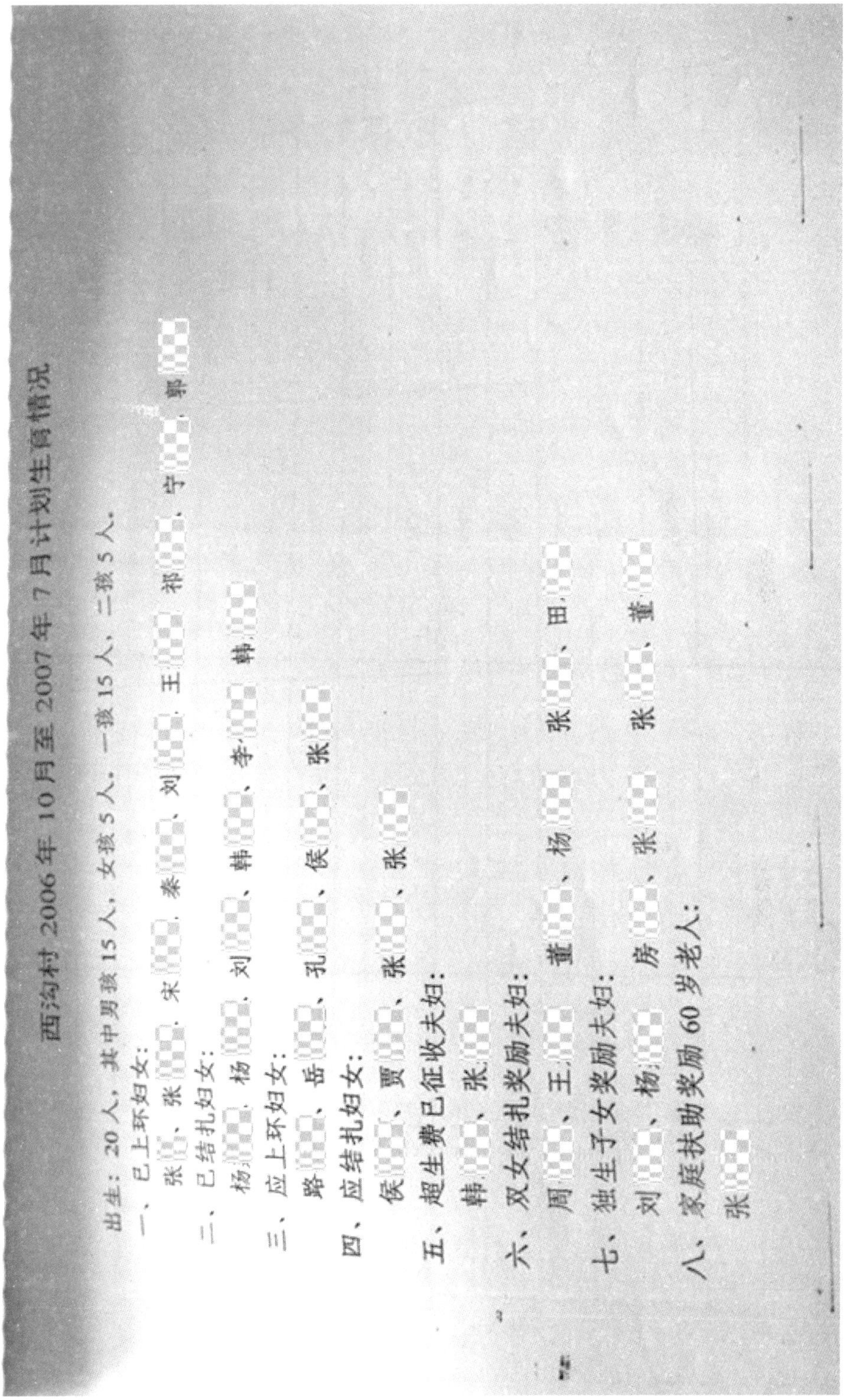

西沟村 2006 年 10 月至 2007 年 7 月计划生育情况

出生：20 人，其中男孩 15 人，女孩 5 人，一孩 15 人，二孩 5 人。

一、已上环妇女：

张[redacted]、张[redacted]、宋[redacted]、秦[redacted]、刘[redacted]、王[redacted]、祁[redacted]、宁[redacted]、郭[redacted]

二、已结扎妇女：

杨[redacted]、杨[redacted]、刘[redacted]、韩[redacted]、李[redacted]、韩[redacted]

三、应上环妇女：

路[redacted]、岳[redacted]、孔[redacted]、侯[redacted]、张[redacted]

四、应结扎妇女：

侯[redacted]、贾[redacted]、张[redacted]、张[redacted]

五、超生费已征收夫妇：

韩[redacted]、张[redacted]

六、双女结扎奖励夫妇：

周[redacted]、王[redacted]、董[redacted]、杨[redacted]、张[redacted]、田[redacted]

七、独生子女奖励夫妇：

刘[redacted]、杨[redacted]、房[redacted]、张[redacted]、张[redacted]、董[redacted]

八、家庭扶助奖励 60 岁老人：

张[redacted]

图6-5　西沟村2006年10月至2007年7月计划生育情况

西沟村辉沟庄领取扶贫移民建房资金花名表

户名	2005年	2006年	合计金额
赵全生	5000	5000	10000
赵开生	5000	5000	10000
刘金付	6250	6250	12500
赵玉生	8750	8750	17500
王仕林	6250	6250	12500
赵卫生	5000	5000	10000
杨有松		10000	10000
赵进生		12500	12500
索志怀		7500	7500
刘金娥		5000	5000
董双法		7500	7500
杨有才		10000	10000
合计	36250	52500	88750

图6-6　西沟村辉沟庄领取扶贫移民建房资金花名表

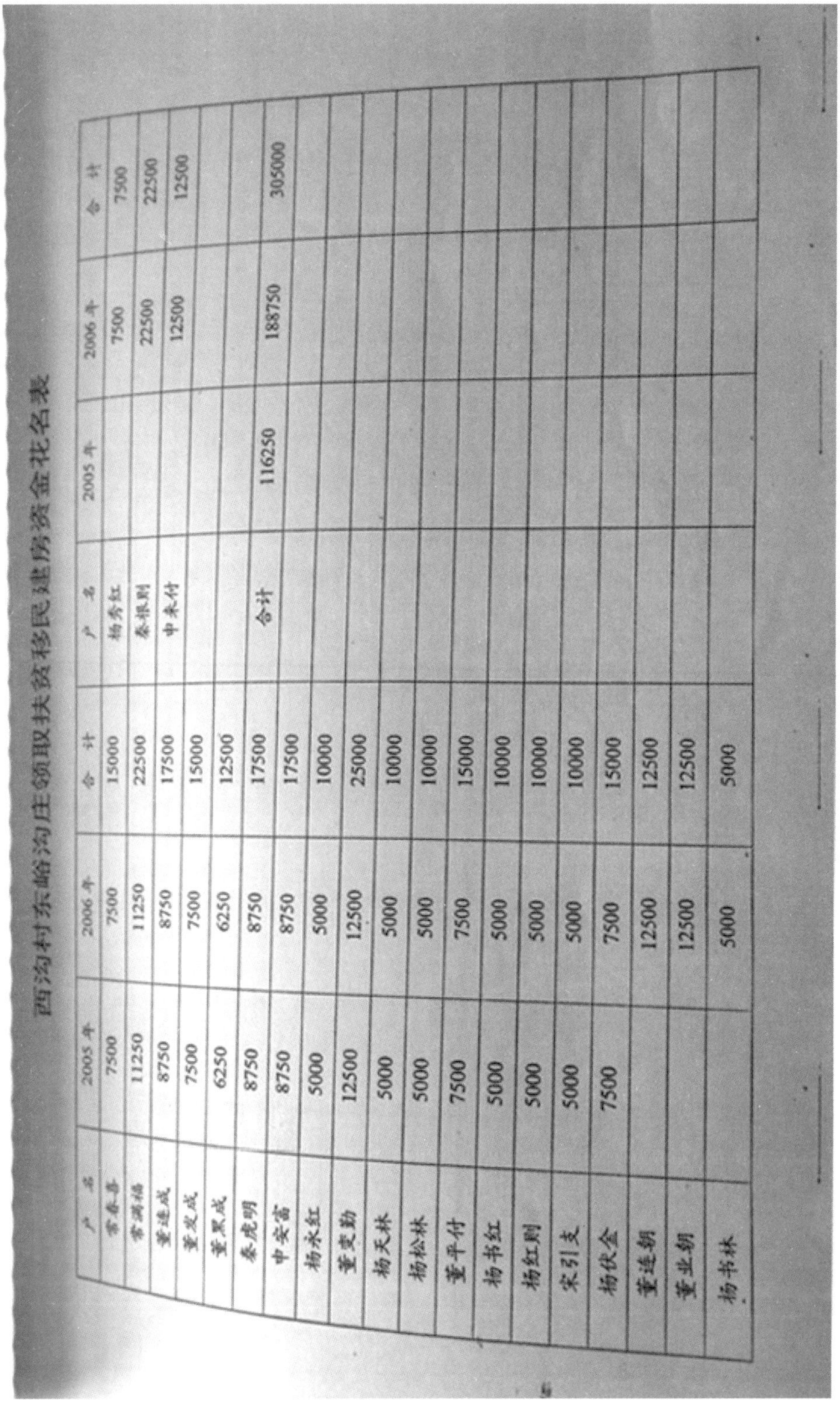
西沟村东峪沟庄领取扶贫移民建房资金花名表

户名	2005年	2006年	合计	户名	2005年	2006年	合计
常春喜	7500	7500	15000	杨秀红		7500	7500
常满福	11250	11250	22500	秦根则		22500	22500
董连成	8750	8750	17500	申来付		12500	12500
董发成	7500	7500	15000				
董黑成	6250	6250	12500				
秦虎明	8750	8750	17500				
申安富	8750	8750	17500	合计	116250	188750	305000
杨永红	5000	5000	10000				
董变勤	12500	12500	25000				
杨天林	5000	5000	10000				
杨松林	5000	5000	10000				
董平付	7500	7500	15000				
杨书红	5000	5000	10000				
杨红则	5000	5000	10000				
宋引支	5000	5000	10000				
杨伏金	7500	7500	15000				
董连朝		12500	12500				
董业朝		12500	12500				
杨书林		5000	5000				

图6-7　西沟村东峪沟庄领取扶贫移民建房资金花名表

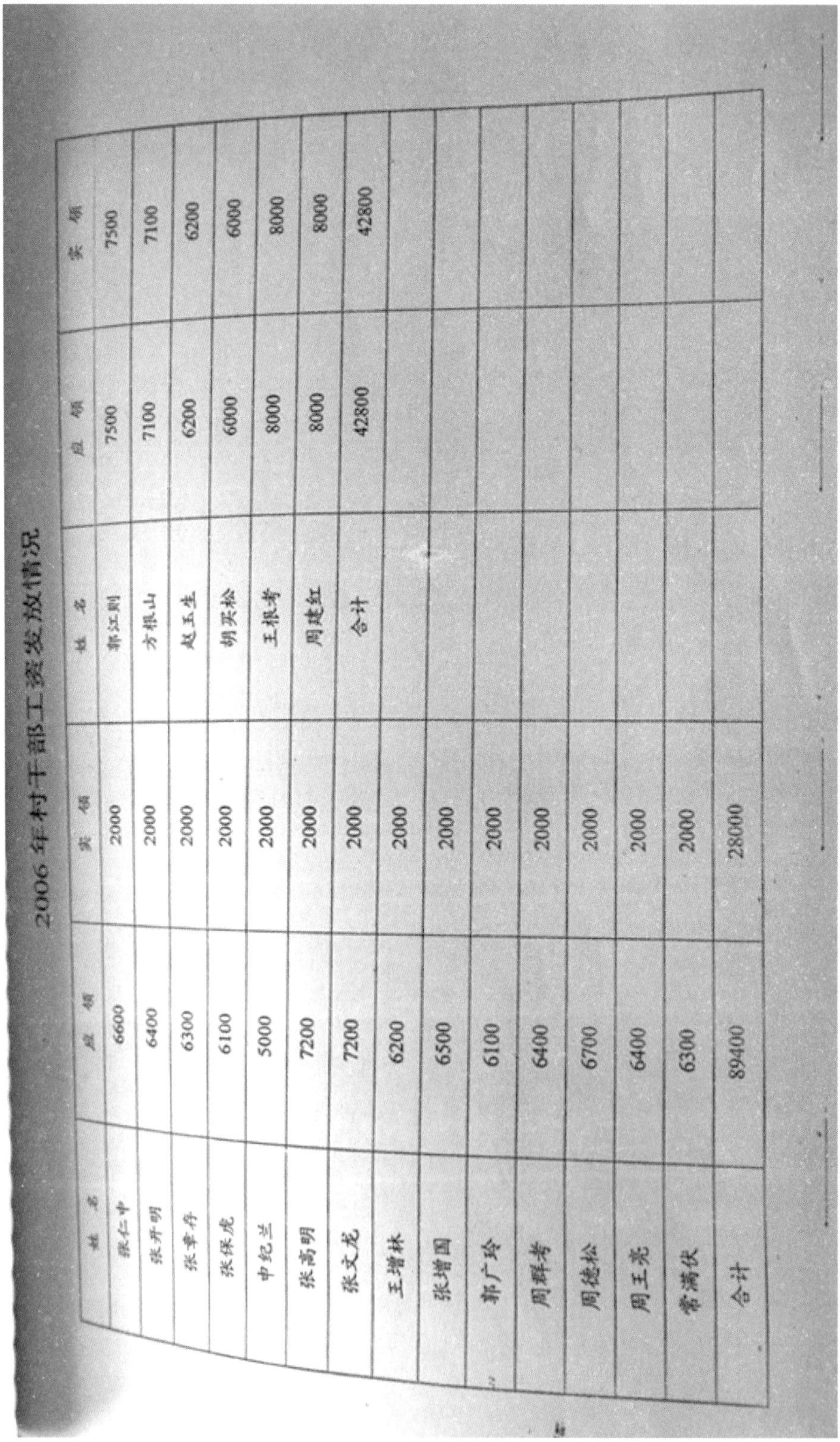

2006年村干部工资发放情况

姓名	应领	实领	姓名	应领	实领
张仁中	6600	2000	郭江则	7500	7500
张开明	6400	2000	方根山	7100	7100
张幸丹	6300	2000	赵玉生	6200	6200
张保虎	6100	2000	胡买松	6000	6000
申纪兰	5000	2000	王根考	8000	8000
张高明	7200	2000	周建红	8000	8000
张文龙	7200	2000	合计	42800	42800
王增林	6200	2000			
张增国	6500	2000			
郭广玲	6100	2000			
周群考	6400	2000			
周德松	6700	2000			
周王亮	6400	2000			
常满伏	6300	2000			
合计	89400	28000			

图6-8　2006年村干部工资发放情况

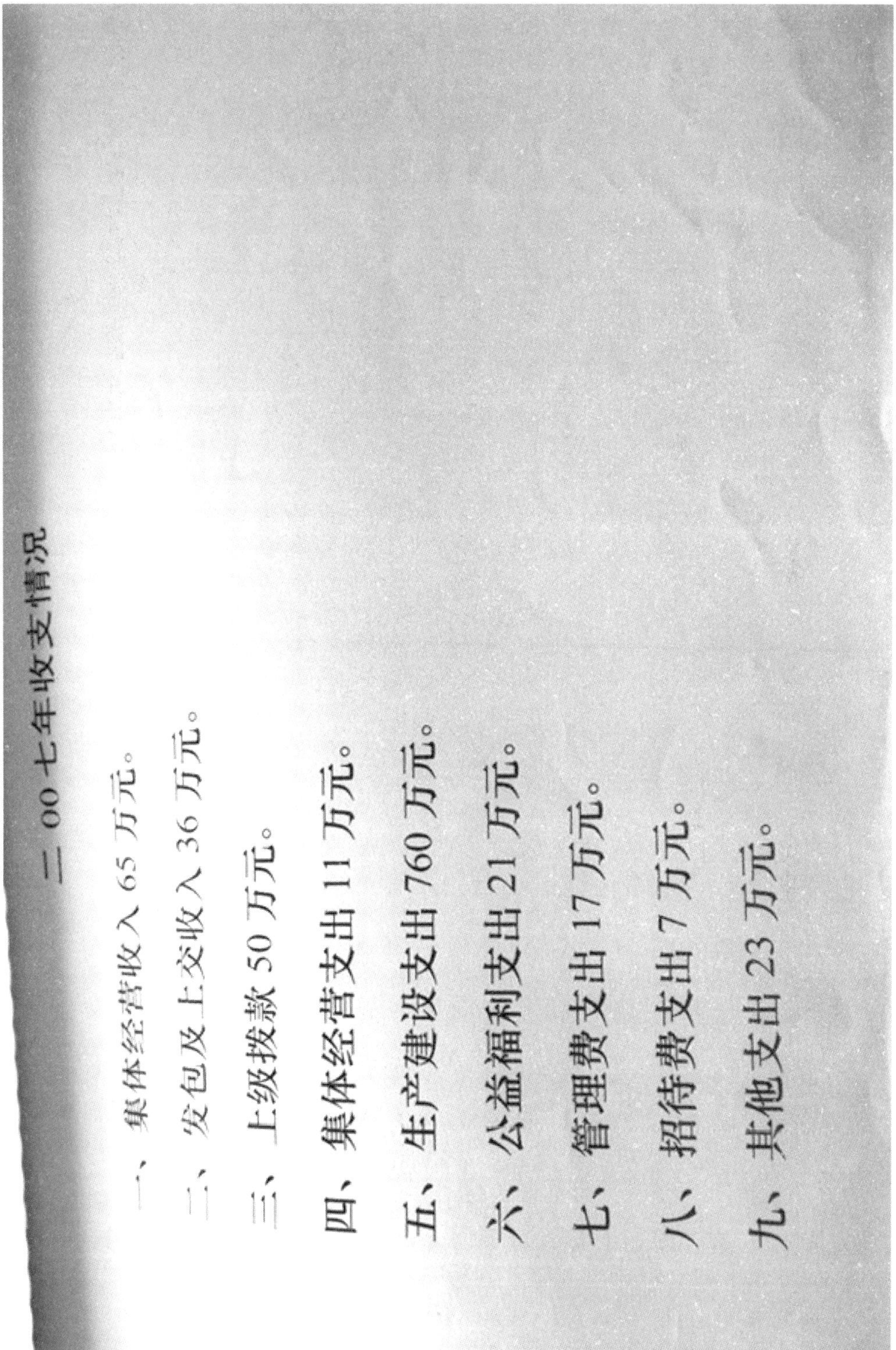

二OO七年收支情况

一、集体经营收入65万元。

二、发包及上交收入36万元。

三、上级拨款50万元。

四、集体经营支出11万元。

五、生产建设支出760万元。

六、公益福利支出21万元。

七、管理费支出17万元。

八、招待费支出7万元。

九、其他支出23万元。

图6-9　2007年收支情况

七、2008年西沟村第八届村民选举委员会公告资料（共9张）

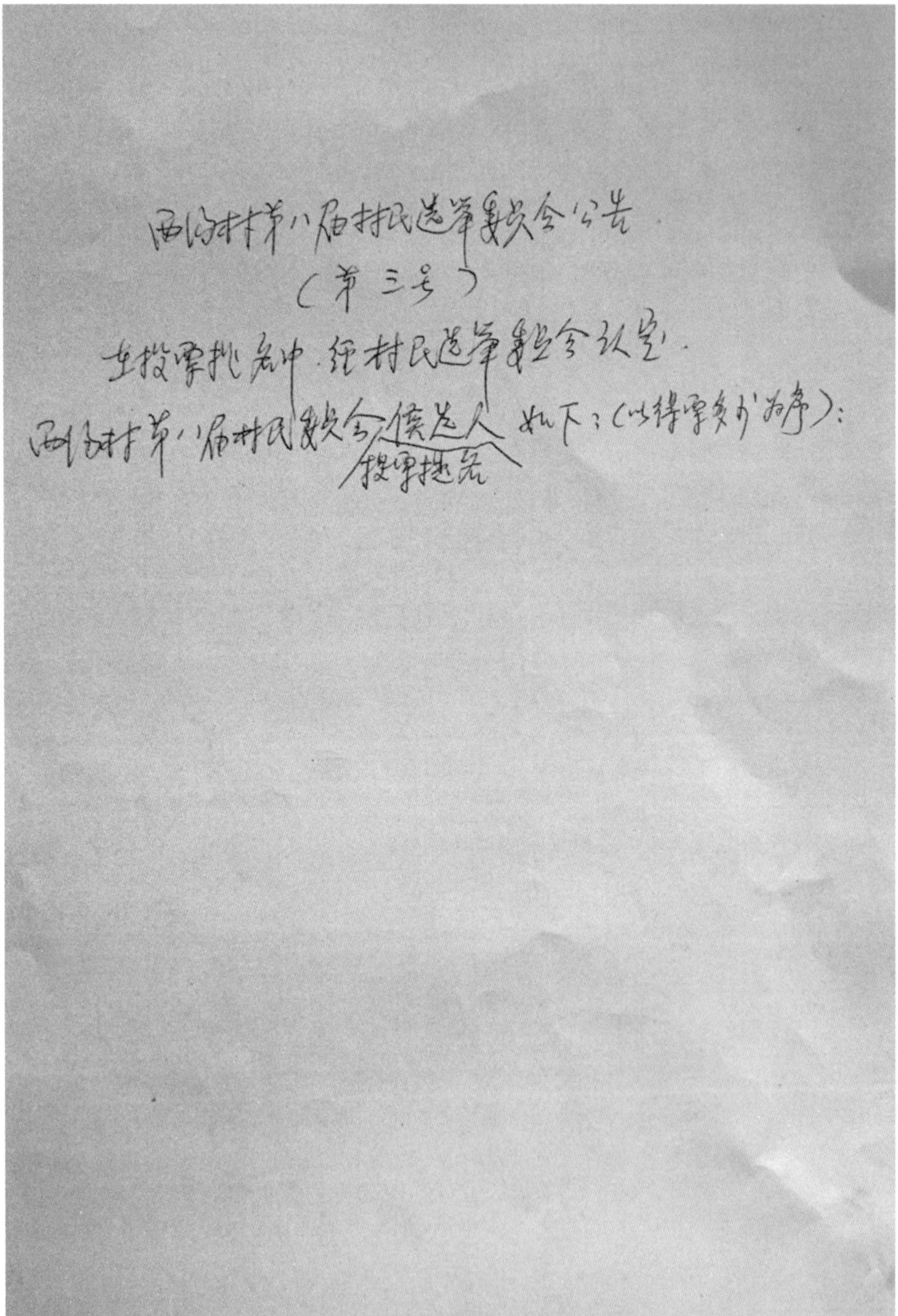

西沟村第八届村民选举委员会公告

（第三号）

在投票提名中，经村民选举委员会认定，

西沟村第八届村民委员会投票提名候选人如下：（以得票多少为序）：

图7-1　西沟村第八届村民选举委员会公告（第三号）

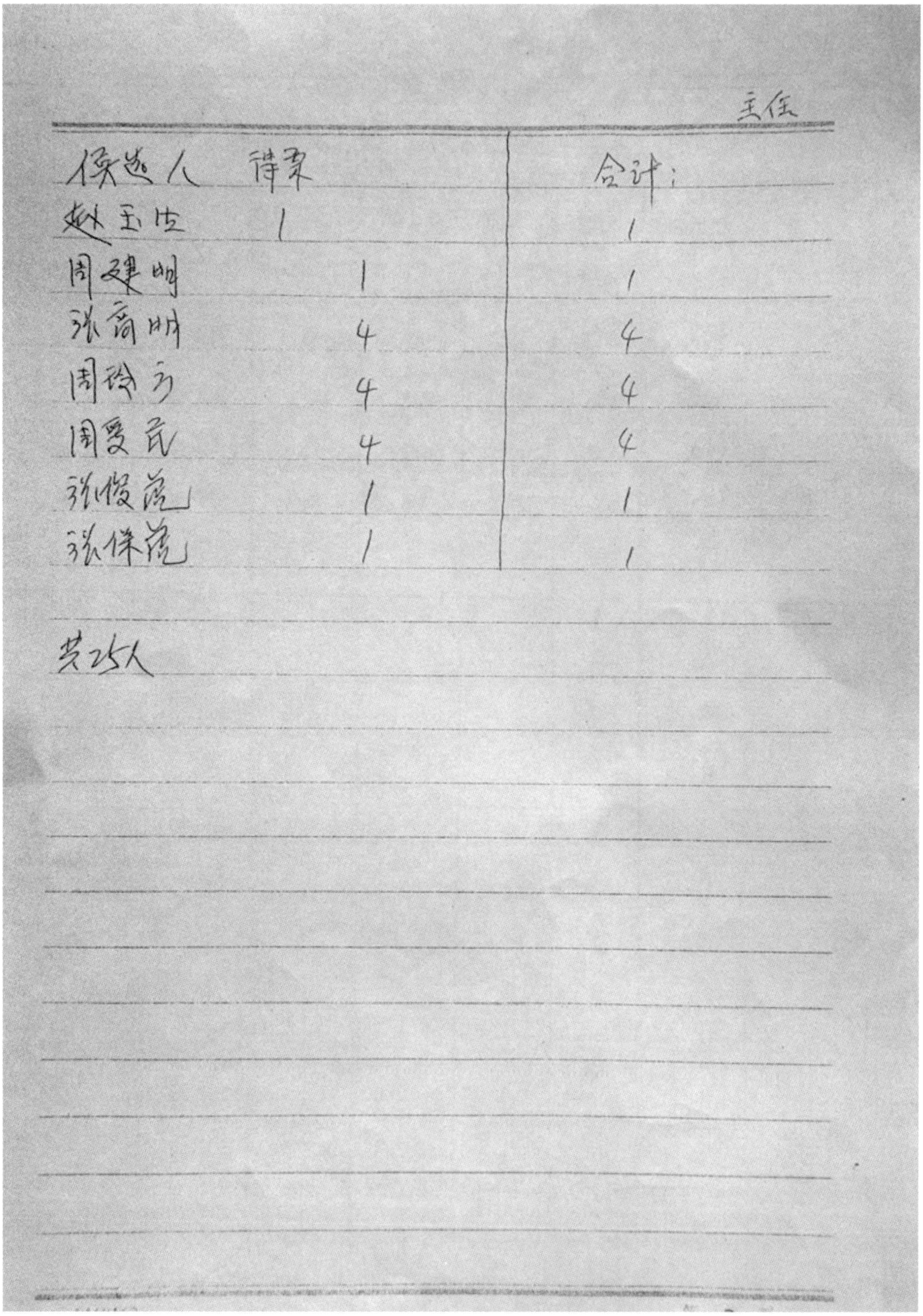

主任

候选人	得票	合计：
赵玉占	1	1
周建明	1	1
张商明	4	4
周玲方	4	4
周爱民	4	4
张俊范	1	1
张保范	1	1

共25人

图7-2　主任候选人推选得票汇总表

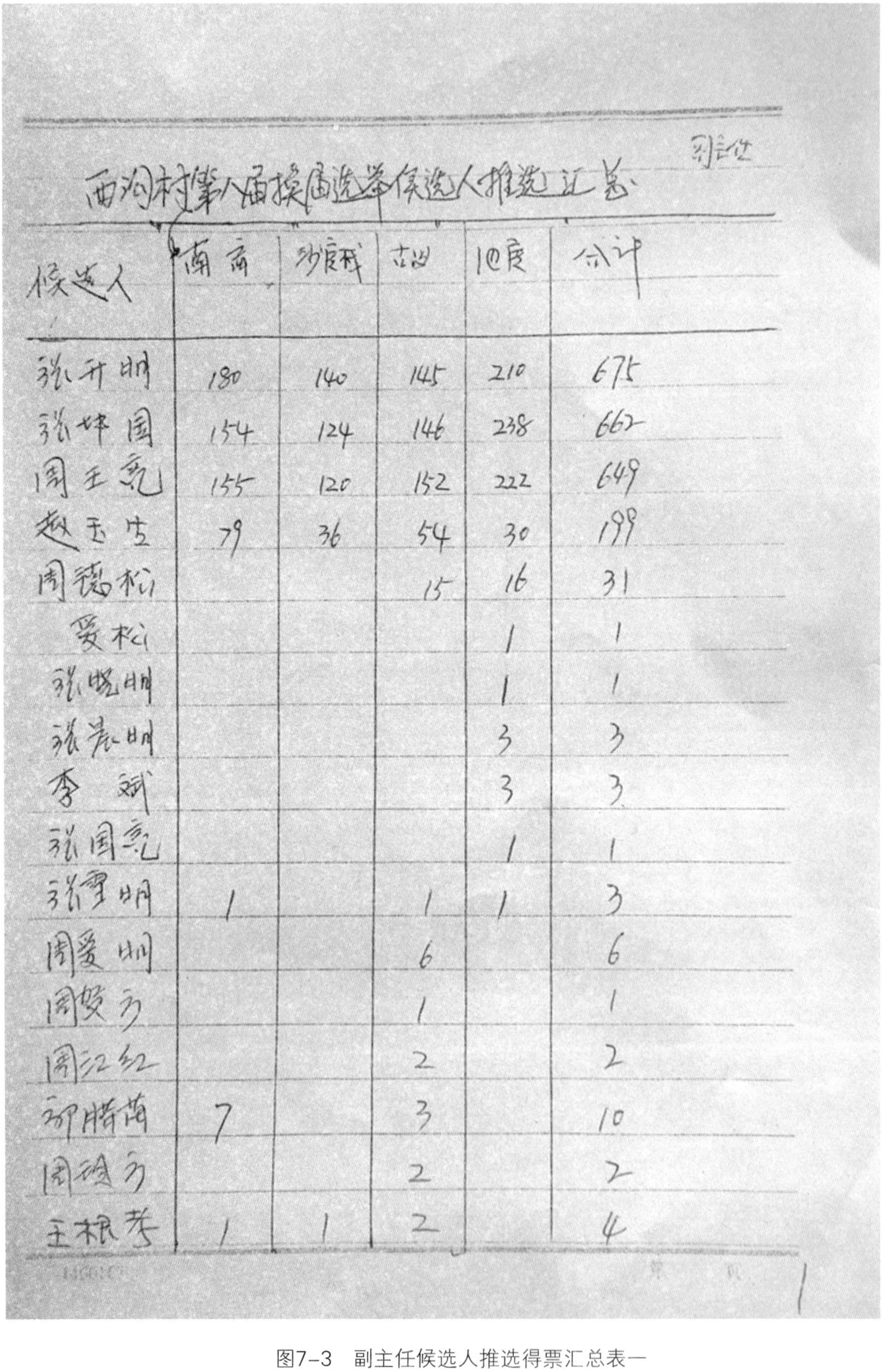

西沟村第八届换届选举候选人推选汇总　　副主任

候选人	南赤	沙地栈	古罗	池底	合计
张升明	180	140	145	210	675
张坪国	154	124	146	238	662
周王亮	155	120	152	222	649
赵玉生	79	36	54	30	199
周德松			15	16	31
爱松				1	1
张晓明				1	1
张光明				3	3
李斌				3	3
张国亮				1	1
张雪明	1		1	1	3
周爱明			6		6
周贺方			1		1
周江红			2		2
郭腊梅	7		3		10
周被方			2		2
王根孝	1	1	2		4

图7–3　副主任候选人推选得票汇总表一

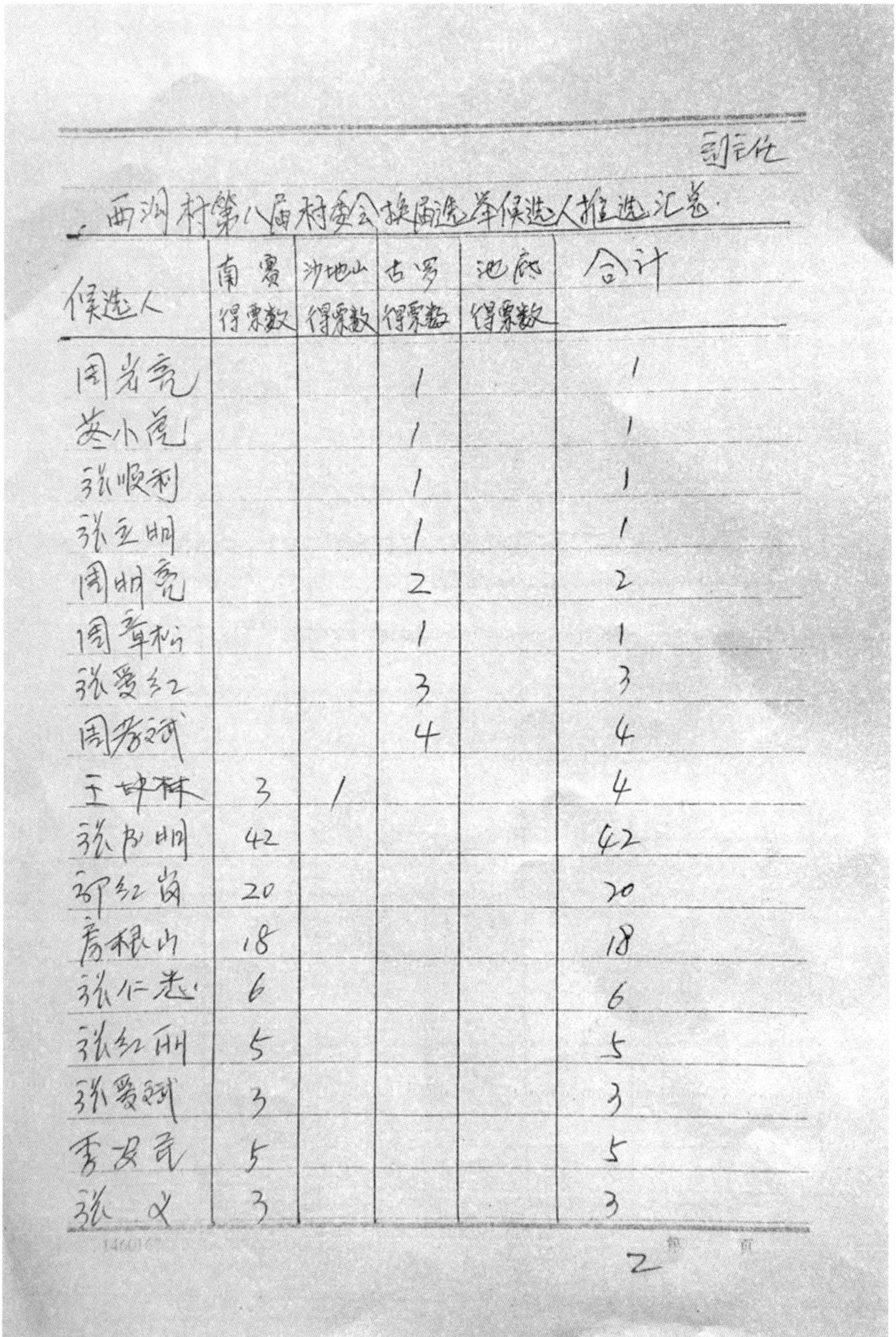

副主任

西湖村第八届村委会换届选举候选人推选汇总

候选人	南贾得票数	沙地山得票数	古罗得票数	池底得票数	合计
周岩亮			1		1
英小虎			1		1
张顺利			1		1
张玉明			1		1
周明亮			2		2
周章松			1		1
张爱红			3		3
周孝斌			4		4
王坤林	3	1			4
张书明	42				42
邓红岗	20				20
房根山	18				18
张仁志	6				6
张红刚	5				5
张爱斌	3				3
李发亮	5				5
张文	3				3

第 2 页

图7–4　副主任候选人推选得票汇总表二

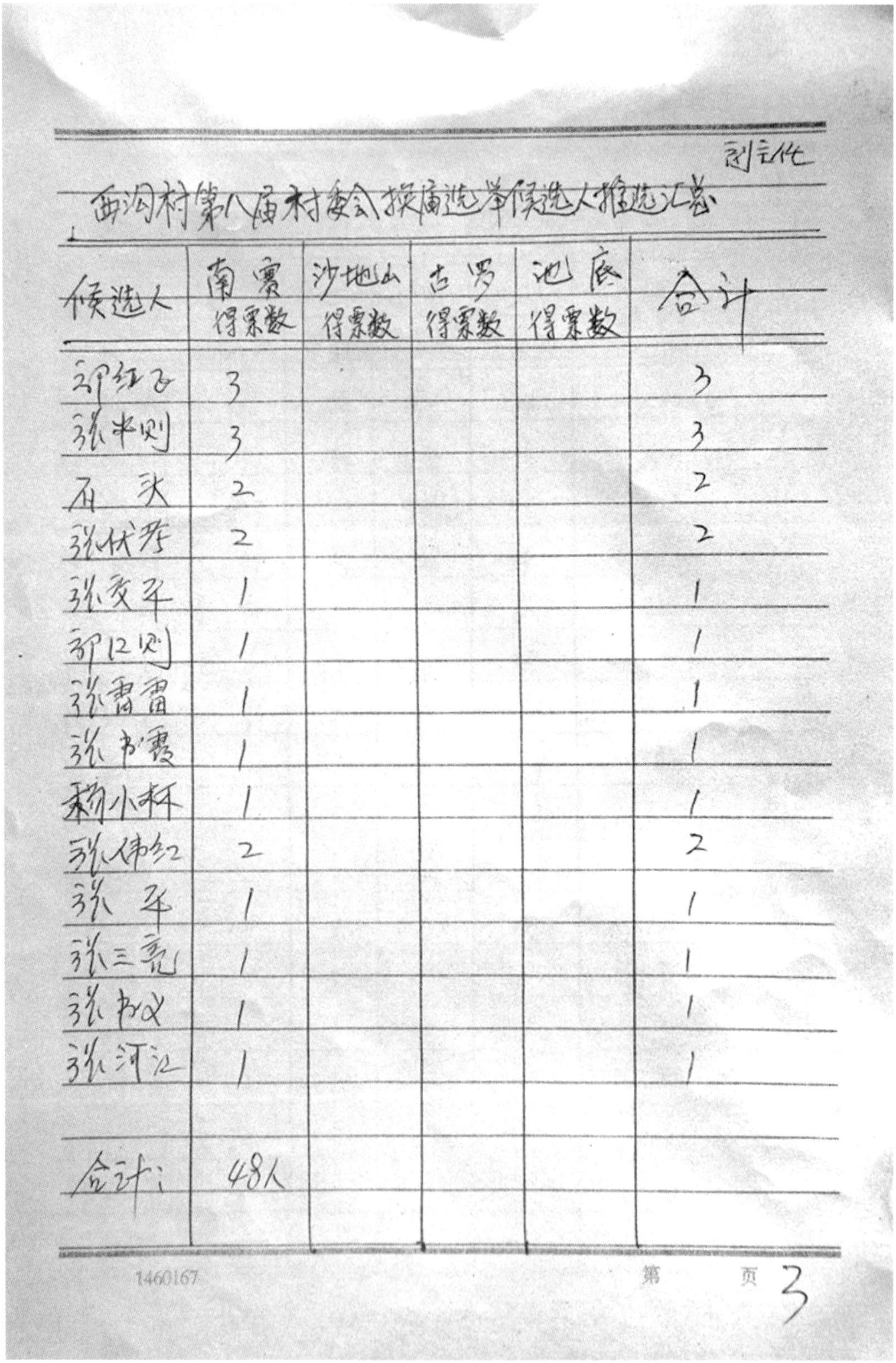

副主任

西沟村第八届村委会换届选举候选人推选汇总

候选人	南赛得票数	沙地山得票数	古罗得票数	池底得票数	合计
郭红飞	3				3
张米则	3				3
石 沃	2				2
张伏珍	2				2
张交平	1				1
郭江则	1				1
张雷雷	1				1
张书霞	1				1
赫小林	1				1
张伟红	2				2
张 平	1				1
张三亮	1				1
张书义	1				1
张河江	1				1
合计：	48人				

1460167　　第　页 3

图7-5　副主任候选人推选得票汇总表三

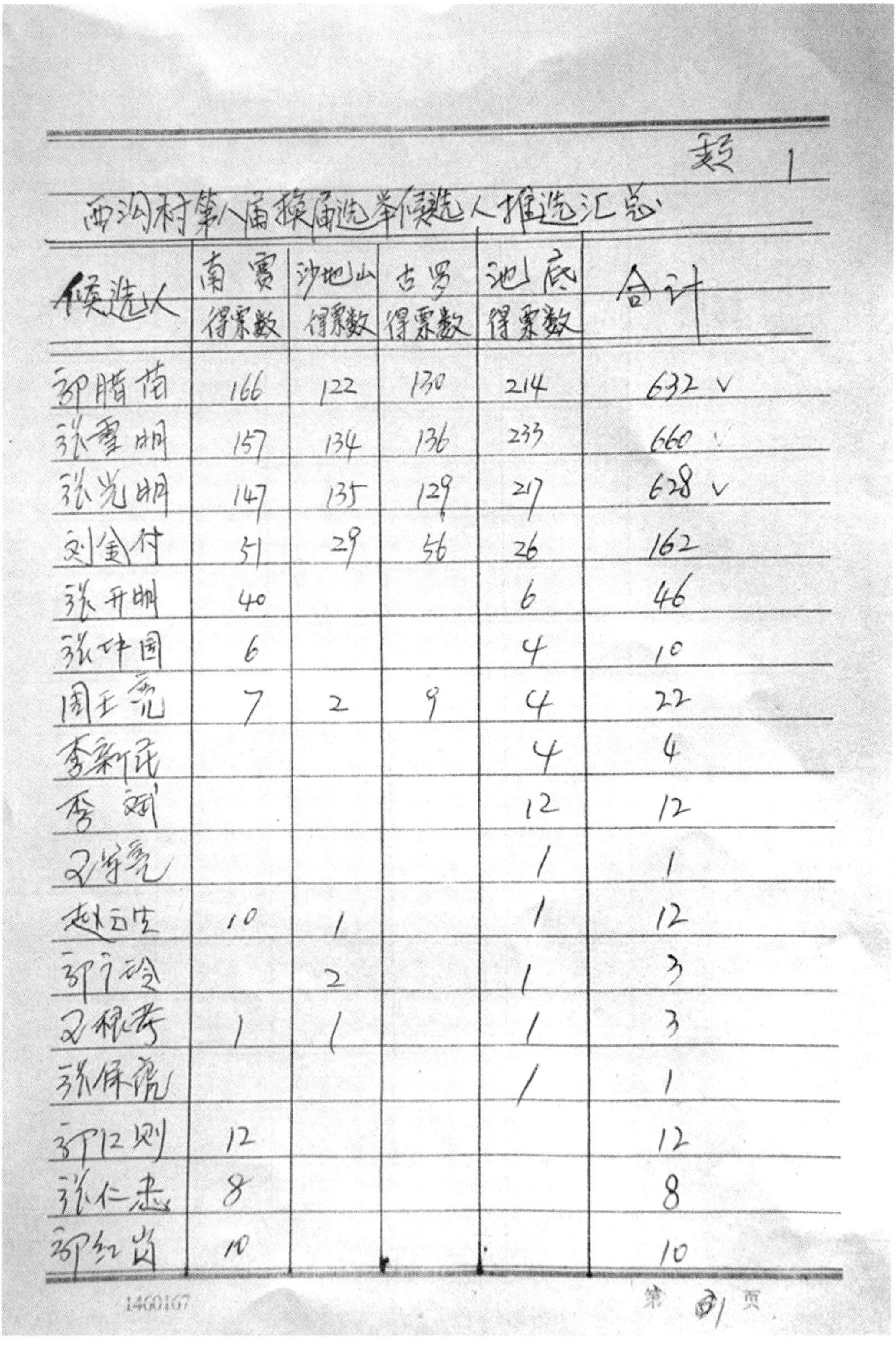

表 1

西沟村第八届换届选举候选人推选汇总

候选人	南赛 得票数	沙地山 得票数	古罗 得票数	池底 得票数	合计
邓腊苗	166	122	130	214	632 ∨
张雪明	157	134	136	233	660 ∨
张光明	147	135	129	217	628 ∨
刘金付	51	29	56	26	162
张开明	40			6	46
张中国	6			4	10
周王亮	7	2	9	4	22
李新民				4	4
李斌				12	12
卫宇亮				1	1
赵云生	10	1		1	12
邓广玲		2		1	3
卫根寿	1	1		1	3
张保亮				1	1
邓江则	12				12
张仁忠	8				8
邓红岗	10				10

1460167　　第 01 页

图7–6　村委委员候选人推选得票汇总表一

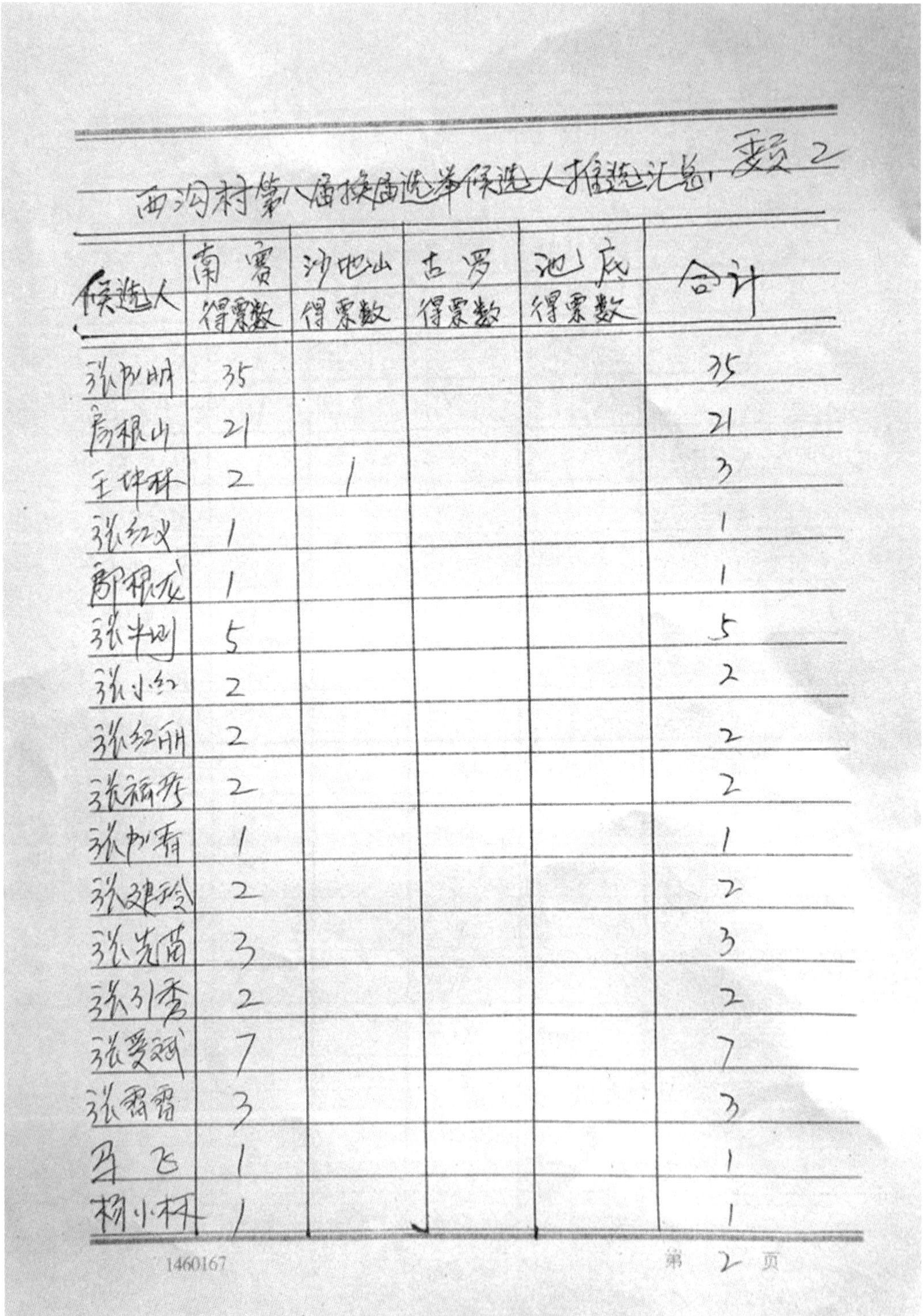

西沟村第八届换届选举候选人推选汇总 委员 2

候选人	南赛得票数	沙地山得票数	古罗得票数	池底得票数	合计
张加明	35				35
彦根山	21				21
王坤林	2	1			3
张红义	1				1
郭根成	1				1
张半则	5				5
张小红	2				2
张红朋	2				2
张福秀	2				2
张加青	1				1
张建玲	2				2
张先苗	3				3
张引秀	2				2
张爱斌	7				7
张霞霞	3				3
马飞	1				1
杨小林	1				1

1460167　　第 2 页

图7–7　村委委员候选人推选得票汇总表二

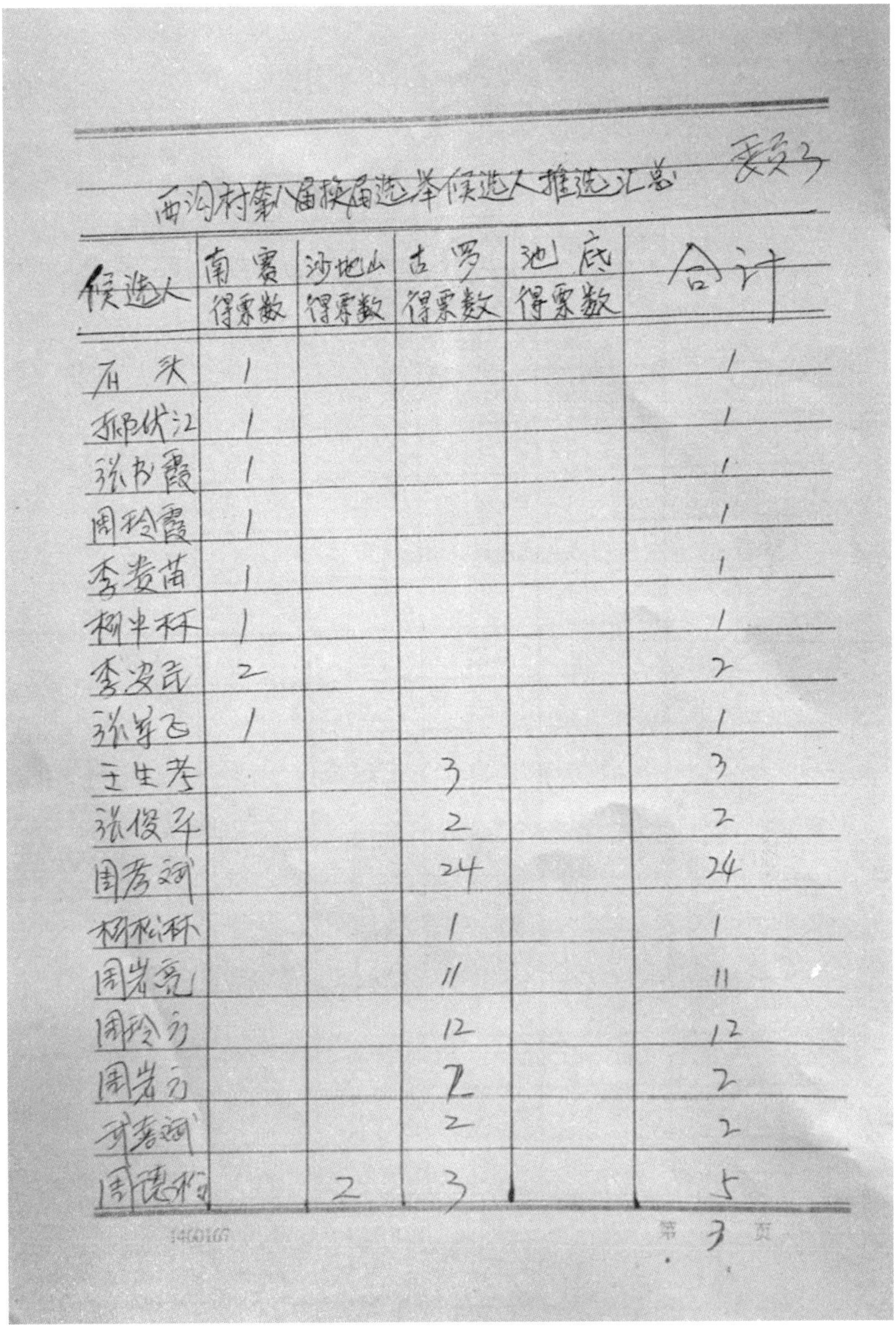

西沟村第八届换届选举候选人推选汇总　委员3

候选人	南赛得票数	沙地山得票数	古罗得票数	池底得票数	合计
石秋	1				1
郝伏江	1				1
张书霞	1				1
周玲霞	1				1
李爱苗	1				1
杨中林	1				1
李发民	2				2
张举飞	1				1
王生孝			3		3
张俊平			2		2
周彦斌			24		24
杨松林			1		1
周岩亮			11		11
周玲方			12		12
周岩方			2		2
武春斌			2		2
周德松		2	3		5

1400167　　第 3 页

图7-8　村委委员候选人推选得票汇总表三

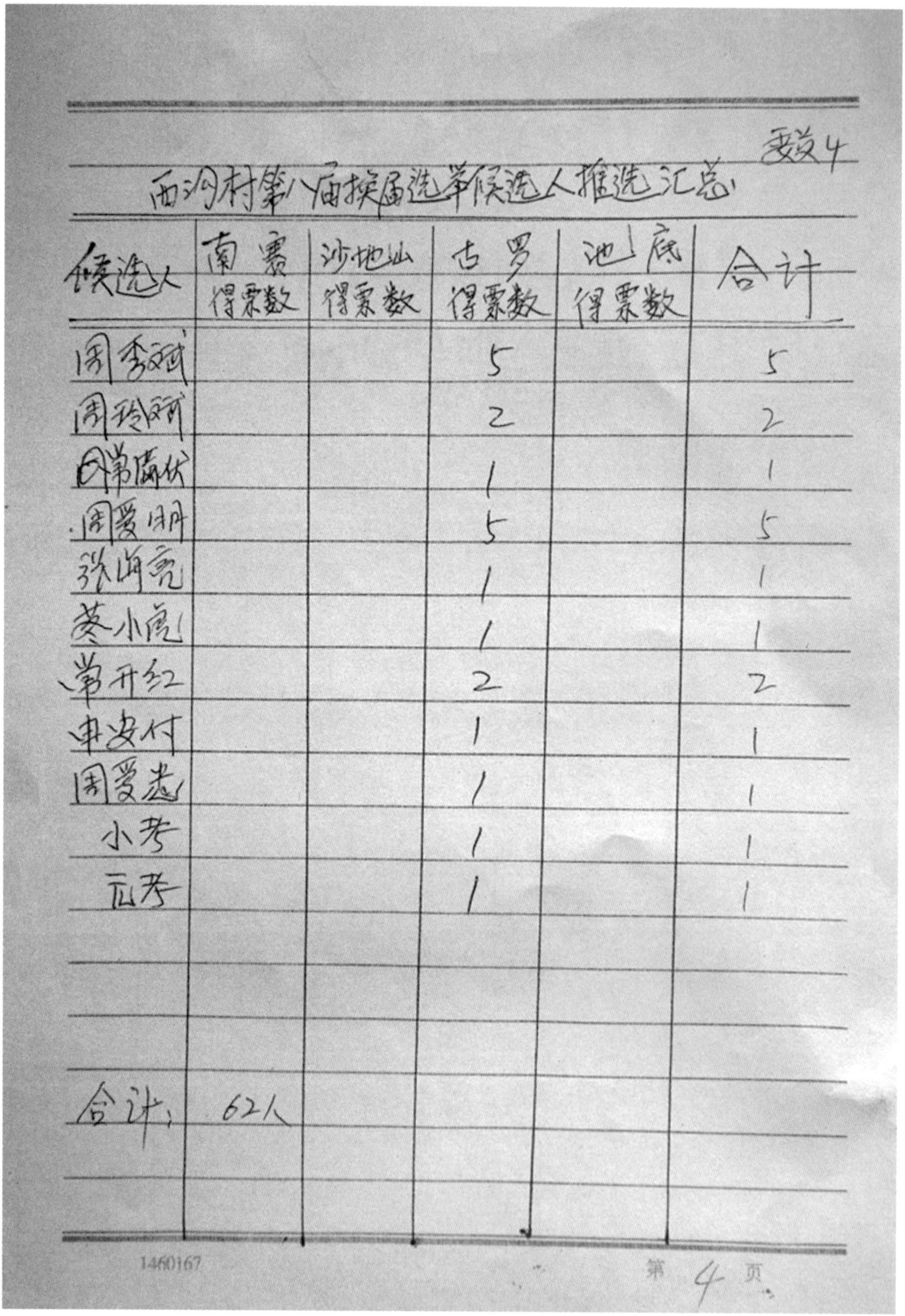

委员4

西沟村第八届换届选举候选人推选汇总

候选人	南赛得票数	沙地山得票数	古罗得票数	池底得票数	合计
周季斌			5		5
周玲斌			2		2
周常满代			1		1
周爱明			5		5
张海亮			1		1
蔡小亮			1		1
常开红			2		2
申发付			1		1
周爱芯			1		1
小考			1		1
云考			1		1
合计：	62人				

1460167　　第 4 页

图7-9　村委委员候选人推选得票汇总表四

八、2009年到2014年3月西沟村财务公开资料（共71张）

（一）西沟村2009年各项收支情况

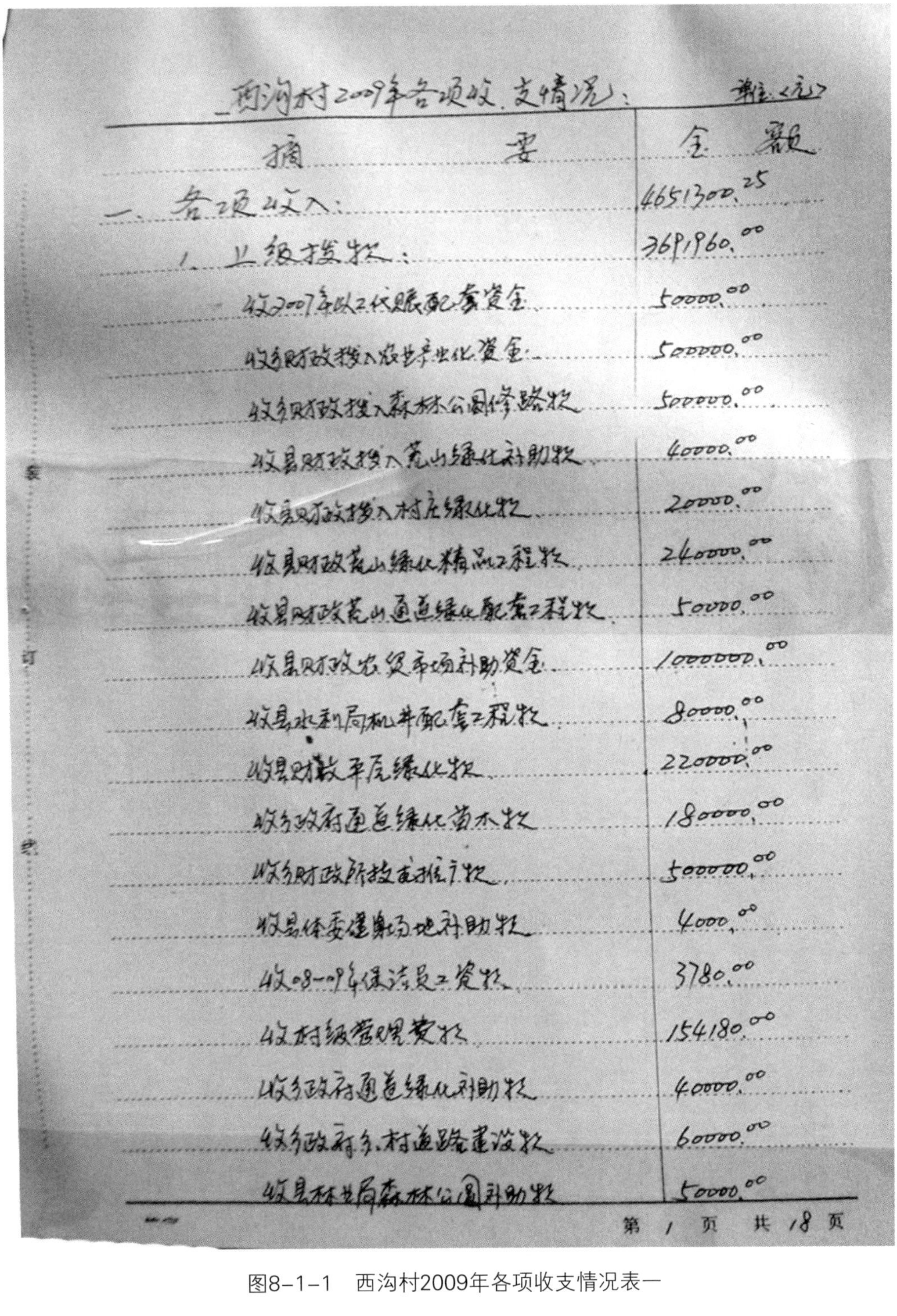

西沟村2009年各项收支情况　　单位：（元）

摘要	金额
一、各项收入：	4651300.25
1. 上级拨款：	3691960.00
收2007年以工代赈配套资金	50000.00
收乡财政拨入农业产业化资金	500000.00
收乡财政拨入森林公园修路款	500000.00
收县财政拨入荒山绿化补助款	40000.00
收县财政拨入村庄绿化款	20000.00
收县财政荒山绿化精品工程款	240000.00
收县财政荒山通道绿化配套工程款	50000.00
收县财政农贸市场补助资金	1000000.00
收县水利局机井配套工程款	80000.00
收县财政平原绿化款	220000.00
收乡政府通道绿化苗木款	180000.00
收乡财政所技术推广款	500000.00
收县体委健身场地补助款	4000.00
收08-09年保洁员工资款	3780.00
收村级管理费款	154180.00
收乡政府通道绿化补助款	40000.00
收乡政府乡村道路建设款	60000.00
收县林业局森林公园补助款	50000.00

第 1 页 共 18 页

图8-1-1　西沟村2009年各项收支情况表一

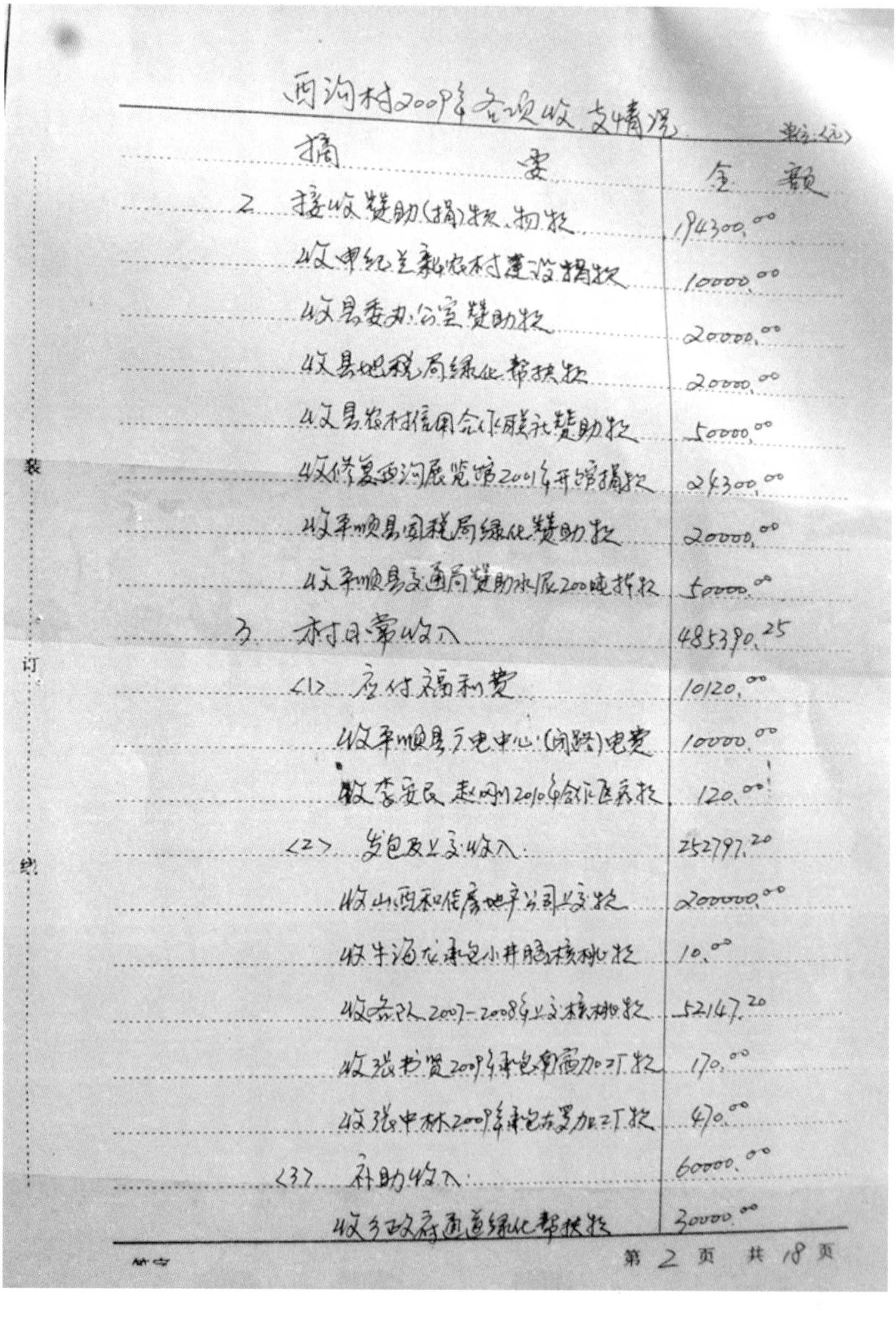

西沟村2009年各项收支情况

单位：元

摘要	金额
2. 接收赞助(捐)款、物款	194300.00
收申纪兰新农村建设捐款	10000.00
收县委办公室赞助款	20000.00
收县地税局绿化帮扶款	20000.00
收县农村信用合作联社赞助款	50000.00
收修复西沟展览馆2009年开馆捐款	24300.00
收平顺县国税局绿化赞助款	20000.00
收平顺县交通局赞助水泥200吨折款	50000.00
3. 村日常收入	485390.25
<1> 应付福利费	10120.00
收平顺县广电中心(闭路)电费	10000.00
收李安民、赵刚2010年合作医疗款	120.00
<2> 发包及上交收入	252797.20
收山西和信房地产公司上交款	200000.00
收牛海龙承包小井脑核桃款	10.00
收各队2007—2008年上交核桃款	52147.20
收张书贤2009年承包剪画加工款	170.00
收张中林2009年承包古罗加工款	470.00
<3> 补助收入	60000.00
收乡政府通道绿化帮扶款	30000.00

第2页 共18页

图8-1-2 西沟村2009年各项收支情况表二

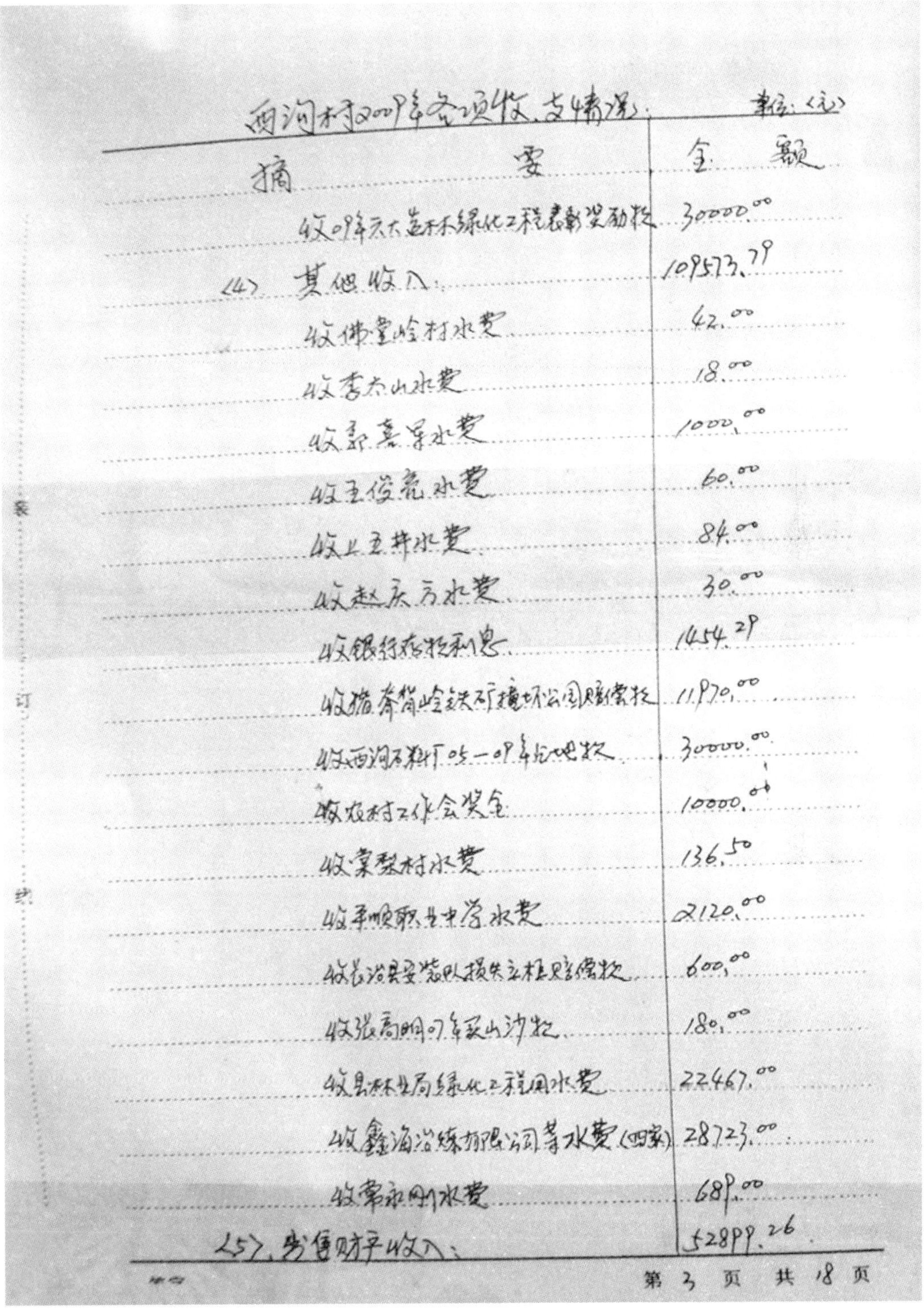

西沟村2009年各项收支情况 单位：(元)

摘要	金额
收09年太行山造林绿化工程表彰奖励款	30000.00
(4) 其他收入	109573.79
收佛堂岭村水费	42.00
收李太山水费	18.00
收郭嘉某水费	1000.00
收王俊亮水费	60.00
收上玉井水费	84.00
收赵庆方水费	30.00
收银行存款利息	1454.29
收搞脊背岭铁矿塌坑公司赔偿款	11970.00
收西沟石料厂05—09年占地款	30000.00
收农村工作会奖金	10000.00
收棠梨村水费	136.50
收平顺职业中学水费	2120.00
收长治县安装队损失苗木赔偿款	600.00
收张高明09年采山沙款	180.00
收县林业局绿化工程用水费	22467.00
收鑫海冶炼有限公司等水费(四家)	28723.00
收常永刚水费	688.00
(5) 出售财产收入	52899.26

第3页 共18页

图8-1-3 西沟村2009年各项收支情况表三

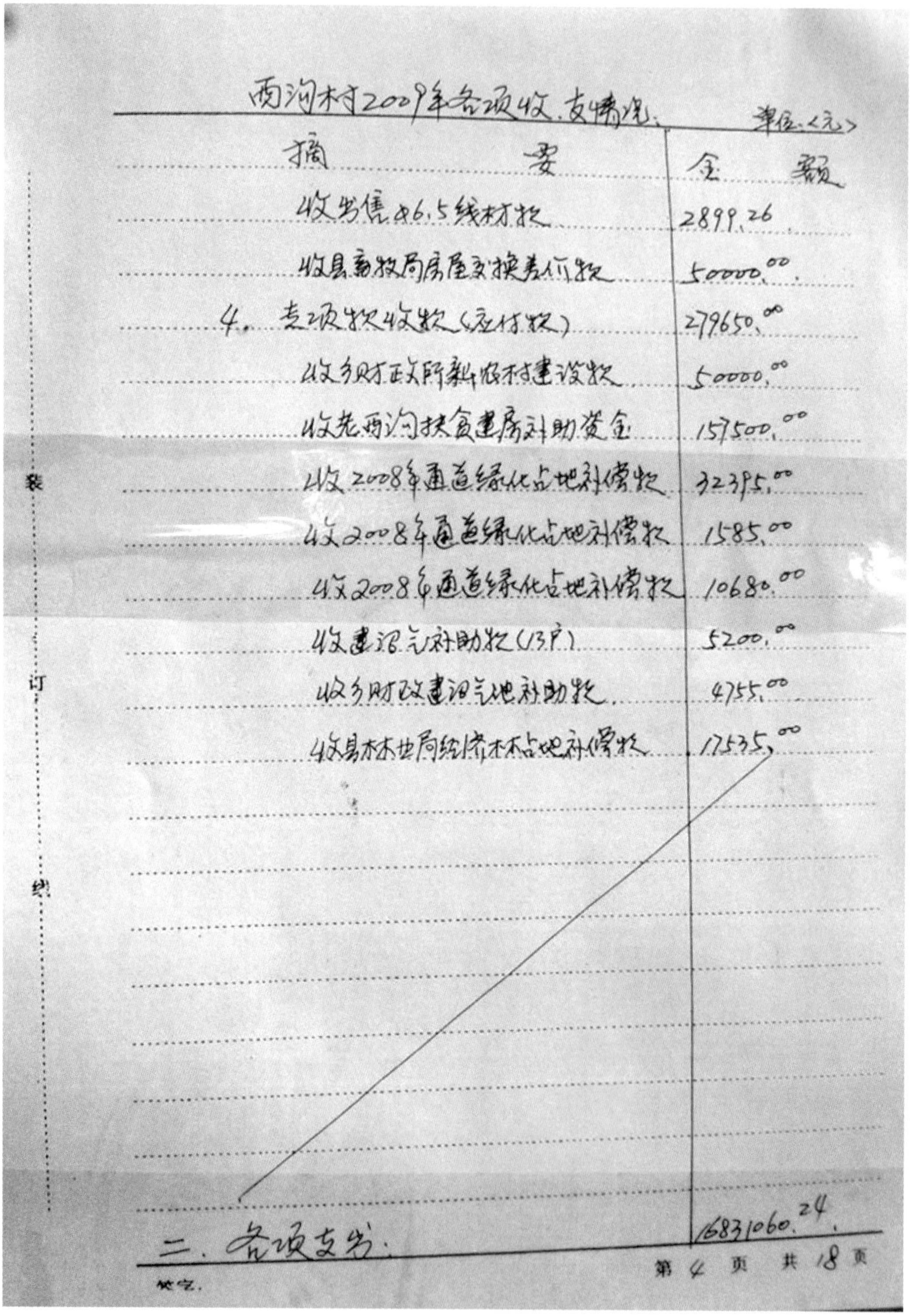

西沟村2009年各项收支情况　　单位:<元>

摘要	金额
收出售φ6.5线材款	2899.26
收县畜牧局房屋交换差价款	50000.00
4. 专项款收款(应付款)	279650.00
收乡财政所新农村建设款	50000.00
收老西沟扶贫建房补助资金	157500.00
收2008年通道绿化占地补偿款	32385.00
收2008年通道绿化占地补偿款	1585.00
收2008年通道绿化占地补偿款	10680.00
收建沼气补助款(13户)	5200.00
收乡财政建沼气池补助款	4755.00
收县林业局经济林占地补偿款	17535.00
	16831060.24

二. 各项支出

第4页 共18页

图8-1-4　西沟村2009年各项收支情况表四

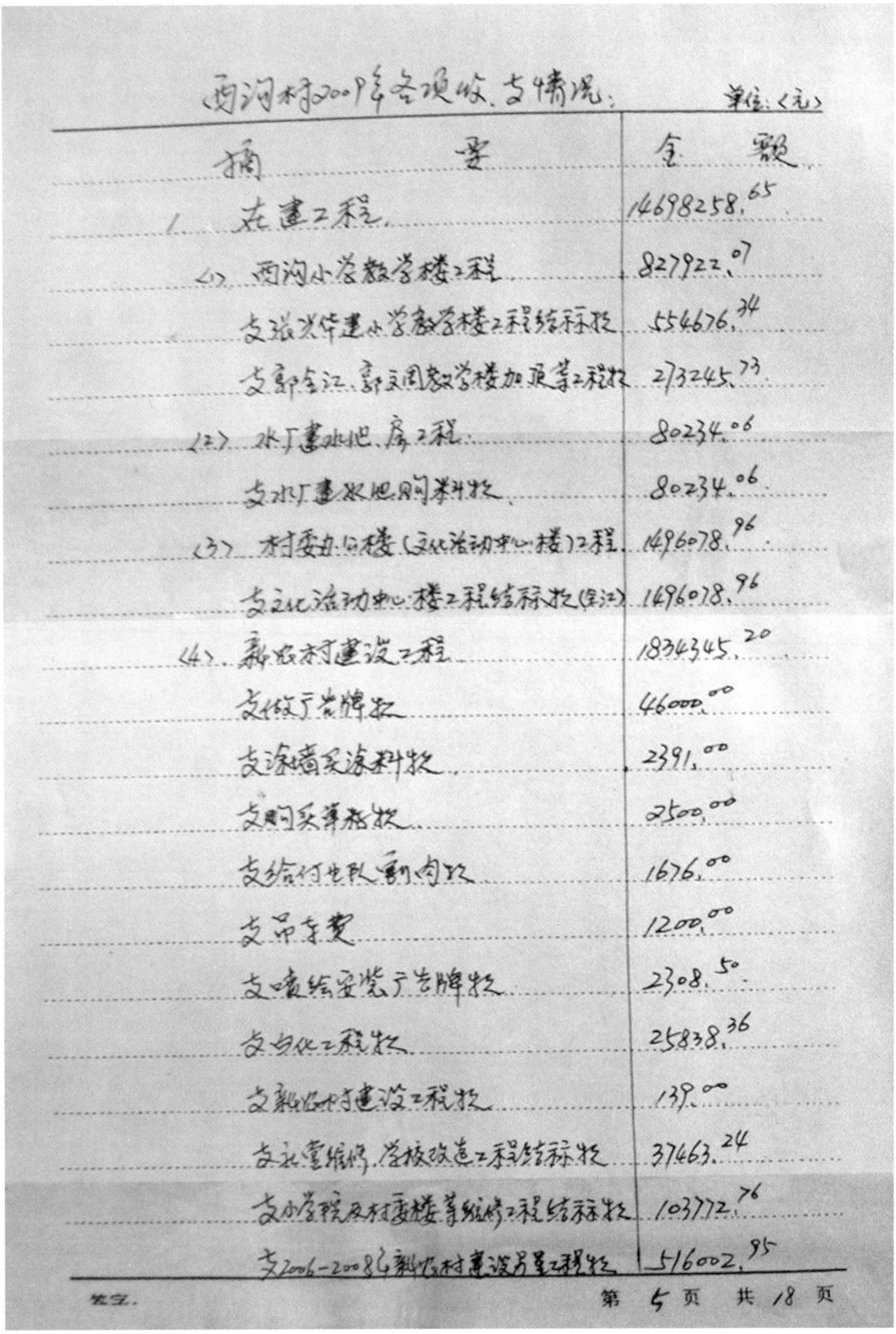

西沟村2009年各项收、支情况： 单位：（元）

摘要	金额
1. 在建工程	14698258.65
（1）西沟小学教学楼工程	827922.07
支张兴华建小学教学楼工程结算款	554676.34
支郭全江、郭文周教学楼加顶等工程款	273245.73
（2）水厂建水池、房工程	80234.06
支水厂建水池购料款	80234.06
（3）村委办公楼（文化活动中心楼）工程	1696078.96
支文化活动中心楼工程结算款（全江）	1696078.96
（4）新农村建设工程	1834345.20
支做广告牌款	46000.00
支涂墙买涂料款	2391.00
支购买草籽款	2500.00
支给付生队割肉款	1676.00
支吊车费	1200.00
支喷绘宣传广告牌款	2308.50
支亮化工程款	25838.36
支新农村建设工程款	139.00
支礼堂维修、学校改造工程结算款	37463.24
支小学院及村委楼等维修工程结算款	103772.76
支2006-2008年新农村建设零星工程款	516002.95

制表： 第5页 共18页

图8-1-5 西沟村2009年各项收支情况表五

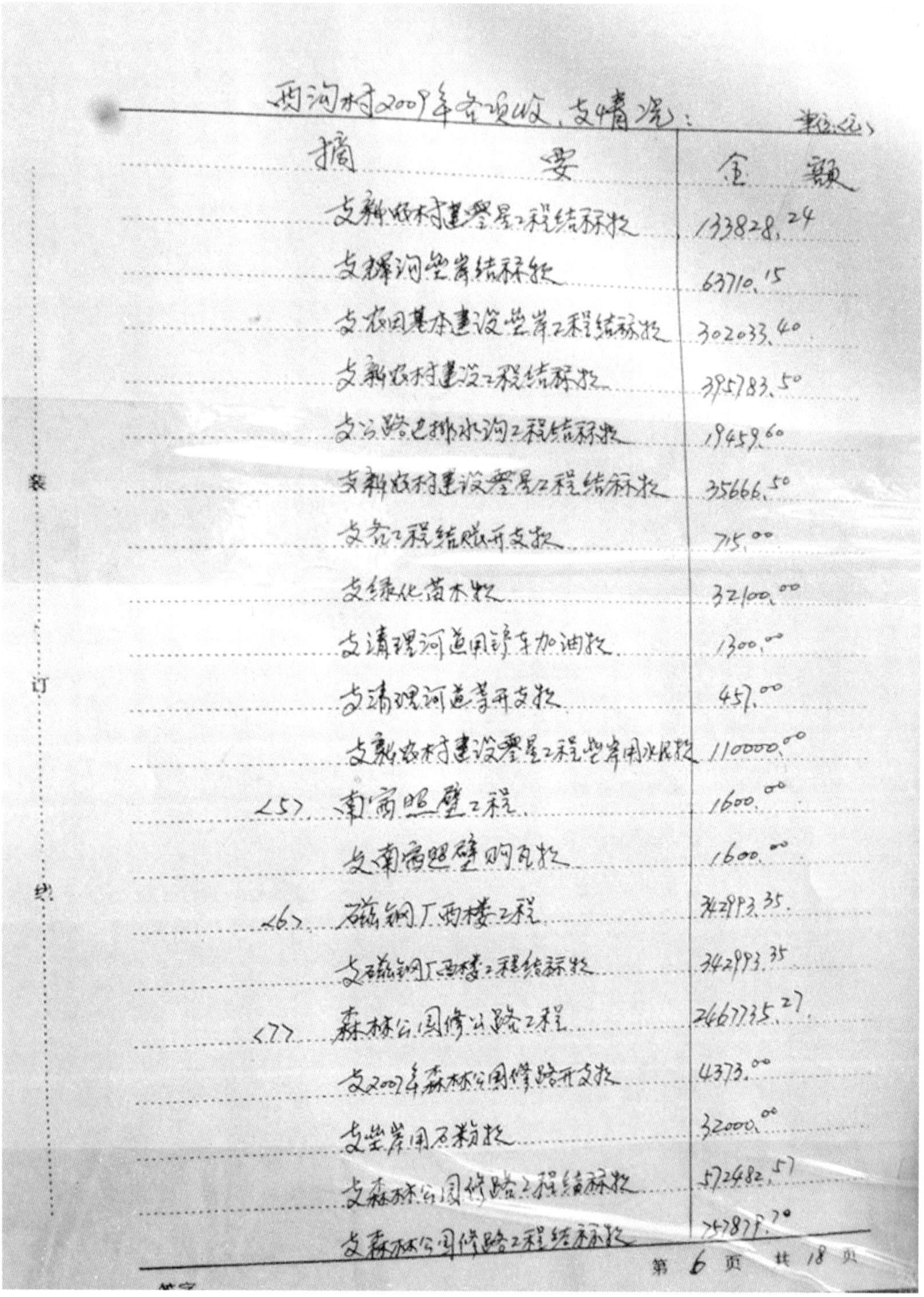

西沟村2009年各项收、支情况：　　单位(元)

摘要	金额
支新农村建设堂星工程结算款	133828.24
支辉沟堂岸结算款	63710.15
支农田基本建设堂岸工程结算款	302033.40
支新农村建设工程结算款	385783.50
支公路边排水沟工程结算款	19459.60
支新农村建设堂星工程结算款	35666.50
支各工程结账开支款	715.00
支绿化苗木款	32100.00
支清理河道用铲车加油款	1300.00
支清理河道等开支款	457.00
支新农村建设堂星工程堂岸用水泥款	110000.00
<5> 南窑照壁工程	1600.00
支南窑照壁购瓦款	1600.00
<6> 磁钢厂西楼工程	342993.35
支磁钢厂西楼工程结算款	342993.35
<7> 森林公园修公路工程	2667735.27
支2007年森林公园修路开支款	4373.00
支堂岸用石粉款	32000.00
支森林公园修路工程结算款	572482.57
支森林公园修路工程结算款	[illegible]47879.70

装　订　线

第 6 页　共 18 页

图8-1-6　西沟村2009年各项收支情况表六

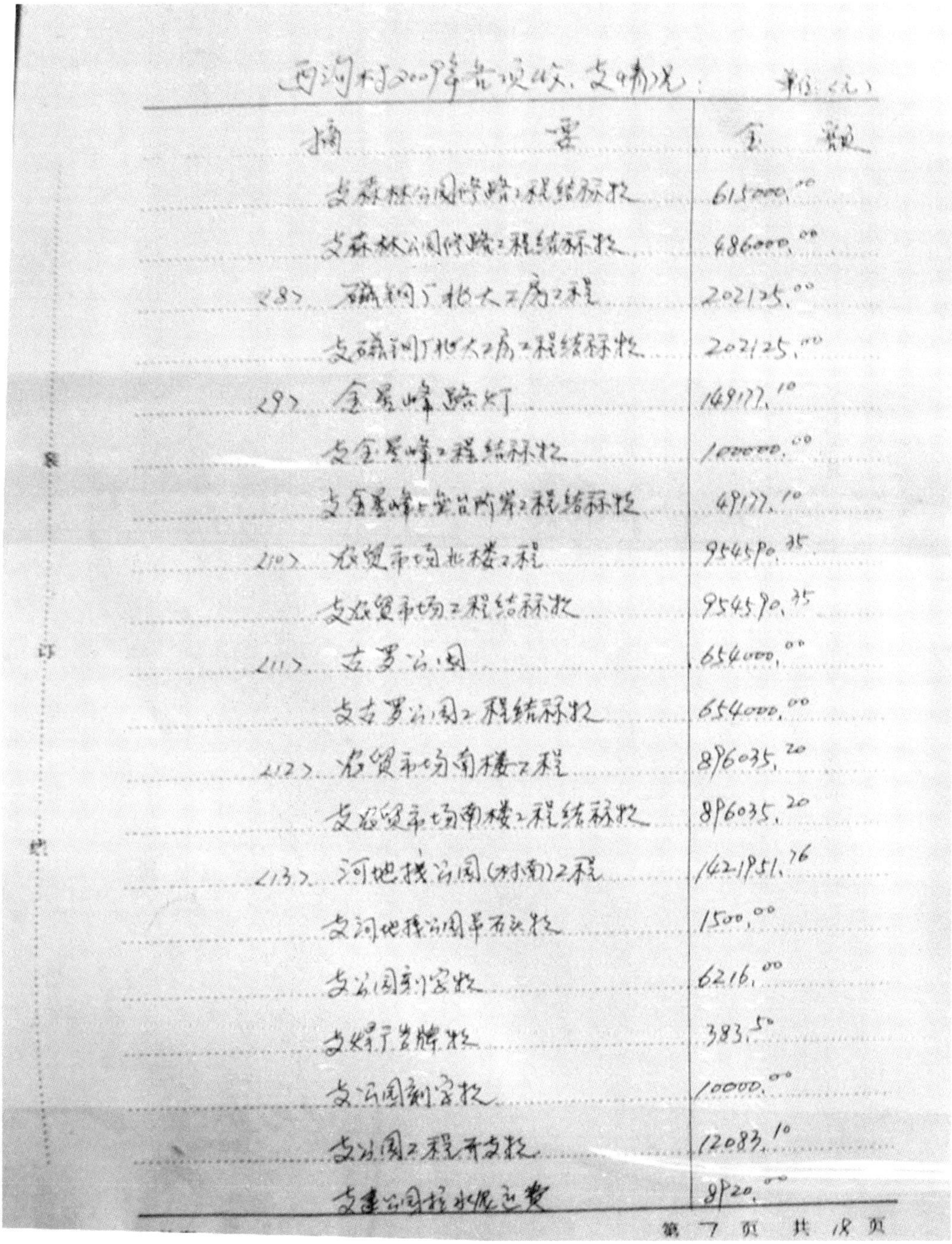

西沟村2009年各项收、支情况： 单位（元）

摘要	金额
支森林公园修路工程结算款	615000.00
支森林公园修路工程结算款	486000.00
<8> 磁钢厂扩大厂房工程	202125.00
支磁钢厂扩大厂房工程结算款	202125.00
<9> 金星峰路灯	149177.10
支金星峰工程结算款	100000.00
支金星峰工业区路灯工程结算款	49177.10
<10> 农贸市场北楼工程	954590.35
支农贸市场工程结算款	954590.35
<11> 古罗公园	654000.00
支古罗公园工程结算款	654000.00
<12> 农贸市场南楼工程	886035.20
支农贸市场南楼工程结算款	886035.20
<13> 河地栈公园（村南）工程	1621851.76
支河地栈公园草面款	1500.00
支公园刻字款	6216.00
支煤厂牌款	383.50
支公园刻字款	10000.00
支公园工程开支款	12083.10
支建公园推水泥运费	8820.00

装 订 线

第 7 页 共 18 页

图8-1-7 西沟村2009年各项收支情况表七

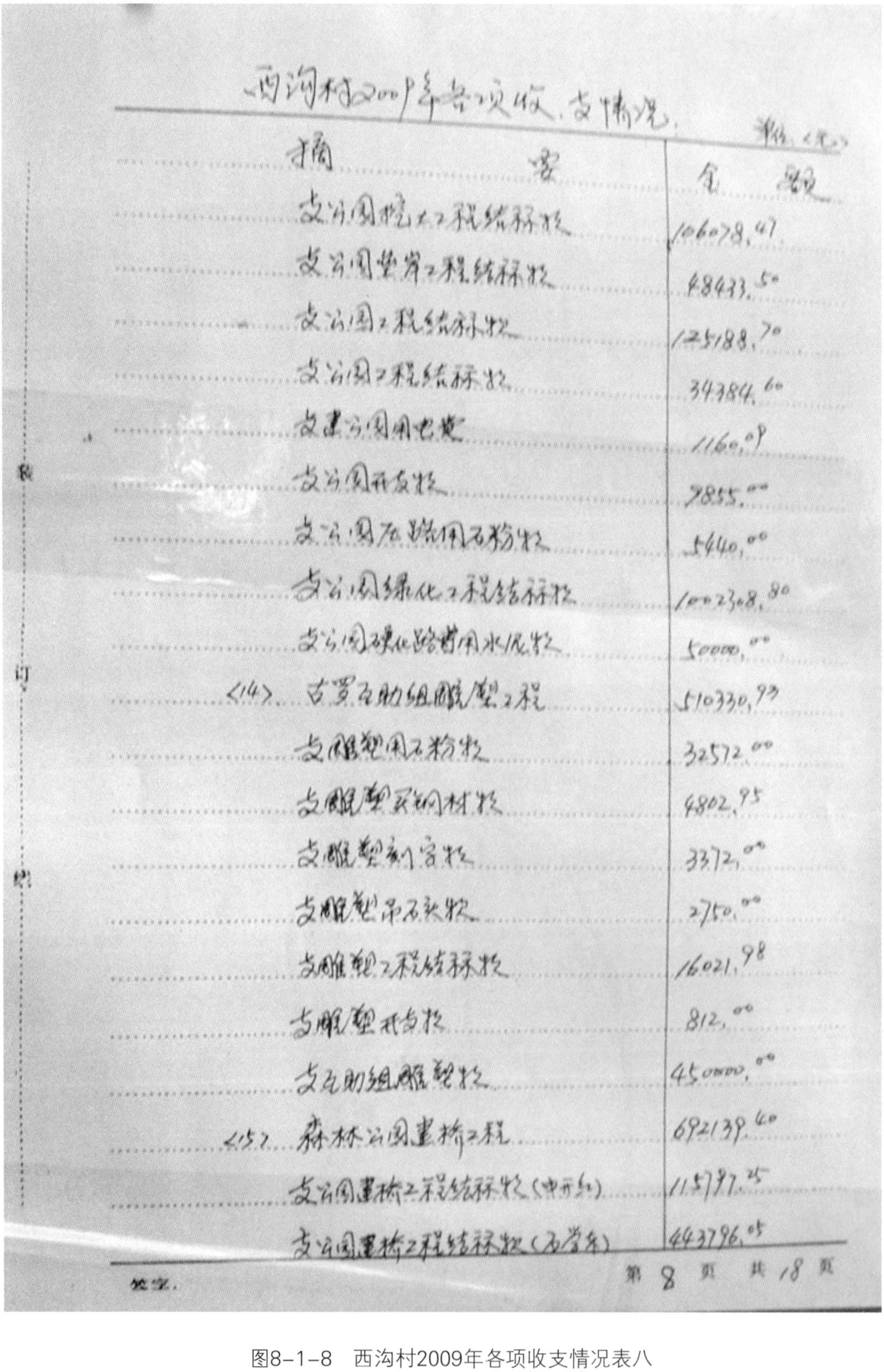

西沟村2009年各项收、支情况

单位（元）

摘要	金额
支公园栈木工程结算款	106078.47
支公园堤岸工程结算款	48433.50
支公园工程结算款	125188.70
支公园工程结算款	34384.60
支森公园用电费	1160.08
支公园开发款	7855.00
支公园石路用石粉款	5440.00
支公园绿化工程结算款	1002308.80
支公园硬化路面用水泥款	50000.00
<14> 支贾互助组雕塑工程	510330.97
支雕塑用石粉款	32572.00
支雕塑买钢材款	4802.95
支雕塑刻字款	3372.00
支雕塑吊石头款	2750.00
支雕塑工程结算款	16021.98
支雕塑开台款	812.00
支互助组雕塑款	450000.00
<15> 森林公园画桥工程	692139.60
支公园画桥工程结算款（申开红）	115797.25
支公园画桥工程结算款（石学东）	443796.05

签字： 第 8 页 共 18 页

图8-1-8 西沟村2009年各项收支情况表八

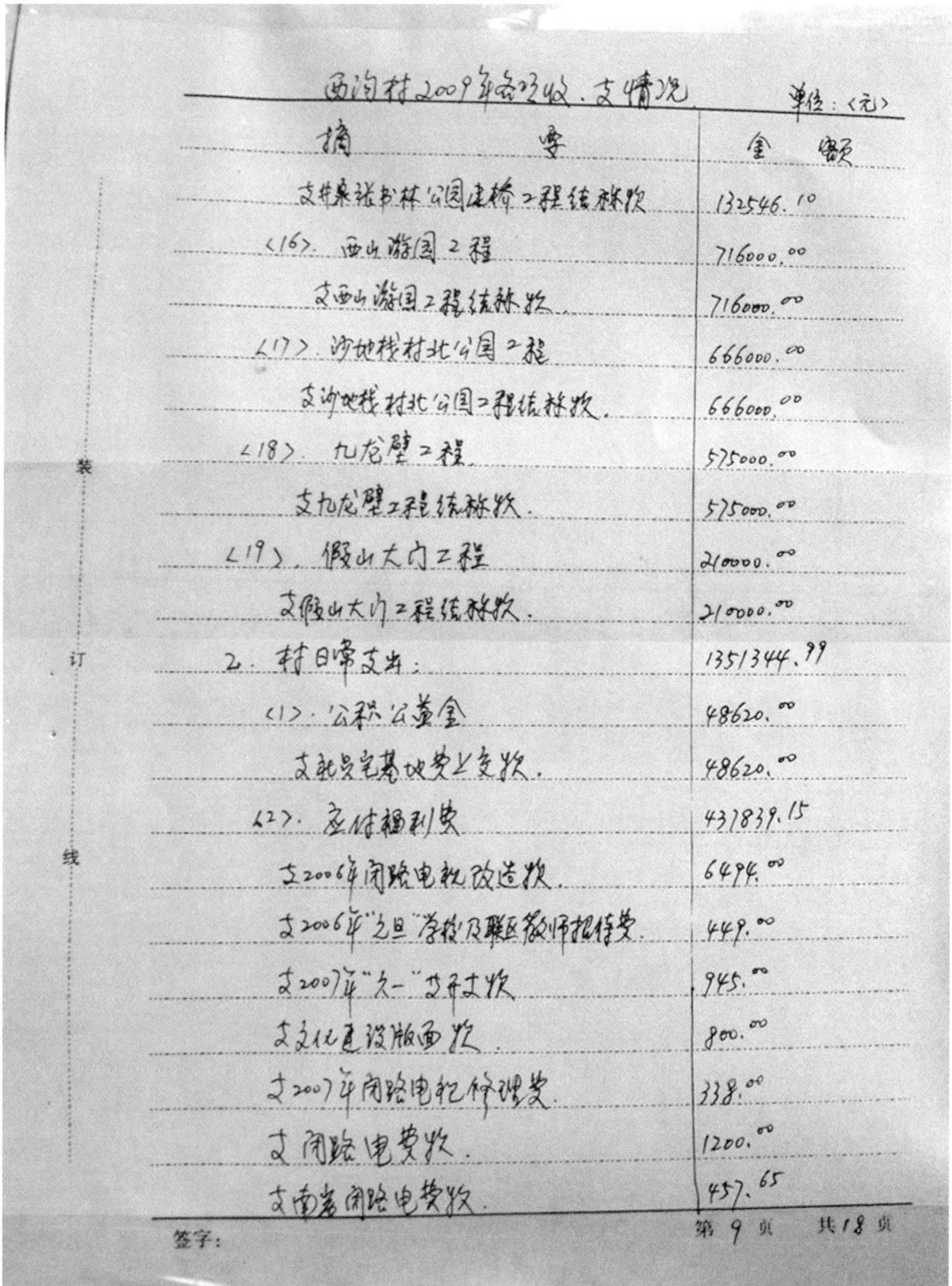

装订线

西沟村2009年各项收、支情况　　单位：（元）

摘要	金额
支井泉张书林公园建桥工程结算款	132546.10
（16）. 西山游园工程	716000.00
支西山游园工程结算款.	716000.00
（17）. 沙地栈村北公园工程	666000.00
支沙地栈村北公园工程结算款.	666000.00
（18）. 九龙壁工程.	575000.00
支九龙壁工程结算款.	575000.00
（19）. 假山大门工程	210000.00
支假山大门工程结算款.	210000.00
2. 村日常支出：	1351344.99
（1）. 公积公益金	48620.00
支社员宅基地费上交款.	48620.00
（2）. 应付福利费	437839.15
支2006年闭路电视改造款.	6494.00
支2006年"元旦"学校及联区教师招待费.	449.00
支2007年"九一"节开支款	945.00
支文化建设版面款.	800.00
支2007年闭路电视修理费.	338.00
支闭路电费款.	1200.00
支南岩闭路电费款.	457.65

签字：　　第9页　共18页

图8-1-9　西沟村2009年各项收支情况表九

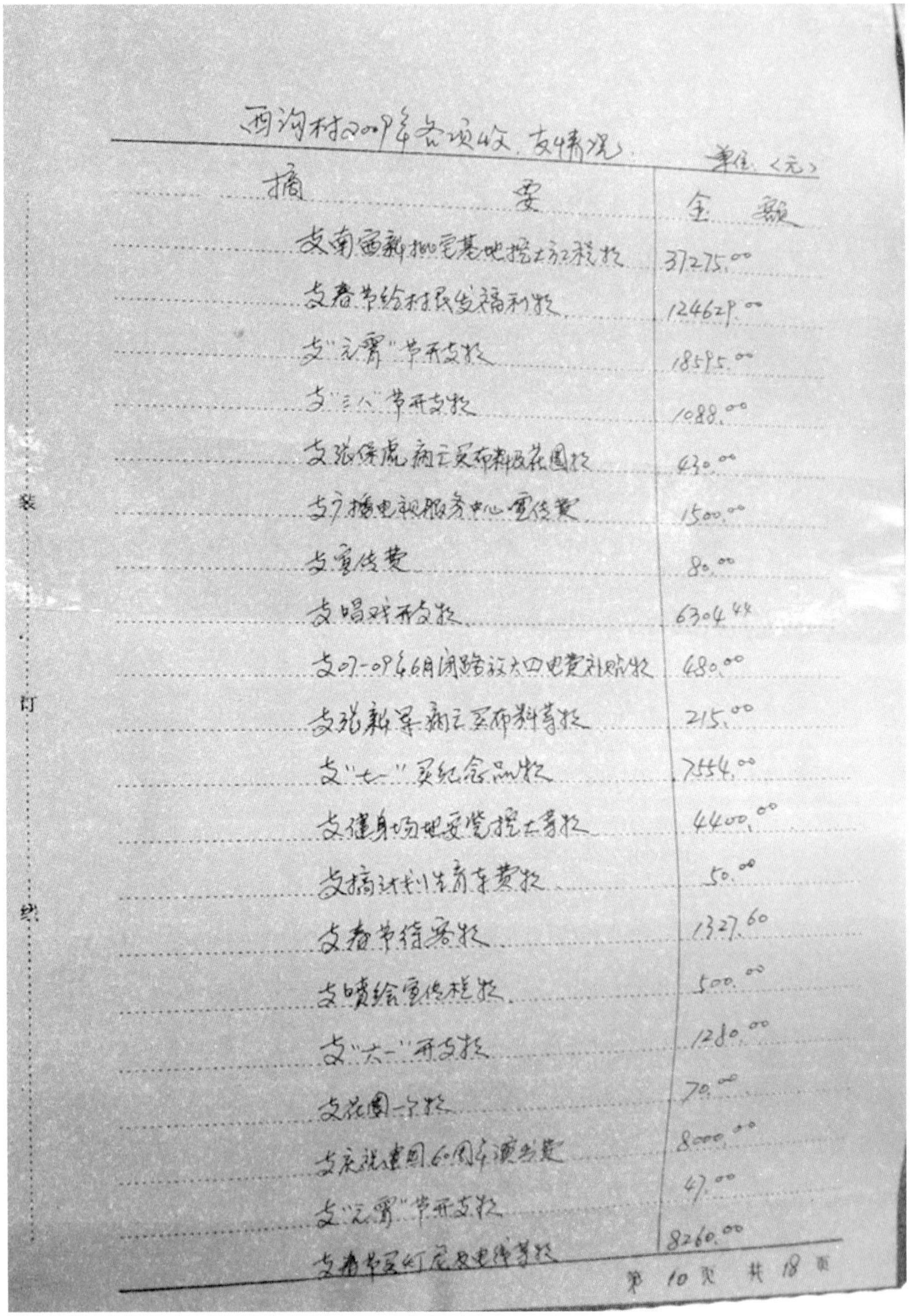

西沟村2009年各项收、支情况

单位（元）

摘要	金额
支南面新批宅基地挖土方运输款	37275.00
支春节给村民发福利款	124629.00
支"元宵"节开支款	18595.00
支"三八"节开支款	1088.00
支张保虎病亡买布料及花圈款	430.00
支广播电视服务中心宣传费	1500.00
支宣传费	80.00
支唱戏开支款	6304.44
支07-09年6月闭路线大四电费补贴款	480.00
支张新翠病亡买布料等款	215.00
支"七一"买纪念品款	2554.00
支健身场地安装挖土方等款	4400.00
支搞计划生育车费款	50.00
支春节待客款	1327.60
支喷绘宣传栏款	500.00
支"六一"开支款	1280.00
支花圈一个款	70.00
支庆祝建国60周年演出费	8000.00
支"元宵"节开支款	47.00
支春节买灯笼及电线等款	8260.00

第10页 共18页

图8-1-10　西沟村2009年各项收支情况表十

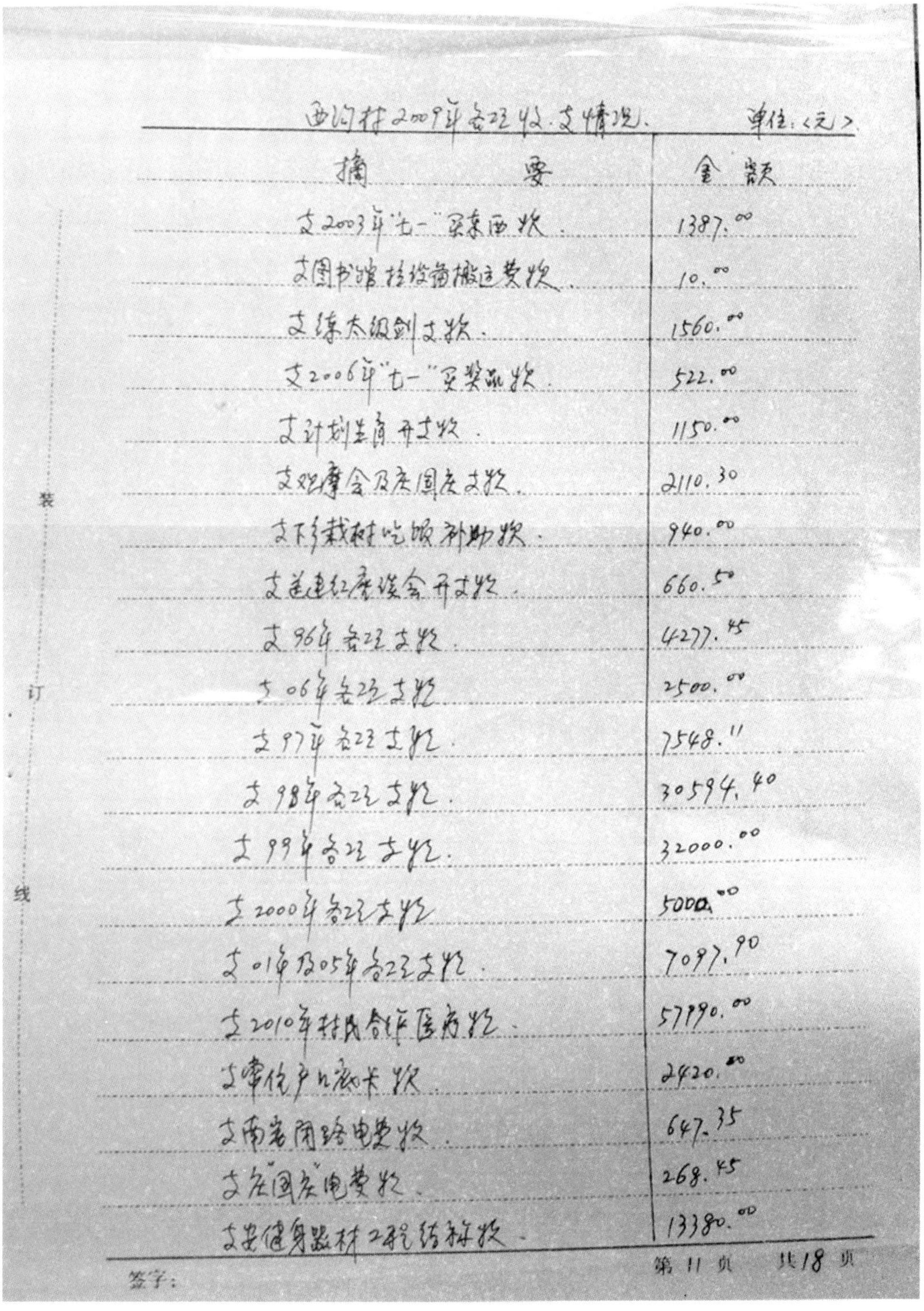

西沟村2009年各项收.支情况. 单位:〈元〉

摘　　要	金额
支2003年"七一"买东西款.	1387.00
支图书馆柜设备搬运费款.	10.00
支练太极剑支款.	1560.00
支2006年"七一"买奖品款.	522.00
支计划生育开支款.	1150.00
支观摩会及庆国庆支款.	2110.30
支下乡栽树吃饭补助款.	940.00
支送连红座谈会开支款.	660.50
支96年各项支款.	4277.45
支06年各项支款	2500.00
支97年各项支款.	7548.11
支98年各项支款.	30594.40
支99年各项支款.	32000.00
支2000年各项支款	5000.00
支01年及05年各项支款.	7097.90
支2010年村民合作医疗款.	57190.00
支优待户比款米款.	2420.00
支南岩闸路电费款.	647.35
支庆国庆电费款.	268.45
支安健身器材工程结算款.	13380.00

装 订 线

签字：　　　　第 11 页　共 18 页

图8-1-11　西沟村2009年各项收支情况表十一

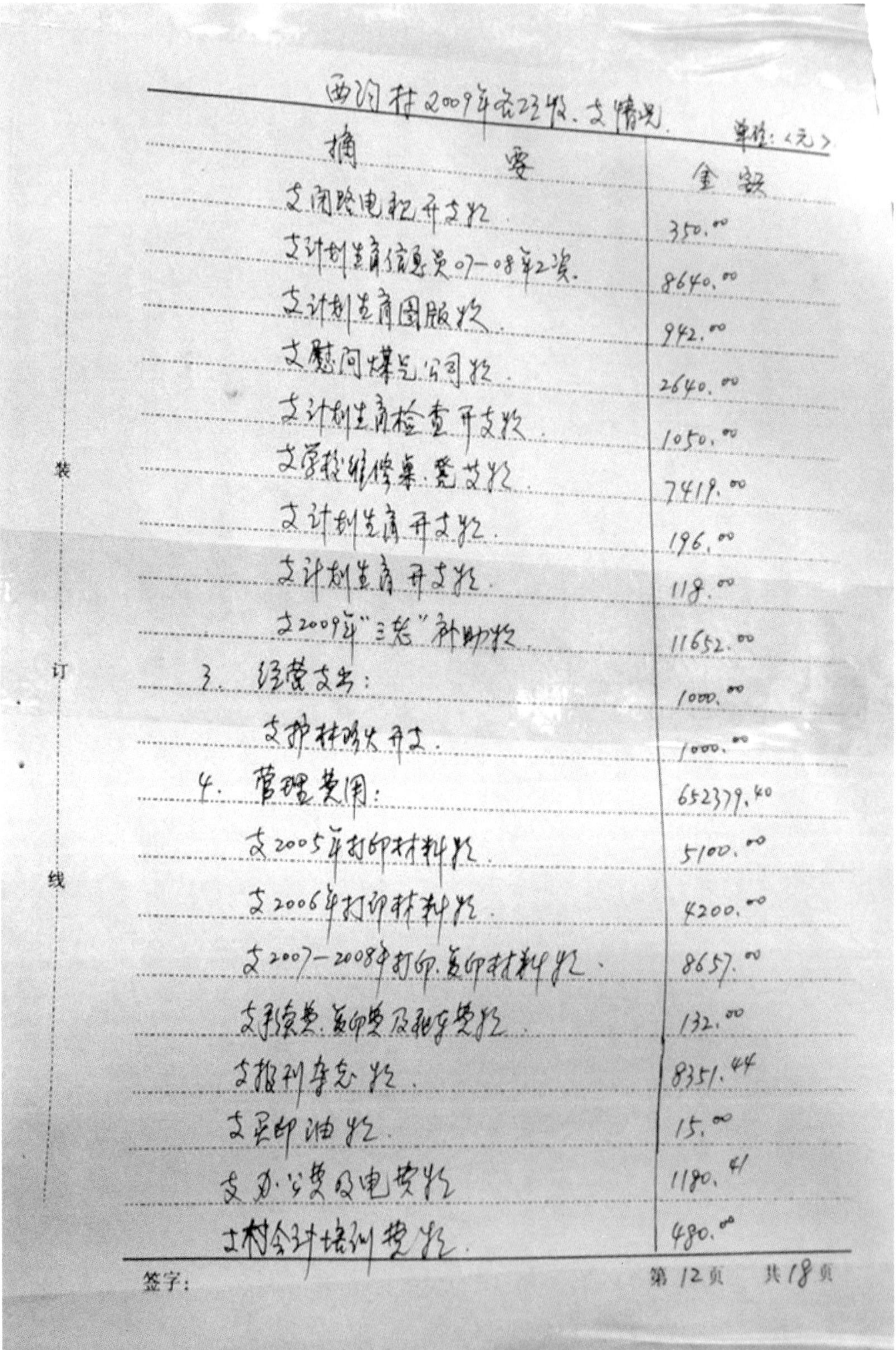

西沟村2009年各项收、支情况

单位：（元）

摘要	金额
支闭路电视开支款	350.00
支计划生育信息员07—08年工资	8640.00
支计划生育团服款	942.00
支慰问煤气公司款	2640.00
支计划生育检查开支款	1050.00
支学校维修桌、凳支款	7419.00
支计划生育开支款	196.00
支计划生育开支款	118.00
支2009年"三老"补助款	11652.00
3. 经营支出：	1000.00
支护林防火开支	1000.00
4. 管理费用：	652379.40
支2005年打印材料款	5100.00
支2006年打印材料款	4200.00
支2007—2008年打印、复印材料款	8657.00
支手续费、复印费及租车费款	132.00
支报刊杂志款	8351.44
支买印油款	15.00
支办公费及电费款	1180.41
支村会计培训费款	480.00

装订线

签字：　　第12页　共18页

图8-1-12　西沟村2009年各项收支情况表十二

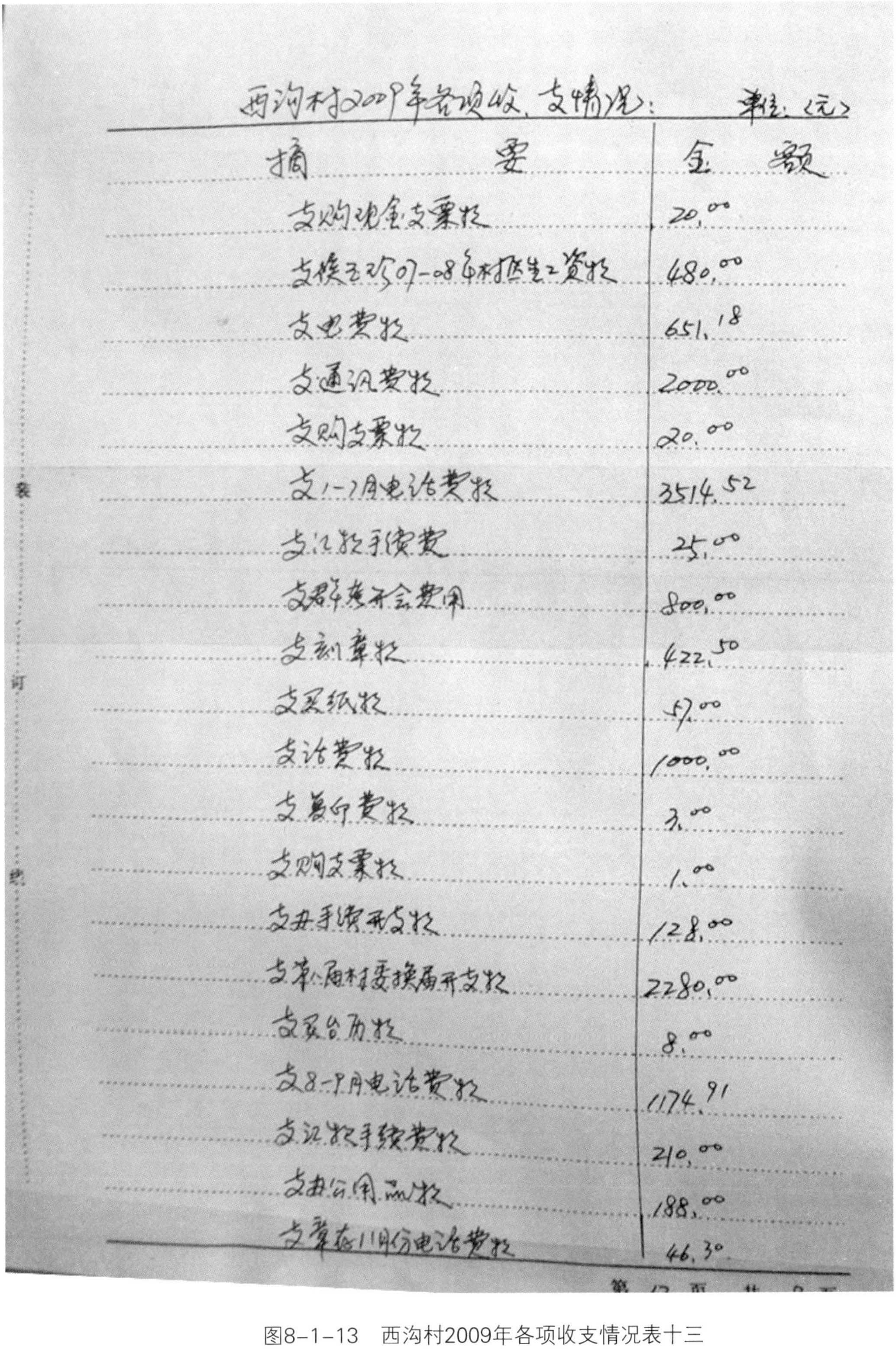

西沟村2009年各项收、支情况： 单位：（元）

摘要	金额
支购现金支票款	20.00
支侯玉云07-08年村接生工资款	480.00
支电费款	651.18
支通讯费款	2000.00
支购支票款	20.00
支1-7月电话费款	3514.52
支汇款手续费	25.00
支群众开会费用	800.00
支刻章款	422.50
支买纸款	57.00
支话费款	1000.00
支复印费款	3.00
支购支票款	1.00
支办手续开支款	128.00
支第八届村委换届开支款	2280.00
支买台历款	8.00
支8-9月电话费款	1174.91
支汇款手续费款	210.00
支办公用品款	188.00
支章在11月份电话费款	46.30

图8-1-13　西沟村2009年各项收支情况表十三

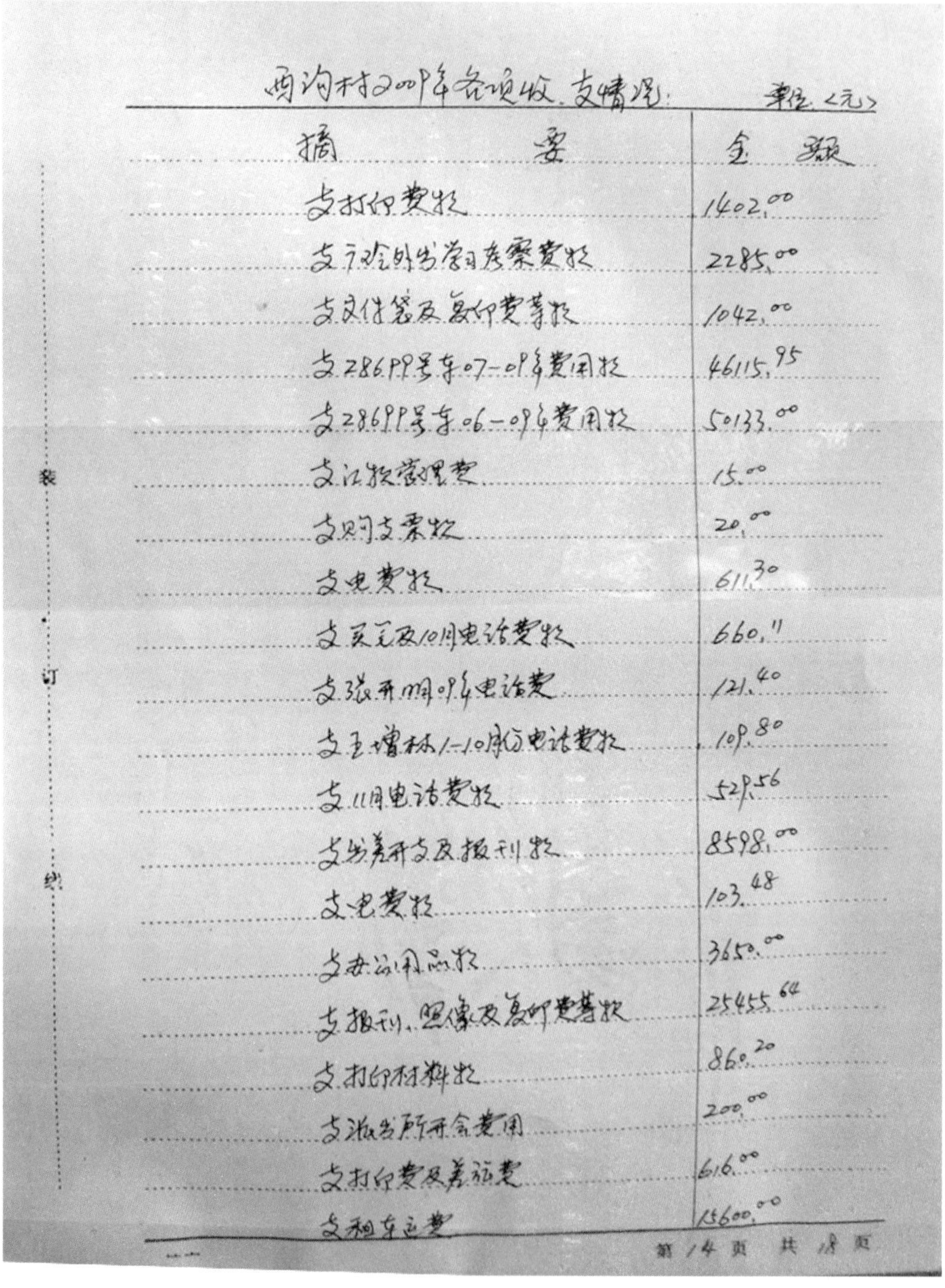

西沟村2009年各项收、支情况　　单位（元）

摘要	金额
支打印费款	1402.00
支[illegible]外出学习考察费款	2285.00
支文件袋及复印费等款	1042.00
支286PP号车07-09年费用款	46115.95
支2869P号车06-09年费用款	50133.00
支汇款管理费	15.00
支购支票款	20.00
支电费款	611.30
支[illegible]及10月电话费款	660.11
支张开明09年电话费	121.40
支王增林1-10月份电话费款	108.80
支11月电话费款	529.56
支出差开支及报刊款	8598.00
支电费款	103.48
支办公用品款	3650.00
支报刊、照像及复印费等款	25455.64
支打印材料款	860.20
支派出所开会费用	200.00
支打印费及差旅费	616.00
支租车运费	13600.00

第14页　共18页

图8-1-14　西沟村2009年各项收支情况表十四

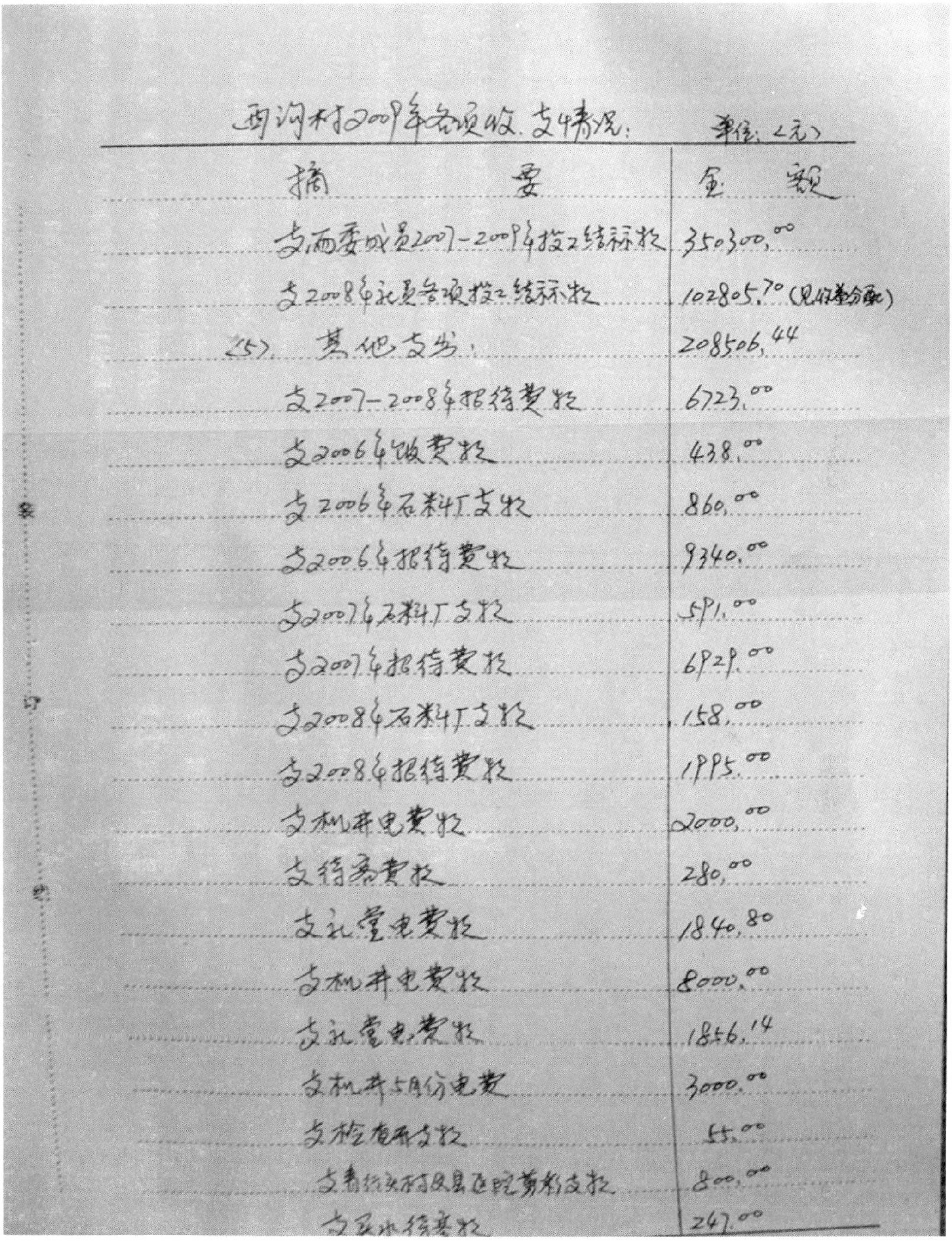

西沟村2009年各项收、支情况：　　单位：（元）

摘要	金额
支两委成员2007-2009年按工结酬款	350300.00
支2008年社员各项按工结酬款	102805.70（见收益分配）
（5）其他支出：	208506.44
支2007-2008年招待费款	6723.00
支2006年饭费款	438.00
支2006年石料厂支款	860.00
支2006年招待费款	9340.00
支2007年石料厂支款	591.00
支2007年招待费款	6929.00
支2008年石料厂支款	158.00
支2008年招待费款	1995.00
支机井电费款	2000.00
支待客费款	280.00
支礼堂电费款	1840.80
支机井电费款	8000.00
支礼堂电费款	1856.14
支机井5月份电费	3000.00
支检查车支款	55.00
支请外村及县医院剪彩支款	800.00
支民兵待客款	247.00

图8-1-15　西沟村2009年各项收支情况表十五

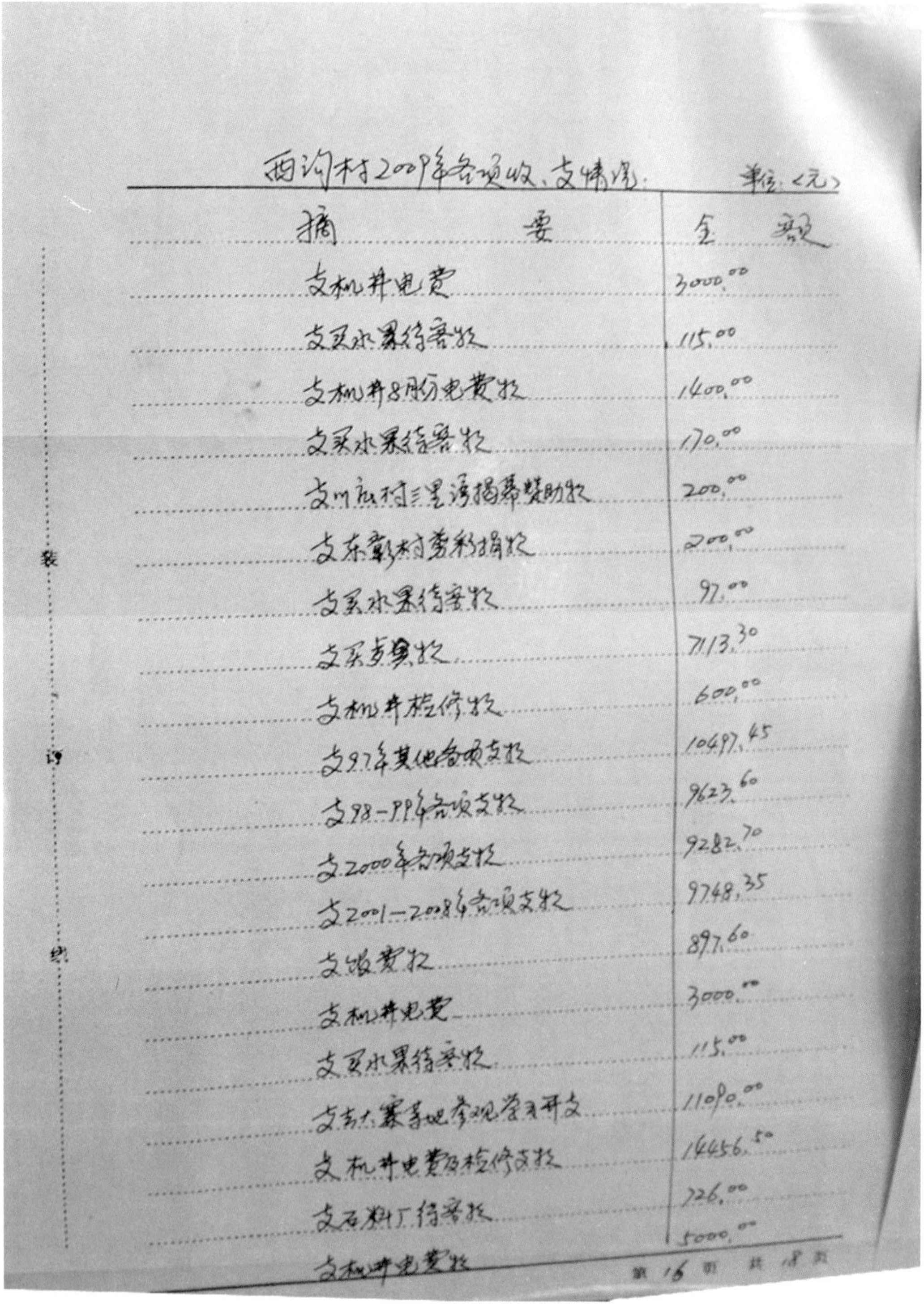

西沟村2009年各项收、支情况　　单位：（元）

摘要	金额
支机井电费	3000.00
支买水果待客款	115.00
支机井8月份电费款	1400.00
支买水果待客款	170.00
支川底村三里湾揭幕赞助款	200.00
支东彰村剪彩捐款	200.00
支买水果待客款	97.00
支买书费款	7113.30
支机井检修款	600.00
支97年其他各项支款	10497.45
支98-99年各项支款	9623.60
支2000年各项支款	9282.70
支2001-2008年各项支款	9748.35
支饭费款	897.60
支机井电费	3000.00
支买水果待客款	115.00
支去大寨等地参观学习开支	11090.00
支机井电费及检修支款	14456.50
支石料厂待客款	726.00
支机井电费款	5000.00

装　订　线

第16页　共18页

图8-1-16　西沟村2009年各项收支情况表十六

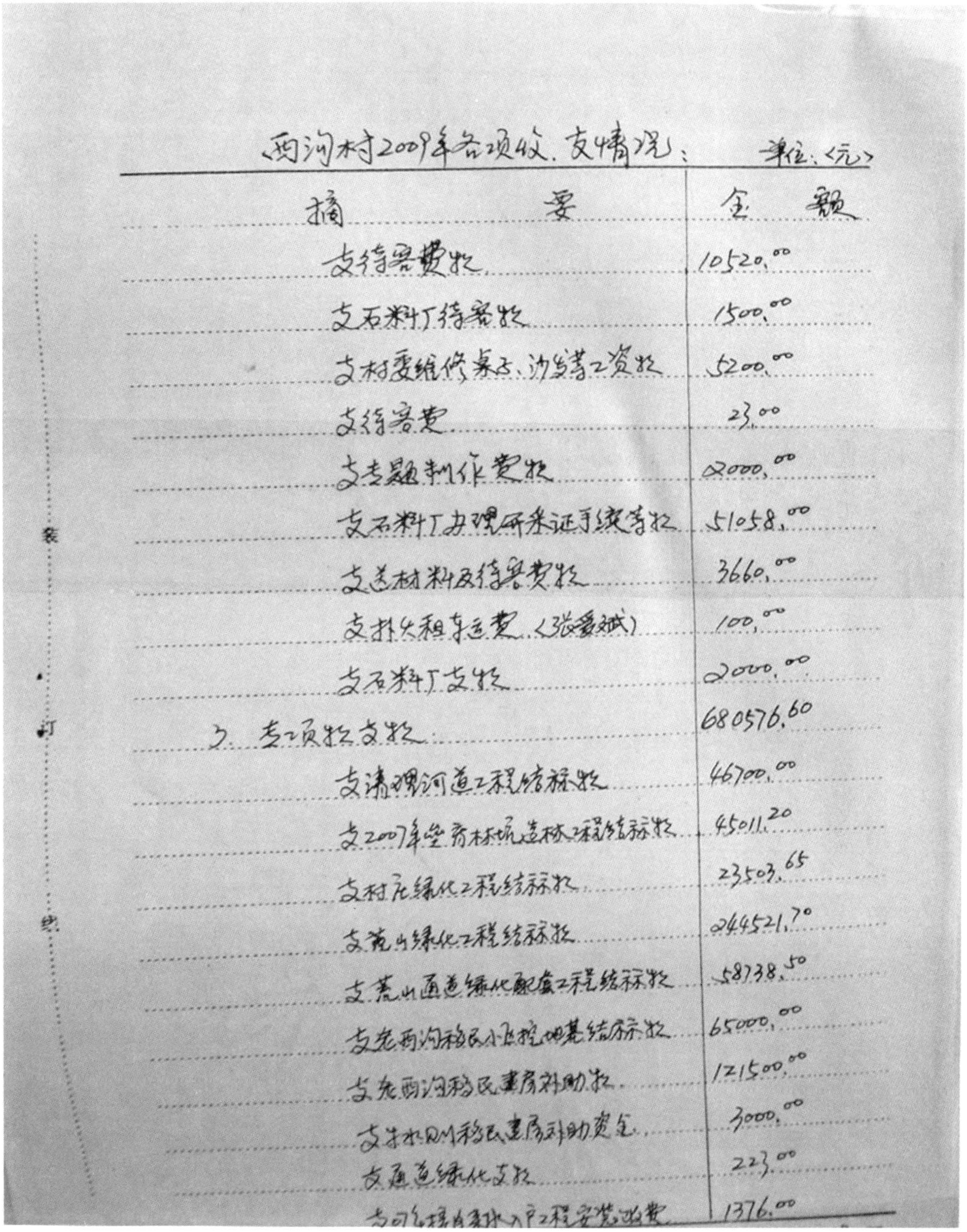

西沟村2009年各项收、支情况：　　单位：（元）

摘要	金额
支待客费款	10520.00
支石料厂待客款	1500.00
支村委维修桌子、沙发等工资款	5200.00
支待客费	23.00
支专题制作费款	2000.00
支石料厂办理开采证手续等款	51058.00
支运材料及待客费款	3660.00
支拼火租车运费（张爱斌）	100.00
支石料厂支款	2000.00
2、专项款支款	680576.60
支清理河道工程结算款	46700.00
支2007年全省林城道林工程结算款	45011.20
支村庄绿化工程结算款	23503.65
支荒山绿化工程结算款	244521.70
支荒山通道绿化配套工程结算款	58738.50
支老西沟移民小区挖地基结算款	65000.00
支老西沟移民建房补助款	121500.00
支东峪沟移民建房补助资金	3000.00
支通道绿化支款	223.00
支西沟乡接自来水入户工程安装费	1376.00

装订线

图8-1-17　西沟村2009年各项收支情况表十七

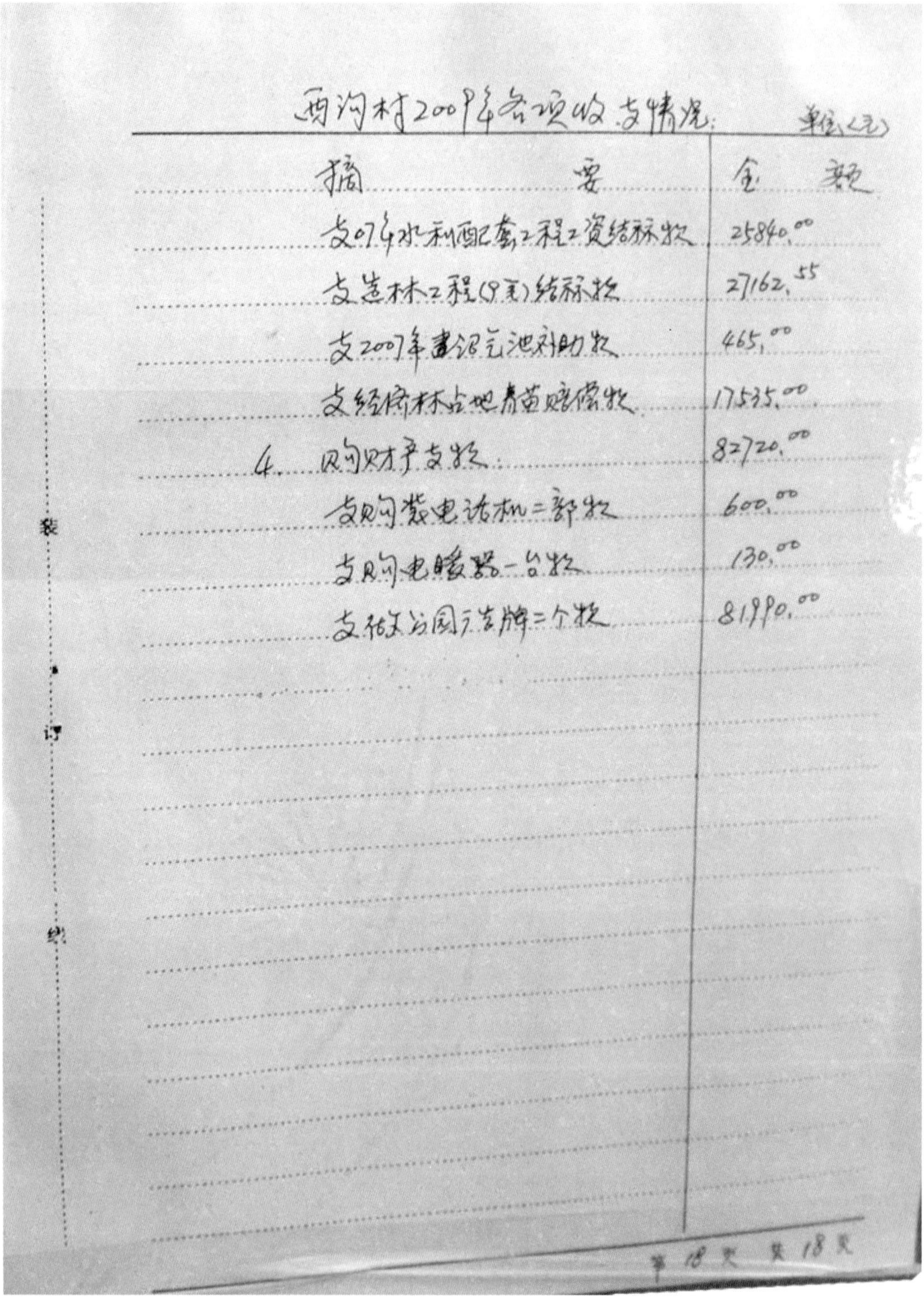

西沟村2009年各项收支情况　单位(元)

摘要	金额
支07年水利配套工程工资结算款	25840.00
支造林工程(9元)结算款	27162.55
支2007年建沼气池补助款	465.00
支经济林占地青苗赔偿款	17535.00
4. 购财产支款	82720.00
支购装电话机二部款	600.00
支购电暖器一台款	130.00
支树公园广告牌二个款	81990.00

装订线

第18页　共18页

图8-1-18　西沟村2009年各项收支情况表十八

（二）西沟村2010年各项收支情况

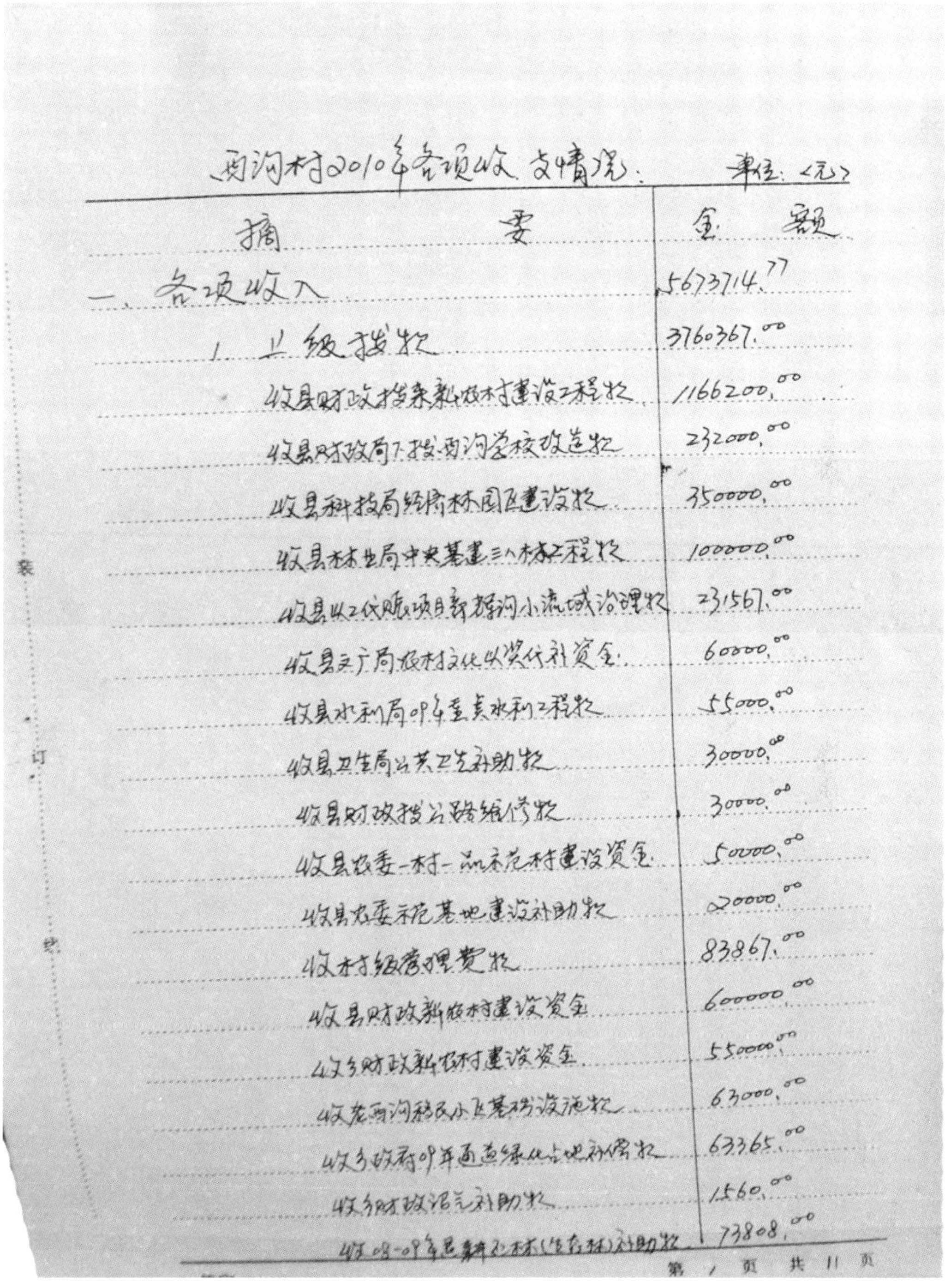

西沟村2010年各项收支情况　　单位：（元）

摘要	金额
一、各项收入	5673714.77
1. 上级拨款	3760367.00
收县财政拨条新农村建设工程款	1166200.00
收县财政局下拨西沟学校改造款	232000.00
收县科技局经济林园区建设款	350000.00
收县林业局中央基建三八林工程款	100000.00
收县以工代赈项目新探沟小流域治理款	231567.00
收县文广局农村文化必资代补资金	60000.00
收县水利局09年重点水利工程款	55000.00
收县卫生局公共卫生补助款	30000.00
收县财政拨公路维修款	30000.00
收县农委一村一品示范村建设资金	50000.00
收县农委示范基地建设补助款	20000.00
收村级管理费款	83867.00
收县财政新农村建设资金	600000.00
收乡财政新农村建设资金	550000.00
收老西沟移民小区基础设施款	63000.00
收乡政府09年通道绿化占地补偿款	63365.00
收乡财政沼气补助款	1560.00
收08-09年退耕还林（生态林）补助款	73808.00

第 1 页 共 11 页

图8-2-1　西沟村2010年各项收支情况表一

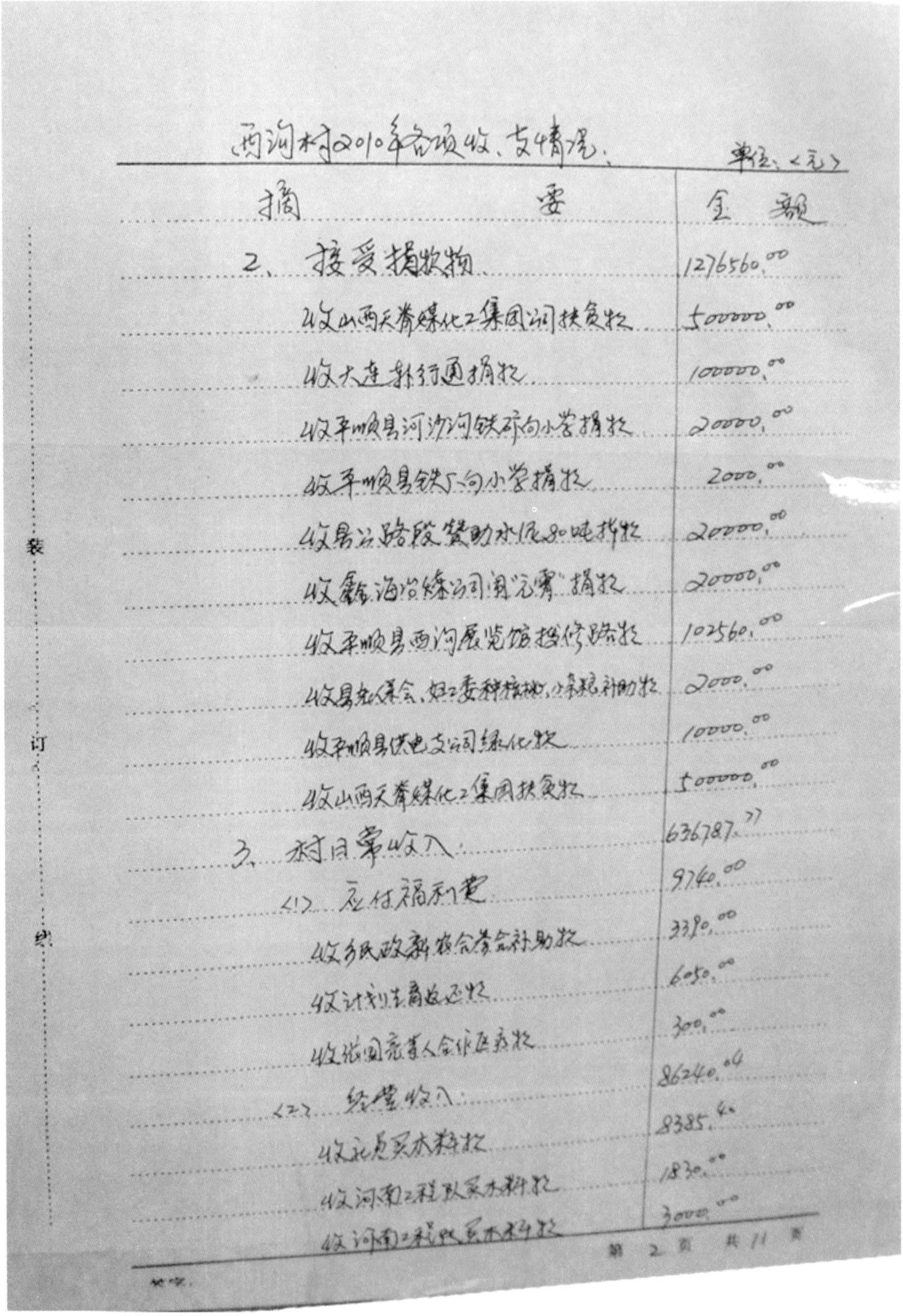

西沟村2010年各项收、支情况、　　单位：<元>

摘要	金额
2、接受捐款物、	1276560.00
收山西天脊煤化工集团公司扶贫款	500000.00
收大连新行通捐款	100000.00
收平顺县河沙沟铁矿向小学捐款	20000.00
收平顺县铁厂向小学捐款	2000.00
收县公路段赞助水泥80吨折款	20000.00
收鑫海冶炼公司闹"元宵"捐款	20000.00
收平顺县西沟展览馆拨修路款	102560.00
收县老促会、妇委种植核桃、小杂粮补助款	2000.00
收平顺县供电公司绿化款	10000.00
收山西天脊煤化工集团扶贫款	500000.00
3、村日常收入	636787.77
(1) 应付福利费	9740.00
收乡民政新农合养合补助款	3390.00
收计划生育返还款	6050.00
收张国亮等人合作医疗款	300.00
(2) 经营收入	86240.04
收元员买木料款	8385.40
收河南工程队买木料款	1830.00
收河南工程队买木料款	3000.00

第 2 页 共 11 页

校字.

图8-2-2　西沟村2010年各项收支情况表二

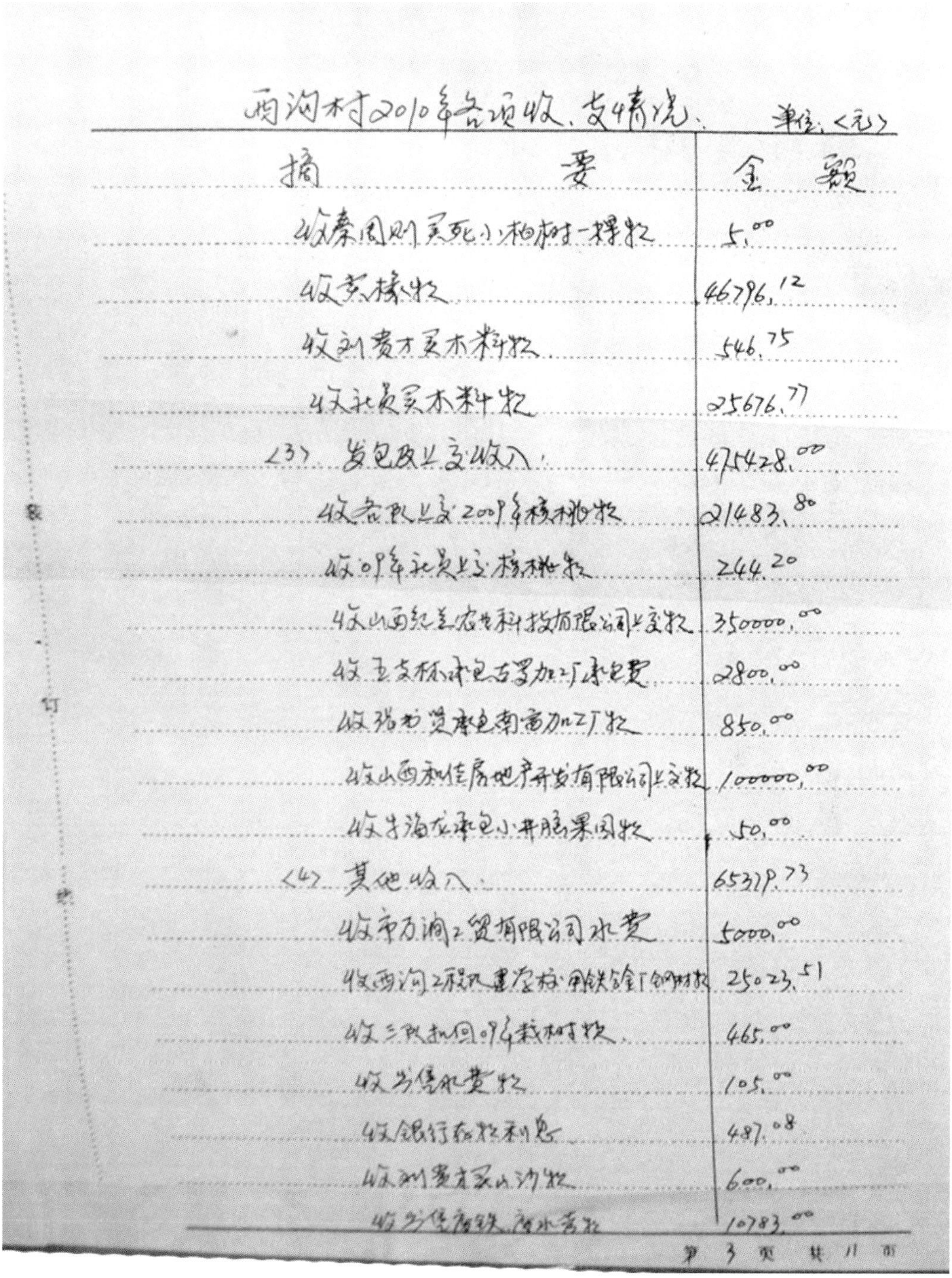

西沟村2010年各项收、支情况　　　　单位：〈元〉

摘　　要	金　额
收秦周则买死小柏树一棵款	5.00
收卖核桃款	46796.12
收刘贵才买木料款	546.75
收社员买木料款	25676.77
〈3〉发包及上交收入	475428.00
收合作社上交2009年核桃款	21483.80
收10年社员上交核桃款	244.20
收山西纪兰农业科技有限公司上交款	350000.00
收王爱林承包古罗加工厂承包费	2800.00
收张书贤承包南畜加工厂款	850.00
收山西秋佳房地产开发有限公司上交款	100000.00
收牛海龙承包小井脑果园款	50.00
〈4〉其他收入	65328.73
收市方润工贸有限公司水费	5000.00
收西沟工程队建学校用铁管钢材款	25023.51
收三队机闸口栽树款	465.00
收老侯水费款	105.00
收银行存款利息	487.08
收刘贵才买山沙款	600.00
收老侯废铁、废水管款	10783.00

装 订 线

第 3 页　共 11 页

图8-2-3　西沟村2010年各项收支情况表三

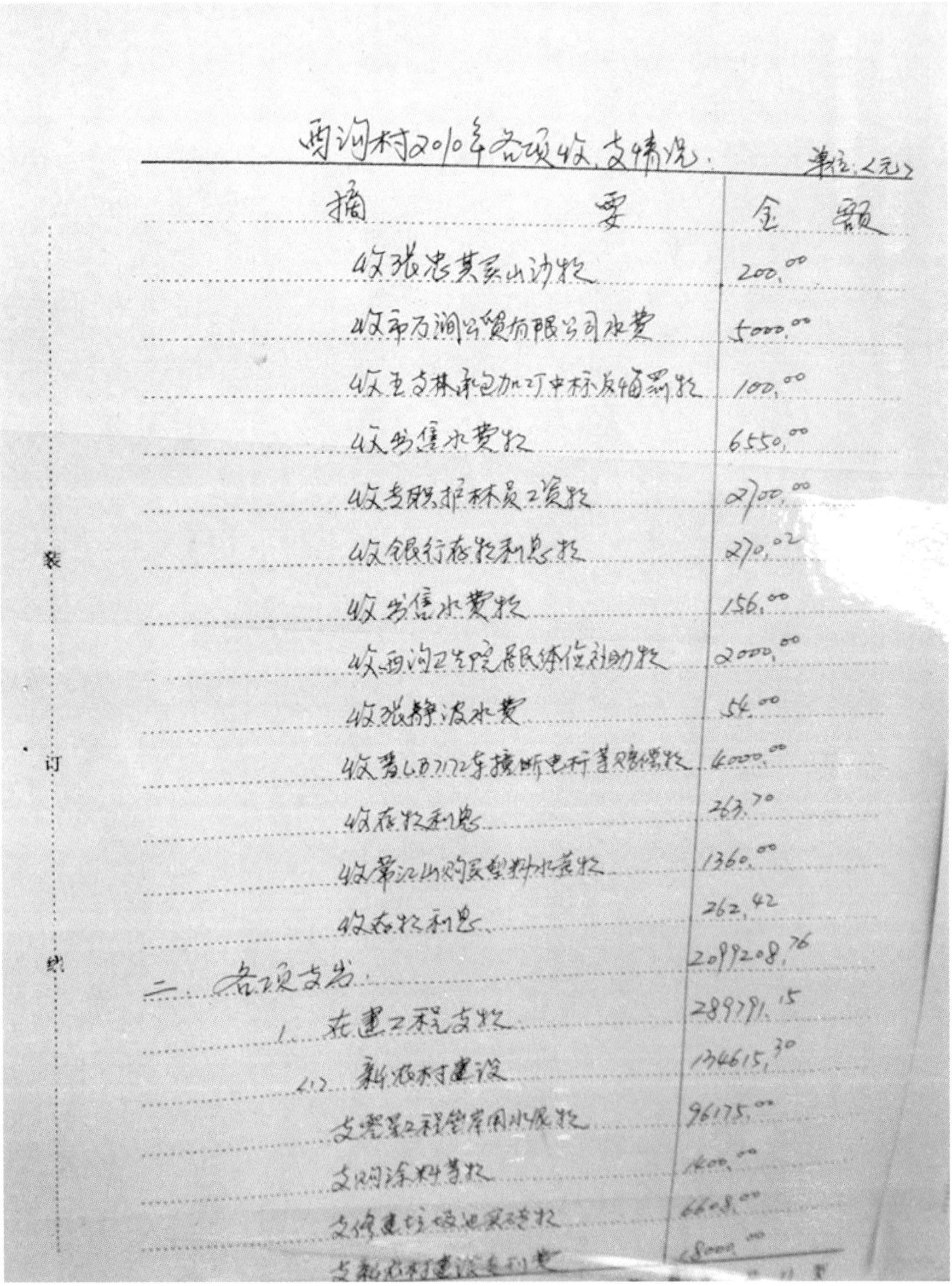

西沟村2010年各项收支情况 单位：(元)

摘要	金额
收张忠某买山沙款	200.00
收市万润公贸有限公司水费	5000.00
收王专林承包加工中标发植罚款	100.00
收书集水费款	6550.00
收专职护林员工资款	2700.00
收银行存款利息款	270.02
收书信水费款	156.00
收西沟卫生院居民体检补助款	2000.00
收张静波水费	54.00
收晋L87172车撞断电杆等赔偿款	4000.00
收存款利息	263.70
收常江山购买塑料水管款	1360.00
收存款利息	262.42
	2099208.76
二、各项支出	
1. 在建工程支款	289781.15
(1) 新农村建设	134615.30
支常第2程管常用水泥款	96175.00
支购涂料等款	1400.00
支修建垃圾池买砖款	6608.00
支新农村建设专利费	8000.00

图8-2-4 西沟村2010年各项收支情况表四

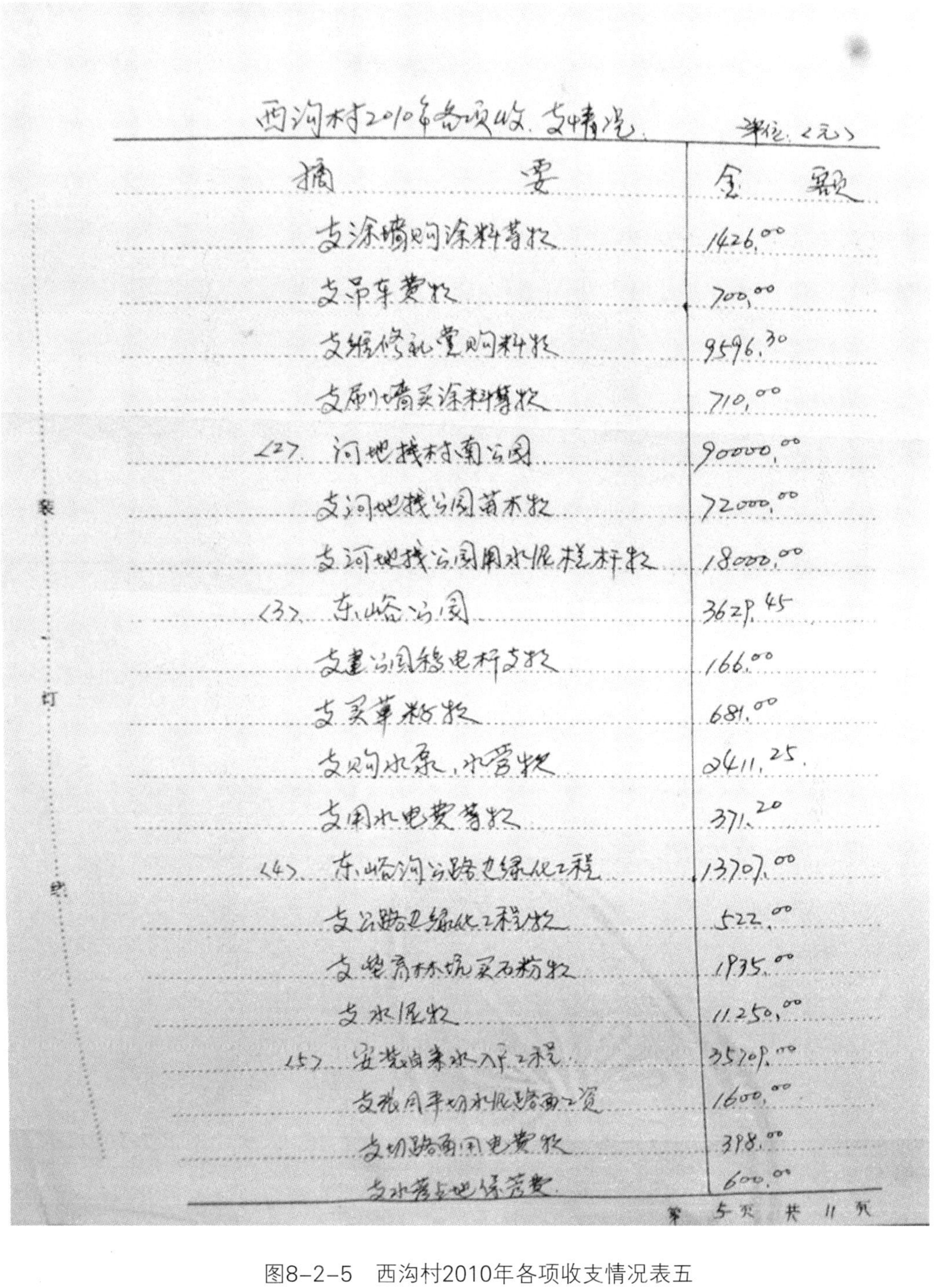

西沟村2010年各项收支情况　单位：（元）

摘要	金额
支涂墙购涂料等款	1626.00
支吊车费款	700.00
支维修礼堂购料款	9596.30
支刷墙买涂料等款	710.00
（2）河地栈村南公园	90000.00
支河地栈公园苗木款	72000.00
支河地栈公园用水泥栏杆款	18000.00
（3）东峪公园	3629.45
支建公园移电杆支款	166.00
支买草籽款	681.00
支购水泵、水管款	2411.25
支用水电费等款	371.20
（4）东峪沟公路边绿化工程	13707.00
支公路边绿化工程款	522.00
支整育林坑买石粉款	1935.00
支水泥款	11250.00
（5）安装自来水入户工程	35709.00
支雇用车切水泥路面工资	1600.00
支切路面用电费款	398.00
支水管占地保苗费	600.00

第5页　共11页

装　订　线

图8-2-5　西沟村2010年各项收支情况表五

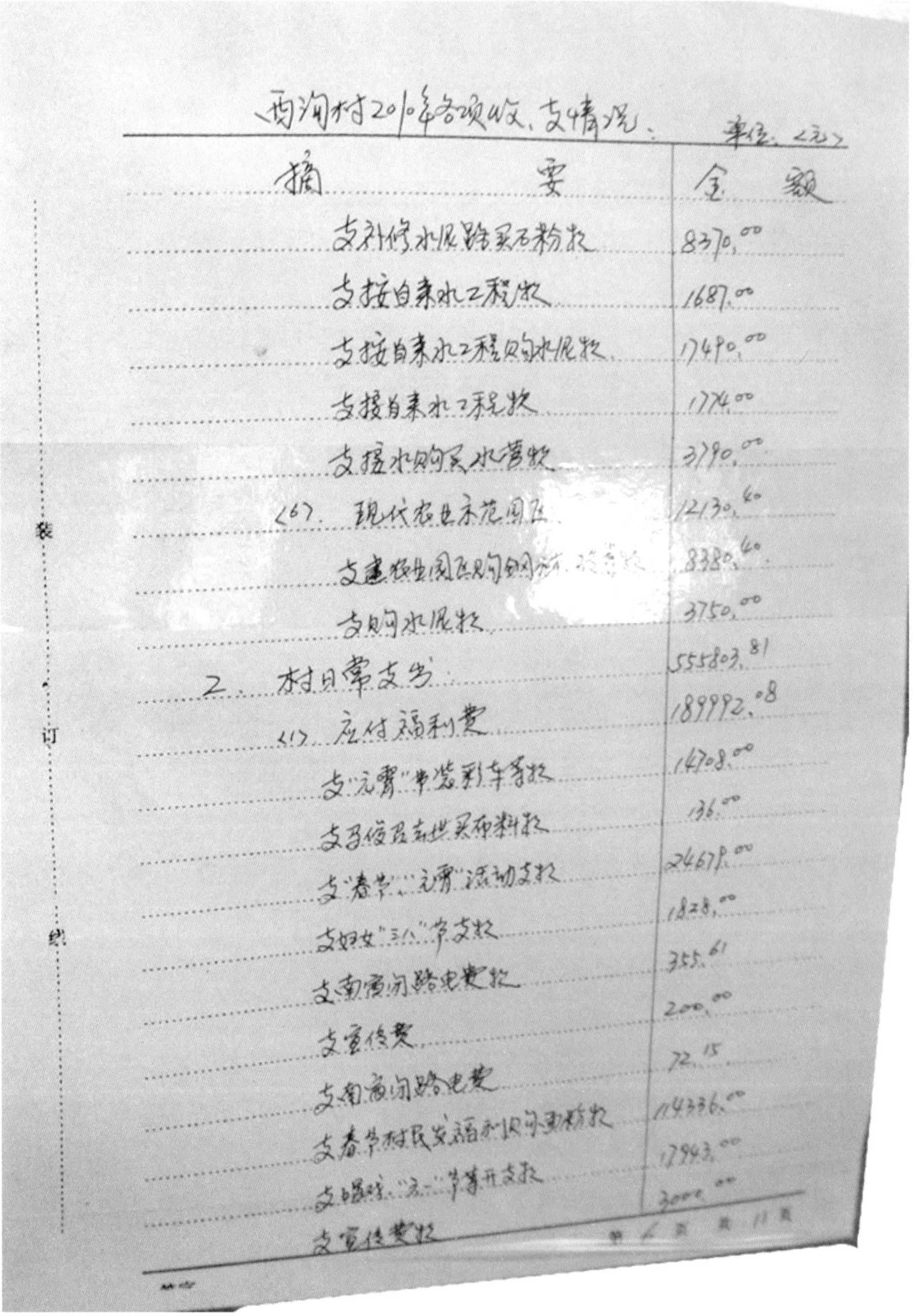

西沟村2010年各项收、支情况　　单位：（元）

摘要	金额
支补修水泥路买石粉款	8370.00
支接自来水工程款	1687.00
支接自来水工程购水泥款	17490.00
支接自来水工程款	1774.00
支接水购买水管款	3790.00
（6）现代农业示范园区	12130.60
支建农业园区购钢材、砂石款	8380.60
支购水泥款	3750.00
二、村日常支出	555803.81
（1）应付福利费	189992.08
支"元宵"节装彩车等款	14708.00
支马俊旦去世买布料款	136.00
支"春节""元宵"活动支款	24678.00
支妇女"三八"节支款	1828.00
支南窑沟路电费款	355.61
支宣传费	200.00
支南窑沟路电费	72.15
支春节村民发福利购面粉款	114336.00
支[illegible]"元一"节等开支款	17943.00
支宣传费款	3000.00

第6页　共11页

图8-2-6　西沟村2010年各项收支情况表六

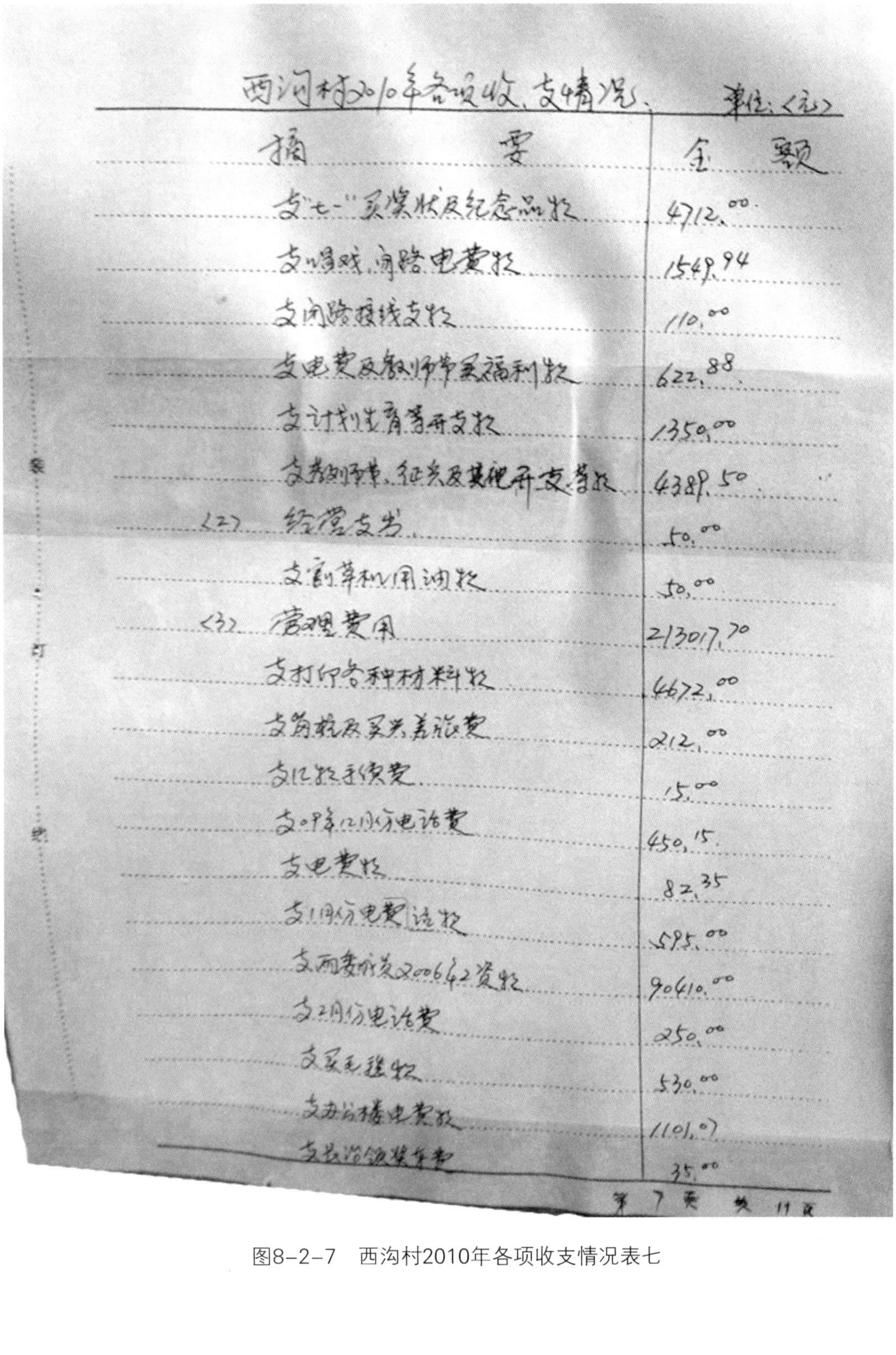

西沟村2010年各项收、支情况。 单位：（元）

摘要	金额
支"七一"奖状及纪念品款	4712.00
支喇叭、闭路电费款	1549.94
支闭路接线支款	110.00
支电费及教师节奖福利款	622.88
支计划生育等开支款	1350.00
支教师节、征兵及其他开支等款	4389.50
（2）经营支出	50.00
支割草机用油款	50.00
（3）管理费用	213017.70
支打印各种材料款	4672.00
支药款及买头羔旅费	212.00
支汇款手续费	15.00
支09年12月份电话费	450.15
支电费款	82.35
支1月份电话款	595.00
支两委成员2006年工资款	90410.00
支2月份电话费	250.00
支买毛毯款	530.00
支办公楼电费款	1101.07
支报纸订阅等费	35.00

第 7 页 共 11 页

装订线

图8-2-7 西沟村2010年各项收支情况表七

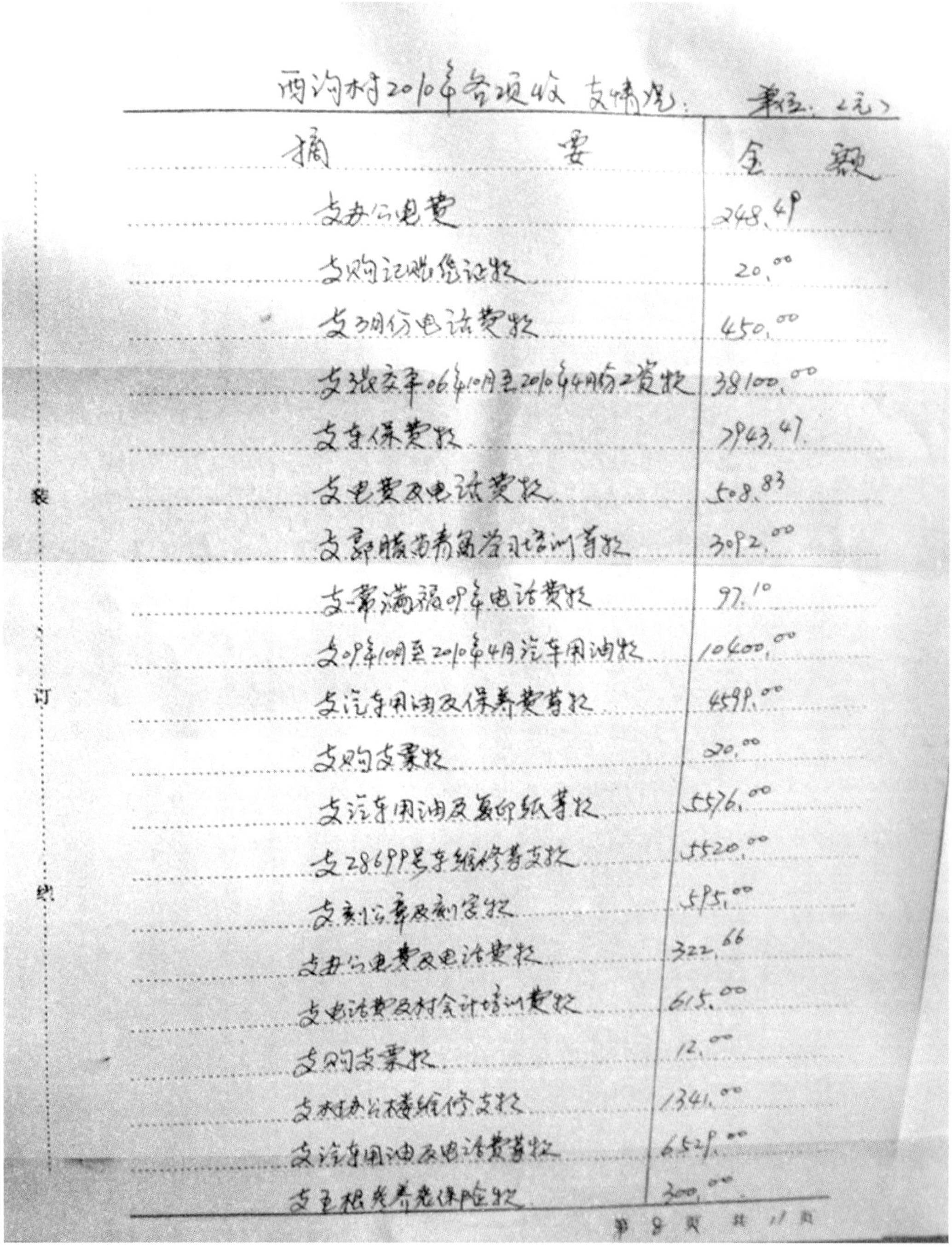

西沟村2010年各项收支情况：　单位：（元）

摘要	金额
支办公电费	248.49
支购记账凭证款	20.00
支3月份电话费款	450.00
支张交平06年10月至2010年4月份工资款	38100.00
支车保费款	7943.47
支电费及电话费款	508.83
支郭腊梅青岛学习培训等款	3092.00
支常满福呼车电话费款	97.10
支09年10月至2010年4月汽车用油款	10400.00
支汽车用油及保养费等款	4599.00
支购支票款	20.00
支汽车用油及复印纸等款	5576.00
支28699号车维修等支款	5520.00
支刻公章及刻字款	595.00
支办公电费及电话费款	322.66
支电话费及村会计培训费款	615.00
支购支票款	12.00
支村办公楼维修支款	1341.00
支汽车用油及电话费等款	6521.00
支王根兔养老保险款	300.00

装　订　线

第8页　共11页

图8-2-8　西沟村2010年各项收支情况表八

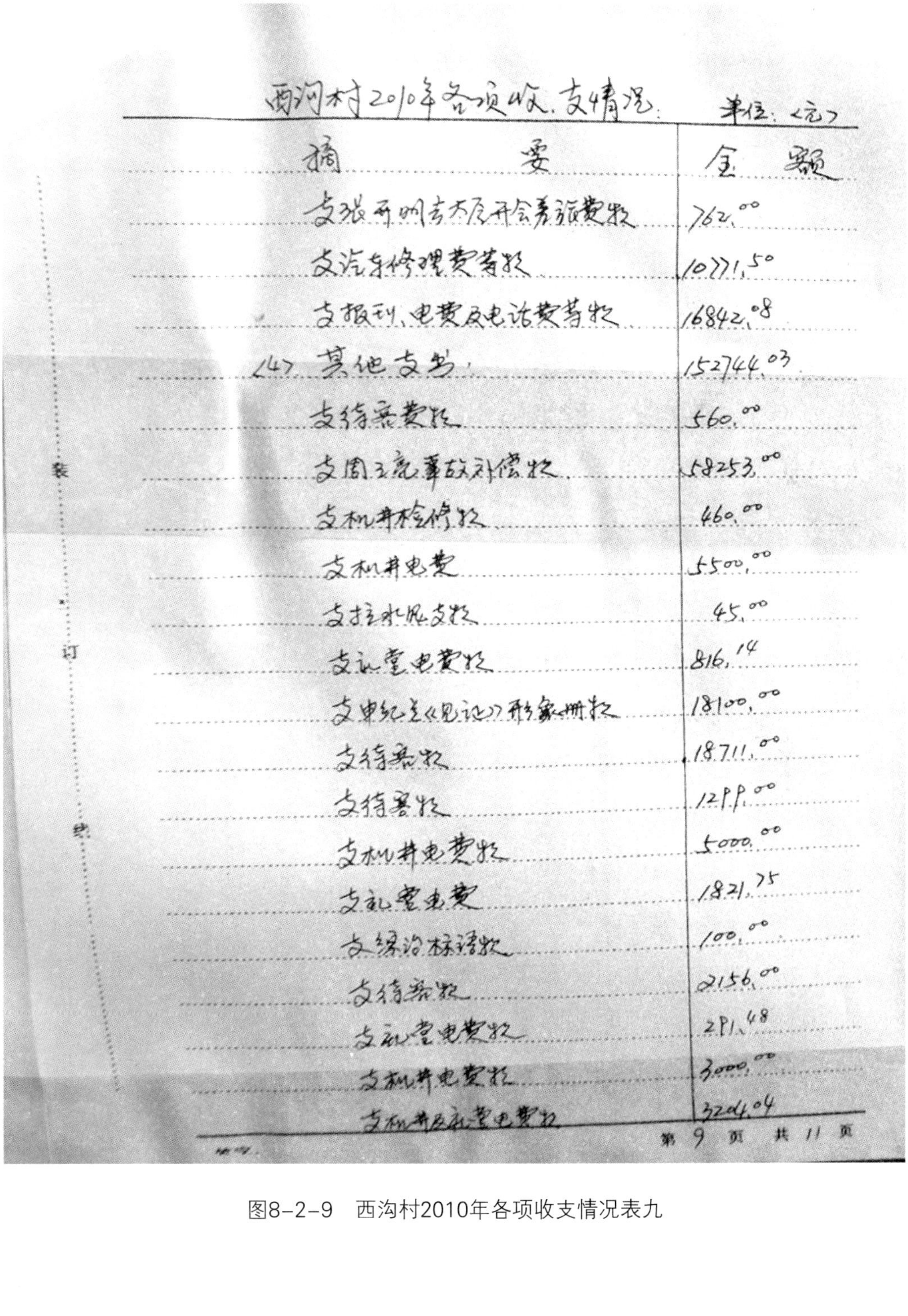

西沟村2010年各项收.支情况 单位:〈元〉

摘要	金额
支张开明去太原开会差旅费款	762.00
支汽车修理费等款	10771.50
支报刊、电费及电话费等款	16842.08
〈4〉其他支出	152744.03
支待客费款	560.00
支周三亮事故补偿款	58253.00
支机井检修款	460.00
支机井电费	5500.00
支拉水泥支款	45.00
支礼堂电费款	816.14
支申纪兰《见证》形象册款	18100.00
支待客款	18711.00
支待客款	1288.00
支机井电费款	5000.00
支礼堂电费	1821.75
支综治标语款	100.00
支待客款	2156.00
支礼堂电费款	281.48
支机井电费款	3000.00
支机井及礼堂电费款	3204.04

装 订 线

第 9 页 共 11 页

图8-2-9 西沟村2010年各项收支情况表九

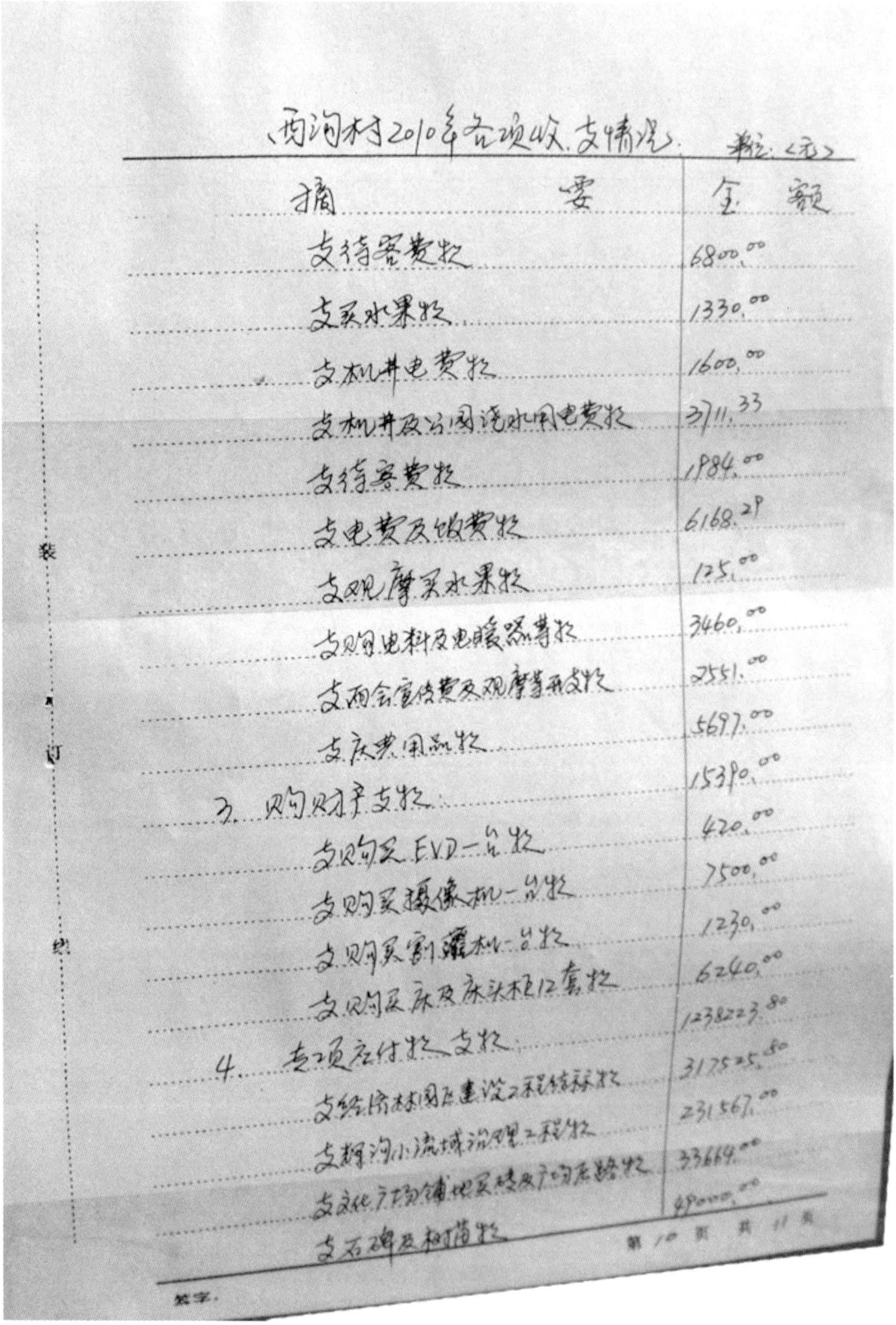

西沟村2010年各项收支情况　　单位：（元）

摘要	金额
支待客费款	6800.00
支买水果款	1330.00
支机井电费款	1600.00
支机井及公园浇水用电费款	3711.33
支待客费款	1884.00
支电费及饭费款	6168.29
支观摩买水果款	125.00
支购电料及电暖器等款	3460.00
支开会宣传费及观摩等开支款	2551.00
支庆典用品款	5697.00
3. 购财产支款	15390.00
支购买EVD一台款	420.00
支购买摄像机一台款	7500.00
支购买割灌机一台款	1230.00
支购买床及床头柜12套款	6240.00
4. 专项应付款支款	1238223.80
支经济林园区建设工程结算款	317525.80
支拐沟小流域治理工程款	231567.00
支文化广场铺地买砖及广场后路款	33664.00
支石碑及树苗款	49000.00

第10页　共11页

签字：

图8-2-10　西沟村2010年各项收支情况表十

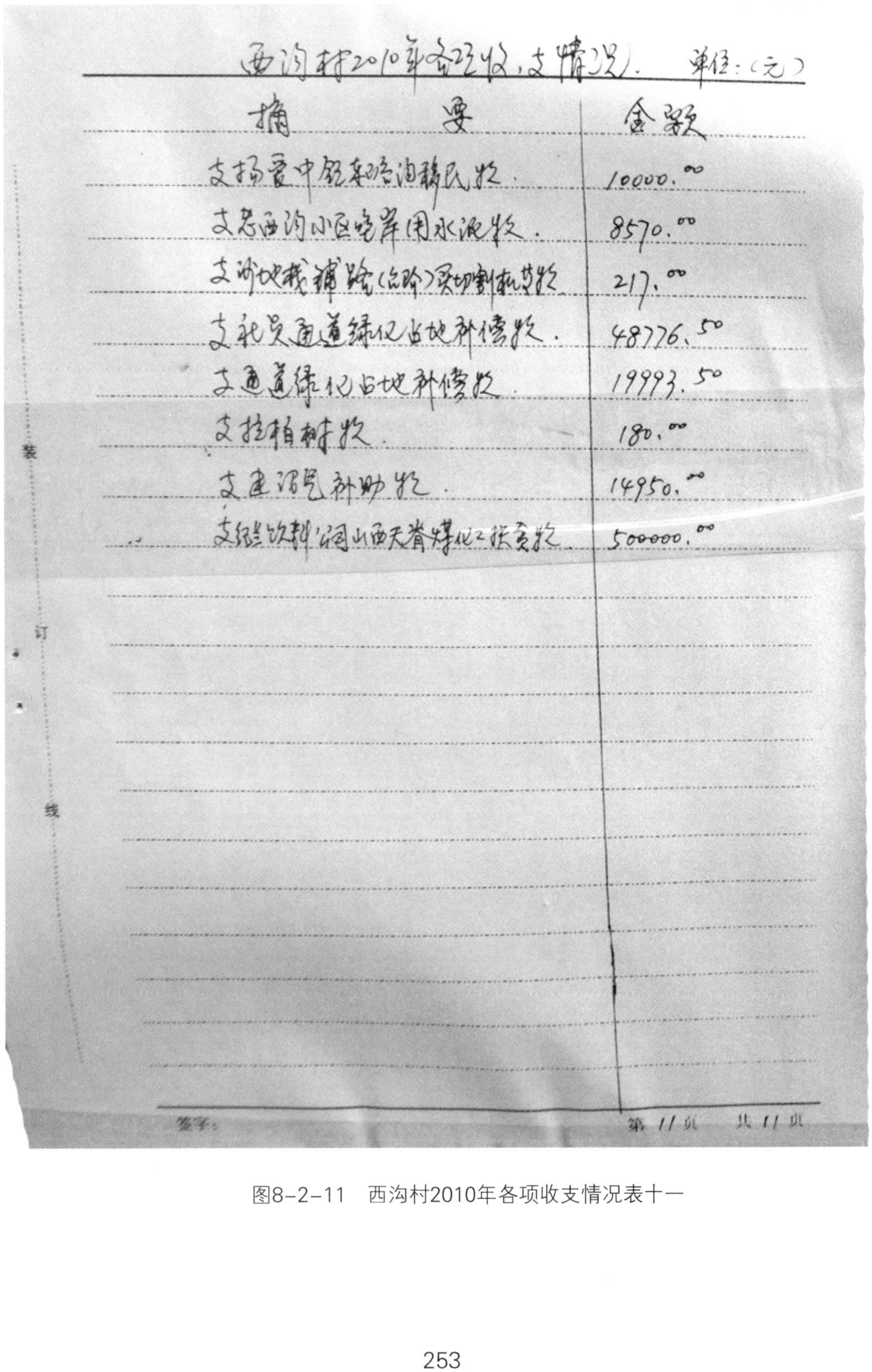

西沟村2010年各项收支情况。 单位：（元）

摘要	金额
支杨霞中级车燃油补贴款	10000.00
支付西沟小区驳岸用水泥款	8570.00
支沙地栈铺路（公路）买切割机费款	217.00
支松贝通道绿化占地补偿款	48776.50
支通道绿化占地补偿款	19993.50
支拉柏树款	180.00
支建沼气补助款	14950.00
支结兰饮料公司山西天脊煤化工扶贫款	500000.00

装 订 线

签字： 第 11 页 共 11 页

图8-2-11 西沟村2010年各项收支情况表十一

（三）西沟村2011年各项收支情况

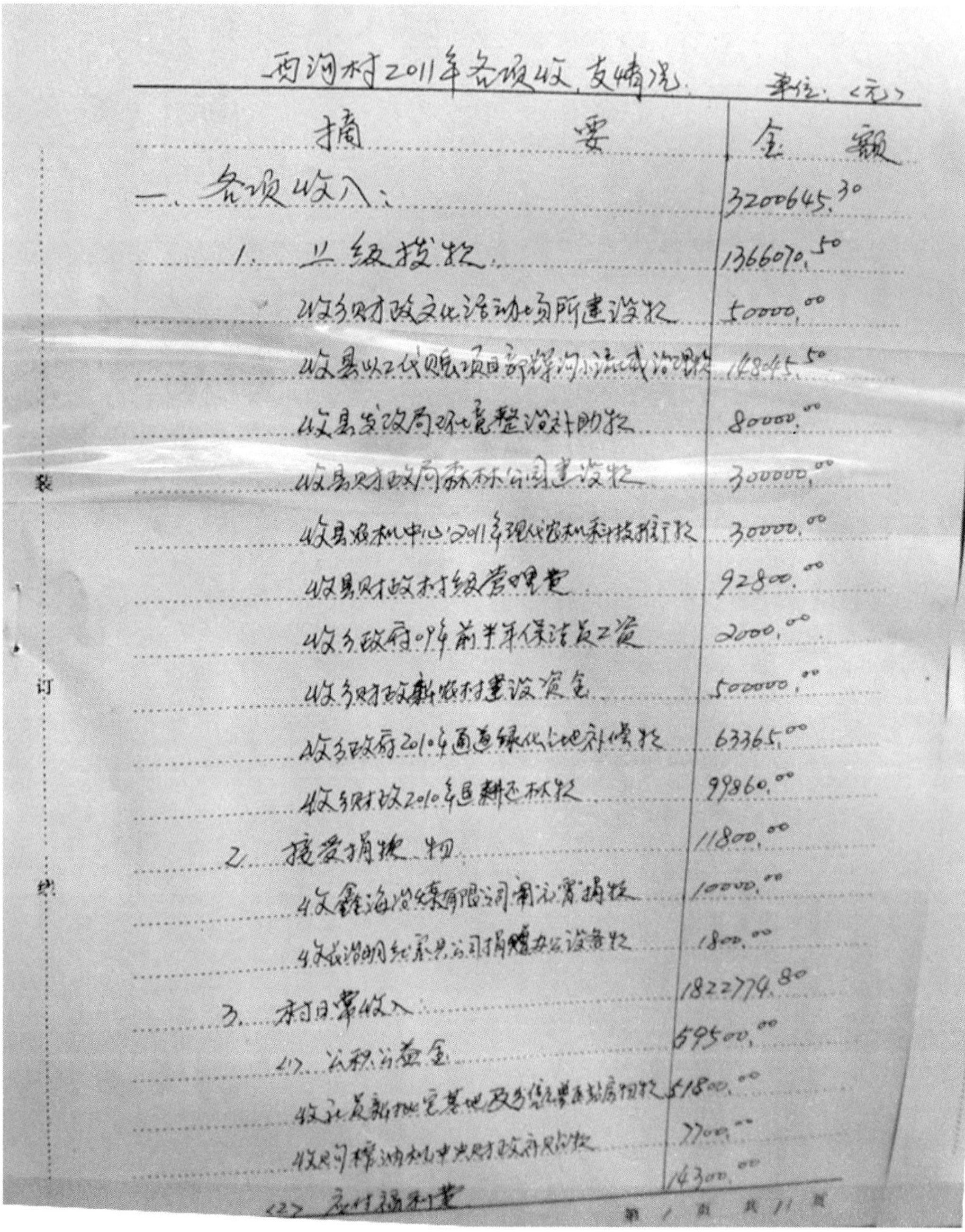

西沟村2011年各项收支情况　　单位：（元）

摘要	金额
一、各项收入：	3200645.30
1. 上级拨款	1366070.50
收乡财政文化活动场所建设款	50000.00
收县以工代赈项目前阳沟小流域治理款	148045.50
收县发改局环境整治补助款	80000.00
收县财政局森林公园建设款	300000.00
收县农机中心2011年现代农机科技推广款	30000.00
收县财政村级管理费	92800.00
收乡政府09年前半年保洁员工资	2000.00
收乡财政新农村建设资金	500000.00
收乡政府2010年通道绿化占地补偿款	63365.00
收乡财政2010年退耕还林款	99860.00
2. 接受捐款、物	11800.00
收鑫海冶炼有限公司闹元宵捐款	10000.00
收长治明纸业公司捐赠办公设备款	1800.00
3. 村日常收入	1822774.80
(1) 公积公益金	59500.00
收征用新村宅基地及乡供电站房租款	51800.00
收回棉油机中心财政补贴款	7700.00
(2) 农村福利费	14300.00

第 1 页 共 11 页

图8-3-1　西沟村2010年各项收支情况表一

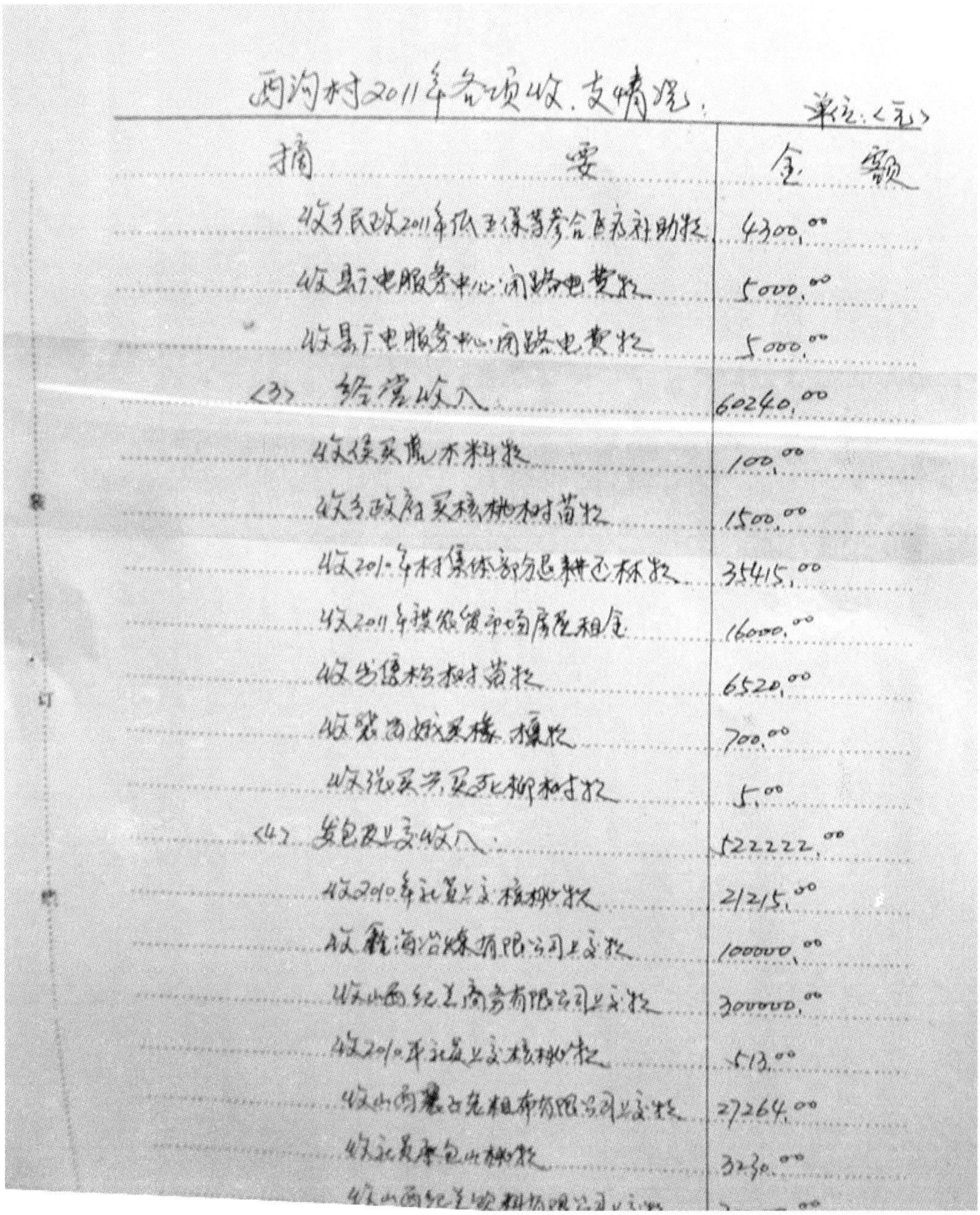

西沟村2011年各项收、支情况　　单位：(元)

摘要	金额
收县民政2011年低保等参合医疗补助款	4300.00
收县供电服务中心闸路电费款	5000.00
收县供电服务中心闸路电费款	5000.00
(3) 经营收入	60240.00
收侯买鹿木料款	100.00
收乡政府买核桃树苗款	1500.00
收2011年村集体部分退耕还林款	35415.00
收2011年供销贷市场房屋租金	16000.00
收出售核桃树苗款	6520.00
收张国斌买椽檩款	700.00
收张买卖买死柳树款	5.00
(4) 发包及上交收入	522222.00
收2010年承包上交核桃款	21215.00
收鑫海冶炼有限公司上交款	100000.00
收山西纪元商贸有限公司上交款	300000.00
收2010年承包上交核桃款	513.00
收山西振兴龙祖布料有限公司上交款	27264.00
收承包林地核桃款	3230.00
[illegible]	[illegible]

图8-3-2　西沟村2010年各项收支情况表二

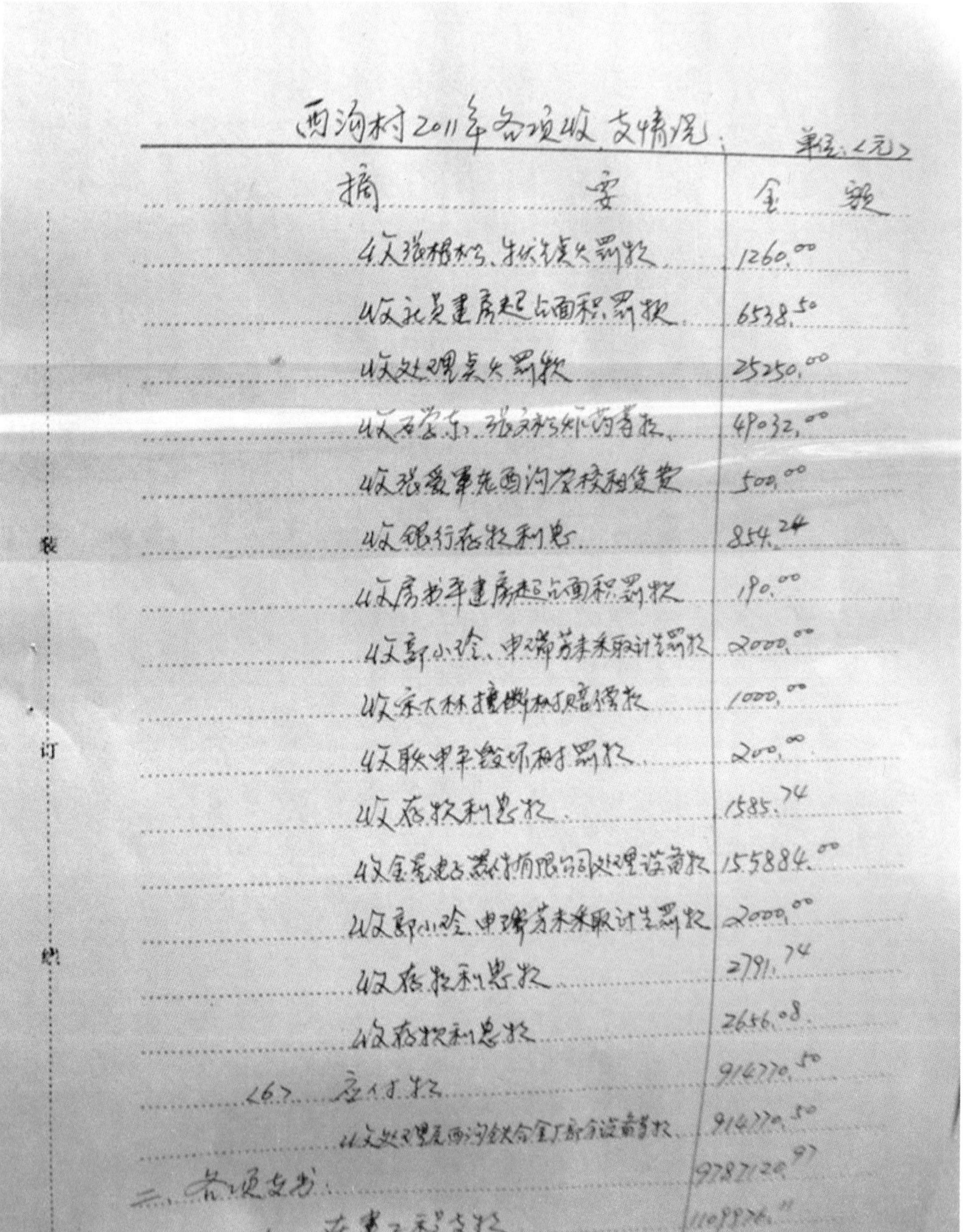

西沟村2011年各项收支情况　　单位：（元）

摘要	金额
收张根标、牛代锁火罚款	1260.00
收孙志兵建房超占面积罚款	6538.50
收处理点火罚款	25250.00
收石学东、张文亮外污染费	49032.00
收张爱军在西沟学校租赁费	500.00
收银行存款利息	854.24
收房书平建房超占面积罚款	190.00
收郭小珍、申瑞芳未采取计生罚款	2000.00
收宋大林撞断树赔偿款	1000.00
收耿申平毁坏树罚款	200.00
收存款利息款	1585.74
收金属镁有限公司处理污染费款	155884.00
收郭小珍、申瑞芳未采取计生罚款	2000.00
收存款利息款	2791.74
收存款利息款	2656.08
（6）应付款	914770.50
收处理西沟铁合金厂部分污染费款	914770.50
二、各项支出	9787120.97
1、在建工程支款	1109876.11

装　订　线

图8-3-3　西沟村2010年各项收支情况表三

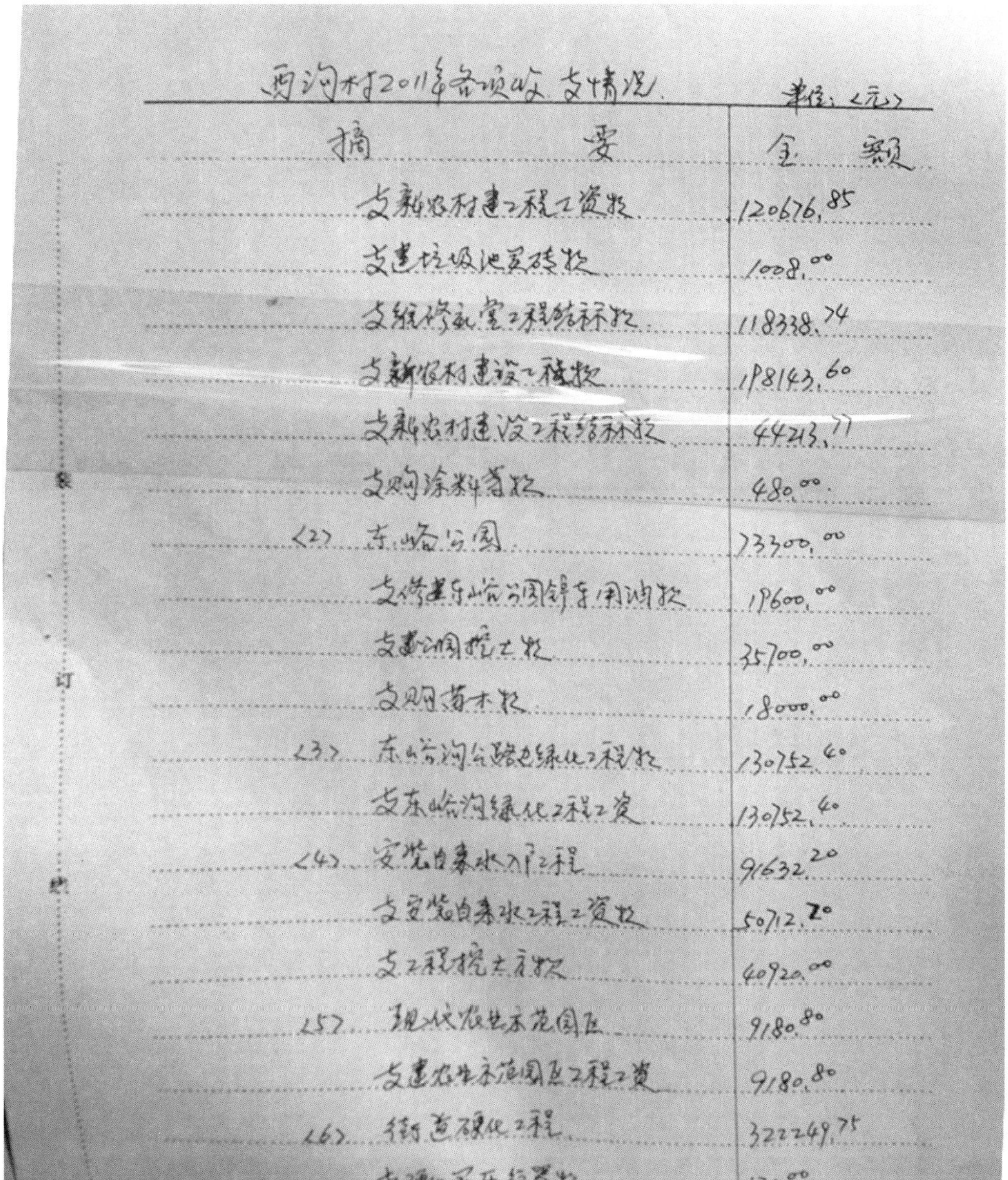

西沟村2011年各项收支情况　单位：（元）

摘要	金额
支新农村建工程工资款	120676.85
支建垃圾池买砖款	1008.00
支维修礼堂工程结算款	118338.74
支新农村建设工程款	198143.60
支新农村建设工程结算款	44213.77
支购涂料等款	480.00
（2）东峪公园	73300.00
支修建东峪公园铺车用沟款	19600.00
支[illegible]挖土款	35700.00
支购苗木款	18000.00
（3）东峪沟公路绿化工程款	130752.40
支东峪沟绿化工程工资	130752.40
（4）安装自来水入户工程	91632.20
支安装自来水工程工资款	50712.20
支工程挖土方款	40920.00
（5）现代农业示范园区	9180.80
支建农业示范园区工程工资	9180.80
（6）街道硬化工程	322249.75
支硬化买压板器款	120.00

图8-3-4　西沟村2010年各项收支情况表四

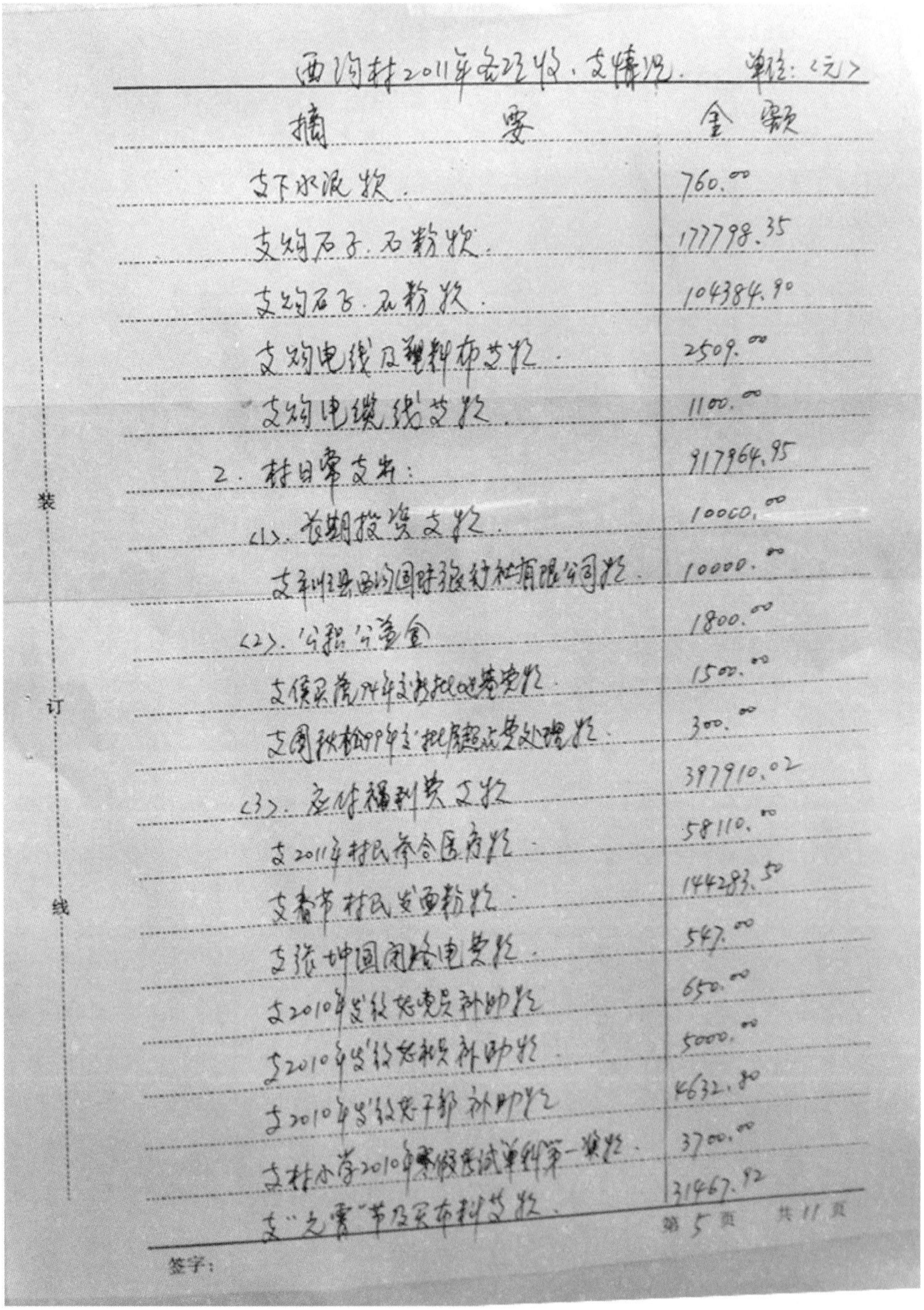
西沟村2011年各项收、支情况. 单位:（元）

摘要	金额
支下水泥款.	760.00
支购石子、石粉款.	177798.35
支购石子、石粉款.	104384.90
支购电线及塑料布等款.	2509.00
支购电缆线等款.	1100.00
2. 村日常支出:	917964.95
(1). 长期投资支款.	10000.00
支平顺县西沟国际旅行社有限公司款.	10000.00
(2). 公积公益金	1800.00
支偿还前几年支书报纸邮费款.	1500.00
支周秋梅99年支书报纸超支费处理款.	300.00
(3). 农村福利费支款.	397910.02
支2011年村民参合医疗款.	58110.00
支春节村民发面粉款.	144283.50
支张坤国闭路电费款.	547.00
支2010年发放治安员补助款.	650.00
支2010年发放老村长补助款.	5000.00
支2010年发放老干部补助款.	4632.80
支村小学2010年寒假考试单科第一奖款.	3700.00
支"元宵"节及买布料等款.	31467.92

装 订 线

第5页 共11页

签字:

图8-3-5 西沟村2010年各项收支情况表五

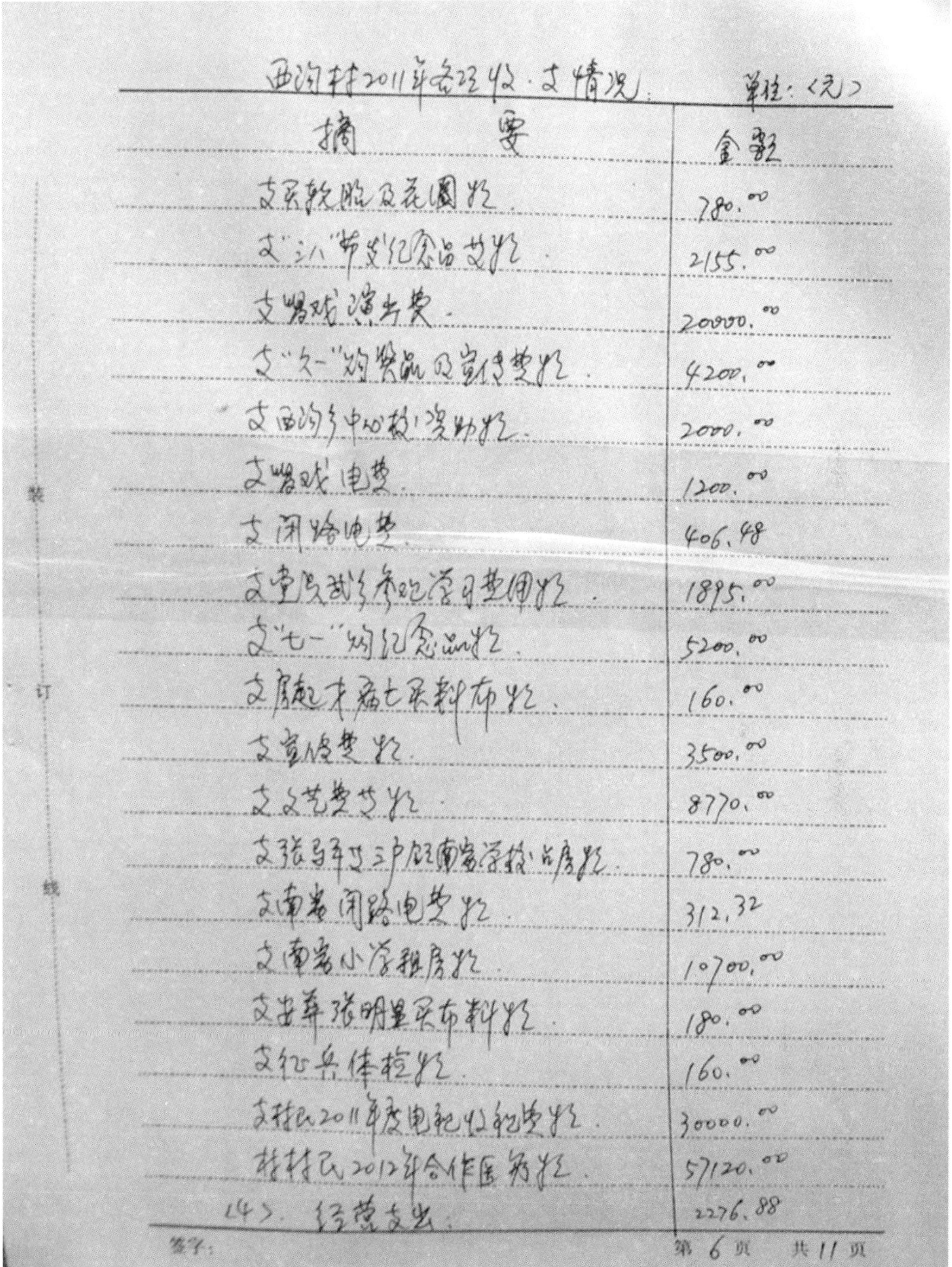

西沟村2011年各项收·支情况　　单位：(元)

摘要	金额
支买轮胎及花圃款	780.00
支"三八"节发纪念品支款	2155.00
支锣鼓演出费	20000.00
支"五一"购货品及宣传费款	4200.00
支西沟乡中心校资助款	2000.00
支锣鼓电费	1200.00
支闸路电费	406.48
支重点武乡参观学习费用款	1895.00
支"七一"购纪念品款	5200.00
支房起木窑七采料布款	160.00
支宣传费款	3500.00
支文艺费支款	8770.00
支张马年等三户到南沟学校占房款	780.00
支南沟闸路电费款	312.32
支南沟小学租房款	10700.00
支安华张明果买布料款	180.00
支红色集体检款	160.00
支村民2011年度电视收视费款	30000.00
替村民2012年合作医疗款	57120.00
(4). 经营支出	2276.88

签字：　　第 6 页　共 11 页

图8-3-6　西沟村2010年各项收支情况表六

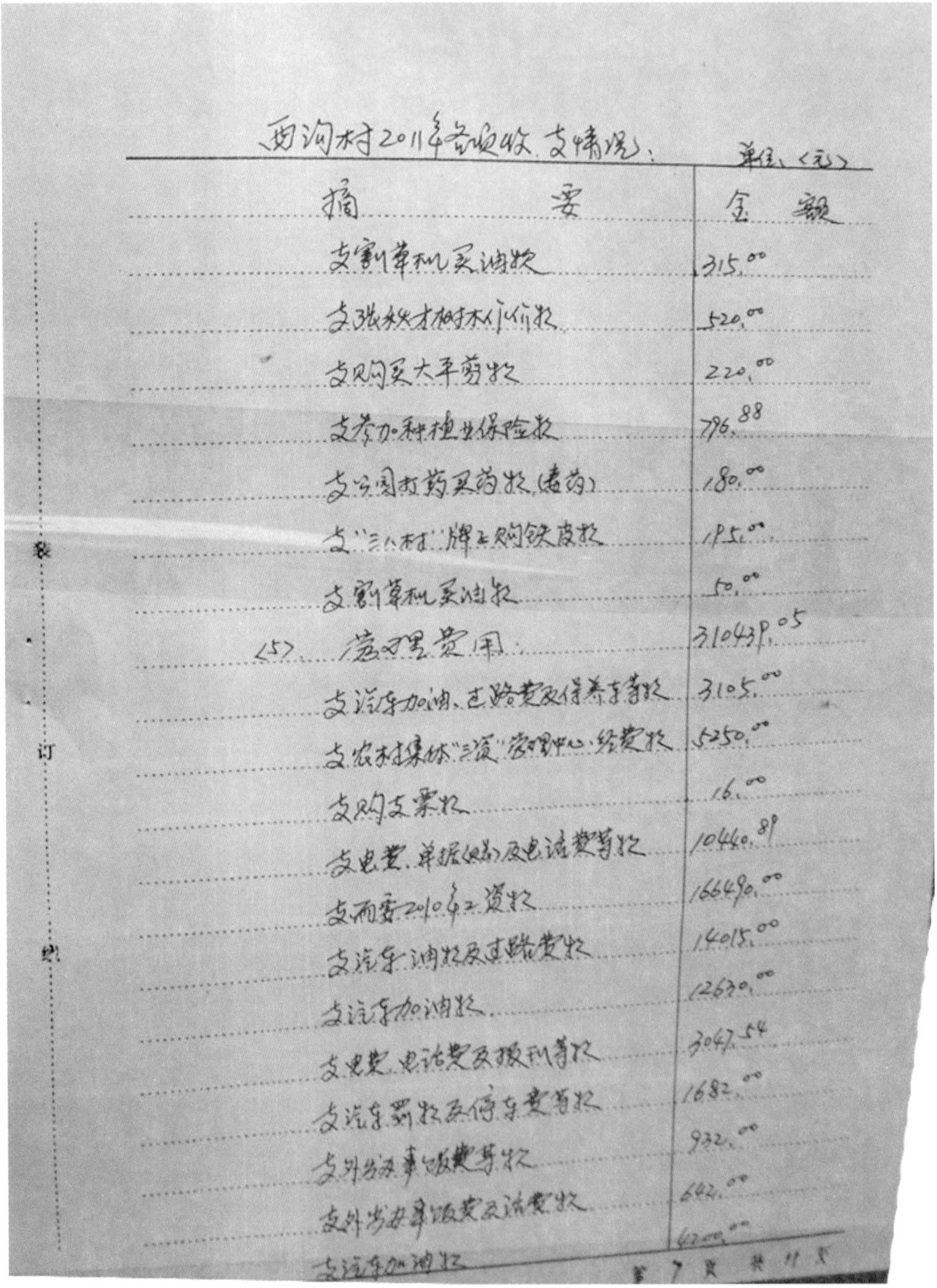

西沟村2011年各项收支情况 单位（元）

摘要	金额
支割草机买油款	315.00
支张秋才做木门价款	520.00
支购买大平剪款	220.00
支参加种植业保险款	796.88
支公园打药买药款（毒药）	180.00
支"三八村"牌子购铁皮款	185.00
支割草机买油款	50.00
（5） 管理费用	310438.05
支汽车加油、过路费及保养等款	3105.00
支农村集体"三资"管理中心经费款	5250.00
支购支票款	16.00
支电费、单据(账簿)及电话费等款	10440.81
支雇员2010年工资款	166490.00
支汽车油款及过路费款	14015.00
支汽车加油款	12630.00
支电费、电话费及报刊等款	3047.54
支汽车罚款及停车费等款	1682.00
支外出办事饭费等款	932.00
支外出办事饭费及话费款	642.00
支汽车加油款	6200.00

第7页 共11页

装 订 线

图8-3-7 西沟村2010年各项收支情况表七

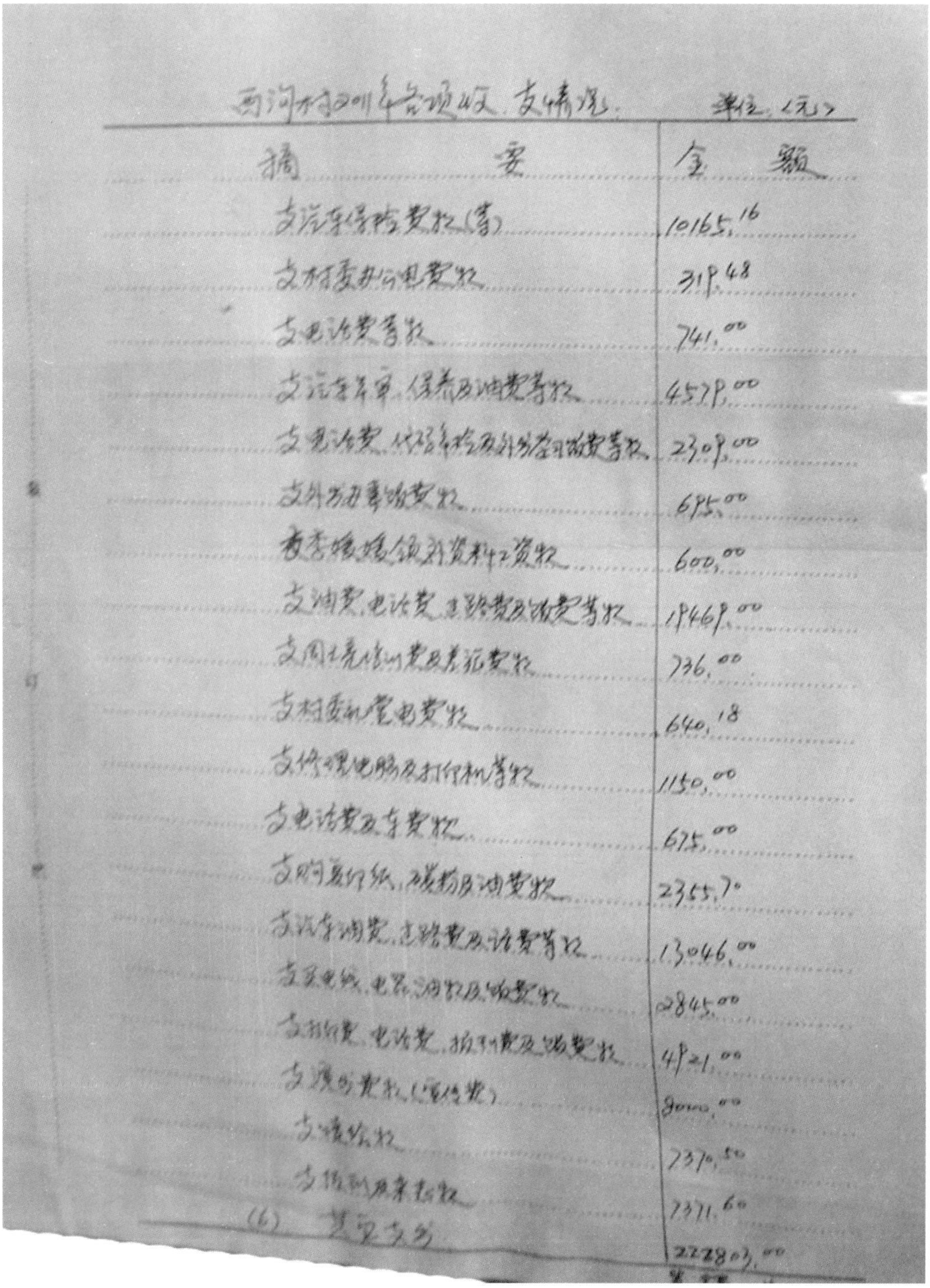

西沟村2010年各项收支情况　单位：（元）

摘要	金额
支汽车保险费款（壹）	10165.16
支村委办公电费款	318.48
支电话费等款	741.00
支汽车年审、保养及油费等款	4578.00
支电话费、代培学校及外出学习的费等款	2308.00
支外出办事的费款	685.00
付李娥娥领外资料工资款	600.00
支油费、电话费、过路费及饭费等款	18468.00
支周边环境修理费及美化费款	736.00
支村委机关电费款	640.18
支修理电脑及打印机等款	1150.00
支电话费及车费款	675.00
支购复印纸、碳粉及油费款	2355.70
支汽车油费、过路费及话费等款	13046.00
支买电线、电器油料及饭费款	2845.00
支打印费、电话费、材料费及饭费款	4821.00
支演出费款（宣传费）	9000.00
支培训款	7370.50
支修理及桌椅款	7371.60
（6）其它支出	222803.00

图8-3-8　西沟村2010年各项收支情况表八

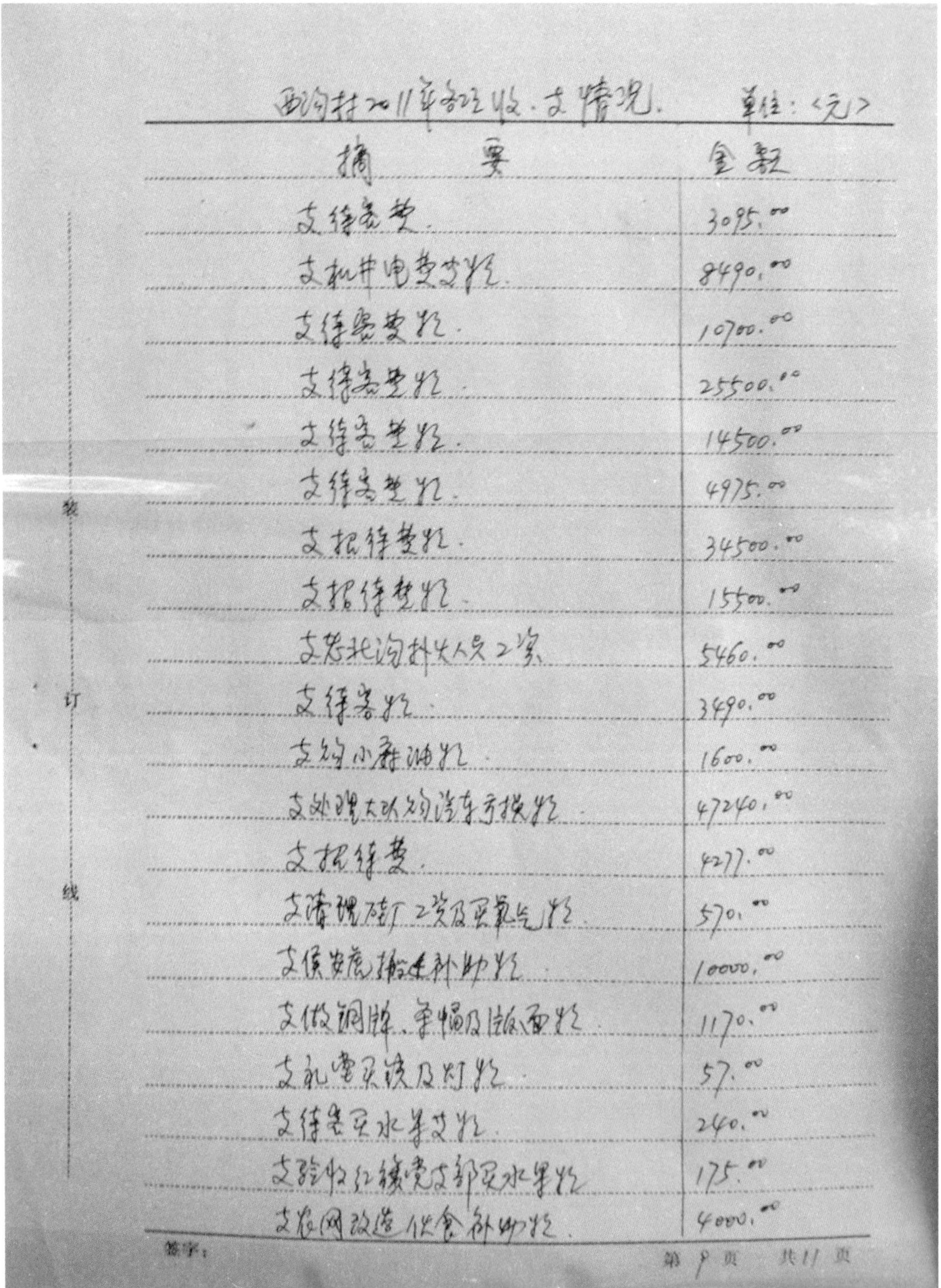

西沟村2011年各项收·支情况. 单位：〈元〉

摘要	金额
支维修费.	3095.00
支机井电费支款.	8490.00
支维修费款.	10700.00
支维修费款.	25500.00
支维修费款.	14500.00
支维修费款.	4975.00
支报维费款.	34500.00
支报维费款.	15500.00
支发北沟村火人员工资.	5460.00
支维修款.	3490.00
支给小磨油款.	1600.00
支处理大队约沟东方换款.	47240.00
支报维费.	4277.00
支清理砖厂工资及买氧气款.	570.00
支侯安庄搬迁补助款.	10000.00
支做铜牌、条幅及版面款.	1170.00
支孔雷买线及灯款.	57.00
支待客买水果支款.	240.00
支验收红旗党支部买水果款.	175.00
支农网改造伙食补助款.	4000.00

签字： 第 9 页 共 11 页

图8-3-9 西沟村2010年各项收支情况表九

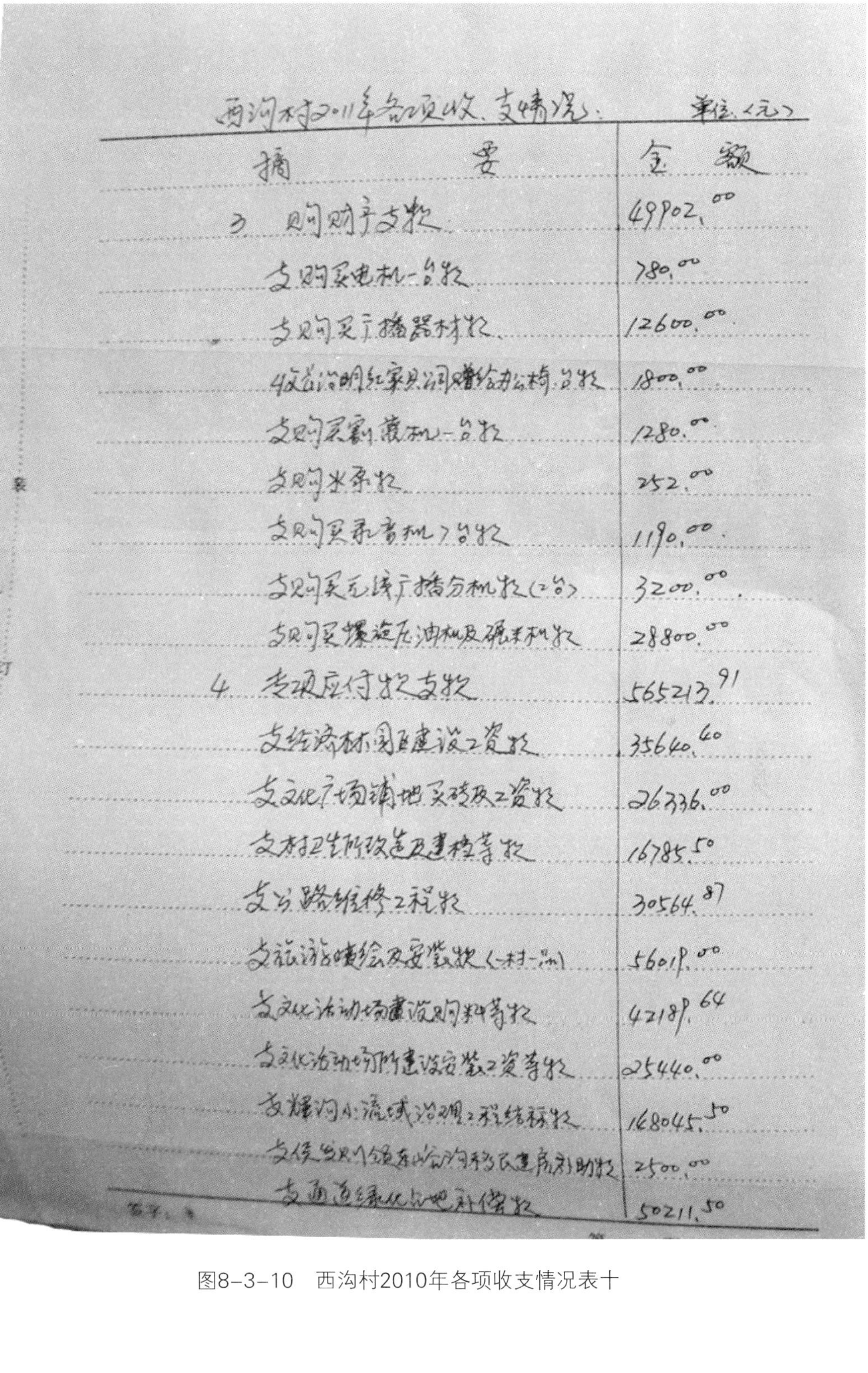
西沟村2011年各项收、支情况：　　单位（元）

摘要	金额
3　购财产支款	49902.00
支购买电机一台款	780.00
支购买广播器材款	12600.00
收省治明纪家具公司赠给办公椅台款	1800.00
支购买割灌机一台款	1280.00
支购水泵款	252.00
支购买录音机7台款	1190.00
支购买无线广播分机款（2台）	3200.00
支购买螺旋压油机及碾米机款	28800.00
4　专项应付款支款	565213.91
支经济林园建设工资款	35640.60
支文化广场铺地买砖及工资款	26336.00
支村卫生所改造及建楼等款	16785.50
支公路维修工程款	30564.87
支旅游喷绘及安装款（一村一品）	56018.00
支文化活动场建设购料等款	42189.64
支文化活动场所建设安装工资等款	25440.00
支辉沟小流域治理工程结算款	168045.50
支侯岩则领东峪沟移民建房补助款	2500.00
支西道绿化占地补偿款	50211.50

图8-3-10　西沟村2010年各项收支情况表十

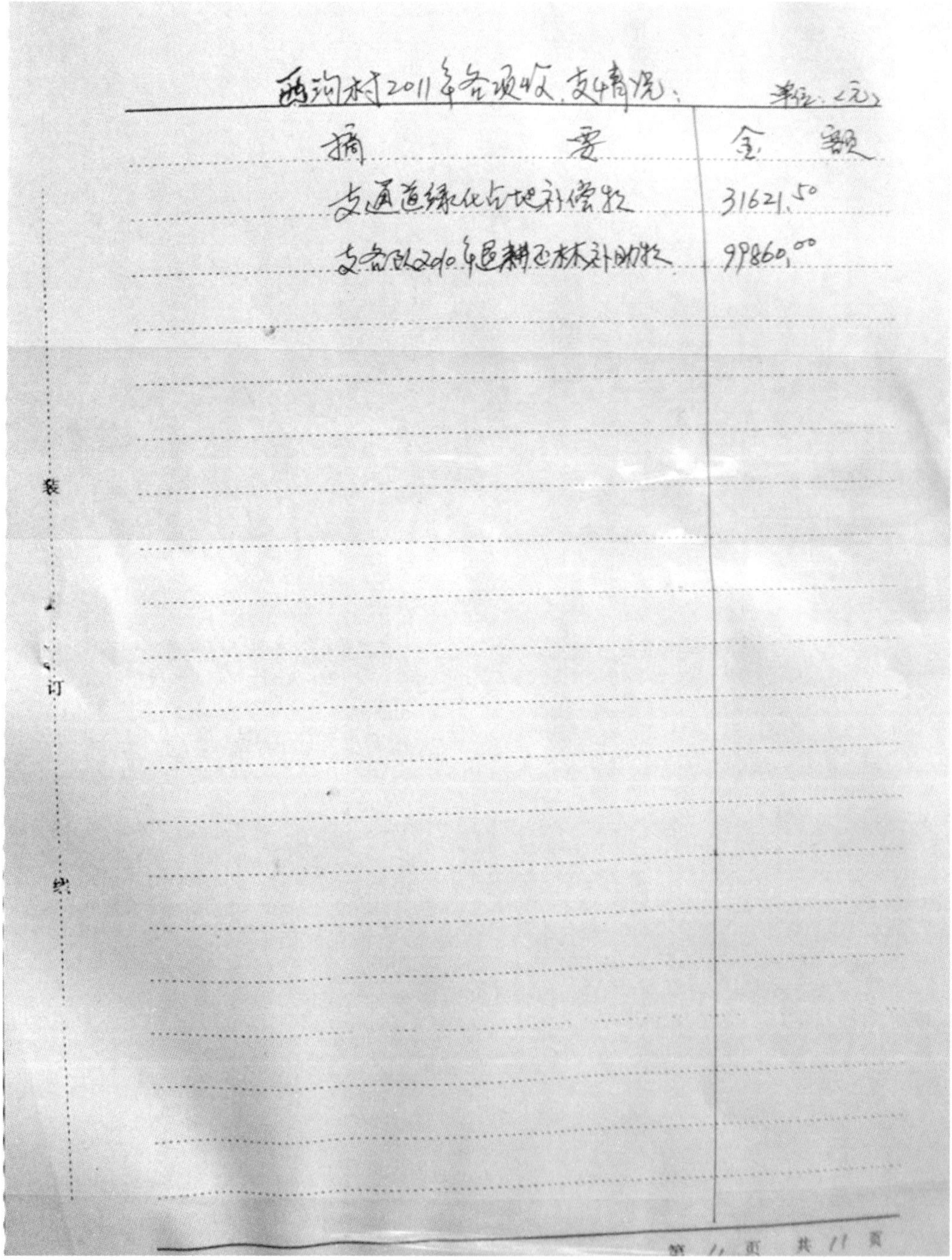

西沟村2011年各项收支情况：　　单位：（元）

摘要	金额
支通道绿化占地补偿款	31621.50
支各队2010年退耕还林补助款	99860.00

第11页　共11页

图8-3-11　西沟村2010年各项收支情况表十一

（四）西沟村2012年各项收支情况

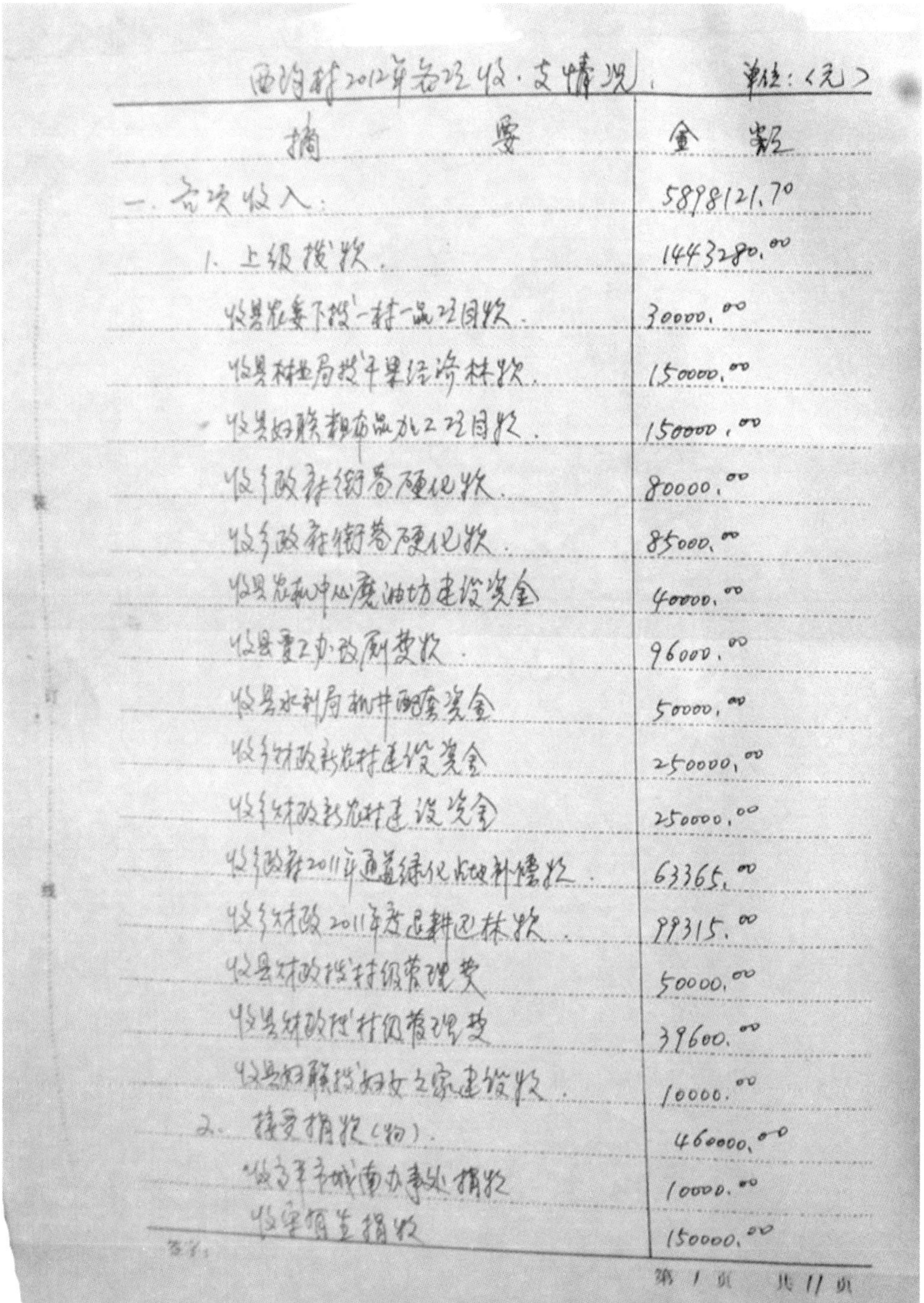

西沟村2012年各项收、支情况。 单位：（元）

摘要	金额
一、各项收入：	5898121.70
1. 上级拨款。	1443280.00
收县农委下拨一村一品项目款。	30000.00
收县林业局拨干果经济林款。	150000.00
收县妇联粗布品加工项目款。	150000.00
收乡政府街巷硬化款。	80000.00
收乡政府街巷硬化款。	85000.00
收县农机中心榨油坊建设资金	40000.00
收县费改办改厕费款。	96000.00
收县水利局机井配套资金	50000.00
收乡财政新农村建设资金	250000.00
收乡财政新农村建设资金	250000.00
收乡政府2011年通道绿化植树补偿款。	63365.00
收乡财政2011年度退耕还林款。	99315.00
收县财政拨村级管理费	50000.00
收县财政拨村级管理费	39600.00
收县妇联拨妇女之家建设款。	10000.00
2. 接受捐款（物）。	460000.00
收长治市城南办事处捐款	10000.00
收[illegible]捐款	150000.00

签字：

第1页 共11页

图8-4-1 西沟村2012年各项收支情况表一

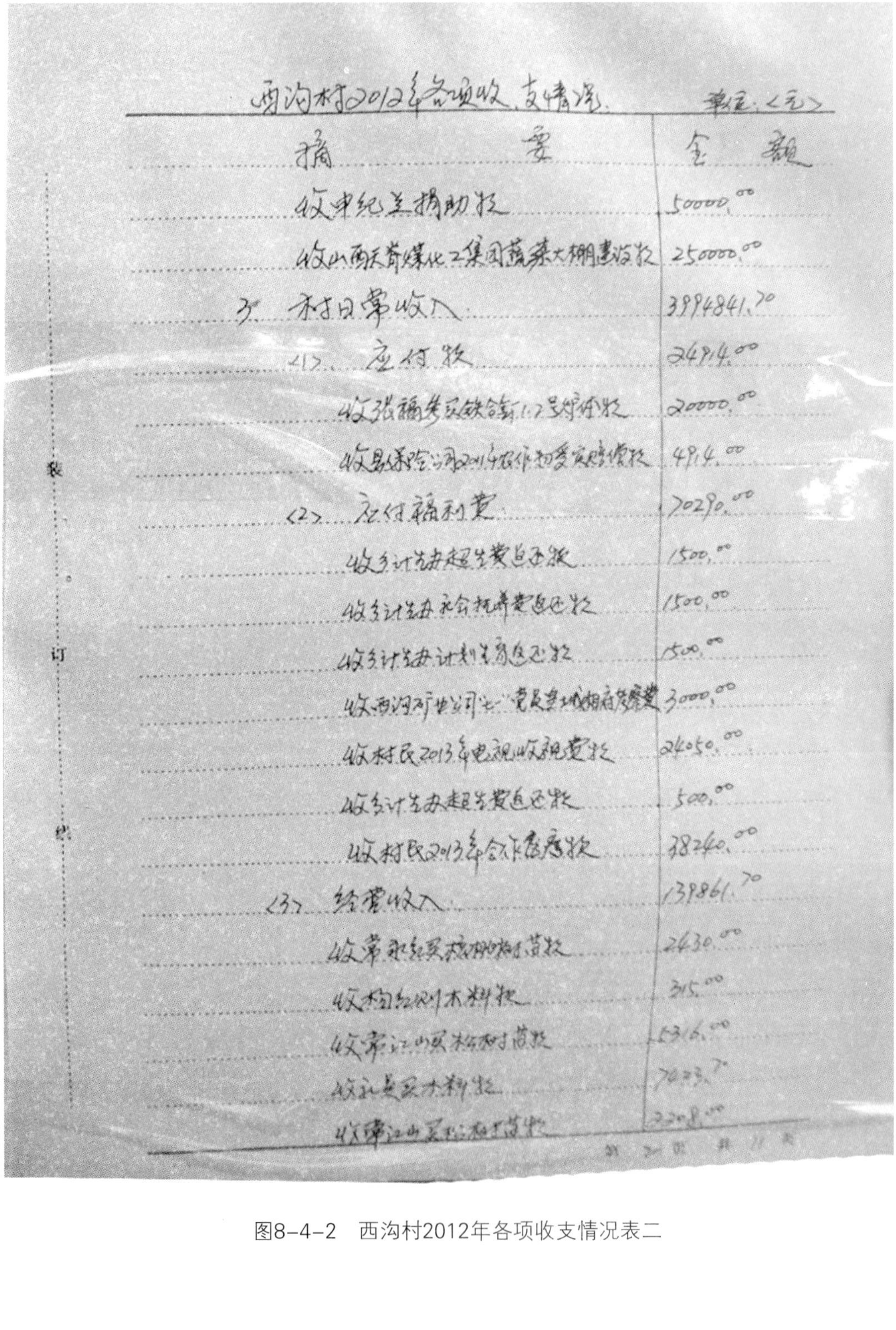

西沟村2012年各项收、支情况　　单位：〈元〉

摘要	金额
收申纪兰捐助款	50000.00
收山西天脊煤化工集团蔬菜大棚建设款	250000.00
3. 村日常收入	3994841.70
〈1〉应付款	24914.00
收张福秀买铁合金厂1.2号炉体款	20000.00
收县保险公司2011年农作物受灾赔偿款	4914.00
〈2〉应付福利费	70290.00
收乡计生办超生费返还款	1500.00
收乡计生办社会抚养费返还款	1500.00
收乡计生办计划生育返还款	1500.00
收西沟矿业公司七一党员[illegible]参观费	3000.00
收村民2013年电视收视费款	24050.00
收乡计生办超生费返还款	500.00
收村民2013年合作医疗款	38240.00
〈3〉经营收入	139861.70
收常永红买核桃树苗款	2630.00
收杨红则木料款	315.00
收常江山买核桃树苗款	5316.00
收孔[illegible]买木料款	7023.70
收常江山买松柏树苗款	2208.00

图8-4-2　西沟村2012年各项收支情况表二

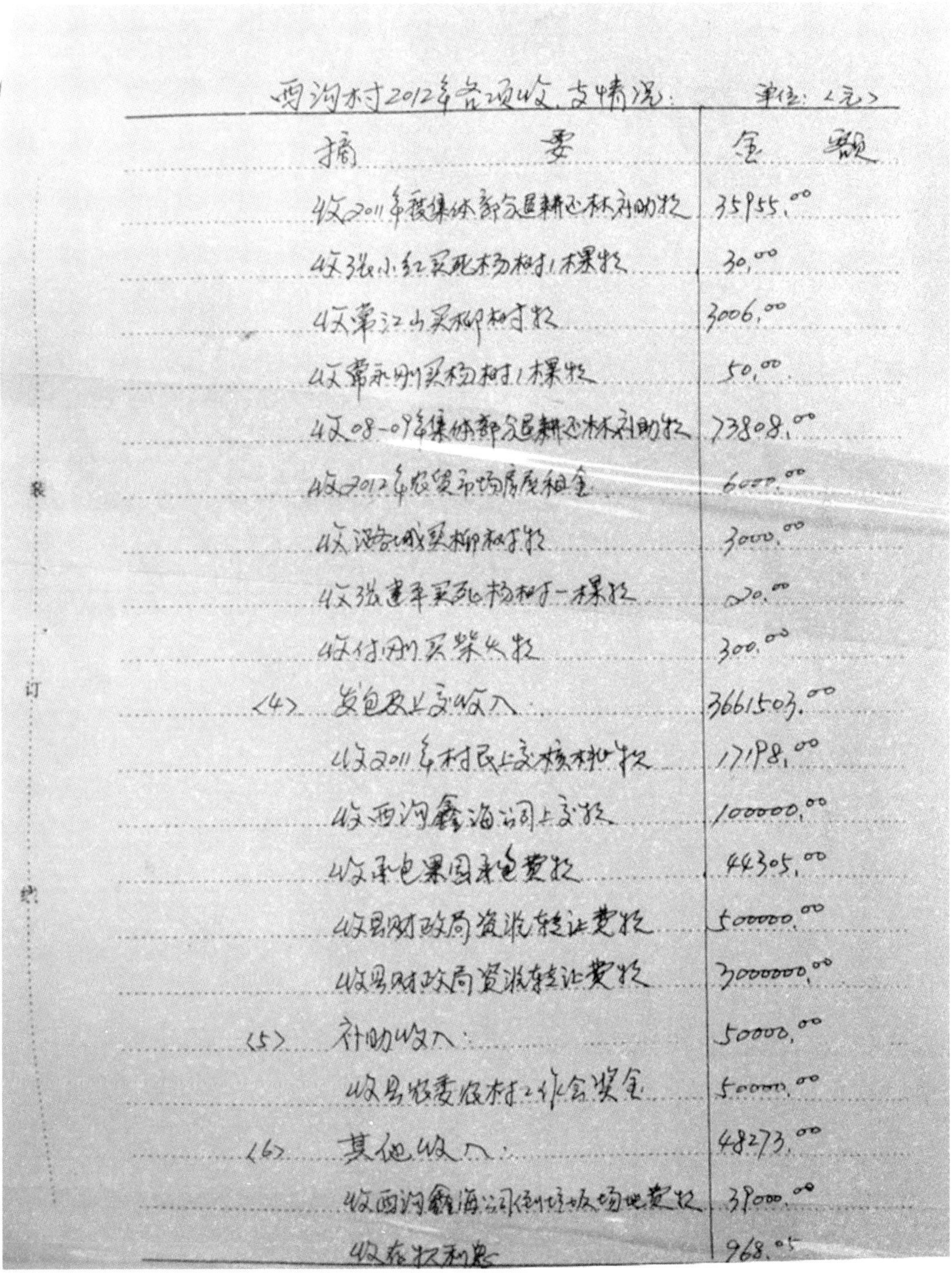

西沟村2012年各项收支情况　　单位：（元）

摘要	金额
收2011年度集体部分退耕还林补助款	35955.00
收张小红买死杨树1棵款	30.00
收常江山买柳树款	3006.00
收常永刚买杨树1棵款	50.00
收08-09年集体部分退耕还林补助款	73808.00
收2012年农贸市场房屋租金	6000.00
收郭红娥买柳树款	3000.00
收张建平买死杨树一棵款	20.00
收付刚买柴火款	300.00
〈4〉　发包及上交收入	3661503.00
收2011年村民上交核桃款	17198.00
收西沟鑫海公司上交款	100000.00
收承包果园承包费款	44305.00
收县财政局资源转让费款	500000.00
收县财政局资源转让费款	3000000.00
〈5〉　补助收入	50000.00
收县农委农村工作会资金	50000.00
〈6〉　其他收入	48273.00
收西沟鑫海公司倒垃圾场地费款	39000.00
收存款利息	968.05

图8-4-3　西沟村2012年各项收支情况表三

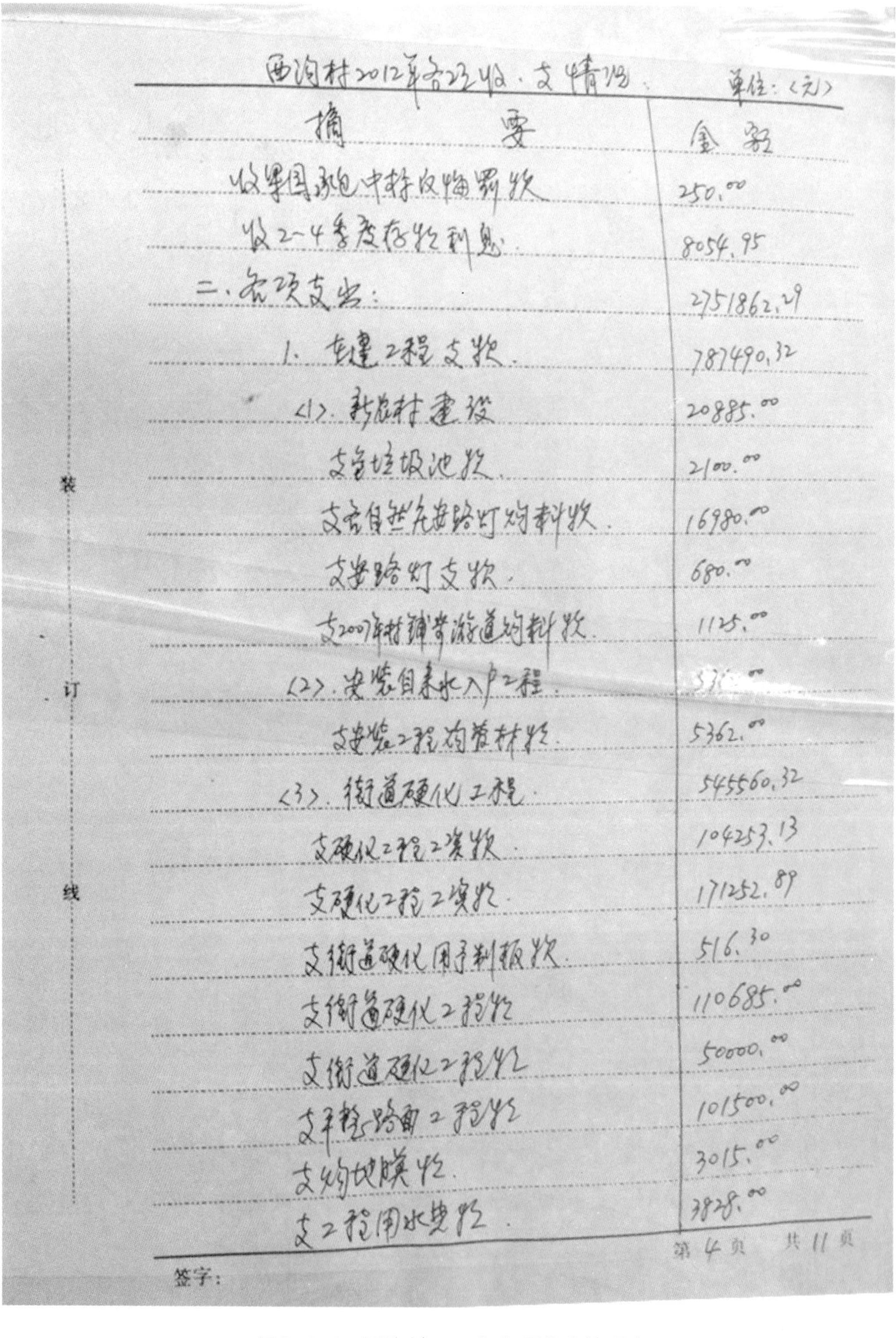

西沟村2012年各项收·支情况　　单位：(元)

摘要	金额
收果园承包中标后悔罚款	250.00
收2-4季度存款利息	8054.95
二、各项支出：	2751862.29
1、基建工程支款	787490.32
(1)、新农村建设	20885.00
支垃圾池款	2100.00
支安自然光安路灯材料款	16980.00
支安路灯支款	680.00
支2007年村铺背街道材料款	1125.00
(2)、安装自来水入户工程	53[illegible].00
支安装工程材料款	5362.00
(3)、街道硬化工程	545560.32
支硬化工程工资款	104253.13
支硬化工程工资款	171252.89
支街道硬化用模板款	516.30
支街道硬化工程款	110685.00
支街道硬化工程款	50000.00
支平整路面工程款	101500.00
支购地膜款	3015.00
支工程用水费款	3828.00

装　订　线

第4页　共11页

签字：

图8-4-4　西沟村2012年各项收支情况表四

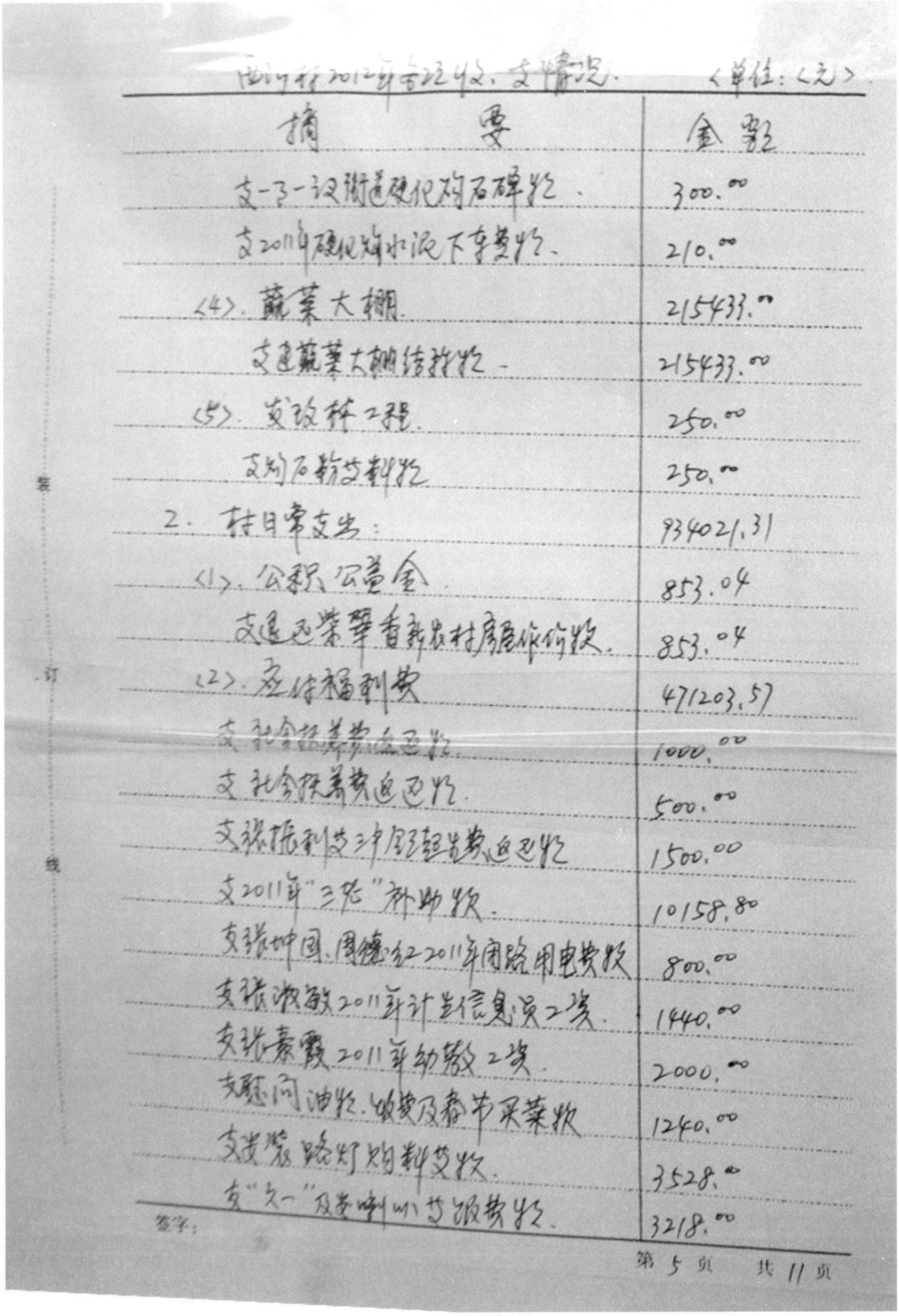

西沟村2012年各项收、支情况。 〈单位：〈元〉

摘要	金额
支一马一段街道硬化构石碑款。	300.00
支2011年硬化街水泥下车费款。	210.00
〈4〉. 蔬菜大棚	215433.00
支道蔬菜大棚结算款。	215433.00
〈5〉. 支路桥工程。	250.00
支购石粉材料款	250.00
2. 村日常支出：	93402.31
〈1〉. 公积公益金	853.04
支道西紫翠香新农村房屋修补款。	853.04
〈2〉. 集体福利费	47203.57
支社会救济费道西款。	1000.00
支社会救济费道西款。	500.00
支张振利支三中留经费道西款	1500.00
支2011年"三农"补助款。	10158.80
支张坤国、周德红2011年修路用电费款	800.00
支张淑敏2011年计生信息员工资。	1440.00
支张素霞2011年幼教工资。	2000.00
支慰问油款、饮费及春节买菜款	1240.00
支安装路灯购材料费款。	3528.00
支"九一"及党刊以等订阅费款。	3218.00

签字：

第5页 共11页

图8-4-5 西沟村2012年各项收支情况表五

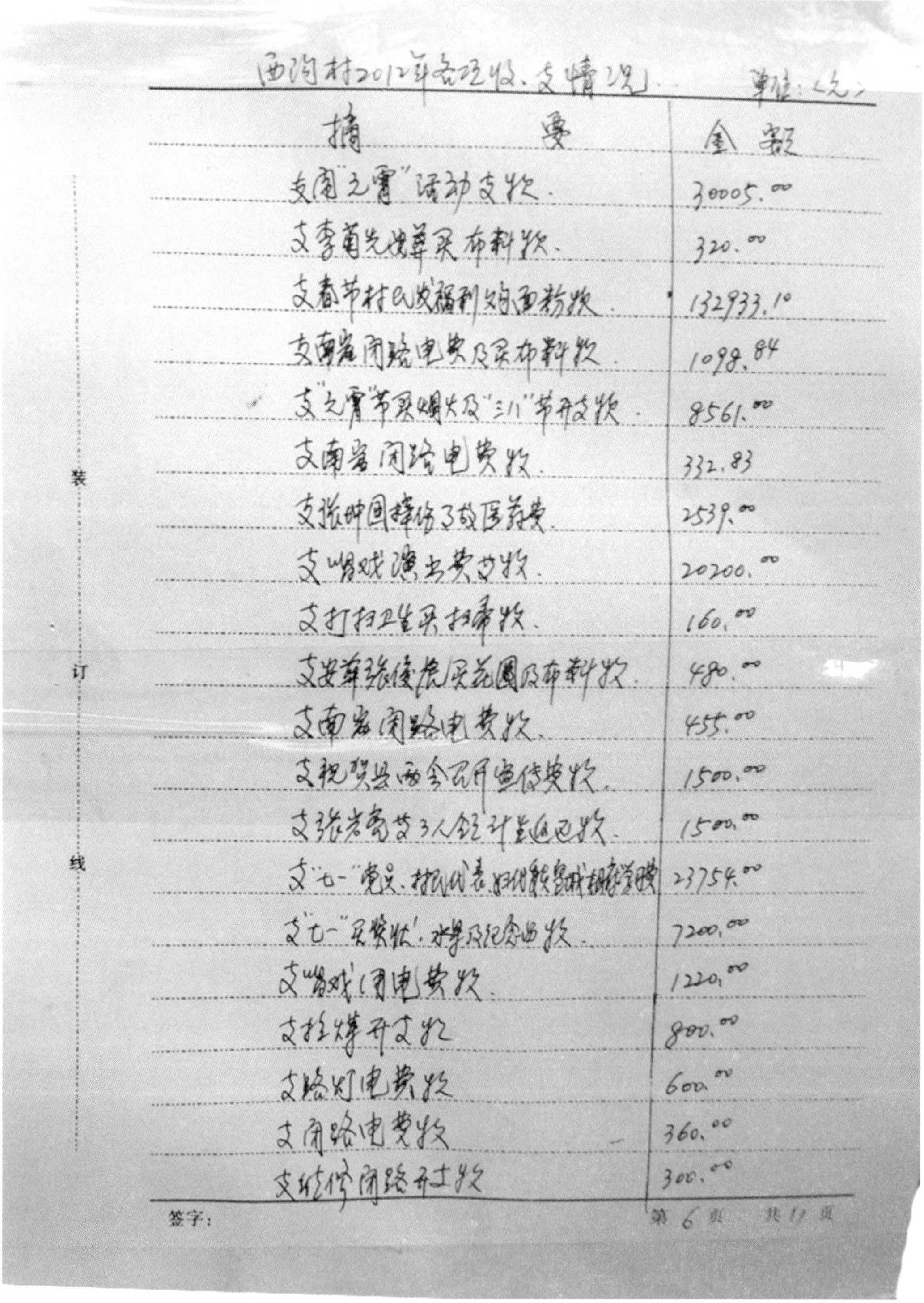

西沟村2012年各项收、支情况　　单位：（元）

摘　　要	金额
支闹"元宵"活动支款	30005.00
支李[illegible]先生买布料款	320.00
支春节村民发福利油面粉款	132933.10
支南岩闹路电费及买布料款	1098.84
支"元宵"节买烟火及"三八"节开支款	8561.00
支南岩闹路电费款	332.83
支张坤国[illegible]医药费	2539.00
支唱戏演出费支款	20200.00
支打扫卫生买扫帚款	160.00
支安葬张俊房买花圈及布料款	480.00
支南岩闹路电费款	455.00
支祝贺县两会召开宣传费款	1500.00
支张岩岗等3人绘计生通知款	1500.00
支"七一"党员、村民代表、妇代表、退休职工款	23754.00
支"七一"买奖状、水壶及纪念品款	7200.00
支唱戏用电费款	1220.00
支拉煤开支款	800.00
支路灯电费款	600.00
支闹路电费款	360.00
支维修闹路开支款	300.00

装　订　线

签字：　　第6页　共11页

图8-4-6　西沟村2012年各项收支情况表六

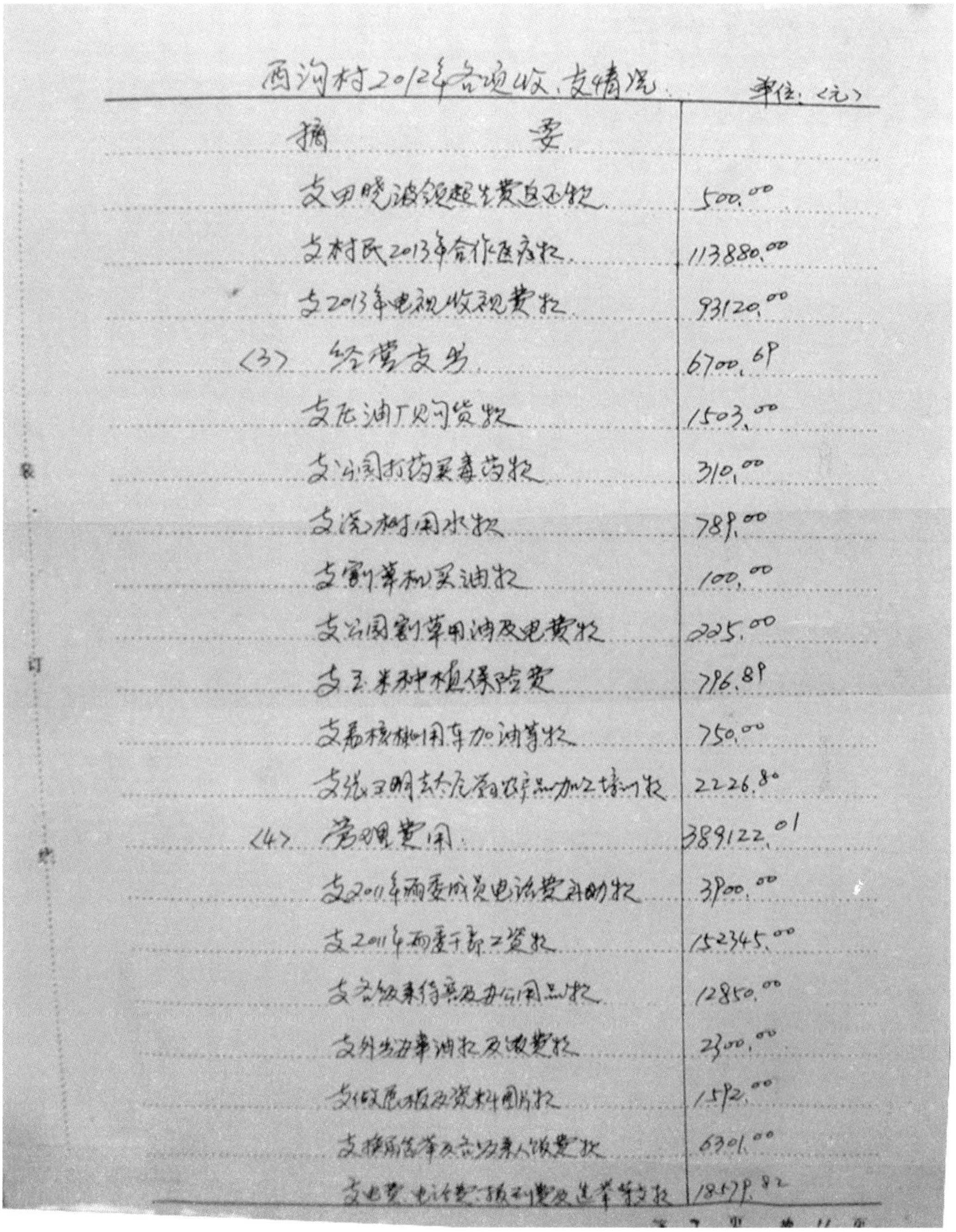

西沟村2012年各项收、支情况　　单位：（元）

摘要	
支田晓波领超生费返还款	500.00
支村民2013年合作医疗款	113880.00
支2013年电视收视费款	93120.00
（3） 经营支出	6700.69
支石油厂购货款	1503.00
支公园打药买毒药款	310.00
支浇树用水款	789.00
支割草机买油款	100.00
支公园割草用油及电费款	225.00
支玉米种植保险费	786.89
支看核桃用车加油等款	750.00
支张卫明去太原参加农产品加工培训款	2226.80
（4） 管理费用	389122.01
支2011年两委成员电话费补助款	3900.00
支2011年两委干部工资款	152345.00
支各级来往接待及办公用品款	12850.00
支外出办事油款及饭费款	2300.00
支做展板及资料图片款	1592.00
支接待客人及会议来人饭费款	6301.00
支电费、电话费、报刊费及选举等支款	18179.82

图8-4-7　西沟村2012年各项收支情况表七

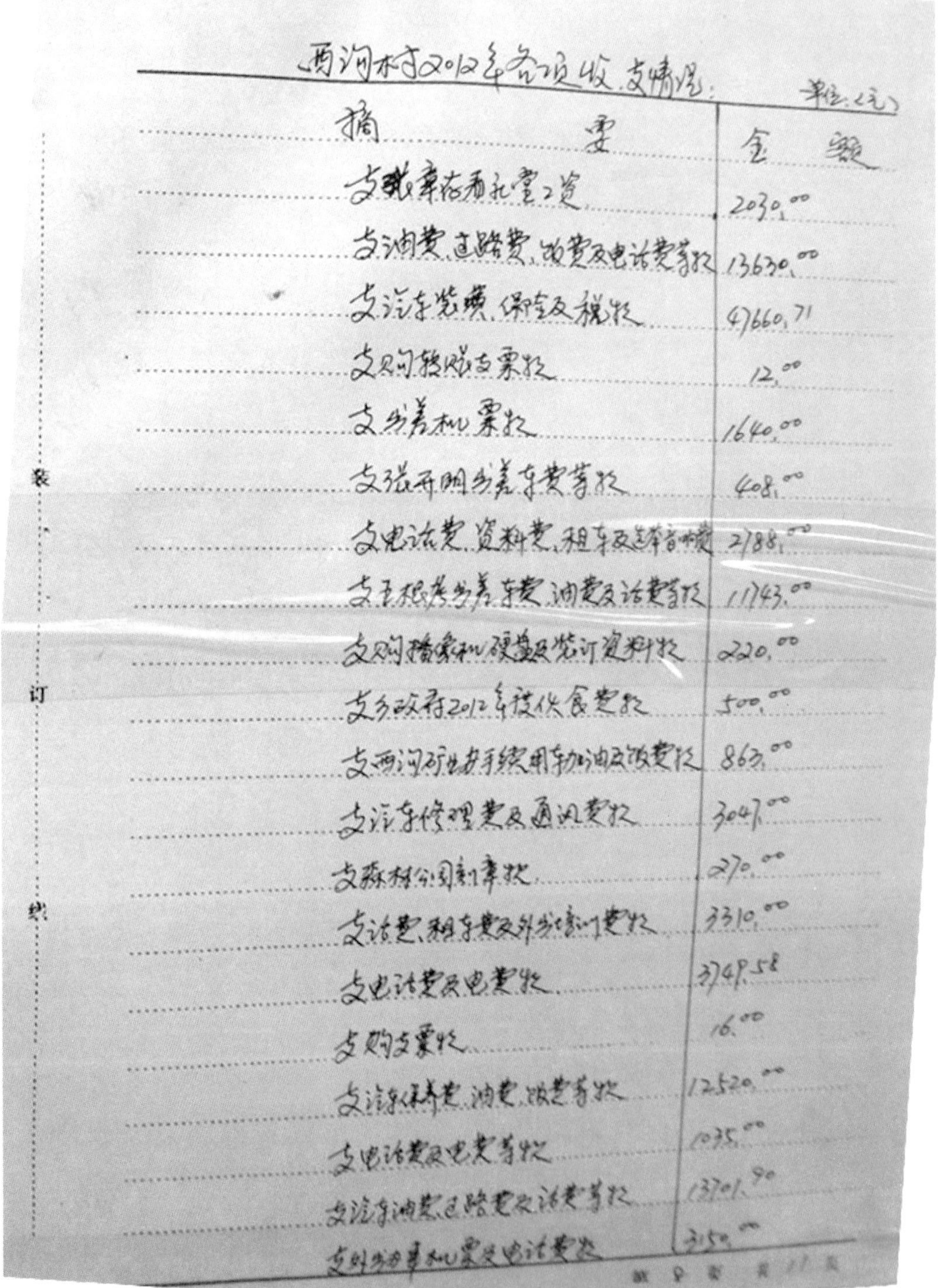

西沟村2012年各项收支情况： 单位：（元）

摘要	金额
支[illegible]看孔堂工资	2030.00
支油费、过路费、饭费及电话费等款	13630.00
支汽车[illegible]、保险及税款	47660.71
支购转账支票款	12.00
支[illegible]机票款	1640.00
支张开明出差车费等款	408.00
支电话费、资料费、租车及[illegible]	2188.00
支王根[illegible]出差车费、油费及话费等款	11743.00
支购摄像机、硬盘及装订资料款	220.00
支乡政府2012年[illegible]伙食费款	500.00
支西沟矿业办手续用车加油及饭费款	863.00
支汽车修理费及通讯费款	3047.00
支森林公司割草款	270.00
支话费、租车费及外出[illegible]费款	3310.00
支电话费及电费款	3749.58
支购支票款	16.00
支汽车保养费、油费、饭费等款	12520.00
支电话费及电费等款	1035.00
支汽车油费、过路费及话费等款	13701.90
支[illegible]机票及电话费款	3150.00

图8-4-8 西沟村2012年各项收支情况表八

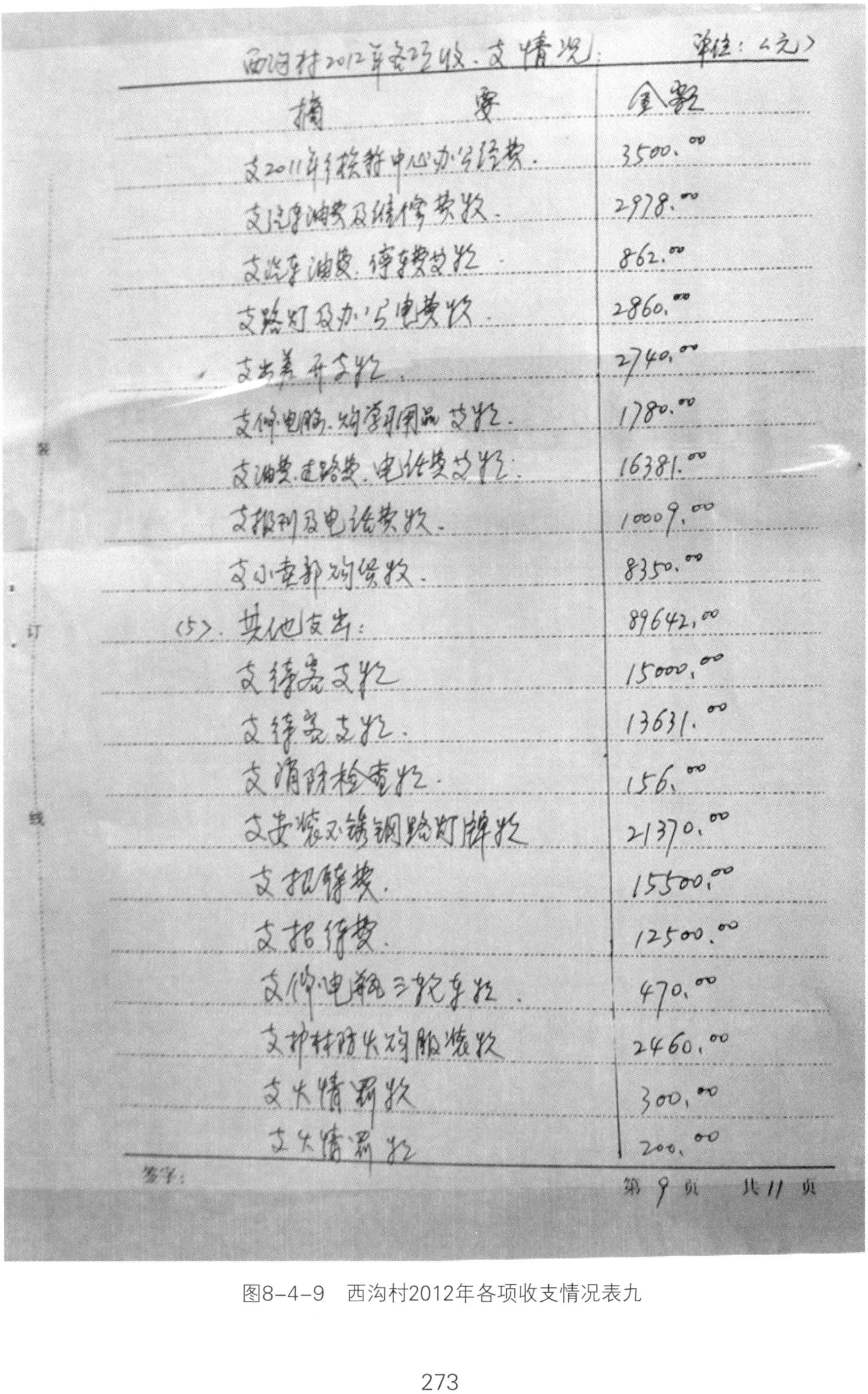

西沟村2012年各项收、支情况：　单位：（元）

摘要	金额
支2011年乡核算中心办公经费。	3500.00
支汽车油费及维修费款。	2978.00
支汽车油费、停车费等款。	862.00
支路灯及办公电费款。	2860.00
支出差开支款。	2740.00
支修电脑、购学习用品支款。	1780.00
支油费、过路费、电话费支款。	16381.00
支报刊及电话费款。	10009.00
支小卖部购货款。	8350.00
（5）、其他支出：	89642.00
支绿化支款	15000.00
支绿化支款。	13631.00
支消防检查款。	156.00
支安装不锈钢路灯牌款	21370.00
支招待费。	15500.00
支招待费。	12500.00
支修电瓶三轮车款。	470.00
支护林防火购服装款	2460.00
支火情罚款	300.00
支火情罚款	200.00

签字：　第9页　共11页

装订线

图8-4-9　西沟村2012年各项收支情况表九

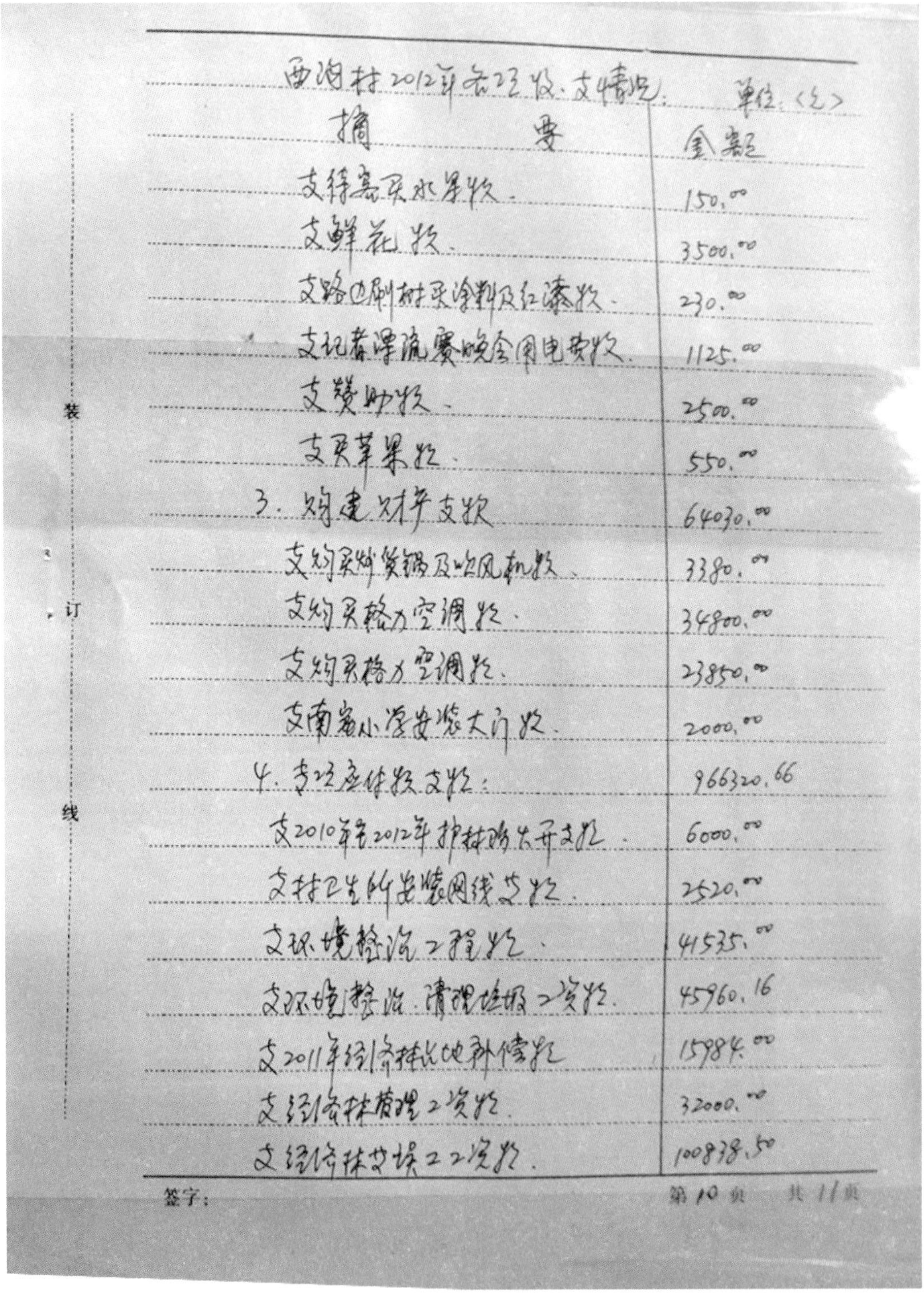

装 订 线

西沟村2012年各项收支情况　单位：（元）

摘要	金额
支待客买水果款	150.00
支鲜花款	3500.00
支路边刷树买涂料及红漆款	230.00
支记者漂流赛晚会用电费款	1125.00
支赞助款	2500.00
支买苹果款	550.00
3. 购建财产支款	64030.00
支购买炒货锅及吹风机款	3380.00
支购买格力空调款	34800.00
支购买格力空调款	23850.00
支南岩小学安装大门款	2000.00
4. 专项应付款支款：	966320.66
支2010年至2012年护林防火开支款	6000.00
支村卫生所安装网线支款	2520.00
支环境整治工程款	41535.00
支环境整治、清理垃圾工资款	45960.16
支2011年经济林占地补偿款	15984.00
支经济林管理工资款	32000.00
支经济林栽培工工资款	100838.50

签字：　第10页　共11页

图8-4-10　西沟村2012年各项收支情况表十

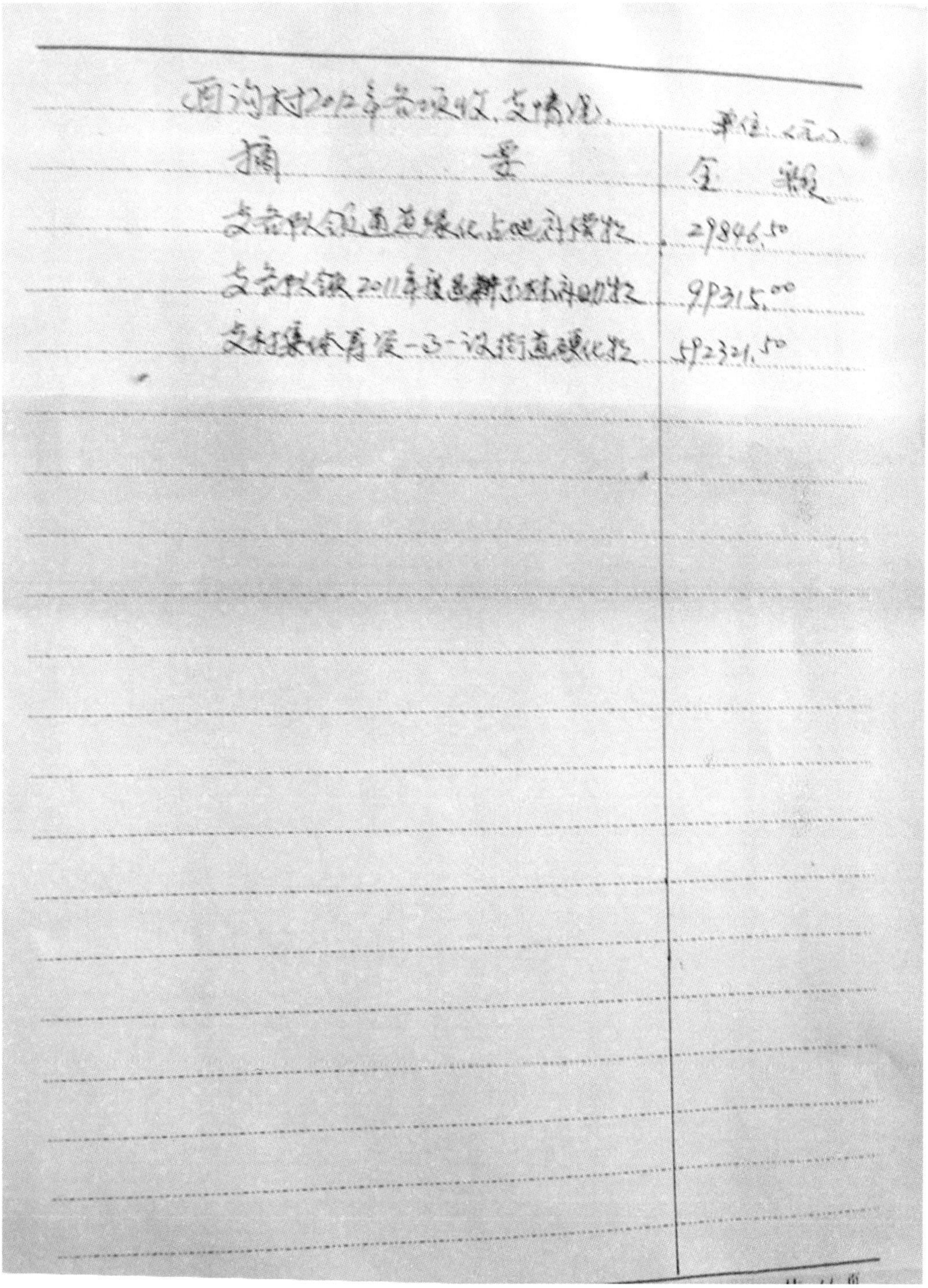

西沟村2012年各项收、支情况

单位（元）

摘要	金额
支合收入领道路绿化占地补偿款	29846.50
支合收入领2011年度西沟面积补助款	98315.00
支村集体育英一三一设街道硬化款	592321.50

图8-4-11　西沟村2012年各项收支情况表十一

（五）西沟村2013年各项收支情况

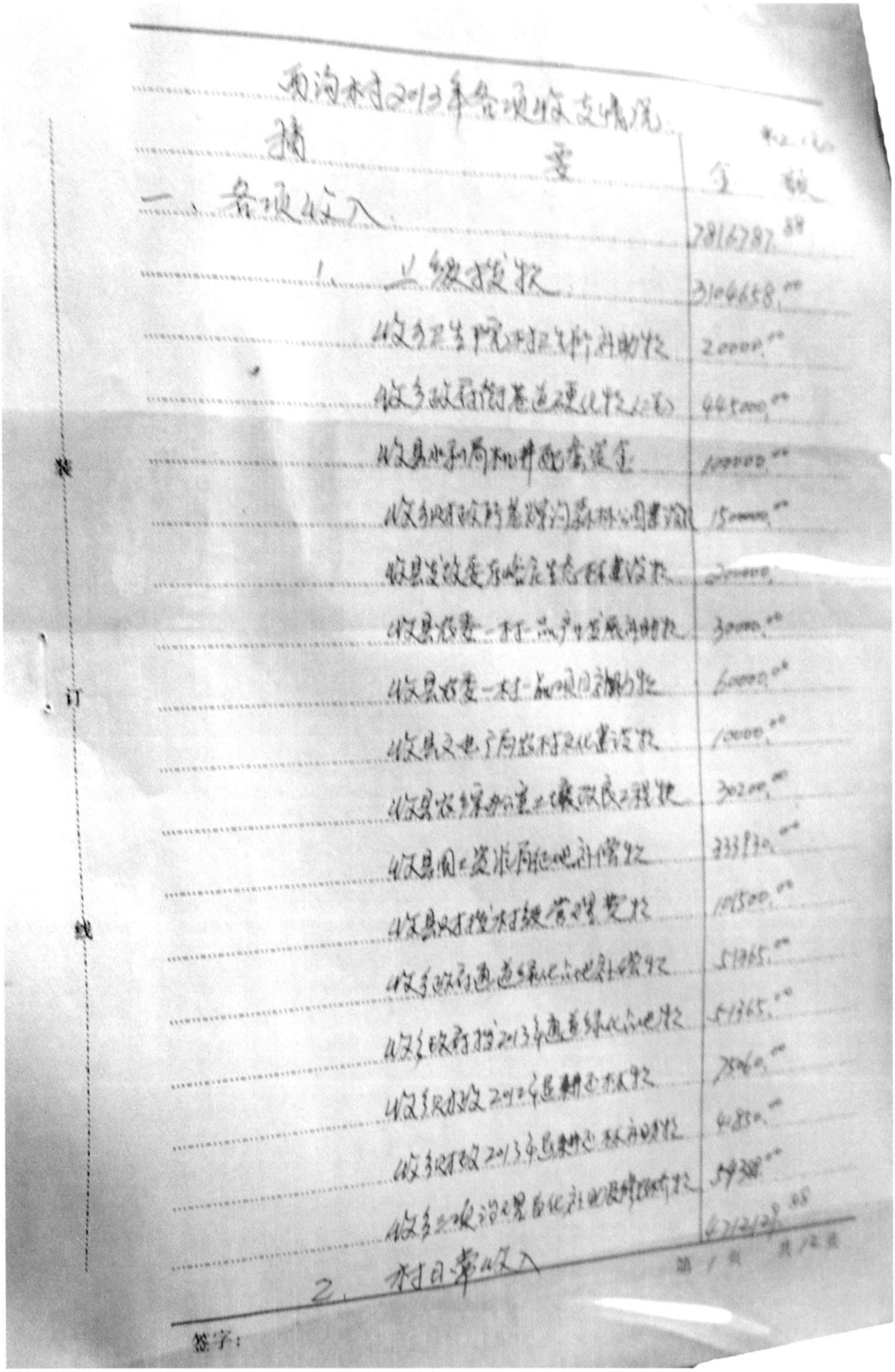

西沟村2013年各项收支情况

摘要	金额
一、各项收入	7816787.88
1、上级拨款	3104658.00
[illegible]	20000.00
[illegible]	445000.00
[illegible]	100000.00
[illegible]	150000.00
[illegible]	200000.
[illegible]	30000.00
[illegible]	60000.00
[illegible]	10000.00
[illegible]	30200.00
[illegible]	333930.00
[illegible]	101500.00
[illegible]	51965.00
[illegible]	51965.00
[illegible]	75460.00
[illegible]	4830.00
[illegible]	54938.00
[illegible]	1212123.88
2、村日常收入	

签字：

图8-5-1　西沟村2013年各项收支情况表一

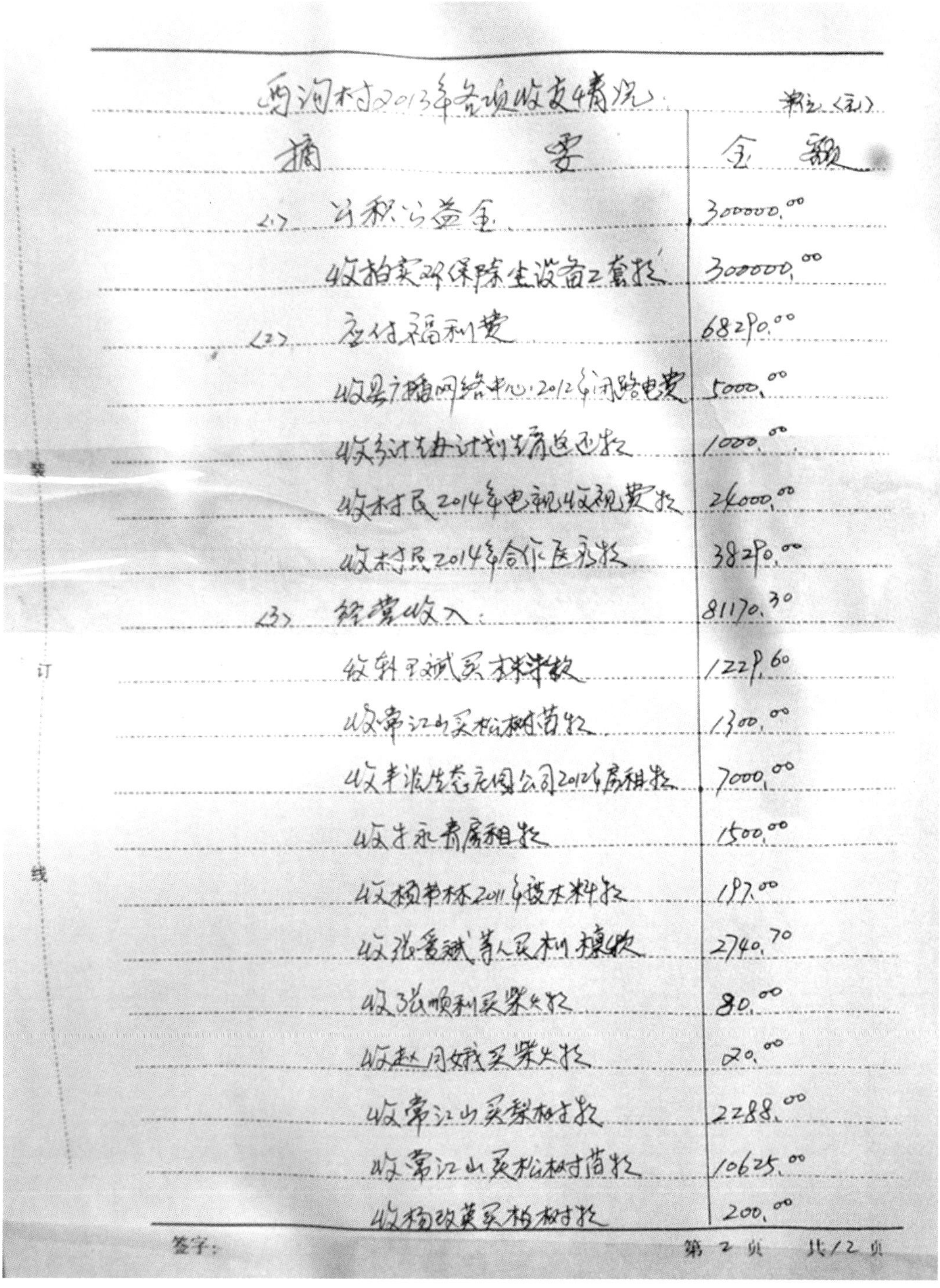

西沟村2013年各项收支情况　　单位：（元）

摘要	金额
（1）公积公益金	300000.00
收拍卖郊保除尘设备二套款	300000.00
（2）应付福利费	68290.00
收县广播网络中心2012年闭路电费	5000.00
收乡计生办计划生育返还款	1000.00
收村民2014年电视收视费款	24000.00
收村民2014年合作医疗款	38290.00
（3）经营收入	81170.30
收郭卫斌买木料款	1229.60
收常江山买松树苗款	1300.00
收丰润生态农园公司2012年房租款	7000.00
收牛永贵房租款	1500.00
收杨书林2011年度木料款	187.00
收张爱斌等人买树根款	2740.70
收张顺利买柴火款	80.00
收赵月娥买柴火款	20.00
收常江山买梨树款	2288.00
收常江山买松树苗款	10625.00
收杨改英买柏树款	200.00

签字：　　第2页　共12页

图8–5–2　西沟村2013年各项收支情况表二

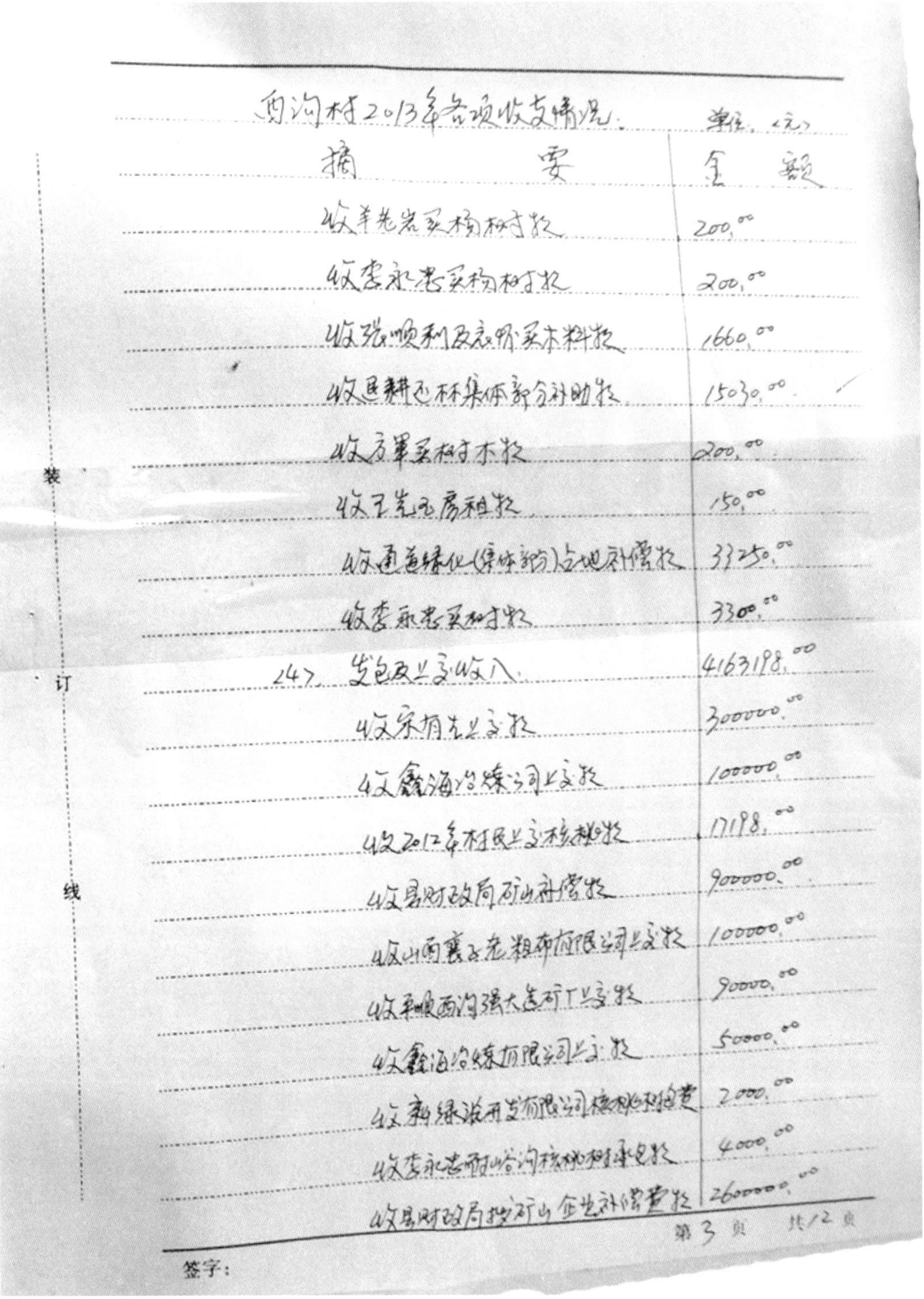

西沟村2013年各项收支情况　　单位：（元）

摘要	金额
收羊先岩买构树材款	200.00
收李永忠买构树材款	200.00
收张顺利及农怀买木料款	1660.00
收退耕还林集体部分补助款	15030.00
收方军买树木款	200.00
收王先至房租款	150.00
收通道绿化（集体部分）占地补偿款	33250.00
收李永忠买树材款	3300.00
（4）发包及上交收入	4163198.00
收宋有先上交款	300000.00
收鑫海冶炼公司上交款	100000.00
收2012年村民上交核桃款	17198.00
收县财政局矿山补偿款	900000.00
收山西襄子老粗布有限公司上交款	100000.00
收和顺西沟强大选矿厂上交款	90000.00
收鑫海冶炼有限公司上交款	50000.00
收森缘旅游开发有限公司核桃树租赁费	2000.00
收李永忠西峪沟核桃树承包款	4000.00
收县财政局拨矿山企业补偿费款	2600000.00

第3页　共12页

签字：

装订线

图8-5-3　西沟村2013年各项收支情况表三

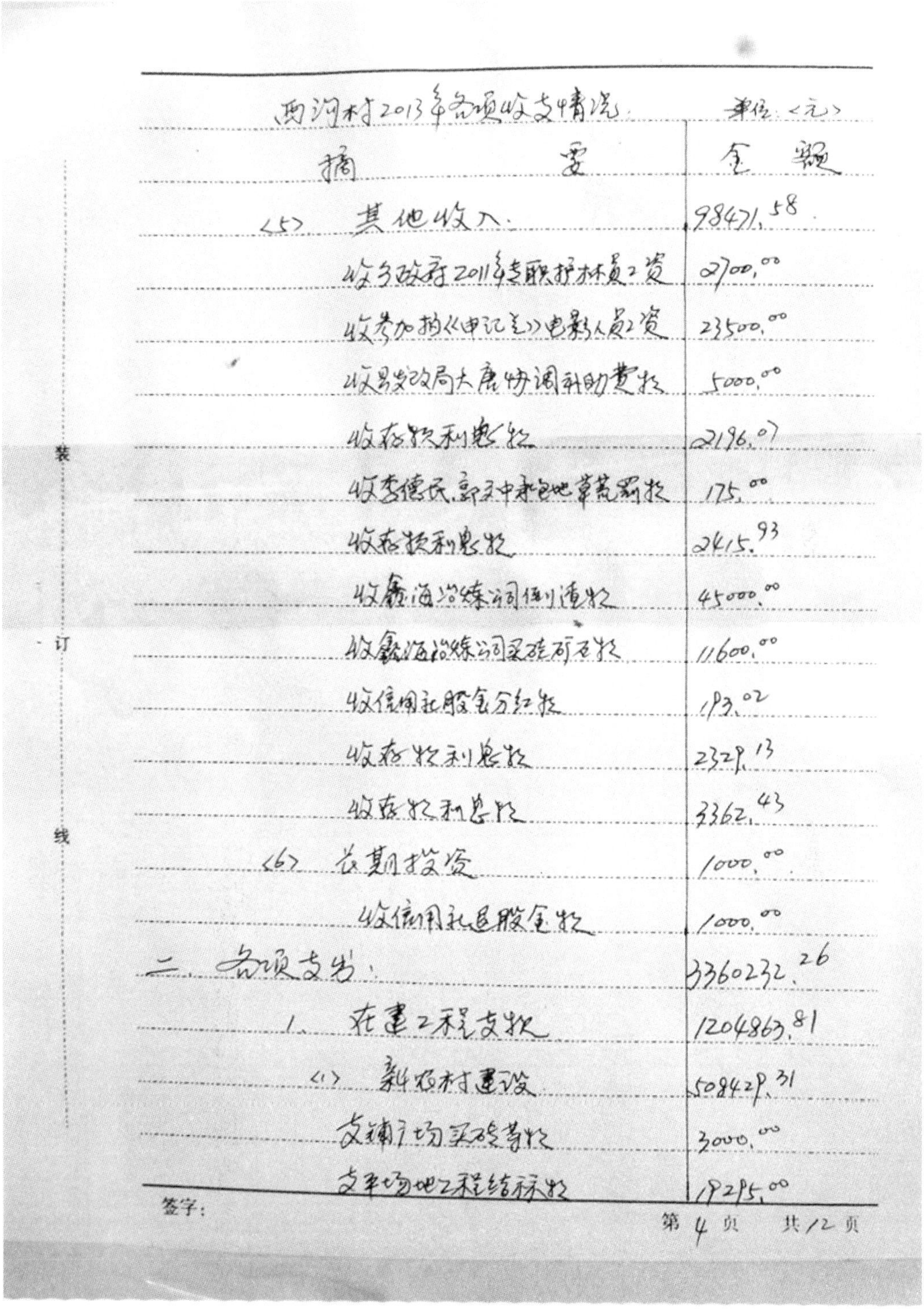

西沟村2013年各项收支情况　　单位：〈元〉

摘　要	金　额
〈5〉其他收入：	98471.58
收乡政府2011年专职护林员工资	2700.00
收参加拍《申纪兰》电影人员工资	23500.00
收县发改局大唐协调补助费款	5000.00
收存款利息款	2196.07
收李德氏、郭天中承包地草荒罚款	175.00
收存款利息款	2415.93
收鑫海冶炼公司倒渣款	45000.00
收鑫海冶炼公司采矿矿石款	11600.00
收信用社股金分红款	193.02
收存款利息款	2329.13
收存款利息款	3362.43
〈6〉长期投资	1000.00
收信用社退股金款	1000.00
二、各项支出：	3360232.26
1、在建工程支款	1204863.81
〈1〉新农村建设	508429.31
支铺广场采砖等款	3000.00
支草场地工程结算款	19295.00

签字：

第4页　共12页

装　订　线

图8-5-4　西沟村2013年各项收支情况表四

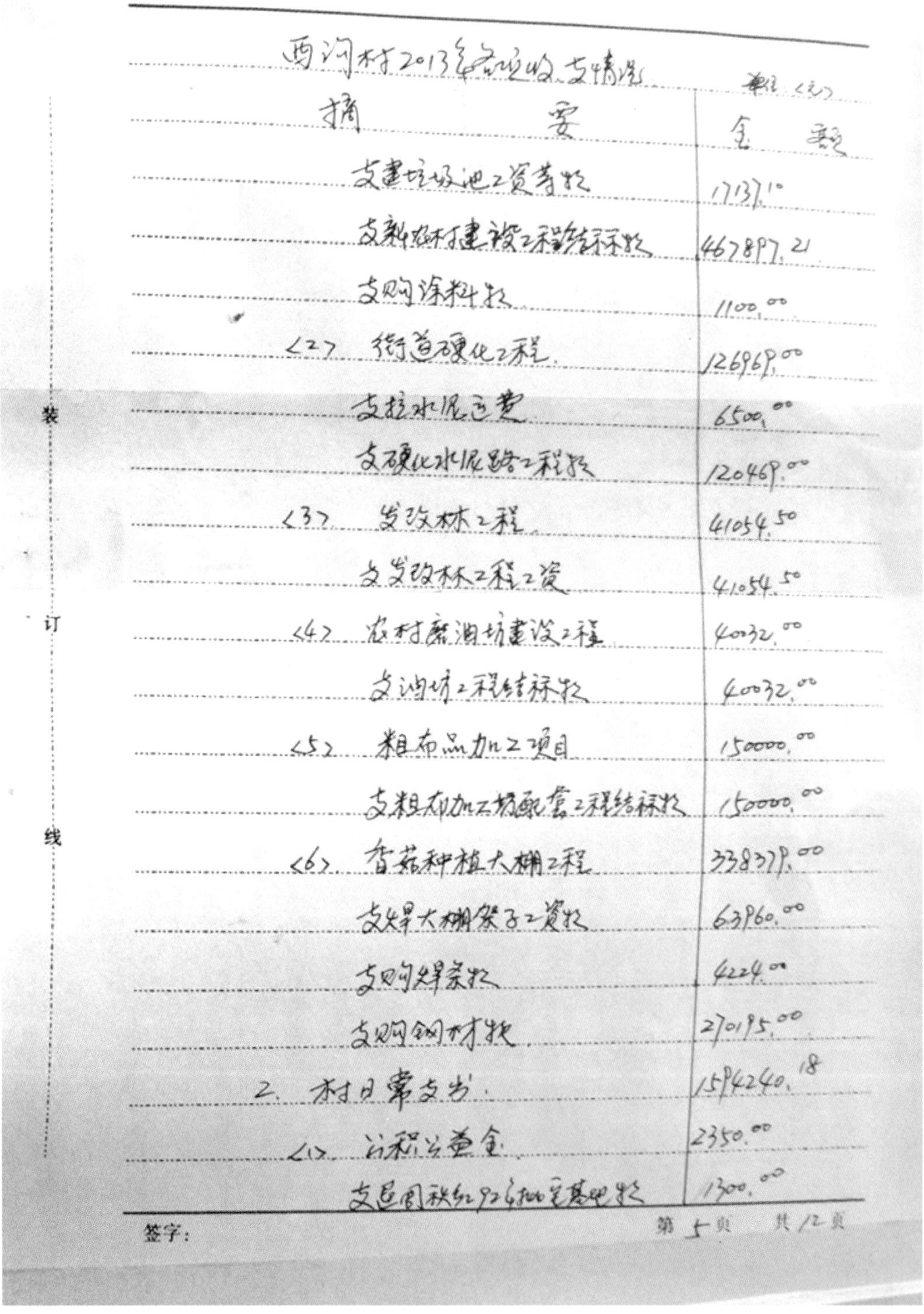

西沟村2013年各项收支情况

单位（元）

摘要	金额
支建垃圾池工资等款	17137.10
支新农村建设工程结算款	467897.21
支购涂料款	1100.00
<2> 街道硬化工程	126969.00
支拉水泥运费	6500.00
支硬化水泥路工程款	120469.00
<3> 发改林工程	41054.50
支发改林工程工资	41054.50
<4> 农村蓄涝坑建设工程	40032.00
支涝坑工程结算款	40032.00
<5> 粗布品加工项目	150000.00
支粗布加工坊配套工程结算款	150000.00
<6> 香菇种植大棚工程	338379.00
支焊大棚架子工资款	63960.00
支购焊条款	4224.00
支购钢材款	270195.00
2. 村日常支出	1584240.18
<1> 公积公益金	2350.00
支退周秋红92年抵宅基地款	1300.00

装 订 线

签字：

第5页 共12页

图8-5-5　西沟村2013年各项收支情况表五

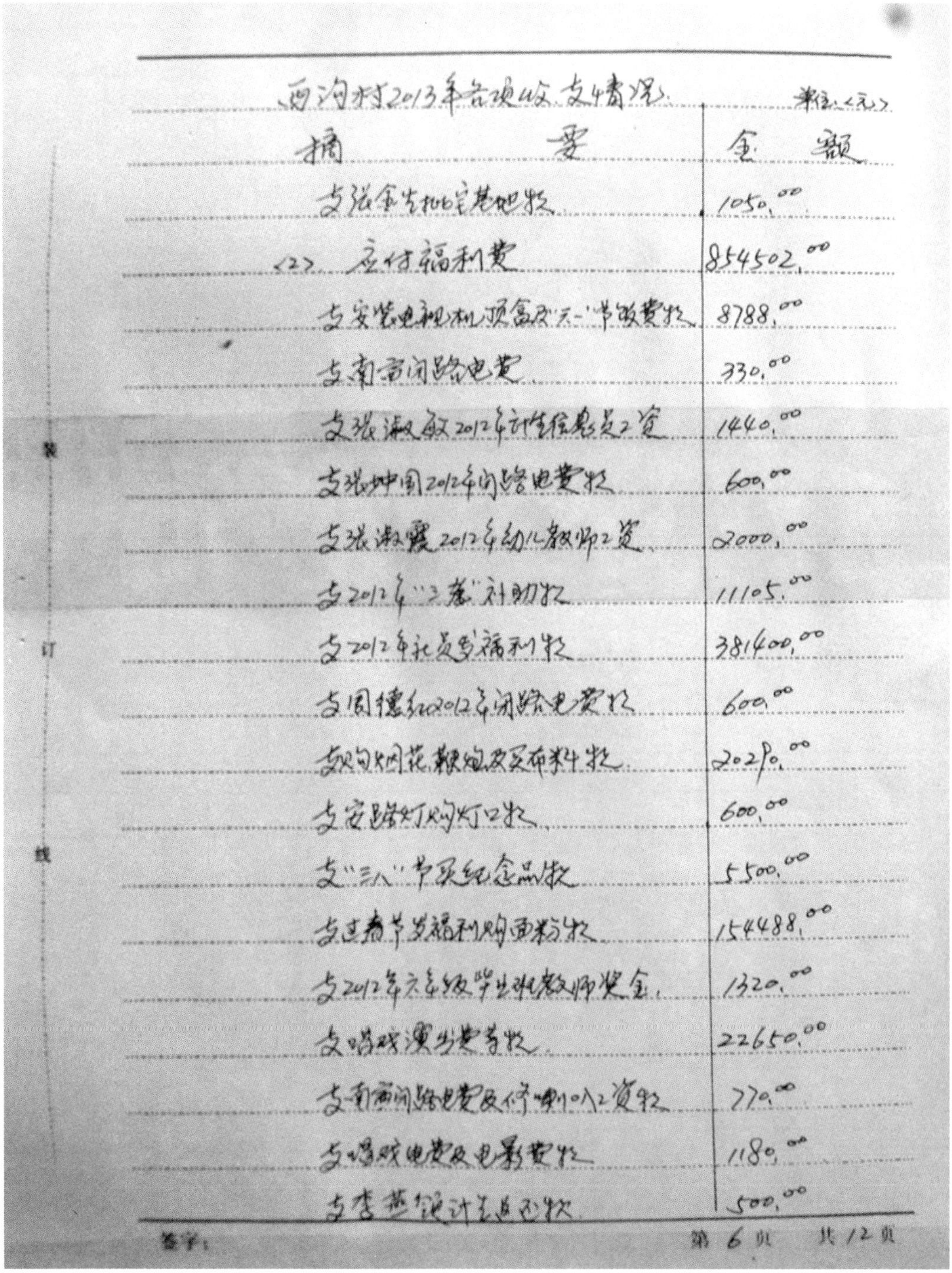

西沟村2013年各项收支情况　单位：〈元〉

摘　要	金　额
支张金生批宅基地款	1050.00
〈2〉应付福利费	854502.00
支安装电视机顶盒及"六一"节放费款	8788.00
支南甯间路电费	330.00
支张淑敏2012年计生信息员工资	1440.00
支张坤国2012年间路电费款	600.00
支张淑霞2012年幼儿教师工资	2000.00
支2012年"三卷"补助款	11105.00
支2012年老党员福利款	381400.00
支周德红2012年间路电费款	600.00
支购烟花、鞭炮及买布料款	20280.00
支安路灯购灯口款	600.00
支"三八"节买纪念品款	5500.00
支过春节发福利购面粉款	154488.00
支2012年六年级学生及教师奖金	1320.00
支唱戏演出费等款	22650.00
支南甯间路电费及修喇叭人工资款	770.00
支唱戏电费及电影费款	1180.00
支李燕领计生出差款	500.00

装订线

签字：　　第 6 页　共 12 页

图8-5-6　西沟村2013年各项收支情况表六

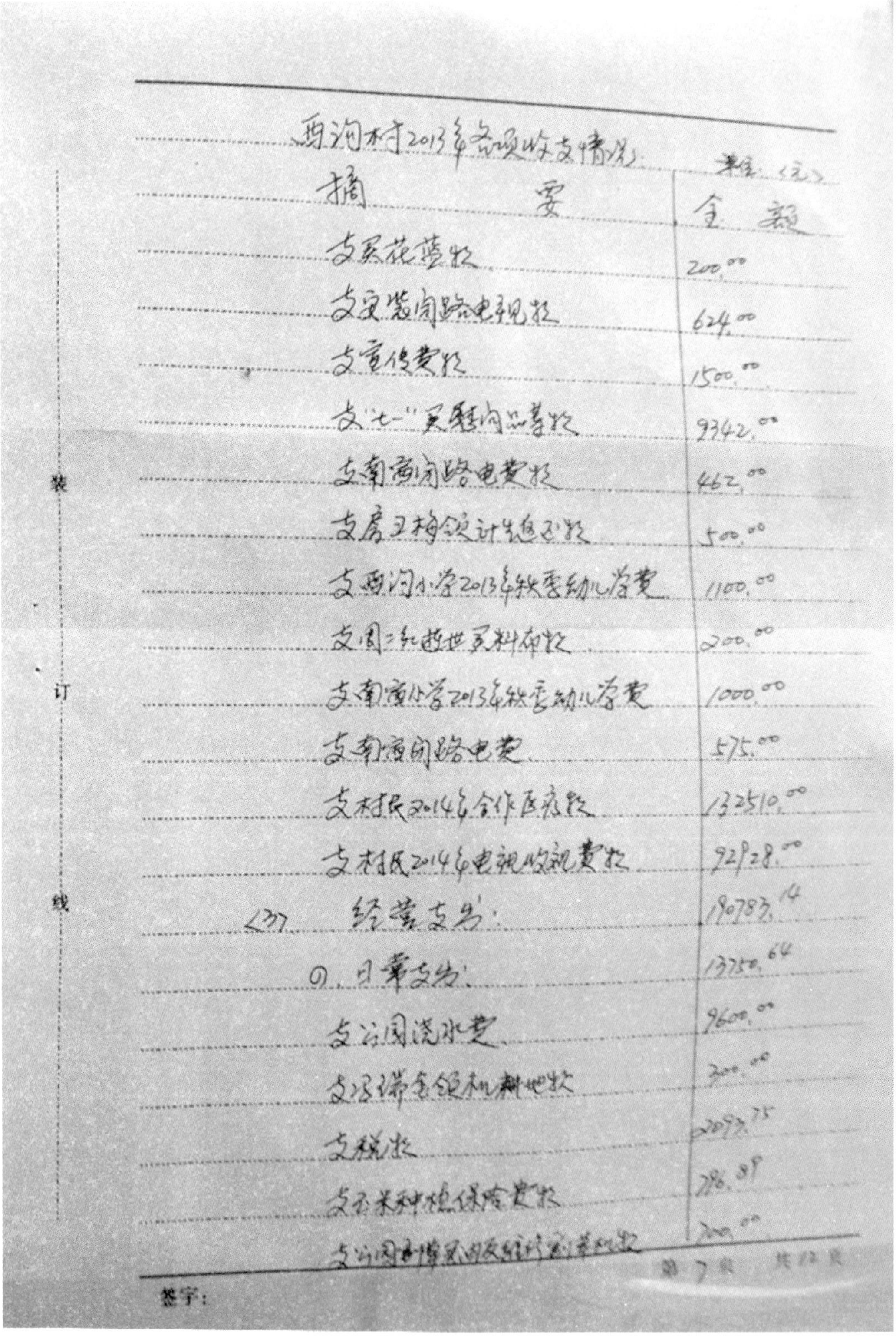

西沟村2013年各项收支情况

单位（元）

摘要	金额
支买花篮款	200.00
支安装间路电视款	624.00
支宣传费款	1500.00
支"七一"买慰问品等款	9342.00
支南赛间路电费款	462.00
支房[illegible]梅领计生[illegible]款	500.00
支西沟小学2013年秋季幼儿学费	1100.00
支周[illegible]红救世买料布款	200.00
支南赛小学2013年秋季幼儿学费	1000.00
支南赛间路电费	575.00
支村民2014年合作医疗款	132510.00
支村民2014年电视收视费款	92928.00
（3）经营支出	180783.14
①日常支出	13750.64
支公园浇水费	9600.00
支公园[illegible]领机耕地款	300.00
支税款	2097.75
支玉米种植保险费款	286.89
支公园[illegible]款	200.00

装订线

第7页 共12页

签字：

图8-5-7　西沟村2013年各项收支情况表七

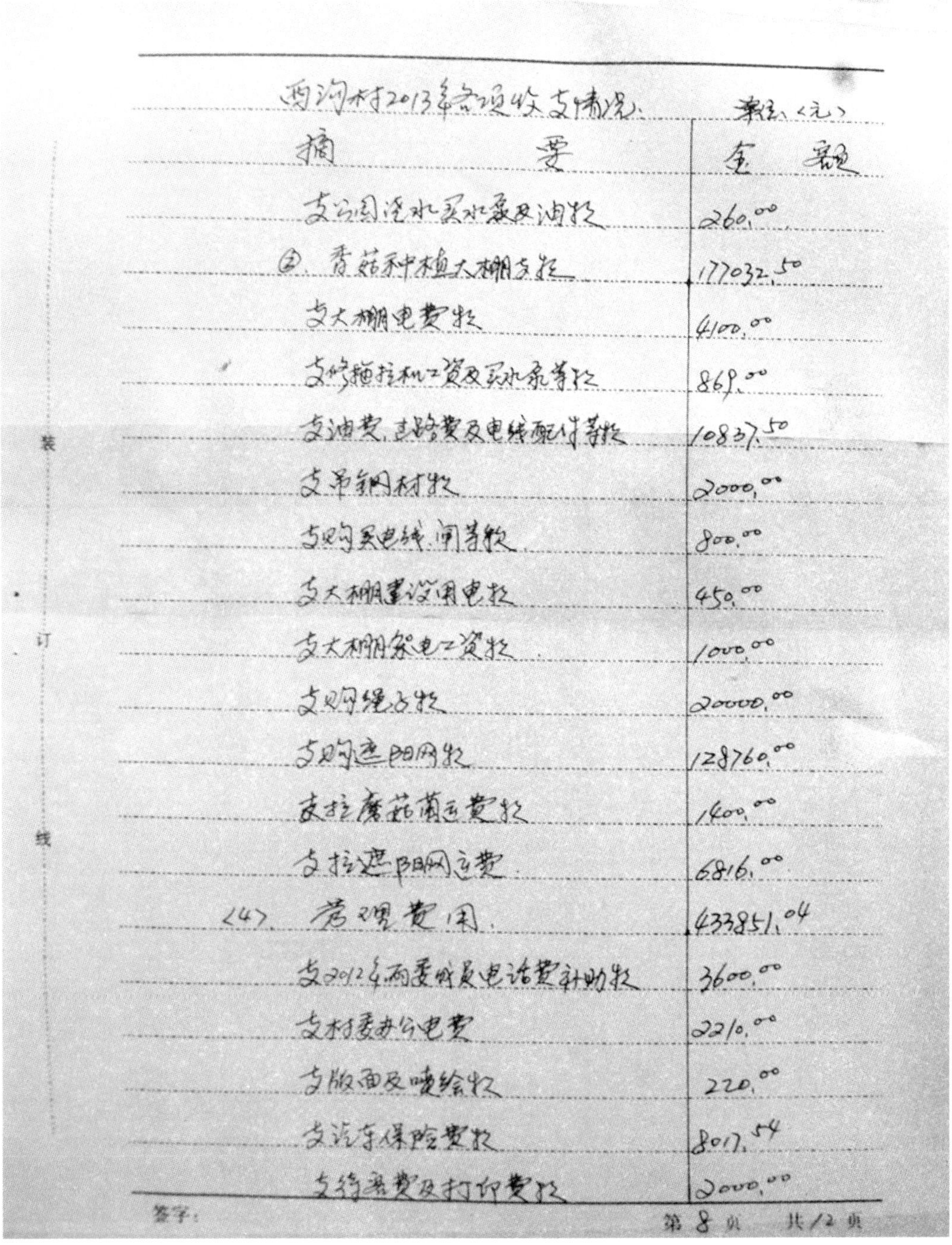

西沟村2013年各项收支情况　单位：〈元〉

摘要	金额
支公园浇水买水泵及油款	260.00
②、香菇种植大棚支款	177032.50
支大棚电费款	4100.00
支修拖拉机工资及买水泵等款	869.00
支油费、走路费及电线配件等款	10837.50
支吊钢材款	2000.00
支购买电线、闸等款	800.00
支大棚建设用电款	450.00
支大棚架电工资款	1000.00
支购绳子款	20000.00
支购遮阳网款	128760.00
支拉蘑菇菌运费款	1400.00
支拉遮阳网运费	6816.00
〈4〉、管理费用	433851.04
支2012年两委成员电话费补助款	3600.00
支村委办公电费	2210.00
支版面及喷绘款	220.00
支汽车保险费款	8017.54
支宣传费及打印费款	2000.00

签字：　　第 8 页　共 12 页

图8-5-8　西沟村2013年各项收支情况表八

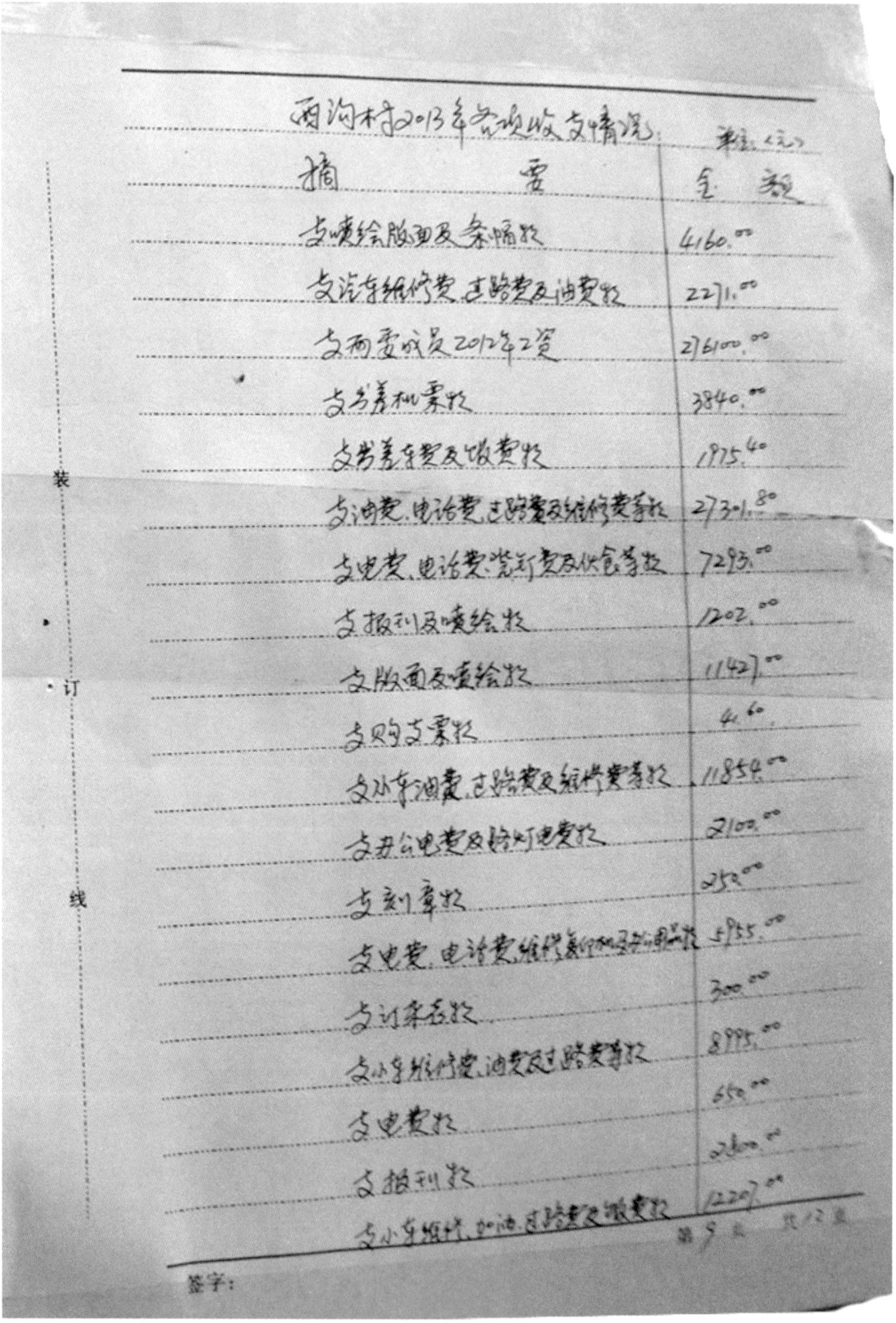

西沟村2013年各项收支情况　单位:(元)

摘要	金额
支喷绘版面及条幅款	4160.00
支汽车维修费、过路费及油费款	2271.00
支两委成员2012年工资	276100.00
支出差机票款	3840.00
支出差车费及饭费款	1975.40
支油费、电话费、过路费及维修费等款	27301.80
支电费、电话费、党刊费及伙食等款	7293.00
支报刊及喷绘款	1202.00
支版面及喷绘款	11427.00
支购支票款	4.60
支小车油费、过路费及维修费等款	11854.00
支办公电费及路灯电费款	2100.00
支刻章款	252.00
支电费、电话费、维修费、打印机及办公用品款	5955.00
支订杂志款	300.00
支小车维修费、油费及过路费等款	8995.00
支电费款	650.00
支报刊款	2800.00
支小车维修、加油、过路费及饭费款	12207.00

第9页　共12页

签字:

装　订　线

图8-5-9　西沟村2013年各项收支情况表九

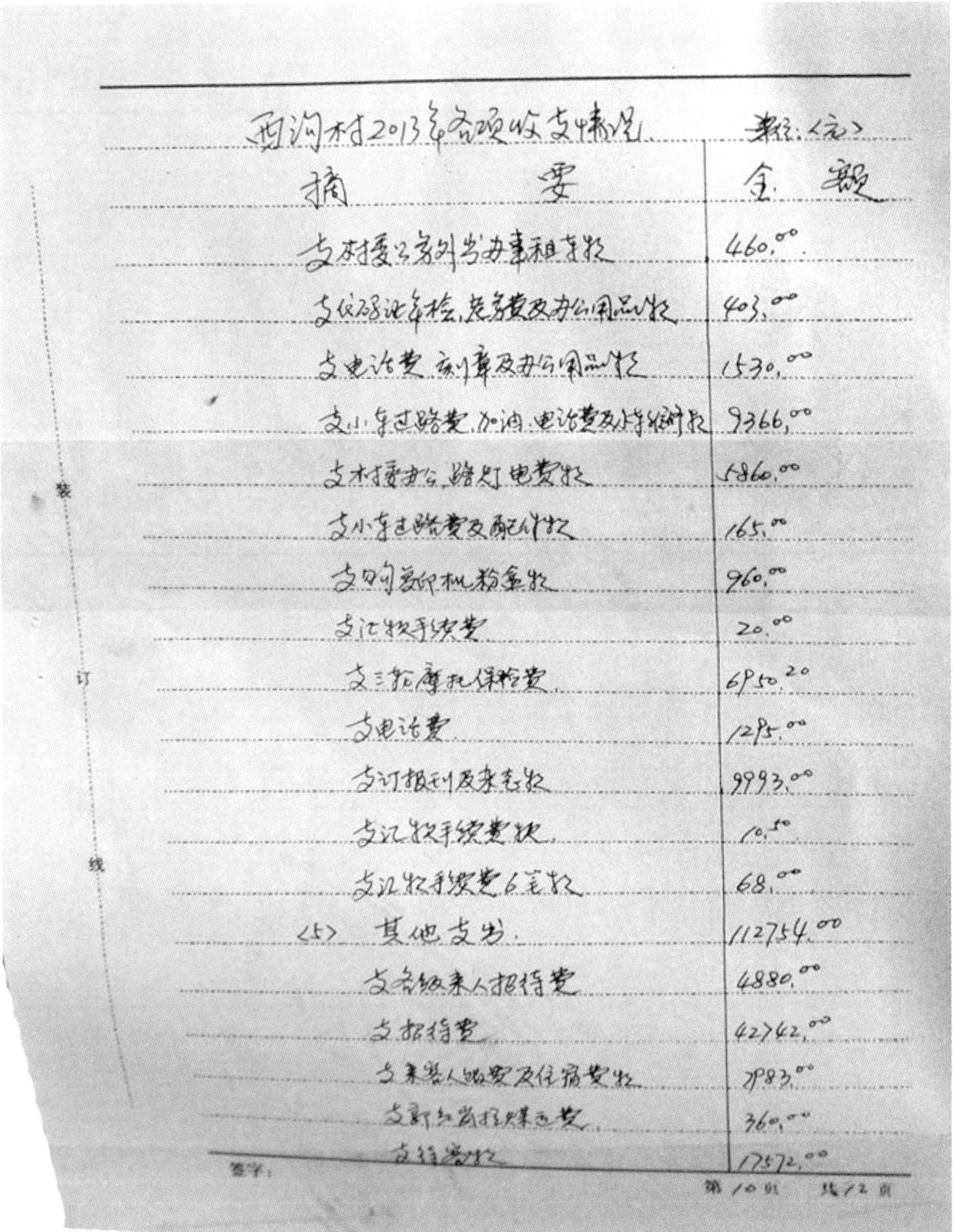

西沟村2013年各项收支情况　单位：（元）

摘要	金额
支村委公务外出办事租车款	460.00
支代码证年检、服务费及办公用品款	403.00
支电话费、刻章及办公用品款	1530.00
支小车过路费、加油、电话费及修理费款	9366.00
支村委办公、路灯电费款	5860.00
支小车过路费及配件款	165.00
支购复印机粉盒款	960.00
支汇款手续费	20.00
支三轮摩托保险费	6950.20
支电话费	1285.00
支订报刊及杂志款	9993.00
支汇款手续费款	10.50
支汇款手续费6笔款	68.00
（5）其他支出	112754.00
支各级来人招待费	4880.00
支招待费	42742.00
支来客人路费及住宿费款	2883.00
支郭红尚拉煤运费	360.00
支待客款	17572.00

签字：

第10页　共12页

图8-5-10　西沟村2013年各项收支情况表十

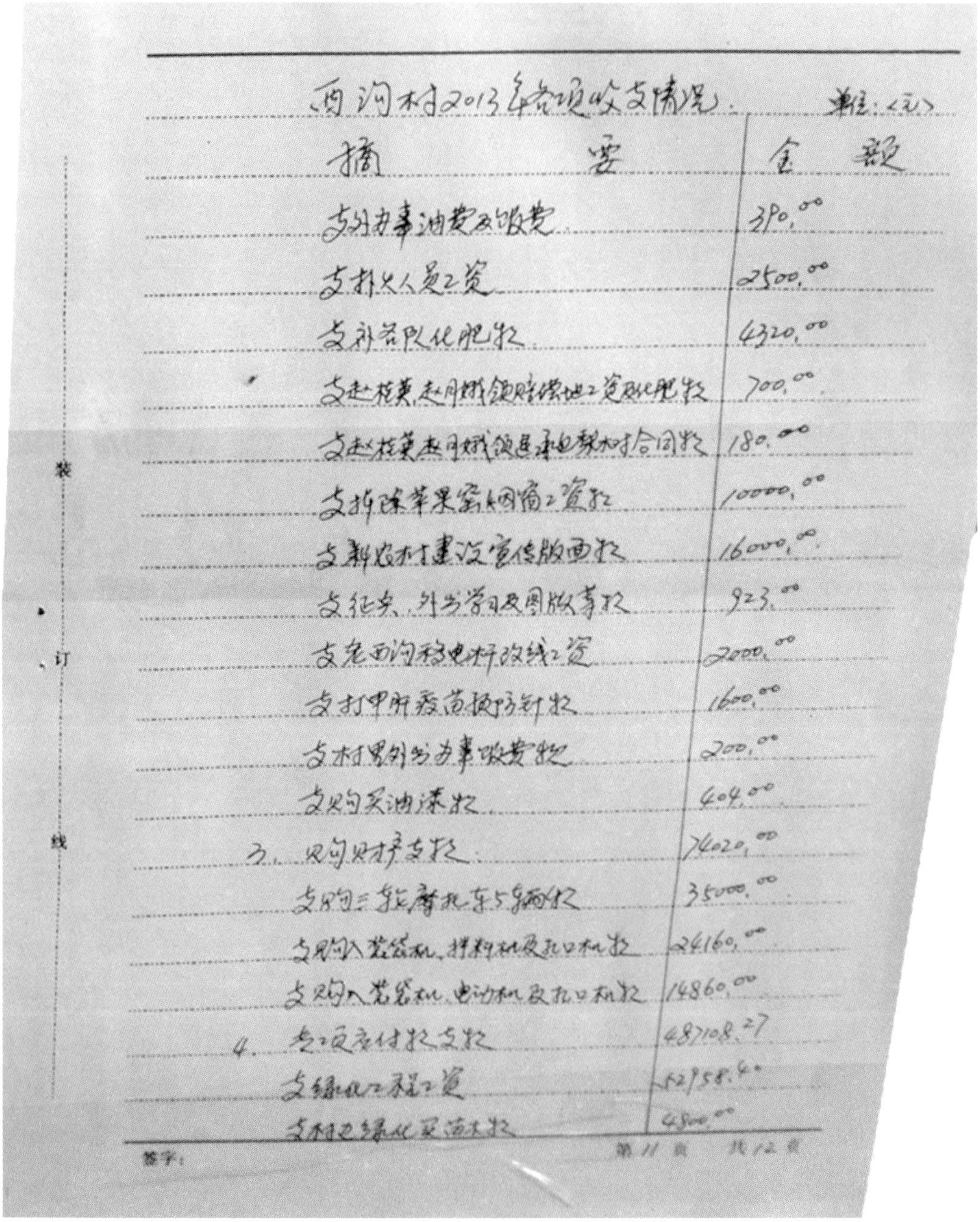

西沟村2013年各项收支情况　　单位：<元>

摘要	金额
支外出办事油费及饭费	380.00
支打火人员工资	2500.00
支补各队化肥款	4320.00
支赵桂英赴月城领赔偿地工资及化肥款	700.00
支赵桂英赴月城领退承包费村合同款	180.00
支拆除苹果窑烟筒工资款	10000.00
支新农村建设宣传版画款	16000.00
支征兵、外出学习及周版等款	923.00
支老西沟移电杆改线工资	2000.00
支打甲肝疫苗预防针款	1600.00
支村界外出办事饭费款	200.00
支购买油漆款	404.00
3、购财产支款	74020.00
支购三轮摩托车5辆款	35000.00
支购入发电机、拌料机及抽水机款	24160.00
支购入发电机、电动机及抽水机款	14860.00
4、各项应付款支款	487108.27
支绿化工程工资	52158.40
支村边绿化买苗木款	4800.00

签字：　　第11页　共12页

图8-5-11　西沟村2013年各项收支情况表十一

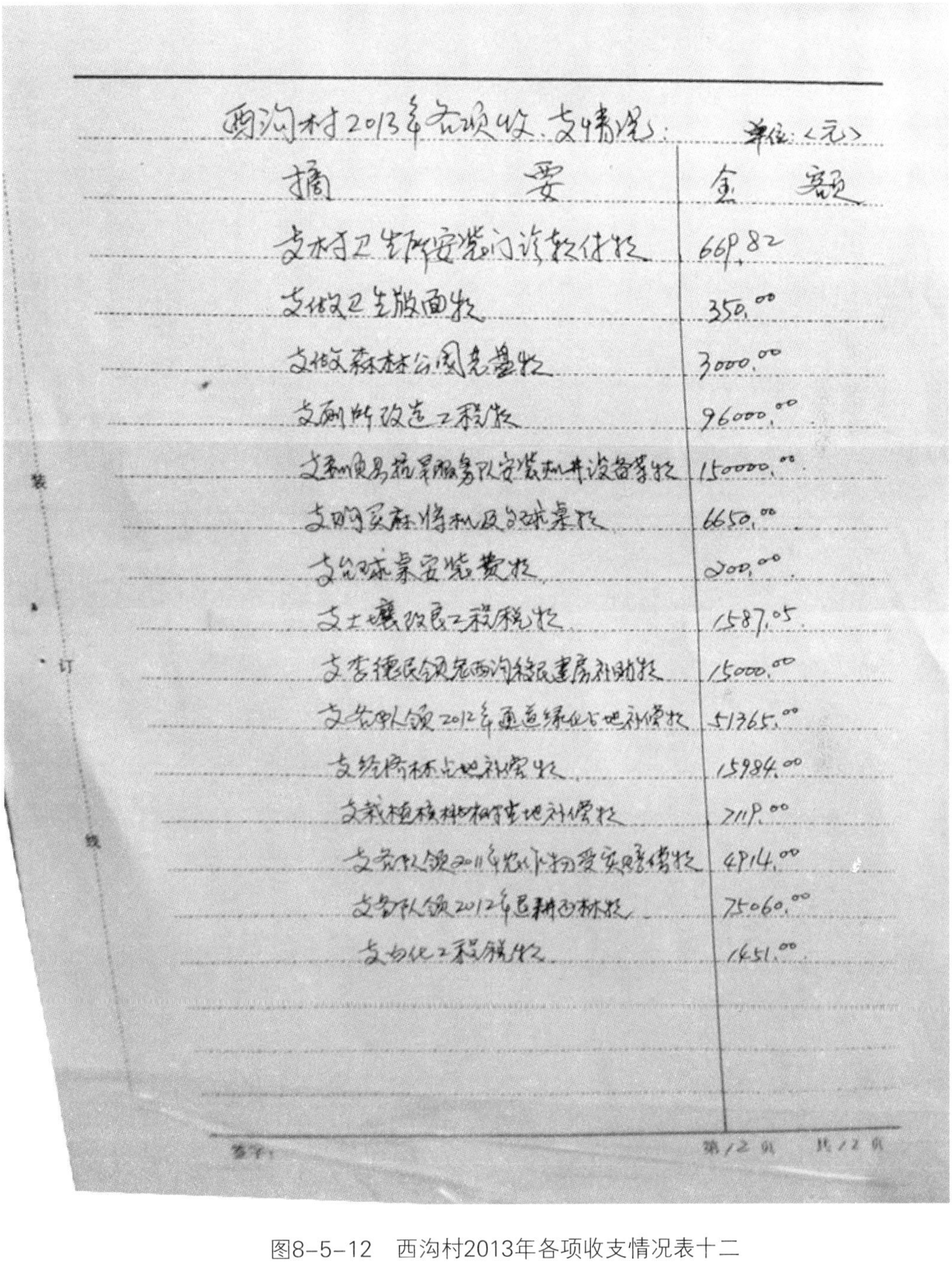

西沟村2013年各项收、支情况：　　单位：〈元〉

摘　　要	金　额
支村卫生所安装门诊软件款	669.82
支做卫生版面款	350.00
支做森林公园亮墨款	3000.00
支厕所改造工程款	96000.00
支利民果品服务队安装机井设备等款	150000.00
支购买麻将机及台球桌款	6650.00
支台球桌安装费款	200.00
支土壤改良工程税款	1587.05
支李德民领先西沟移民建房补助款	15000.00
支各小队领2012年通道绿化占地补偿款	51365.00
支经济林占地补偿款	15984.00
支栽植核桃树占地补偿款	7119.00
支各队领2011年农作物受灾赔偿款	4814.00
支各队领2012年退耕还林款	75060.00
支绿化工程税款	1451.00

签字：　　第12页　共12页

图8-5-12　西沟村2013年各项收支情况表十二

（六）西沟村2014年3月村集体内部往来账户余额明细表

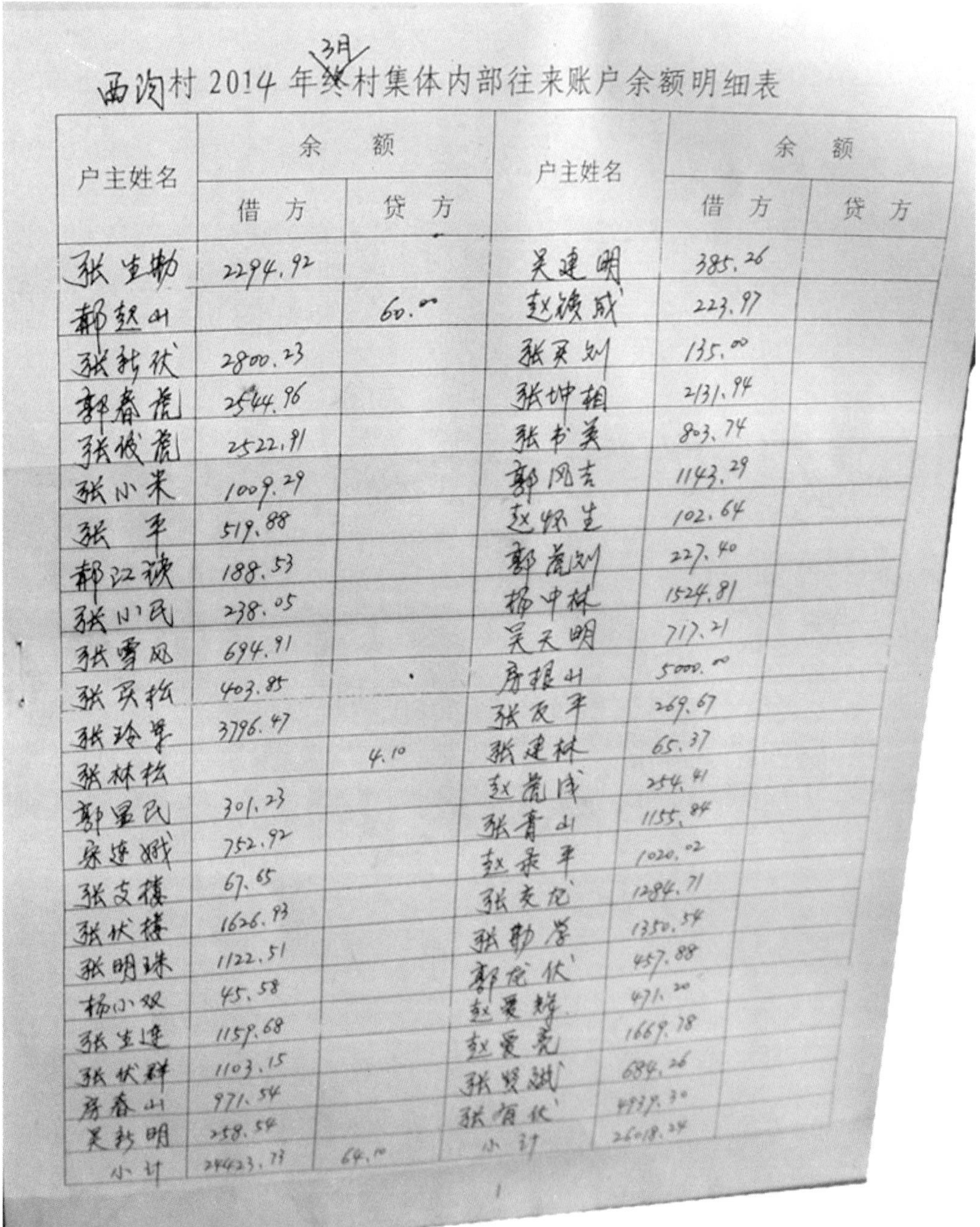

西沟村 2014 年3月村集体内部往来账户余额明细表

户主姓名	余额		户主姓名	余额	
	借方	贷方		借方	贷方
张生勤	2294.92		吴建明	385.26	
郝赵山		60.00	赵镜成	223.97	
张新伏	2800.23		张买刘	135.00	
郭春荒	2544.96		张坤相	2131.94	
张俊荒	2522.91		张书美	803.74	
张小米	1009.29		郭凤吉	1143.29	
张平	519.88		赵怀生	102.64	
郝江铁	188.53		郭荒刘	227.40	
张小民	238.05		杨中林	1524.81	
张雪风	694.91		吴天明	717.21	
张买拴	403.85		房根山	5000.00	
张玲学	3796.47		张庆平	269.67	
张林拴		4.10	张建林	65.37	
郭星民	301.23		赵荒成	254.41	
宋连娥	752.92		张青山	1155.84	
张支楼	67.65		赵录平	1020.02	
张伏楼	1626.93		张爱龙	1284.71	
张明珠	1122.51		张勤学	1350.54	
杨小双	45.58		郭龙伏	457.88	
张生连	1159.68		赵爱辉	471.20	
张伏群	1103.15		赵爱亮	1669.78	
房春山	971.54		张贤斌	684.26	
吴新明	258.54		张有伏	4939.30	
小计	24423.73	64.10	小计	26018.24	

1

图8-6-1　西沟村2014年3月村集体内部往来账户余额明细表一

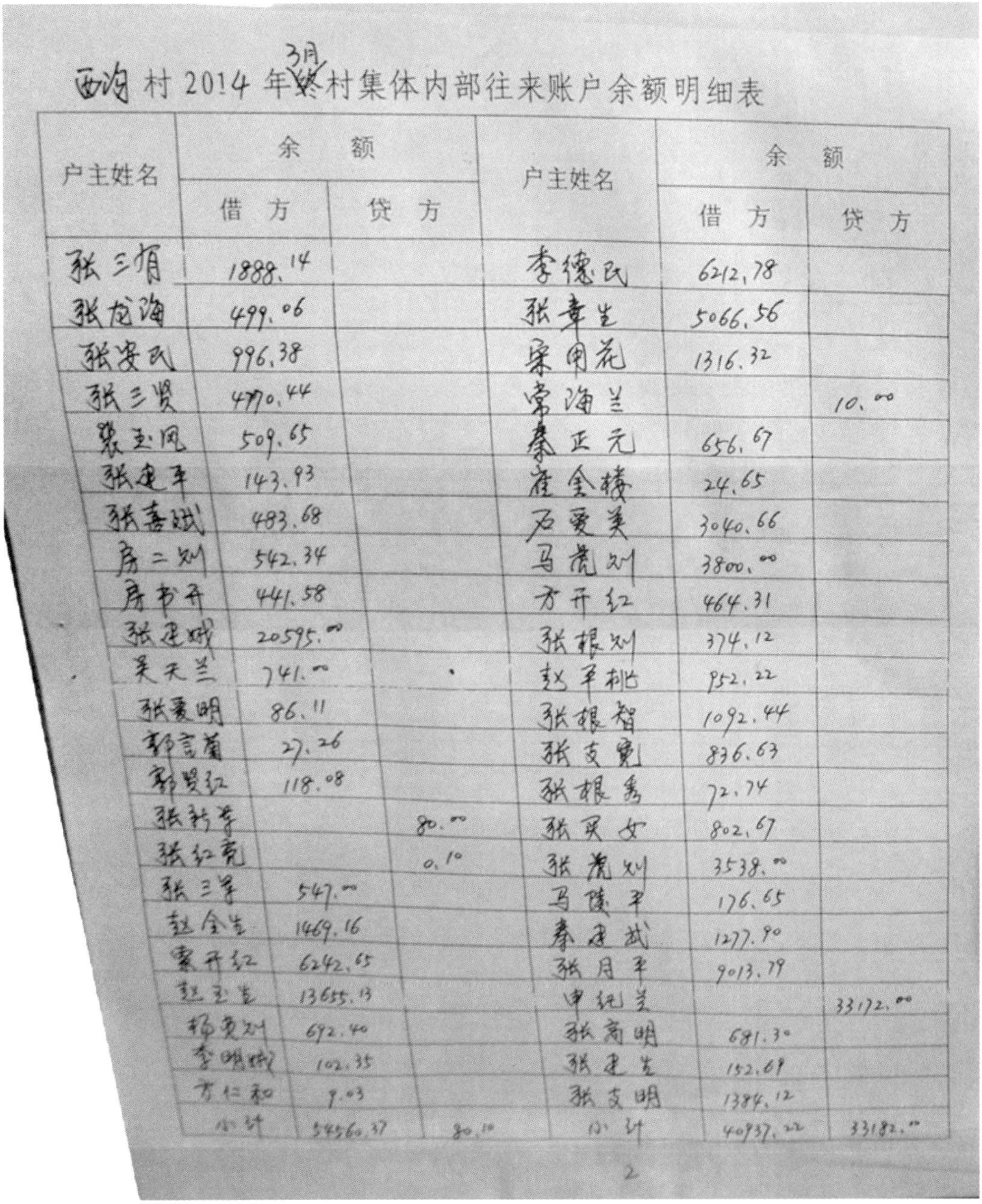

西沟村2014年3月村集体内部往来账户余额明细表

户主姓名	余额		户主姓名	余额	
	借方	贷方		借方	贷方
张三有	1888.14		李德民	6212.78	
张龙海	499.06		张章生	5066.56	
张安民	996.38		宋团花	1316.32	
张三贤	4770.44		常海兰		10.00
张玉凤	509.65		秦正元	656.67	
张建平	143.93		崔金楼	24.65	
张喜斌	483.68		石爱美	3040.66	
房二刘	542.34		马虎刘	3800.00	
房书开	441.58		方开红	464.31	
张建斌	20595.00		张根刘	374.12	
吴天兰	741.00		赵平桃	952.22	
张秉明	86.11		张根智	1092.44	
郭言菊	27.26		张支宽	836.63	
郭贤红	118.08		张根秀	72.74	
张转芳		80.00	张买女	802.67	
张红霞		0.10	张虎刘	3538.00	
张三芳	547.00		马陵平	176.65	
赵金生	1469.16		秦建武	1277.90	
索开红	6242.65		张月平	9013.79	
赵玉生	13655.13		申纪兰		33172.00
杨爱刘	692.40		张高明	681.30	
李明娥	102.35		张建生	152.69	
方仁和	9.03		张支明	1384.12	
小计	54560.37	80.10	小计	40937.22	33182.00

2

图8-6-2　西沟村2014年3月村集体内部往来账户余额明细表二

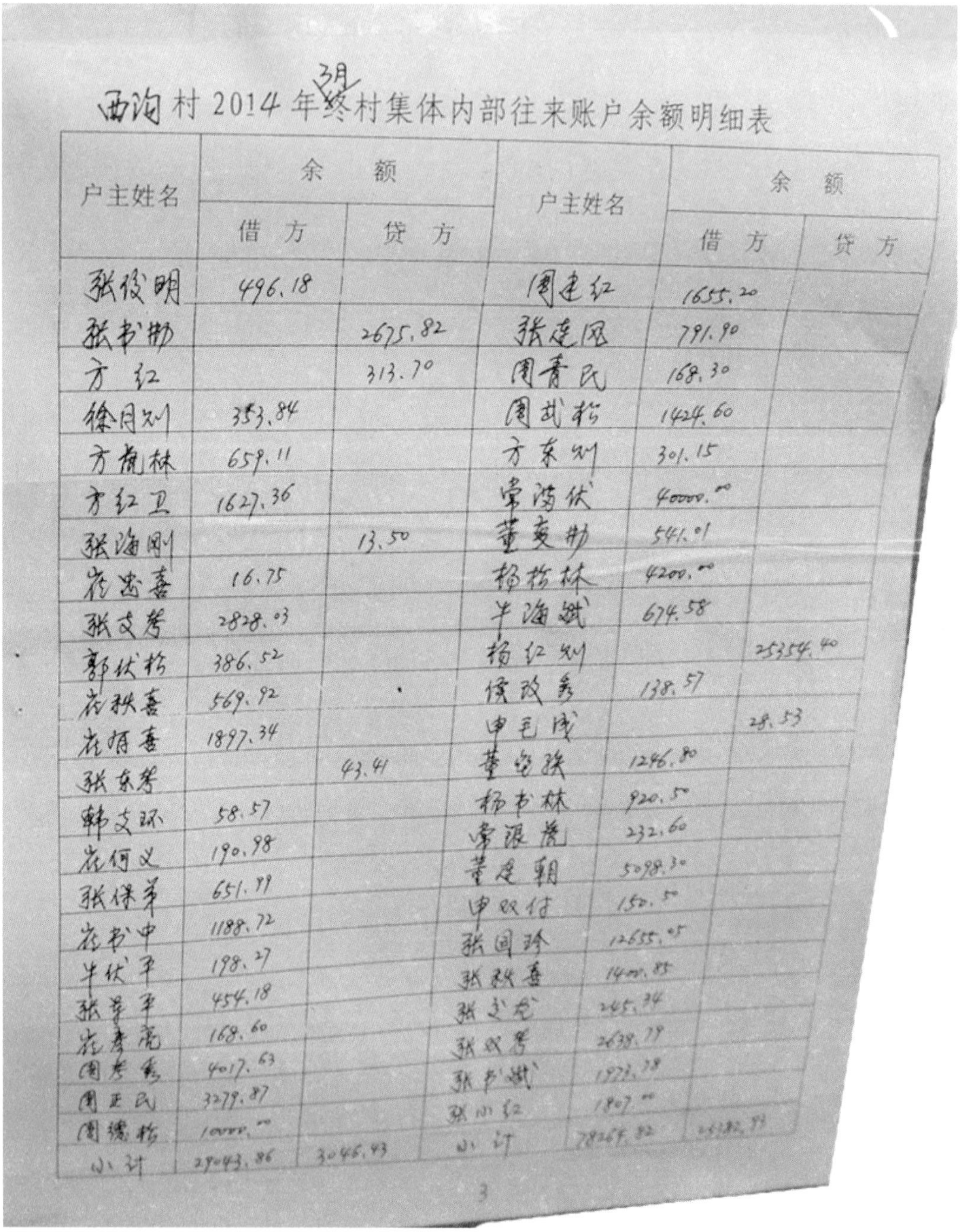

西沟村 2014 年3月村集体内部往来账户余额明细表

户主姓名	余额		户主姓名	余额	
	借方	贷方		借方	贷方
张俊明	496.18		周建红	1655.20	
张书协		2675.82	张建凤	791.90	
方红		313.70	周青民	168.30	
徐月州	353.84		周武特	1424.60	
方有林	659.11		方东州	301.15	
方红卫	1627.36		常海伏	40000.00	
张海刚		13.50	董爱协	541.01	
崔忠喜	16.75		杨特林	4200.00	
张文秀	2828.03		牛海斌	674.58	
郭伏特	386.52		杨红州		25354.40
崔秋喜	569.92		侯政秀	138.57	
崔娟喜	1897.34		申王成		28.53
张东秀		43.41	董建跃	1246.80	
韩文环	58.57		杨书林	920.50	
崔何义	190.98		常跟虎	232.60	
张保平	651.99		董建朝	5098.30	
崔书中	1188.72		申双付	150.50	
牛伏平	198.27		张国玲	12655.05	
张平平	454.18		张秋喜	1400.85	
崔孝亮	168.60		张建龙	265.34	
周孝秀	4017.63		张双秀	2638.79	
周正民	3279.87		张书斌	1973.78	
周潞特	10000.00		张小红	1807.00	
小计	29043.86	3046.43	小计	78264.82	25382.93

3

图8-6-3　西沟村2014年3月村集体内部往来账户余额明细表三

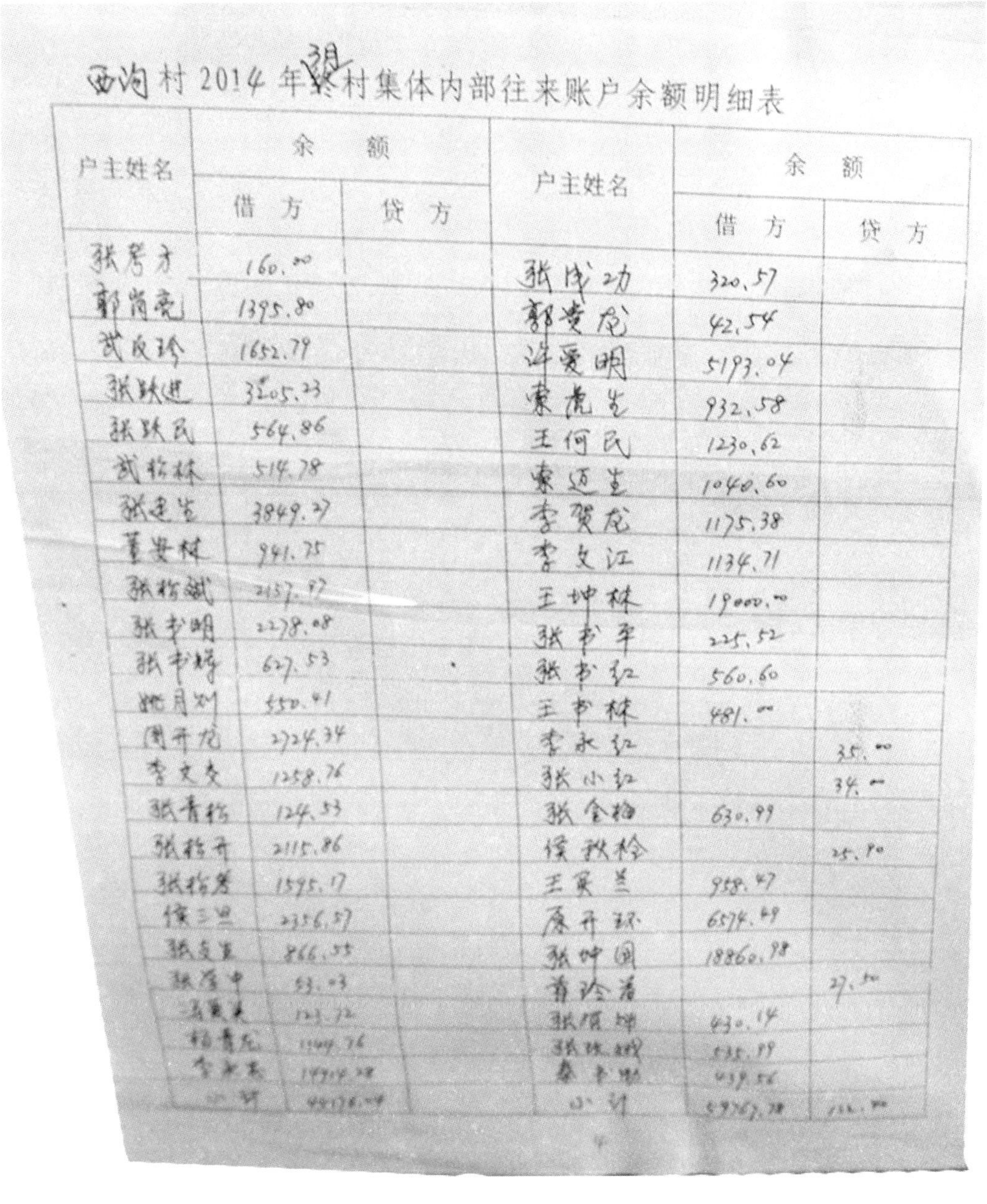

西沟村2014年3月村集体内部往来账户余额明细表

户主姓名	余额		户主姓名	余额	
	借方	贷方		借方	贷方
张考方	160.00		张成功	320.57	
郭尚亮	1395.80		郭贵龙	42.54	
武良玲	1652.79		许爱明	5193.04	
张跃进	3205.23		索虎生	932.58	
张跃民	564.86		王何民	1230.62	
武裕林	514.78		索迈生	1040.60	
张建生	3849.27		李贺龙	1175.38	
董安林	941.75		李文江	1134.71	
张裕斌	2157.97		王坤林	19000.00	
张书明	2278.08		张书平	225.52	
张书娟	627.53		张书红	560.60	
姚月刈	550.41		王书林	481.00	
周开龙	2724.34		李永红		35.00
李文交	1258.76		张小红		34.00
张青裕	124.53		张金梅	630.99	
张裕开	2115.86		侯秋玲		25.90
张裕秀	1595.17		王寅兰	958.47	
候三旦	2356.57		康开环	6574.49	
张支东	866.55		张坤国	18860.98	
张庄中	53.03		黄玲秀		27.50
[illegible]	123.72		张保坤	430.14	
[illegible]	1944.76		张秋娥	535.89	
李[illegible]	14914.78		秦书[illegible]	439.56	
小计	44178.04		小计	49767.78	122.40

图8-6-4　西沟村2014年3月村集体内部往来账户余额明细表四

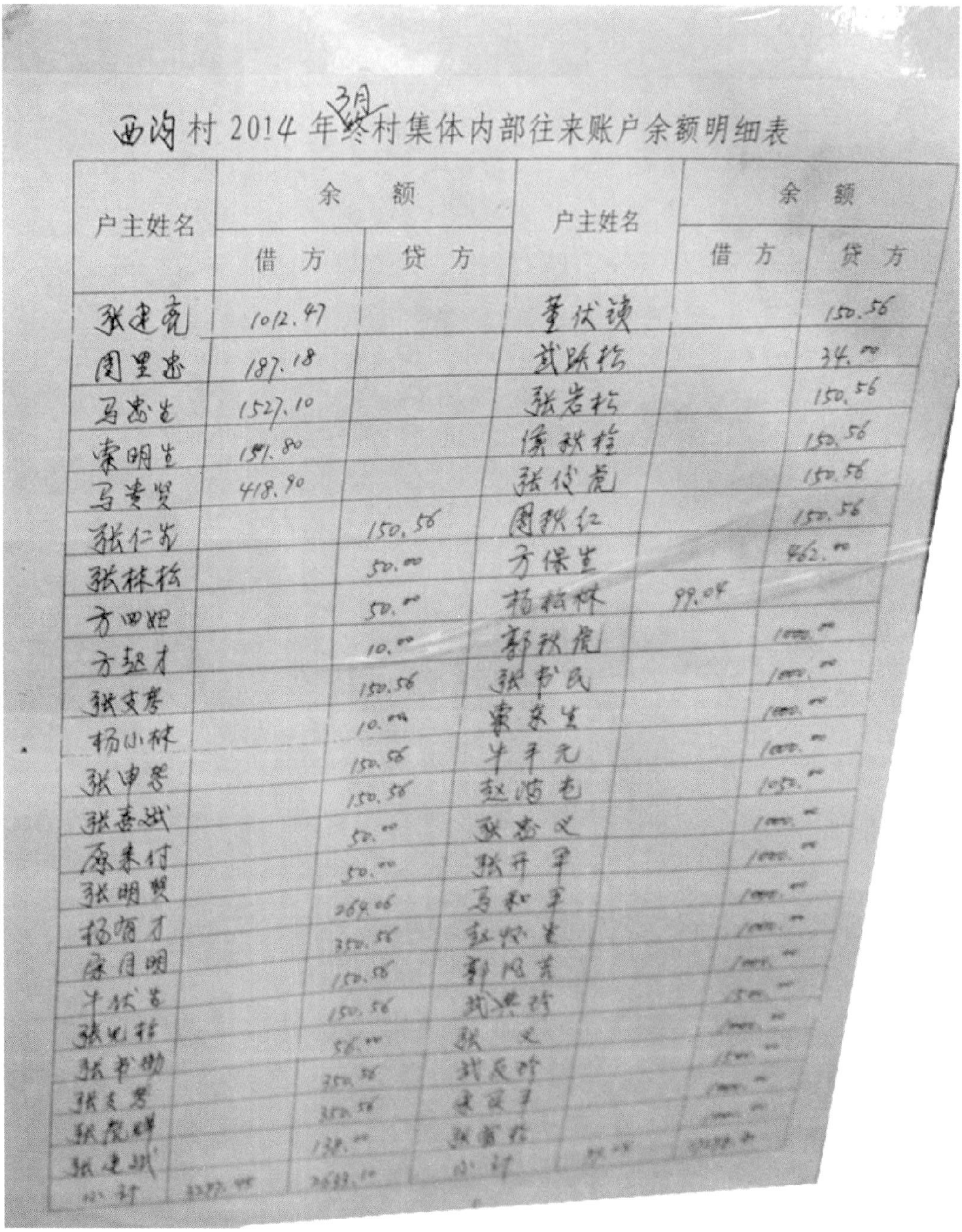

西沟村2014年3月村集体内部往来账户余额明细表

户主姓名	余额		户主姓名	余额	
	借方	贷方		借方	贷方
张建亮	1012.47		董伏锁		150.56
周里忠	187.18		武跃栓		34.00
马忠生	1527.10		张岩栓		150.56
索明生	151.80		候秋桂		150.56
马贵贤	418.90		张代虎		150.56
张仁光		150.56	周秋红		150.56
张林栓		50.00	方保生		462.00
方四妞		50.00	杨松林	99.04	
方赵才		10.00	郭秋虎		1000.00
张文孝		150.56	张书民		1000.00
杨小林		10.00	索东生		1000.00
张申孝		150.56	牛平元		1000.00
张喜斌		150.56	赵海屯		1050.00
原来付		50.00	张忠义		1000.00
张明贤		50.00	张开平		1000.00
杨留才		264.06	马秋平		1000.00
康月明		350.56	赵怀生		1000.00
牛伏生		150.56	郭凤英		1000.00
张长栓		150.56	武忠玲		1500.00
张书勤		56.00	张义		1000.00
张文孝		350.56	武庆玲		1500.00
张彪峰		350.56	宋双平		1000.00
张建斌		138.00	张富存		1000.00
小计	3297.45	2633.10	小计	99.04	[illegible]

图8-6-5　西沟村2014年3月村集体内部往来账户余额明细表五

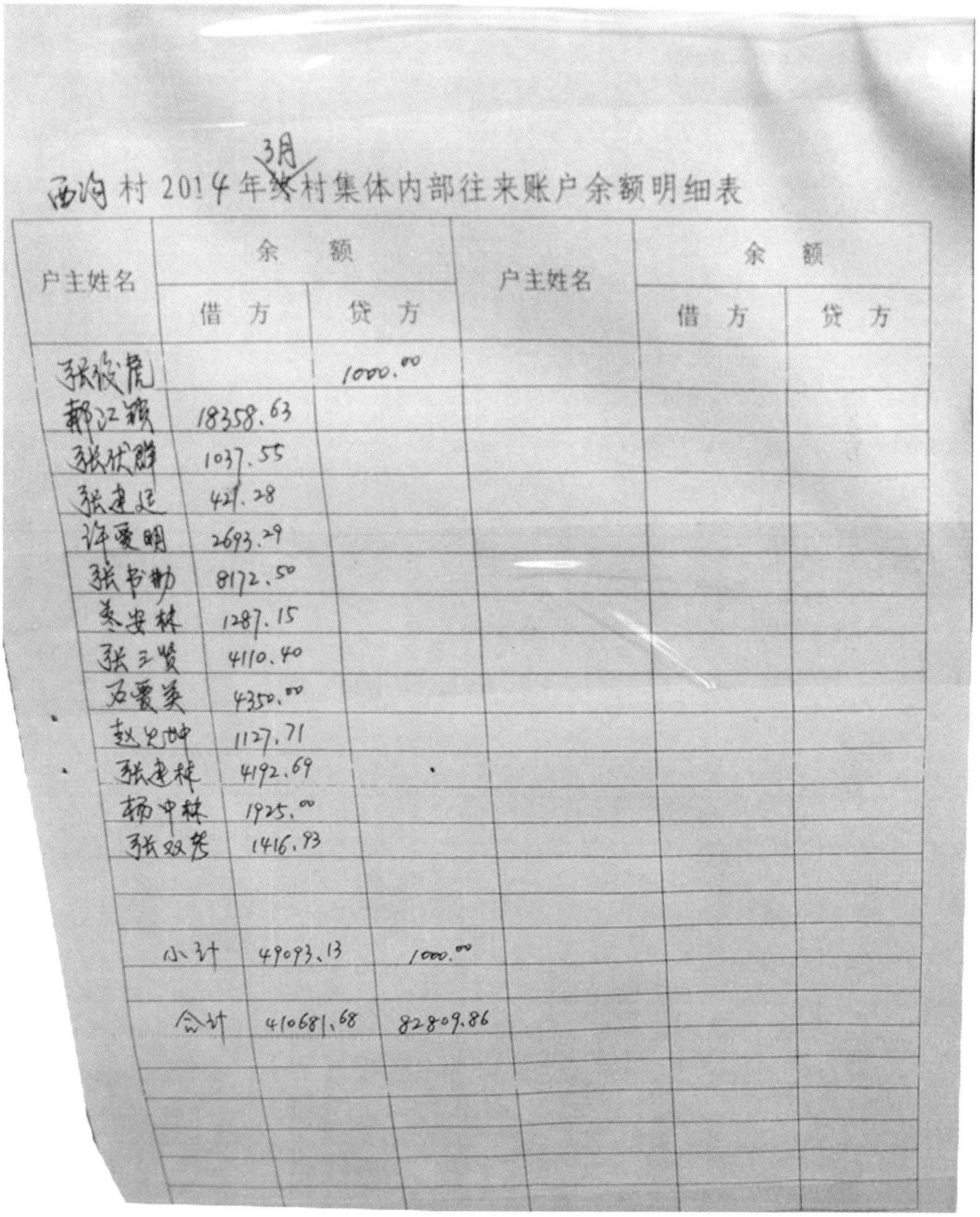

西沟村2014年3月村集体内部往来账户余额明细表

户主姓名	余额		户主姓名	余额	
	借方	贷方		借方	贷方
张俊虎		1000.00			
郝江锁	18358.63				
张伏群	1037.55				
张建廷	421.28				
许爱明	2693.29				
张书勤	8172.50				
姜安林	1287.15				
张三贤	4110.40				
石爱英	4350.00				
赵至坤	1127.71				
张建林	4192.69				
杨中林	1925.00				
张双春	1416.93				
小计	49093.13	1000.00			
合计	410681.68	82809.86			

图8-6-6　西沟村2014年3月村集体内部往来账户余额明细表六

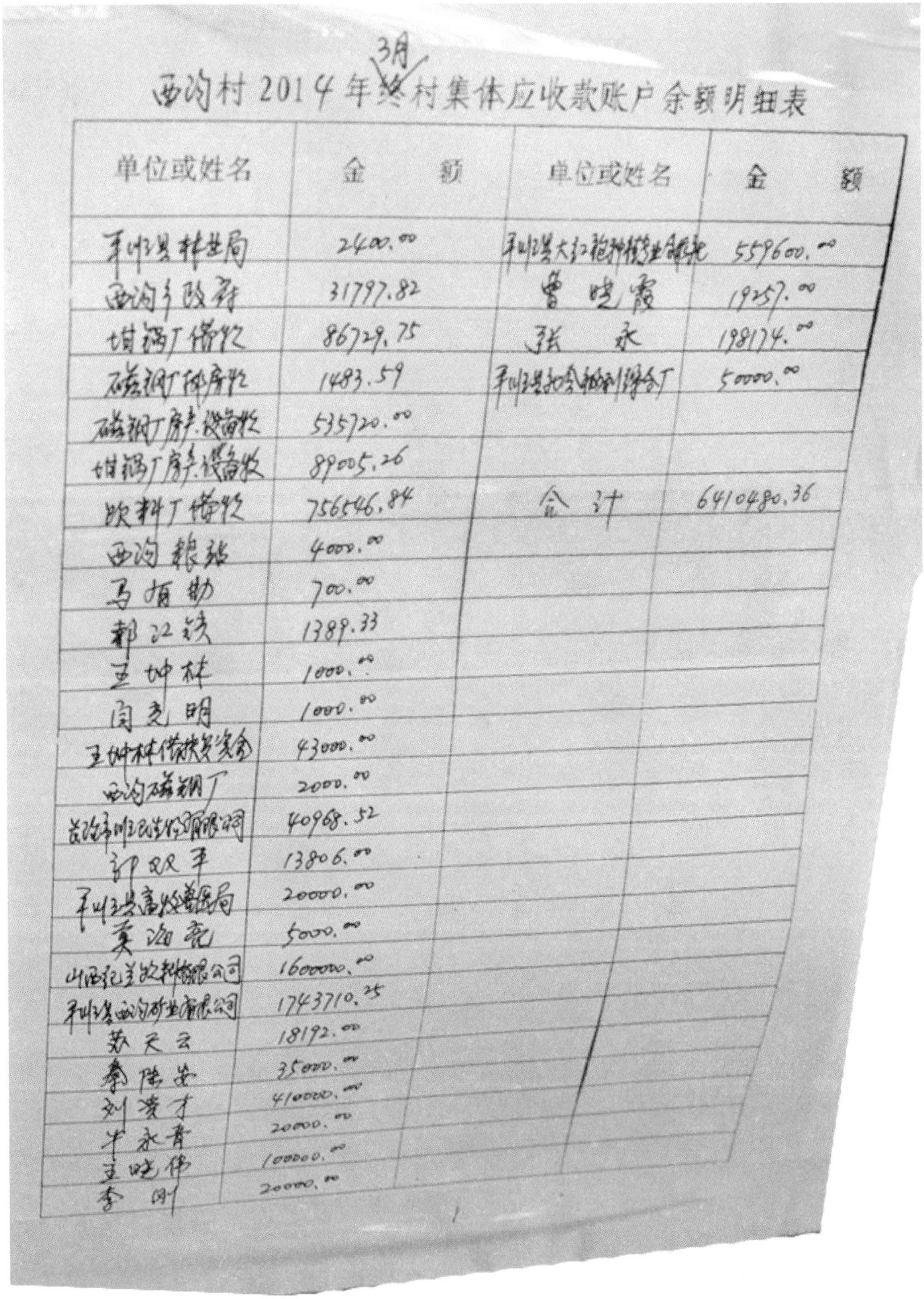

西沟村2014年3月村集体应收款账户余额明细表

单位或姓名	金额	单位或姓名	金额
平顺县林业局	2400.00	平顺县大红袍种植专业合作社	559600.00
西沟乡政府	31797.82	曹晓霞	19257.00
坩埚厂借款	86729.75	张永	198174.00
磷铜厂付房款	1483.59	平顺县和合铸钢铸造厂	50000.00
磷铜厂房产设备款	535720.00		
坩埚厂房产设备款	89005.26		
饮料厂借款	756546.84	合计	6410480.36
西沟粮站	4000.00		
马有勤	700.00		
郝江铁	1389.33		
王坤林	1000.00		
闫克明	1000.00		
王坤林借扶贫资金	43000.00		
西沟磷铜厂	2000.00		
长治市川汇民生经贸有限公司	40968.52		
郭双平	13806.00		
平顺县畜牧兽医局	20000.00		
吴海亮	5000.00		
山西纪兰饮料有限公司	1600000.00		
平顺县西沟矿业有限公司	1743710.25		
苏天云	18192.00		
秦陆安	35000.00		
刘凌才	410000.00		
牛永青	20000.00		
王晓伟	100000.00		
李刚	20000.00		

图8-6-7　西沟村2014年3月村集体内部往来账户余额明细表七

西沟村2014年~~终~~3月村集体应付款账户余额明细表

单位或姓名	金　额	单位或姓名	金　额
东坡大队	81.70	张书明面粉加工厂押金	500.00
磷铜厂	542137.19	武爱民租赁房屋押金	1000.00
张红斌建房押金	2000.00	周武桥租赁房屋押金	1000.00
李福成建房押金	2000.00	张开明租赁房屋押金	1000.00
牛海金建房押金	5000.00	周冬秀租赁房屋押金	1000.00
李文华建房押金	5000.00	周保桥租赁房屋押金	1000.00
田开红建房押金	5000.00	周德桥建房押金	2000.00
牛建有建房押金	5000.00	周保桥建房押金	5000.00
秦常生建房押金	5000.00	周来江建房押金	5000.00
武爱桥建房押金	5000.00	周武桥建房押金	7000.00
申双合建房押金	1000.00	[illegible]房押金	4000.00
成灵斌建房押金	5000.00	[illegible]对方收	934770.50
李中生建房押金	2000.00	苏天云	7200.00
张来江建房押金	5000.00	牛永青租赁房屋押金	2000.00
郭黑民建房押金	2000.00	王晓伟	100000.00
张书美建房押金	2000.00	李刚	26377.80
张生民建房押金	2000.00		
张林桥建房押金	2000.00		
张建红建房押金	5000.00		
开采张书林	60375.00		
常州[illegible]有限公司	202308.80		
四川建筑队刘贵才	564283.97		
湖北古建队	490270.00		
西沟二组张秀伟	15264.12		
张书林	4000.00		
西沟村面粉加工厂押金	500.00	合计	3043069.28

图8-6-8　西沟村2014年3月村集体内部往来账户余额明细表八

九、2010年西沟村文明创建等资料（共44张）

（一）西沟村文明创建资料

1. 精神文明创建规章制度

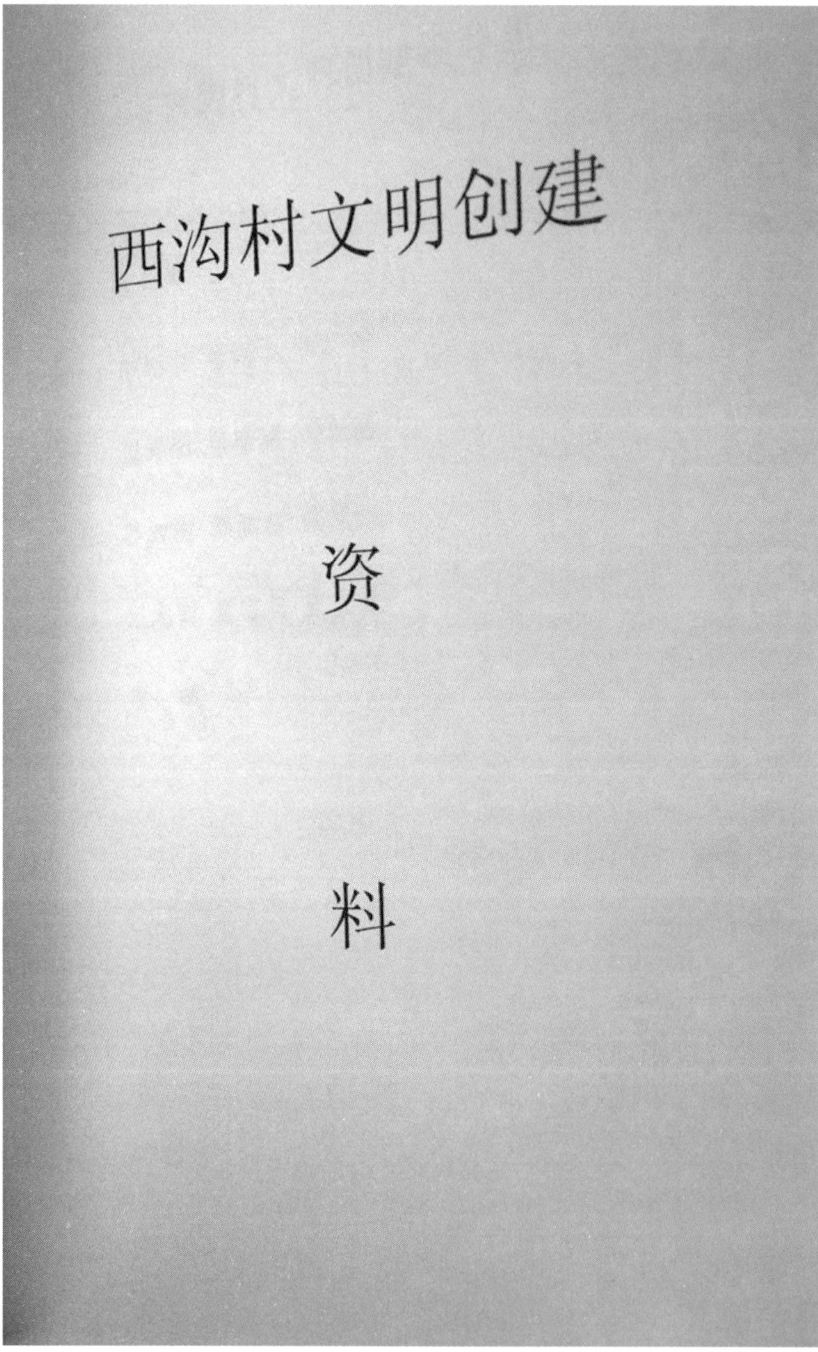

图9-1-1-1　资料封面

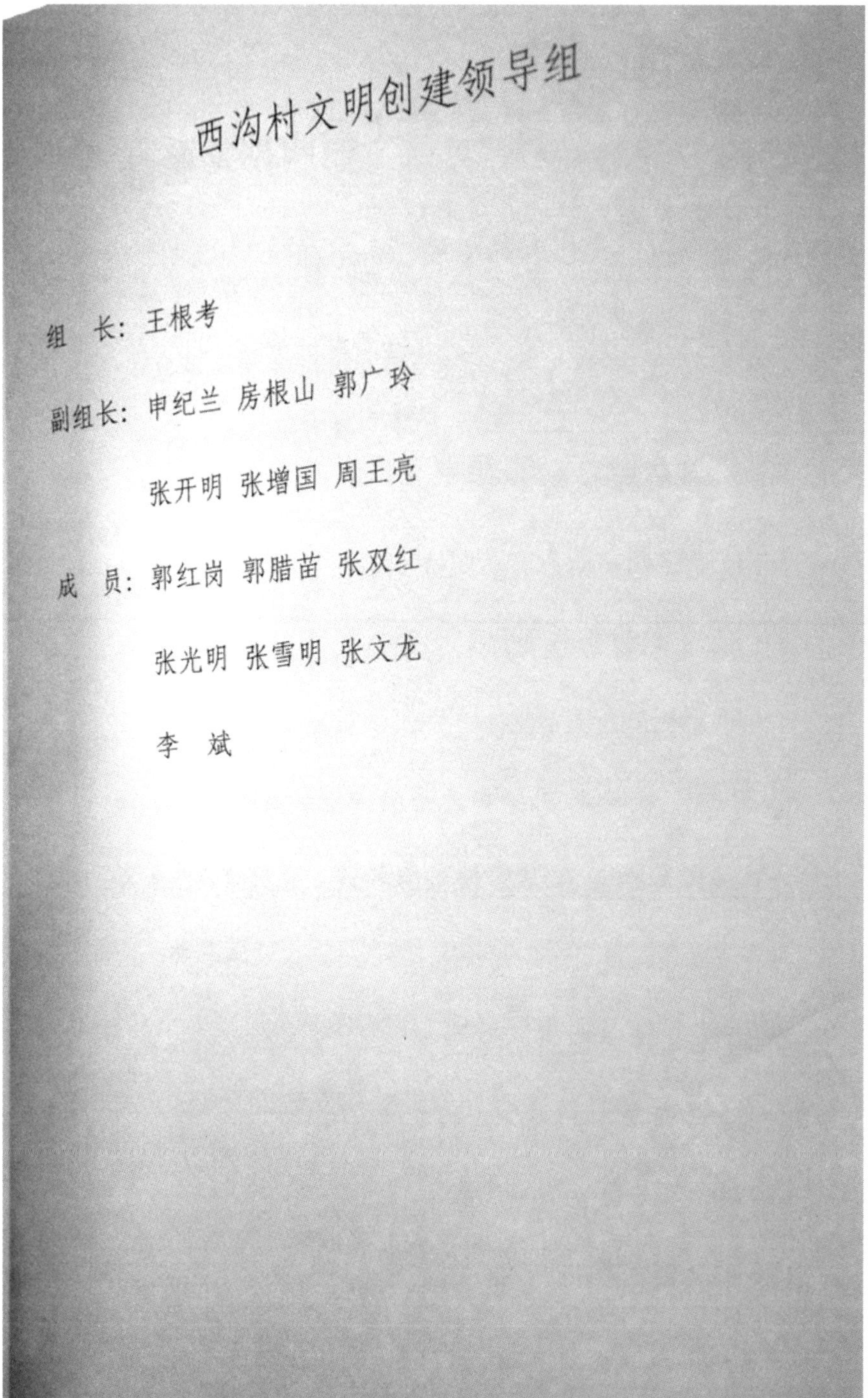

西沟村文明创建领导组

组　长：王根考

副组长：申纪兰 房根山 郭广玲

张开明 张增国 周王亮

成　员：郭红岗 郭腊苗 张双红

张光明 张雪明 张文龙

李　斌

图9-1-1-2　西沟村文明创建领导组成员

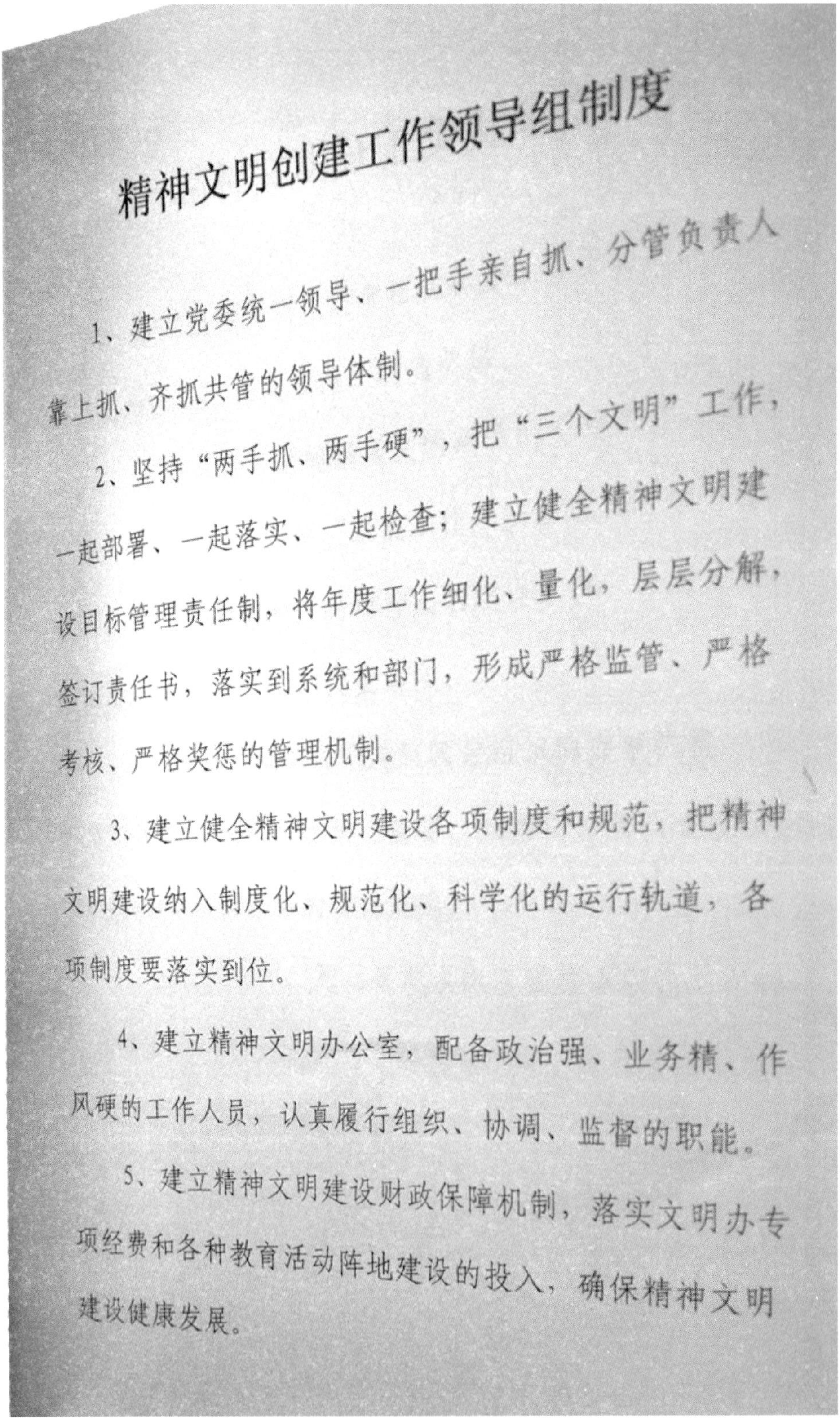

精神文明创建工作领导组制度

1、建立党委统一领导、一把手亲自抓、分管负责人靠上抓、齐抓共管的领导体制。

2、坚持“两手抓、两手硬”，把“三个文明”工作，一起部署、一起落实、一起检查；建立健全精神文明建设目标管理责任制，将年度工作细化、量化，层层分解，签订责任书，落实到系统和部门，形成严格监管、严格考核、严格奖惩的管理机制。

3、建立健全精神文明建设各项制度和规范，把精神文明建设纳入制度化、规范化、科学化的运行轨道，各项制度要落实到位。

4、建立精神文明办公室，配备政治强、业务精、作风硬的工作人员，认真履行组织、协调、监督的职能。

5、建立精神文明建设财政保障机制，落实文明办专项经费和各种教育活动阵地建设的投入，确保精神文明建设健康发展。

图9-1-1-3　精神文明创建工作领导组制度

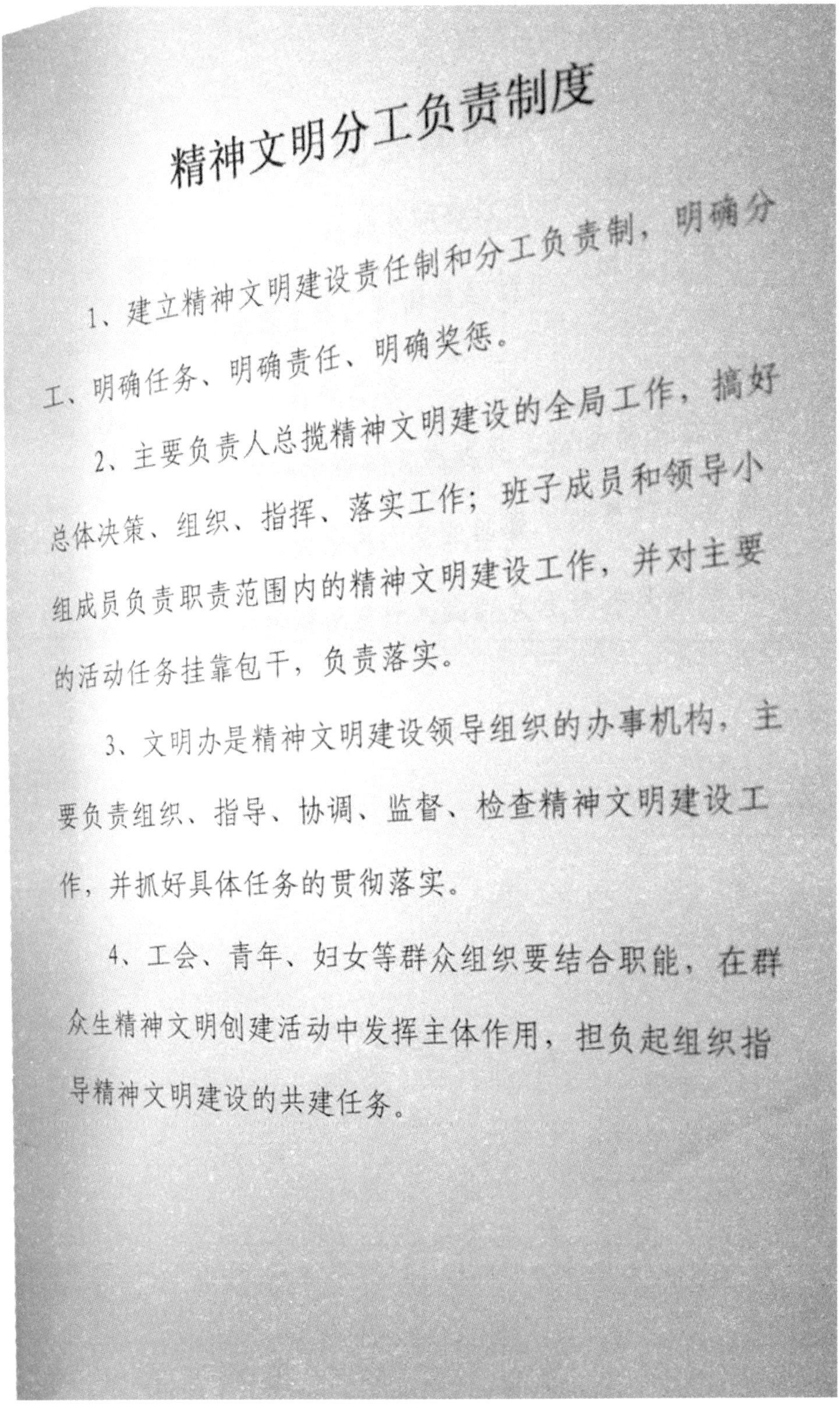

精神文明分工负责制度

1、建立精神文明建设责任制和分工负责制，明确分工、明确任务、明确责任、明确奖惩。

2、主要负责人总揽精神文明建设的全局工作，搞好总体决策、组织、指挥、落实工作；班子成员和领导小组成员负责职责范围内的精神文明建设工作，并对主要的活动任务挂靠包干，负责落实。

3、文明办是精神文明建设领导组织的办事机构，主要负责组织、指导、协调、监督、检查精神文明建设工作，并抓好具体任务的贯彻落实。

4、工会、青年、妇女等群众组织要结合职能，在群众生精神文明创建活动中发挥主体作用，担负起组织指导精神文明建设的共建任务。

图9-1-1-4　精神文明分工负责制度

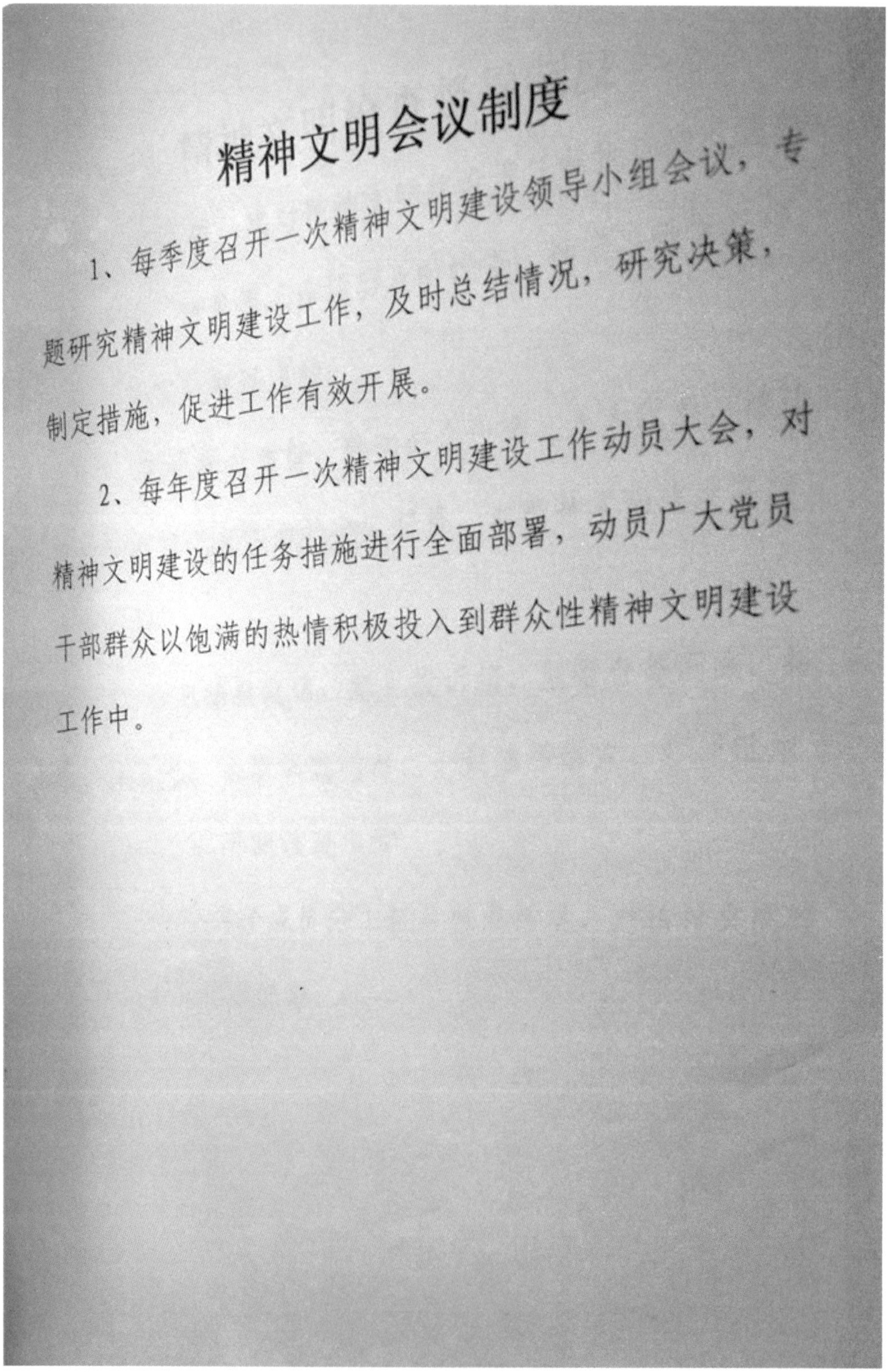

精神文明会议制度

1、每季度召开一次精神文明建设领导小组会议，专题研究精神文明建设工作，及时总结情况，研究决策，制定措施，促进工作有效开展。

2、每年度召开一次精神文明建设工作动员大会，对精神文明建设的任务措施进行全面部署，动员广大党员干部群众以饱满的热情积极投入到群众性精神文明建设工作中。

图9-1-1-5　精神文明会议制度

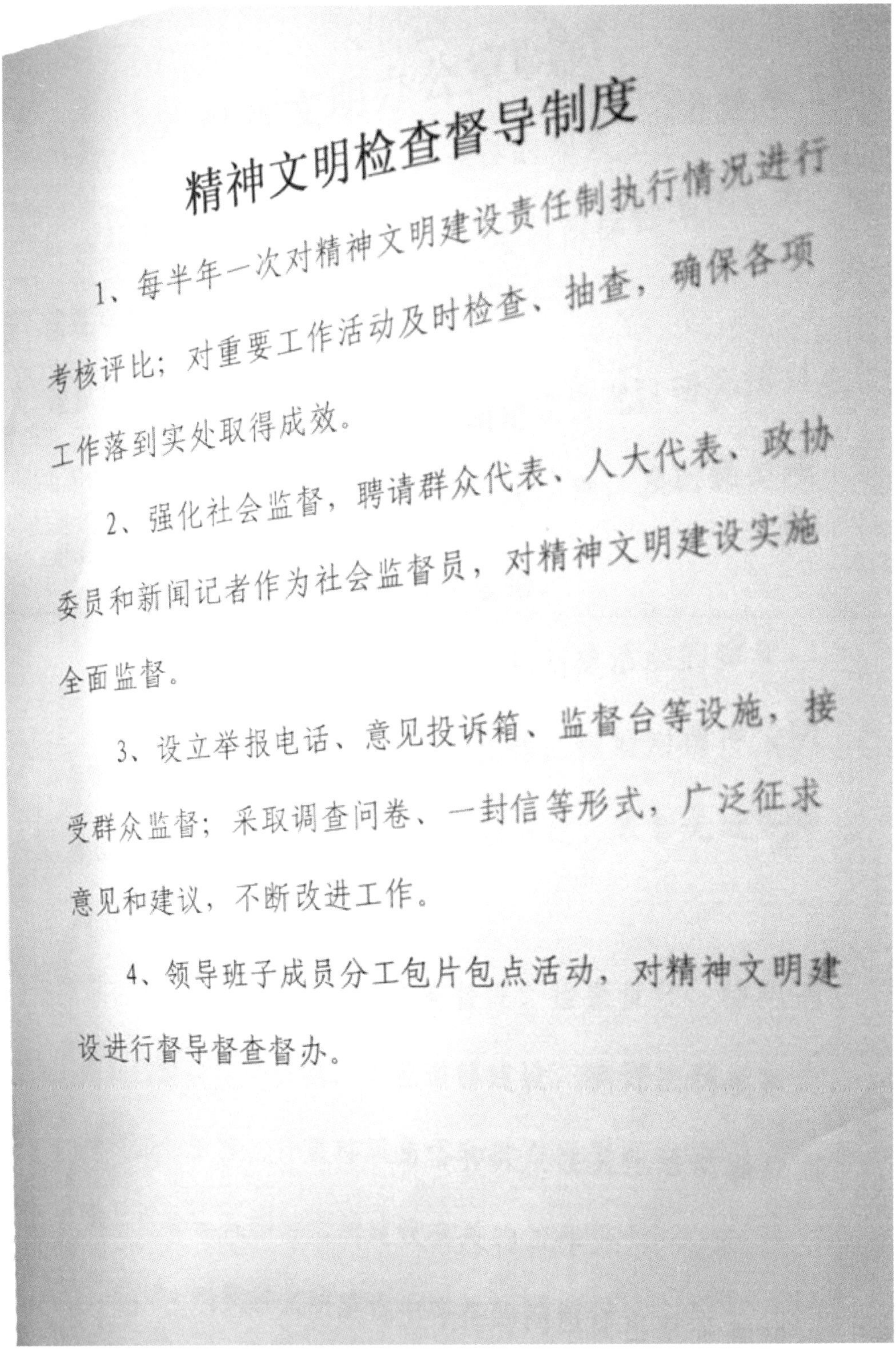

精神文明检查督导制度

1、每半年一次对精神文明建设责任制执行情况进行考核评比；对重要工作活动及时检查、抽查，确保各项工作落到实处取得成效。

2、强化社会监督，聘请群众代表、人大代表、政协委员和新闻记者作为社会监督员，对精神文明建设实施全面监督。

3、设立举报电话、意见投诉箱、监督台等设施，接受群众监督；采取调查问卷、一封信等形式，广泛征求意见和建议，不断改进工作。

4、领导班子成员分工包片包点活动，对精神文明建设进行督导督查督办。

图9-1-1-6　精神文明检查督导制度

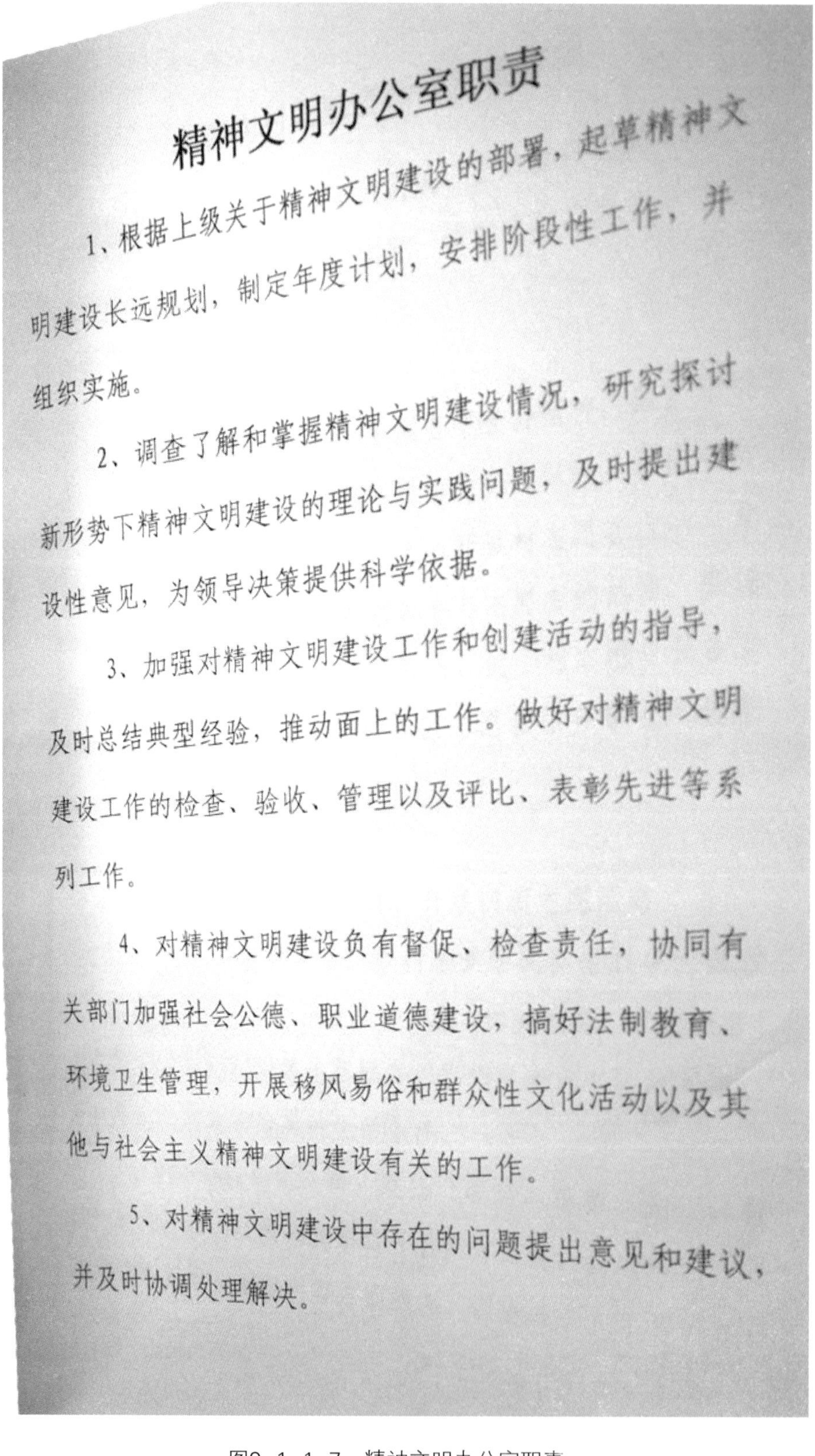

精神文明办公室职责

1、根据上级关于精神文明建设的部署，起草精神文明建设长远规划，制定年度计划，安排阶段性工作，并组织实施。

2、调查了解和掌握精神文明建设情况，研究探讨新形势下精神文明建设的理论与实践问题，及时提出建设性意见，为领导决策提供科学依据。

3、加强对精神文明建设工作和创建活动的指导，及时总结典型经验，推动面上的工作。做好对精神文明建设工作的检查、验收、管理以及评比、表彰先进等系列工作。

4、对精神文明建设负有督促、检查责任，协同有关部门加强社会公德、职业道德建设，搞好法制教育、环境卫生管理，开展移风易俗和群众性文化活动以及其他与社会主义精神文明建设有关的工作。

5、对精神文明建设中存在的问题提出意见和建议，并及时协调处理解决。

图9-1-1-7　精神文明办公室职责

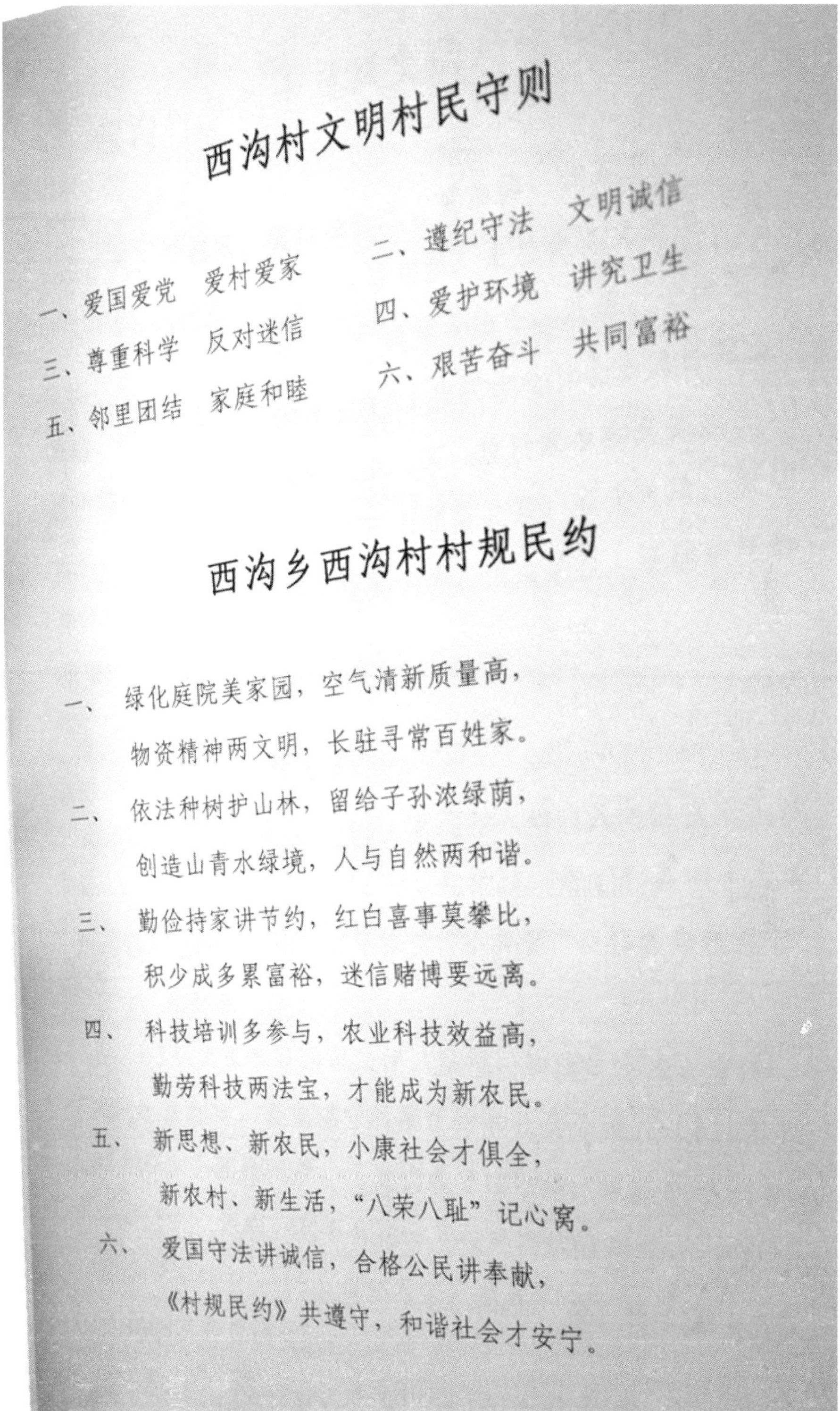

西沟村文明村民守则

一、爱国爱党　爱村爱家　　二、遵纪守法　文明诚信

三、尊重科学　反对迷信　　四、爱护环境　讲究卫生

五、邻里团结　家庭和睦　　六、艰苦奋斗　共同富裕

西沟乡西沟村村规民约

一、　绿化庭院美家园，空气清新质量高，

物资精神两文明，长驻寻常百姓家。

二、　依法种树护山林，留给子孙浓绿荫，

创造山青水绿境，人与自然两和谐。

三、　勤俭持家讲节约，红白喜事莫攀比，

积少成多累富裕，迷信赌博要远离。

四、　科技培训多参与，农业科技效益高，

勤劳科技两法宝，才能成为新农民。

五、　新思想、新农民，小康社会才俱全，

新农村、新生活，“八荣八耻”记心窝。

六、　爱国守法讲诚信，合格公民讲奉献，

《村规民约》共遵守，和谐社会才安宁。

图9-1-1-8　西沟村文明村民守则与村规民约

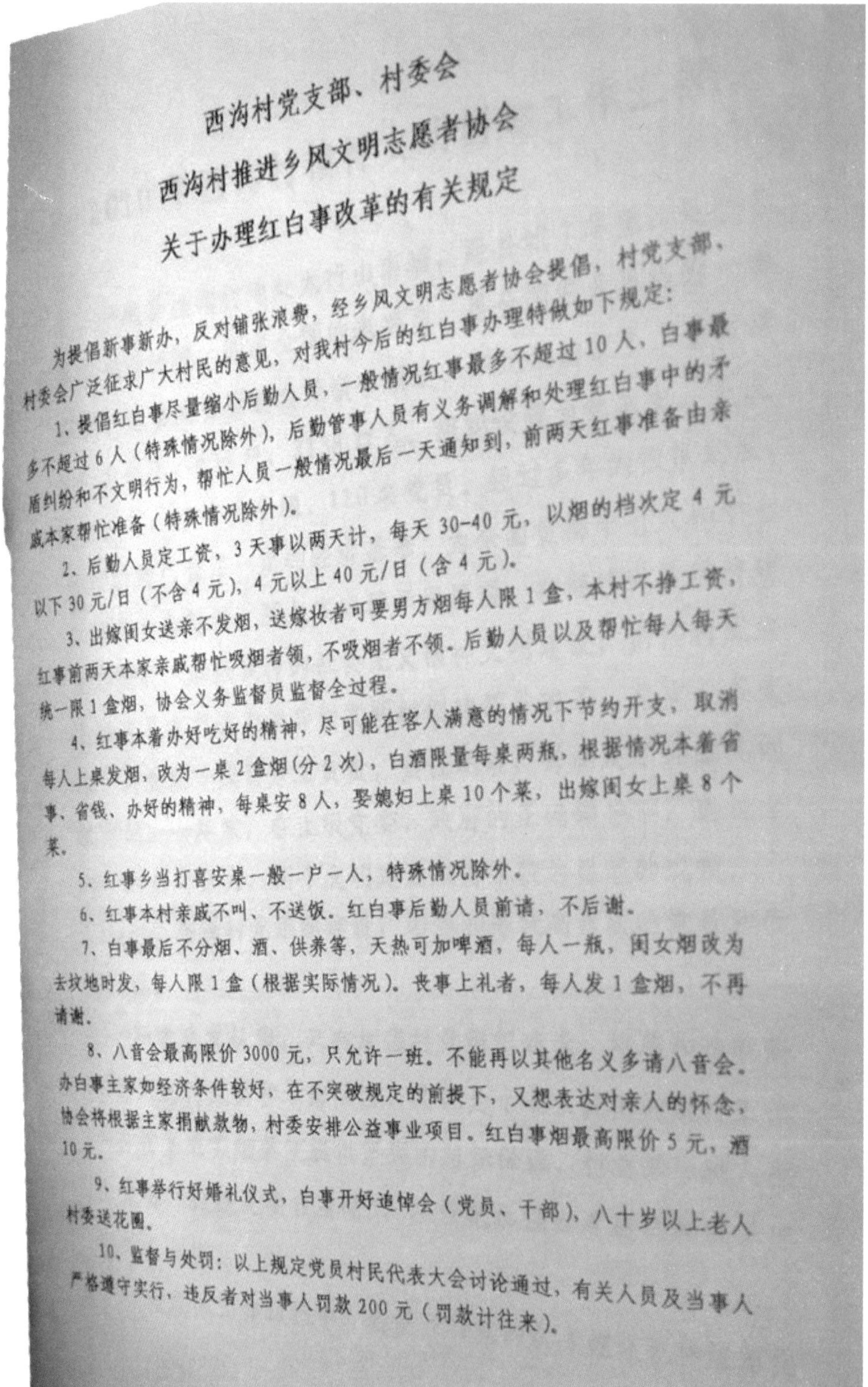

西沟村党支部、村委会

西沟村推进乡风文明志愿者协会

关于办理红白事改革的有关规定

为提倡新事新办，反对铺张浪费，经乡风文明志愿者协会提倡，村党支部、村委会广泛征求广大村民的意见，对我村今后的红白事办理特做如下规定：

1、提倡红白事尽量缩小后勤人员，一般情况红事最多不超过10人，白事最多不超过6人（特殊情况除外），后勤管事人员有义务调解和处理红白事中的矛盾纠纷和不文明行为，帮忙人员一般情况最后一天通知到，前两天红事准备由亲戚本家帮忙准备（特殊情况除外）。

2、后勤人员定工资，3天事以两天计，每天30-40元，以烟的档次定4元以下30元/日（不含4元），4元以上40元/日（含4元）。

3、出嫁闺女送亲不发烟，送嫁妆者可要男方烟每人限1盒，本村不挣工资，红事前两天本家亲戚帮忙吸烟者领，不吸烟者不领。后勤人员以及帮忙每人每天统一限1盒烟，协会义务监督员监督全过程。

4、红事本着办好吃好的精神，尽可能在客人满意的情况下节约开支，取消每人上桌发烟，改为一桌2盒烟(分2次)，白酒限量每桌两瓶，根据情况本着省事、省钱、办好的精神，每桌安8人，娶媳妇上桌10个菜，出嫁闺女上桌8个菜。

5、红事乡当打喜安桌一般一户一人，特殊情况除外。

6、红事本村亲戚不叫、不送饭。红白事后勤人员前请，不后谢。

7、白事最后不分烟、酒、供养等，天热可加啤酒，每人一瓶，闺女烟改为去坟地时发，每人限1盒（根据实际情况）。丧事上礼者，每人发1盒烟，不再请谢。

8、八音会最高限价3000元，只允许一班。不能再以其他名义多请八音会。办白事主家如经济条件较好，在不突破规定的前提下，又想表达对亲人的怀念，协会将根据主家捐献款物，村委安排公益事业项目。红白事烟最高限价5元，酒10元。

9、红事举行好婚礼仪式，白事开好追悼会（党员、干部），八十岁以上老人村委送花圈。

10、监督与处罚：以上规定党员村民代表大会讨论通过，有关人员及当事人严格遵守实行，违反者对当事人罚款200元（罚款计往来）。

图9-1-1-9　西沟村关于办理红白事改革的有关规定

2. 西沟村自愿者活动实施方案

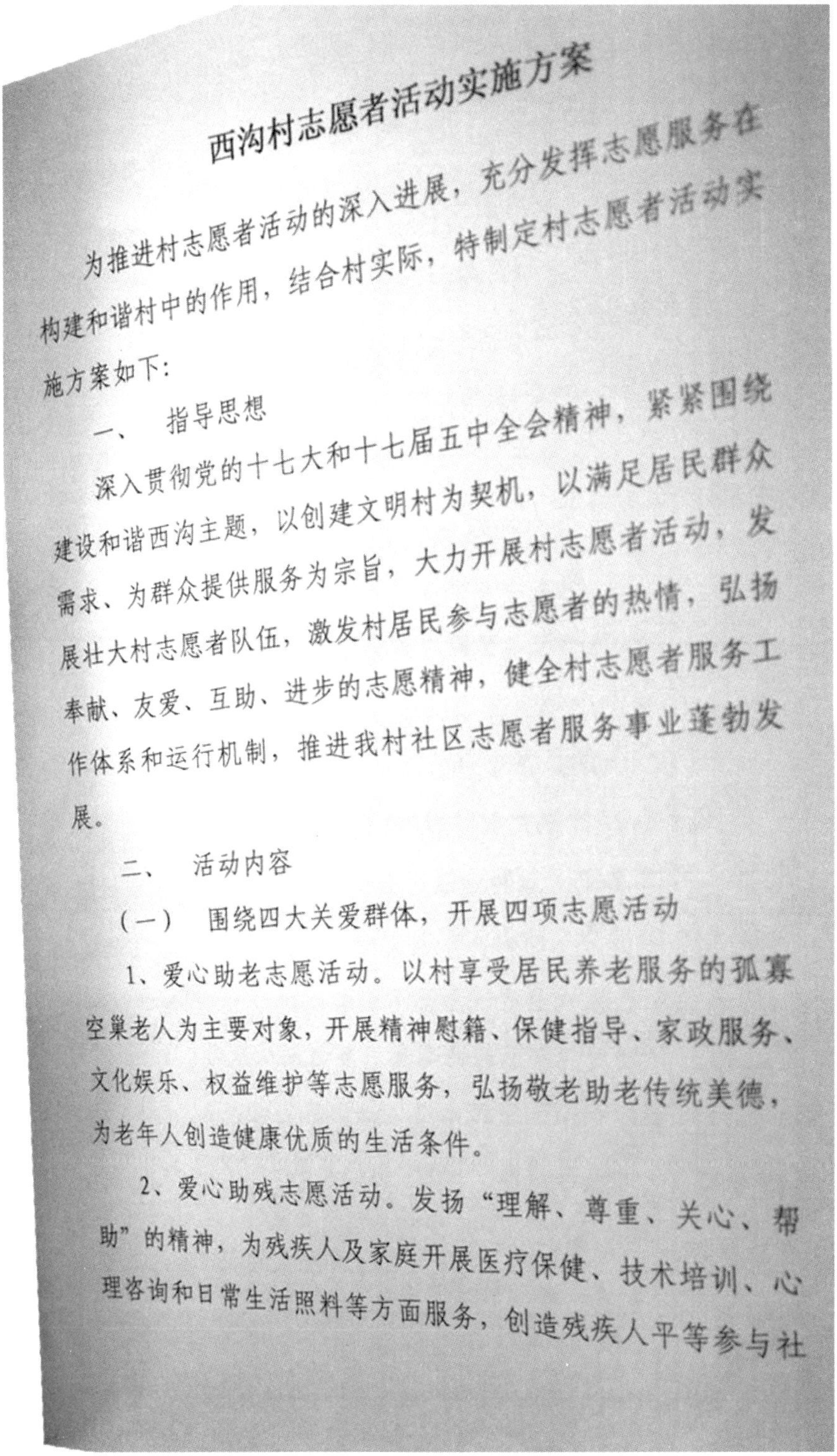

西沟村志愿者活动实施方案

为推进村志愿者活动的深入进展，充分发挥志愿服务在构建和谐村中的作用，结合村实际，特制定村志愿者活动实施方案如下：

一、 指导思想

深入贯彻党的十七大和十七届五中全会精神，紧紧围绕建设和谐西沟主题，以创建文明村为契机，以满足居民群众需求、为群众提供服务为宗旨，大力开展村志愿者活动，发展壮大村志愿者队伍，激发村居民参与志愿者的热情，弘扬奉献、友爱、互助、进步的志愿精神，健全村志愿者服务工作体系和运行机制，推进我村社区志愿者服务事业蓬勃发展。

二、 活动内容

（一） 围绕四大关爱群体，开展四项志愿活动

1、爱心助老志愿活动。以村享受居民养老服务的孤寡空巢老人为主要对象，开展精神慰籍、保健指导、家政服务、文化娱乐、权益维护等志愿服务，弘扬敬老助老传统美德，为老年人创造健康优质的生活条件。

2、爱心助残志愿活动。发扬“理解、尊重、关心、帮助”的精神，为残疾人及家庭开展医疗保健、技术培训、心理咨询和日常生活照料等方面服务，创造残疾人平等参与社

图9-1-2-1　西沟村自愿者活动实施方案第一张

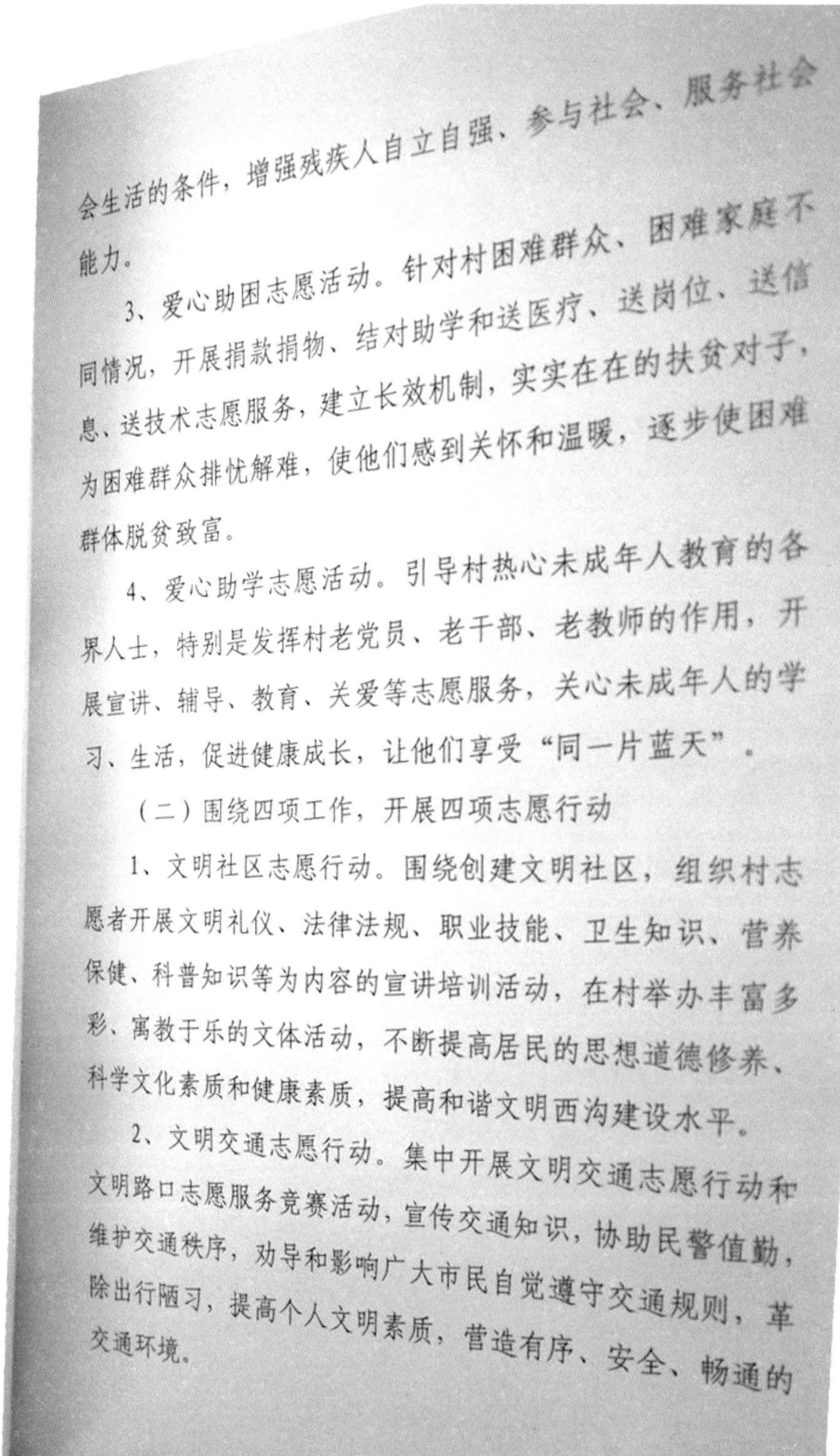

会生活的条件，增强残疾人自立自强、参与社会、服务社会能力。

3、爱心助困志愿活动。针对村困难群众、困难家庭不同情况，开展捐款捐物、结对助学和送医疗、送岗位、送信息、送技术志愿服务，建立长效机制，实实在在的扶贫对子，为困难群众排忧解难，使他们感到关怀和温暖，逐步使困难群体脱贫致富。

4、爱心助学志愿活动。引导村热心未成年人教育的各界人士，特别是发挥村老党员、老干部、老教师的作用，开展宣讲、辅导、教育、关爱等志愿服务，关心未成年人的学习、生活，促进健康成长，让他们享受“同一片蓝天”。

（二）围绕四项工作，开展四项志愿行动

1、文明社区志愿行动。围绕创建文明社区，组织村志愿者开展文明礼仪、法律法规、职业技能、卫生知识、营养保健、科普知识等为内容的宣讲培训活动，在村举办丰富多彩、寓教于乐的文体活动，不断提高居民的思想道德修养、科学文化素质和健康素质，提高和谐文明西沟建设水平。

2、文明交通志愿行动。集中开展文明交通志愿行动和文明路口志愿服务竞赛活动，宣传交通知识，协助民警值勤，维护交通秩序，劝导和影响广大市民自觉遵守交通规则，革除出行陋习，提高个人文明素质，营造有序、安全、畅通的交通环境。

图9-1-2-2　西沟村自愿者活动实施方案第二张

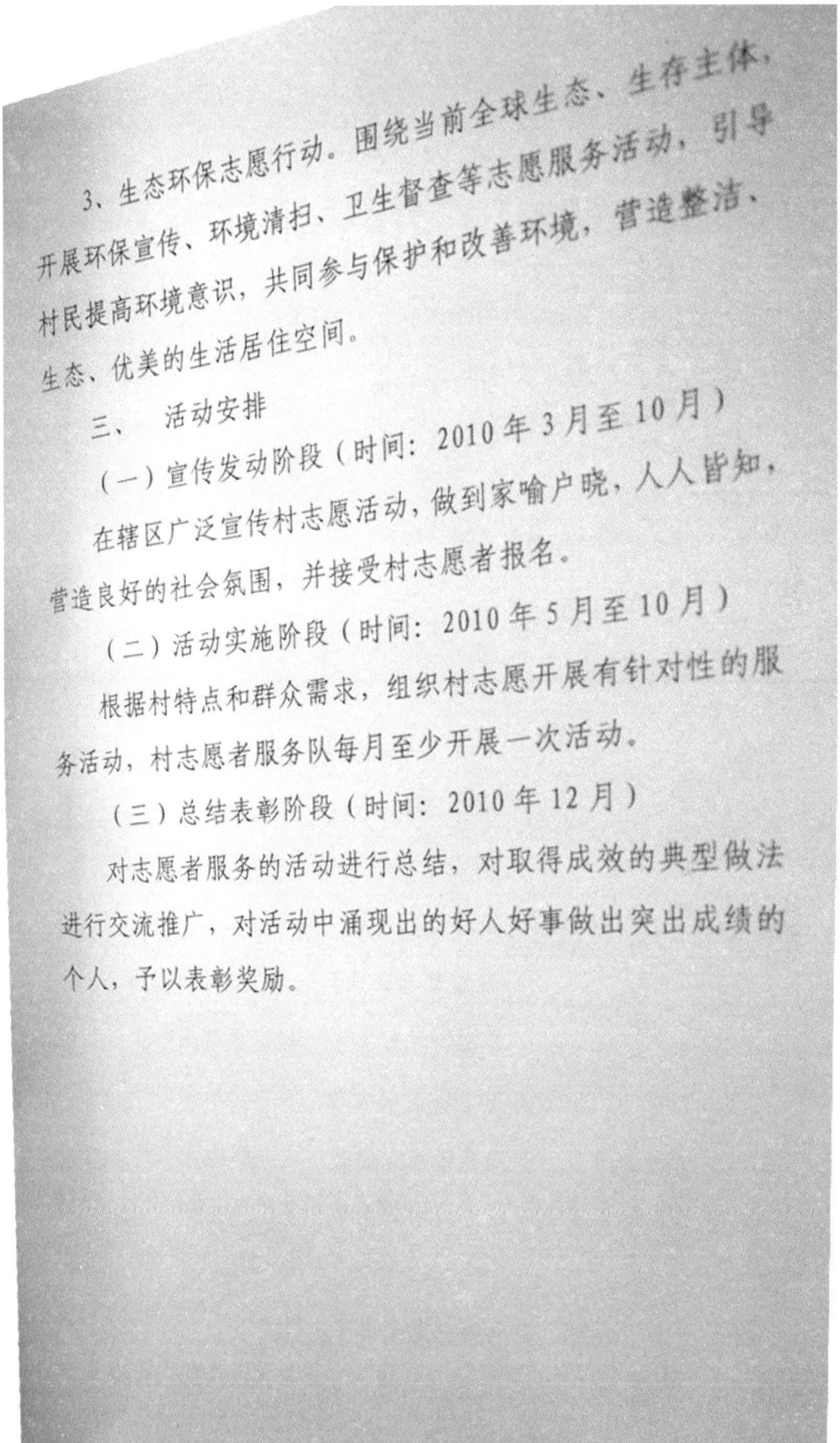

3、生态环保志愿行动。围绕当前全球生态、生存主体，开展环保宣传、环境清扫、卫生督查等志愿服务活动，引导村民提高环境意识，共同参与保护和改善环境，营造整洁、生态、优美的生活居住空间。

三、　活动安排

（一）宣传发动阶段（时间：2010年3月至10月）

在辖区广泛宣传村志愿活动，做到家喻户晓，人人皆知，营造良好的社会氛围，并接受村志愿者报名。

（二）活动实施阶段（时间：2010年5月至10月）

根据村特点和群众需求，组织村志愿开展有针对性的服务活动，村志愿者服务队每月至少开展一次活动。

（三）总结表彰阶段（时间：2010年12月）

对志愿者服务的活动进行总结，对取得成效的典型做法进行交流推广，对活动中涌现出的好人好事做出突出成绩的个人，予以表彰奖励。

图9-1-2-3　西沟村自愿者活动实施方案第三张

3. 西沟村争创十星级文明户评比标准

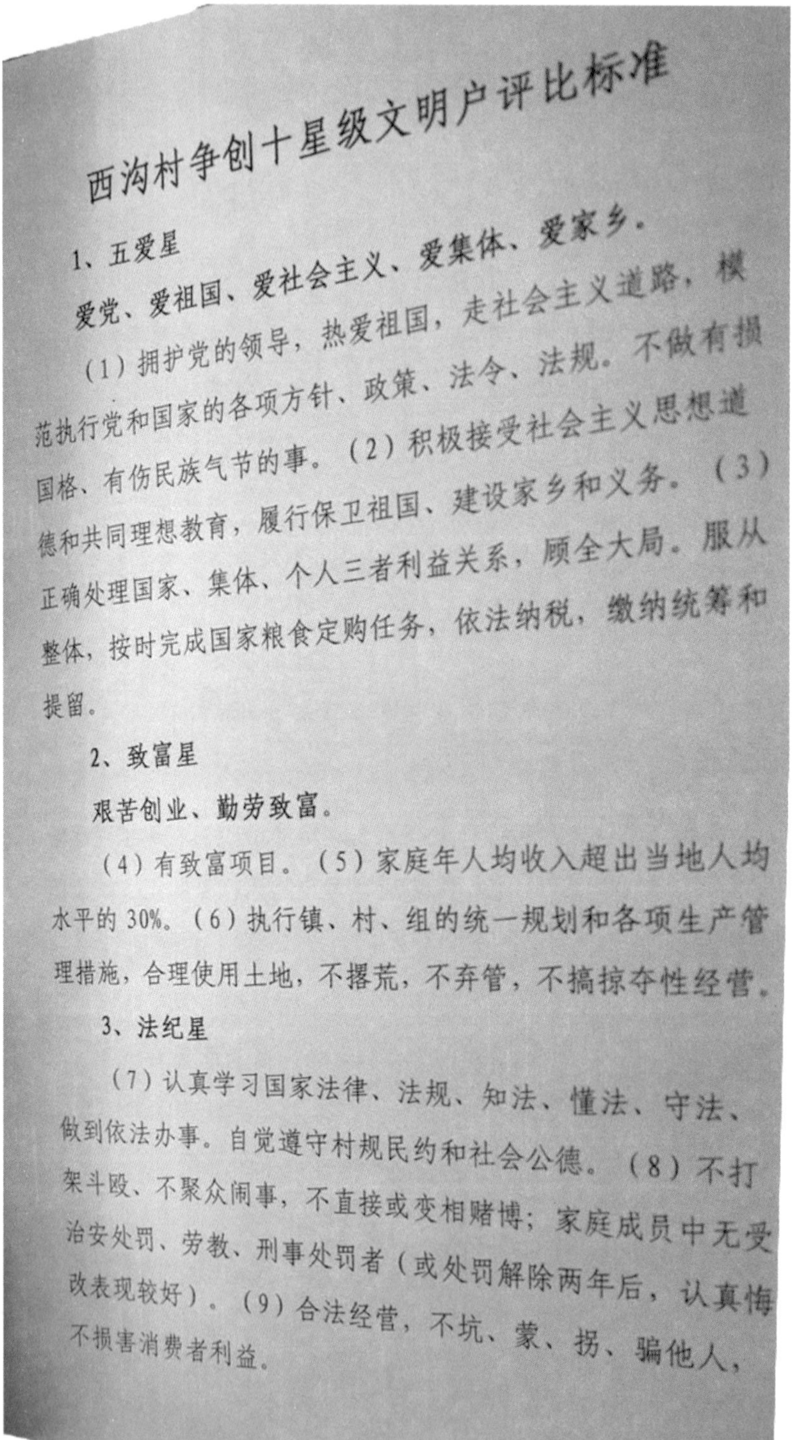

西沟村争创十星级文明户评比标准

1、五爱星

爱党、爱祖国、爱社会主义、爱集体、爱家乡。

（1）拥护党的领导，热爱祖国，走社会主义道路，模范执行党和国家的各项方针、政策、法令、法规。不做有损国格、有伤民族气节的事。（2）积极接受社会主义思想道德和共同理想教育，履行保卫祖国、建设家乡和义务。（3）正确处理国家、集体、个人三者利益关系，顾全大局。服从整体，按时完成国家粮食定购任务，依法纳税，缴纳统筹和提留。

2、致富星

艰苦创业、勤劳致富。

（4）有致富项目。（5）家庭年人均收入超出当地人均水平的30%。（6）执行镇、村、组的统一规划和各项生产管理措施，合理使用土地，不撂荒，不弃管，不搞掠夺性经营。

3、法纪星

（7）认真学习国家法律、法规、知法、懂法、守法、做到依法办事。自觉遵守村规民约和社会公德。（8）不打架斗殴、不聚众闹事，不直接或变相赌博；家庭成员中无受治安处罚、劳教、刑事处罚者（或处罚解除两年后，认真悔改表现较好）。（9）合法经营，不坑、蒙、拐、骗他人，不损害消费者利益。

图9-1-3-1　西沟村争创十星级文明户评比标准第一张

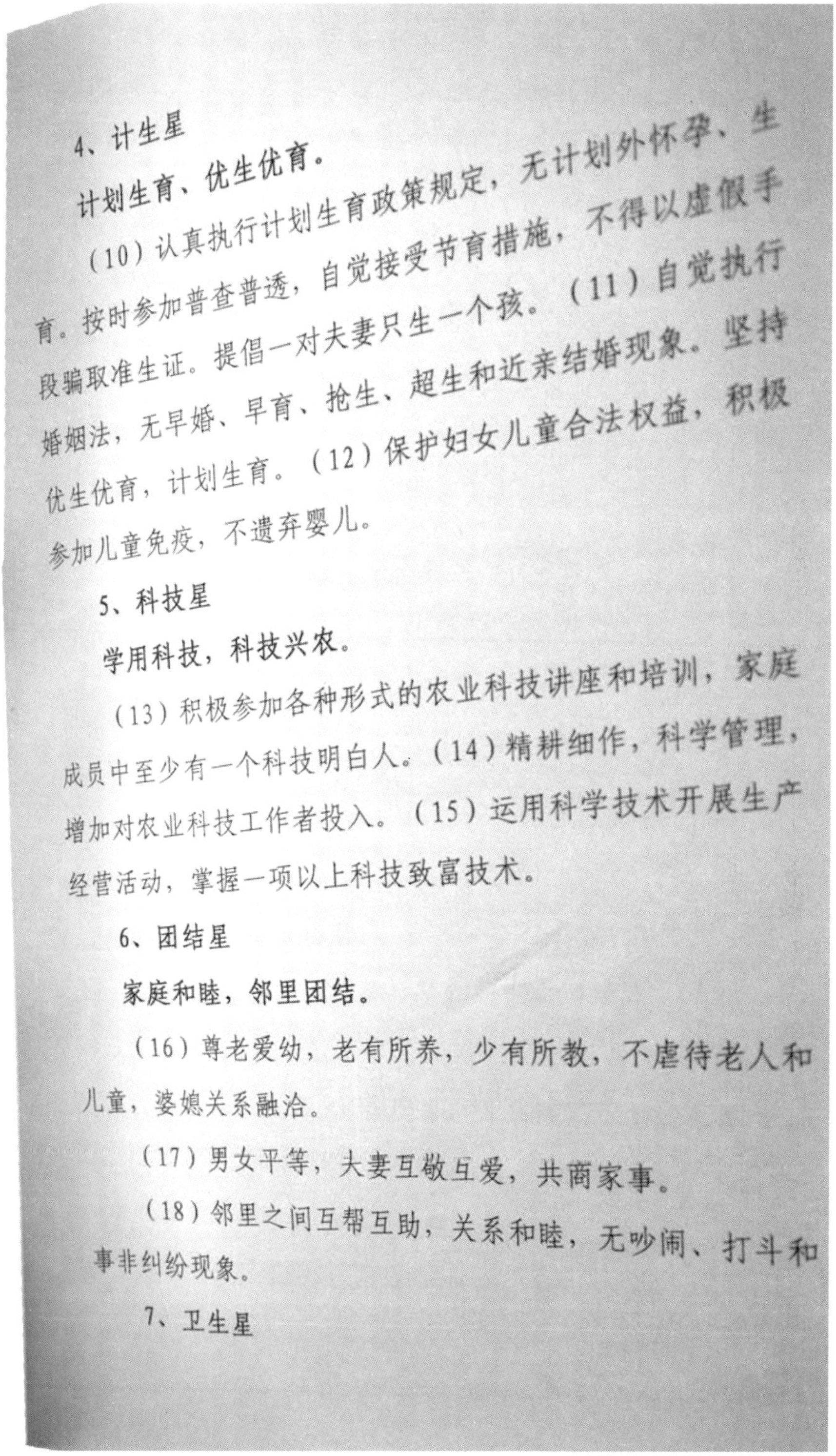

4、计生星

计划生育、优生优育。

（10）认真执行计划生育政策规定，无计划外怀孕、生育。按时参加普查普透，自觉接受节育措施，不得以虚假手段骗取准生证。提倡一对夫妻只生一个孩。（11）自觉执行婚姻法，无早婚、早育、抢生、超生和近亲结婚现象。坚持优生优育，计划生育。（12）保护妇女儿童合法权益，积极参加儿童免疫，不遗弃婴儿。

5、科技星

学用科技，科技兴农。

（13）积极参加各种形式的农业科技讲座和培训，家庭成员中至少有一个科技明白人。（14）精耕细作，科学管理，增加对农业科技工作者投入。（15）运用科学技术开展生产经营活动，掌握一项以上科技致富技术。

6、团结星

家庭和睦，邻里团结。

（16）尊老爱幼，老有所养，少有所教，不虐待老人和儿童，婆媳关系融洽。

（17）男女平等，夫妻互敬互爱，共商家事。

（18）邻里之间互帮互助，关系和睦，无吵闹、打斗和事非纠纷现象。

7、卫生星

图9-1-3-2　西沟村争创十星级文明户评比标准第二张

讲究卫生，环境整洁。

（19）自觉除害防病，讲究卫生，使用卫生厕所。有良好的卫生习惯。（20）室内处保持整洁，窗明几净，食具清洁，衣服被褥常洗常晒，物品摆放整齐有序。（21）住宅及其它建筑符合镇、村规划及有关规定，无抢占、乱占、多占宅基地现象。畜禽圈养，柴草粪肥不乱堆乱放。

8、文教星

重视文教，崇尚文明。

（22）尊师重教，配合学校教育好子女。适龄儿童要完成九年义务教育，不中途辍学。50岁以下家庭成员中无文盲。（23）文明礼貌，品德端正，积极参加文明健康的文体活动，不做伤风败俗之事。（24）有收音机或电视机，至少订阅一份报纸或杂志。

9、新风星

移风易俗，勤俭持家。

（25）相信科学，不参与并自觉抵制封建迷信活动、封建宗族活动和非法宗教活动。

（26）喜事新办，丧事简办，开展健康不益的家庭文化娱乐活动，不搞低级趣味，不吸毒、不扎毒或贩毒，不制黄、贩黄或搞色情活动，不看不听黄色、淫秽制品。

（27）不好吃懒做，不游手好闲，厉行节约，量入为出。

10、义务星

图9-1-3-3　西沟村争创十星级文明户评比标准第三张

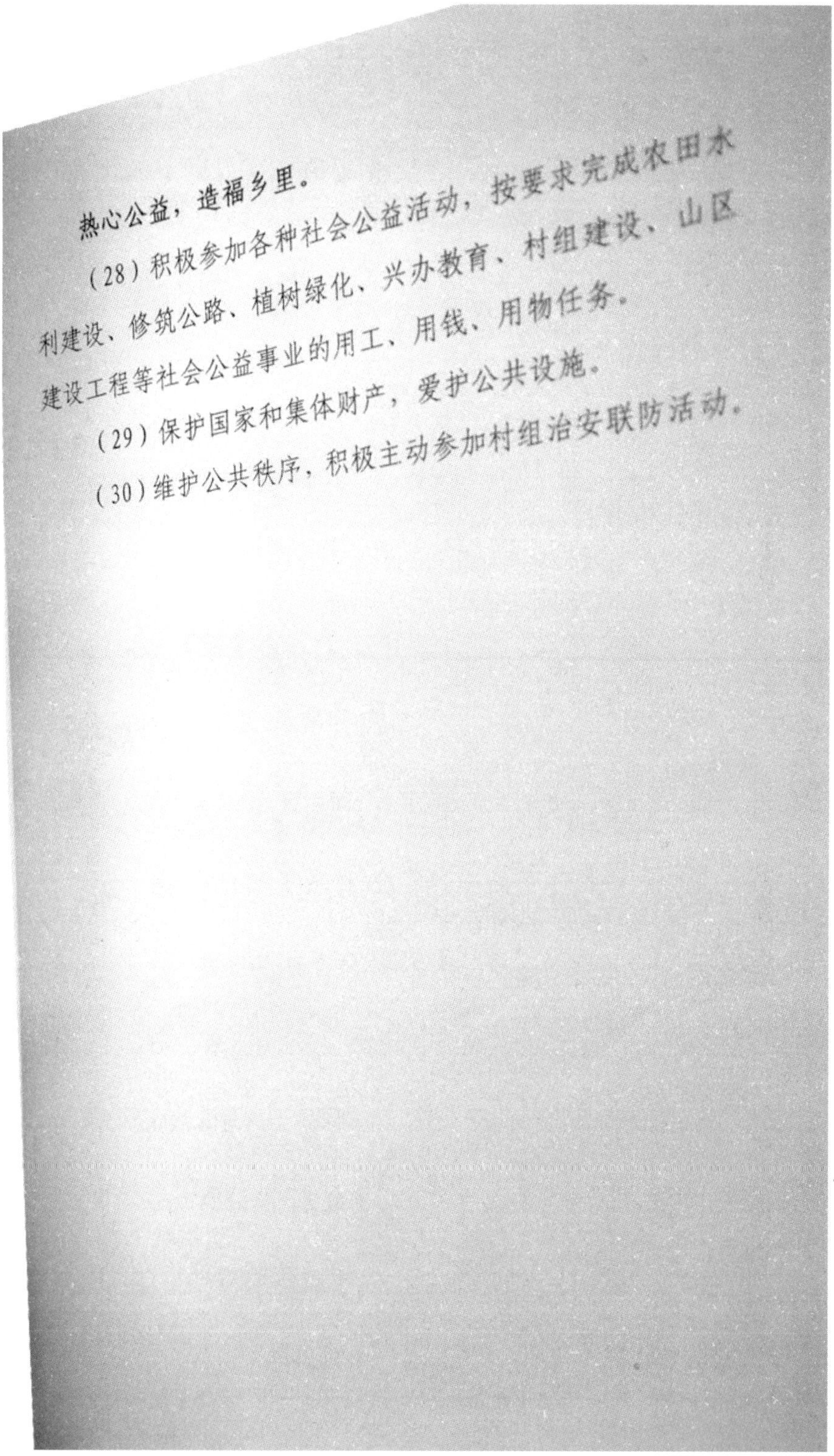

热心公益，造福乡里。

（28）积极参加各种社会公益活动，按要求完成农田水利建设、修筑公路、植树绿化、兴办教育、村组建设、山区建设工程等社会公益事业的用工、用钱、用物任务。

（29）保护国家和集体财产，爱护公共设施。

（30）维护公共秩序，积极主动参加村组治安联防活动。

图9-1-3-4　西沟村争创十星级文明户评比标准第四张

4. 西沟村文明家庭评选细则

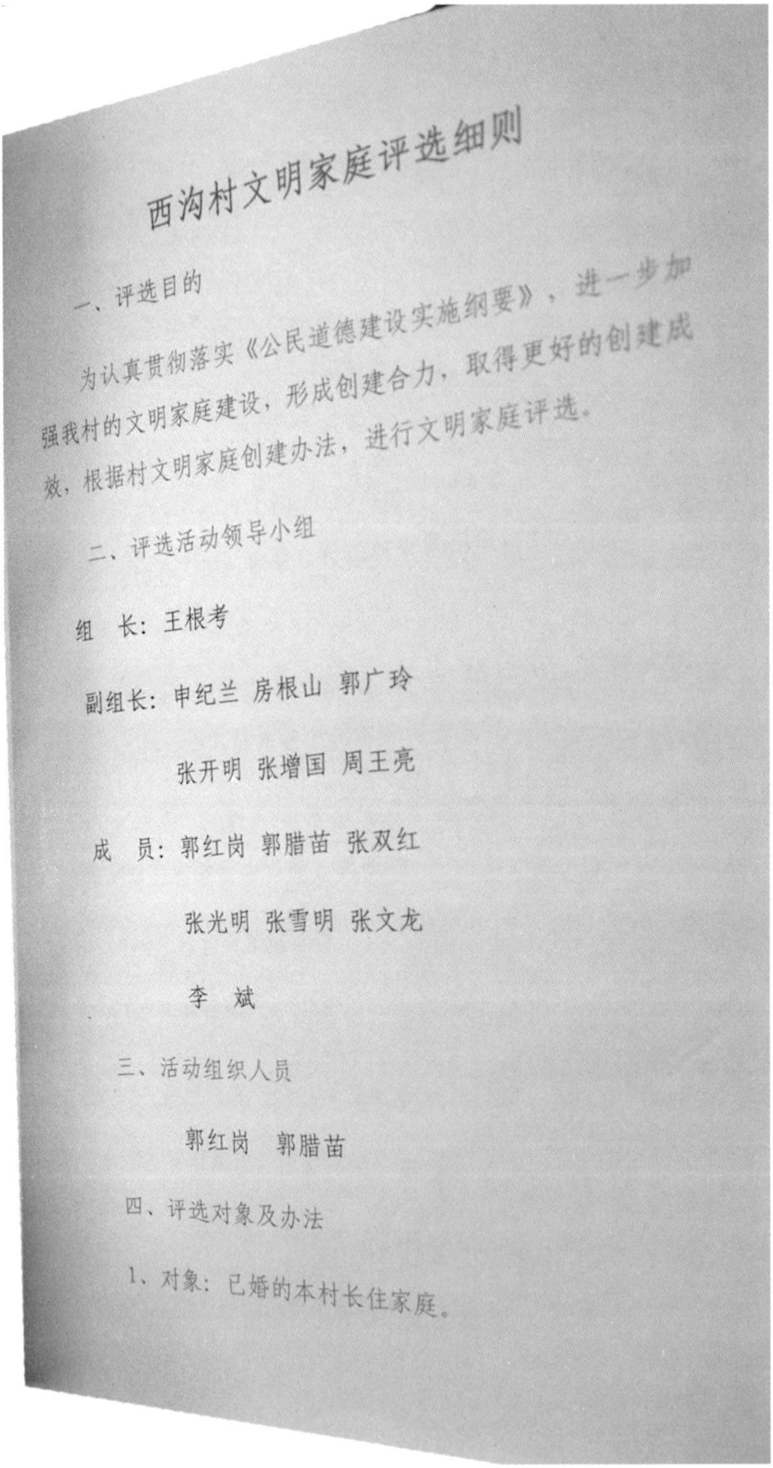

西沟村文明家庭评选细则

一、评选目的

为认真贯彻落实《公民道德建设实施纲要》，进一步加强我村的文明家庭建设，形成创建合力，取得更好的创建成效，根据村文明家庭创建办法，进行文明家庭评选。

二、评选活动领导小组

组　长：王根考

副组长：申纪兰　房根山　郭广玲

张开明　张增国　周王亮

成　员：郭红岗　郭腊苗　张双红

张光明　张雪明　张文龙

李　斌

三、活动组织人员

郭红岗　郭腊苗

四、评选对象及办法

1、对象：已婚的本村长住家庭。

图9-1-4-1　西沟村文明家庭评选细则第一张

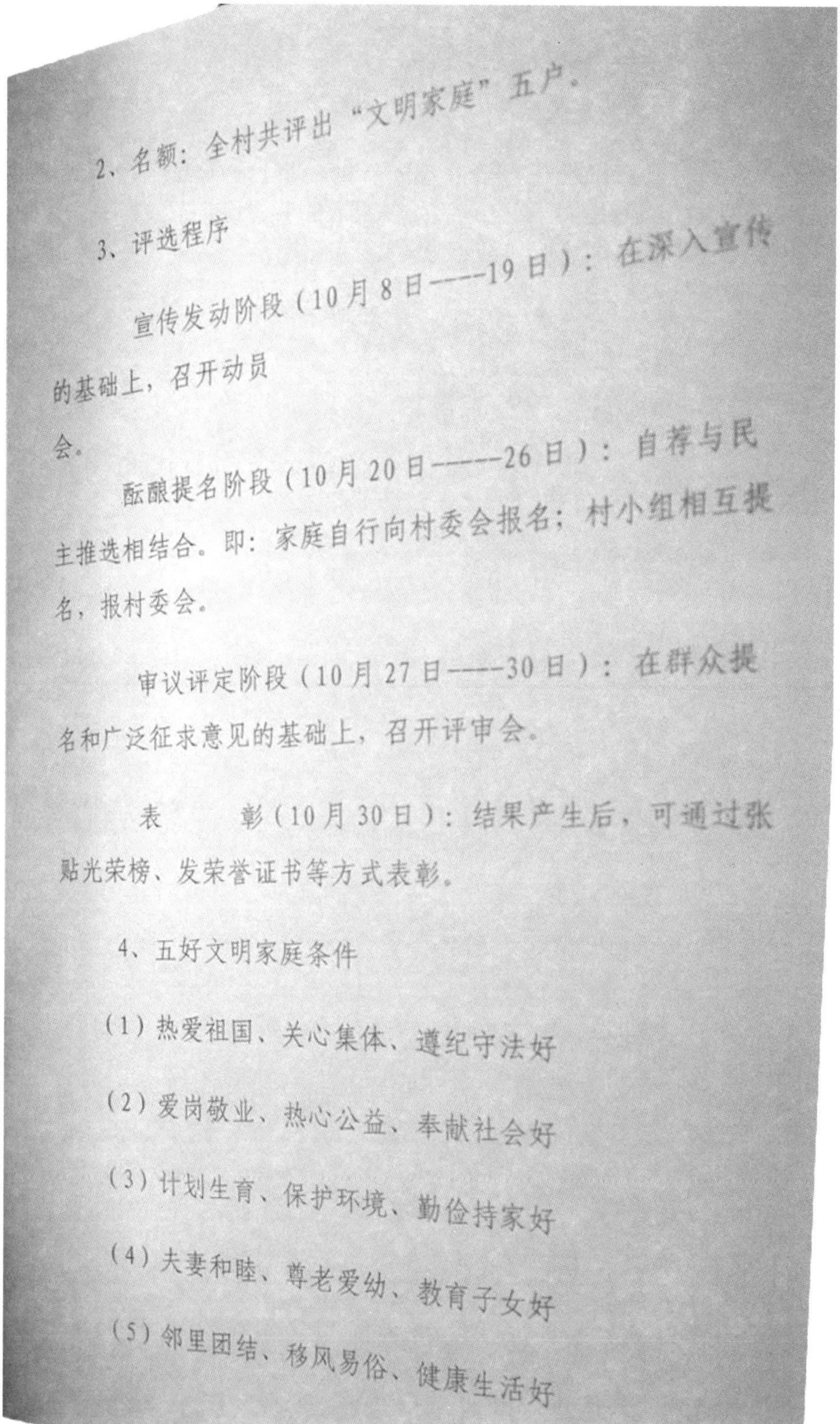

2、名额：全村共评出“文明家庭”五户。

3、评选程序

宣传发动阶段（10月8日——19日）：在深入宣传的基础上，召开动员会。

酝酿提名阶段（10月20日———26日）：自荐与民主推选相结合。即：家庭自行向村委会报名；村小组相互提名，报村委会。

审议评定阶段（10月27日——30日）：在群众提名和广泛征求意见的基础上，召开评审会。

表　　彰（10月30日）：结果产生后，可通过张贴光荣榜、发荣誉证书等方式表彰。

4、五好文明家庭条件

（1）热爱祖国、关心集体、遵纪守法好

（2）爱岗敬业、热心公益、奉献社会好

（3）计划生育、保护环境、勤俭持家好

（4）夫妻和睦、尊老爱幼、教育子女好

（5）邻里团结、移风易俗、健康生活好

图9-1-4-2　西沟村文明家庭评选细则第二张

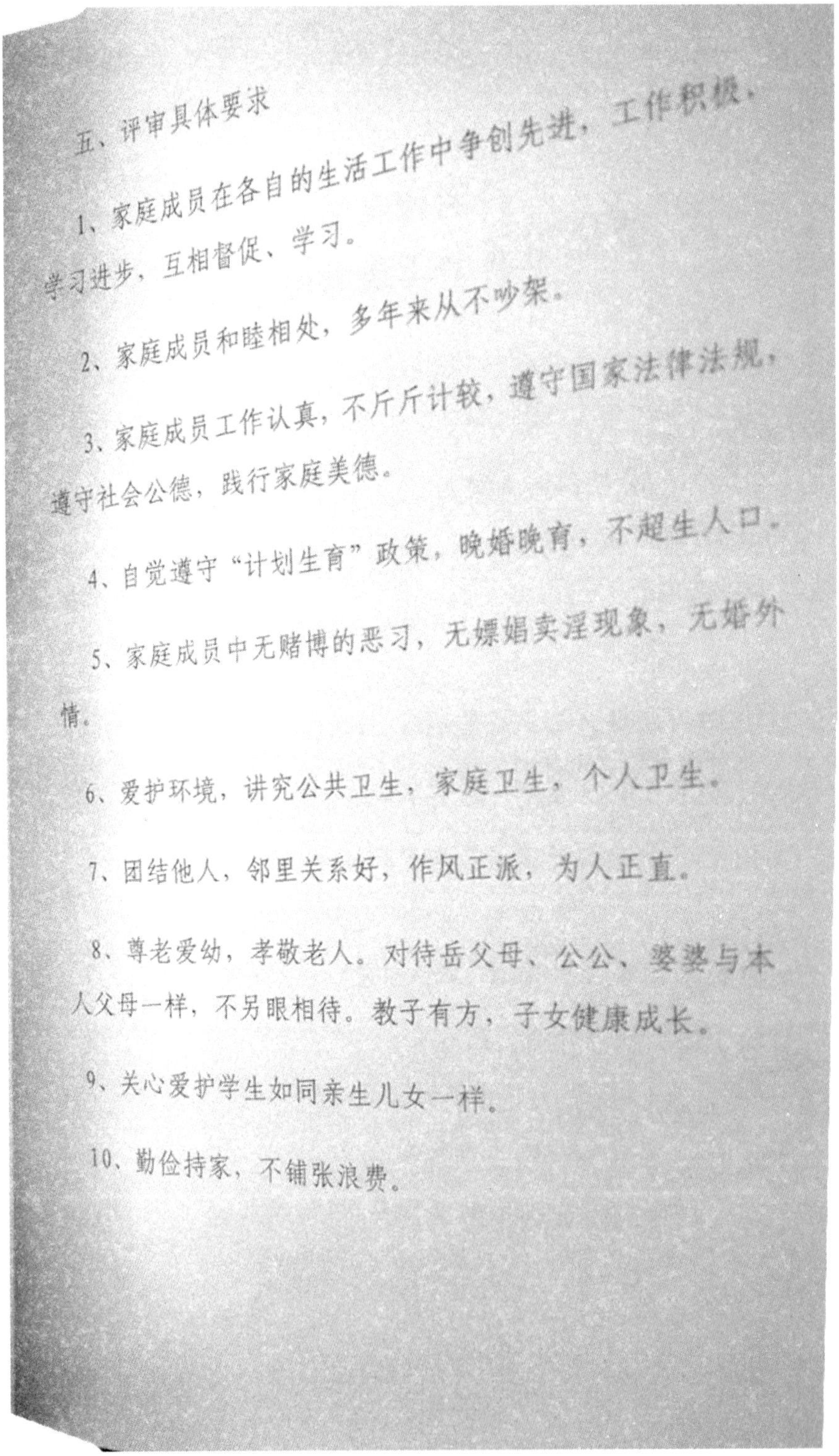

五、评审具体要求

1、家庭成员在各自的生活工作中争创先进，工作积极，学习进步，互相督促、学习。

2、家庭成员和睦相处，多年来从不吵架。

3、家庭成员工作认真，不斤斤计较，遵守国家法律法规，遵守社会公德，践行家庭美德。

4、自觉遵守“计划生育”政策，晚婚晚育，不超生人口。

5、家庭成员中无赌博的恶习，无嫖娼卖淫现象，无婚外情。

6、爱护环境，讲究公共卫生，家庭卫生，个人卫生。

7、团结他人，邻里关系好，作风正派，为人正直。

8、尊老爱幼，孝敬老人。对待岳父母、公公、婆婆与本人父母一样，不另眼相待。教子有方，子女健康成长。

9、关心爱护学生如同亲生儿女一样。

10、勤俭持家，不铺张浪费。

图9-1-4-3　西沟村文明家庭评选细则第三张

5. 西沟村精神文明创建五年规划

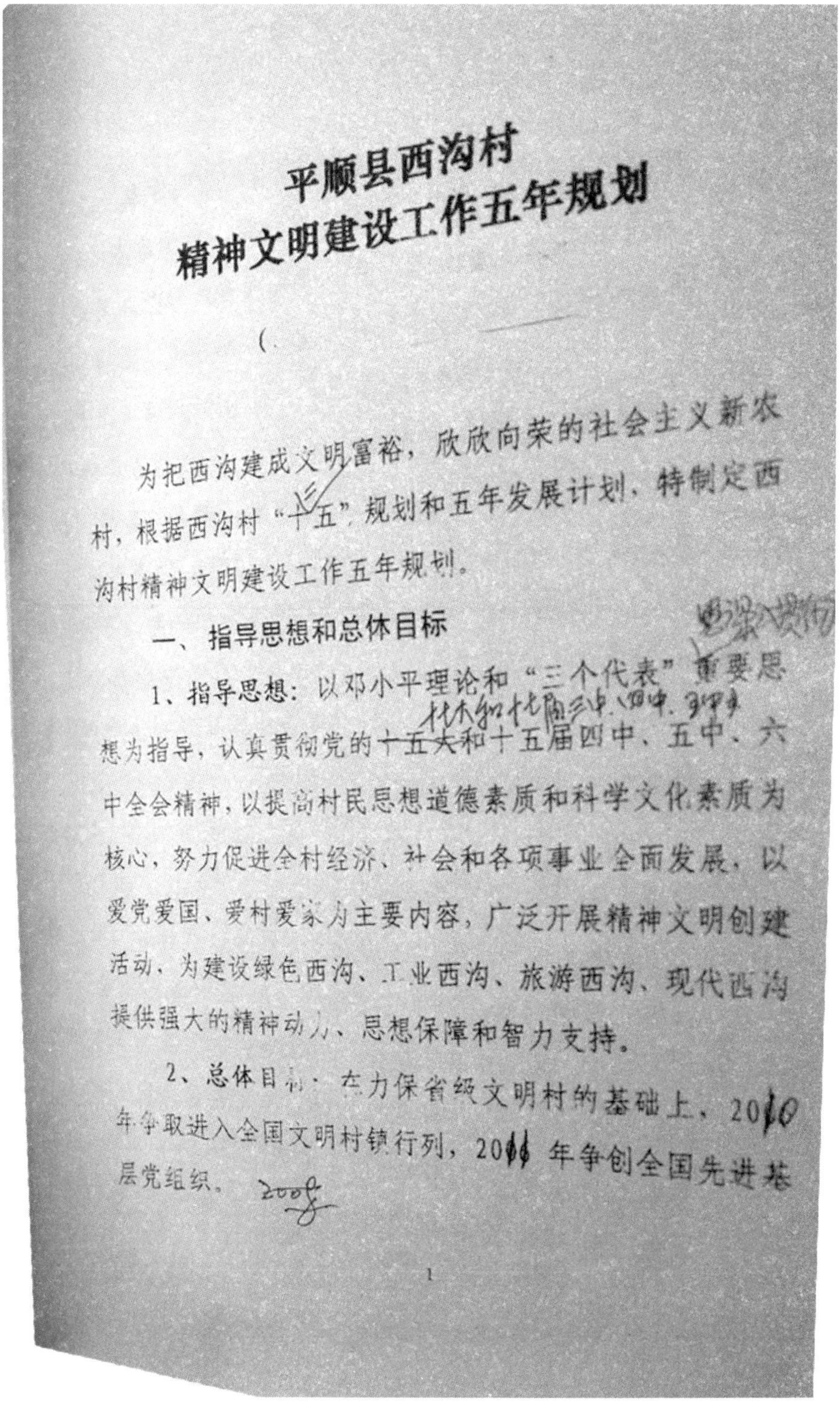

平顺县西沟村
精神文明建设工作五年规划

为把西沟建成文明富裕，欣欣向荣的社会主义新农村，根据西沟村“十五”规划和五年发展计划，特制定西沟村精神文明建设工作五年规划。

一、指导思想和总体目标

1、指导思想：以邓小平理论和“三个代表”重要思想为指导，认真贯彻党的十五大和十五届四中、五中、六中全会精神，以提高村民思想道德素质和科学文化素质为核心，努力促进全村经济、社会和各项事业全面发展，以爱党爱国、爱村爱家为主要内容，广泛开展精神文明创建活动，为建设绿色西沟、工业西沟、旅游西沟、现代西沟提供强大的精神动力、思想保障和智力支持。

2、总体目标：在力保省级文明村的基础上，2010年争取进入全国文明村镇行列，2011年争创全国先进基层党组织。

1

图9-1-5-1　西沟村精神文明创建五年规划第一张

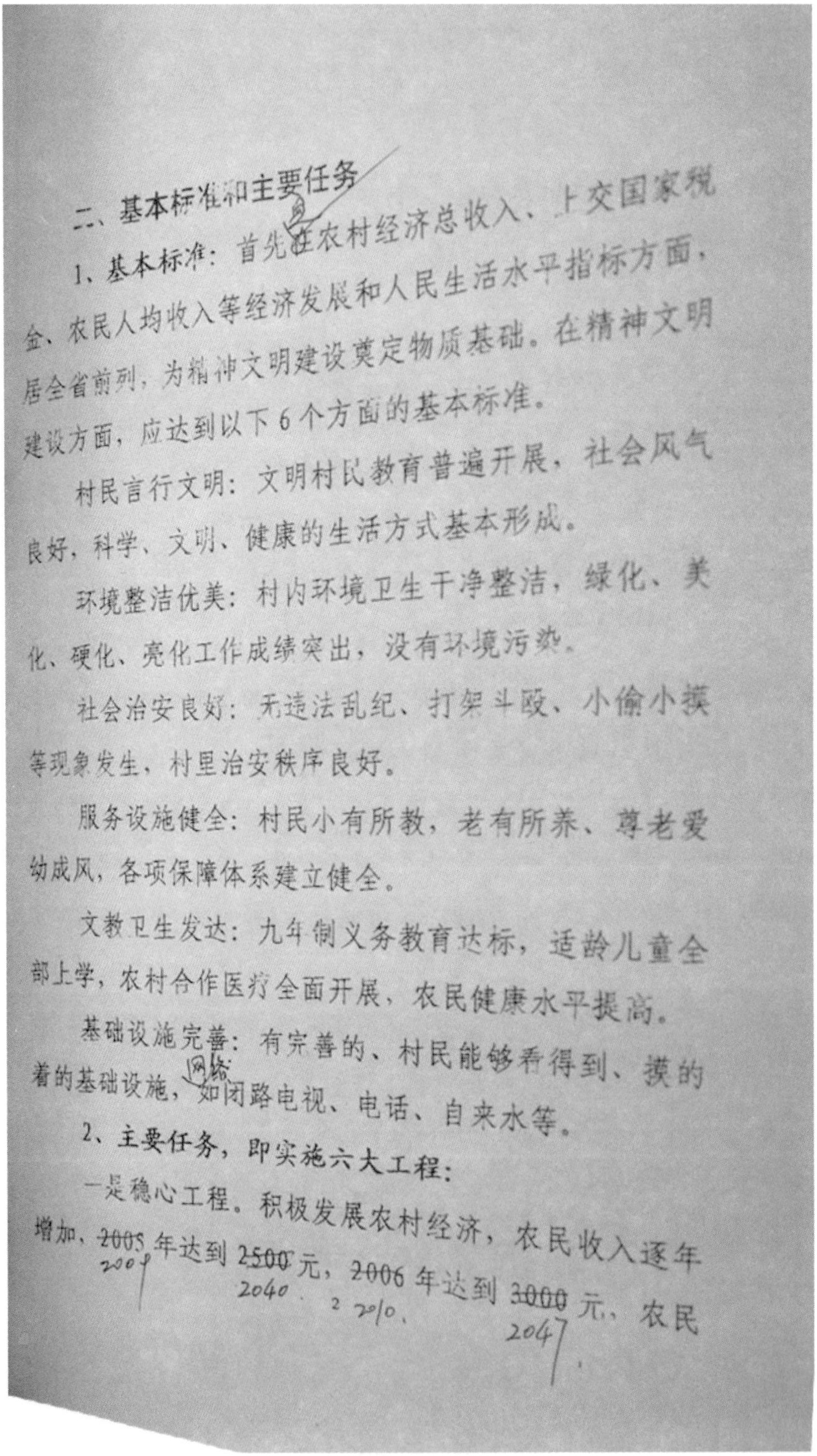

二、基本标准和主要任务

1、基本标准：首先在农村经济总收入、上交国家税金、农民人均收入等经济发展和人民生活水平指标方面，居全省前列，为精神文明建设奠定物质基础。在精神文明建设方面，应达到以下6个方面的基本标准。

村民言行文明：文明村民教育普遍开展，社会风气良好，科学、文明、健康的生活方式基本形成。

环境整洁优美：村内环境卫生干净整洁，绿化、美化、硬化、亮化工作成绩突出，没有环境污染。

社会治安良好：无违法乱纪、打架斗殴、小偷小摸等现象发生，村里治安秩序良好。

服务设施健全：村民小有所教，老有所养、尊老爱幼成风，各项保障体系建立健全。

文教卫生发达：九年制义务教育达标，适龄儿童全部上学，农村合作医疗全面开展，农民健康水平提高。

基础设施完善：有完善的、村民能够看得到、摸的着的基础设施，网络如闭路电视、电话、自来水等。

2、主要任务，即实施六大工程：

一是稳心工程。积极发展农村经济，农民收入逐年增加，2005年达到2500元，2006年达到3000元、农民

图9-1-5-2　西沟村精神文明创建五年规划第二张

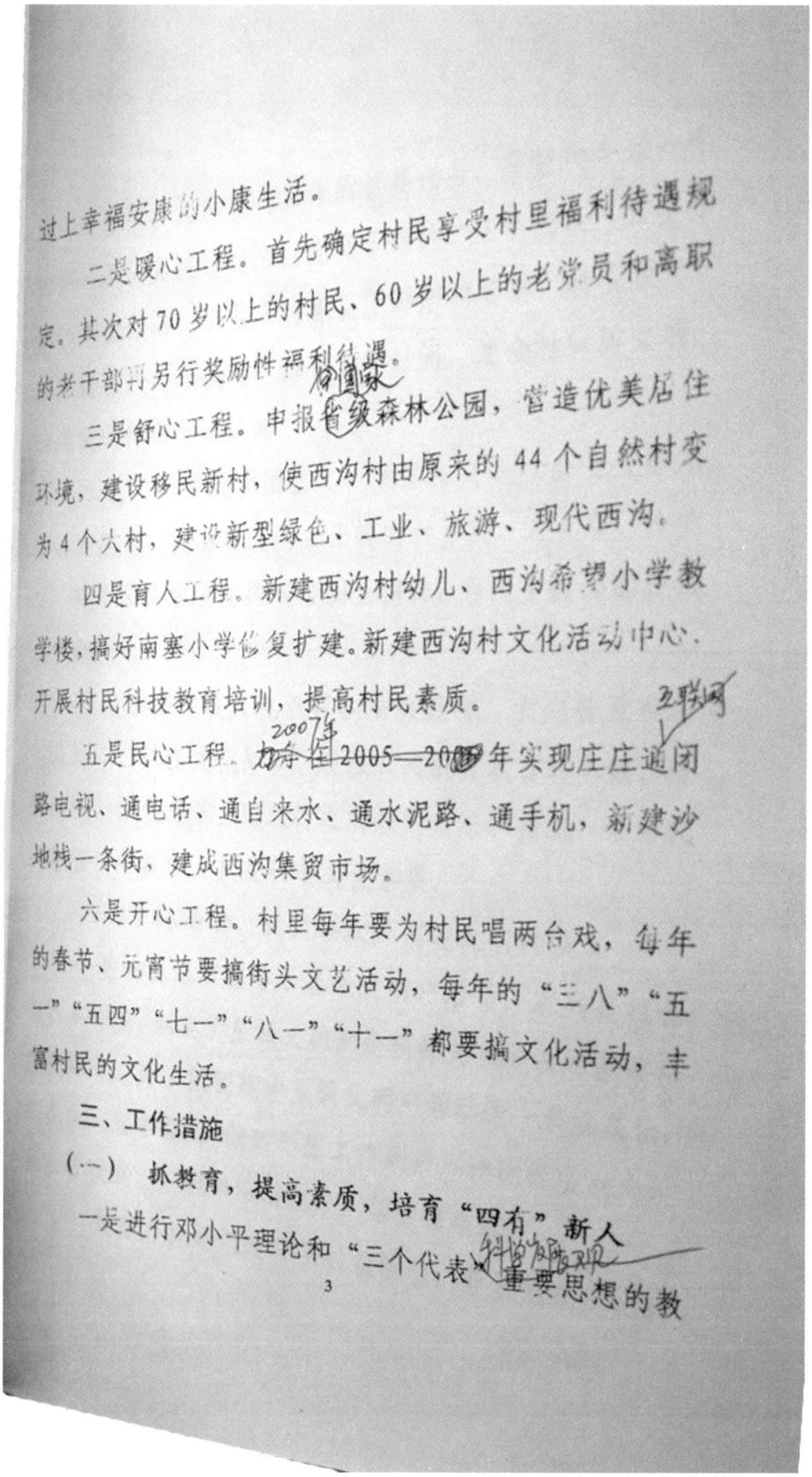

过上幸福安康的小康生活。

二是暖心工程。首先确定村民享受村里福利待遇规定。其次对70岁以上的村民、60岁以上的老党员和高职的老干部再另行奖励性福利待遇。

三是舒心工程。申报省级森林公园，营造优美居住环境，建设移民新村，使西沟村由原来的44个自然村变为4个大村，建设新型绿色、工业、旅游、现代西沟。

四是育人工程。新建西沟村幼儿、西沟希望小学教学楼，搞好南寨小学修复扩建。新建西沟村文化活动中心，开展村民科技教育培训，提高村民素质。

五是民心工程。力争在2005—2008年实现庄庄通闭路电视、通电话、通自来水、通水泥路、通手机，新建沙地栈一条街，建成西沟集贸市场。

六是开心工程。村里每年要为村民唱两台戏，每年的春节、元宵节要搞街头文艺活动，每年的“三八”“五一”“五四”“七一”“八一”“十一”都要搞文化活动，丰富村民的文化生活。

三、工作措施

（一）抓教育，提高素质，培育“四有”新人

一是进行邓小平理论和“三个代表”重要思想的教

3

图9-1-5-3　西沟村精神文明创建五年规划第三张

育。这是精神文明建设工作的首要任务。当前和今后一个时期，要认真抓好对全村党员干部的“三个代表”重要思想的学教活动。引导农村党员干部解放思想，转变观念，开拓进取，与时俱时。力争五年时间，使全村物质文明、精神文明得到全面提高。

二是广泛开展爱国主义、集体主义、社会主义和艰苦创业教育。帮助农民树立正确的世界观、人生观、价值观，引导农民继续发扬艰苦创业精神，为改变西沟面貌做出贡献。

三是加强科技文化教育和法制教育。大力普及市场经济知识、科技文化知识，增强农民脱贫致富的本领。增强村民的法制意识。要取行之有效的方法和措施，帮助农民掌握科学技术，提高科学文化素质。

（二）抓活动，吸引群众，创建文明村镇

一是认真组织创建十星级文明户活动。家庭是社会的基本细胞，创建十星级文明户是精神文明建设的基础和主要环节。为了把创建十星级文明户活动进一步规范化、制度化、经常化，。做到思想工作到户，评比标准到户，民主评议到户，组织活动到户，帮教措施到户。

二是努力抓好创建文明村镇活动。开展创建文明村

4

图9-1-5-4　西沟村精神文明创建五年规划第四张

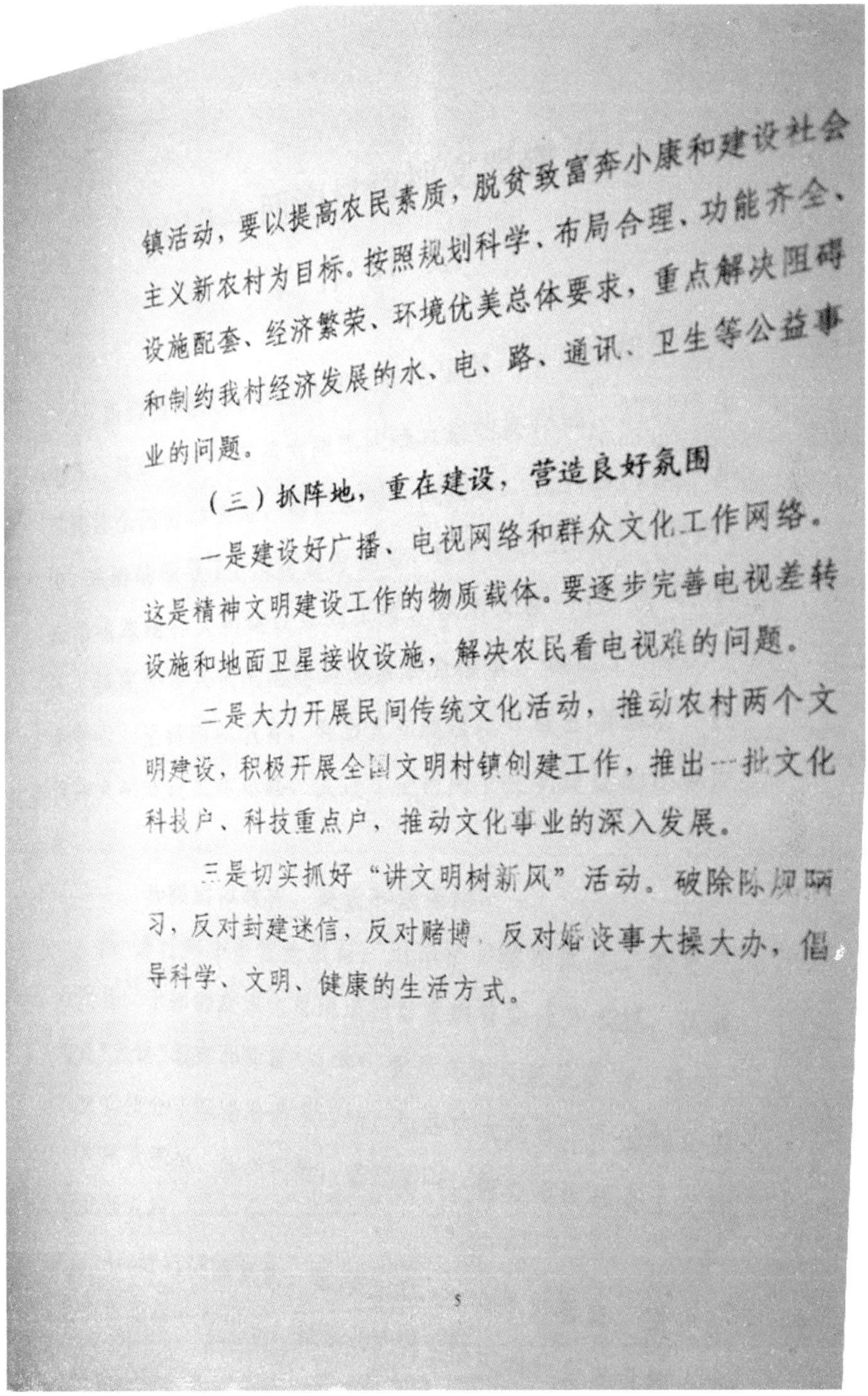

镇活动，要以提高农民素质，脱贫致富奔小康和建设社会主义新农村为目标。按照规划科学、布局合理、功能齐全、设施配套、经济繁荣、环境优美总体要求，重点解决阻碍和制约我村经济发展的水、电、路、通讯、卫生等公益事业的问题。

（三）抓阵地，重在建设，营造良好氛围

一是建设好广播、电视网络和群众文化工作网络。这是精神文明建设工作的物质载体。要逐步完善电视差转设施和地面卫星接收设施，解决农民看电视难的问题。

二是大力开展民间传统文化活动，推动农村两个文明建设，积极开展全国文明村镇创建工作，推出一批文化科技户、科技重点户，推动文化事业的深入发展。

三是切实抓好“讲文明树新风”活动，破除陈规陋习，反对封建迷信，反对赌博，反对婚丧事大操大办，倡导科学、文明、健康的生活方式。

5

图9-1-5-5　西沟村精神文明创建五年规划第五张

6. 2010年西沟村精神文明建设工作计划

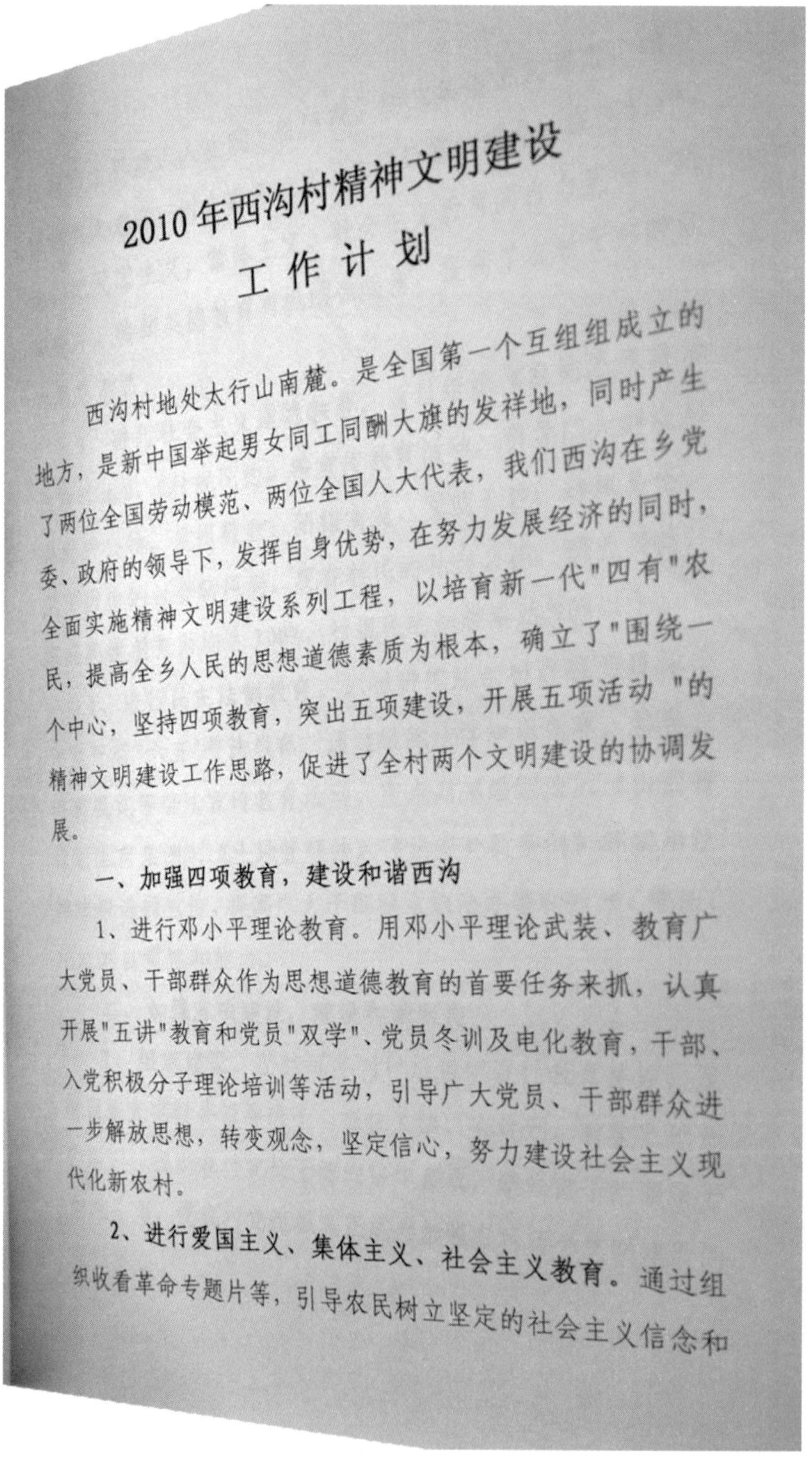

2010年西沟村精神文明建设
工 作 计 划

西沟村地处太行山南麓。是全国第一个互组组成立的地方，是新中国举起男女同工同酬大旗的发祥地，同时产生了两位全国劳动模范、两位全国人大代表，我们西沟在乡党委、政府的领导下，发挥自身优势，在努力发展经济的同时，全面实施精神文明建设系列工程，以培育新一代"四有"农民，提高全乡人民的思想道德素质为根本，确立了"围绕一个中心，坚持四项教育，突出五项建设，开展五项活动 "的精神文明建设工作思路，促进了全村两个文明建设的协调发展。

一、加强四项教育，建设和谐西沟

1、进行邓小平理论教育。用邓小平理论武装、教育广大党员、干部群众作为思想道德教育的首要任务来抓，认真开展"五讲"教育和党员"双学"、党员冬训及电化教育，干部、入党积极分子理论培训等活动，引导广大党员、干部群众进一步解放思想，转变观念，坚定信心，努力建设社会主义现代化新农村。

2、进行爱国主义、集体主义、社会主义教育。通过组织收看革命专题片等，引导农民树立坚定的社会主义信念和

图9-1-6-1　2010年西沟村精神文明建设工作计划第一张

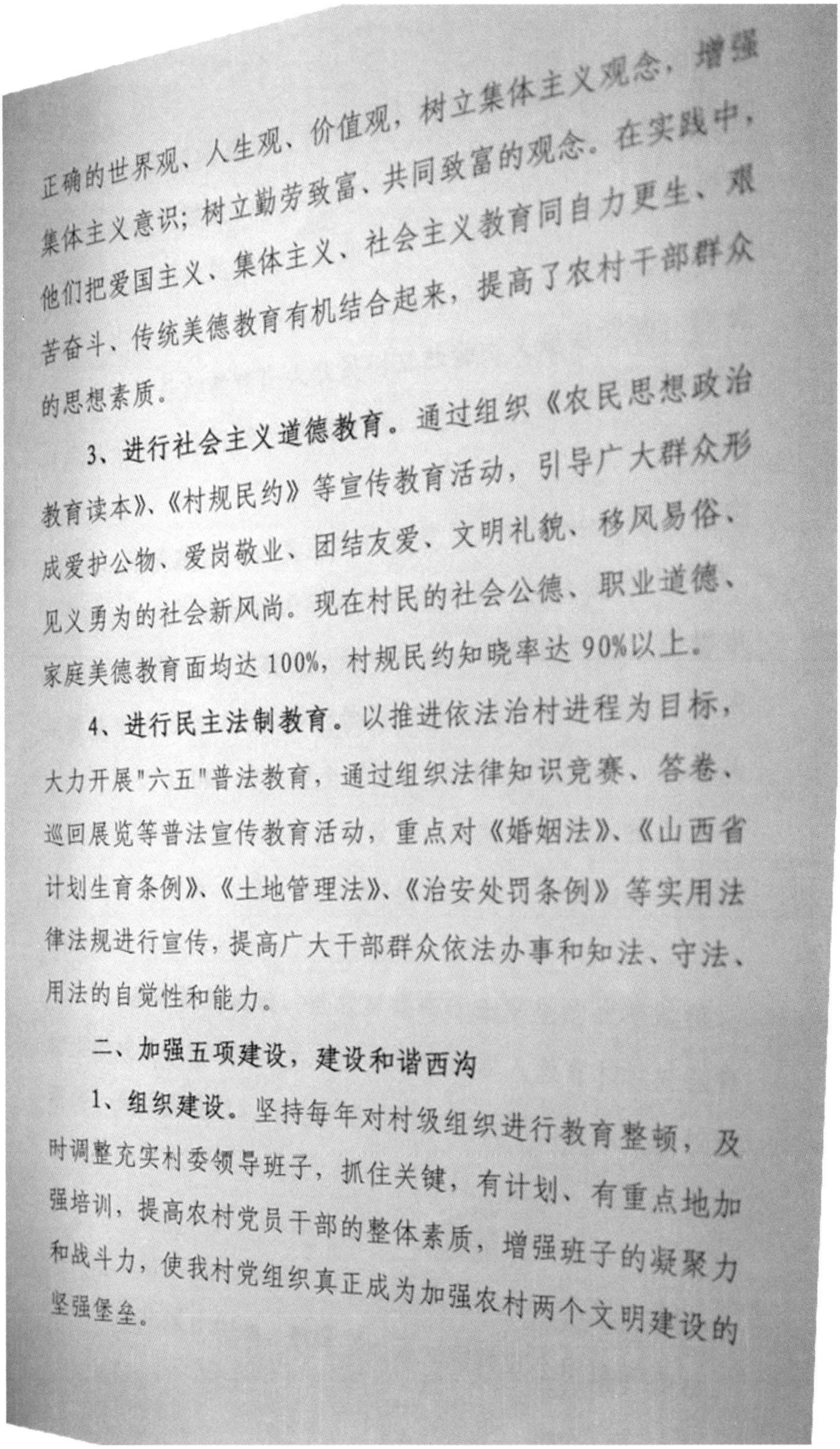

正确的世界观、人生观、价值观，树立集体主义观念，增强集体主义意识；树立勤劳致富、共同致富的观念。在实践中，他们把爱国主义、集体主义、社会主义教育同自力更生、艰苦奋斗、传统美德教育有机结合起来，提高了农村干部群众的思想素质。

3、进行社会主义道德教育。通过组织《农民思想政治教育读本》、《村规民约》等宣传教育活动，引导广大群众形成爱护公物、爱岗敬业、团结友爱、文明礼貌、移风易俗、见义勇为的社会新风尚。现在村民的社会公德、职业道德、家庭美德教育面均达100%，村规民约知晓率达90%以上。

4、进行民主法制教育。以推进依法治村进程为目标，大力开展"六五"普法教育，通过组织法律知识竞赛、答卷、巡回展览等普法宣传教育活动，重点对《婚姻法》、《山西省计划生育条例》、《土地管理法》、《治安处罚条例》等实用法律法规进行宣传，提高广大干部群众依法办事和知法、守法、用法的自觉性和能力。

二、加强五项建设，建设和谐西沟

1、组织建设。坚持每年对村级组织进行教育整顿，及时调整充实村委领导班子，抓住关键，有计划、有重点地加强培训，提高农村党员干部的整体素质，增强班子的凝聚力和战斗力，使我村党组织真正成为加强农村两个文明建设的坚强堡垒。

图9-1-6-2　2010年西沟村精神文明建设工作计划第二张

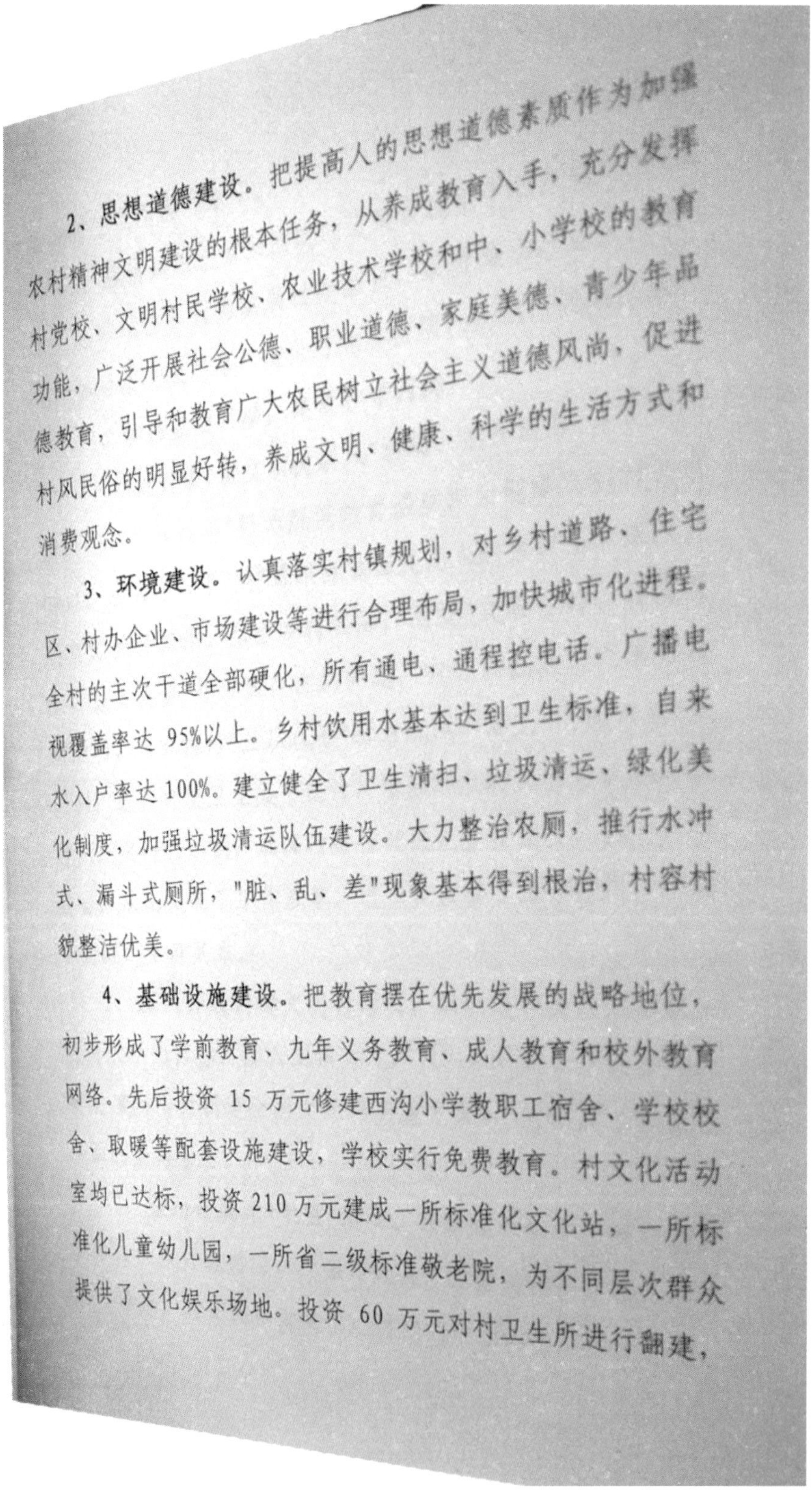

2、思想道德建设。把提高人的思想道德素质作为加强农村精神文明建设的根本任务，从养成教育入手，充分发挥村党校、文明村民学校、农业技术学校和中、小学校的教育功能，广泛开展社会公德、职业道德、家庭美德、青少年品德教育，引导和教育广大农民树立社会主义道德风尚，促进村风民俗的明显好转，养成文明、健康、科学的生活方式和消费观念。

3、环境建设。认真落实村镇规划，对乡村道路、住宅区、村办企业、市场建设等进行合理布局，加快城市化进程。全村的主次干道全部硬化，所有通电、通程控电话。广播电视覆盖率达 95%以上。乡村饮用水基本达到卫生标准，自来水入户率达 100%。建立健全了卫生清扫、垃圾清运、绿化美化制度，加强垃圾清运队伍建设。大力整治农厕，推行水冲式、漏斗式厕所，"脏、乱、差"现象基本得到根治，村容村貌整洁优美。

4、基础设施建设。把教育摆在优先发展的战略地位，初步形成了学前教育、九年义务教育、成人教育和校外教育网络。先后投资 15 万元修建西沟小学教职工宿舍、学校校舍、取暖等配套设施建设，学校实行免费教育。村文化活动室均已达标，投资 210 万元建成一所标准化文化站，一所标准化儿童幼儿园，一所省二级标准敬老院，为不同层次群众提供了文化娱乐场地。投资 60 万元对村卫生所进行翻建，

图9-1-6-3　2010年西沟村精神文明建设工作计划第三张

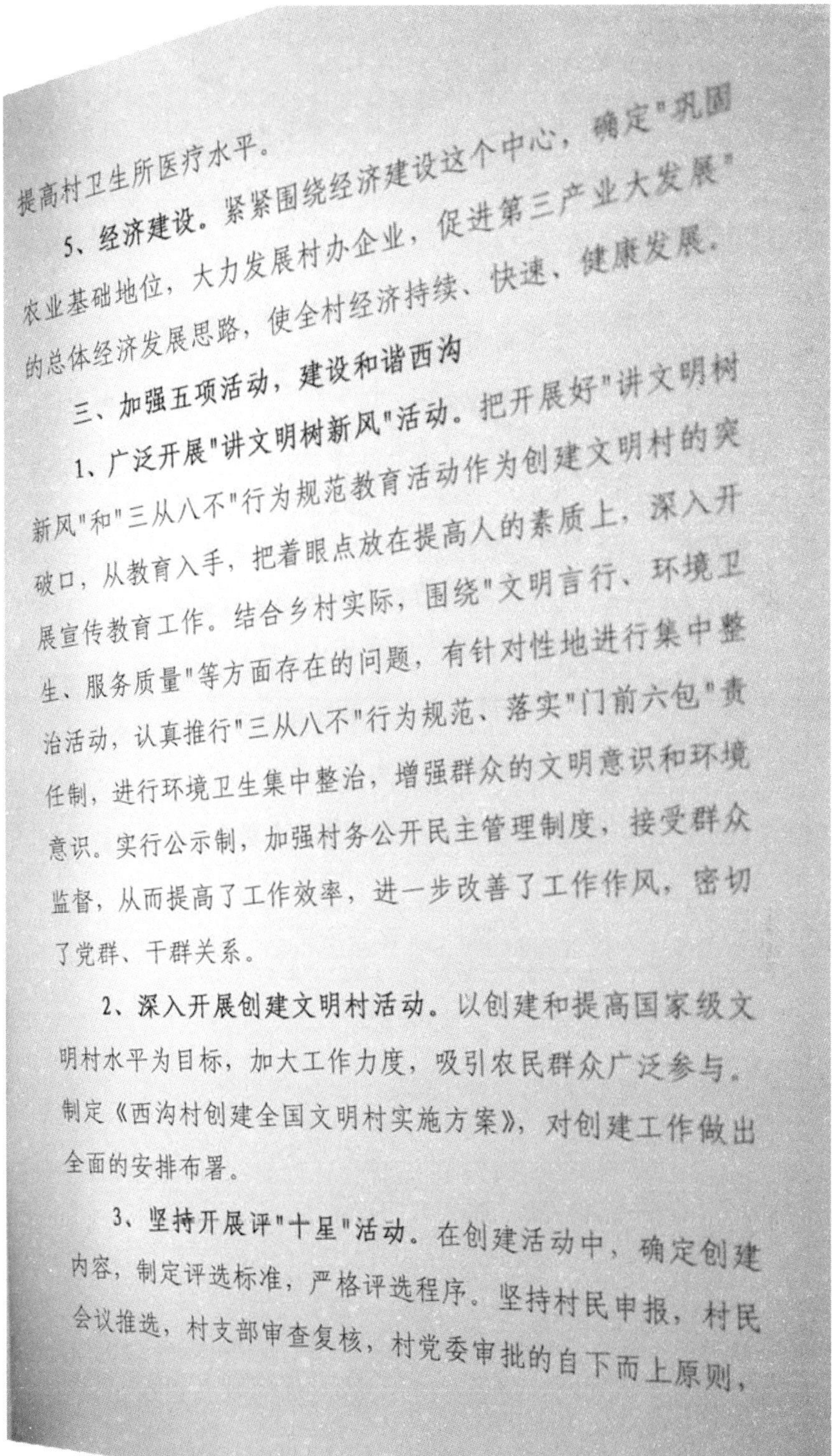
提高村卫生所医疗水平。

5、经济建设。紧紧围绕经济建设这个中心，确定"巩固农业基础地位，大力发展村办企业，促进第三产业大发展"的总体经济发展思路，使全村经济持续、快速、健康发展。

三、加强五项活动，建设和谐西沟

1、广泛开展"讲文明树新风"活动。把开展好"讲文明树新风"和"三从八不"行为规范教育活动作为创建文明村的突破口，从教育入手，把着眼点放在提高人的素质上，深入开展宣传教育工作。结合乡村实际，围绕"文明言行、环境卫生、服务质量"等方面存在的问题，有针对性地进行集中整治活动，认真推行"三从八不"行为规范、落实"门前六包"责任制，进行环境卫生集中整治，增强群众的文明意识和环境意识。实行公示制，加强村务公开民主管理制度，接受群众监督，从而提高了工作效率，进一步改善了工作作风，密切了党群、干群关系。

2、深入开展创建文明村活动。以创建和提高国家级文明村水平为目标，加大工作力度，吸引农民群众广泛参与。制定《西沟村创建全国文明村实施方案》，对创建工作做出全面的安排布署。

3、坚持开展评"十星"活动。在创建活动中，确定创建内容，制定评选标准，严格评选程序。坚持村民申报，村民会议推选，村支部审查复核，村党委审批的自下而上原则，

图9-1-6-4　2010年西沟村精神文明建设工作计划第四张

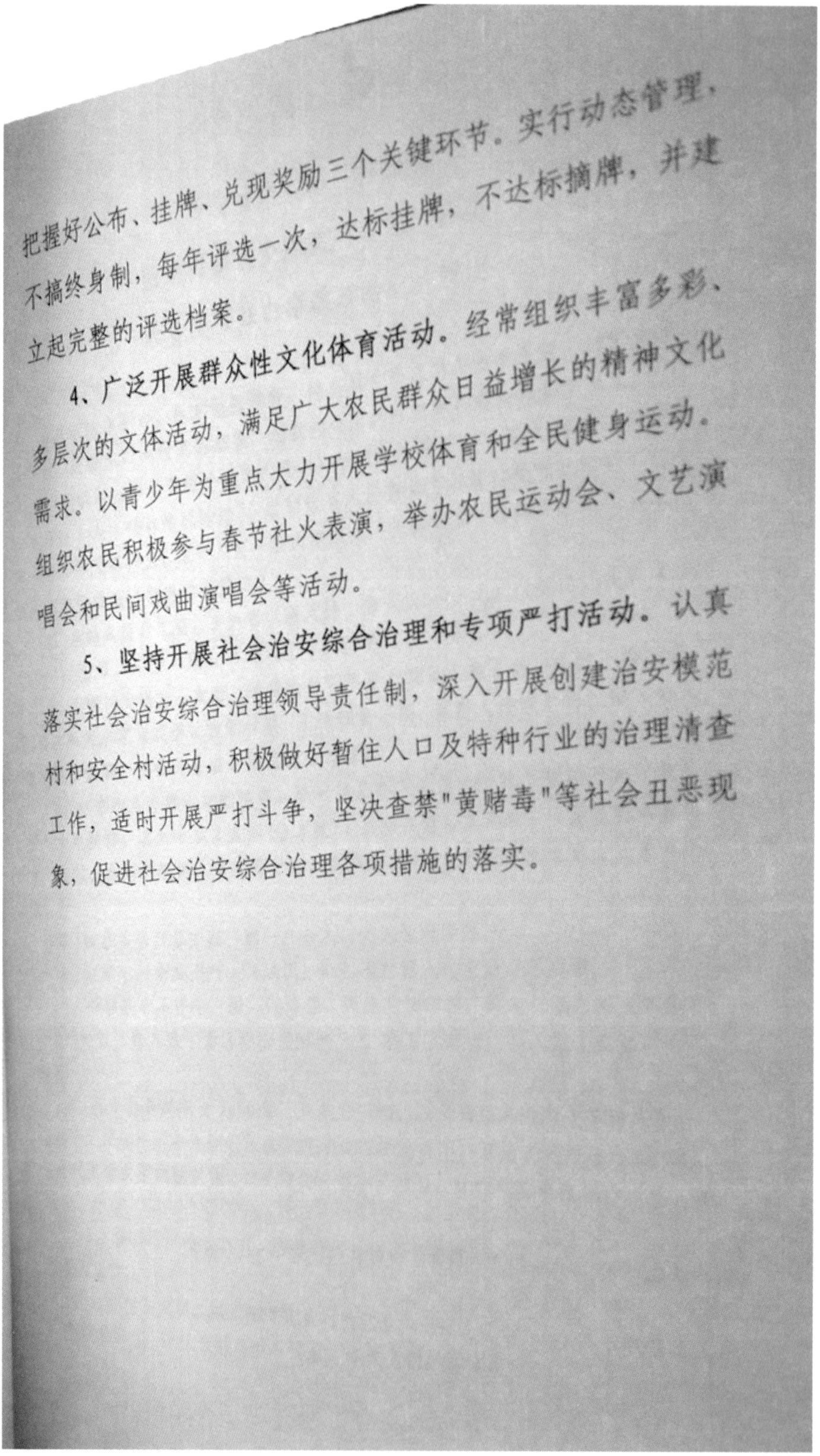

把握好公布、挂牌、兑现奖励三个关键环节。实行动态管理，不搞终身制，每年评选一次，达标挂牌，不达标摘牌，并建立起完整的评选档案。

4、广泛开展群众性文化体育活动。经常组织丰富多彩、多层次的文体活动，满足广大农民群众日益增长的精神文化需求。以青少年为重点大力开展学校体育和全民健身运动。组织农民积极参与春节社火表演，举办农民运动会、文艺演唱会和民间戏曲演唱会等活动。

5、坚持开展社会治安综合治理和专项严打活动。认真落实社会治安综合治理领导责任制，深入开展创建治安模范村和安全村活动，积极做好暂住人口及特种行业的治理清查工作，适时开展严打斗争，坚决查禁"黄赌毒"等社会丑恶现象，促进社会治安综合治理各项措施的落实。

图9-1-6-5　2010年西沟村精神文明建设工作计划第五张

7. 2010年西沟村精神文明创建工作汇报

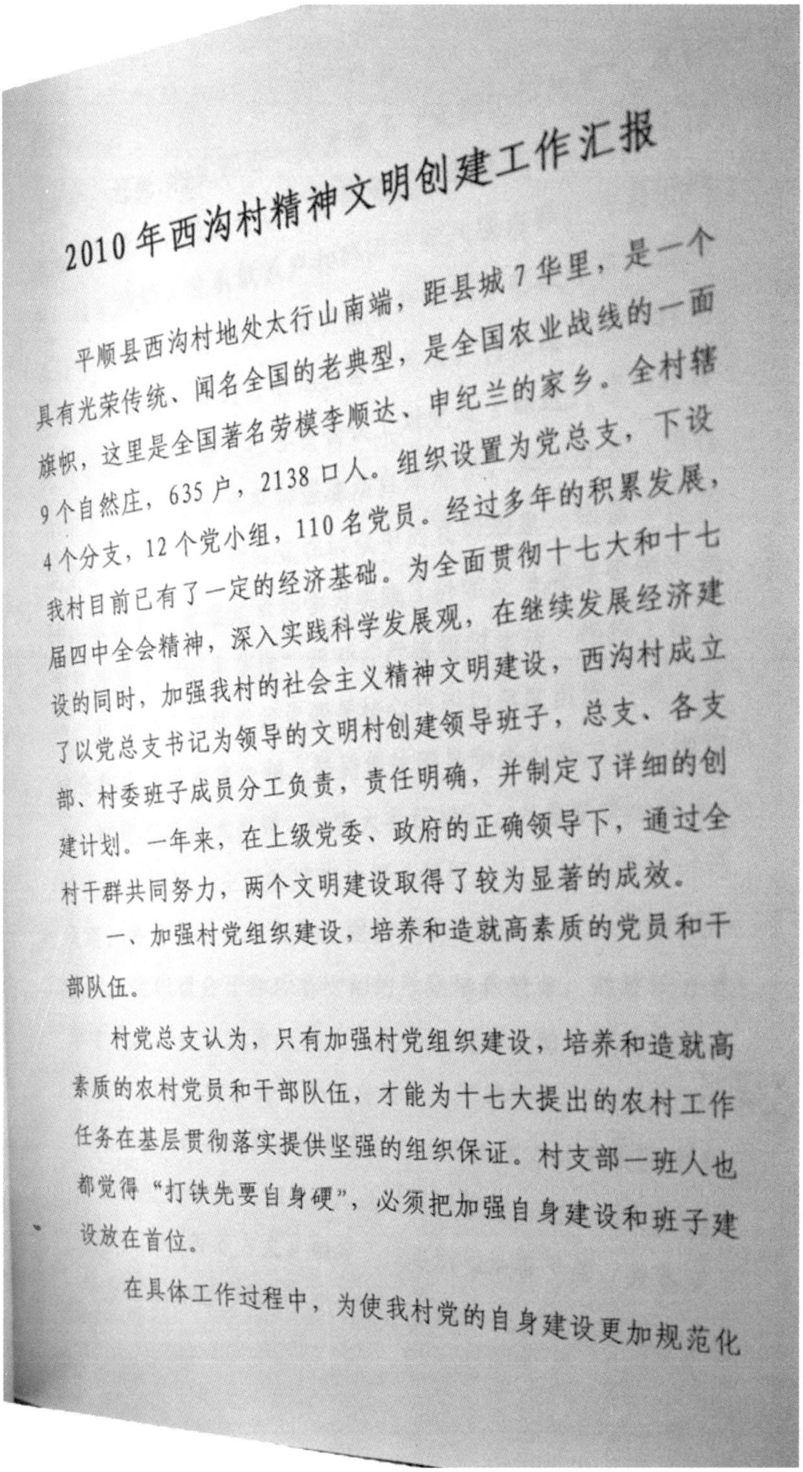

2010年西沟村精神文明创建工作汇报

平顺县西沟村地处太行山南端，距县城7华里，是一个具有光荣传统、闻名全国的老典型，是全国农业战线的一面旗帜，这里是全国著名劳模李顺达、申纪兰的家乡。全村辖9个自然庄，635户，2138口人。组织设置为党总支，下设4个分支，12个党小组，110名党员。经过多年的积累发展，我村目前已有了一定的经济基础。为全面贯彻十七大和十七届四中全会精神，深入实践科学发展观，在继续发展经济建设的同时，加强我村的社会主义精神文明建设，西沟村成立了以党总支书记为领导的文明村创建领导班子，总支、各支部、村委班子成员分工负责，责任明确，并制定了详细的创建计划。一年来，在上级党委、政府的正确领导下，通过全村干群共同努力，两个文明建设取得了较为显著的成效。

一、加强村党组织建设，培养和造就高素质的党员和干部队伍。

村党总支认为，只有加强村党组织建设，培养和造就高素质的农村党员和干部队伍，才能为十七大提出的农村工作任务在基层贯彻落实提供坚强的组织保证。村支部一班人也都觉得“打铁先要自身硬”，必须把加强自身建设和班子建设放在首位。

在具体工作过程中，为使我村党的自身建设更加规范化

图9-1-7-1　2010年西沟村精神文明创建工作汇报第一张

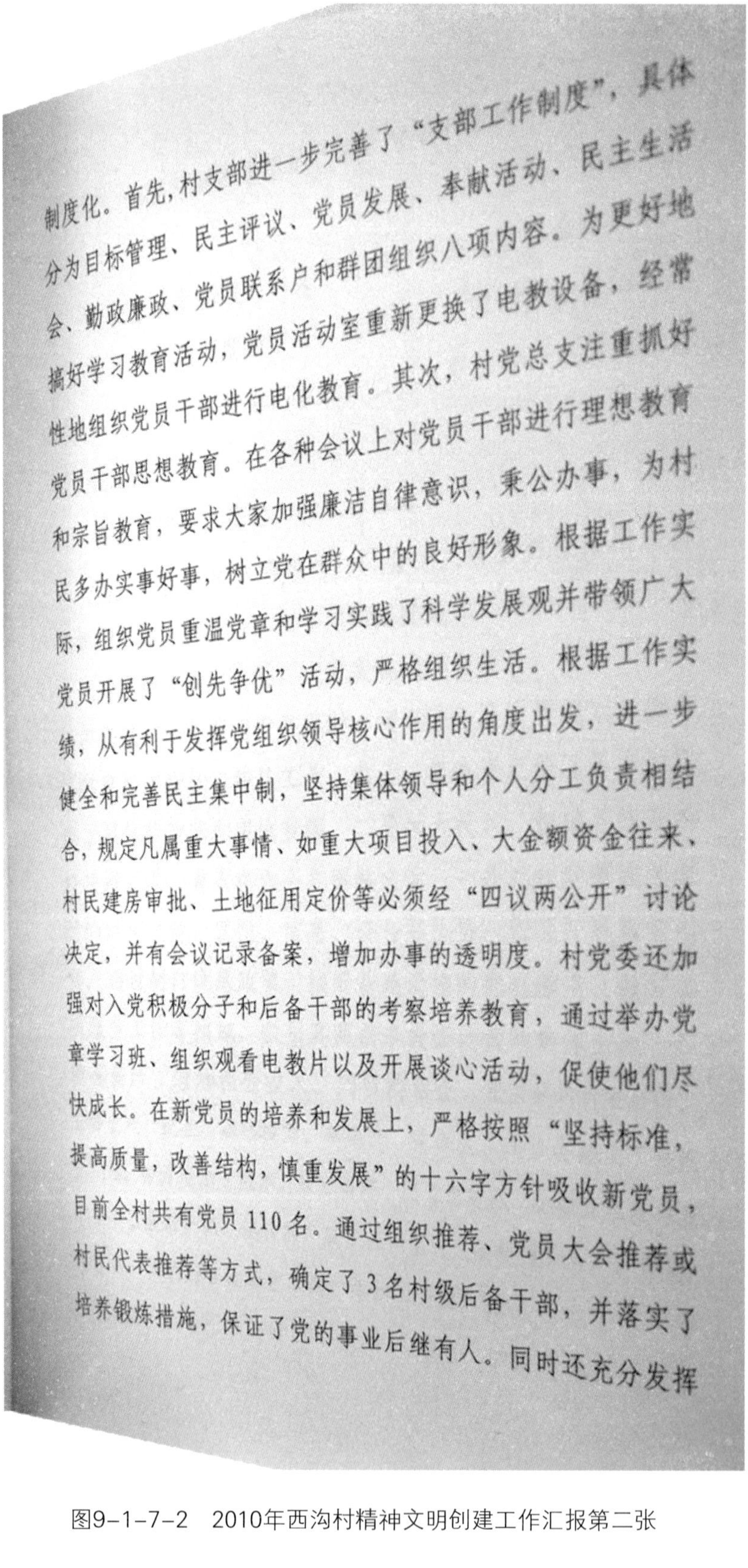
制度化。首先,村支部进一步完善了“支部工作制度”，具体分为目标管理、民主评议、党员发展、奉献活动、民主生活会、勤政廉政、党员联系户和群团组织八项内容。为更好地搞好学习教育活动，党员活动室重新更换了电教设备，经常性地组织党员干部进行电化教育。其次，村党总支注重抓好党员干部思想教育。在各种会议上对党员干部进行理想教育和宗旨教育，要求大家加强廉洁自律意识，秉公办事，为村民多办实事好事，树立党在群众中的良好形象。根据工作实际，组织党员重温党章和学习实践了科学发展观并带领广大党员开展了“创先争优”活动，严格组织生活。根据工作实绩，从有利于发挥党组织领导核心作用的角度出发，进一步健全和完善民主集中制，坚持集体领导和个人分工负责相结合，规定凡属重大事情、如重大项目投入、大金额资金往来、村民建房审批、土地征用定价等必须经“四议两公开”讨论决定，并有会议记录备案，增加办事的透明度。村党委还加强对入党积极分子和后备干部的考察培养教育，通过举办党章学习班、组织观看电教片以及开展谈心活动，促使他们尽快成长。在新党员的培养和发展上，严格按照“坚持标准，提高质量，改善结构，慎重发展”的十六字方针吸收新党员，目前全村共有党员 110 名。通过组织推荐、党员大会推荐或村民代表推荐等方式，确定了 3 名村级后备干部，并落实了培养锻炼措施，保证了党的事业后继有人。同时还充分发挥

图9-1-7-2　2010年西沟村精神文明创建工作汇报第二张

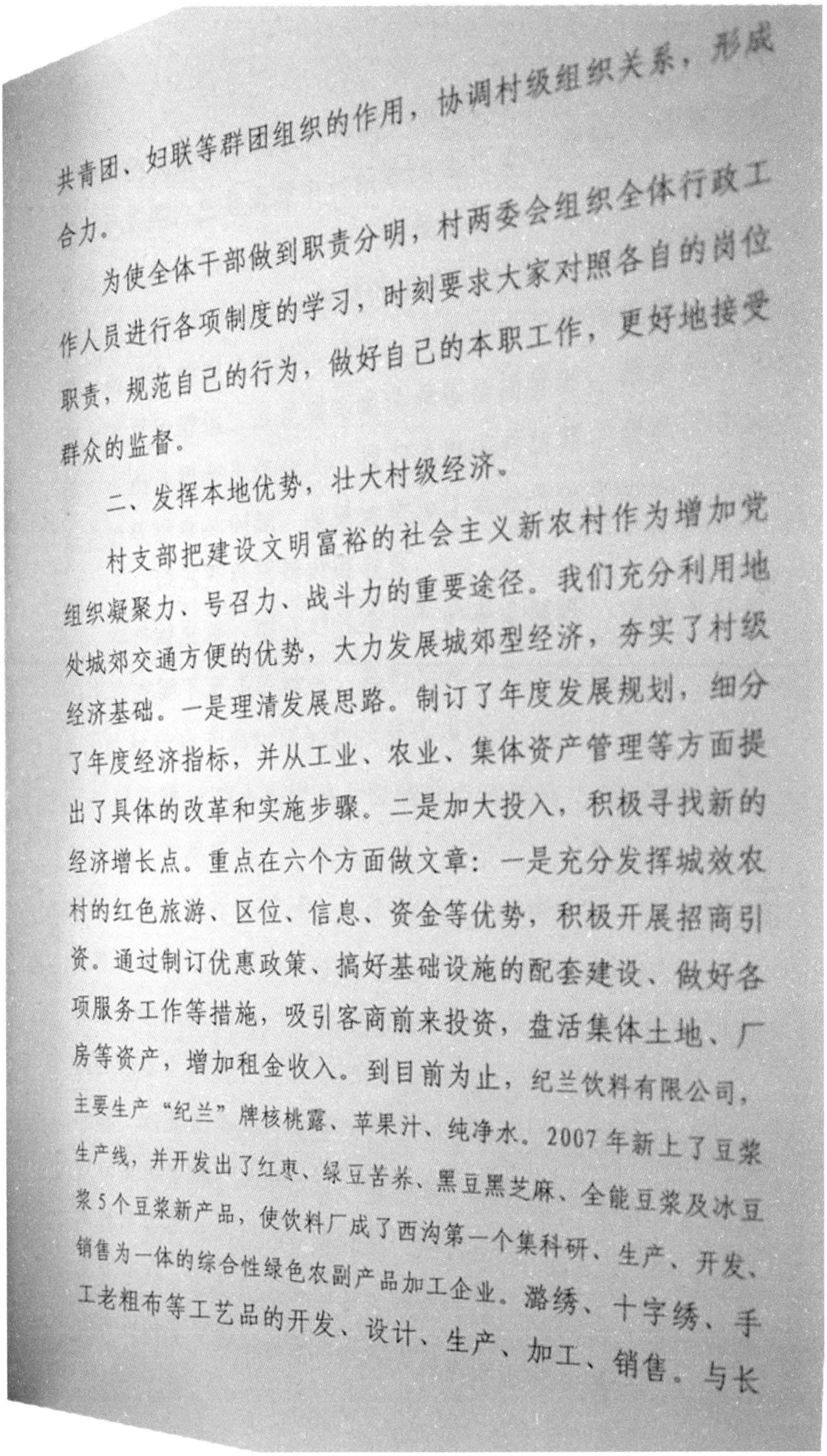

共青团、妇联等群团组织的作用，协调村级组织关系，形成合力。

为使全体干部做到职责分明，村两委会组织全体行政工作人员进行各项制度的学习，时刻要求大家对照各自的岗位职责，规范自己的行为，做好自己的本职工作，更好地接受群众的监督。

二、发挥本地优势，壮大村级经济。

村支部把建设文明富裕的社会主义新农村作为增加党组织凝聚力、号召力、战斗力的重要途径。我们充分利用地处城郊交通方便的优势，大力发展城郊型经济，夯实了村级经济基础。一是理清发展思路。制订了年度发展规划，细分了年度经济指标，并从工业、农业、集体资产管理等方面提出了具体的改革和实施步骤。二是加大投入，积极寻找新的经济增长点。重点在六个方面做文章：一是充分发挥城效农村的红色旅游、区位、信息、资金等优势，积极开展招商引资。通过制订优惠政策、搞好基础设施的配套建设、做好各项服务工作等措施，吸引客商前来投资，盘活集体土地、厂房等资产，增加租金收入。到目前为止，纪兰饮料有限公司，主要生产“纪兰”牌核桃露、苹果汁、纯净水。2007年新上了豆浆生产线，并开发出了红枣、绿豆苦荞、黑豆黑芝麻、全能豆浆及冰豆浆5个豆浆新产品，使饮料厂成了西沟第一个集科研、生产、开发、销售为一体的综合性绿色农副产品加工企业。潞绣、十字绣、手工老粗布等工艺品的开发、设计、生产、加工、销售。与长

图9-1-7-3　2010年西沟村精神文明创建工作汇报第三张

治紫丰物质贸易有限公司签约，投资 4000 万在东峪建设绿色生态农庄。三是对原有村级集体企业进行改制。对集体资产进行重组，优化资产结构，实现了集体资产的保值增值。四是资产经营生财。针对集体资产的不同形态实行不同管理，通过各种形式盘活、融资，提高资产的使用效益，实现最大限度的增值。五是搞好集体承包合同管理，保证合同兑现。在企业租金上交款上，我们采取按月结算，解决了企业上交款收缴难的问题，有效地增加了农村集体经济的实力。

三、深入开展思想道德教育。

经济越发展，群众对社会风气的要求越高，这就要求我们在这方面下更多的功夫。我村要根据实际情况，实行每月2 次的村行政干部学习制度，并利用多种宣传工具，对广大干部群众进行邓小平理论、党的基本路线及方针教育、“三个代表”重要思想、科学发展观，宣传市场经济理论、法律法规知识，进行爱国主义、社会主义、集体主义等思想道德教育。组织党员干部按时收看学习实践科学发展观学教活动有关录像；在农村“科学发展观”学教活动中，支部成员积极备课作主题发言，与党员干部们共同探讨、弄懂“科学发展观”的真正含义，提高了党员干部的政治素质。利用黑板报以及各自然村的阅报栏、宣传窗，宣传党的方针、政策和本村及各企业的经济发展方向、发展规划，通报重大的经济、文化活动，让村民及时了解当前国际国内的政治、经济形势和本村的发展情况。继续认真贯彻和教育村民遵守《村规民

图9-1-7-4　2010年西沟村精神文明创建工作汇报第四张

约》和《综合治理暂行规定》，教育村民履行在政治、经济和社会活动中的应尽义务，继续加强对村民建房、外来暂住人口及私房出租的管理，增强了村民遵守社会公德、家庭美德的自觉性。抓好移风易俗教育，提倡婚事简办，做好普法教育。积极配合镇党委开展“十佳新人新事”、“五好文明家庭”等评选活动，通过正确的引导和榜样的力量，提高了村民的思想素质，优化了社会风气。

四、抓好教育、科学、文化事业的发展。

西沟村历来十分重视教育事业的发展，重视对下一代的培养工作。村幼儿园自开办以来，专门聘请了专职幼儿教师和保育员，各种教育、娱乐、生活设施一应俱全，既使孩子们从小就受到良好的教育，也给村民减轻了负担，受到了广大村民的一致好评。在积极做好下一代教育事业的基础上，我村还十分重视对村民特别是企业职工的技术学习和培训工作，组织人员参加各级各部门开办的各类技术和岗位培训，积极参加区、镇组织的各种知识竞赛。在工作之余，工、团、妇组织还经常组织举办各类文体活动，丰富职工的业余文化生活，提高了企业职工的凝聚力。

随着创建工作的深入开展，村党委更加重视对村级档案的积累保存工作。要求各部门注意各项工作类资料的收集，做好年度归档工作。特别是村的重大会议、决策、投资等，一定要有存档记录，使各项事务均有据可查。此外，还组织

图9-1-7-5　2010年西沟村精神文明创建工作汇报第五张

有关人员学习先进村的经验，逐步实现标准化档案管理，更
好地为日常工作服务。

五、切实做好社会治安综合治理工作，确保一方平安。

由于特殊的地理环境，我村辖区外来人口多，情部复杂，
为保证各项建设事业的顺利进行，村支部一直把该项工作放
在重要议事日程上。首先，成立了村民主法治领导小组，组
长由村总支书记担任，副组长由副书记担任，同时设立了治
保调解委员会。成立了一支由五人组成的治安夜巡逻队。各
企业则以企业负责人或技术人员担任消防安全员，负责本企
业的内保、安全生产和消防工作，初步形成了一套完整的安
全组织体制。二是加强宣传工作，利用各类宣传工具，宣传
法律、法规及安全知识。通过各类会议，强调安全工作的重
要性，特别要求各企业负责人，在日常生产管理活动中，应
把安全工作放在首位。通过宣传，增强了广大领导、职工和
村民的法律、法制观念和安全意识。三是切实做好各项工作，
确保一方平安。设立治安夜巡队后，每晚有4名队员进行整
夜巡逻，此外还配合派出所进行不定期的夜间通宵巡查；配
合企业进行每季度一次的各企业安全生产检查，及时处理各
类用电及火灾隐患等等，从而使企业和村民的安全得到了有
力的保障。四是严禁赌博，加强封建迷信活动的管理。死者
火化率每年都达100%，赌博、封建迷信活动也未有发生。五
是及时发现和协调村民及企业内部纠纷，把各类矛盾消灭在

图9-1-7-6　2010年西沟村精神文明创建工作汇报第六张

萌芽状态。

六、做好计划生育和社会保障工作。

计划生育是我国的基本国策，西沟村根据实际情况，由村妇女主任领导该项工作。实行专人负责，设立各自然村联络员制度，及时了解情况，做好本村育龄妇女登记工作，进行定期保健检查，由综治办配合，及时掌握外来育龄妇女的生育情况。历年来，无一例早婚或未婚先孕现象的发生，计生符合率每年都达100%，连年被评来区计生协会先进单位。

积极做好适龄青年的征兵体检工作，及时完成征兵任务，对于安置复员军人，优先考虑军属的各类要求。妥善照顾好五保户、困难户。村民的福利待遇日益提高：2010年村集体为全村老百姓参加新型合作医疗使参保率达到100%，老年活动室配备了棋类、扑克牌等娱乐工具，订阅了老年报等报刊杂志，并落实专人负责管理，给老年人提供了一个较好的娱乐场所。

七、改善村民生活设施，美化生活环境。

在加快经济发展的同时，村党委十分重视改善环境。按照社会主义新农村要求，坚持以邓小平理论、江泽民同志“三个代表”思想和科学发展观为指导，结合本村实际，制订了西沟村环境整治规划。

完善基础设施，优化环境。为给村民提供一个舒适、安静、清洁、美观的环境，我村在环境整治方面舍得投入。1、

图9-1-7-7　2010年西沟村精神文明创建工作汇报第七张

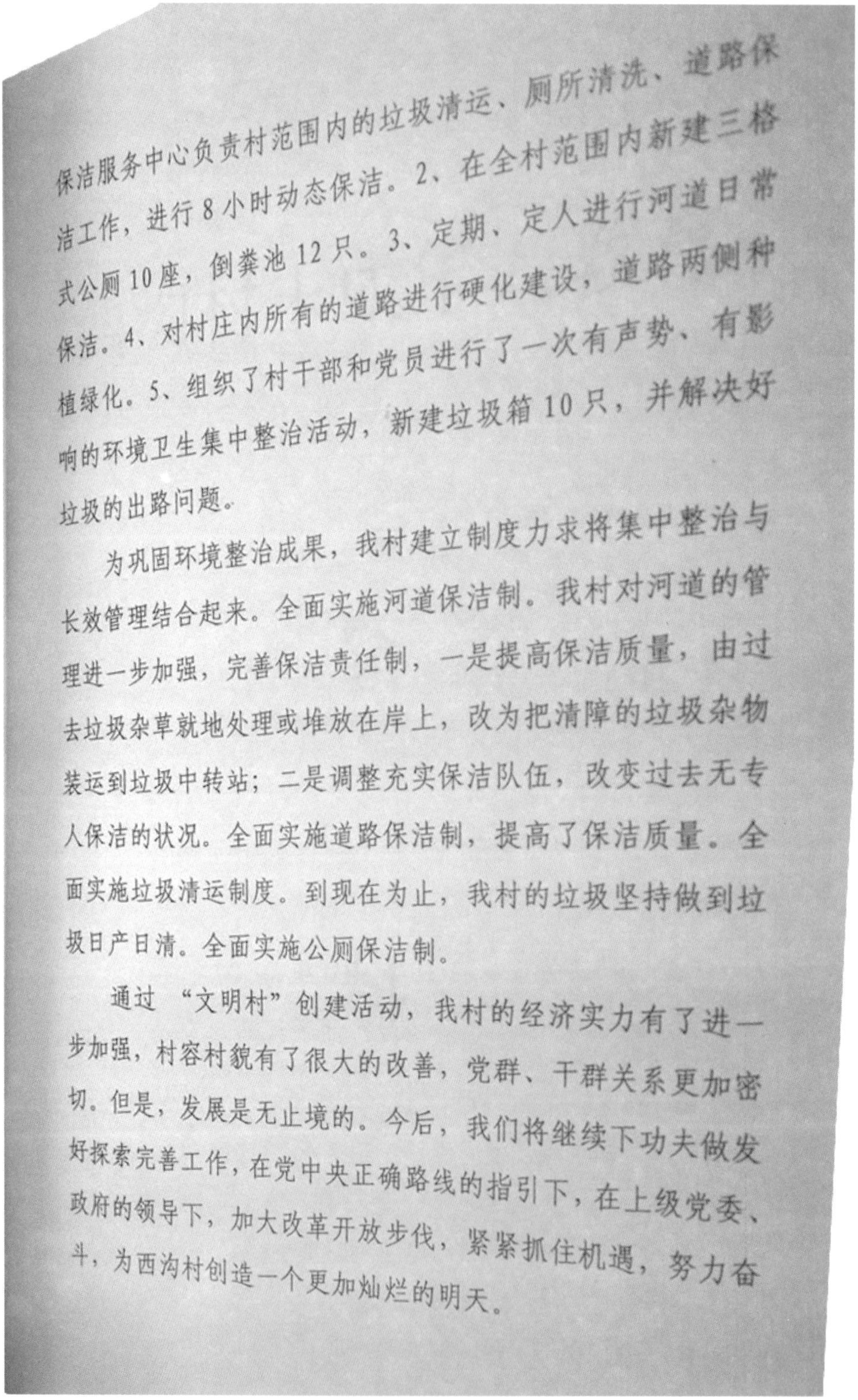

保洁服务中心负责村范围内的垃圾清运、厕所清洗、道路保洁工作，进行8小时动态保洁。2、在全村范围内新建三格式公厕10座，倒粪池12只。3、定期、定人进行河道日常保洁。4、对村庄内所有的道路进行硬化建设，道路两侧种植绿化。5、组织了村干部和党员进行了一次有声势、有影响的环境卫生集中整治活动，新建垃圾箱10只，并解决好垃圾的出路问题。

为巩固环境整治成果，我村建立制度力求将集中整治与长效管理结合起来。全面实施河道保洁制。我村对河道的管理进一步加强，完善保洁责任制，一是提高保洁质量，由过去垃圾杂草就地处理或堆放在岸上，改为把清障的垃圾杂物装运到垃圾中转站；二是调整充实保洁队伍，改变过去无专人保洁的状况。全面实施道路保洁制，提高了保洁质量。全面实施垃圾清运制度。到现在为止，我村的垃圾坚持做到垃圾日产日清。全面实施公厕保洁制。

通过“文明村”创建活动，我村的经济实力有了进一步加强，村容村貌有了很大的改善，党群、干群关系更加密切。但是，发展是无止境的。今后，我们将继续下功夫做好探索完善工作，在党中央正确路线的指引下，在上级党委、政府的领导下，加大改革开放步伐，紧紧抓住机遇，努力奋斗，为西沟村创造一个更加灿烂的明天。

图9-1-7-8　2010年西沟村精神文明创建工作汇报第八张

（二）西沟村未成年人教育资料

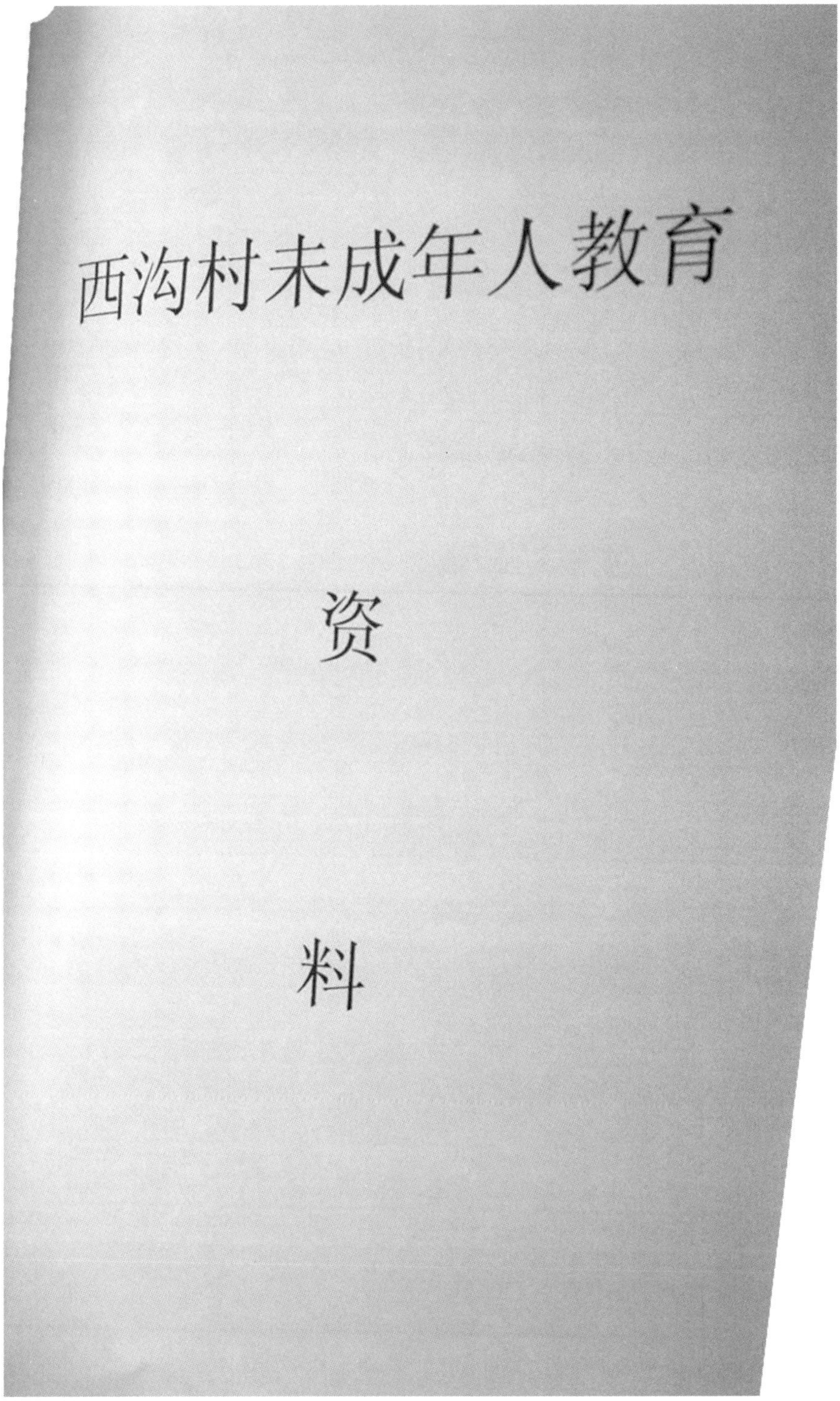

西沟村未成年人教育

资

料

图9-2-1　资料封面

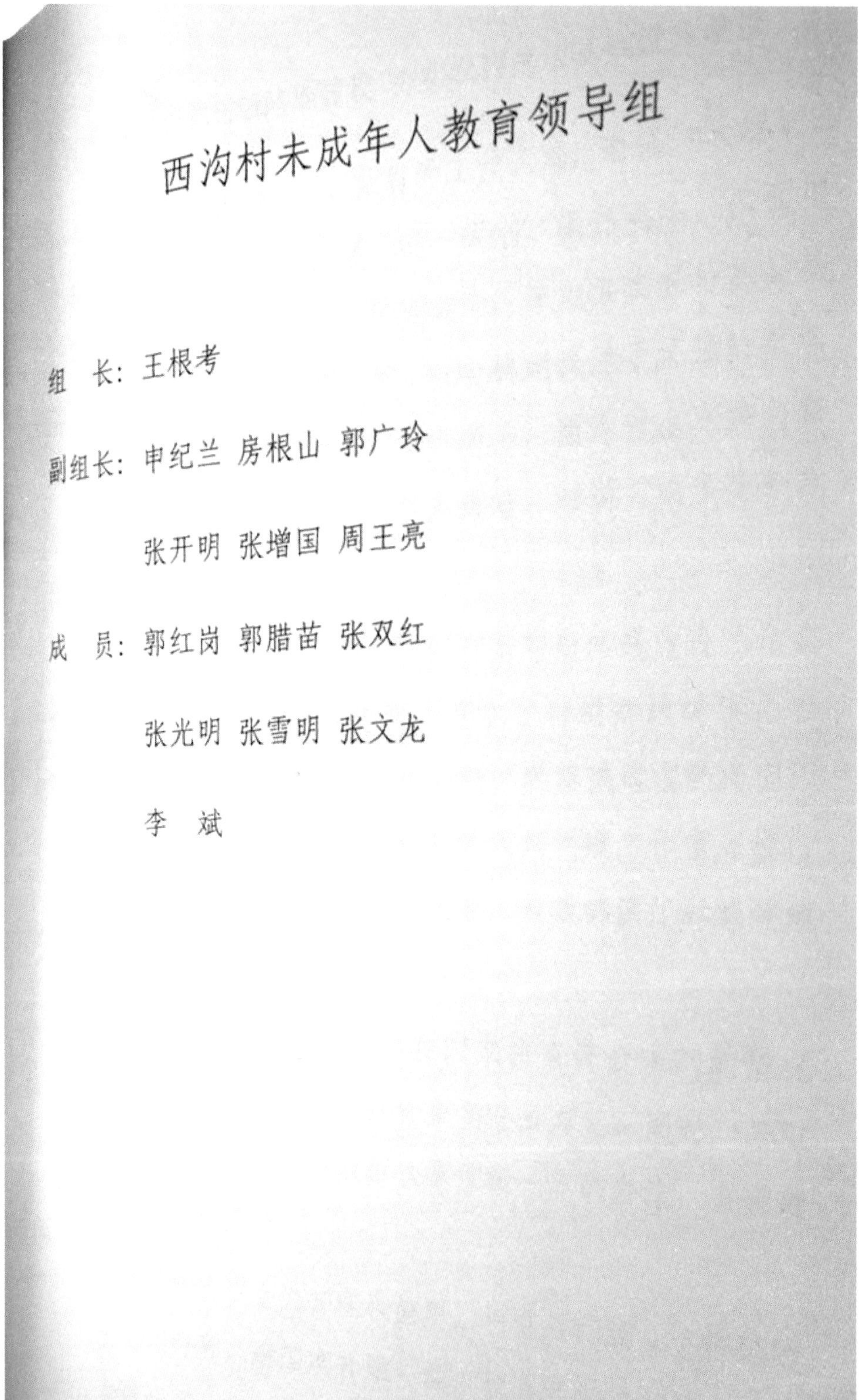

西沟村未成年人教育领导组

组　长：王根考

副组长：申纪兰 房根山 郭广玲

张开明 张增国 周王亮

成　员：郭红岗 郭腊苗 张双红

张光明 张雪明 张文龙

李　斌

图9-2-2　西沟村未成年人教育领导组

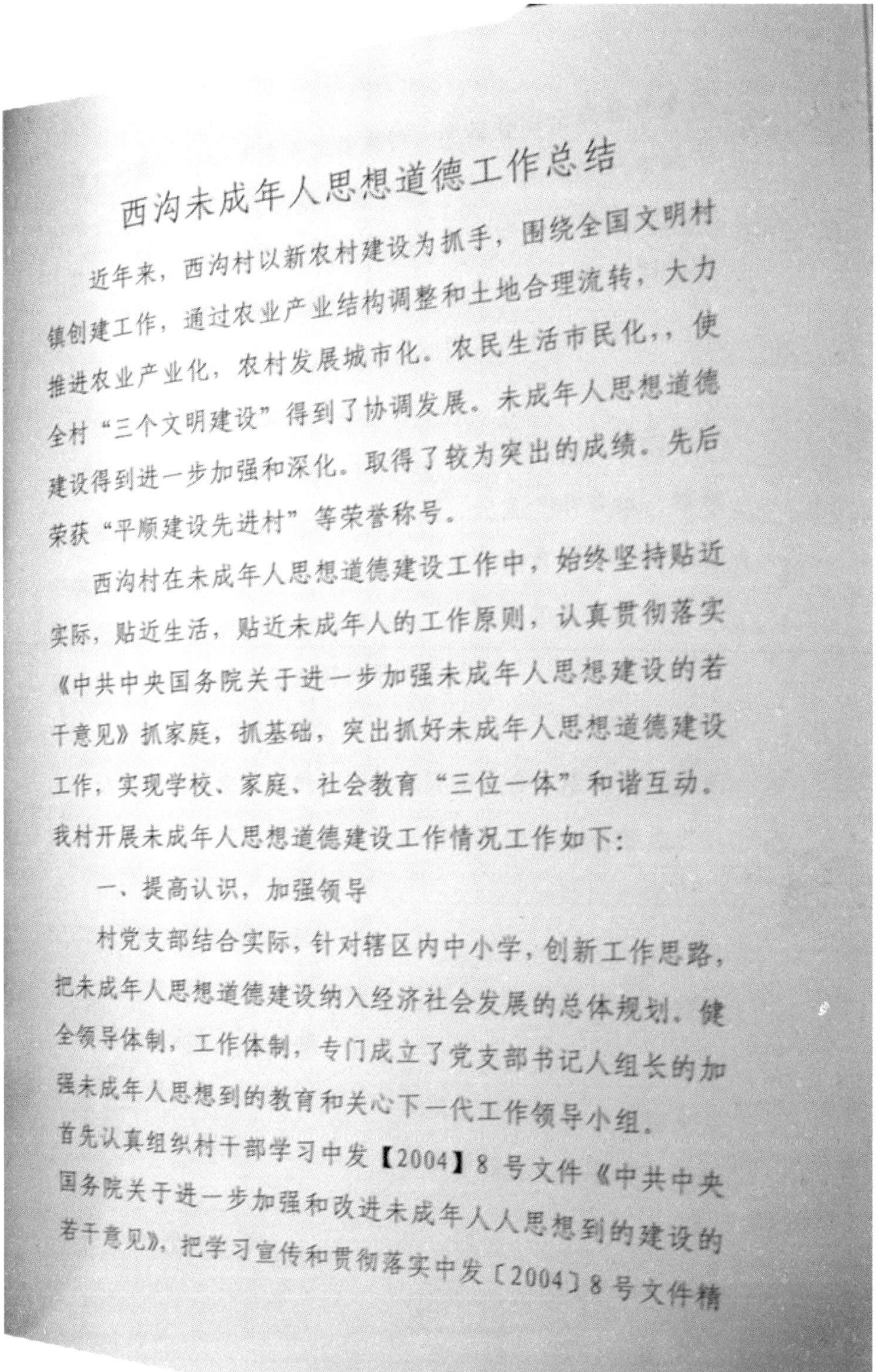
西沟未成年人思想道德工作总结

近年来，西沟村以新农村建设为抓手，围绕全国文明村镇创建工作，通过农业产业结构调整和土地合理流转，大力推进农业产业化，农村发展城市化。农民生活市民化，，使全村“三个文明建设”得到了协调发展。未成年人思想道德建设得到进一步加强和深化。取得了较为突出的成绩。先后荣获“平顺建设先进村”等荣誉称号。

西沟村在未成年人思想道德建设工作中，始终坚持贴近实际，贴近生活，贴近未成年人的工作原则，认真贯彻落实《中共中央国务院关于进一步加强未成年人思想建设的若干意见》抓家庭，抓基础，突出抓好未成年人思想道德建设工作，实现学校、家庭、社会教育“三位一体”和谐互动。我村开展未成年人思想道德建设工作情况工作如下：

一、提高认识，加强领导

村党支部结合实际，针对辖区内中小学，创新工作思路，把未成年人思想道德建设纳入经济社会发展的总体规划。健全领导体制，工作体制，专门成立了党支部书记人组长的加强未成年人思想到的教育和关心下一代工作领导小组。

首先认真组织村干部学习中发【2004】8 号文件《中共中央国务院关于进一步加强和改进未成年人人思想到的建设的若干意见》，把学习宣传和贯彻落实中发〔2004〕8 号文件精

图9-2-3　西沟未成年人思想道德工作总结第一张

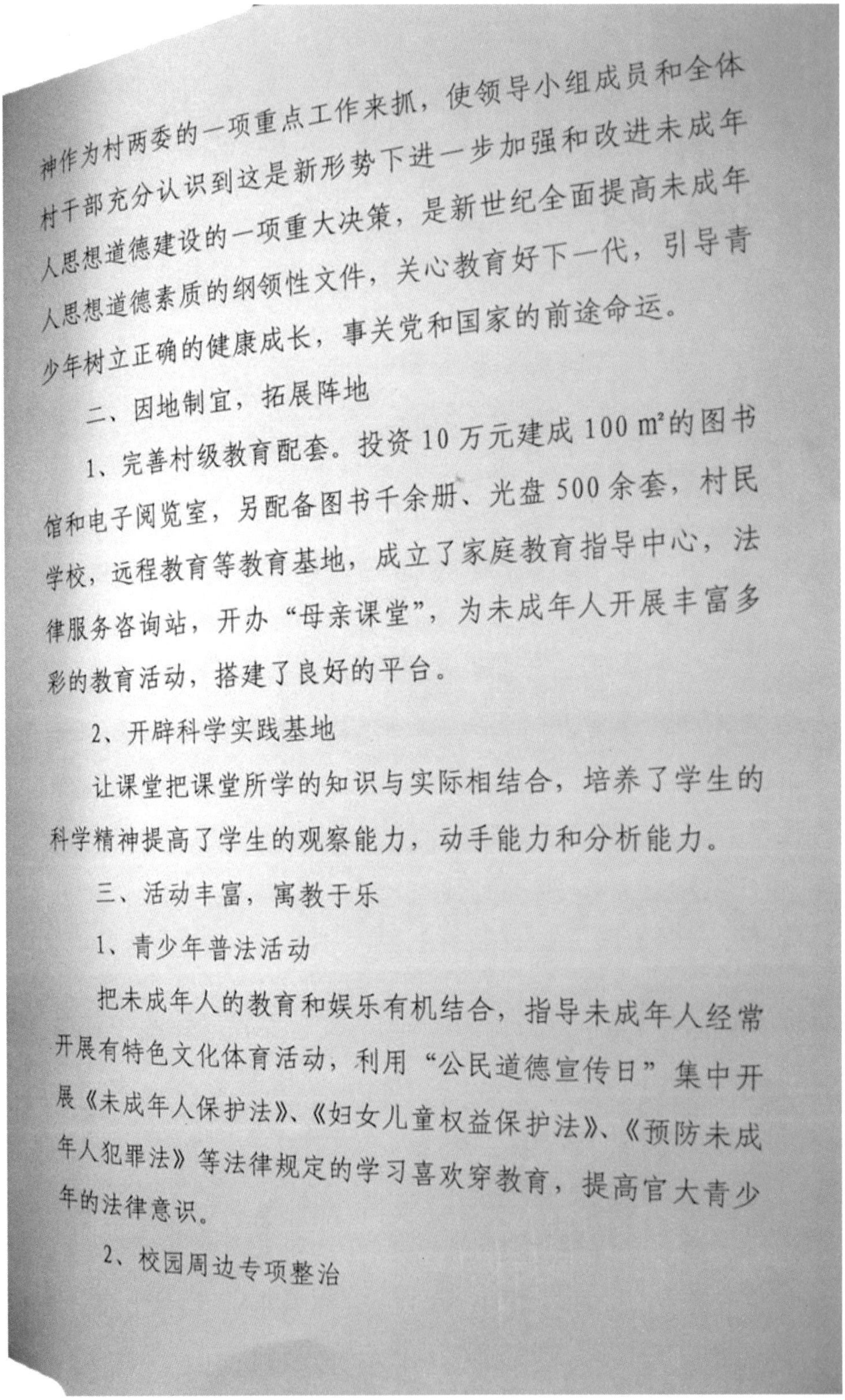

神作为村两委的一项重点工作来抓，使领导小组成员和全体村干部充分认识到这是新形势下进一步加强和改进未成年人思想道德建设的一项重大决策，是新世纪全面提高未成年人思想道德素质的纲领性文件，关心教育好下一代，引导青少年树立正确的健康成长，事关党和国家的前途命运。

二、因地制宜，拓展阵地

1、完善村级教育配套。投资10万元建成100 m^2的图书馆和电子阅览室，另配备图书千余册、光盘500余套，村民学校，远程教育等教育基地，成立了家庭教育指导中心，法律服务咨询站，开办“母亲课堂”，为未成年人开展丰富多彩的教育活动，搭建了良好的平台。

2、开辟科学实践基地

让课堂把课堂所学的知识与实际相结合，培养了学生的科学精神提高了学生的观察能力，动手能力和分析能力。

三、活动丰富，寓教于乐

1、青少年普法活动

把未成年人的教育和娱乐有机结合，指导未成年人经常开展有特色文化体育活动，利用“公民道德宣传日”集中开展《未成年人保护法》、《妇女儿童权益保护法》、《预防未成年人犯罪法》等法律规定的学习喜欢穿教育，提高官大青少年的法律意识。

2、校园周边专项整治

图9-2-4　西沟未成年人思想道德工作总结第二张

（三）西沟村加强农村基层基础设施建设材料

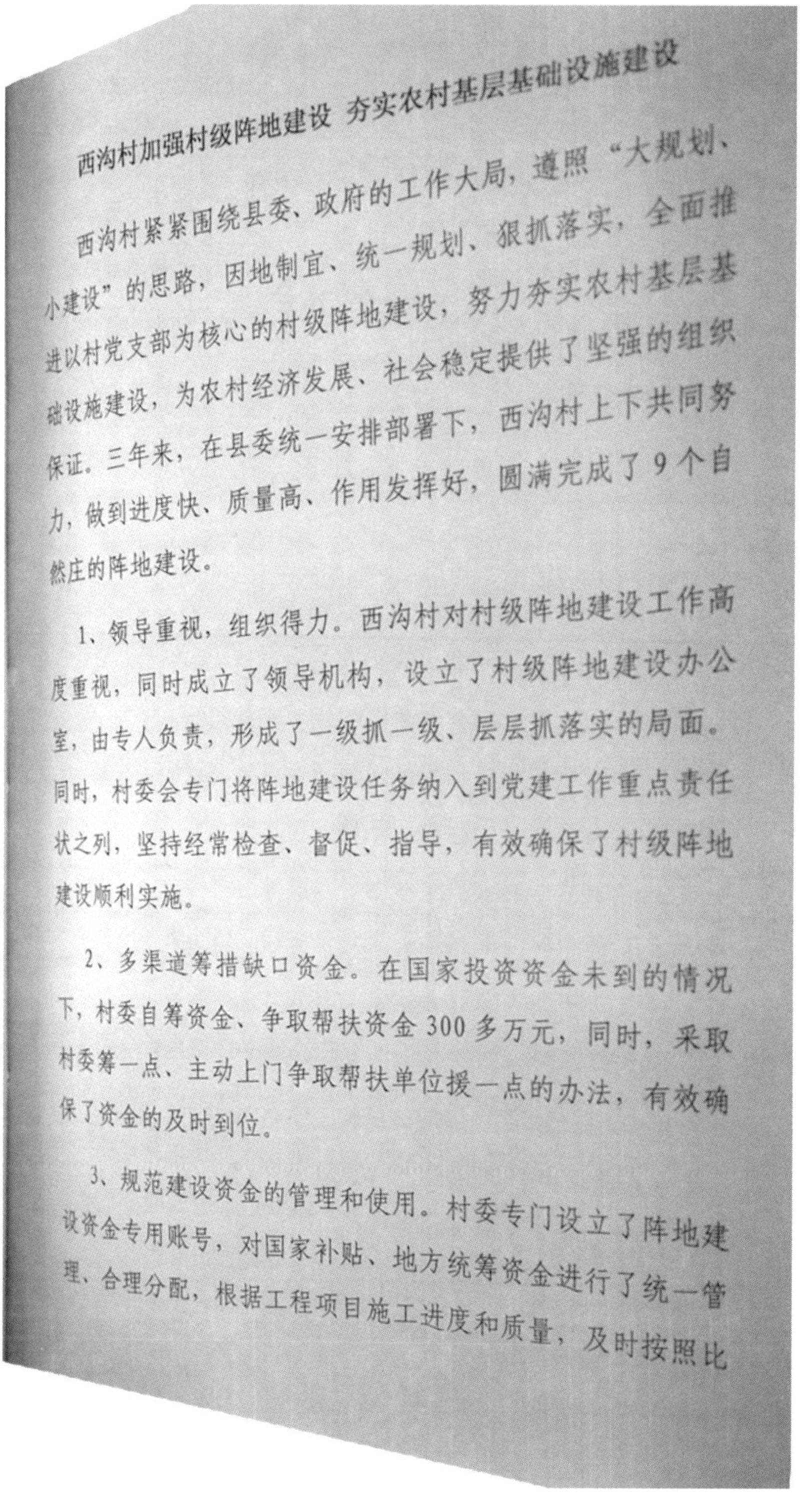

西沟村加强村级阵地建设 夯实农村基层基础设施建设

西沟村紧紧围绕县委、政府的工作大局，遵照“大规划、小建设”的思路，因地制宜、统一规划、狠抓落实，全面推进以村党支部为核心的村级阵地建设，努力夯实农村基层基础设施建设，为农村经济发展、社会稳定提供了坚强的组织保证。三年来，在县委统一安排部署下，西沟村上下共同努力，做到进度快、质量高、作用发挥好，圆满完成了9个自然庄的阵地建设。

1、领导重视，组织得力。西沟村对村级阵地建设工作高度重视，同时成立了领导机构，设立了村级阵地建设办公室，由专人负责，形成了一级抓一级、层层抓落实的局面。同时，村委会专门将阵地建设任务纳入到党建工作重点责任状之列，坚持经常检查、督促、指导，有效确保了村级阵地建设顺利实施。

2、多渠道筹措缺口资金。在国家投资资金未到的情况下，村委自筹资金、争取帮扶资金300多万元，同时，采取村委筹一点、主动上门争取帮扶单位援一点的办法，有效确保了资金的及时到位。

3、规范建设资金的管理和使用。村委专门设立了阵地建设资金专用账号，对国家补贴、地方统筹资金进行了统一管理、合理分配，根据工程项目施工进度和质量，及时按照比

图9-3-1　西沟村加强村级阵地建设夯实农村基层基础设施建设第一张

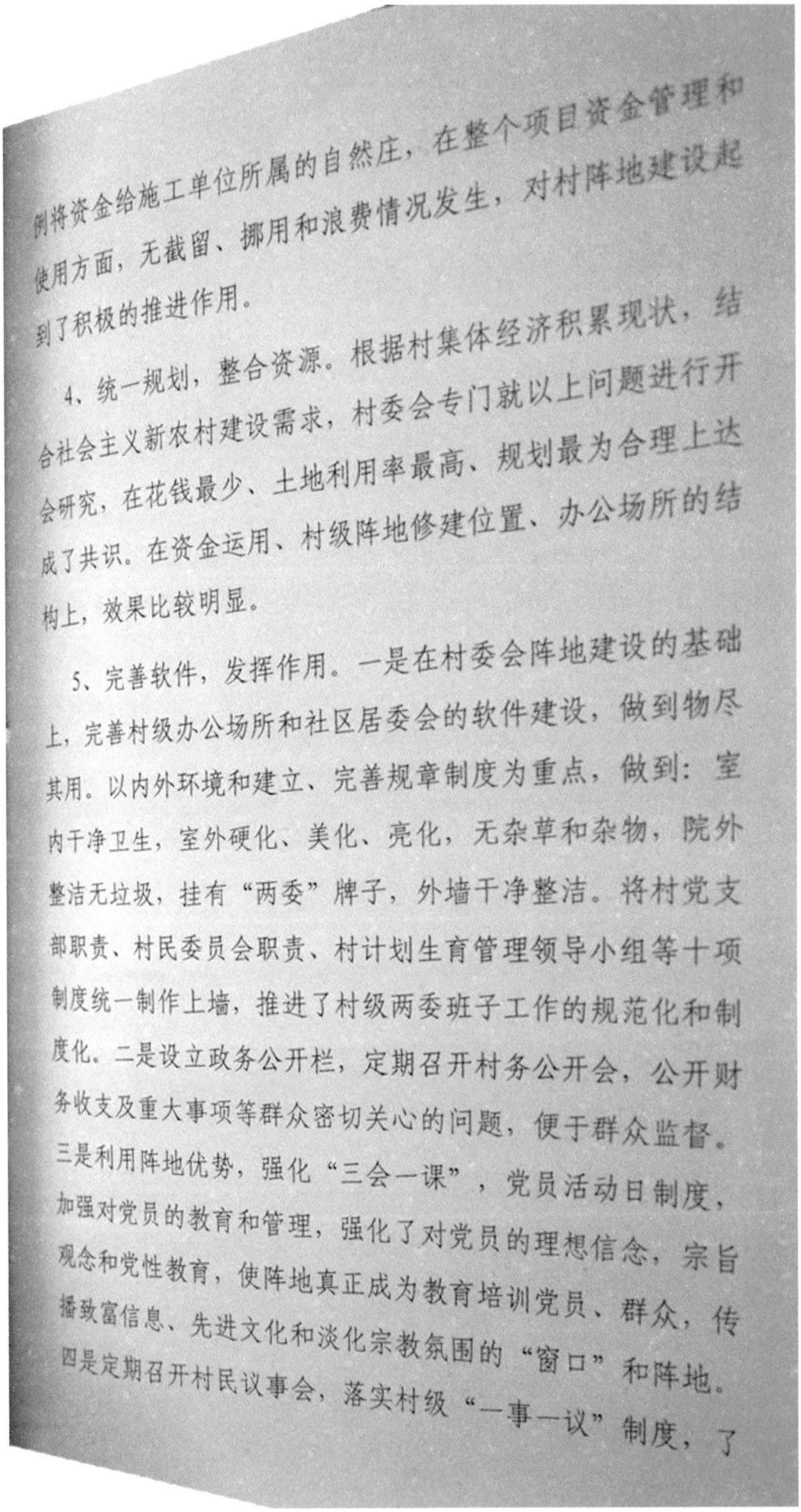

例将资金给施工单位所属的自然庄，在整个项目资金管理和使用方面，无截留、挪用和浪费情况发生，对村阵地建设起到了积极的推进作用。

4、统一规划，整合资源。根据村集体经济积累现状，结合社会主义新农村建设需求，村委会专门就以上问题进行开会研究，在花钱最少、土地利用率最高、规划最为合理上达成了共识。在资金运用、村级阵地修建位置、办公场所的结构上，效果比较明显。

5、完善软件，发挥作用。一是在村委会阵地建设的基础上，完善村级办公场所和社区居委会的软件建设，做到物尽其用。以内外环境和建立、完善规章制度为重点，做到：室内干净卫生，室外硬化、美化、亮化，无杂草和杂物，院外整洁无垃圾，挂有“两委”牌子，外墙干净整洁。将村党支部职责、村民委员会职责、村计划生育管理领导小组等十项制度统一制作上墙，推进了村级两委班子工作的规范化和制度化。二是设立政务公开栏，定期召开村务公开会，公开财务收支及重大事项等群众密切关心的问题，便于群众监督。三是利用阵地优势，强化“三会一课”，党员活动日制度，加强对党员的教育和管理，强化了对党员的理想信念，宗旨观念和党性教育，使阵地真正成为教育培训党员、群众，传播致富信息、先进文化和淡化宗教氛围的“窗口”和阵地。四是定期召开村民议事会，落实村级“一事一议”制度，了

图9-3-2　西沟村加强村级阵地建设夯实农村基层基础设施建设第二张

解民情、集中民智、解决民难，提高了群众民主监督，民主管理的水平，增强了党支部的凝聚力和向心力。

平顺县西沟村村民委员会

图9-3-3　西沟村加强村级阵地建设夯实农村基层基础设施建设第三张

十、2013年周王亮巡山护林日志（共127张）

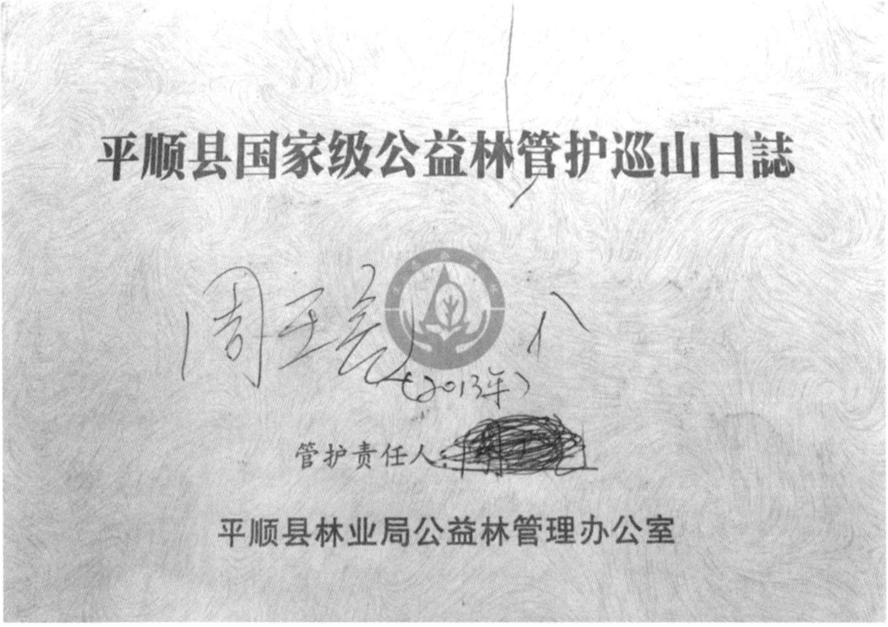

平顺县国家级公益林管护巡山日誌

周王亮 八（2013年）

管护责任人：[redacted]

平顺县林业局公益林管理办公室

图10-1　周王亮巡山护林日志封面

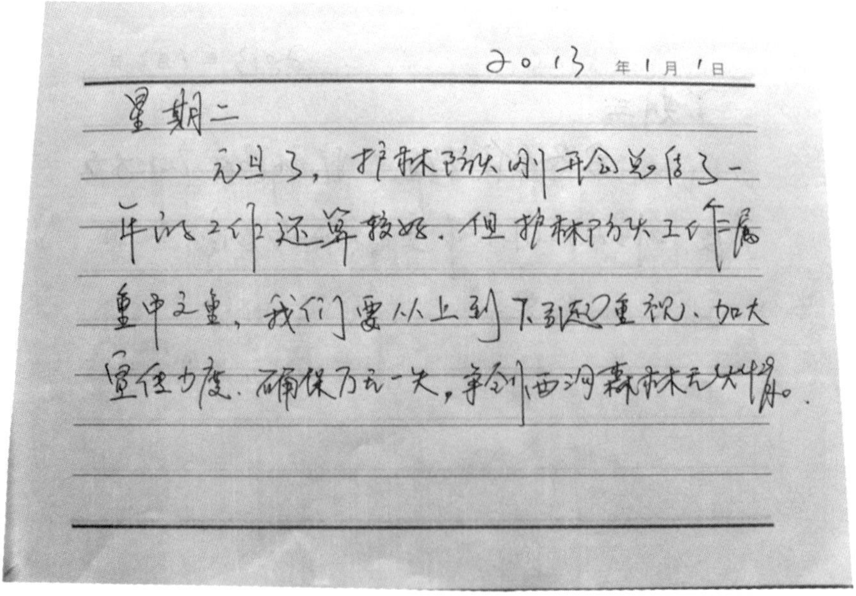

2013年1月1日

星期二

元旦了，护林防火刚开会总结了一年的工作还算较好。但护林防火工作属重中之重，我们要从上到下引起重视、加大宣传力度，确保万无一失，争创西沟森林无火情。

图10-2　周王亮巡山护林日志（1月1日）

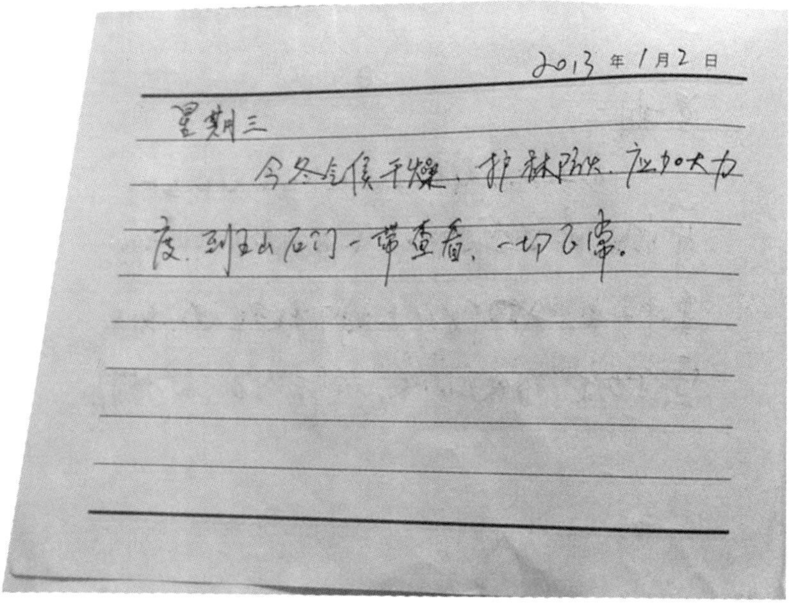

2013年1月2日

星期三

今冬气候干燥，护林防火，应加大力度，到王山石门一带查看，一切正常。

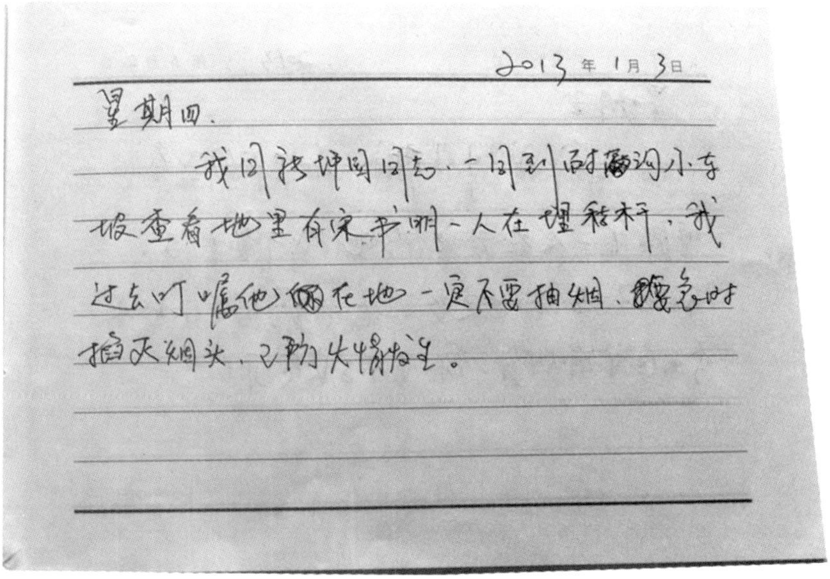

2013年1月3日

星期四。

我同张坤国同志一同到石村磨沟小东坡查看地里有宋书明一人在埋秸秆，我过去叮嘱他在地一定不要抽烟，随意时掐灭烟头，以防火情发生。

图10–3　周王亮巡山护林日志（1月2日／1月3日）

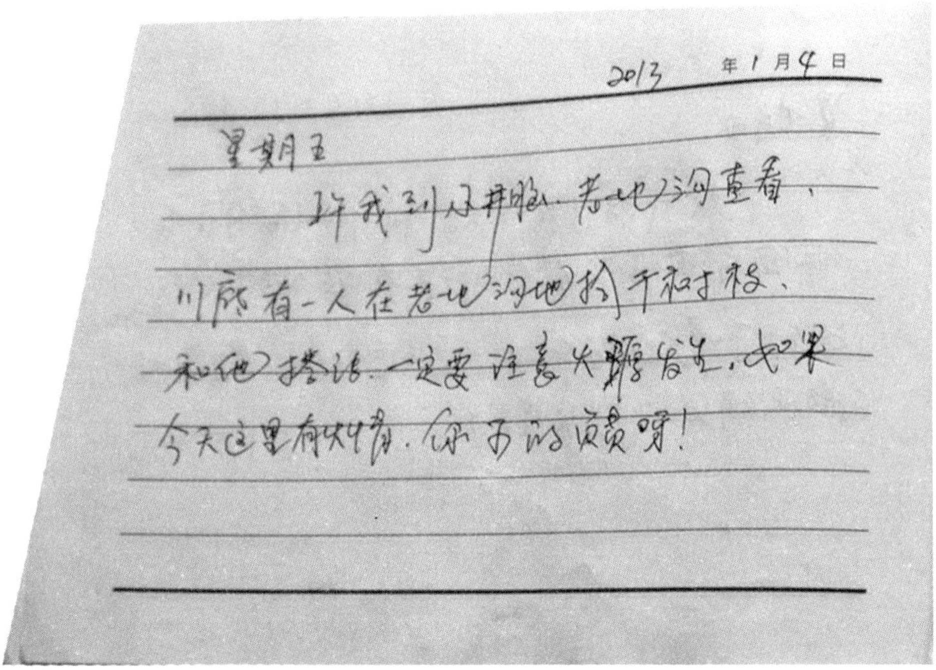
2013年1月4日
星期五
上午我到小井脑、老也沟查看，川底有一人在老也沟地拾干柴树根，和他搭话，一定要注意火源安全，如果今天这里有火情，你可得负责呀！

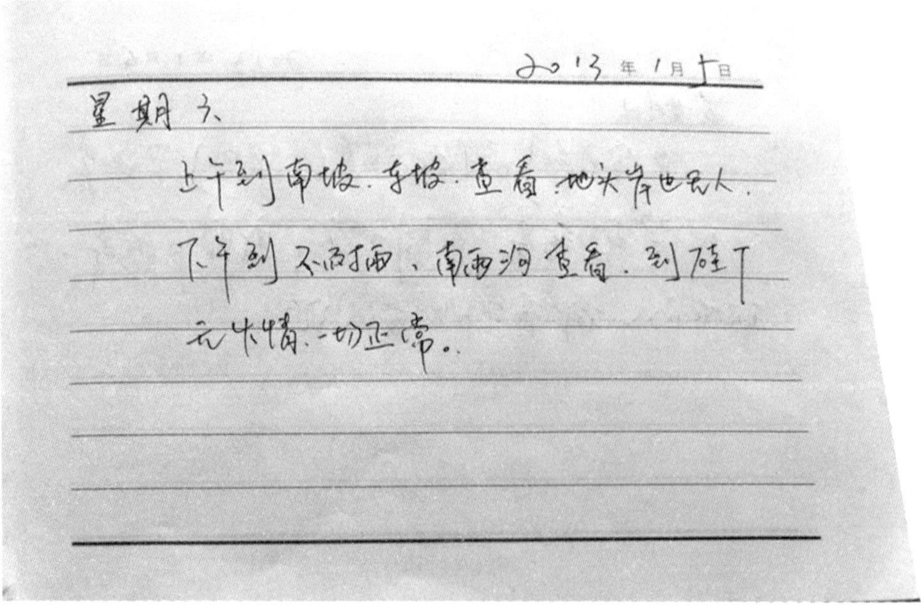
2013年1月5日
星期六
上午到南坡、东坡查看，地头岸边无人。下午到不浪插、南西沟查看，到处无火情，一切正常。

图10-4　周王亮巡山护林日志（1月4日／1月5日）

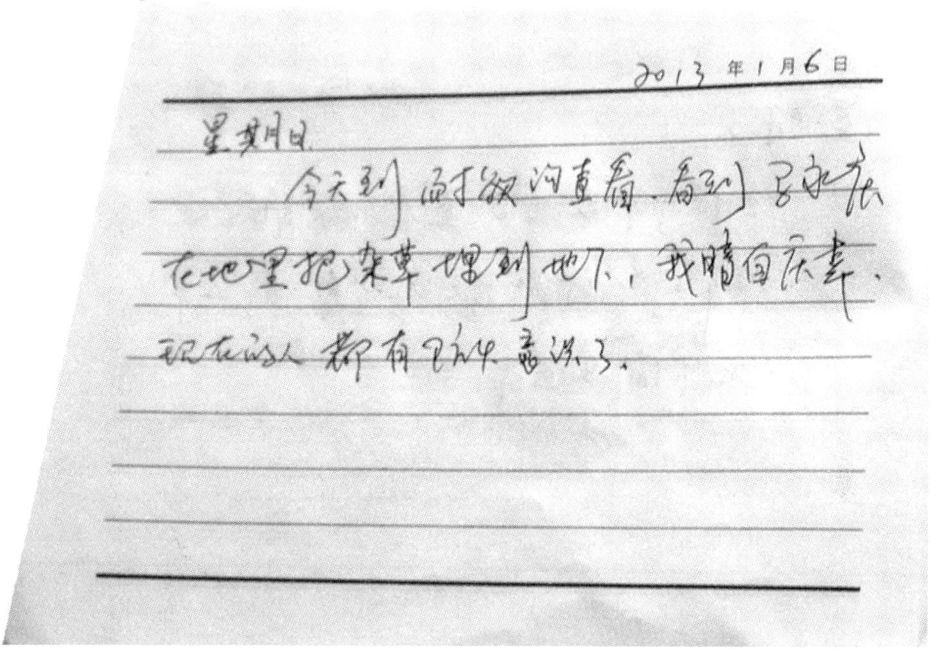

2013年1月6日

星期日

今天到西村叙沟查看，看到吕永庆在地里把杂草埋到地下，我暗自庆幸，现在的人都有防火意识了。

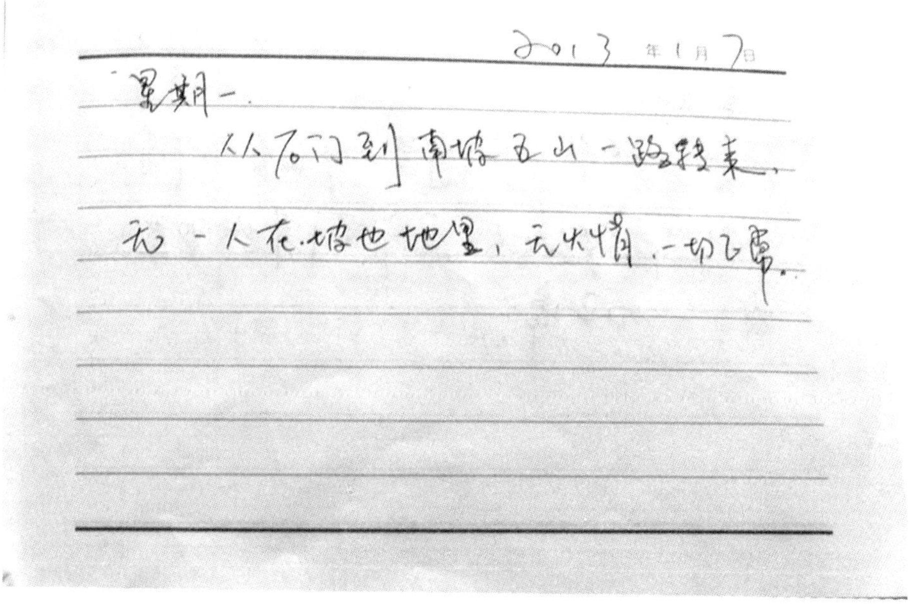

2013年1月7日

星期一

从石门到南坡玉山一路转来，无一人在坡地地里，无火情，一切正常。

图10-5　周王亮巡山护林日志（1月6日／1月7日）

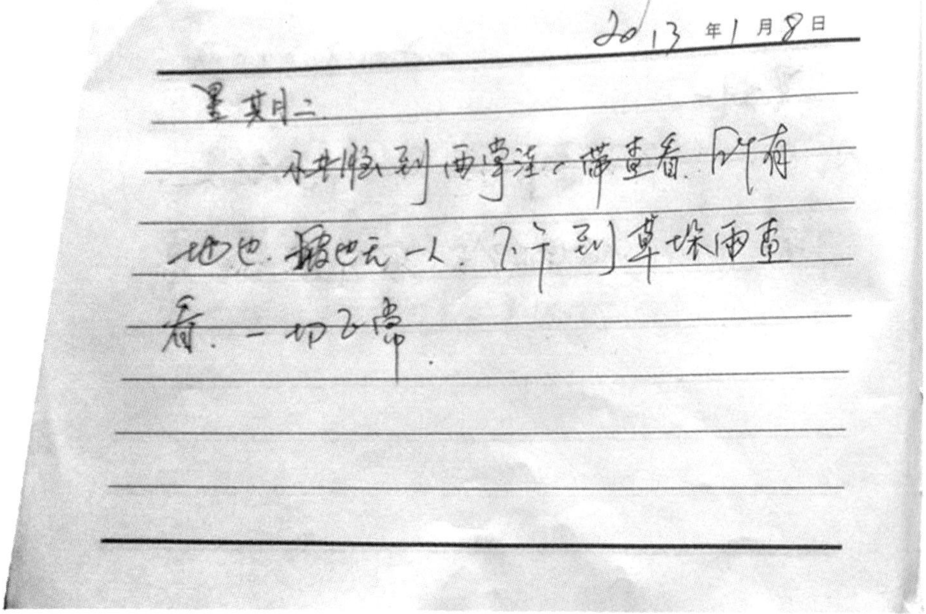

2013年1月8日

星期二

上午巡到西湾洼一带查看，所有地也，都巴云一人，下午到草垛西查看，一切正常。

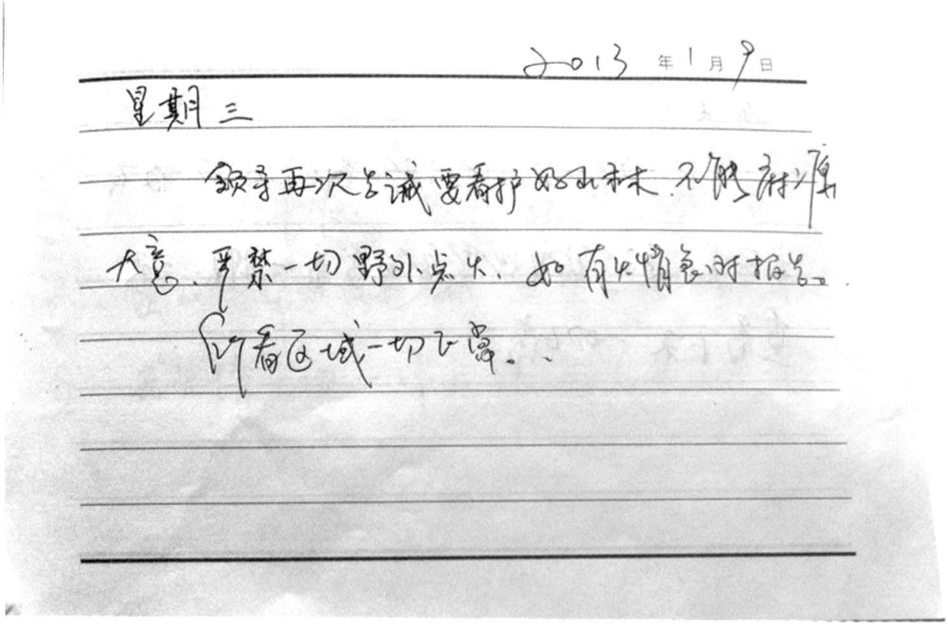

2013年1月9日

星期三

教育西次宣传要看护好山林，不能麻痹大意，严禁一切野外用火，如有火情及时报告。所看区域一切正常。

图10-6　周王亮巡山护林日志（1月8日／1月9日）

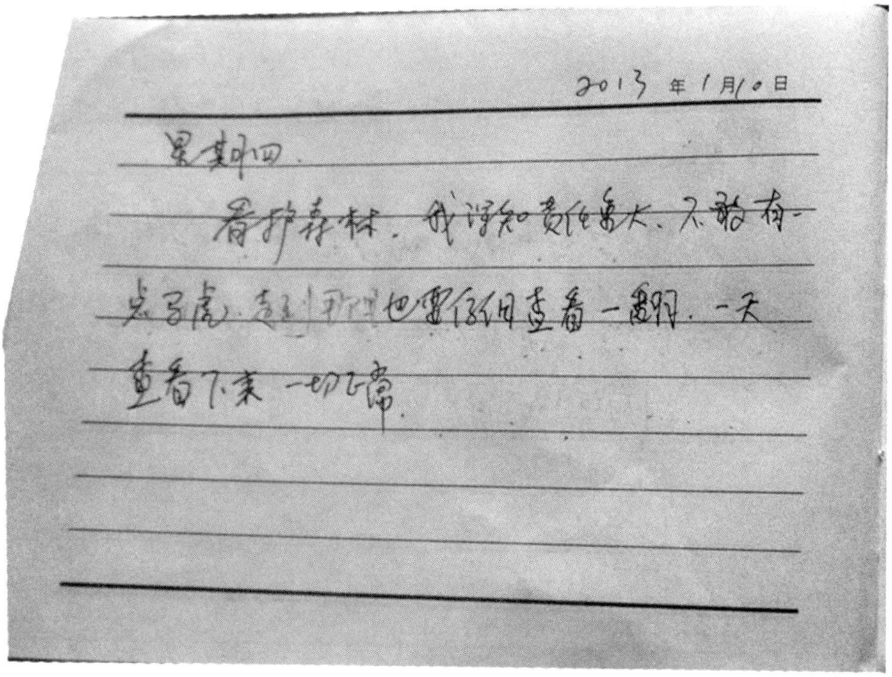

2013年1月10日

星期四.

看护森林，我深知责任重大，不敢有一点马虎，走到那里也要仔细查看一翻，一天查看下来一切正常.

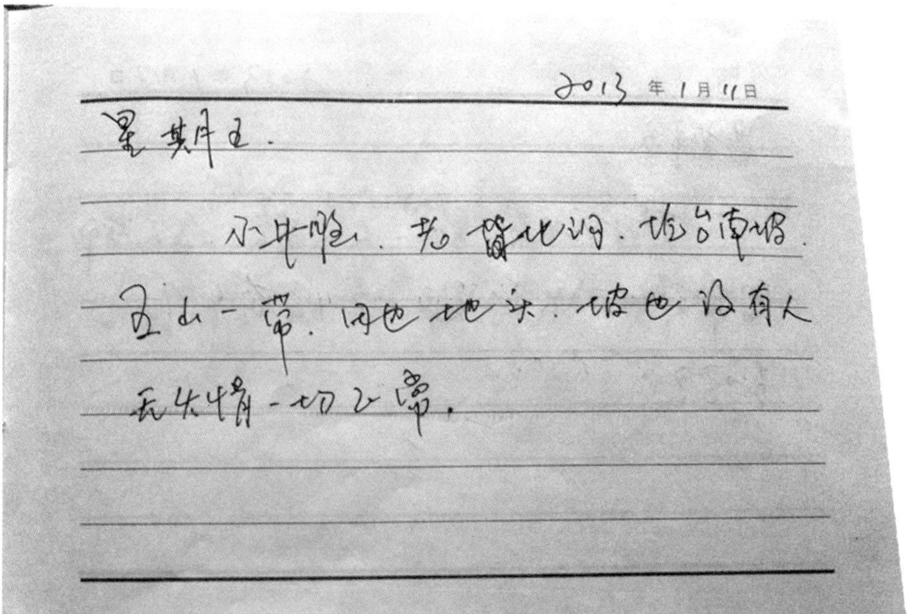

2013年1月11日

星期五.

小牛脸、老背化洞、塘台南塘、王山一带、田地地头、塘也没有人无失火情一切正常.

图10–7　周王亮巡山护林日志（1月10日／1月11日）

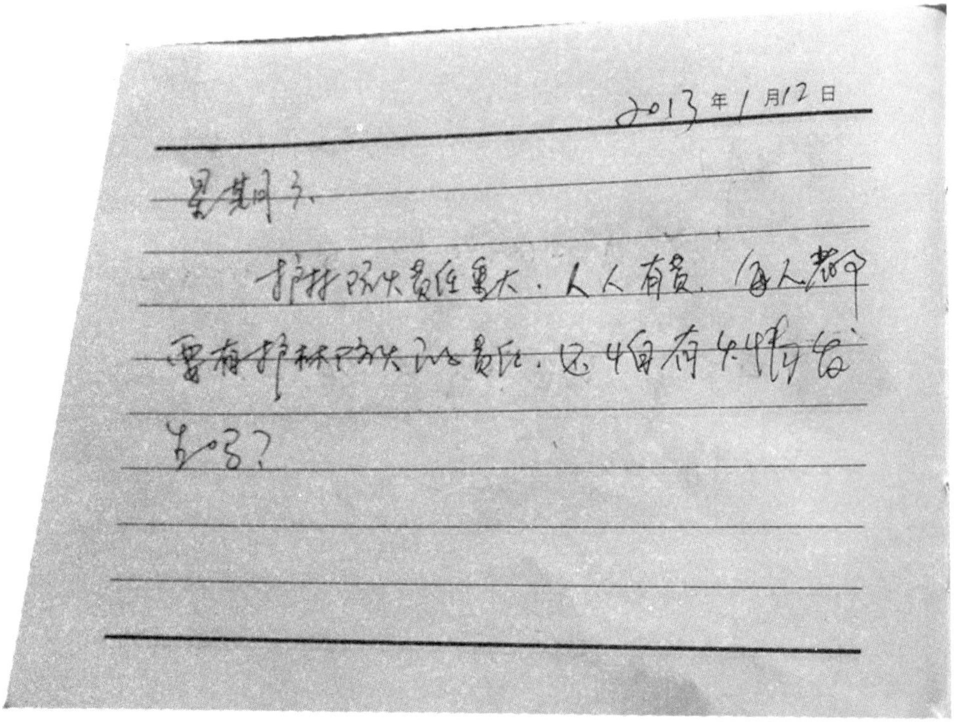

2013年1月12日

星期六

护林队员责任重大，人人有责，每人都要有护林队认识责任，还怕有火情发生吗？

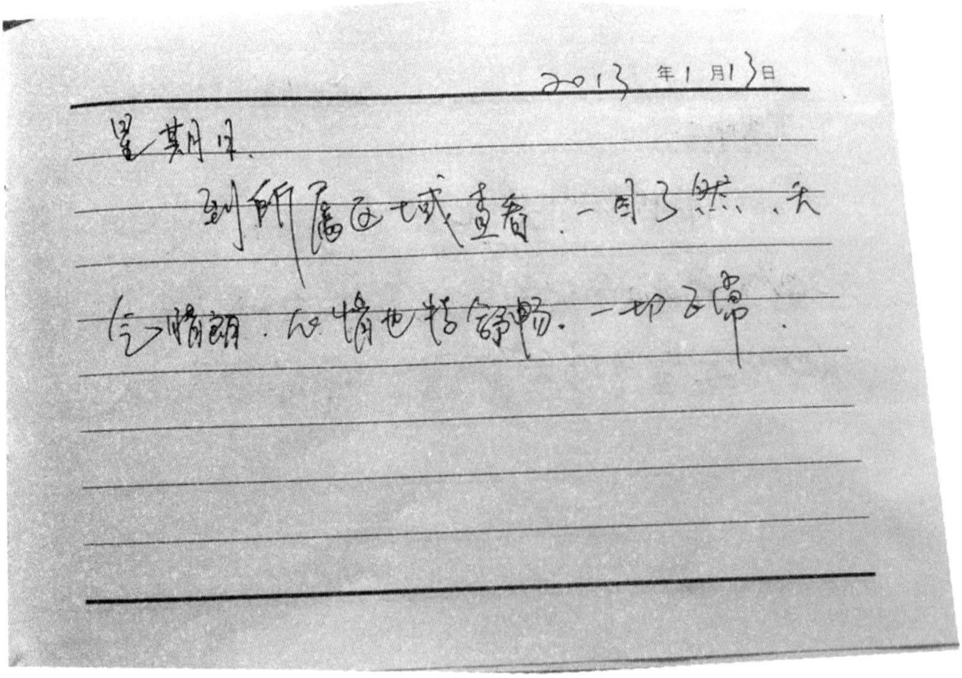

2013年1月13日

星期日

到所属区域查看，一目了然，天气晴朗，心情也特舒畅，一切正常。

图10–8　周王亮巡山护林日志（1月12日／1月13日）

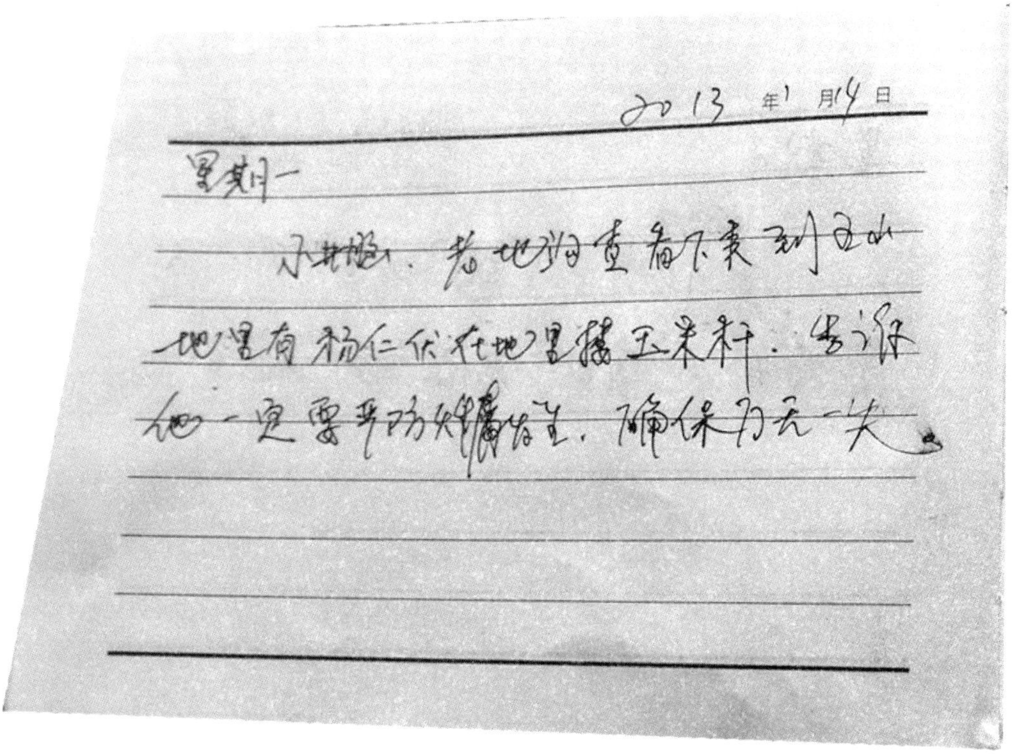

2013年1月14日

星期一

小井湾、老地湾查看下来到王山地里有杨仁伏在地里拣玉米杆，告诉他一定要严防火灾，确保万无一失。

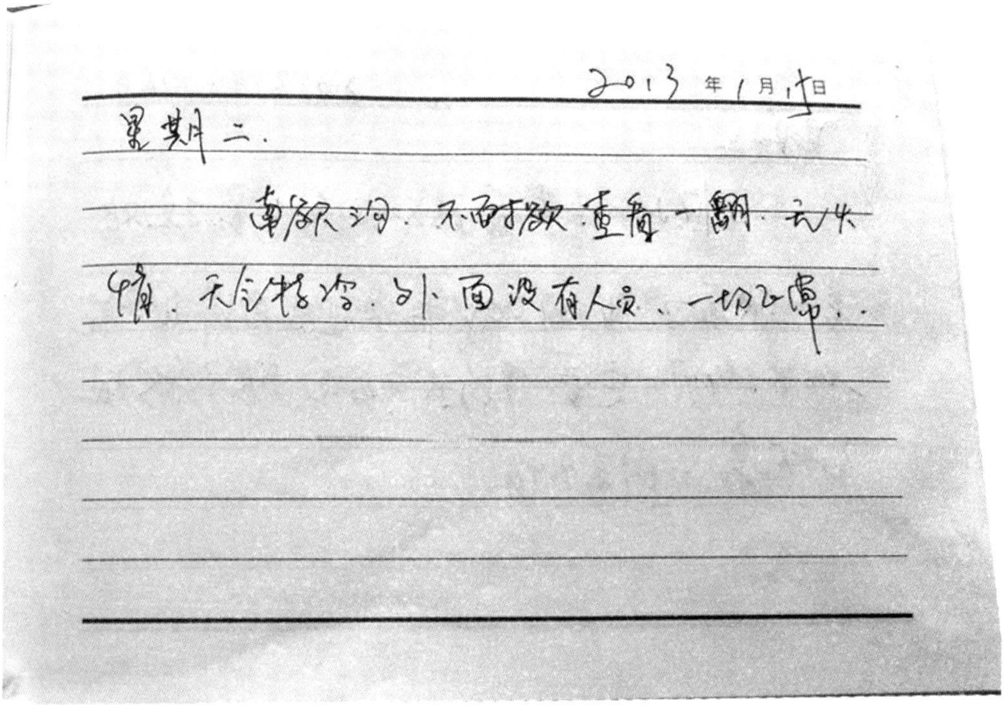

2013年1月15日

星期二。

草家洞、石面打数查看一翻，无火情，天气特冷，外面没有人员，一切正常……

图10-9　周王亮巡山护林日志（1月14日／1月15日）

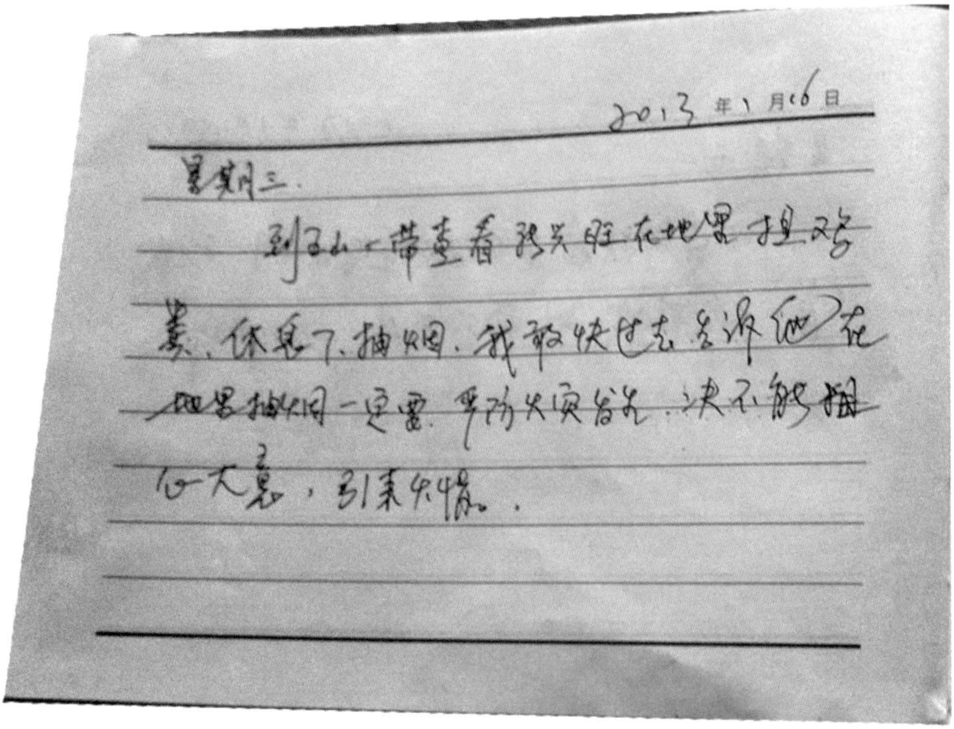

2013年1月16日

星期三。

到了山一带查看，张关旺在地里挖鸡粪，休息了，抽烟。我就快过去告诉他在地里抽烟一定要严防火灾发生，决不能粗心大意，引来火情。

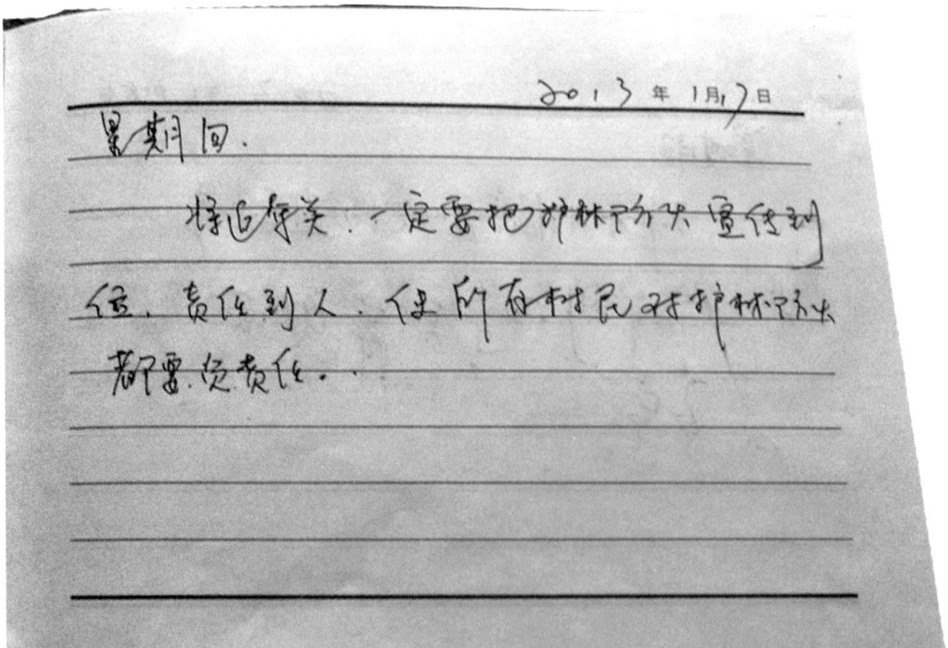

2013年1月17日

星期四。

特巡守关，一定要把护林防火宣传到位，责任到人，使所有村民对护林防火都要负责任。

图10-10　周王亮巡山护林日志（1月16日／1月17日）

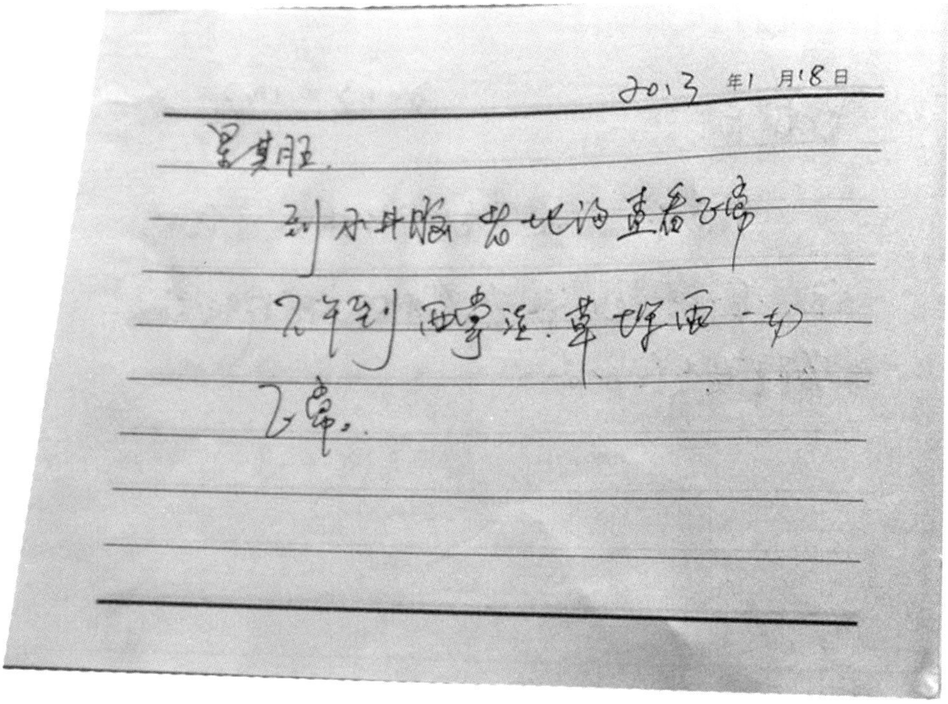

2013年1月18日

星期五

到永丰坳、黄竹洞查看正常

下午到西亭洼、草坪面一切

正常。

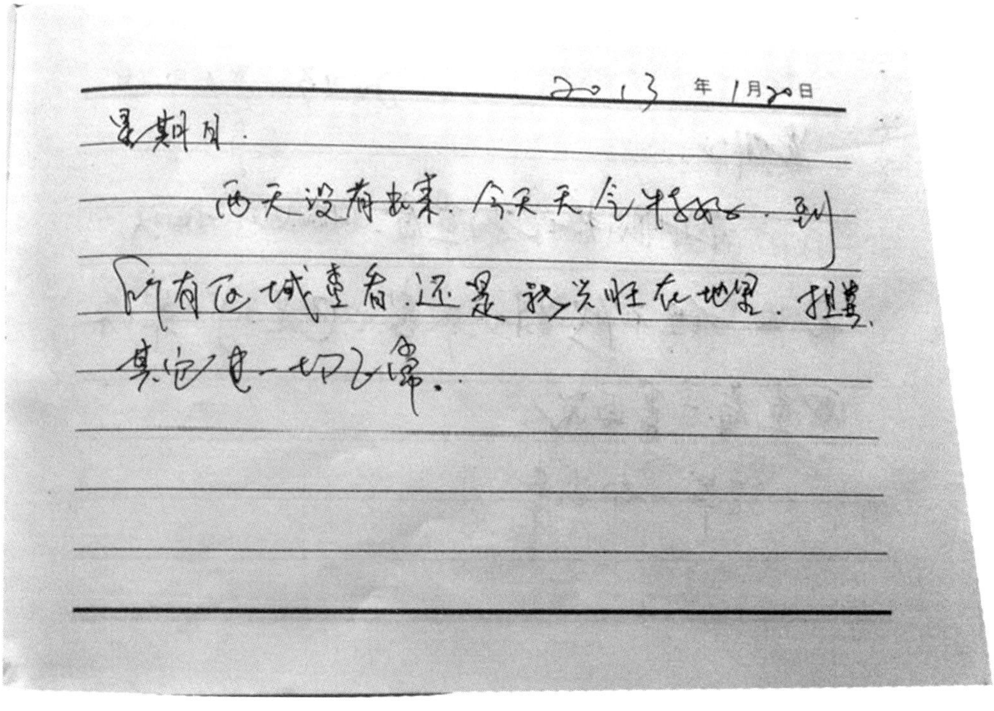

2013年1月20日

星期日

雨天没有出来。今天天气转好。到

所有区域查看。还是积雪在地里。据

其它也一切正常。

图10-11　周王亮巡山护林日志（1月18日 / 1月20日）

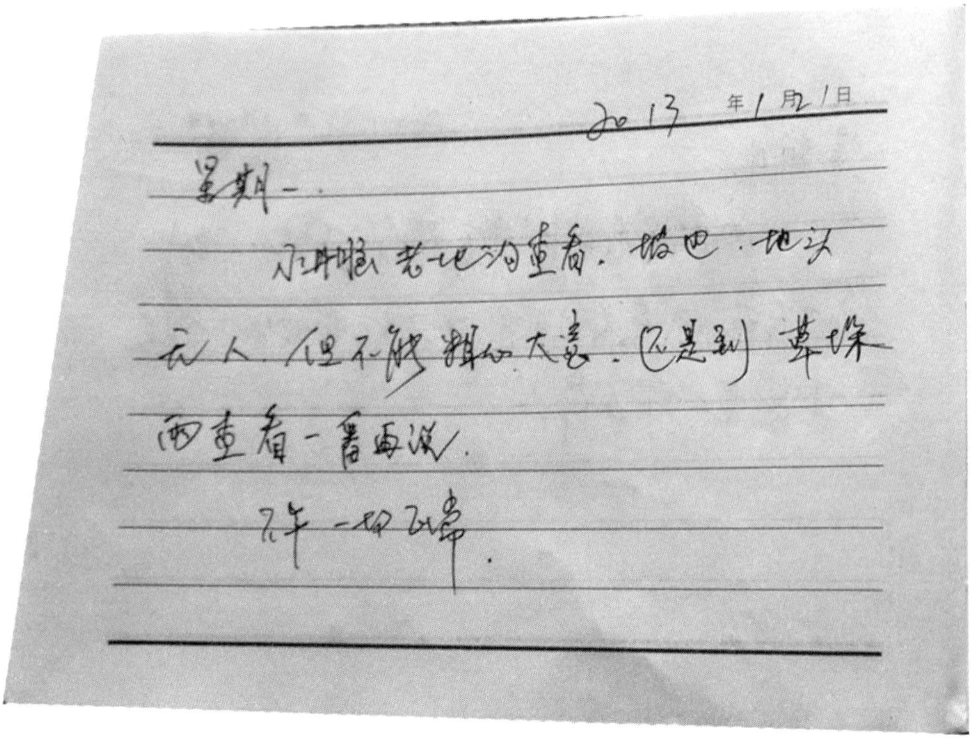

2013年1月21日

星期一.

[illegible]查看. [illegible] 地头无人. 但不能[illegible]大意. [illegible]查看一番无误.

下午 一切正常.

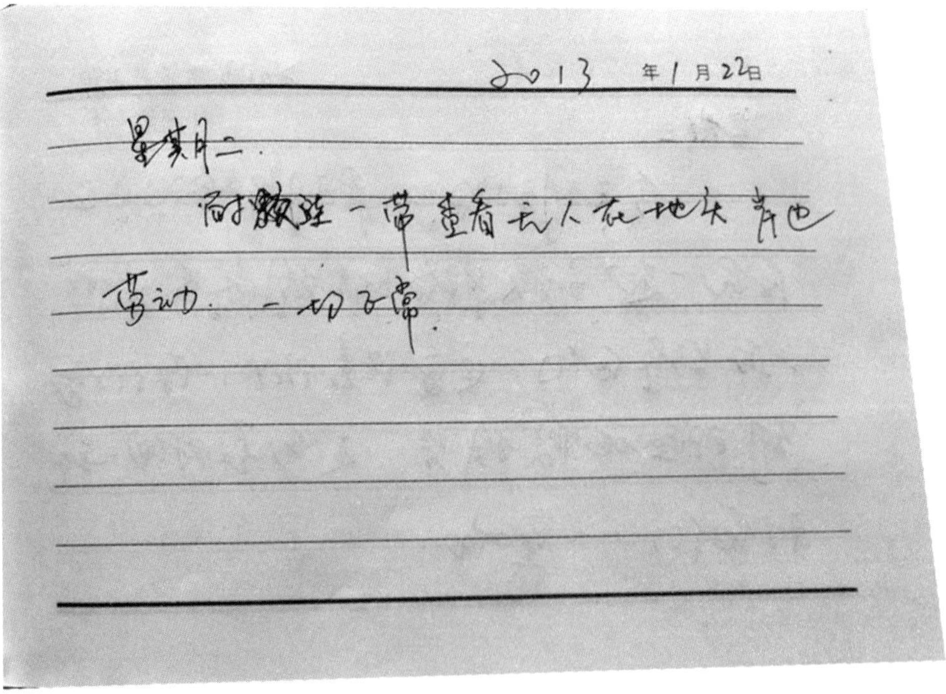

2013年1月22日

星期二.

[illegible]一带 查看无人在地头[illegible]劳动. 一切正常.

图10–12　周王亮巡山护林日志（1月21日 / 1月22日）

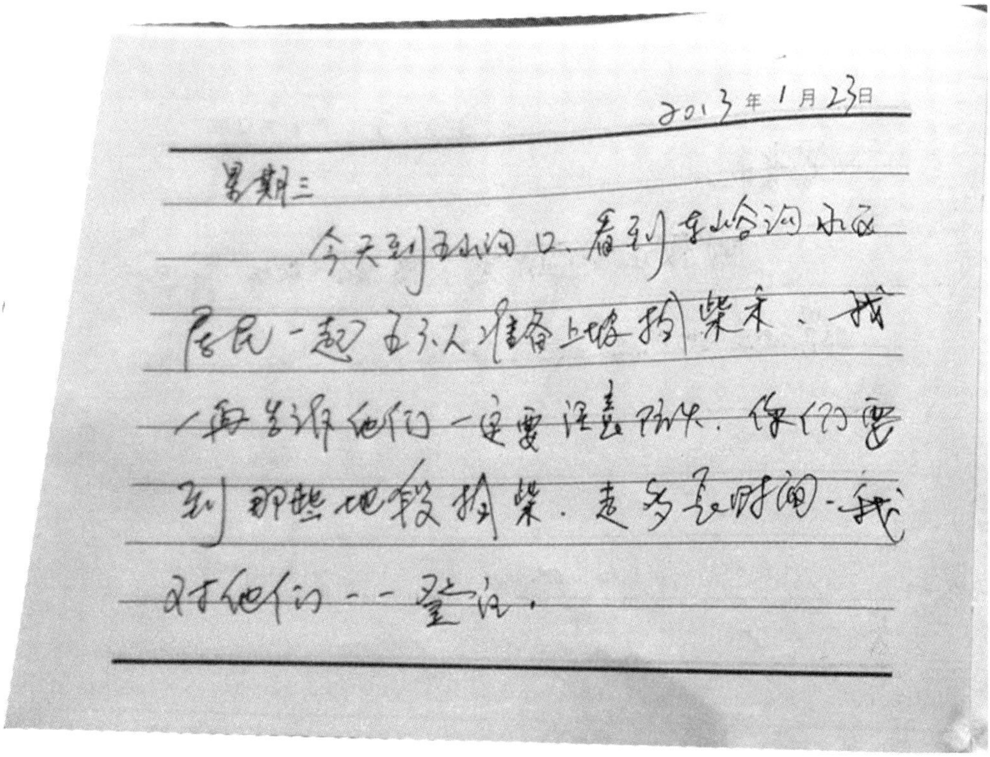

2013年1月23日

星期三

今天到王山沟口，看到东岭沟小区居民一起五个人准备上坡拾柴禾，我一再告诉他们一定要注意防火，你们要到那些地段拾柴，走多长时间，我对他们一一登记。

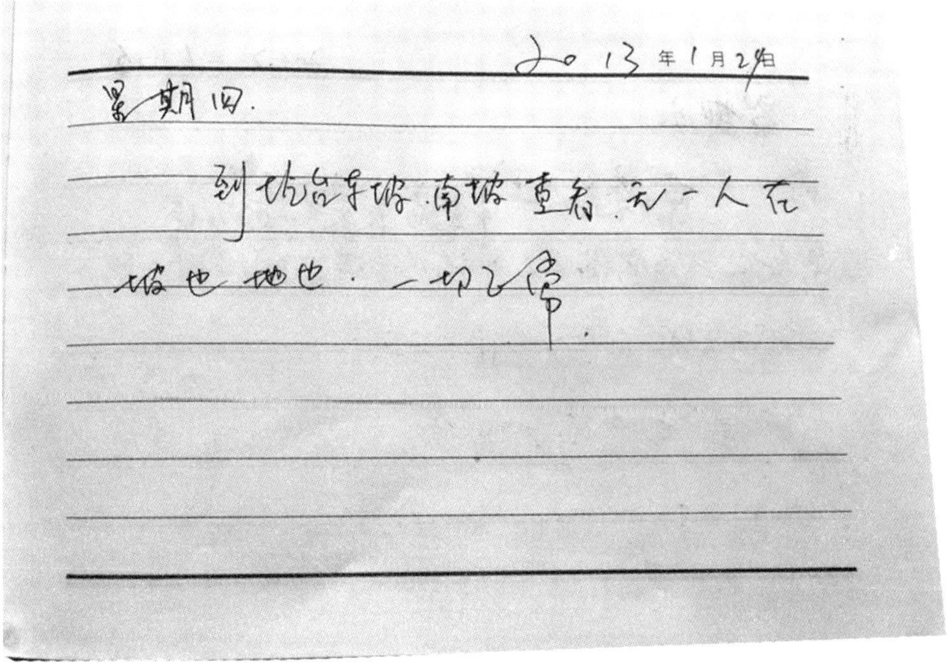

2013年1月24日

星期四

到坟台东坡、南坡查看，无一人在坡也地也，一切正常。

图10-13　周王亮巡山护林日志（1月23日 / 1月24日）

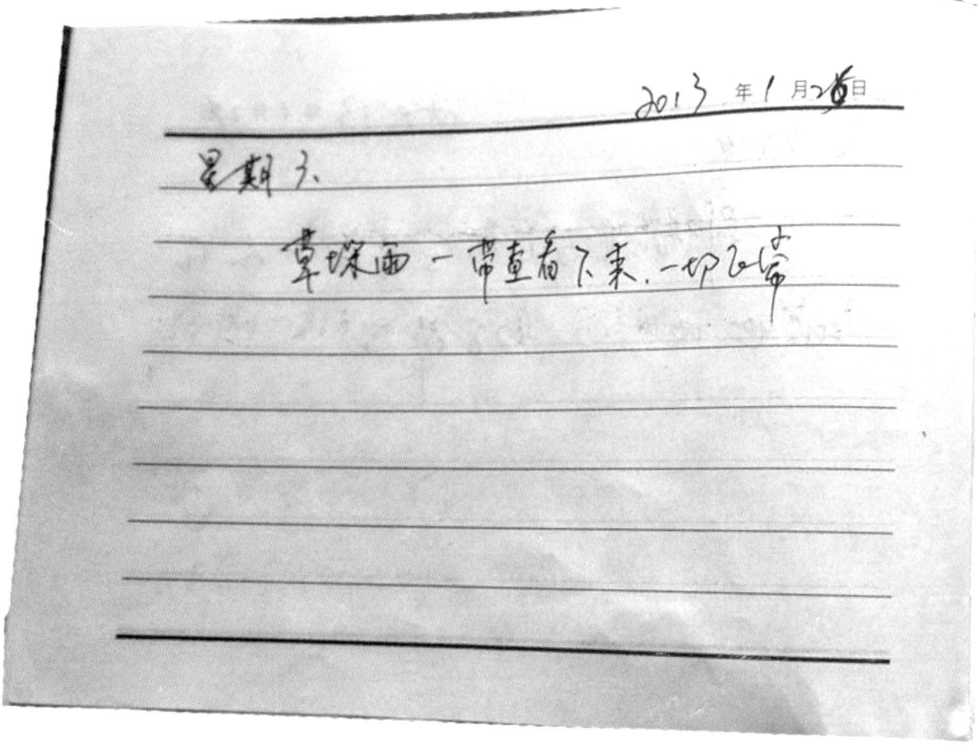

2013 年 1 月 26 日

星期六

章塔西一带查看下来，一切正常

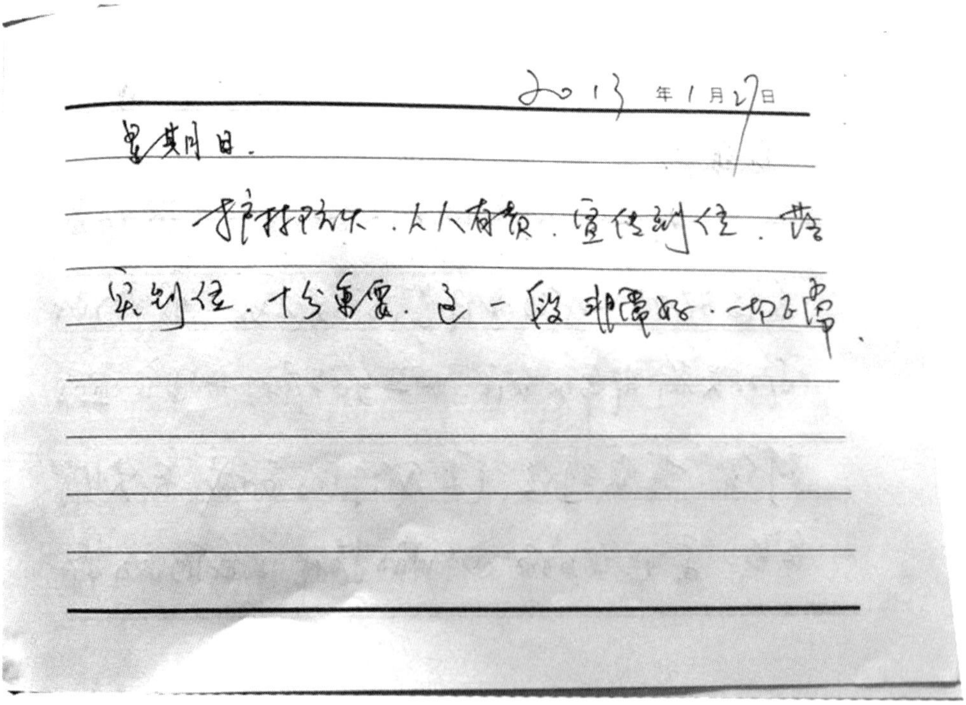

2013 年 1 月 27 日

星期日。

护林防火，人人有责，宣传到位，落实到位，十分重要，这一段非常好，一切正常。

图10-14　周王亮巡山护林日志（1月26日／1月27日）

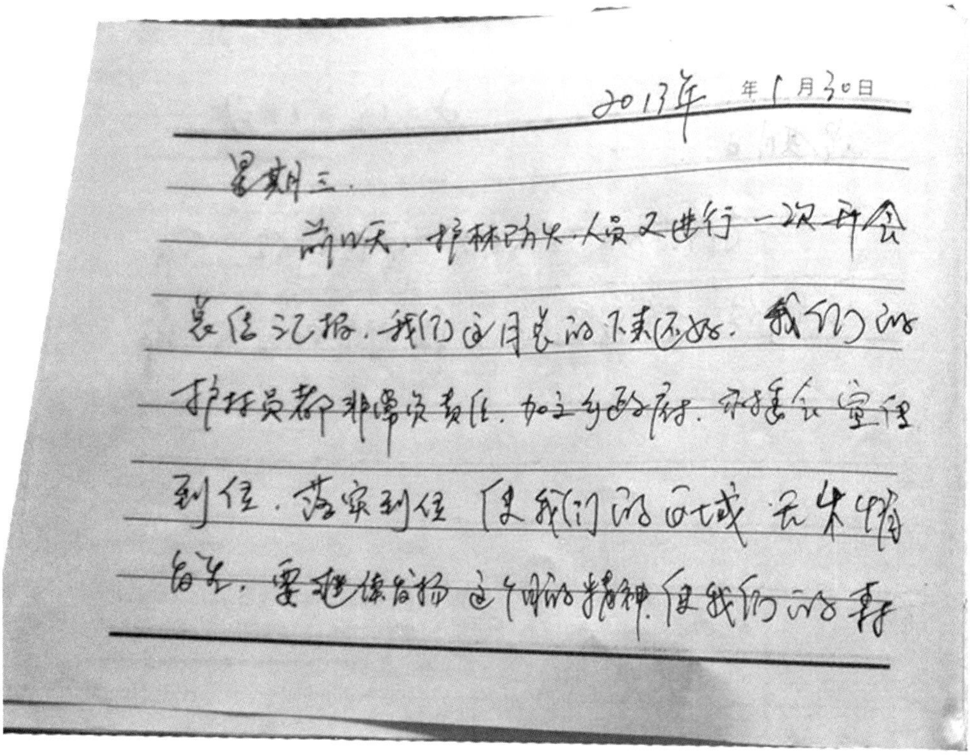

2013年1月30日

星期三。

前些天，护林防火人员又进行一次开会集体汇报，我们这片区的下来还好。我们的护林员都非常负责任，加上乡政府、村委会宣传到位，落实到位，使我们的区域无火情发生。要继续发扬这个好的精神，使我们的森

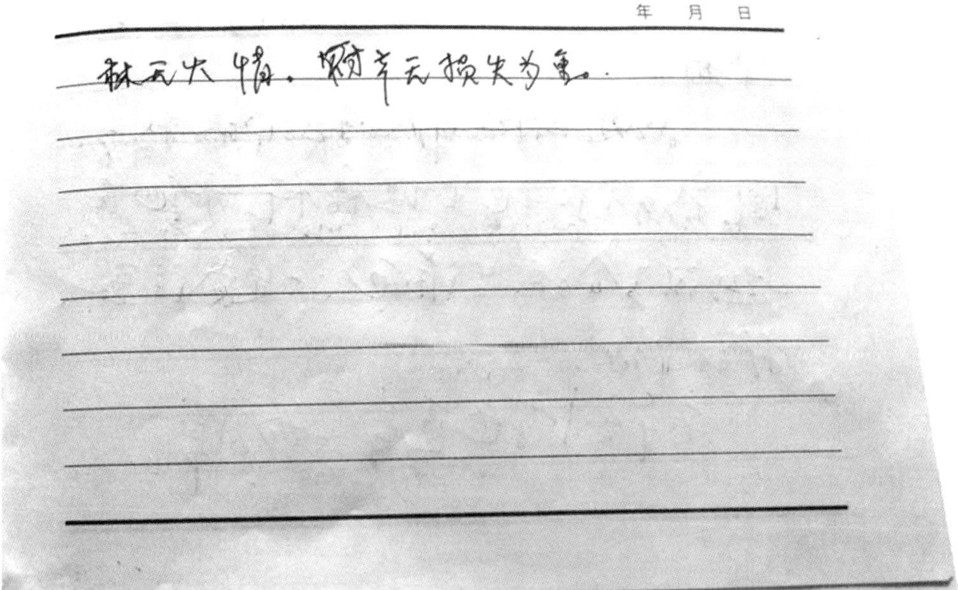

年 月 日

林无火情，减少无损失为重。

图10-15　周王亮巡山护林日志（1月30日）

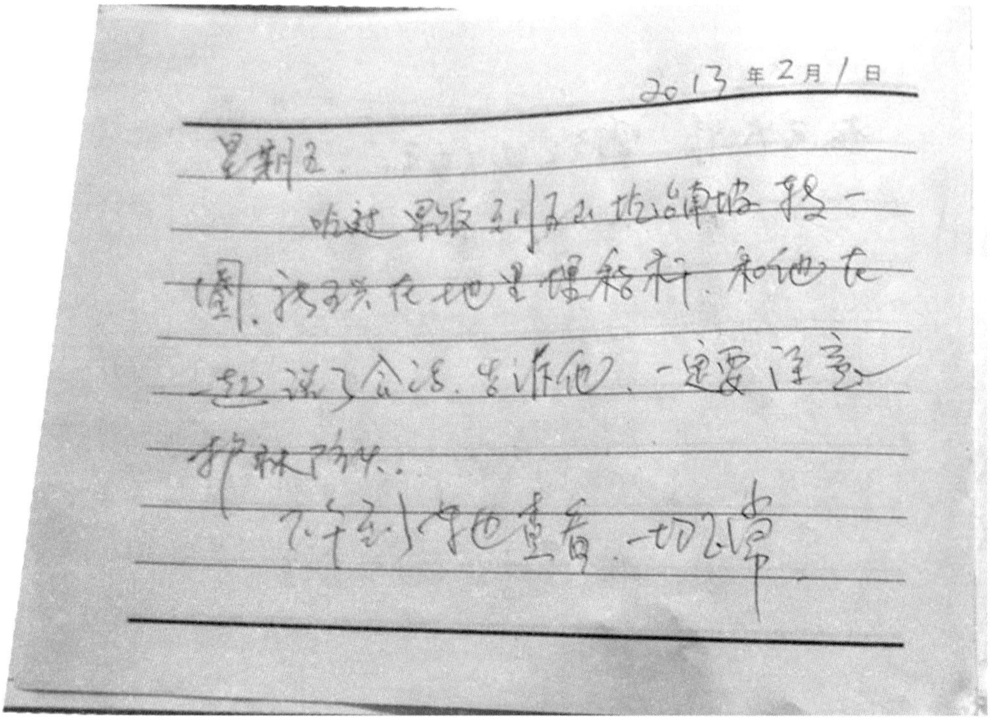

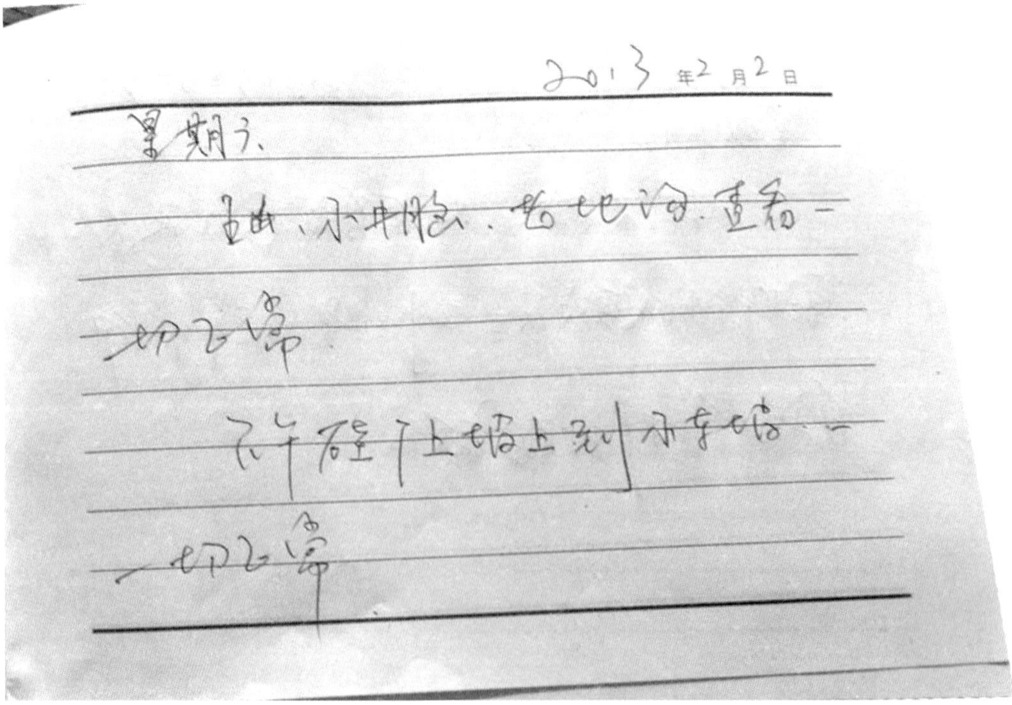

图10-16　周王亮巡山护林日志（2月1日／2月2日）

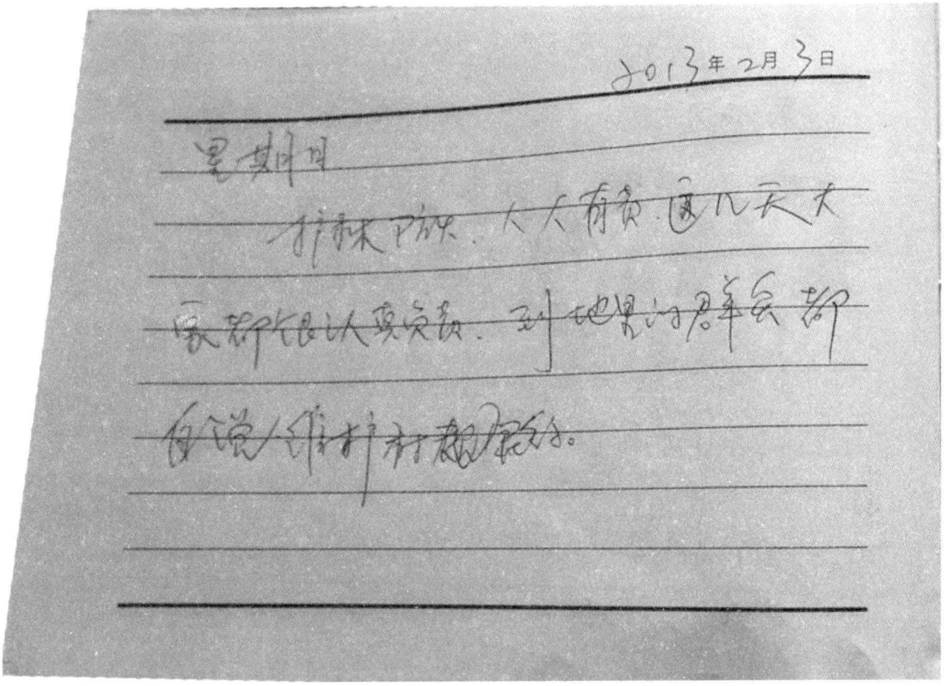

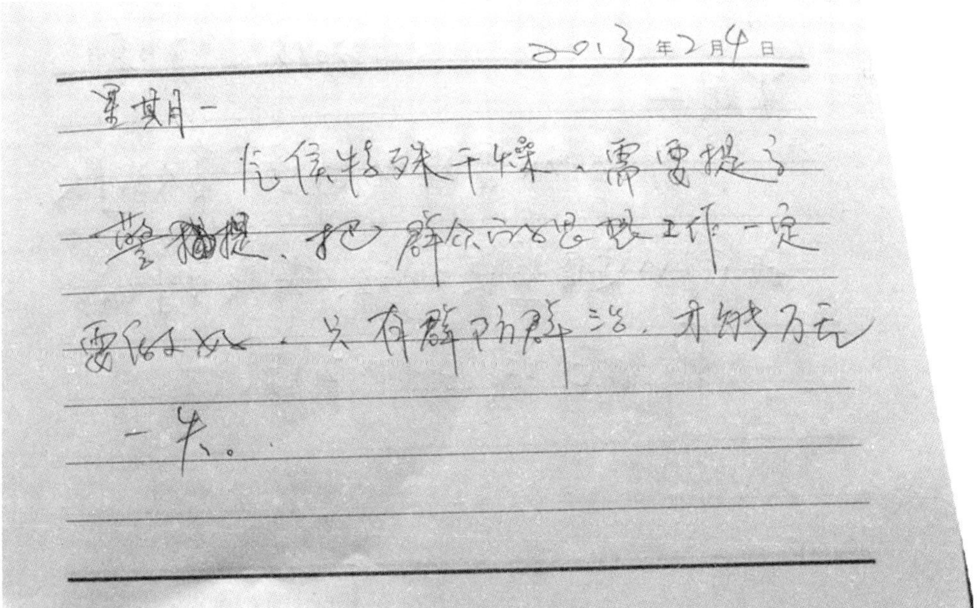

图10-17　周王亮巡山护林日志（2月3日／2月4日）

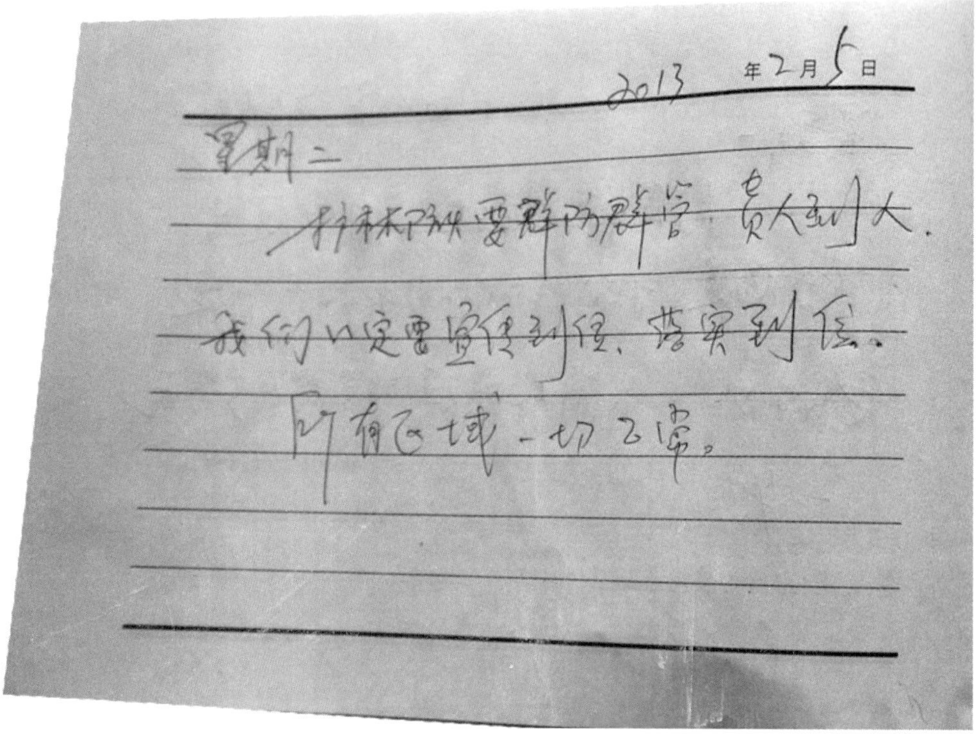

2013年2月5日

星期二

护林队要群防群管，责任到人。我们一定要宣传到位、落实到位。

所有区域一切正常。

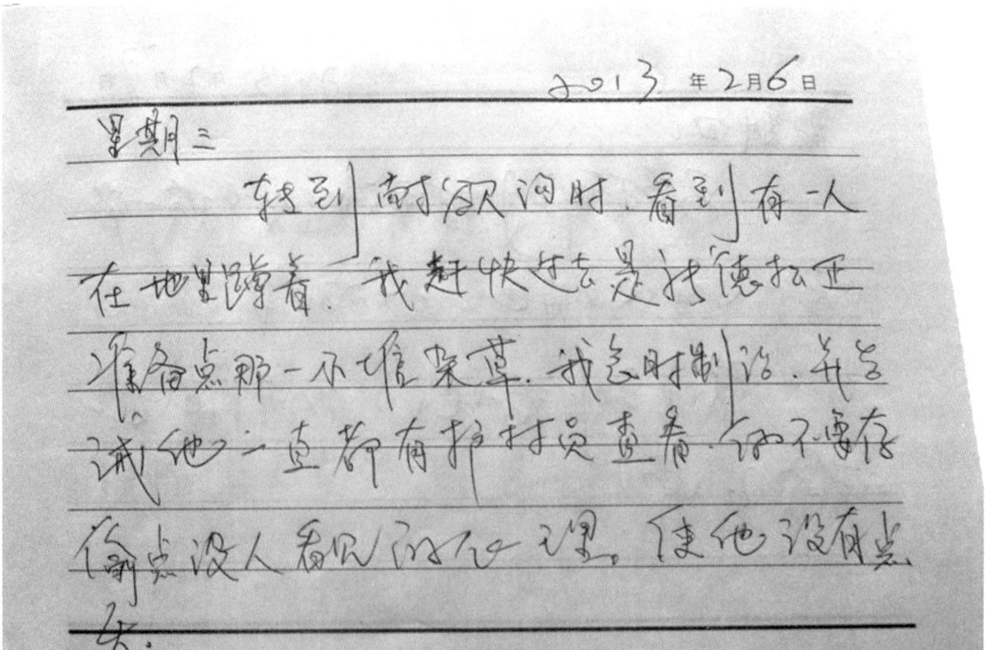

2013年2月6日

星期三

转到南村沟时，看到有一人在地里蹲着，我赶快过去是村德拉正准备点那一小堆柴草，我及时制止，并告诫他一直都有护林员查看，你不要存侥幸没人看见的心理，使他没有点火。

图10–18　周王亮巡山护林日志（2月5日／2月6日）

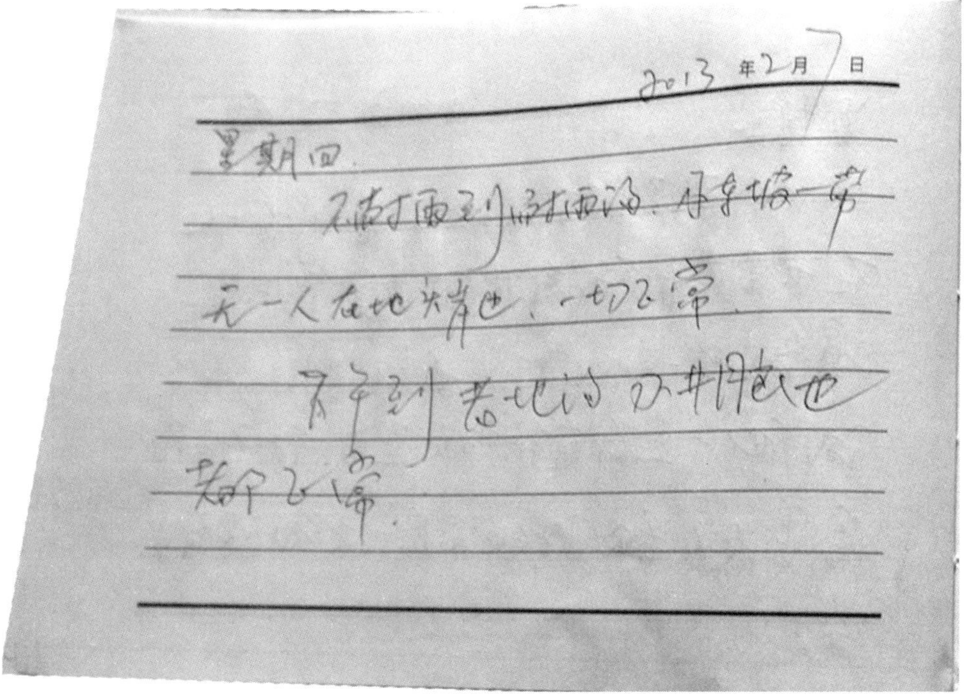

2013年2月7日

星期四

不停打雨到山下打雨路，今年这一带无一人在地烧山，一切正常。

下午到后山的林地界山也都正常。

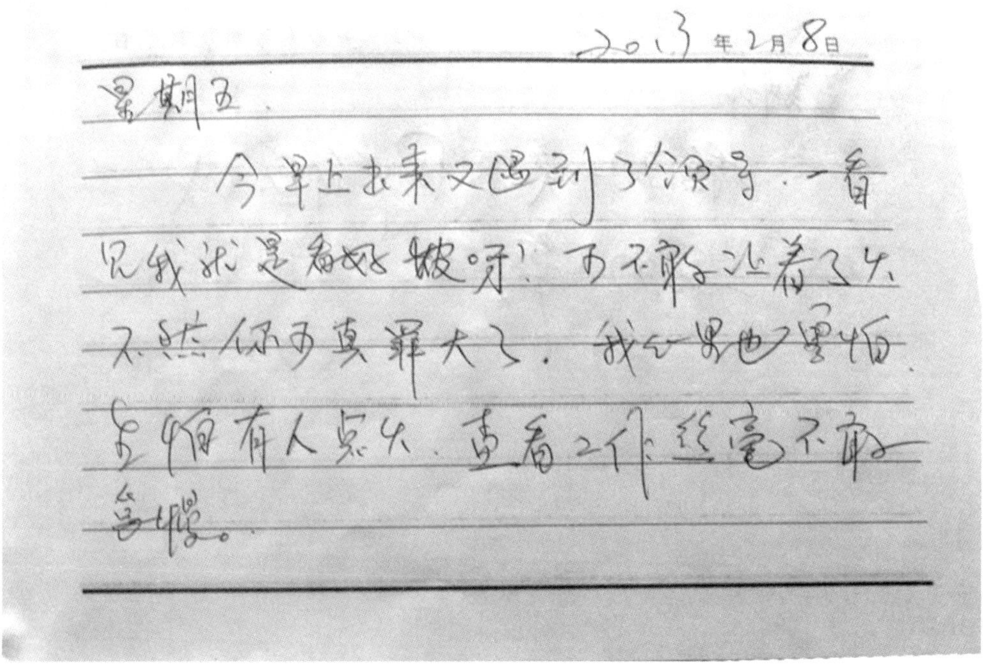

2013年2月8日

星期五

今早上出来又遇到了冷天，一看见我就是看好坡呀，下不能沾着了火，不然你可真罪大了。我心里也是害怕，更怕有人点火，查看工作丝毫不能马虎。

图10–19　周王亮巡山护林日志（2月7日／2月8日）

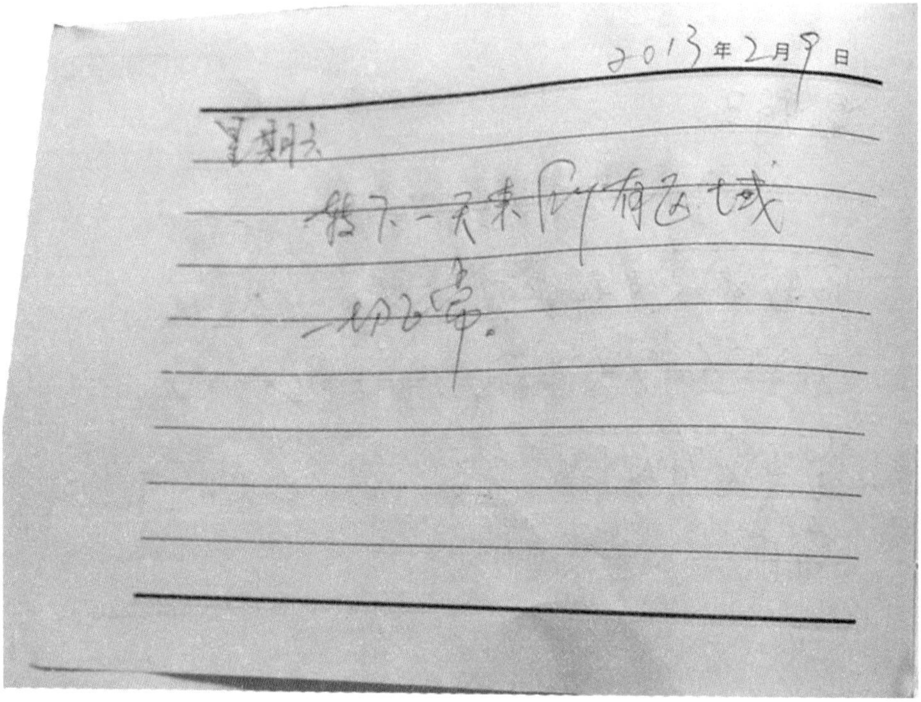

2013年2月9日

星期六

整个一天来所有区域一切正常。

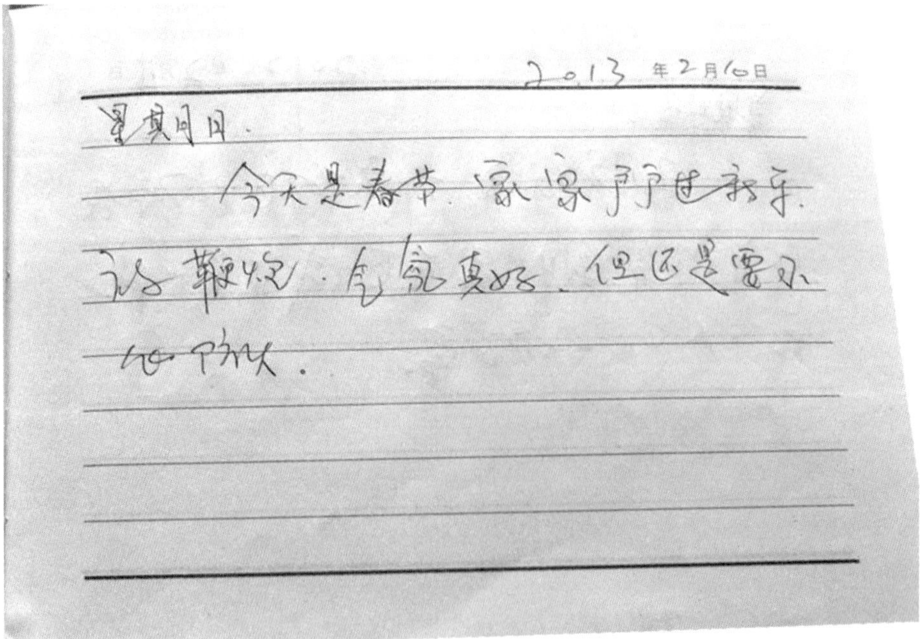

2013年2月10日

星期日。

今天是春节，家家户户过新年，放鞭炮，气氛真好，但还是要小心防火。

图10–20　周王亮巡山护林日志（2月9日／2月10日）

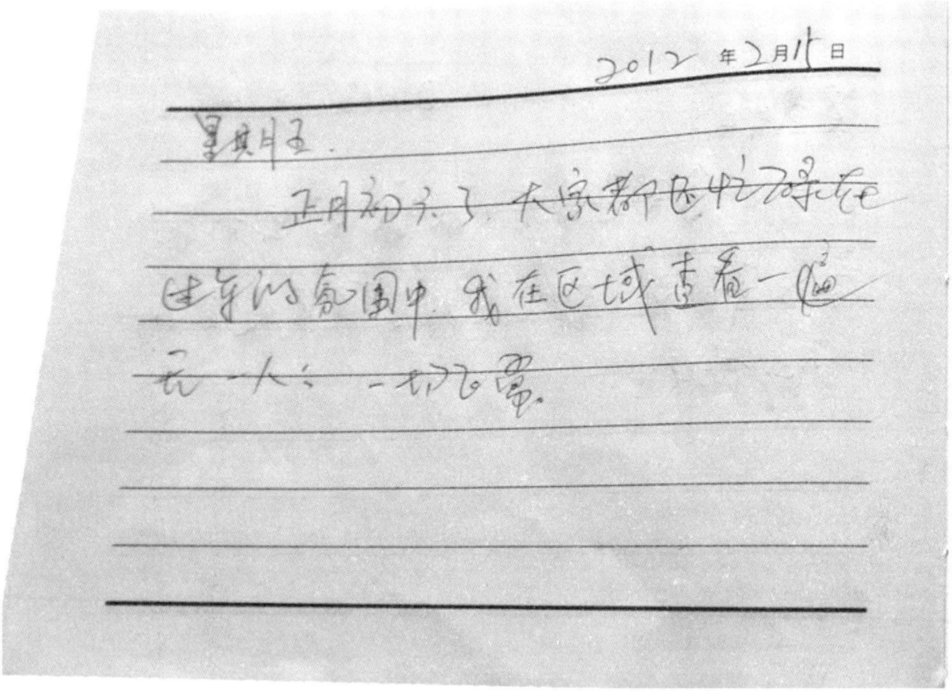

2012年2月15日

星期三．

正月初六了，大家都还沉浸在过年的氛围中，我在区域查看一遍，无一人，一切正常。

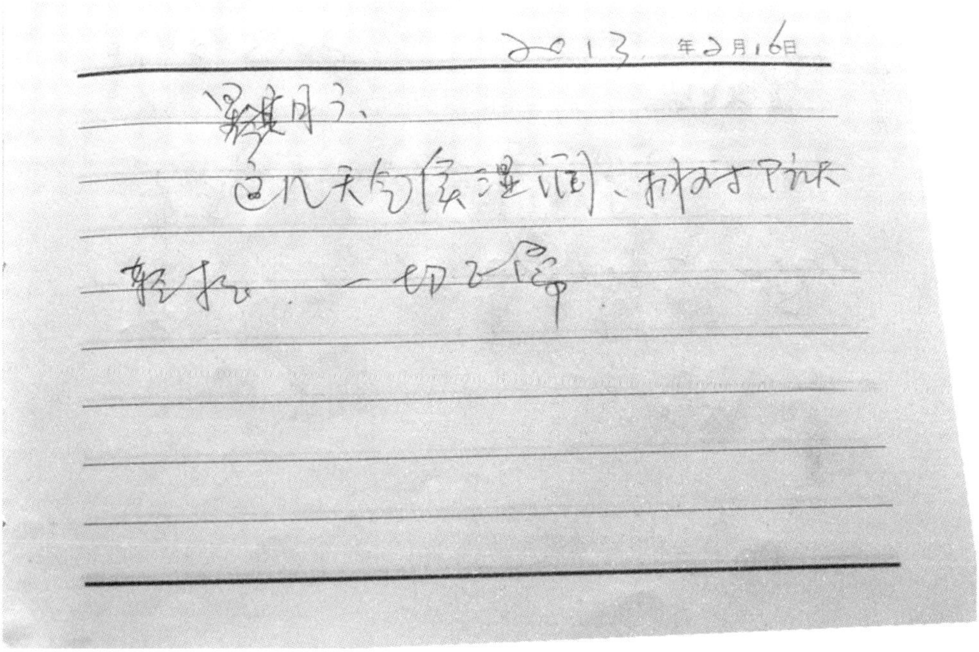

2013年2月16日

星期四、

这几天气候湿润、护林才比较轻松．一切正常．

图10–21　周王亮巡山护林日志（2月15日／2月16日）

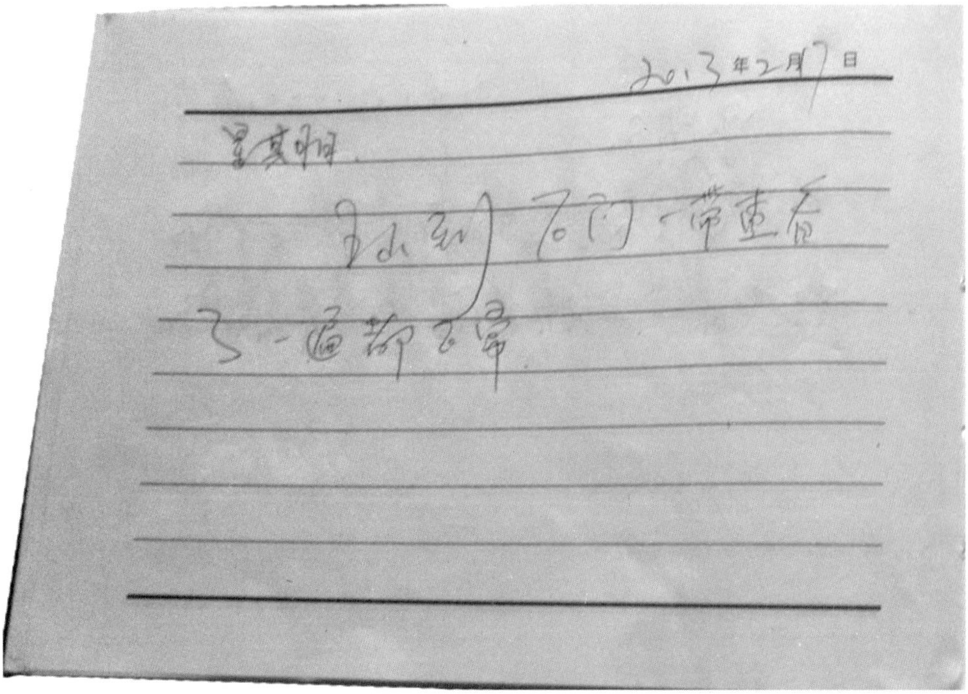

2013年2月17日

星期日

巡山到石门一带查看了一遍都正常

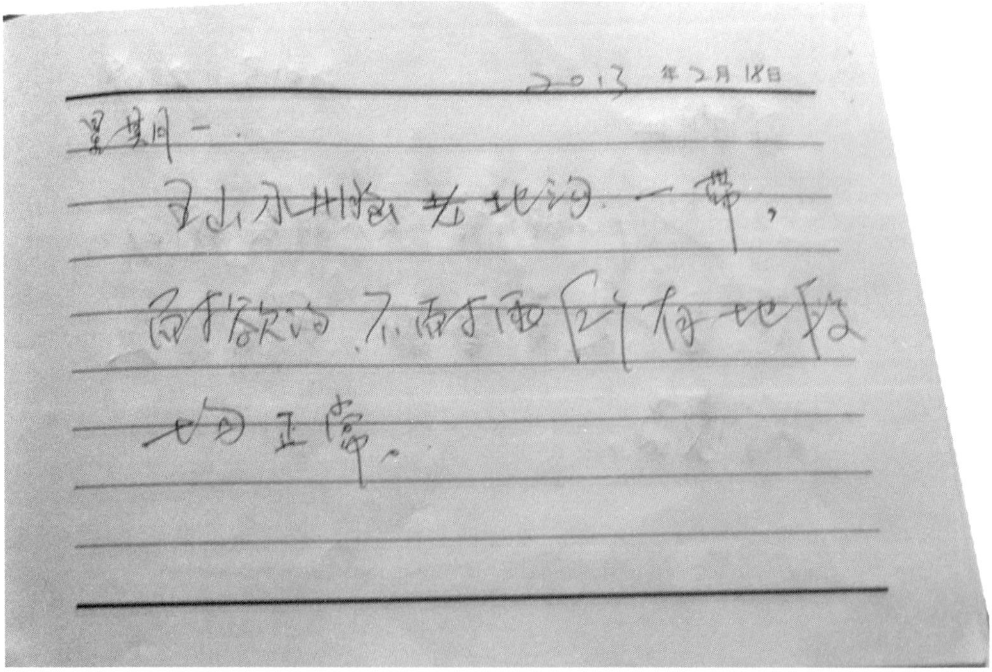

2013年2月18日

星期一

巡山水井冲至北沟一带，

白树坑沟、石窑村面所有地段

均正常。

图10–22 周王亮巡山护林日志（2月17日／2月18日）

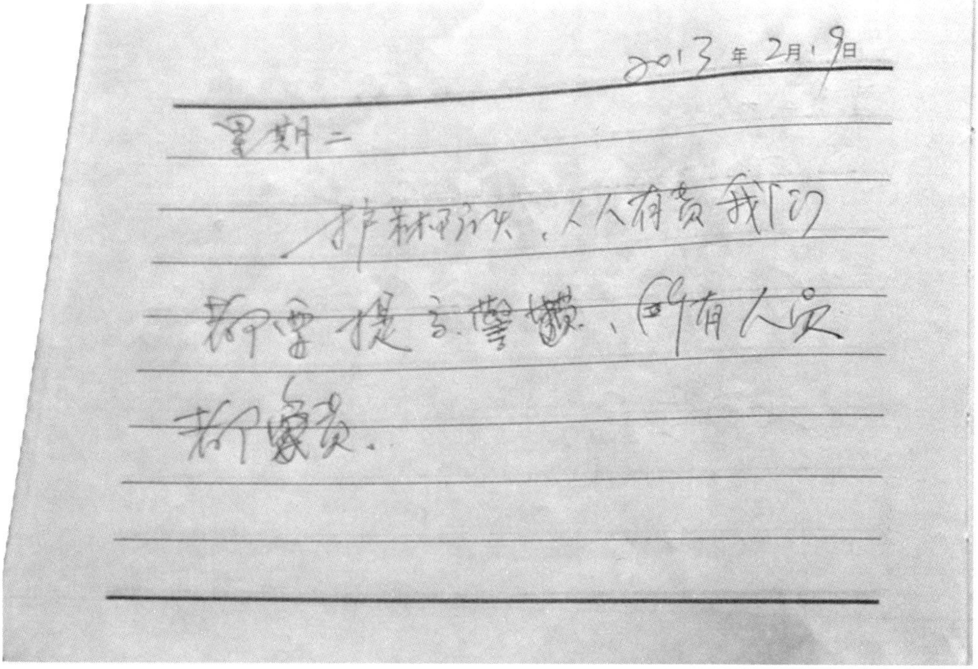

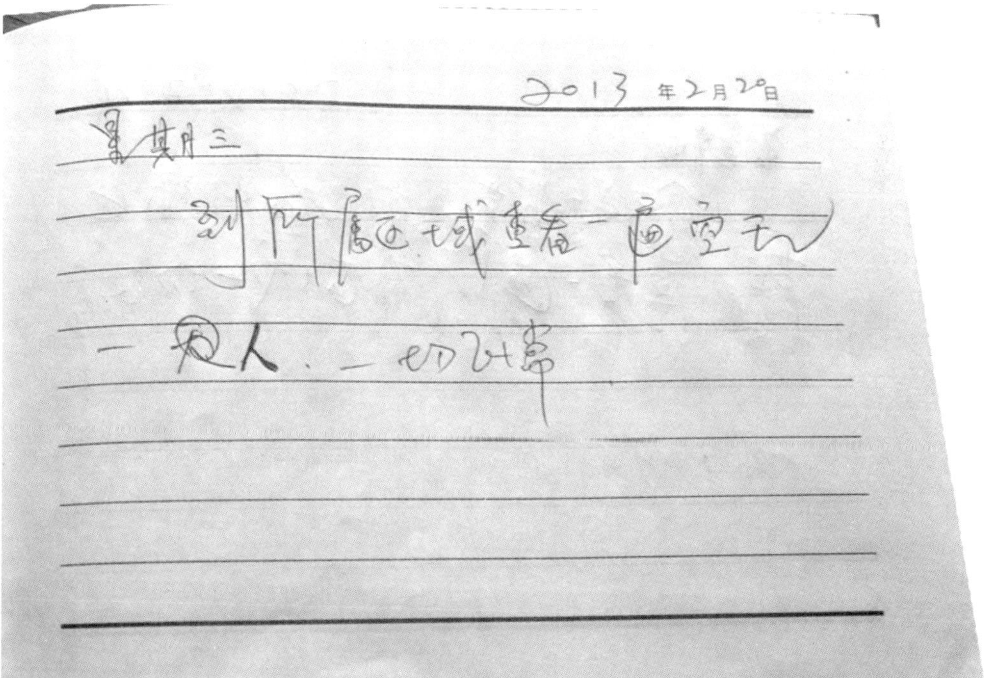

图10–23　周王亮巡山护林日志（2月19日 / 2月20日）

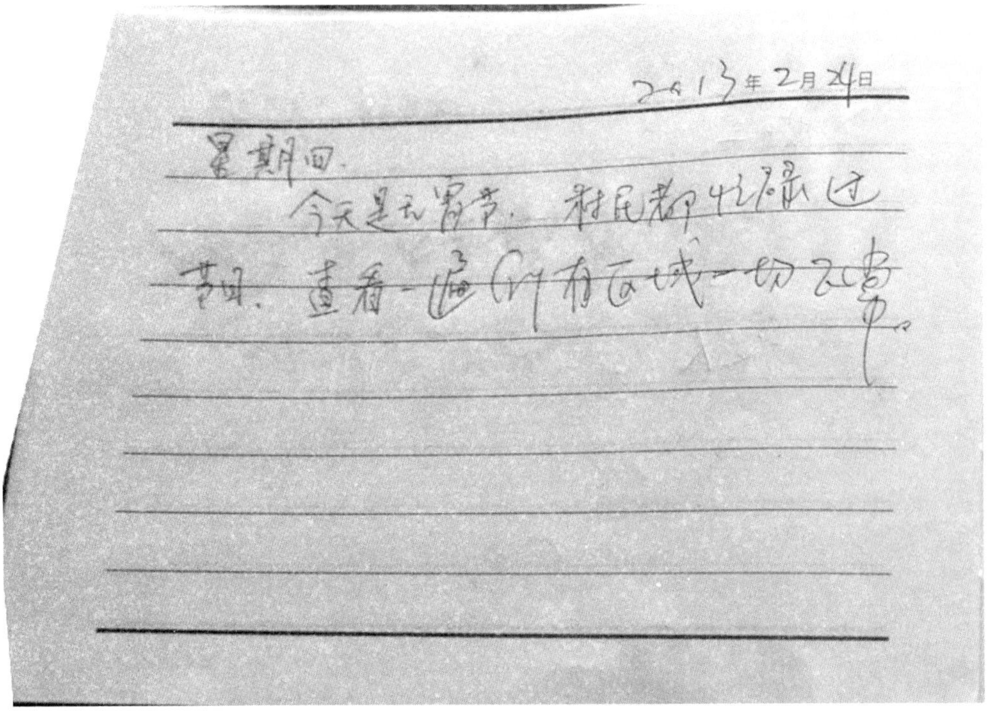

2013年2月24日

星期四。

今天是元宵节，村民都忙碌过节，查看一遍所有区域一切正常。

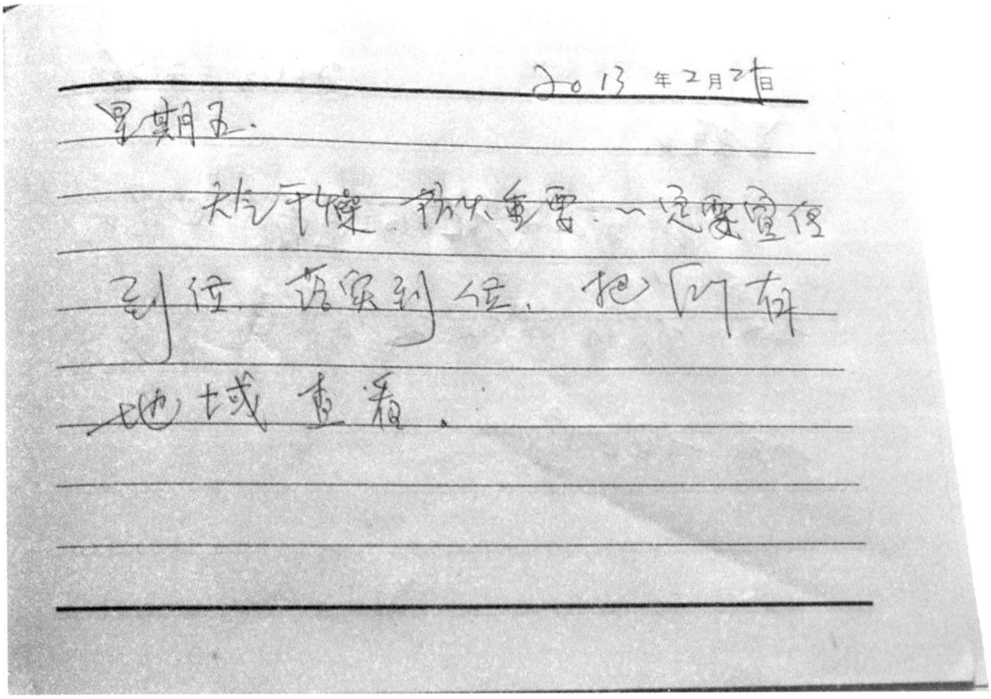

2013年2月25日

星期五。

天气干燥，防火重要，一定要宣传到位，落实到位，把所有地域查看。

图10-24　周王亮巡山护林日志（2月24日／2月25日）

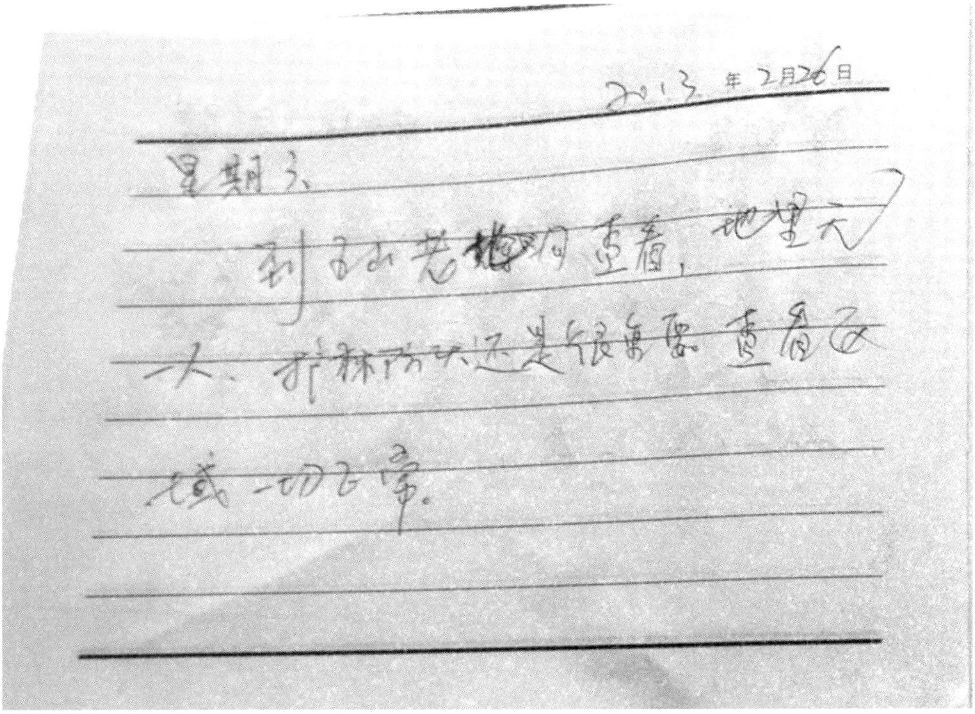

2013年2月26日

星期六

到王山老君洞查看，地里无人、护林防火还是很重要。查看区域一切正常。

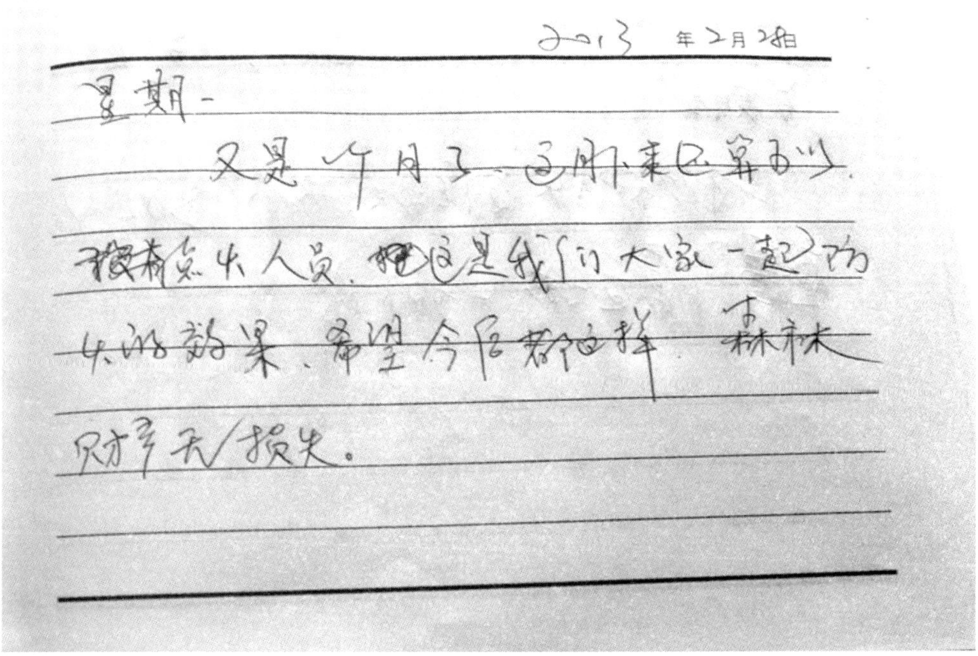

2013年2月28日

星期一

又是个月了，这几天区算可以，搜查点火人员，这是我们大家一起防火的结果、希望今后都这样，森林财产无损失。

图10-25　周王亮巡山护林日志（2月26日／2月28日）

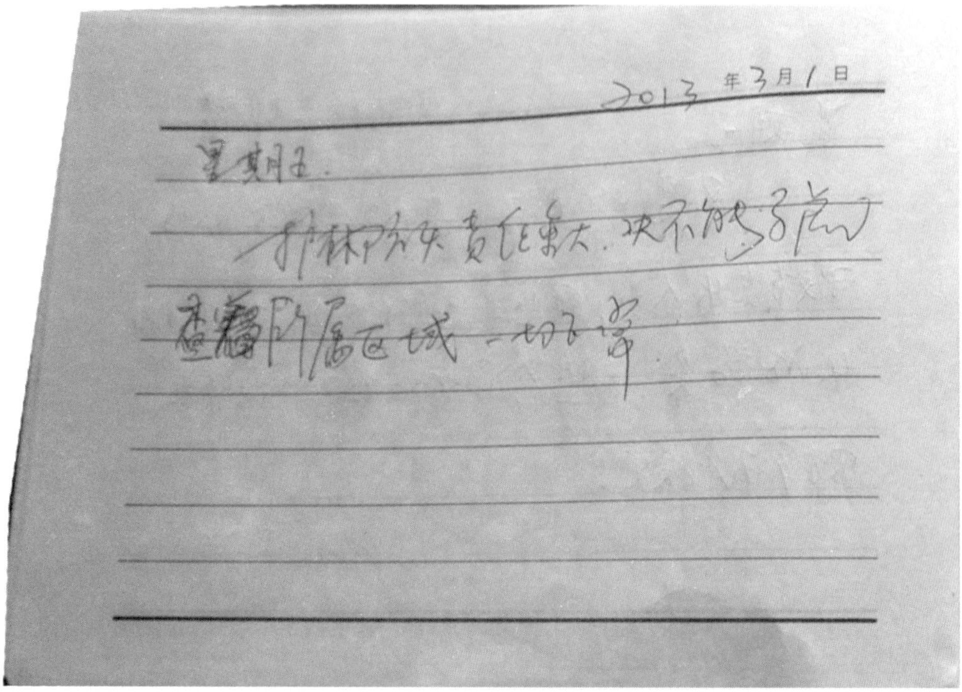

2013年3月1日

星期五.

护林防火责任重大，决不能马虎

查看所属区域一切正常.

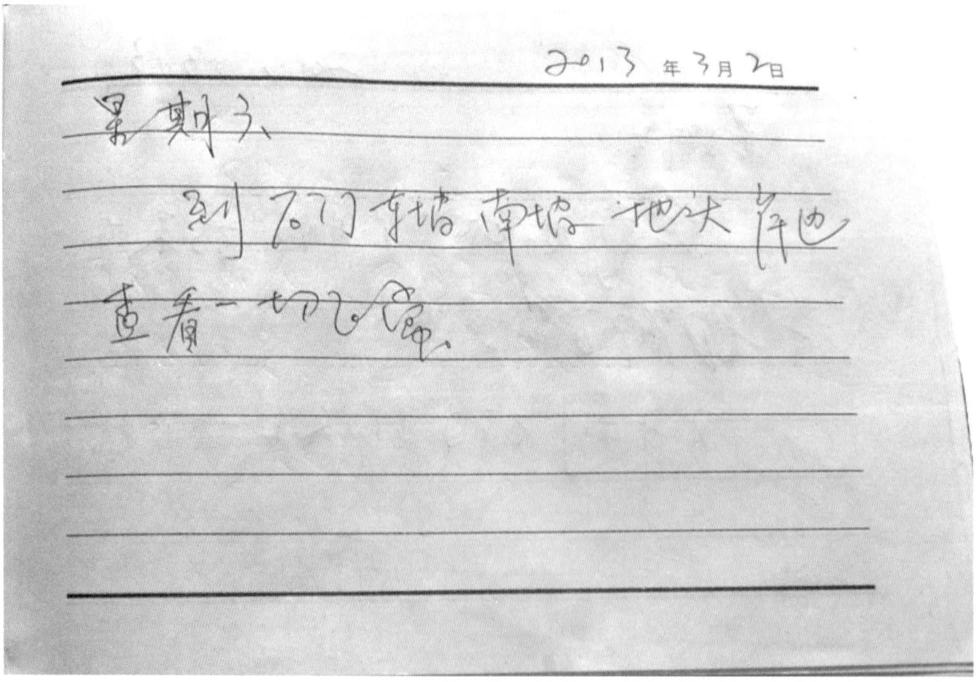

2013年3月2日

星期六、

到石门东塔南塔一地块山地

查看一切正常。

图10–26　周王亮巡山护林日志（3月1日 / 3月2日）

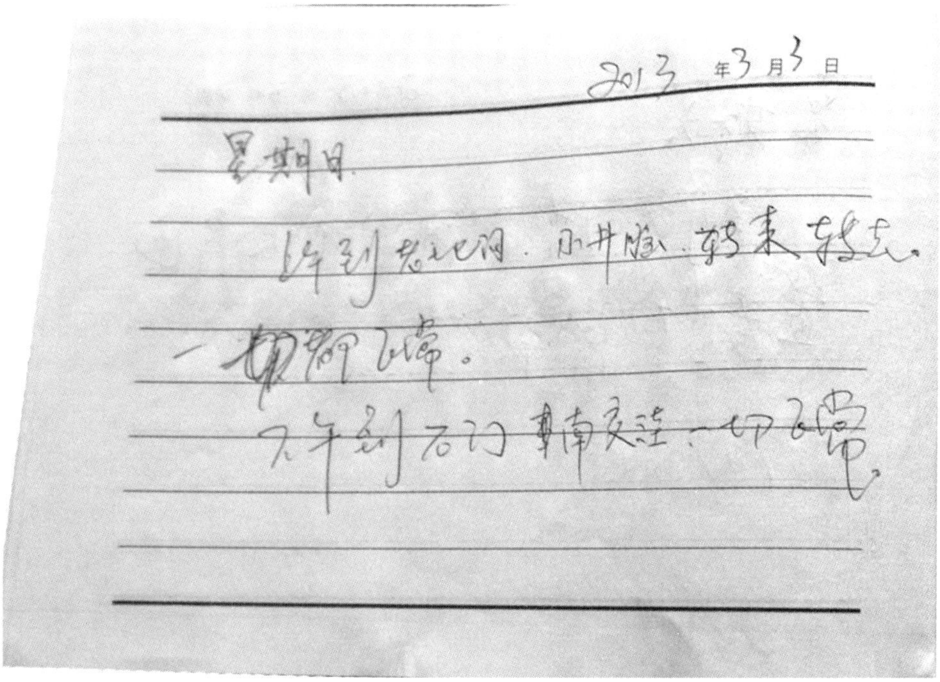

2013年3月3日

星期日

上午到老七洞、水井脑、韩来坊去。

一切正常。

下午到石门、南支注、一切正常

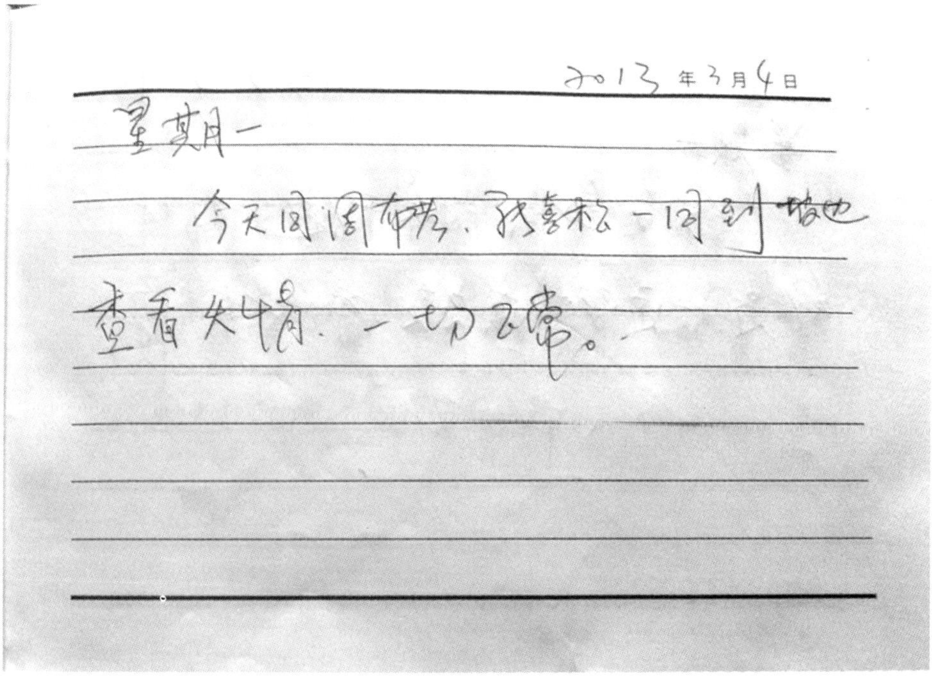

2013年3月4日

星期一

今天同周布芳、钱喜松一同到各地

查看火情、一切正常。

图10-27　周王亮巡山护林日志（3月3日／3月4日）

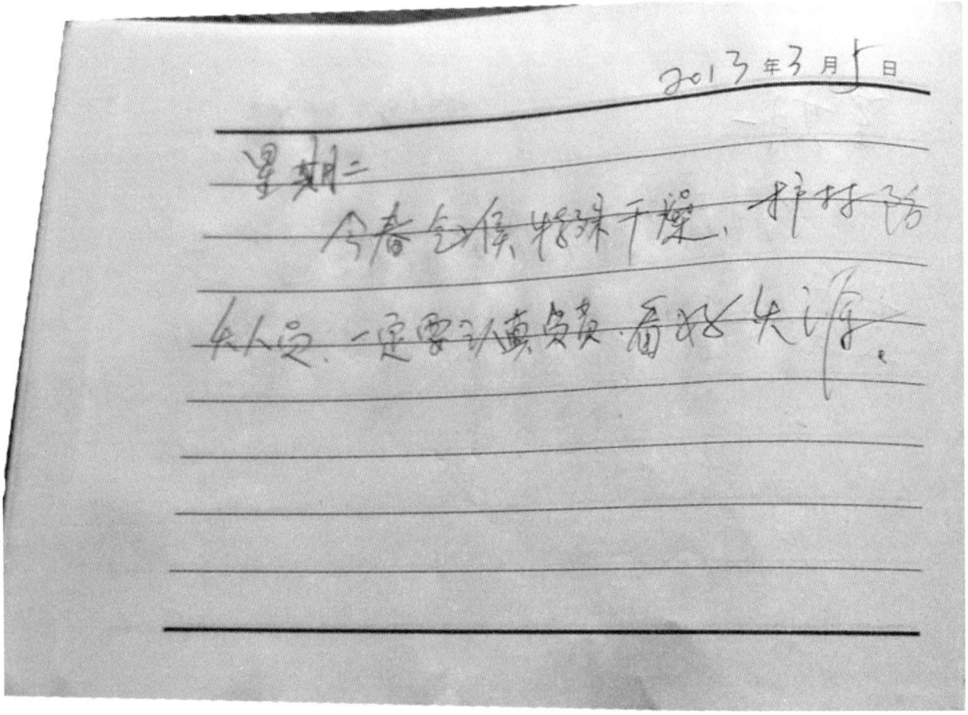

2013年3月5日

星期二

今春气候特殊干燥，护林防火人员一定要认真负责，看好火源。

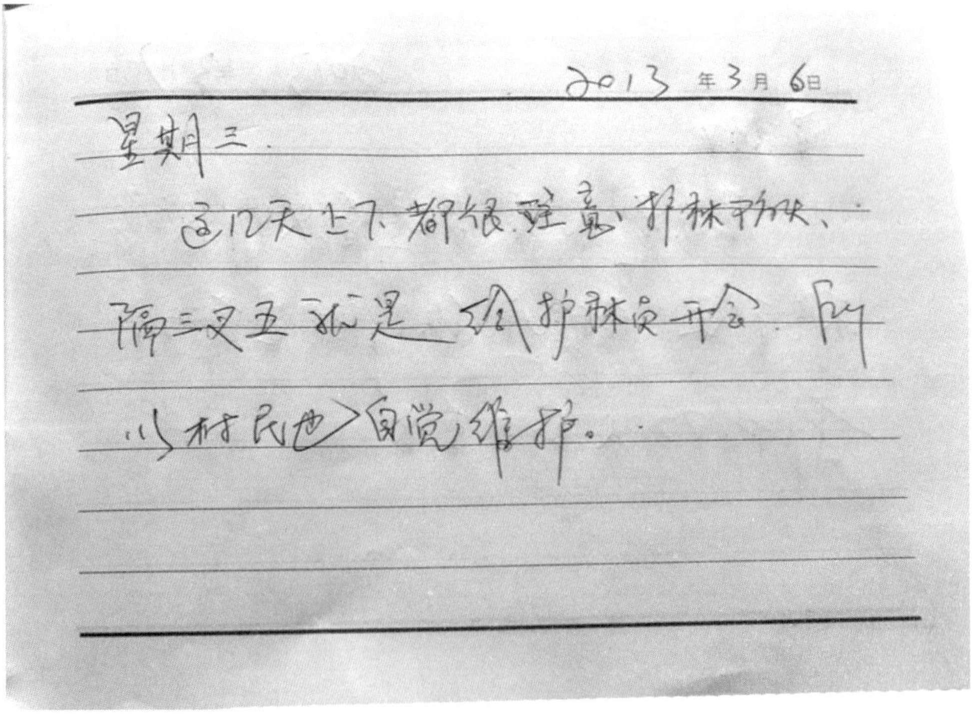

2013年3月6日

星期三。

这几天上下都很注意护林防火、隔三叉五就是给护林员开会，所以村民也自觉维护。

图10-28 周王亮巡山护林日志（3月5日／3月6日）

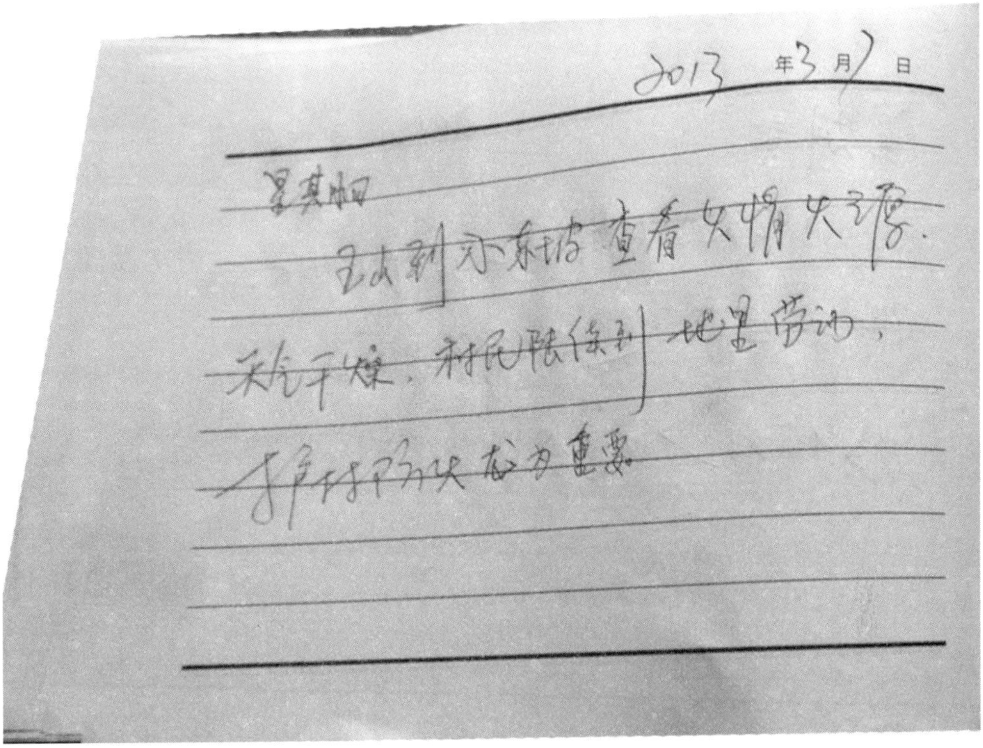

2013年3月7日

星期四

巡到了东塘查看火情火源。

天气干燥，村民陈保到地里劳动，

护林防火尤为重要。

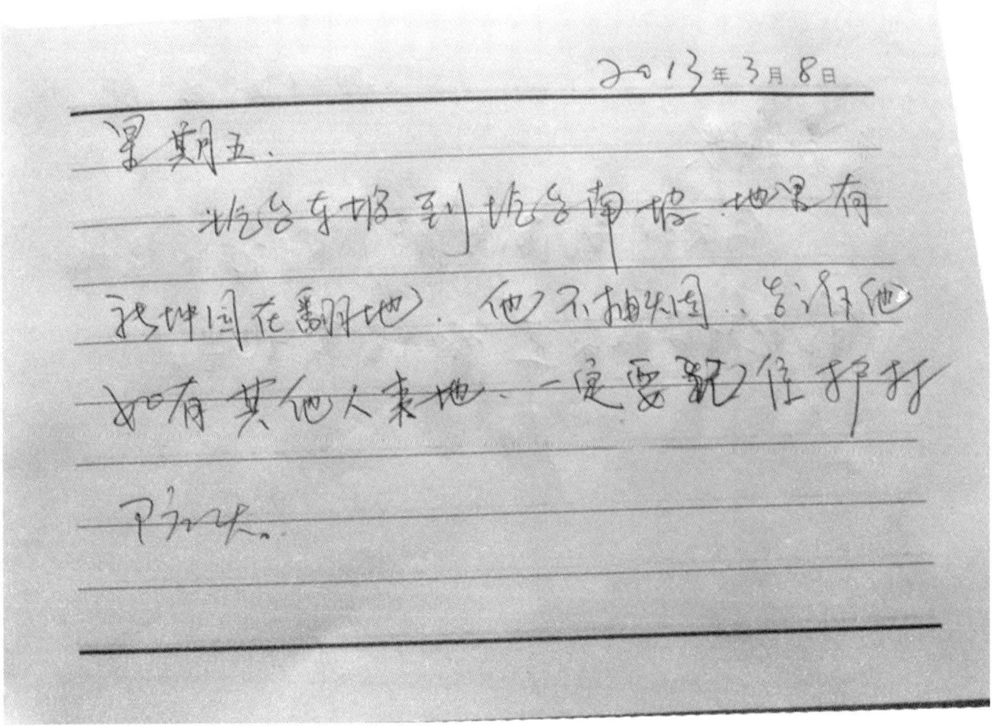

2013年3月8日

星期五.

坑谷东塘到坑谷南塘，地里有

张坤国在翻地，他不抽烟，告诉他

如有其他人来地，一定要记住护林

防火。

图10-29　周王亮巡山护林日志（3月7日／3月8日）

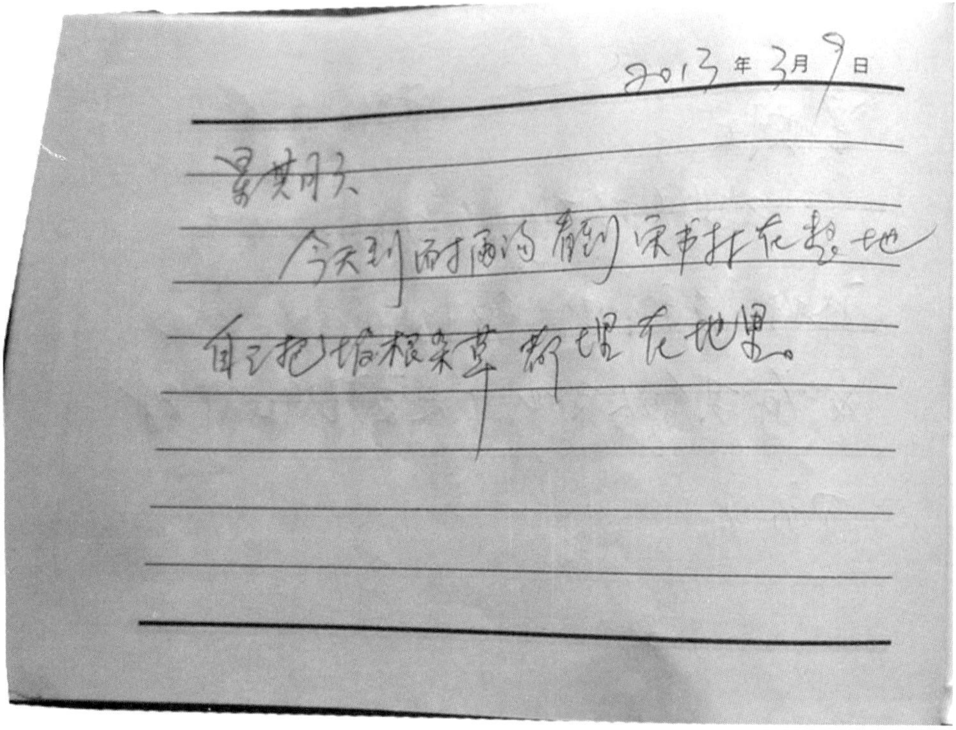

2013年3月9日

星期六

今天到西村西沟看到宋书林在整地

自己把培根杂草都埋在地里。

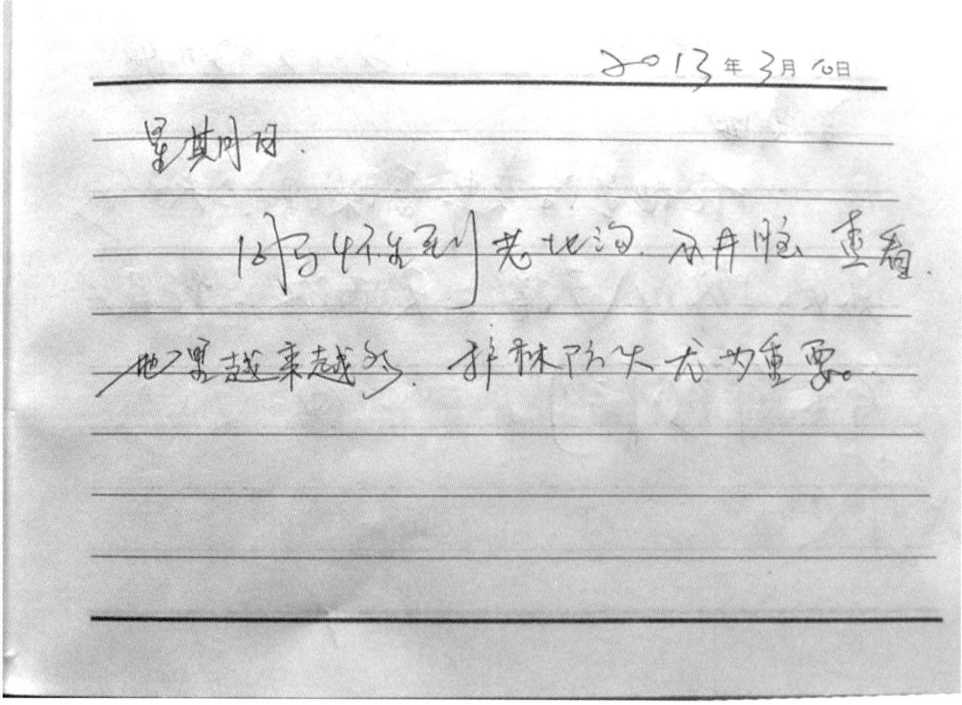

2013年3月10日

星期日

10点40分到老地沟、石井沟、查看

地里越来越好，护林防火尤为重要。

图10–30　周王亮巡山护林日志（3月9日 / 3月10日）

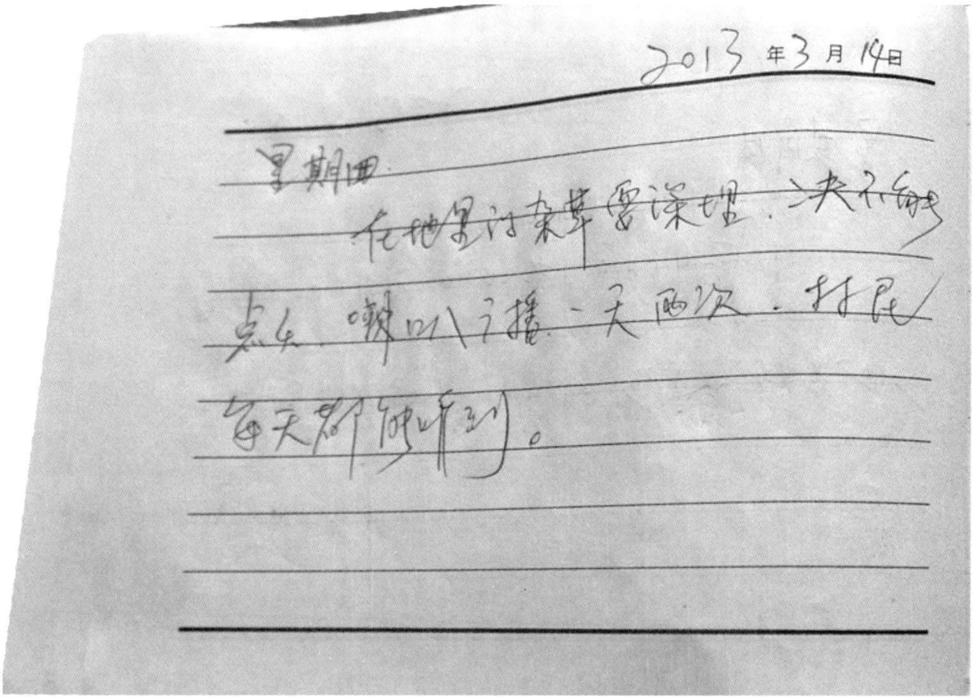

2013年3月14日

星期四

在地里的柴草要深埋，决不能点火，喇叭广播一天两次，村民每天都能听到。

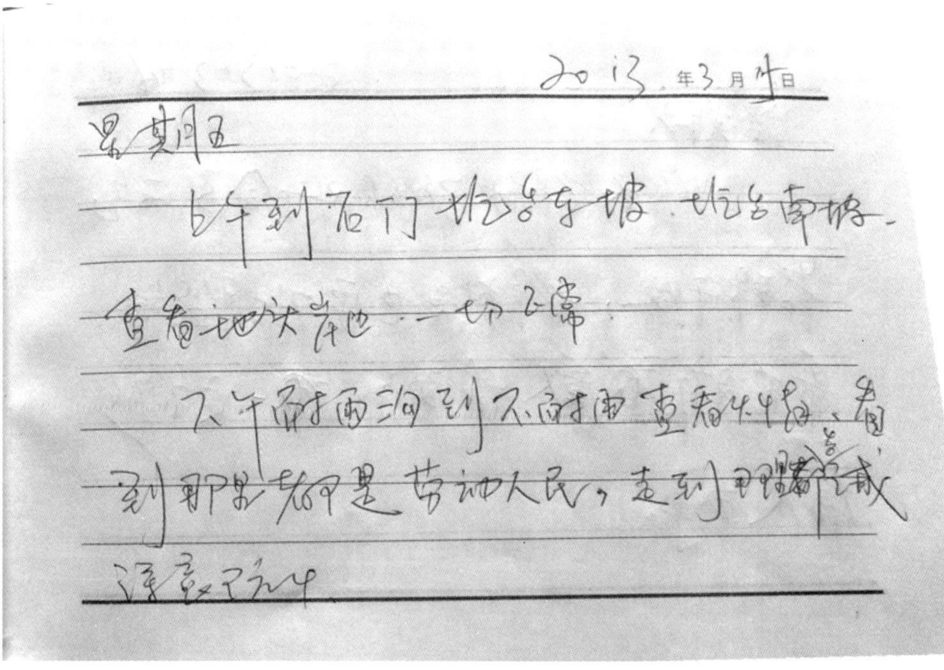

2013年3月15日

星期五

上午到石门坡上东坡、坡上南坡，查看地块岸地，一切正常。

下午前村西沟到下前村西，查看坟情，看到那里都是劳动人民，走到田埂都在做灌溉工作。

图10-31　周王亮巡山护林日志（3月14日／3月15日）

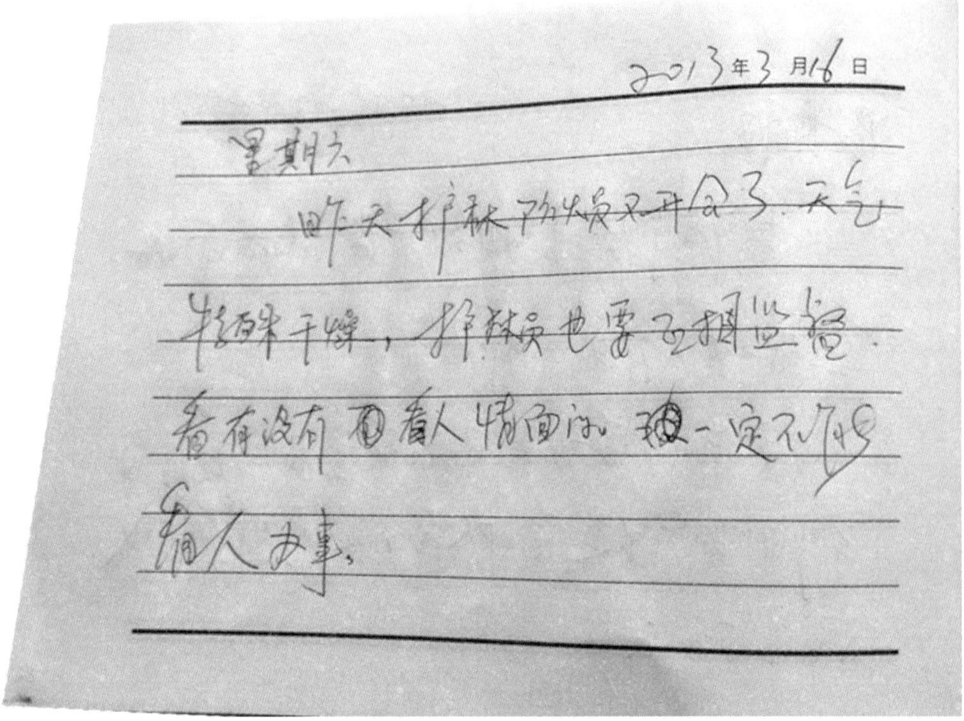

2013年3月16日

星期六

昨天护林防火员开会了，天气特别干燥，护林员也要加强巡逻，看有没有看人情面的，一定不能看人办事。

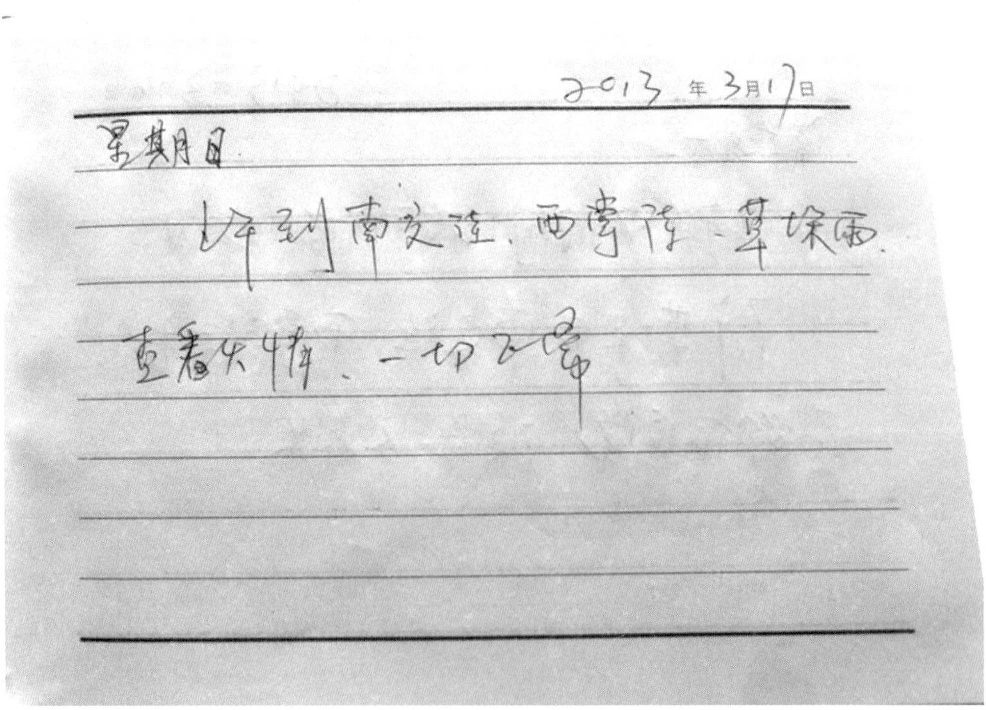

2013年3月17日

星期日

巡到南文沟、西营沟、草坪面，查看火情，一切正常

图10-32　周王亮巡山护林日志（3月16日／3月17日）

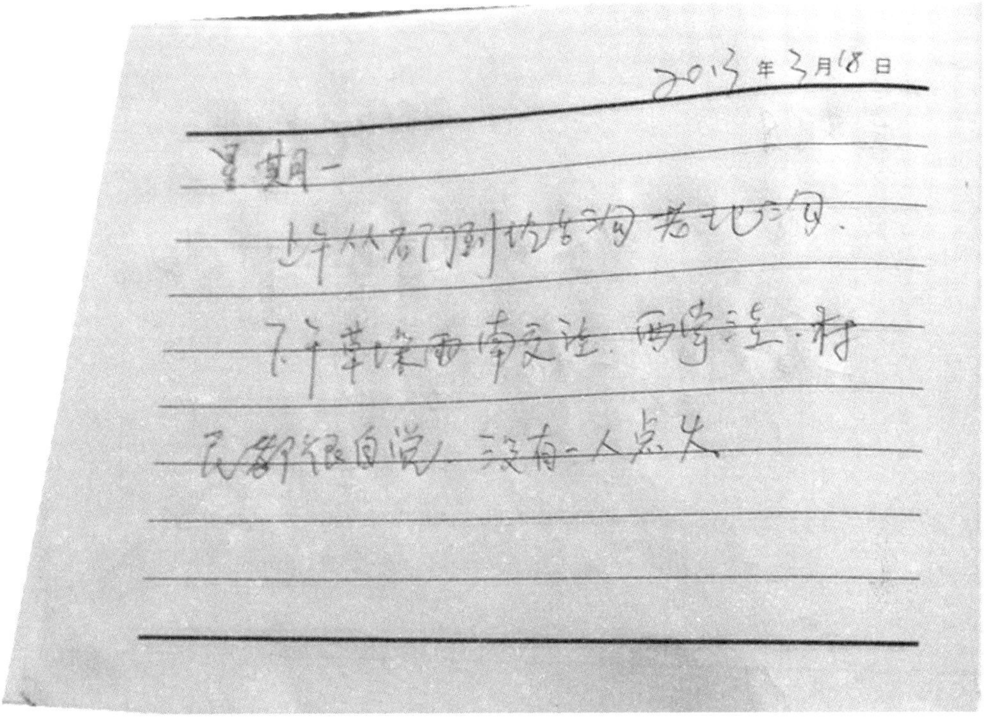

2013年3月18日

星期一

上午从石门到桃古沟 老地沟.

下午草滩西南交达. 西湾达. 村

民都很自觉. 没有一人点火.

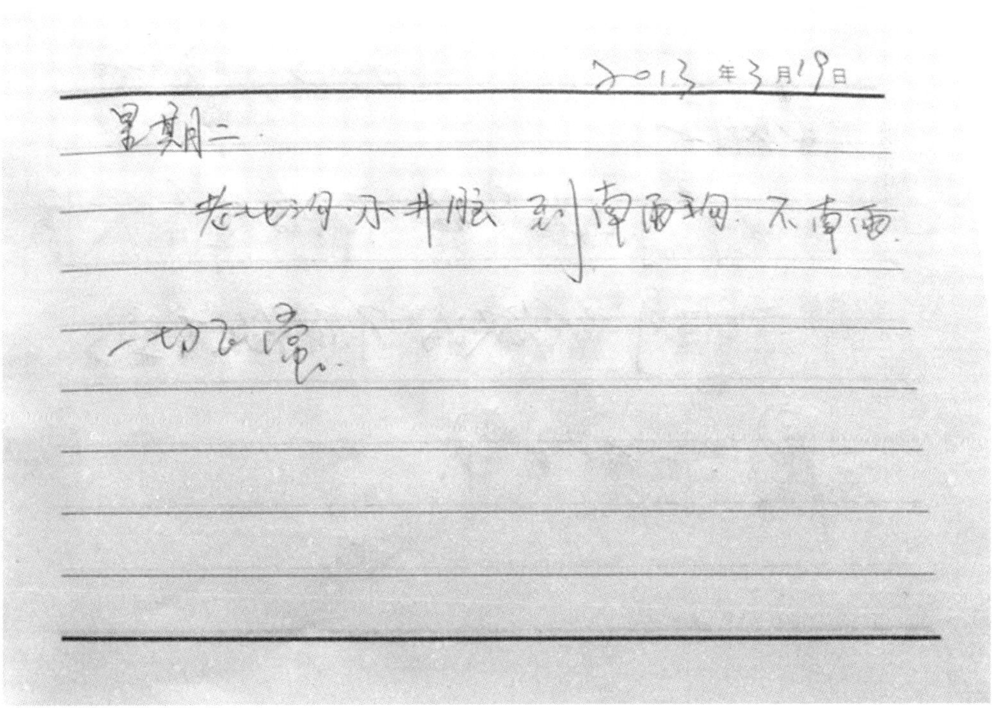

2013年3月19日

星期二

老地沟. 八井股 到南西沟. 不南西.

一切正常.

图10–33 周王亮巡山护林日志（3月18日／3月19日）

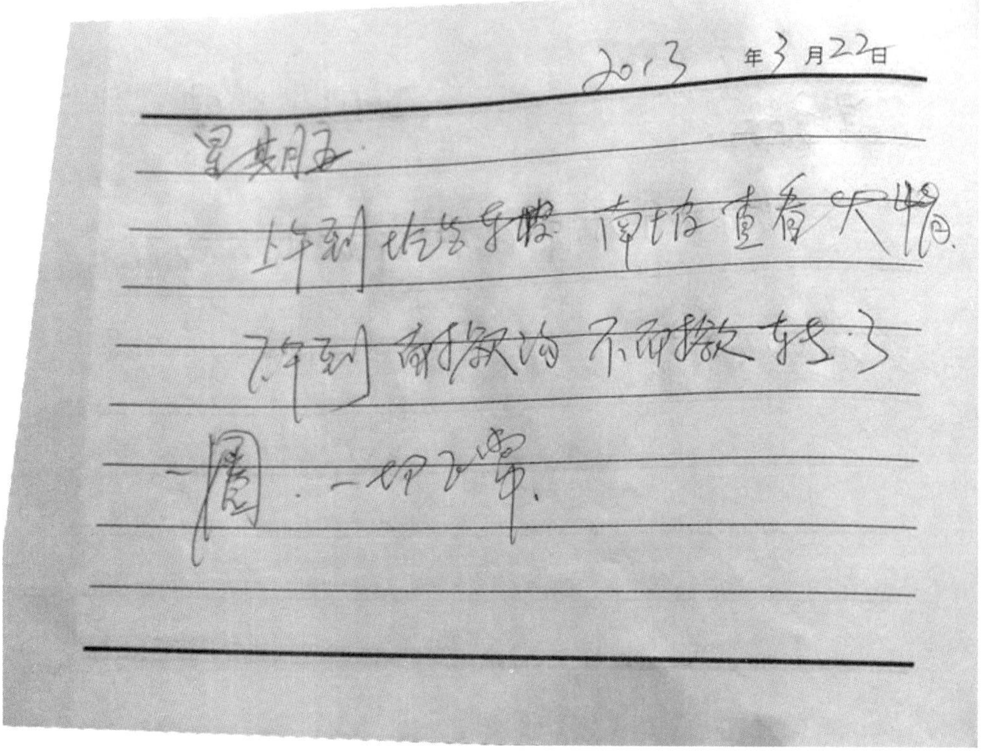
2013年3月22日

星期五

上午到[illegible]南坡查看火情。

下午到[illegible]转了一圈。一切正常。

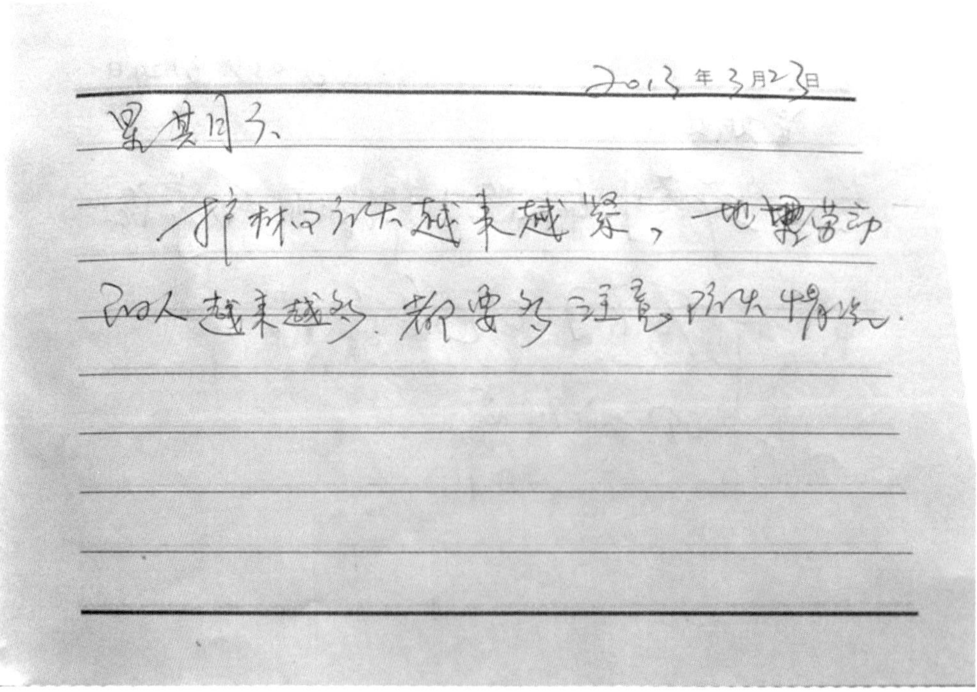
2013年3月23日

星期六

护林工作越来越紧，[illegible]的人越来越多。都要多注意防火情况。

图10-34　周王亮巡山护林日志（3月22日／3月23日）

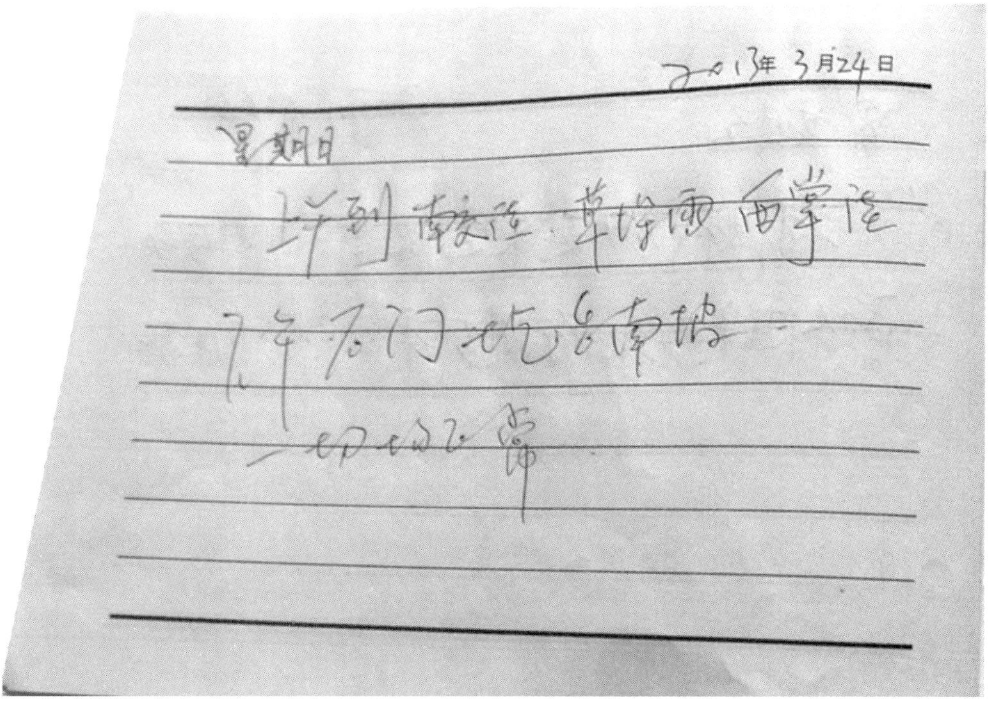

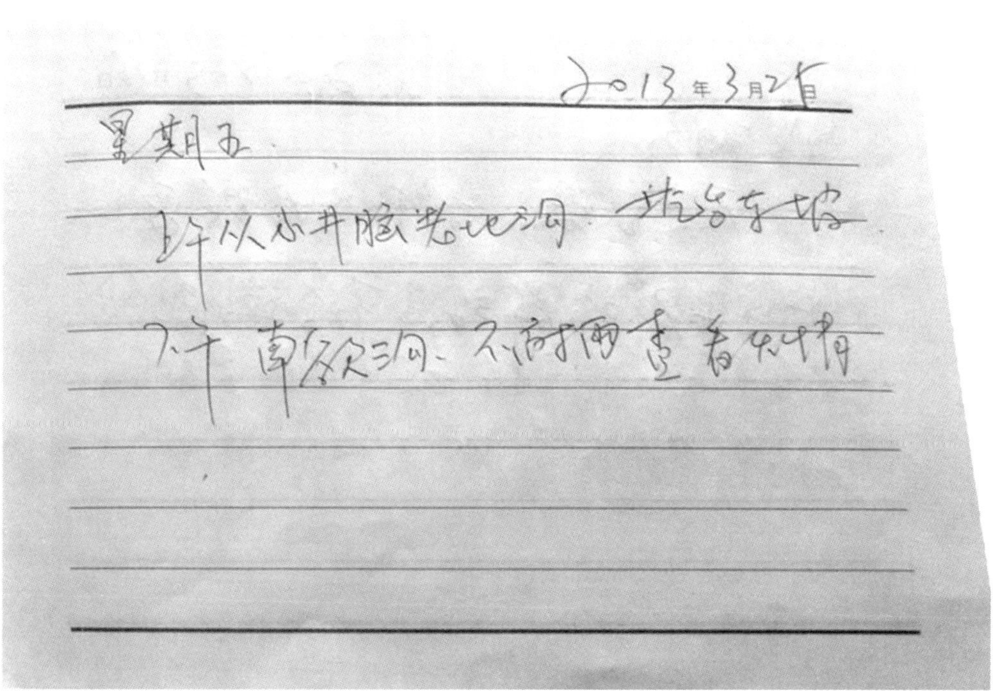

图10–35　周王亮巡山护林日志（3月24日 / 3月25日）

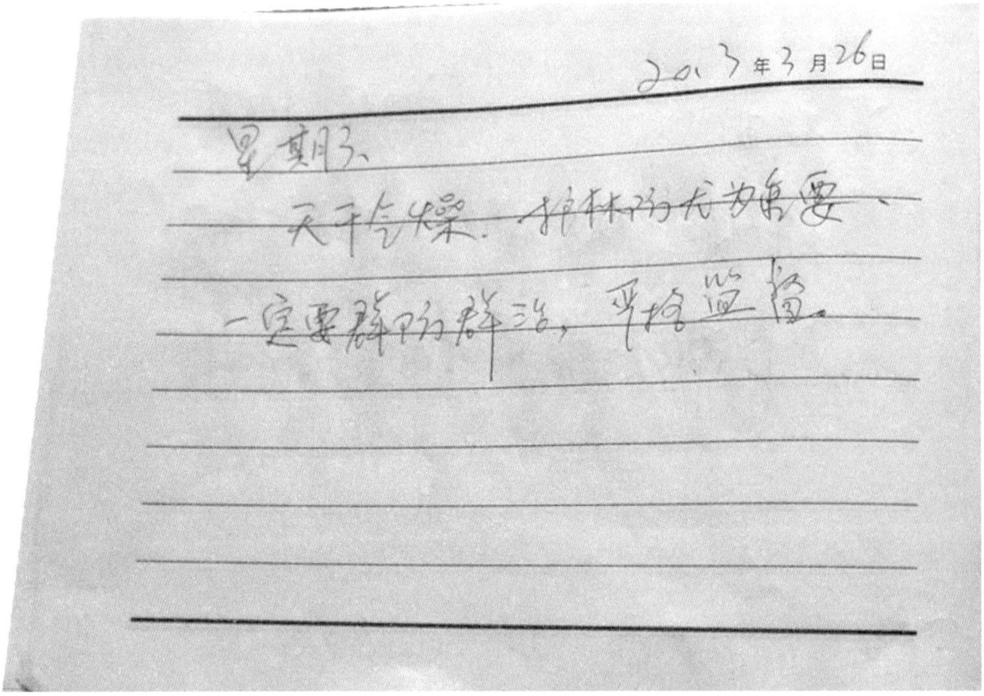
2013年3月26日
星期二、
天干气燥，护林防火尤为重要、一定要群防群治，严格监督。

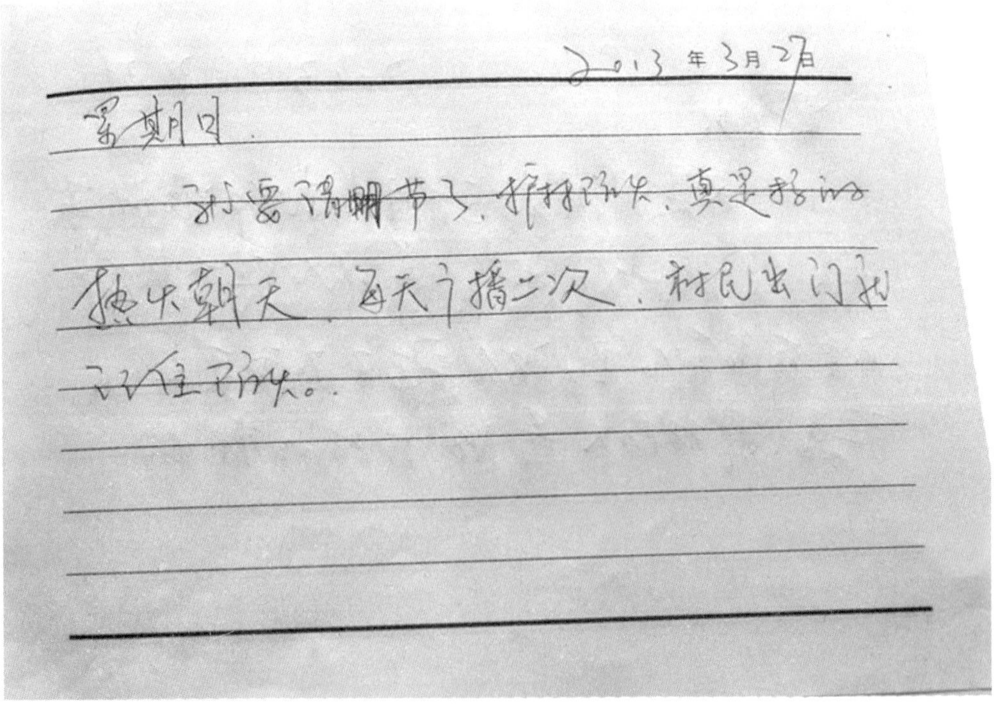
2013年3月27日
星期日。
马上要清明节了，护林防火，真是[illegible][illegible]火朝天，每天广播二次，村民出门都记住防火。

图10-36　周王亮巡山护林日志（3月26日／3月27日）

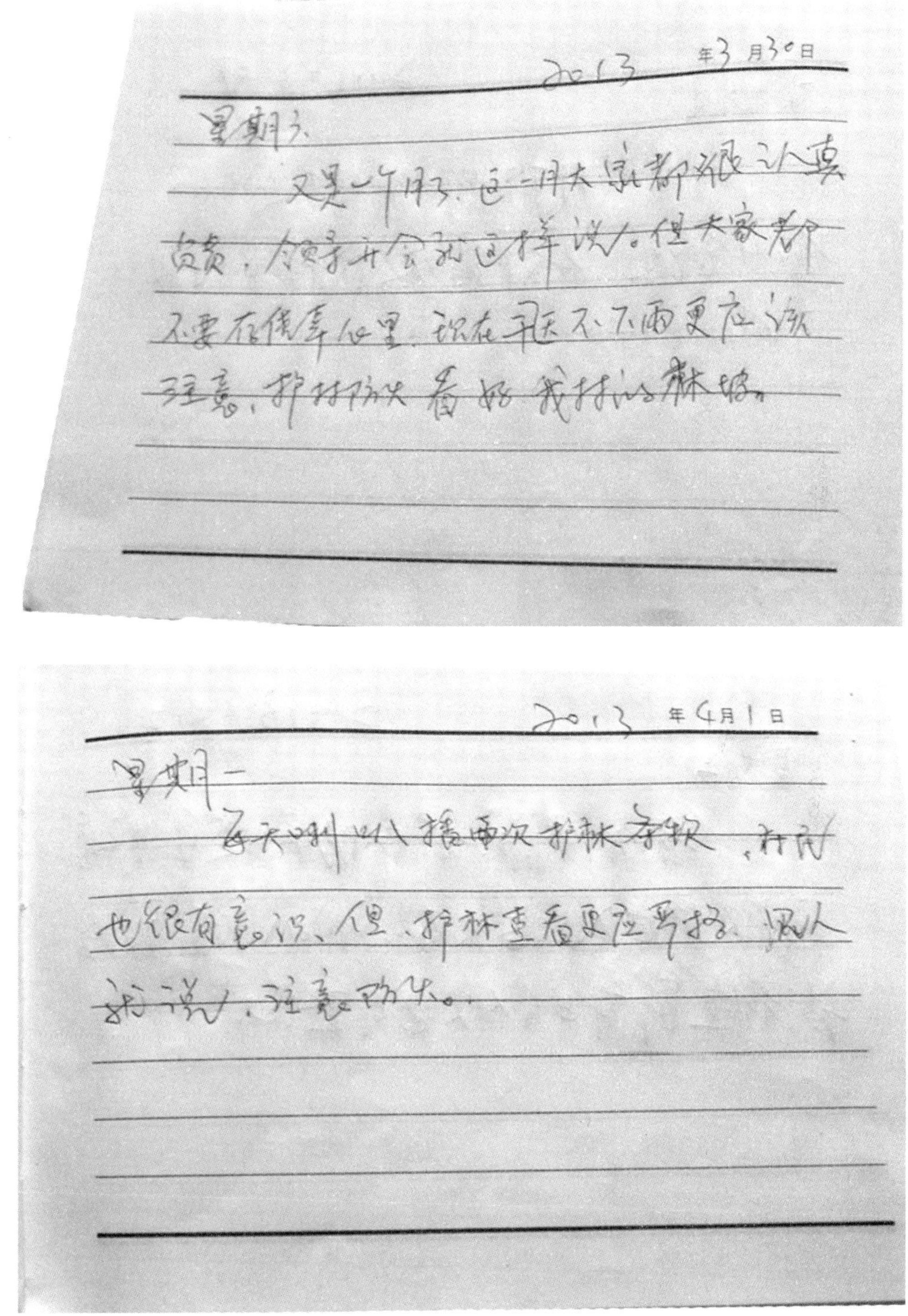

2013年3月30日

星期六

又是一个月了，这一月大家都很认真负责，领导开会就这样说了。但大家都不要存侥幸心里，现在干天不下雨更应该注意，护林防火看好我们的森林。

2013年4月1日

星期一

今天喇叭以八播两次护林常识，村民也很有意识，但护林员查看更应再好，跟人们说说，注意防火。

图10-37　周王亮巡山护林日志（3月30日／4月1日）

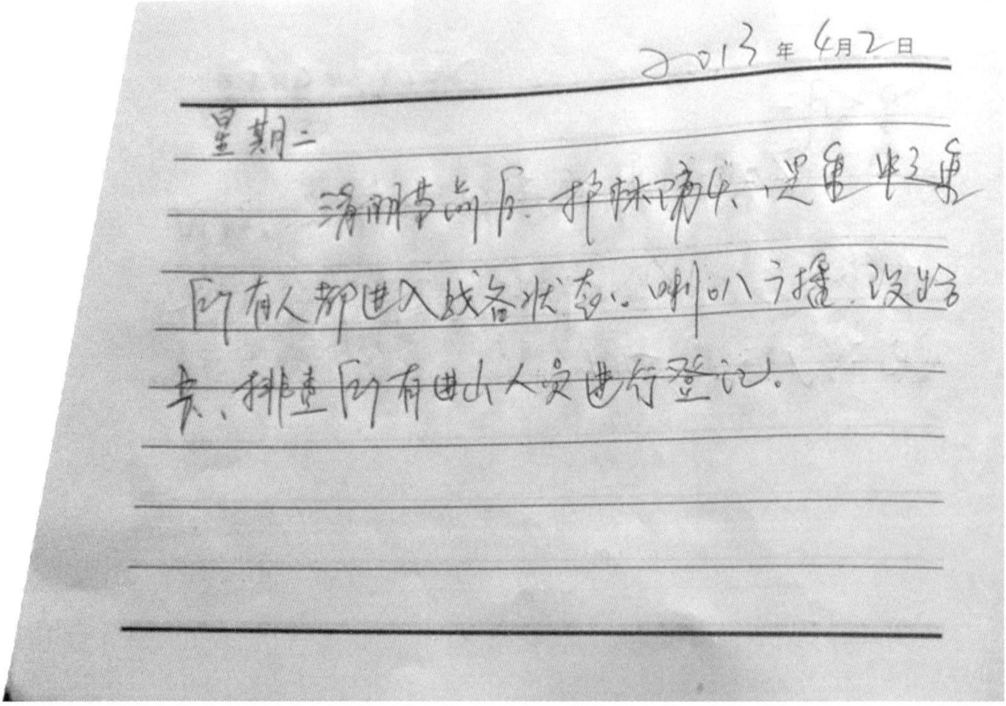
2013年4月2日
星期二
清明节前后，护林防火，是重中之重，所有人都进入战备状态。喇叭广播，设路卡，排查所有进山人员进行登记。

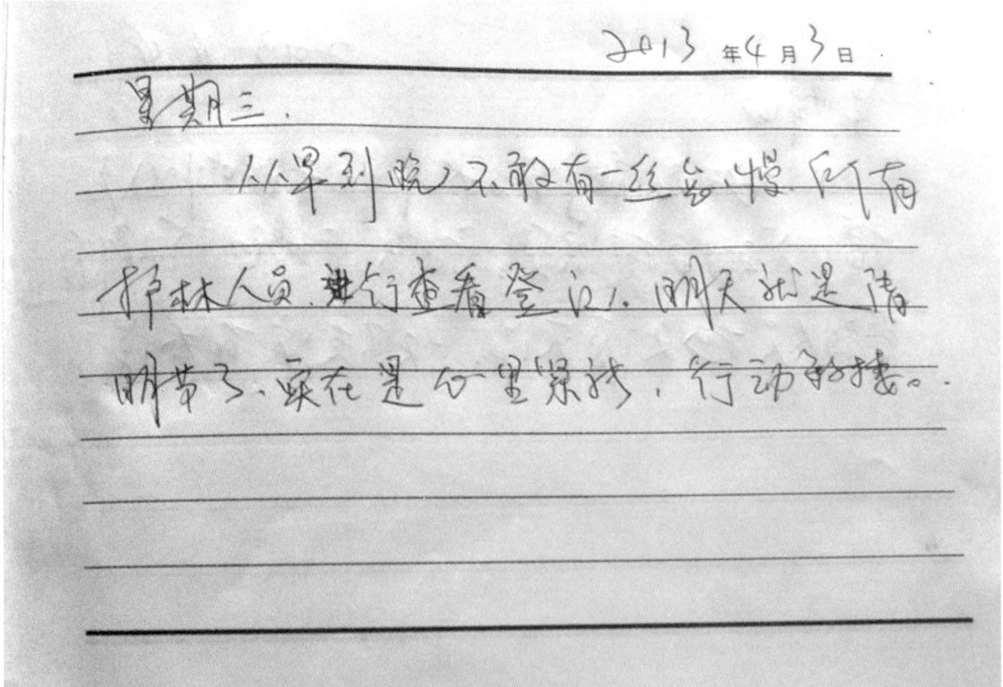
2013年4月3日
星期三。
从早到晚，不敢有一丝松懈，所有护林人员，进行查看登记。明天就是清明节了，现在是分外紧张，行动积极。

图10-38　周王亮巡山护林日志（4月2日／4月3日）

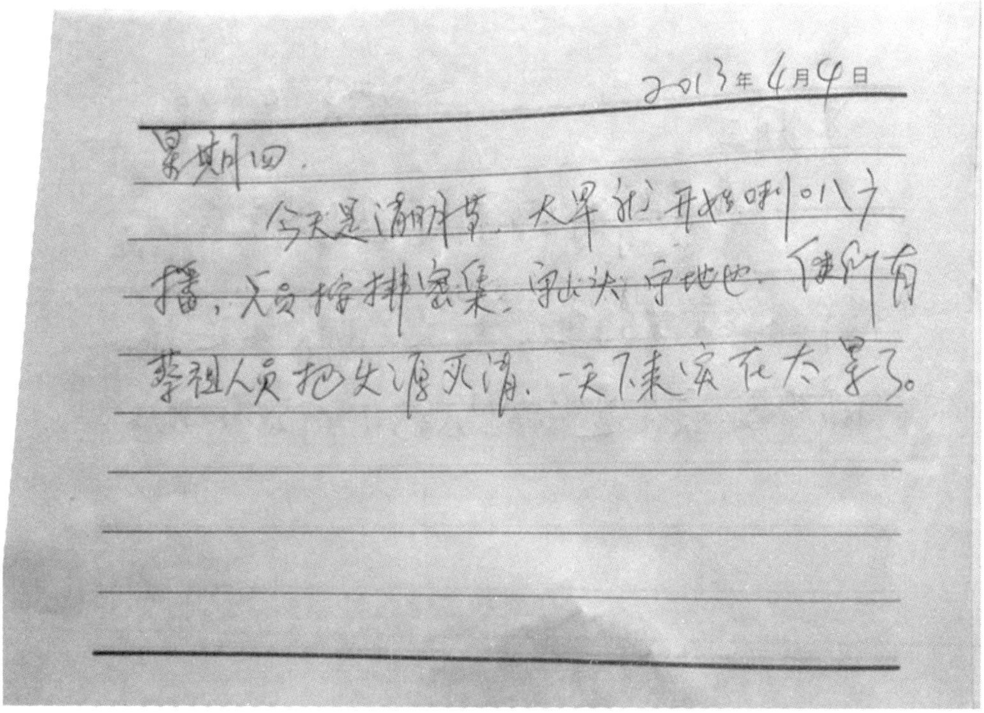
2013年4月4日

星期四.

今天是清明节. 大早就开始喇叭八方播，人员按排密集、守山头守地边、使所有祭祖人员把火源灭清. 一天下来实在太累了。

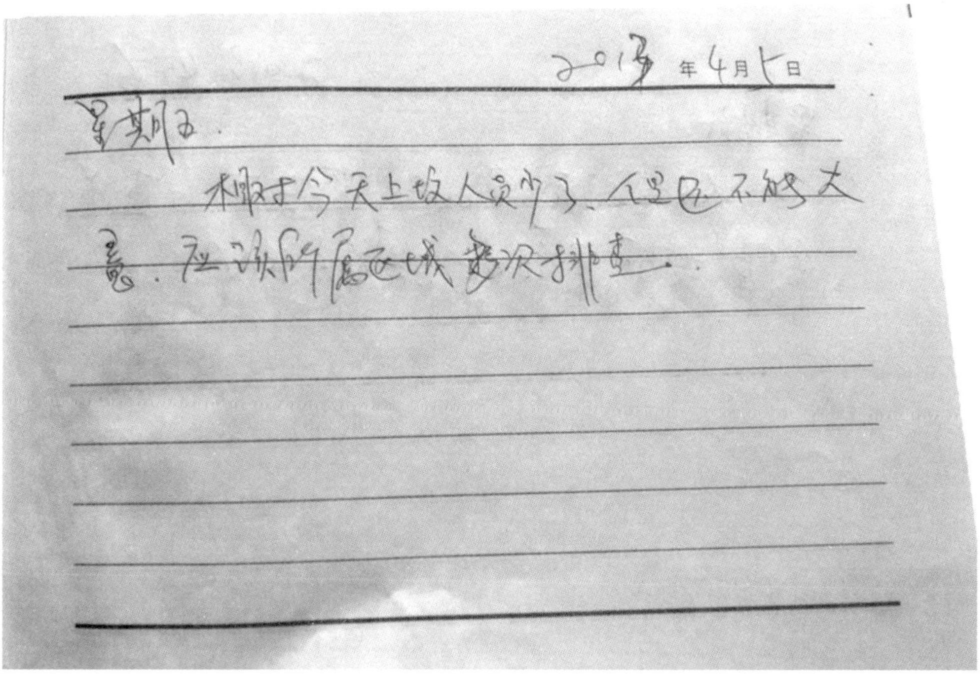
2013年4月5日

星期五.

相对今天上坟人员少了、但是还不能太意. 应该所属区域多次排查.

图10-39　周王亮巡山护林日志（4月4日／4月5日）

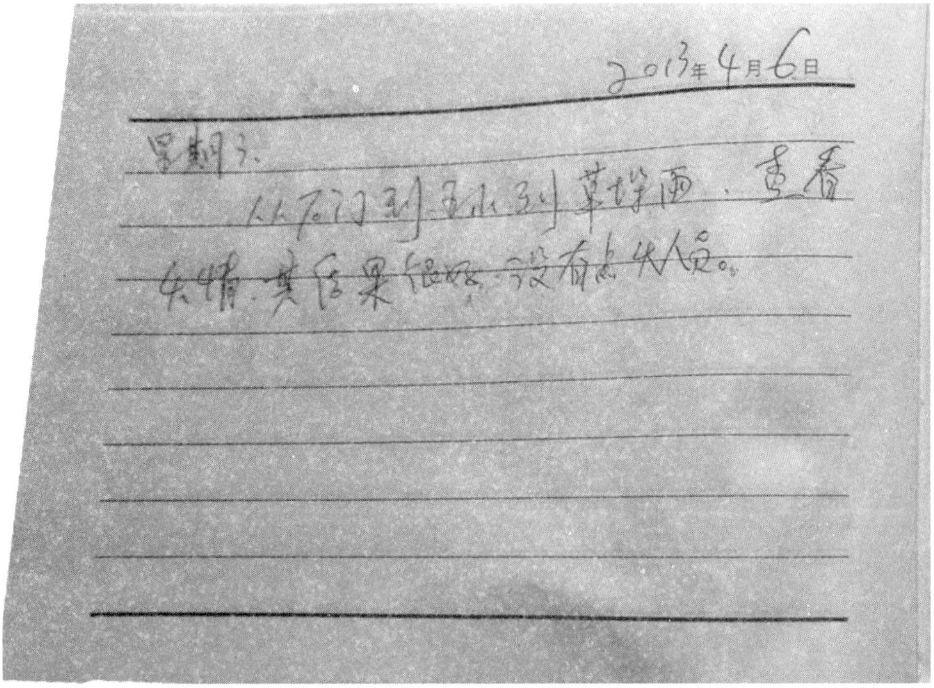
2013年4月6日

星期六。

从石门到王水到草坪西，查看火情，其后果很好，没有失火人员。

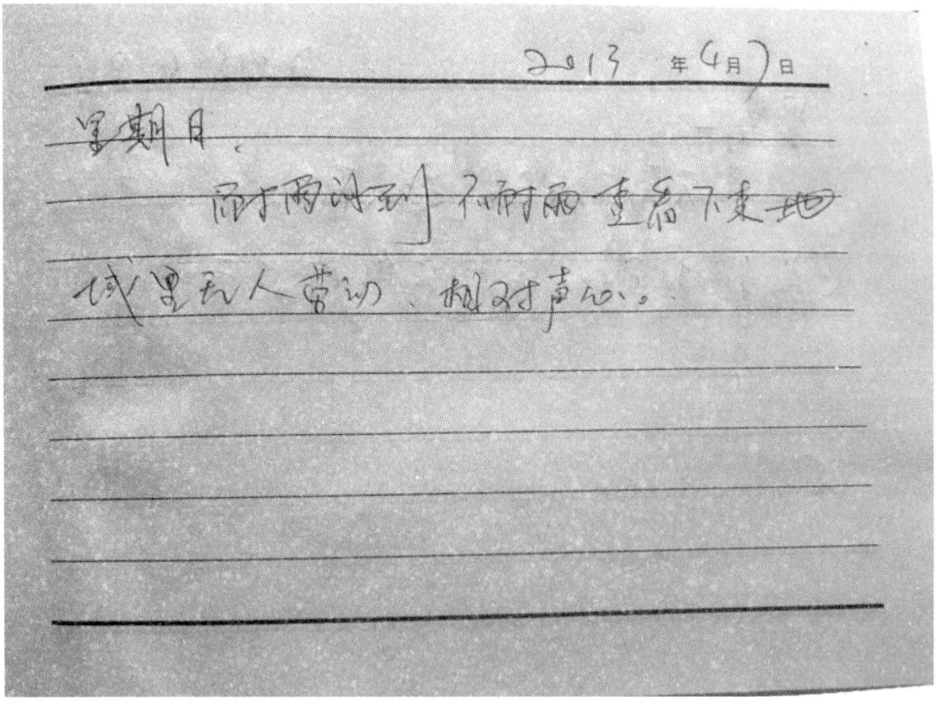
2013年4月7日

星期日。

西村两河到石村西，查看下来地域里无人劳动、相对放心。

图10–40　周王亮巡山护林日志（4月6日／4月7日）

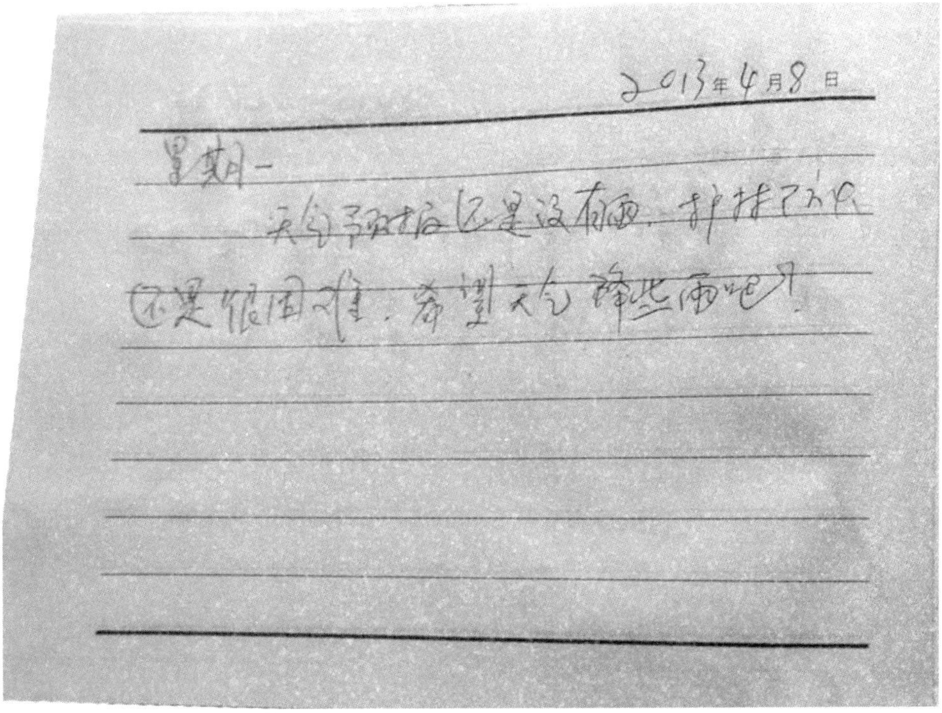

2013年4月8日

星期一

天气预报后还是没有雨，护林工作还是很困难，希望天气降些雨吧了。

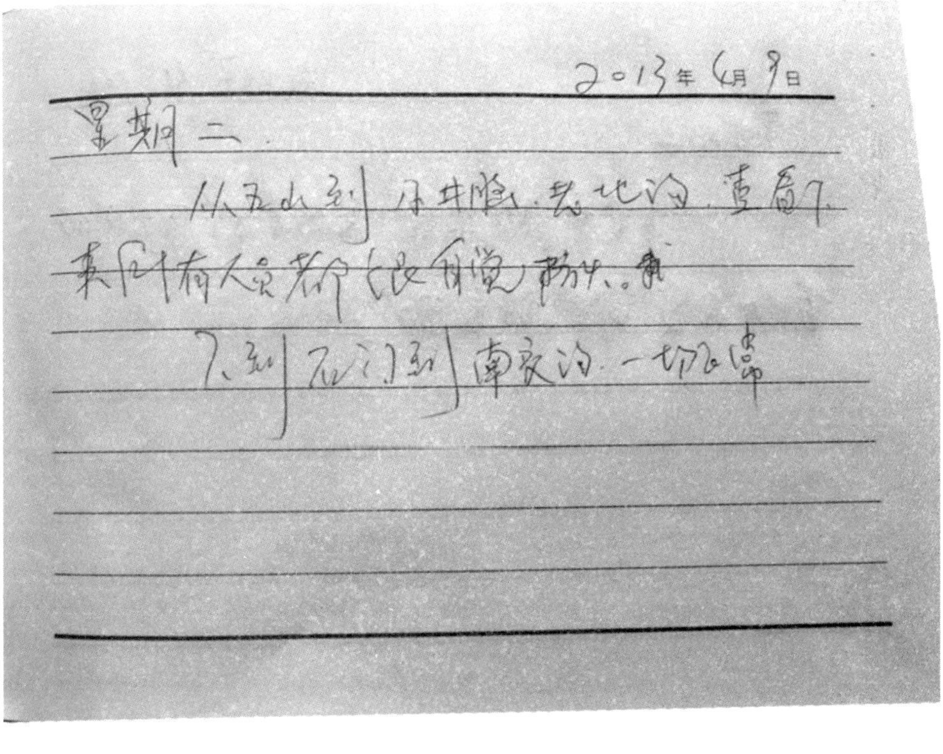

2013年4月9日

星期二

从五山到石井脑，岩北坑，查看了来后有人员若干（没有发觉）动火。

又到石门到南家坑，一切正常

图10-41　周王亮巡山护林日志（4月8日／4月9日）

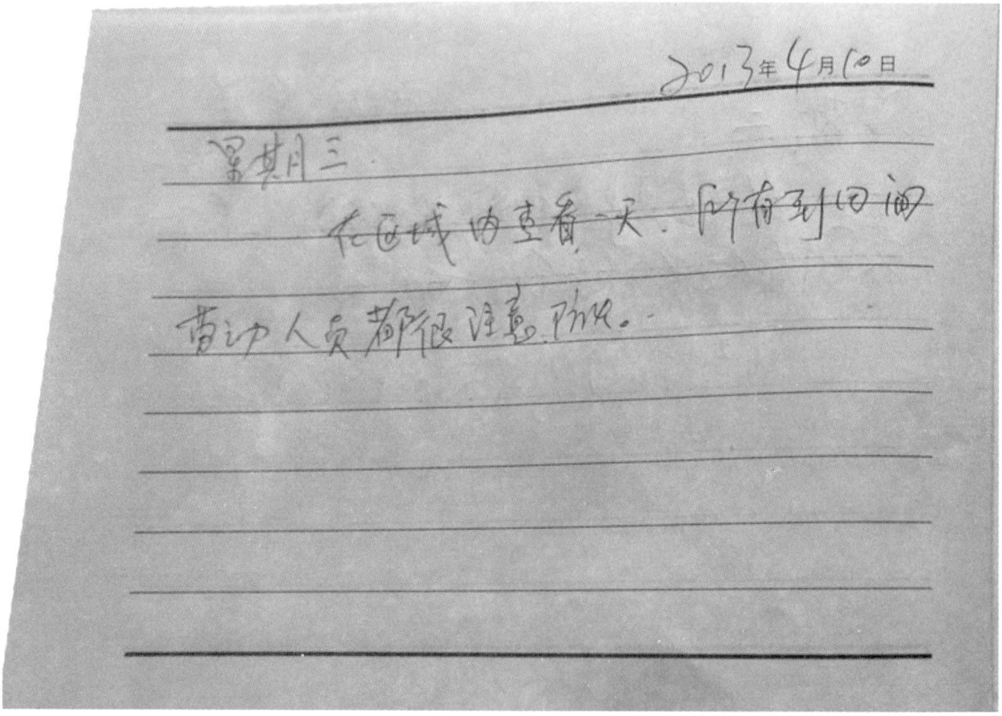

2013年4月10日

星期三

在区域内查看一天，所有到田间劳动人员都很注意防火。

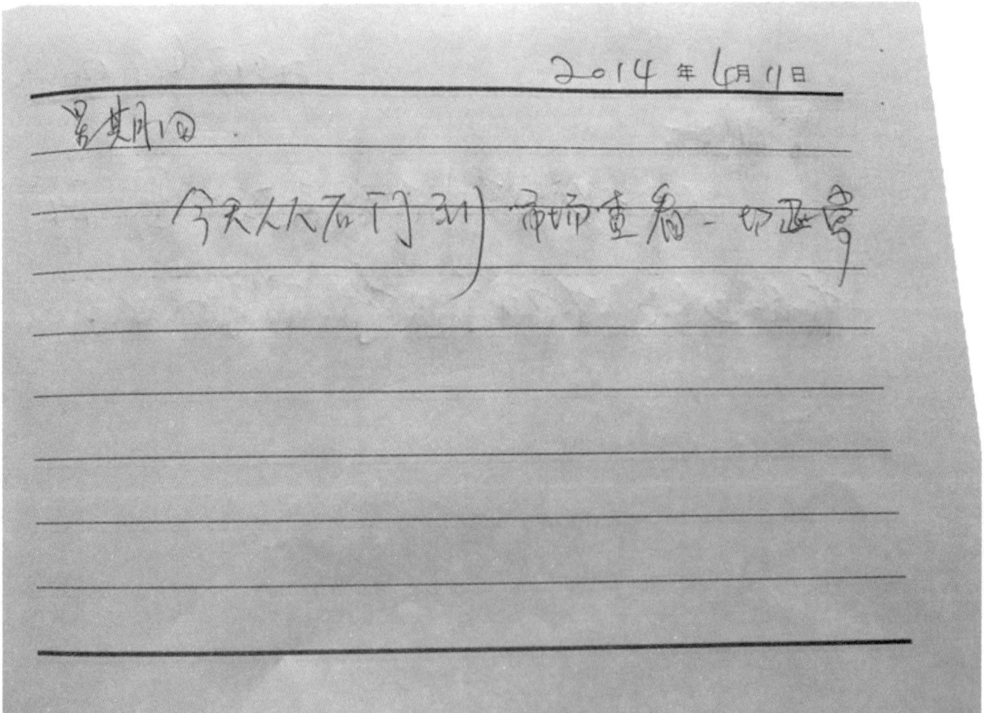

2014年6月11日

星期四

今天从石门到南埗查看一切正常

图10–42　周王亮巡山护林日志（4月10日 / 4月11日）

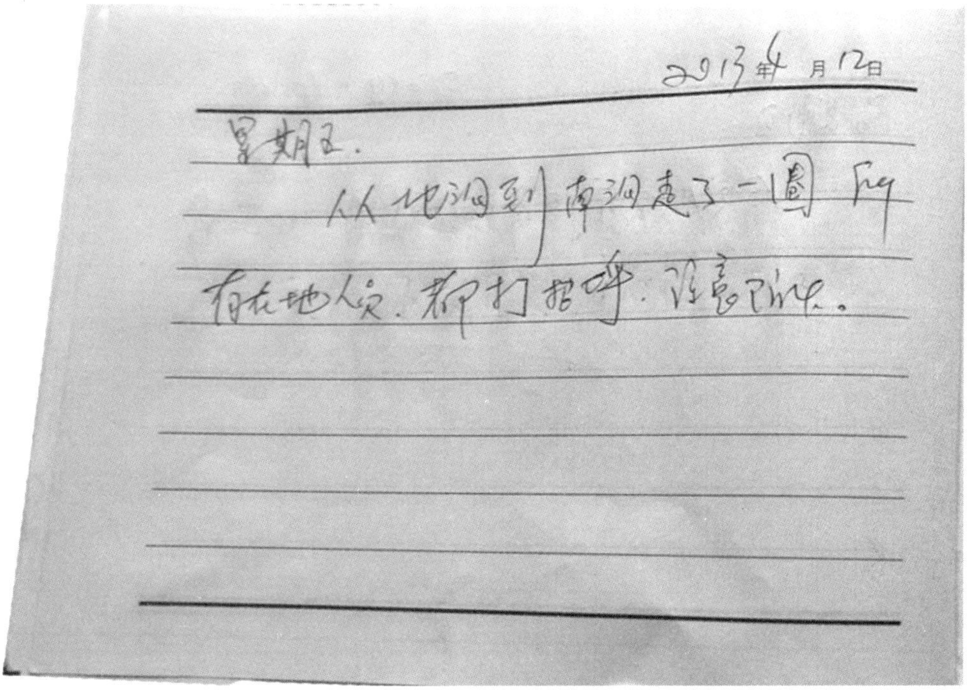

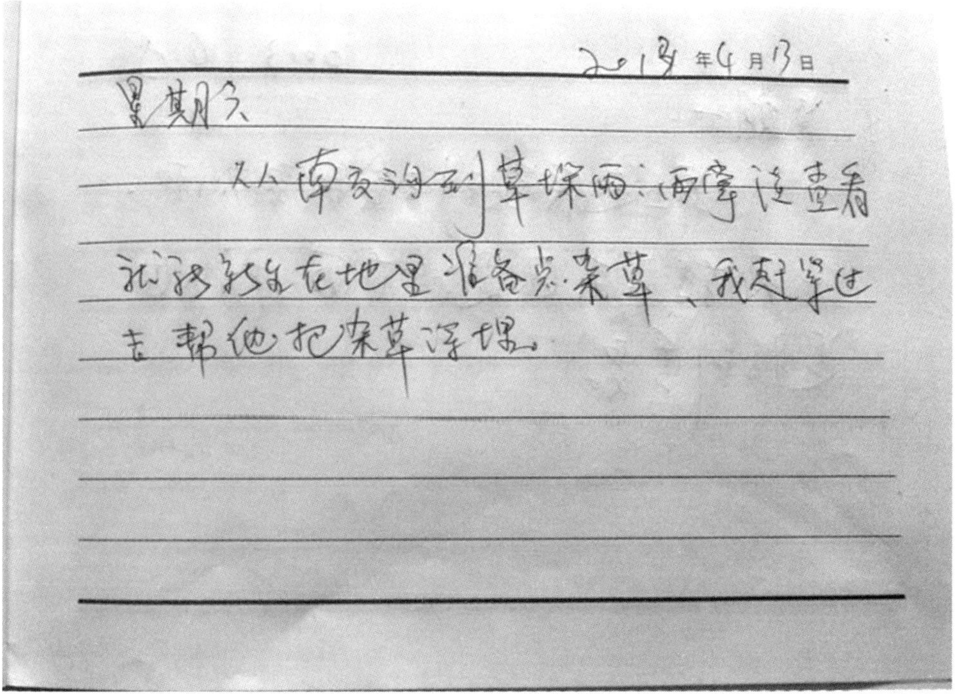

图10–43　周王亮巡山护林日志（4月12日 / 4月13日）

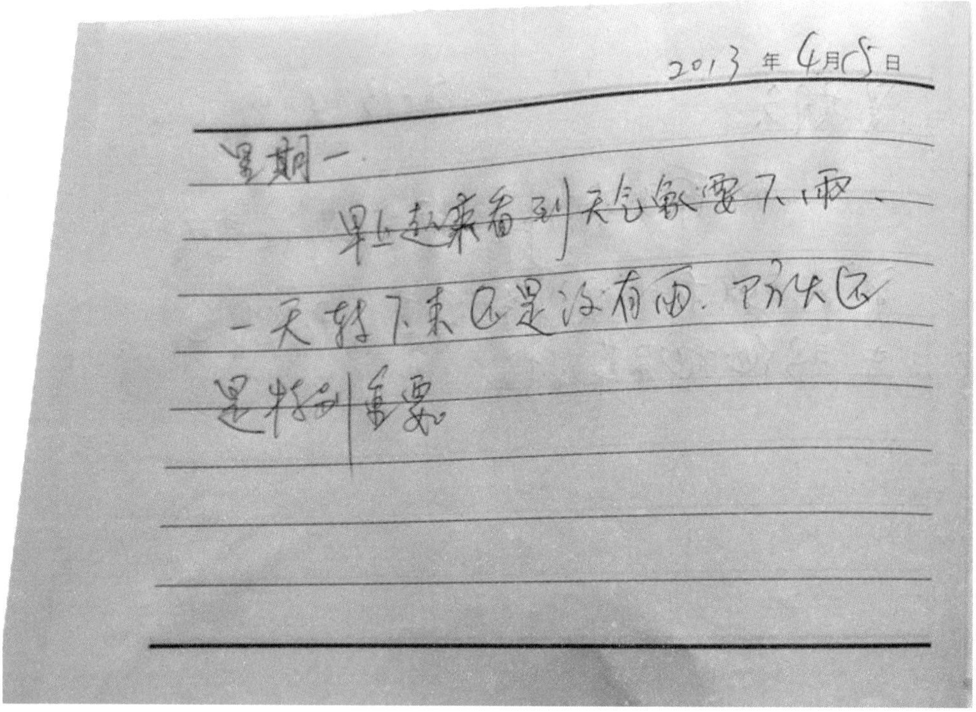

2013年4月15日

星期一

早上起来看到天气象要下雨。

一天转下来还是没有雨。防火还是特别重要。

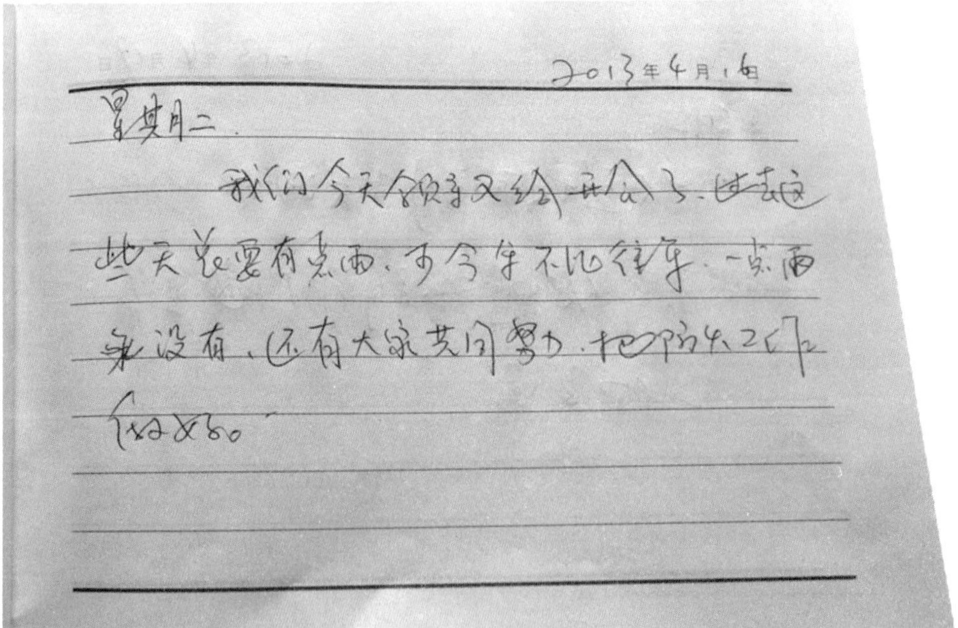

2013年4月16日

星期二

我们今天全镇又给开会了。这些天总要有点雨，可今年不比往年，一点雨也没有，还有大家共同努力，把防火工作做好。

图10-44　周王亮巡山护林日志（4月15日 / 4月16日）

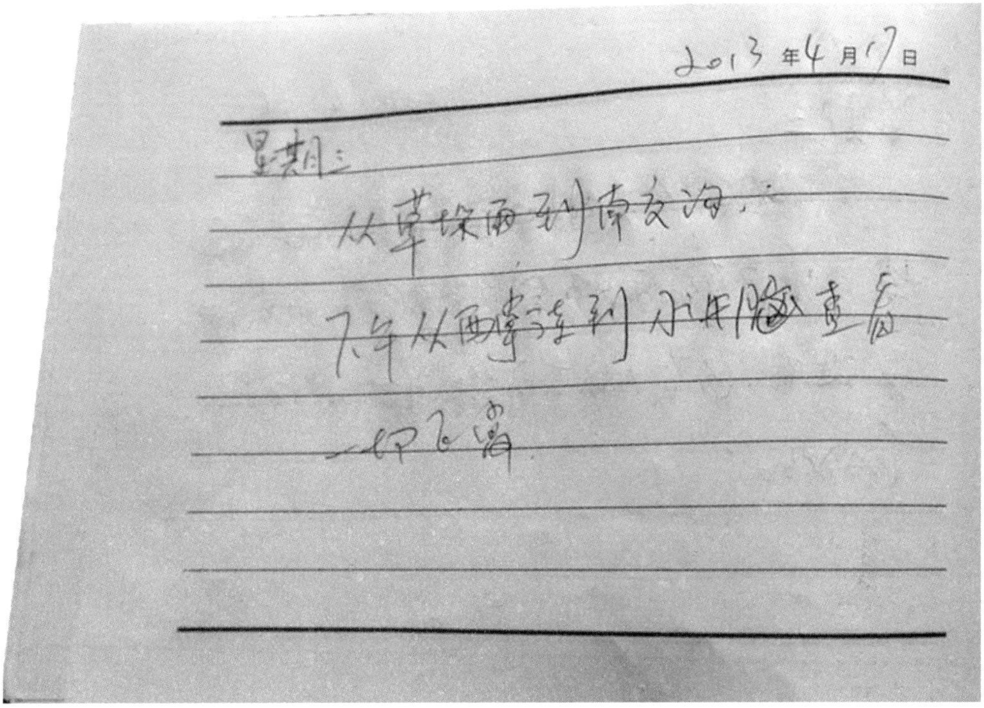

2013年4月17日

星期三

从草塘西到南交沟

下午从西瞎塘到小牛沟查看

一切正常

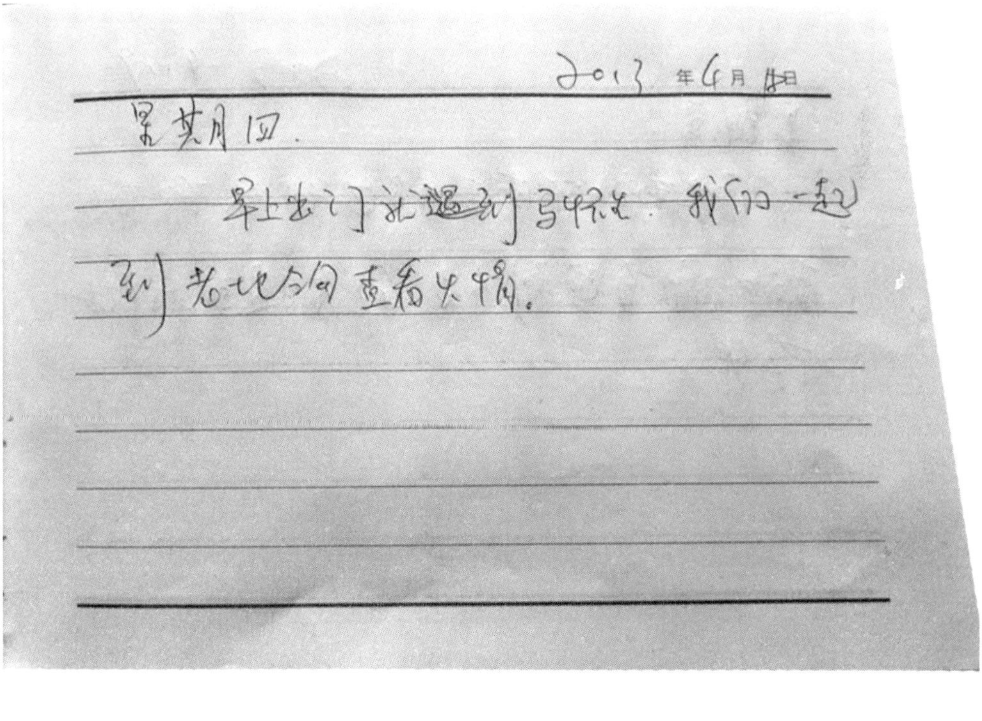

2013年4月18日

星期四

早上出门就遇到马水恒 我们一起

到老屯沟查看火情。

图10-45　周王亮巡山护林日志（4月17日 / 4月18日）

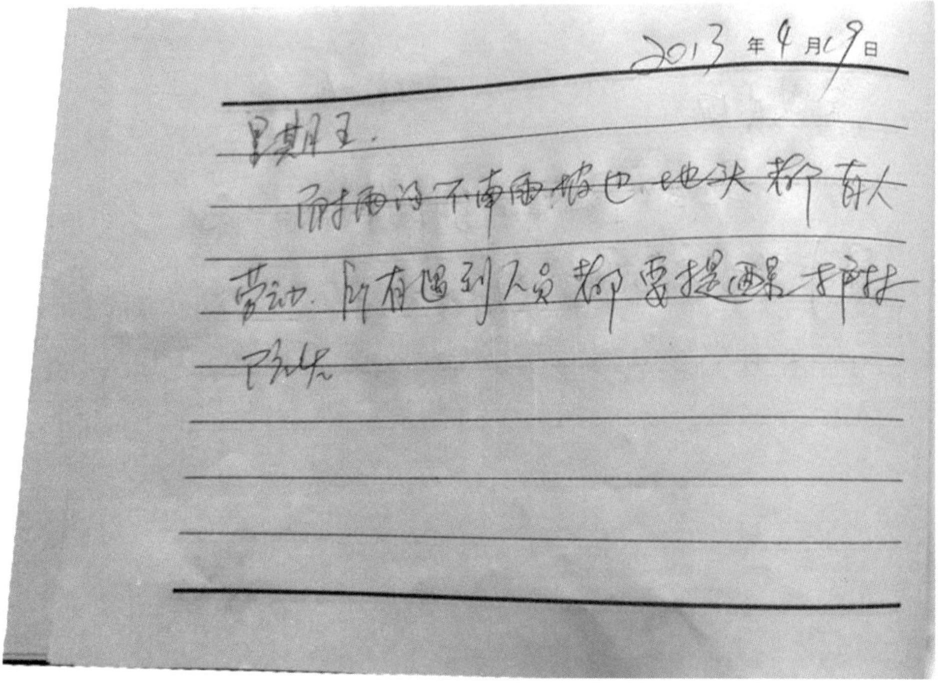

2013年4月19日

星期五.

雨时雨时不雨 雨后也 地头都有人

劳动. 所有遇到人员都要提醒 护林

防火

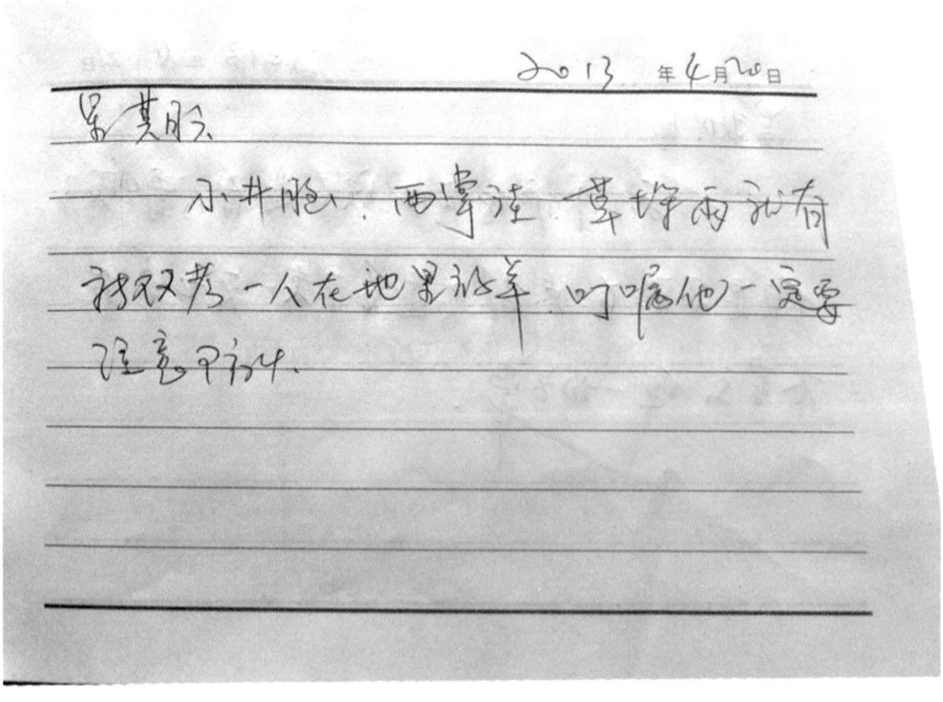

2013年4月20日

星期六

小井沟、西岸洼 草坪雨沁有

许双孝一人在地里放羊. 叮嘱他一定要

注意防火.

图10–46　周王亮巡山护林日志（4月19日 / 4月20日）

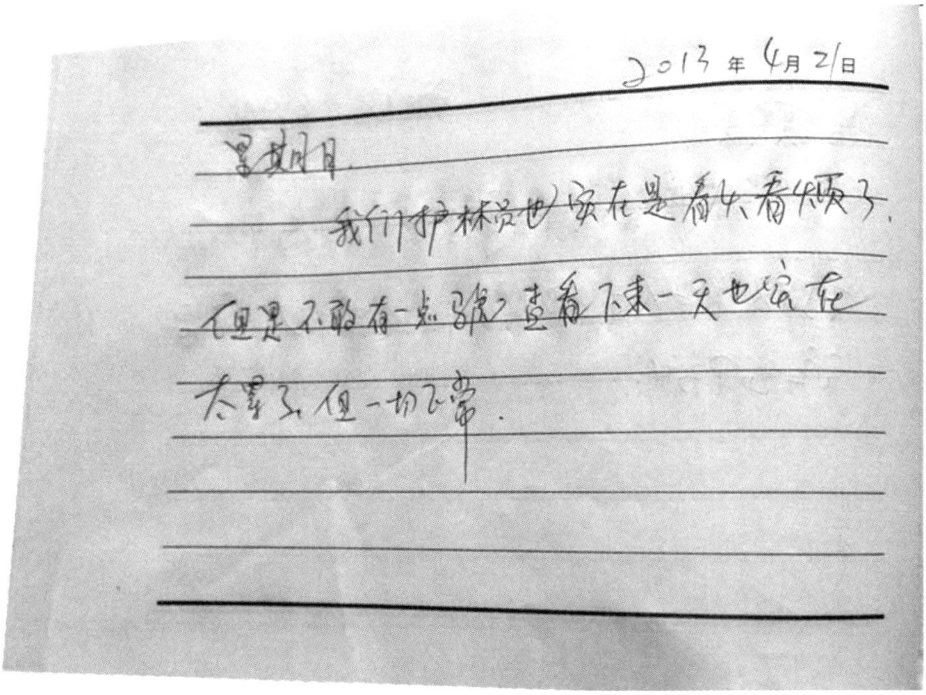

2013年4月21日

星期日.

我们护林员也实在是看山看烦了.

但是不敢有一点马虎，查看下来一天也实在

太累了，但一切正常.

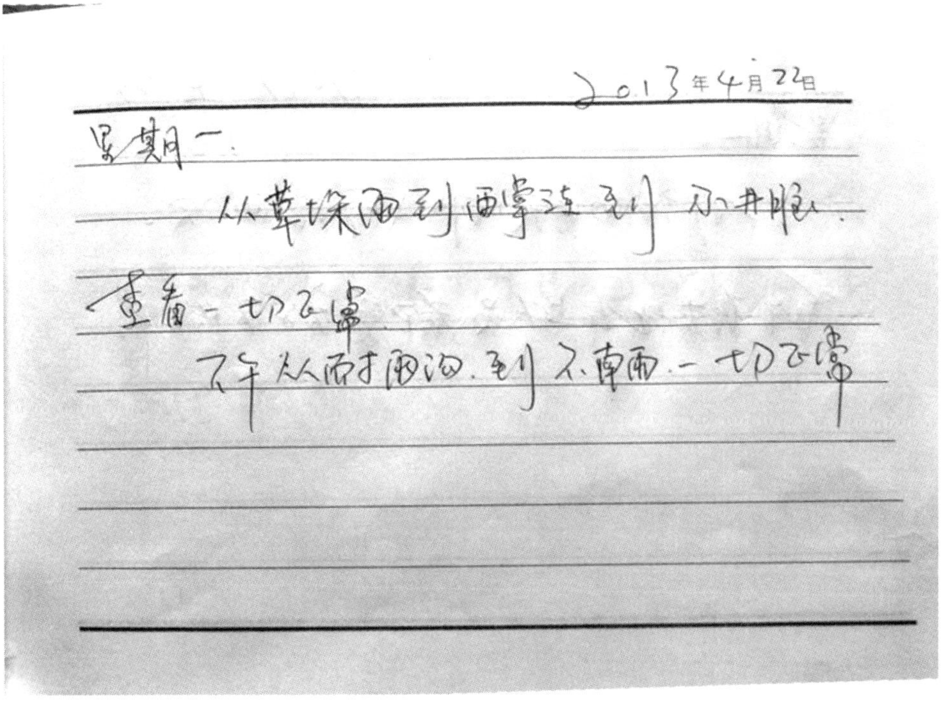

2013年4月22日

星期一.

从草垛雨到西掌沟到小井脑.

查看一切正常

下午从西村雨沟.到小南西一切正常

图10-47　周王亮巡山护林日志（4月21日／4月22日）

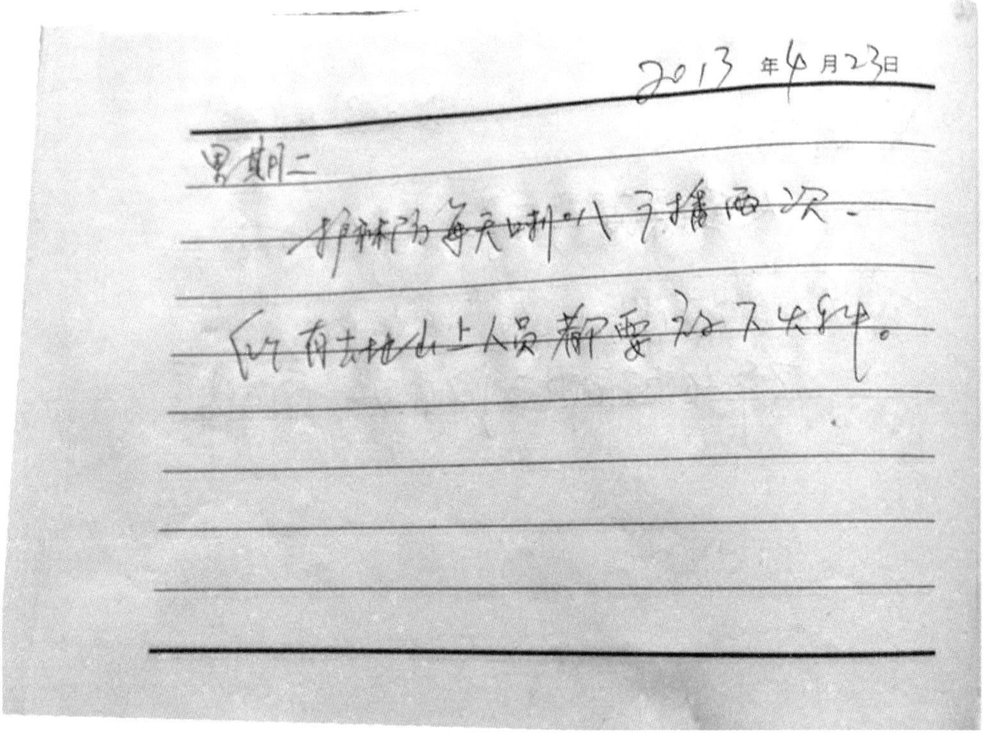

2013年4月23日

星期二

护林防火每天喇叭广播两次。

所有去挂山上人员都要注不失火。

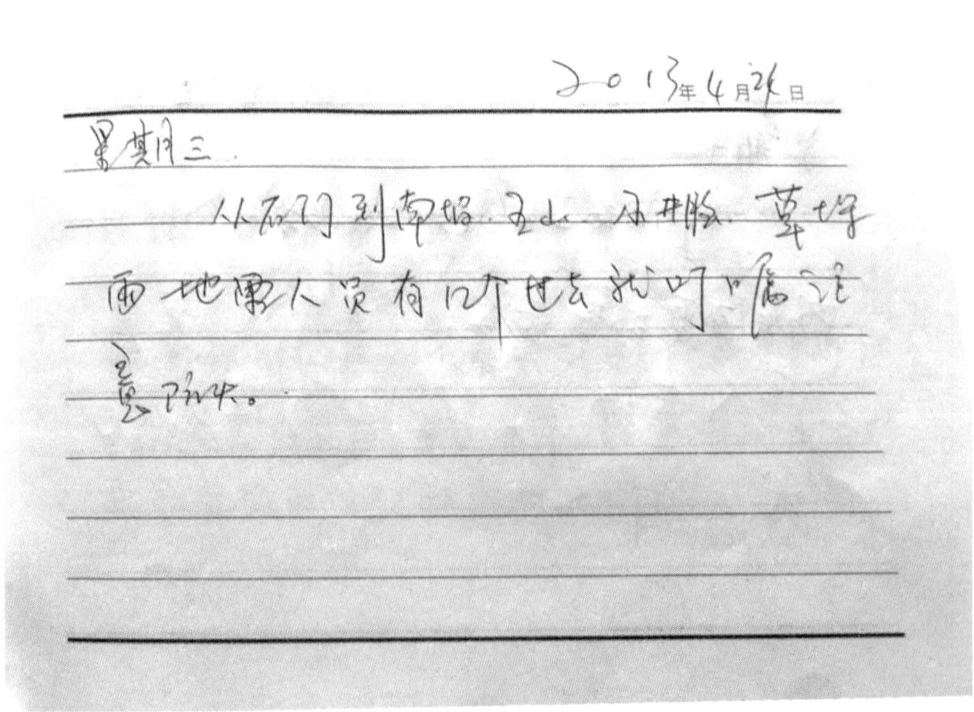

2013年4月24日

星期三

从石门到南岭、王山、丙井峪、草坪西地带人员有12个进去，我们叮嘱注意防火。

图10-48　周王亮巡山护林日志（4月23日／4月24日）

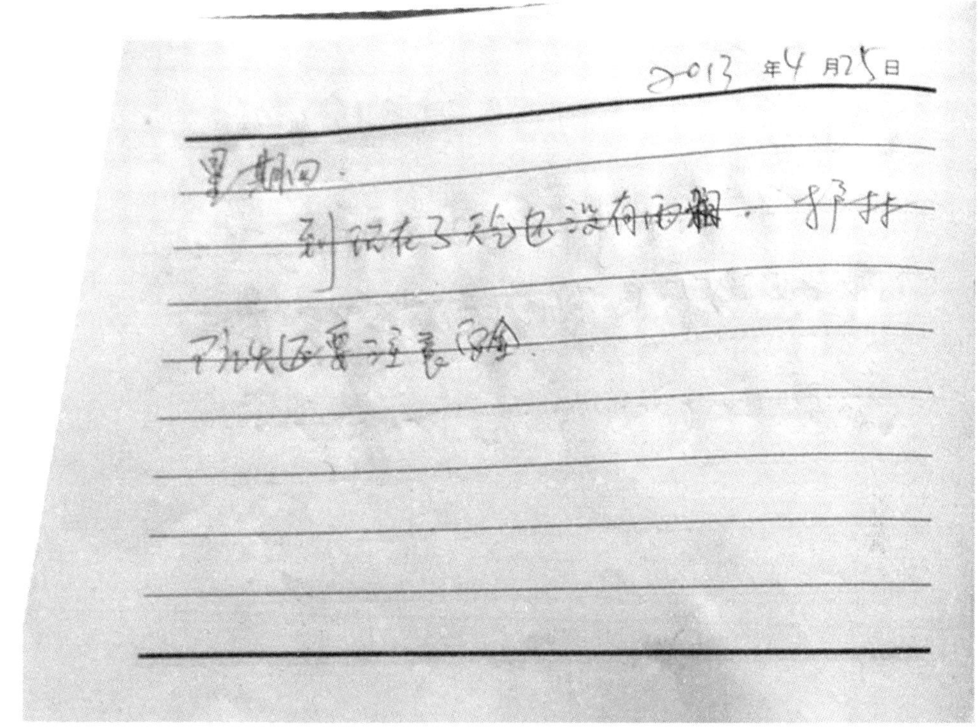
2013年4月25日

星期四：

刮风在了，天气也没有雨淋。护林防火还要注意安全。

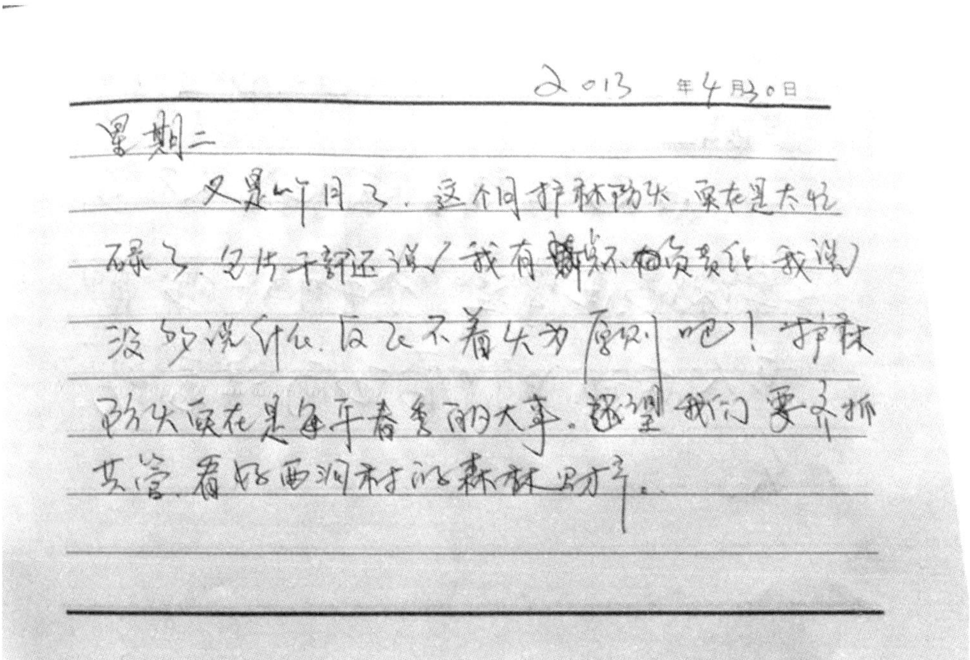
2013年4月30日

星期二

又是4月了。这个月护林防火实在是太忙碌了。乡片干部还说，我有麻烦不怕负责任。我说没办说什么，反正不着火为原则吧！护林防火实在是每年春季的大事。还望我们要齐抓共管，看好西洞村的森林财产。

图10-49　周王亮巡山护林日志（4月25日／4月30日）

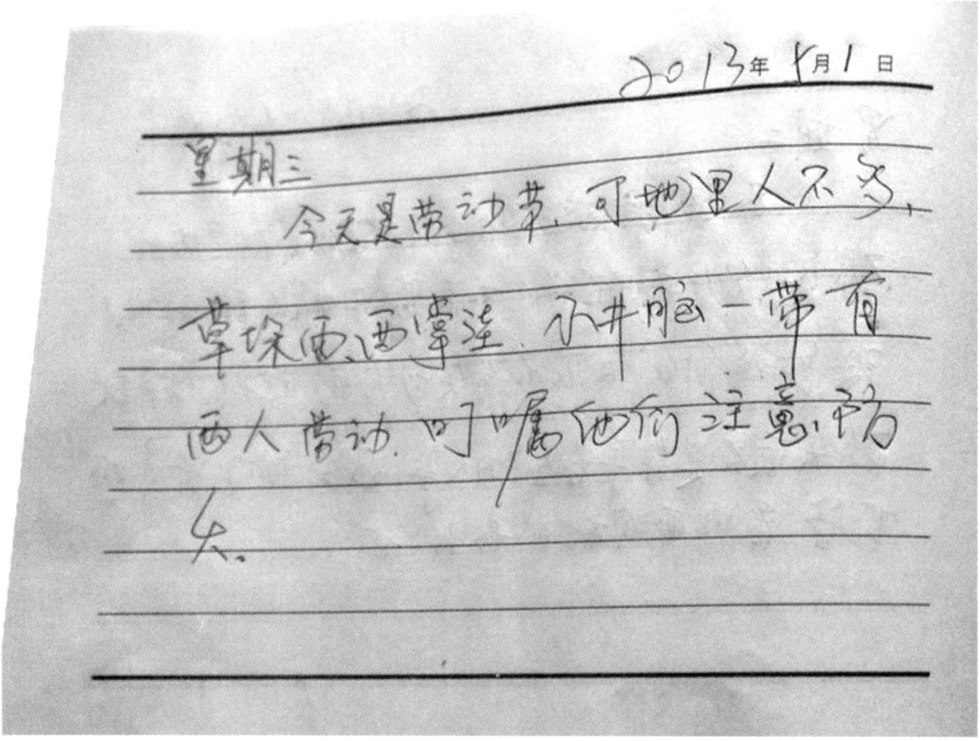

2013年5月1日

星期三

今天是劳动节，可地里人不多，草坪西、西亭洼、水井脑一带有西人劳动，叮嘱他们注意防火。

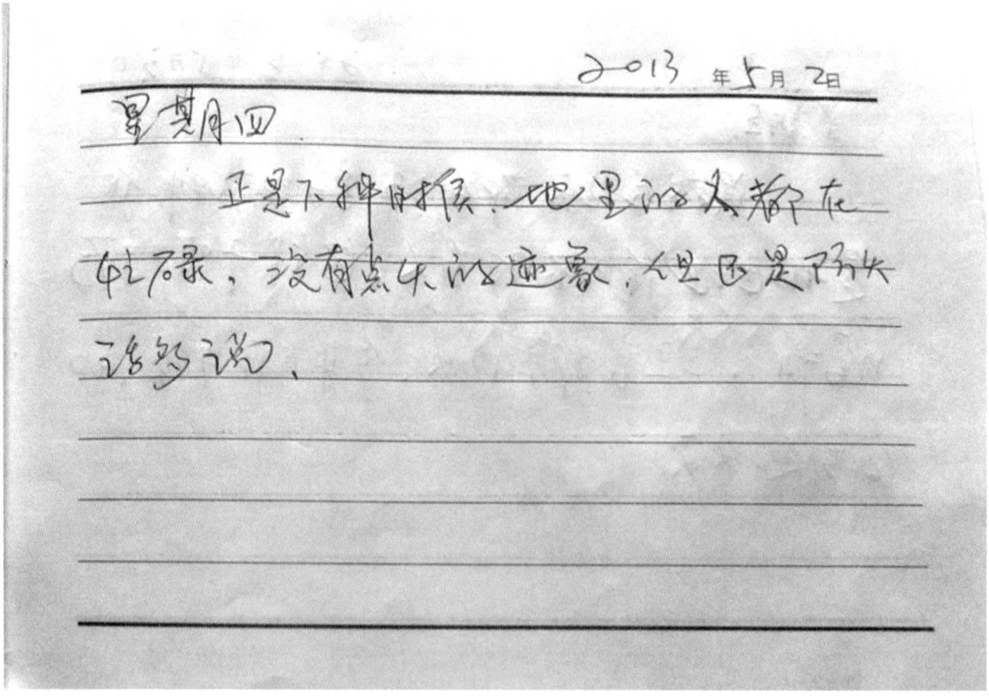

2013年5月2日

星期四

正是下种时候，地里的人都在忙碌，没有点火的迹象，但还是防火话多说。

图10–50　周王亮巡山护林日志（5月1日／5月2日）

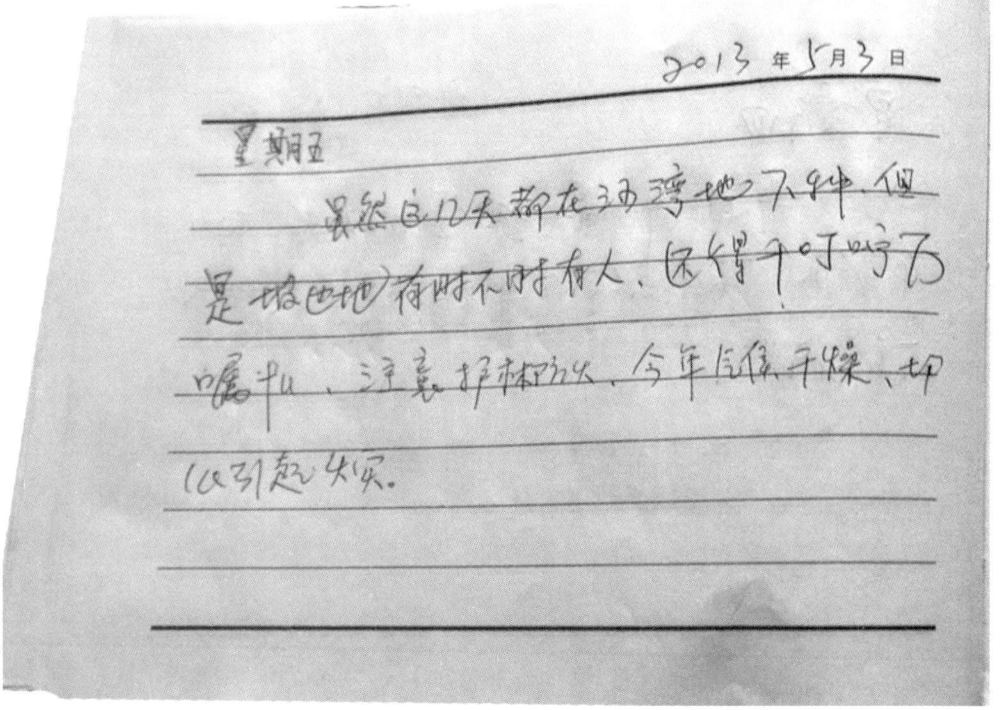

2013年5月3日

星期五

虽然这几天都在汤湾地下种，但是塝田地有时不时有人，还得千叮咛万嘱咐，注意护林防火，今年气候干燥，切以引起火灾。

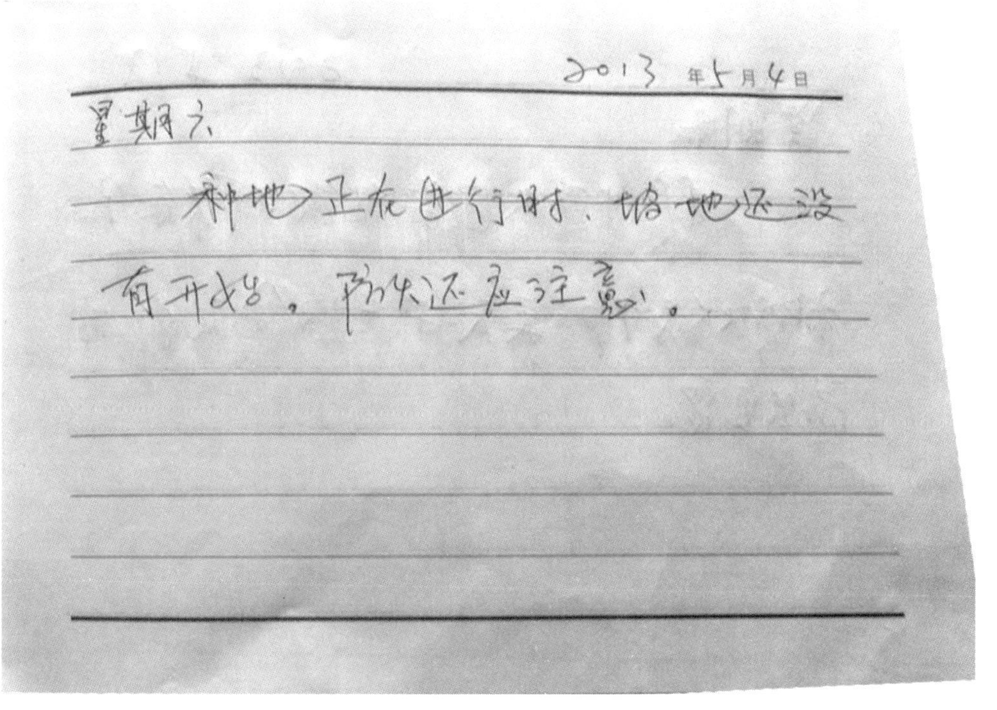

2013年5月4日

星期六

种地正在进行时，塝地还没有开始，防火还应注意。

图10-51　周王亮巡山护林日志（5月3日 / 5月4日）

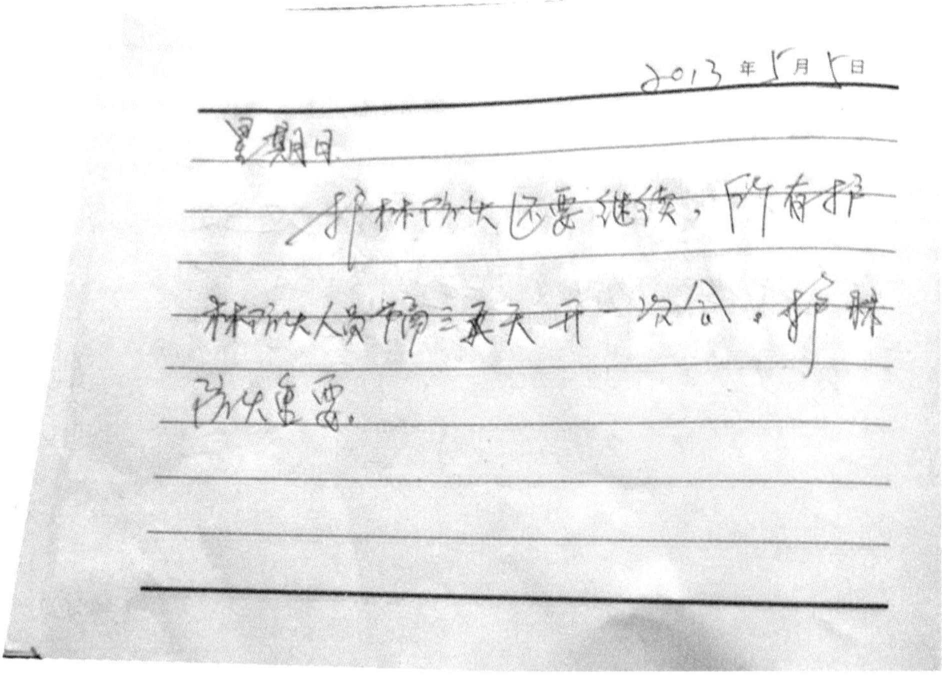

2013年5月5日

星期日

护林防火还要继续，所有护林防火人员每隔三天开一次会。护林防火重要。

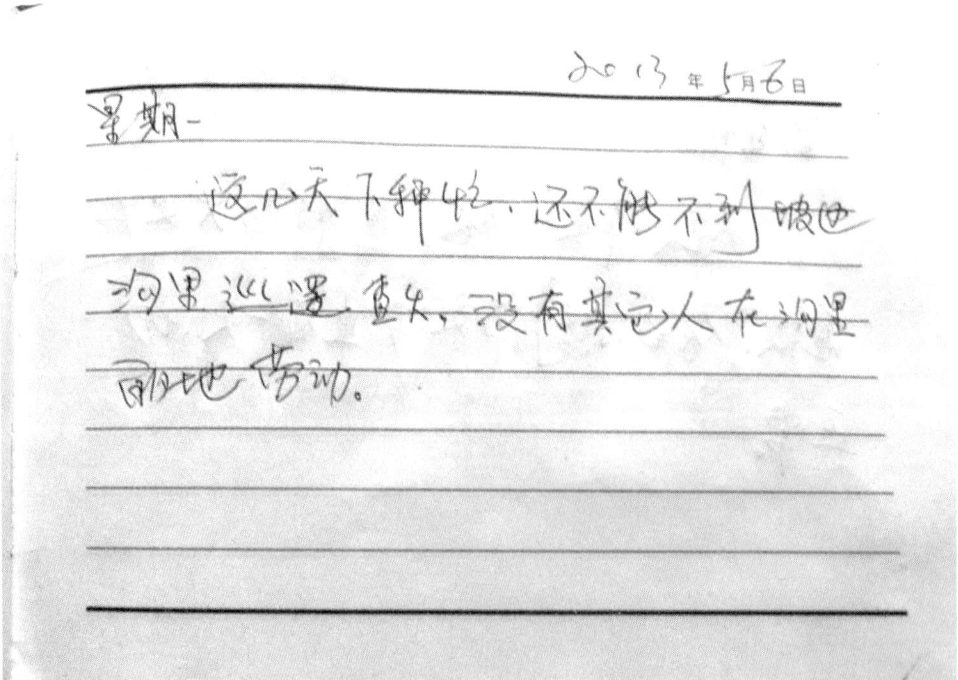

2013年5月6日

星期一

这几天下种忙，还不能不到坡地沟里巡逻查火，没有其它人在沟里耕地劳动。

图10-52　周王亮巡山护林日志（5月5日／5月6日）

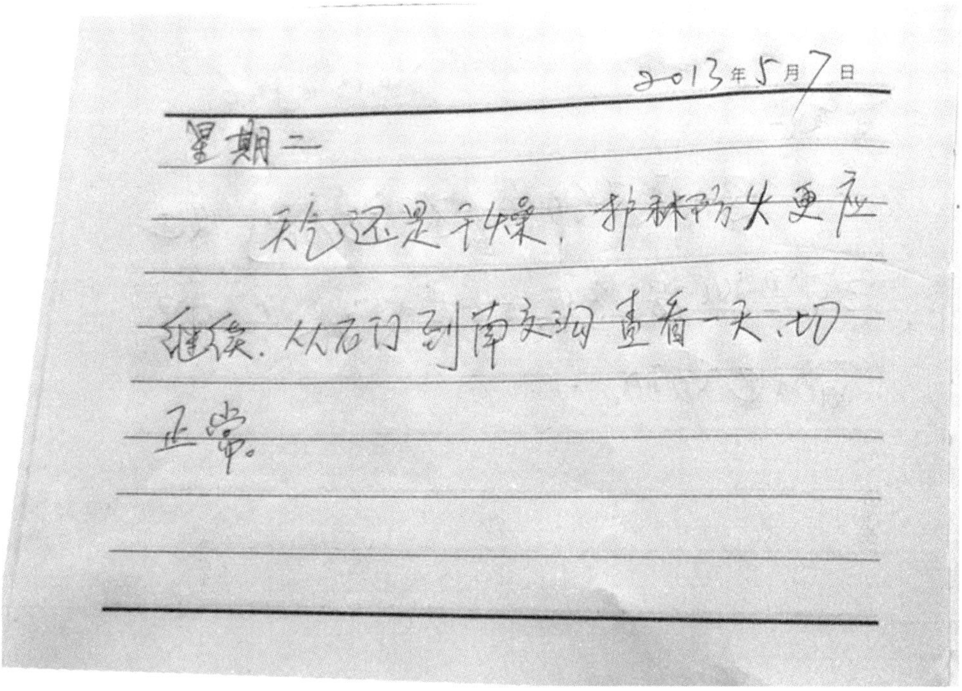
2013年5月7日

星期二

天气还是干燥，护林防火更应继续．从石门到南天洞查看一天．一切正常。

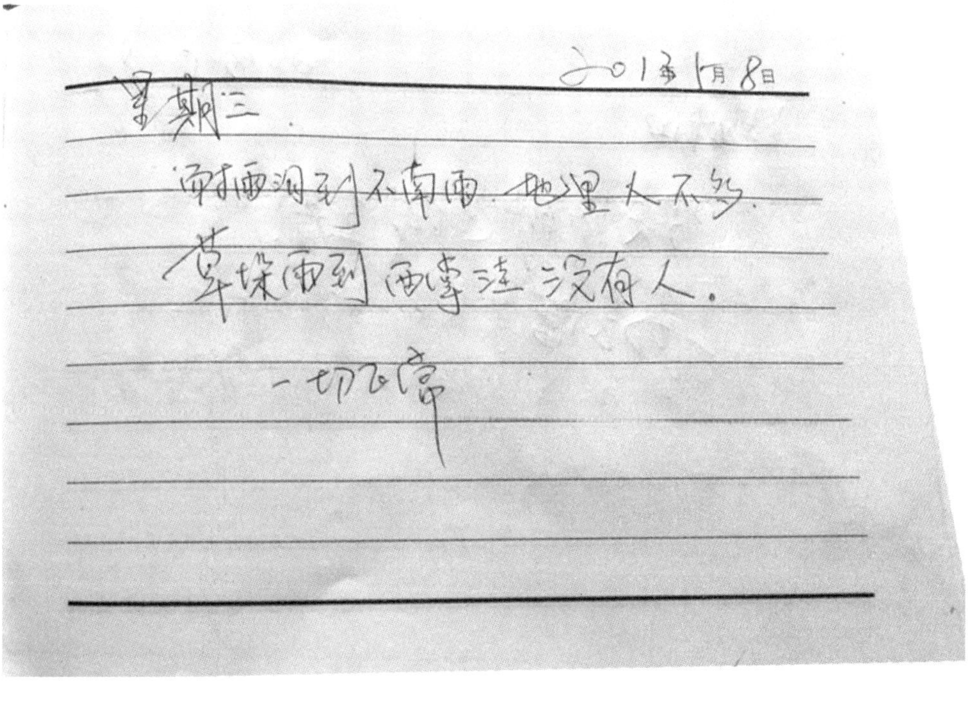
2013年5月8日

星期三

南插西洞到不南雨．地里人不多．

草垛西到西李洼 没有人。

一切正常

图10-53 周王亮巡山护林日志（5月7日 / 5月8日）

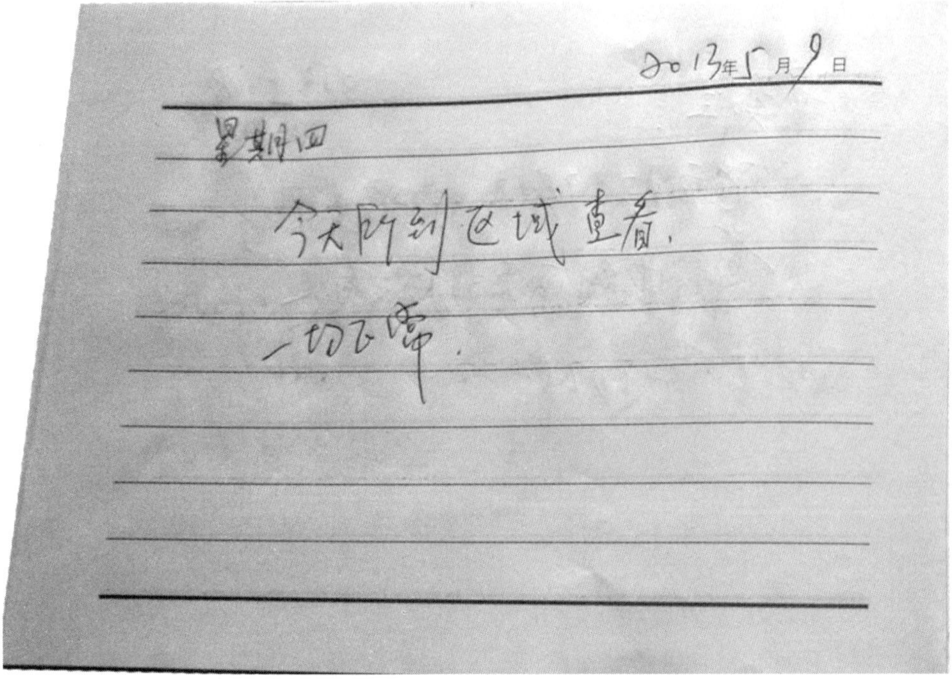

2013年5月9日

星期四

今天所到区域查看，

一切正常。

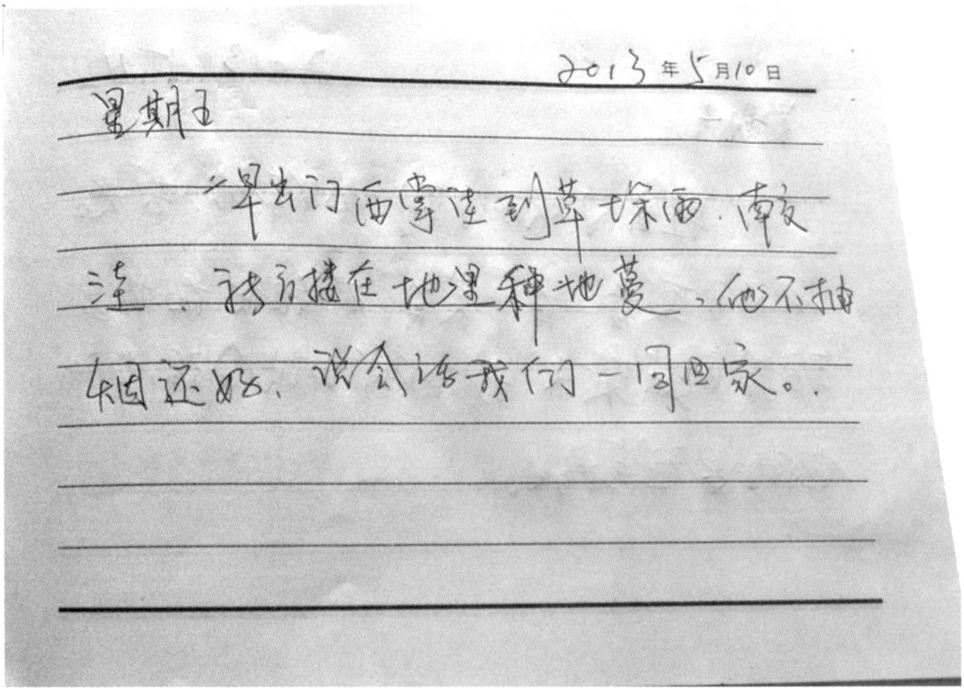

2013年5月10日

星期五

一早出门西草堂到草坪西、南边、碰到老太在地里种地瓜，他不抽烟还好，说会话我们一同回家。

图10-54　周王亮巡山护林日志（5月9日 / 5月10日）

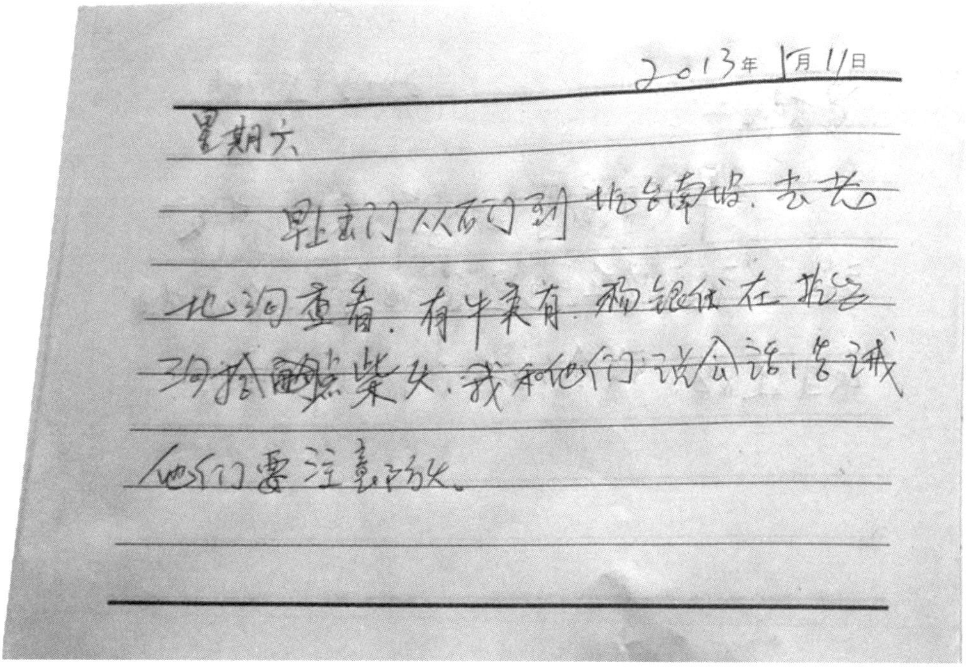

2013年5月11日

星期六

早上出门从石门到垴台南坡，去花地沟查看，有牛来有、杨银伙在垴沟捡蘑菇柴火，我和他们说会话，告诫他们要注意防火。

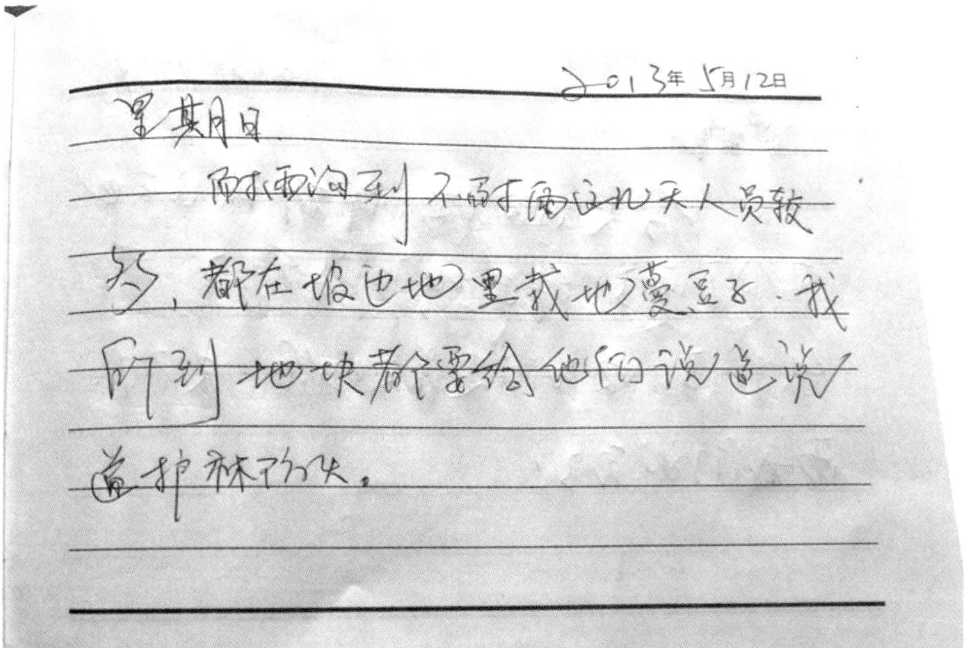

2013年5月12日

星期日

向北西沟到不前下西边几天人员较多，都在坡边地里栽地蔓豆子，我所到地块都要给他们说道说道护林防火。

图10–55　周王亮巡山护林日志（5月11日／5月12日）

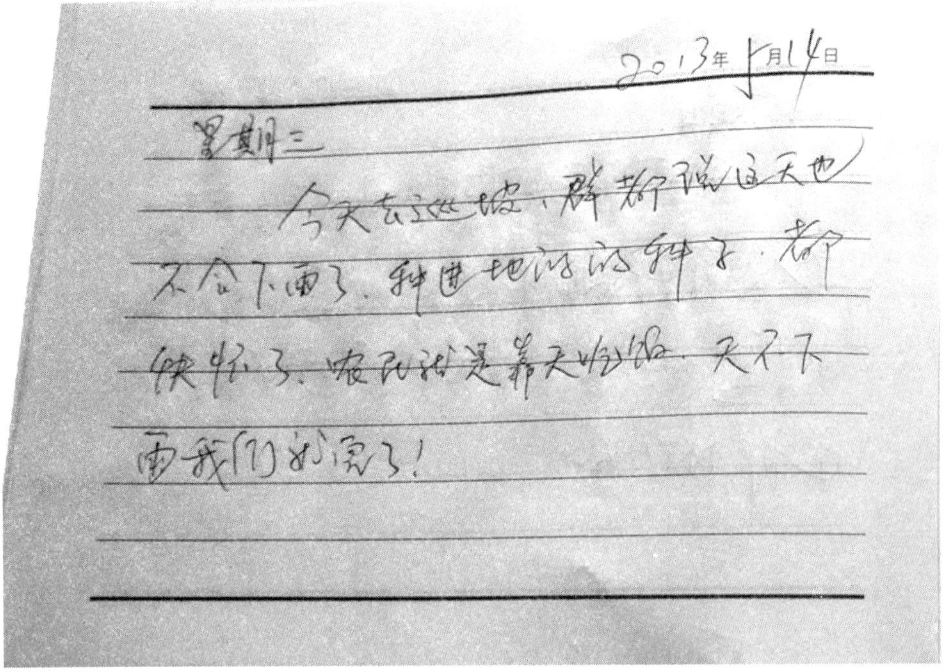

2013年5月14日
星期三
今天去巡坡，群都说这天也不会下雨了，种苗地们的种子都快枯了，农民们是靠天吃饭，天不下雨我们就完了！

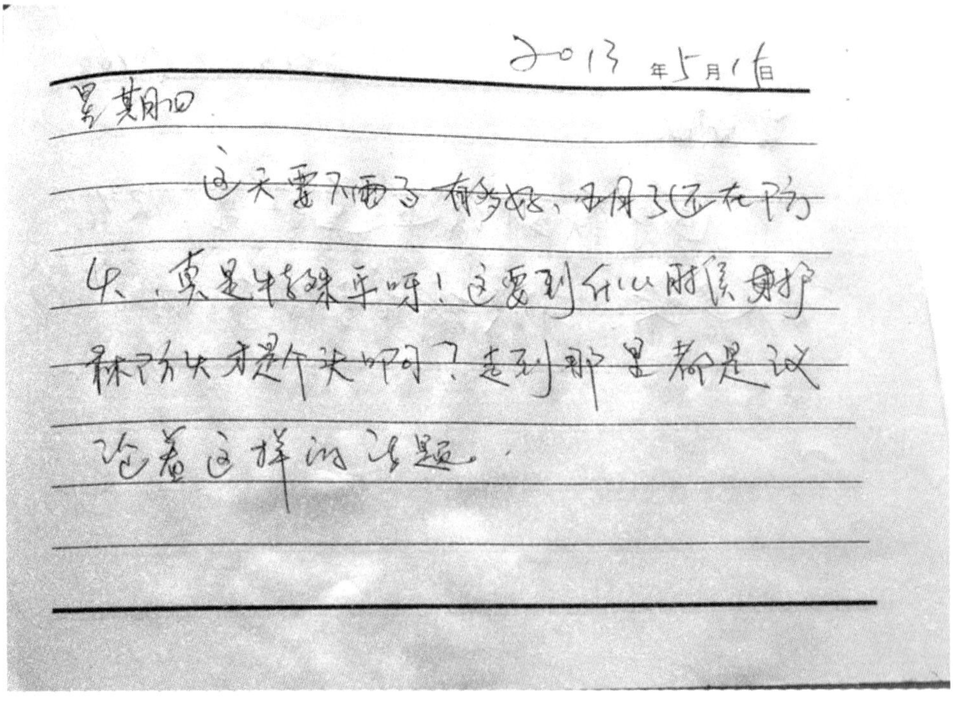

2013年5月15日
星期四
这天要下雨了，有多好，五月了还在防火，真是特殊年呀！这要到什么时候护林防火才是个头啊？走到哪里都是讨论着这样的话题。

图10-56　周王亮巡山护林日志（5月14日／5月15日）

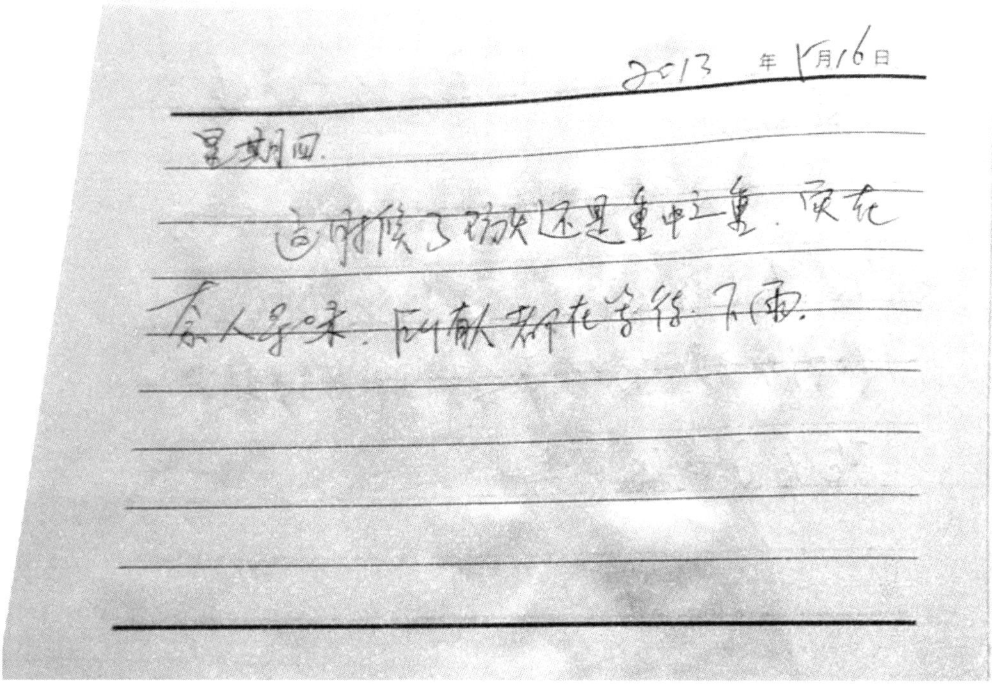

2013年5月16日

星期四。

这时候了玉米还是重种之季。受在农人身家。所有都在等待下雨。

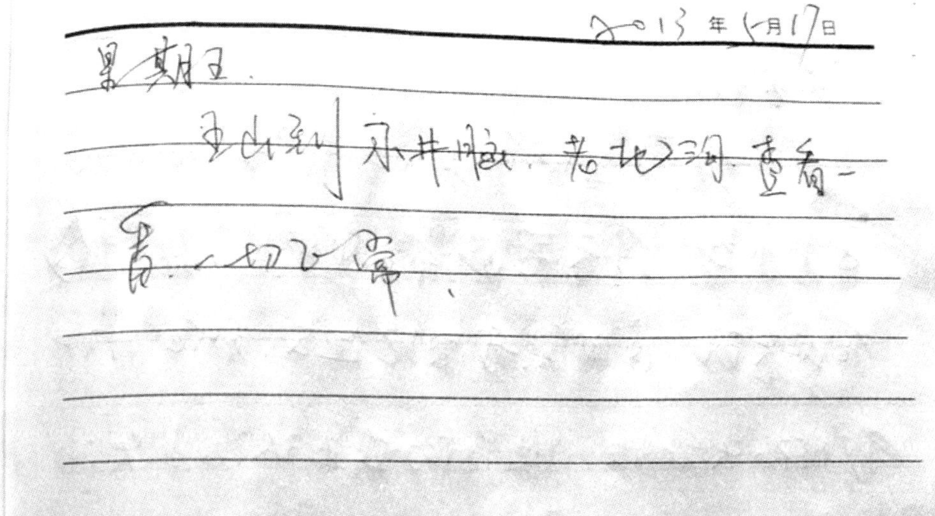

2013年5月17日

星期五。

上山到天井堖、老虎洞查看一番。一切正常。

图10-57　周王亮巡山护林日志（5月16日／5月17日）

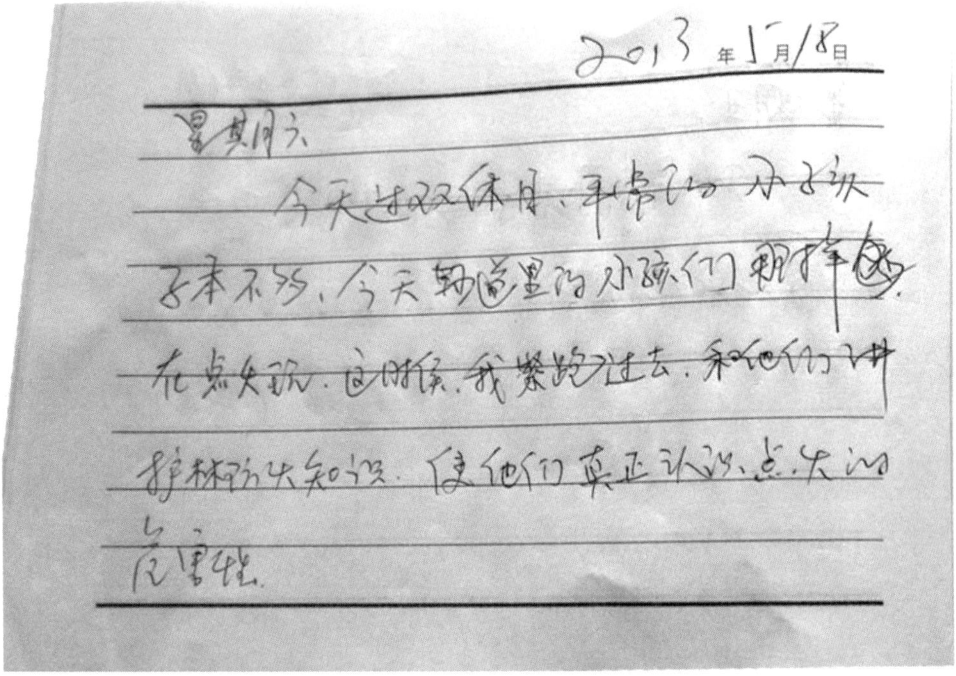

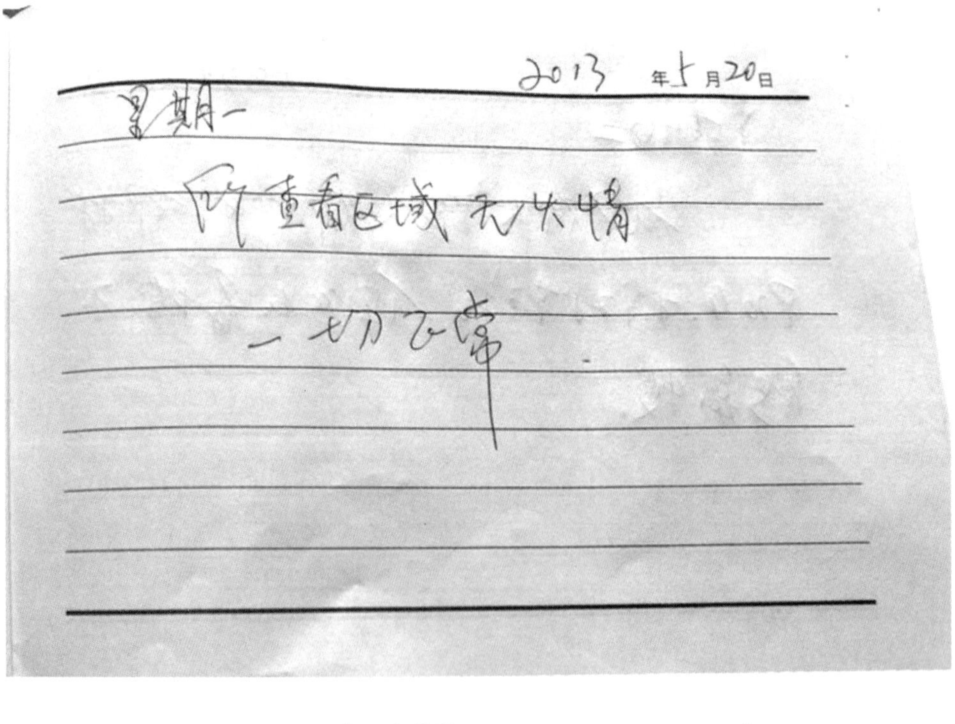

图10-58　周王亮巡山护林日志（5月18日 / 5月20日）

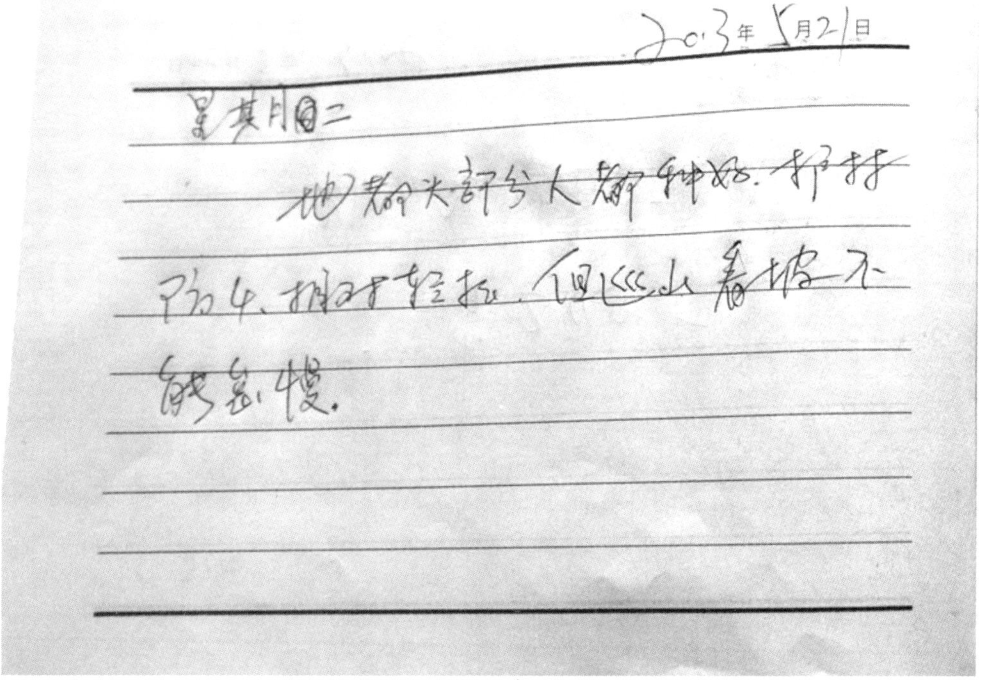

2013年5月21日

星期二

地都大部分人都种好，护林防火，相对轻松，但巡山看护不能怠慢。

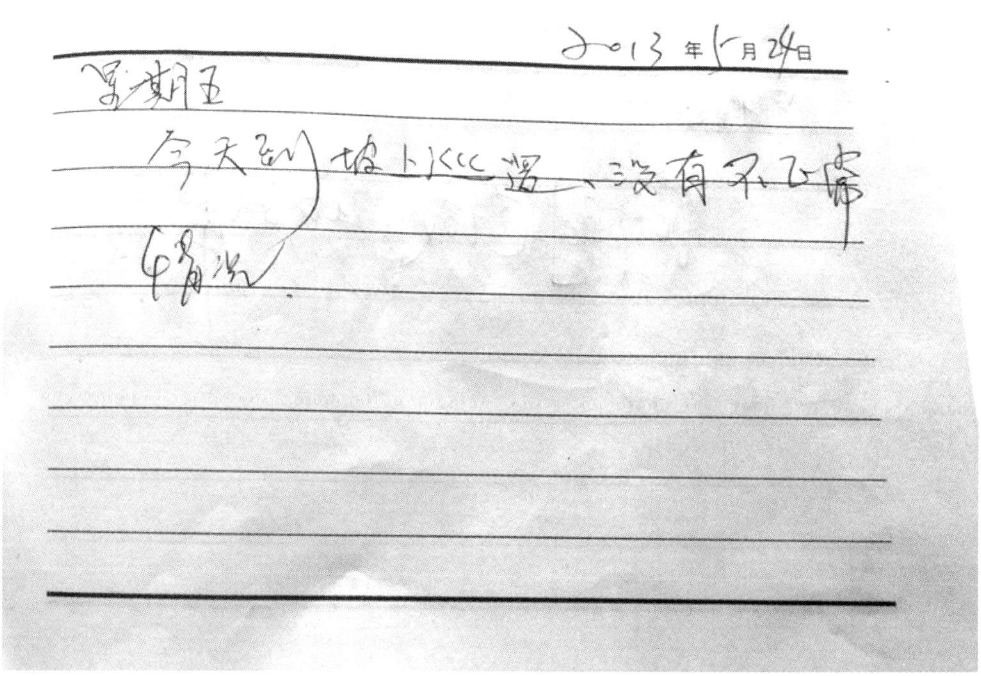

2013年5月24日

星期五

今天到坡上巡逻，没有不正常情况。

图10-59　周王亮巡山护林日志（5月21日／5月24日）

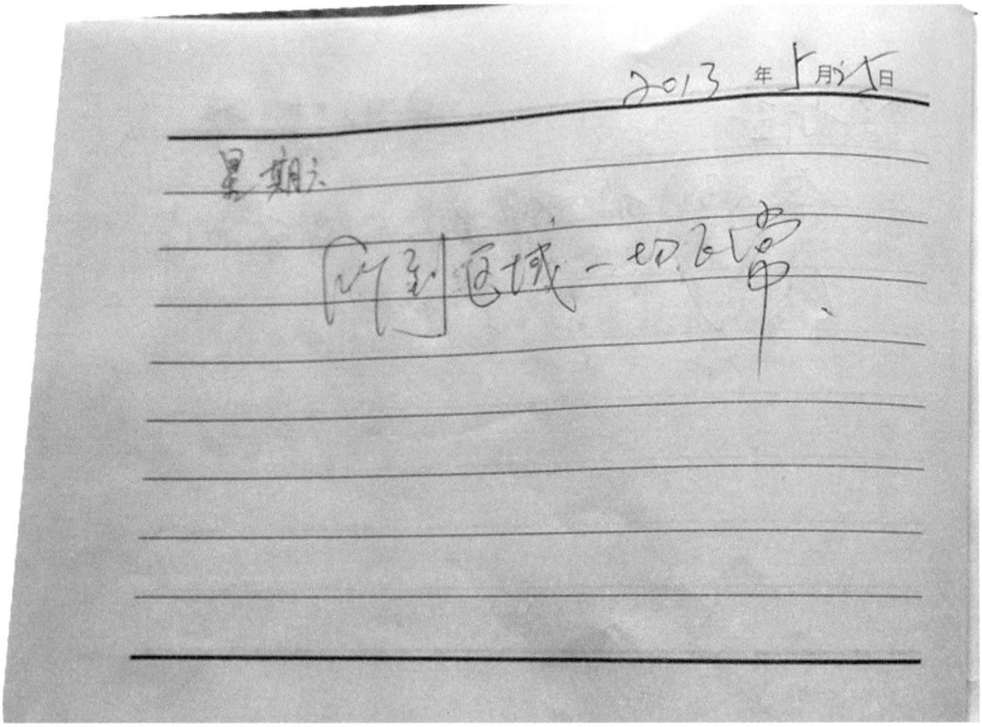

2013年5月25日

星期六

所到区域一切正常

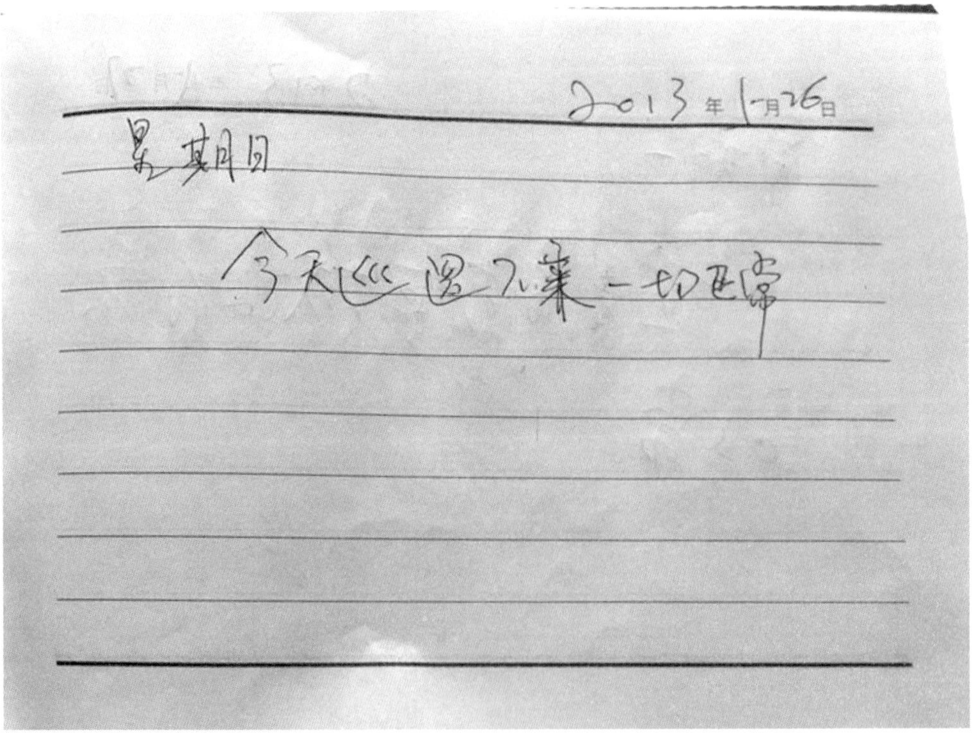

2013年5月26日

星期日

今天巡逻山寨一切正常

图10-60　周王亮巡山护林日志（5月25日／5月26日）

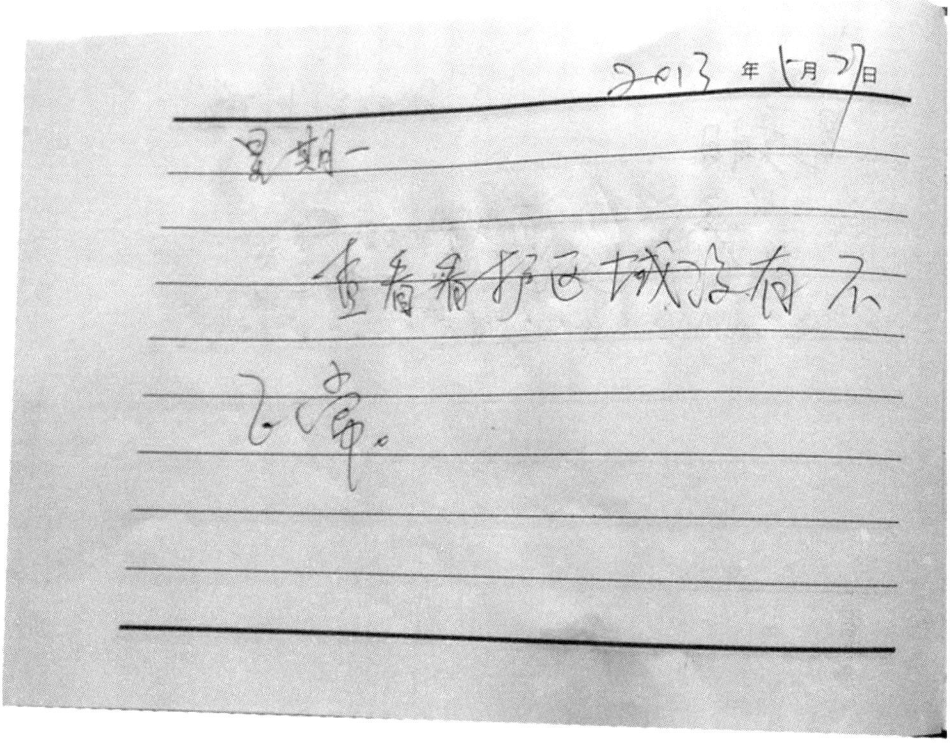

2013年5月27日

星期一

查看看护区域没有不正常。

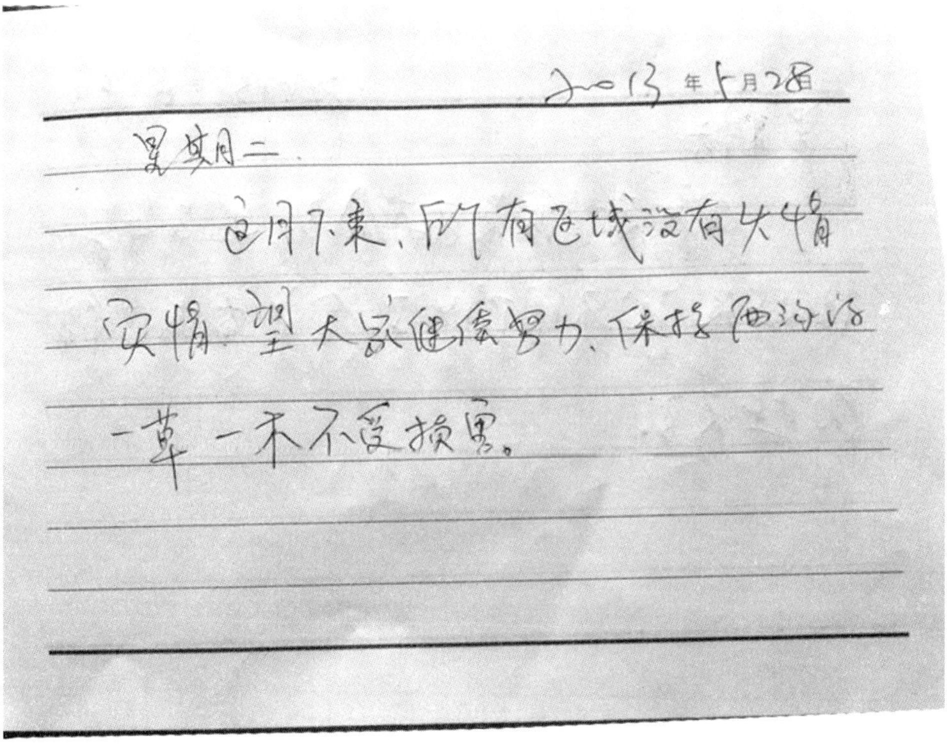

2013年5月28日

星期二

白日下来，所有区域没有火情灾情，望大家继续努力，保护西沙的一草一木不受损害。

图10-61　周王亮巡山护林日志（5月27日／5月28日）

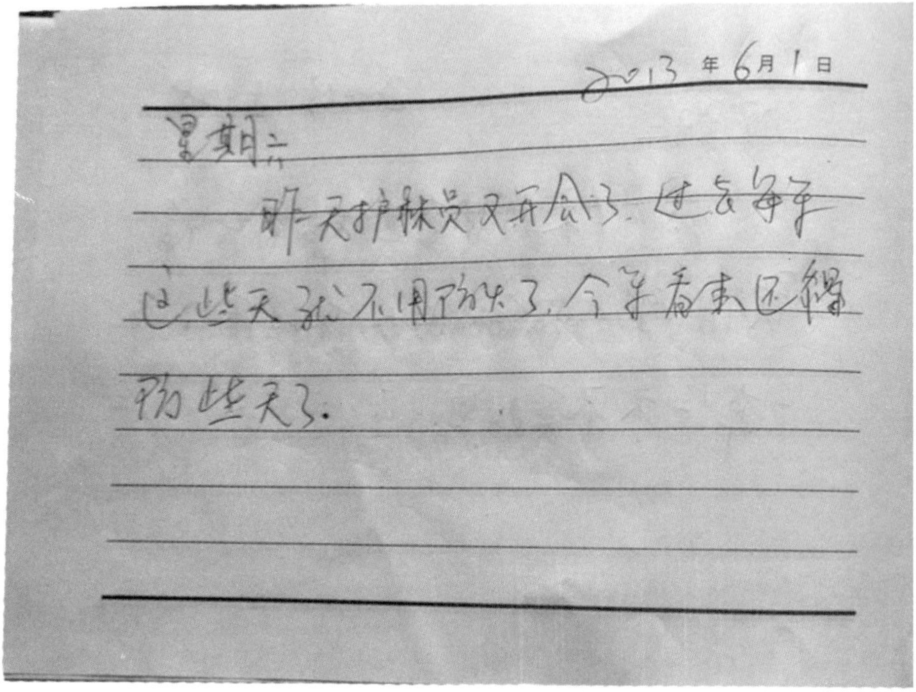

2013年6月1日

星期六

昨天护林员又开会了，过去每年这些天就不用防火了，今年看来还得防些天了。

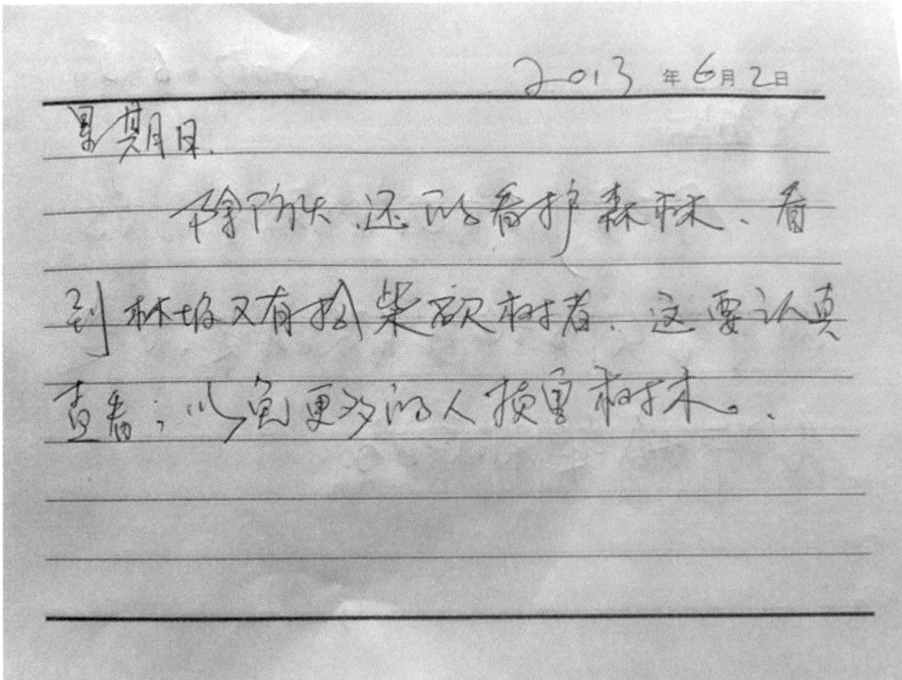

2013年6月2日

星期日

除防火，还的看护森林，看到林场又有拾柴砍树者，这要认真查看，以免更多的人损坏树木。

图10-62　周王亮巡山护林日志（6月1日 / 6月2日）

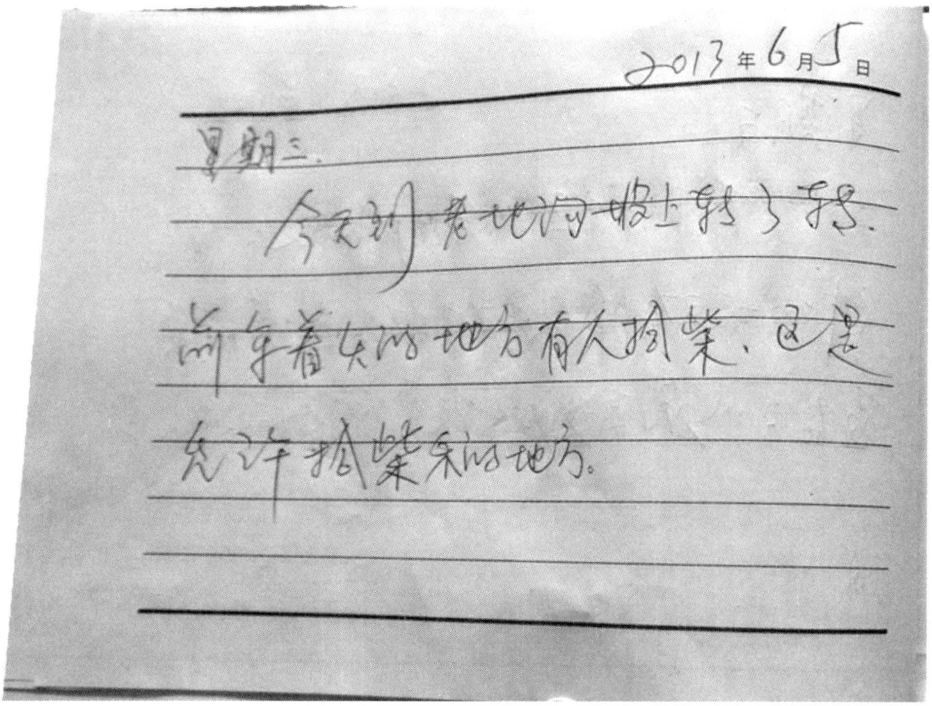

2013年6月5日

星期三.

今天到老地沟坡上转了转.

前年着火的地方有人捡柴，这是允许捡柴禾的地方。

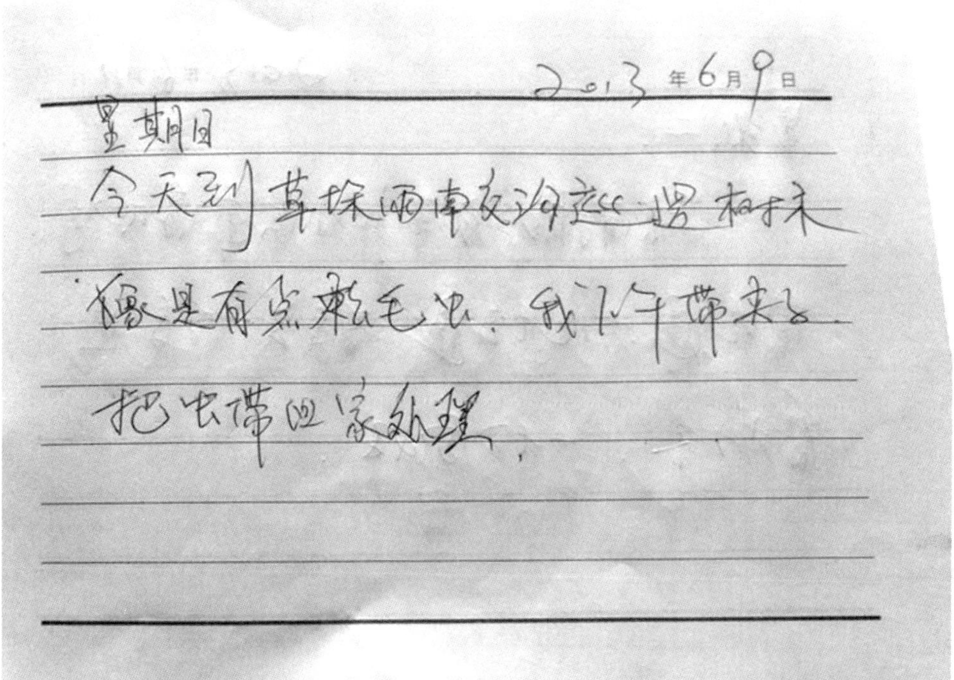

2013年6月9日

星期日

今天到草垛西南大沟巡逻，柏树像是有点粘毛虫，我下午带来了把虫带回家处理，

图10-63 周王亮巡山护林日志（6月5日／6月9日）

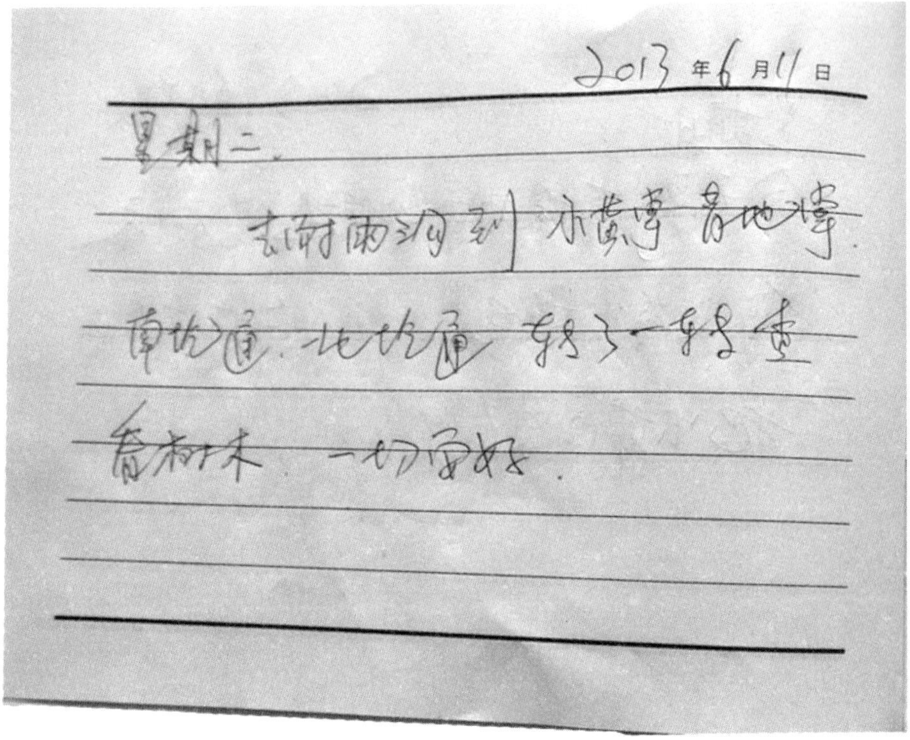
2013年6月11日

星期二。

去南雨洞到小黄湾 青地湾．

南坡面．北坡面 转了一转查

看树木 一切安好．

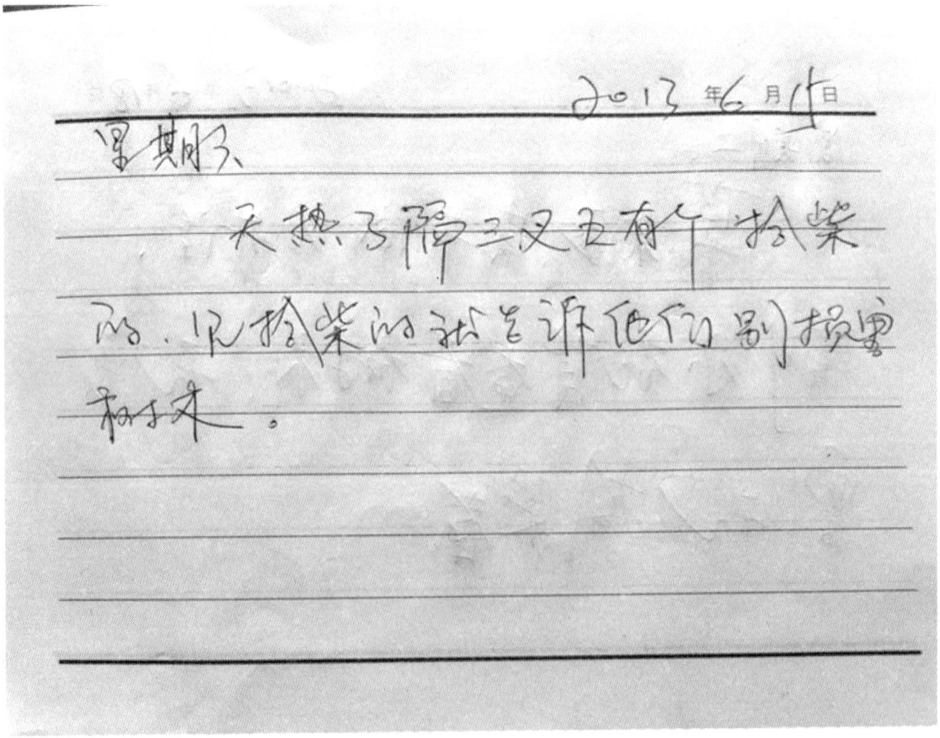
2013年6月15日

星期六

天热了隔三叉王有个拾柴

的．见拾柴的就告诉他们别损害

树木。

图10-64　周王亮巡山护林日志（6月11日／6月15日）

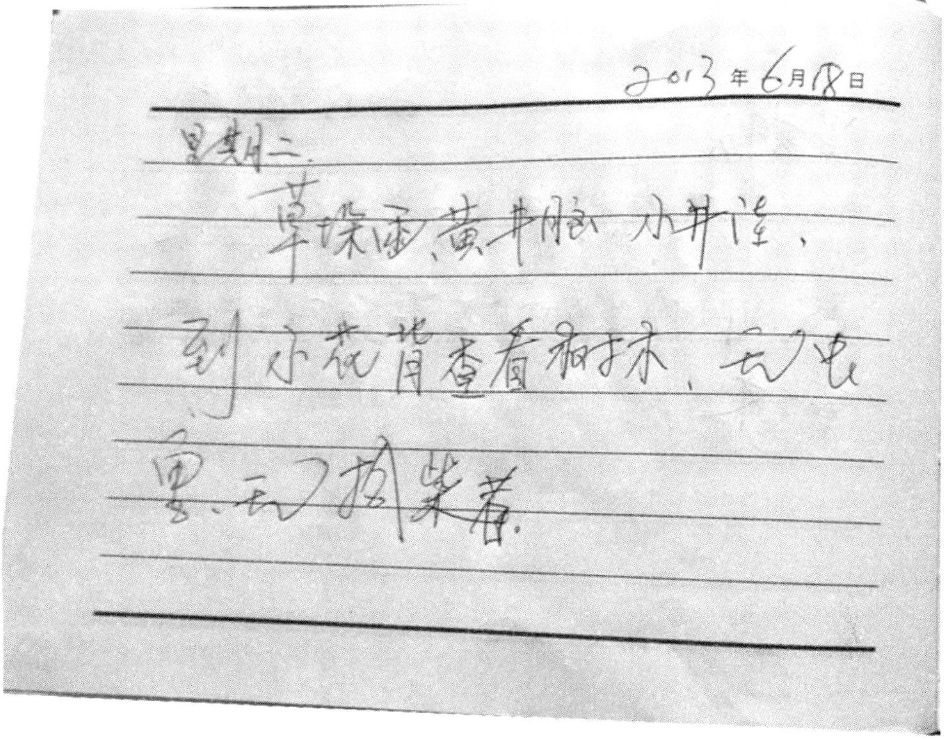

2013年6月18日

星期二

草垛函、黄井脑、小井洼，到小花背查看树林，去了屯里、去了摘紫萁。

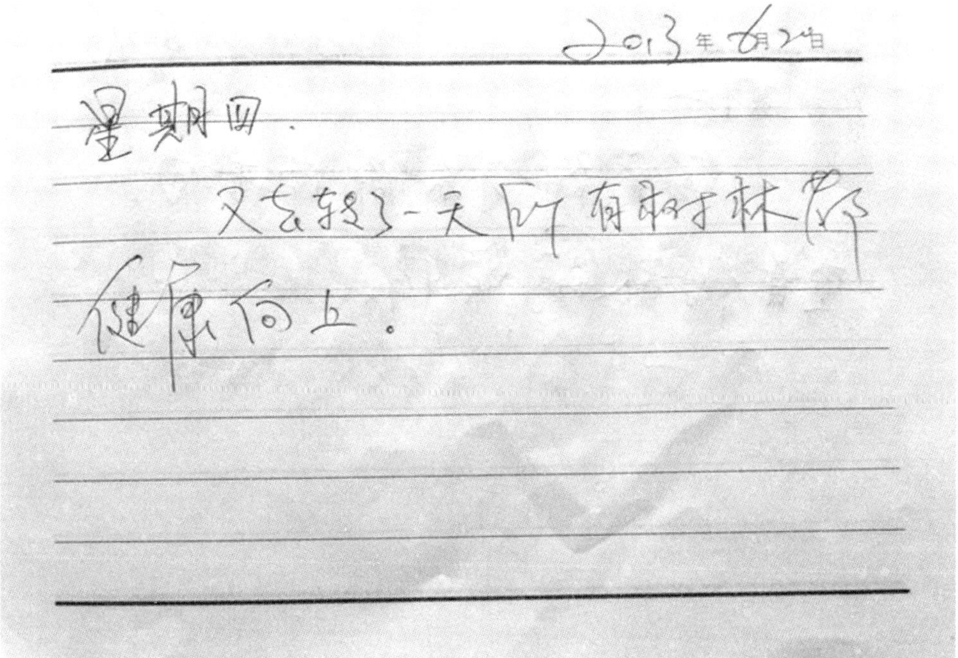

2013年6月20日

星期四

又去转了一天，所有树林都健康向上。

图10–65　周王亮巡山护林日志（6月18日／6月20日）

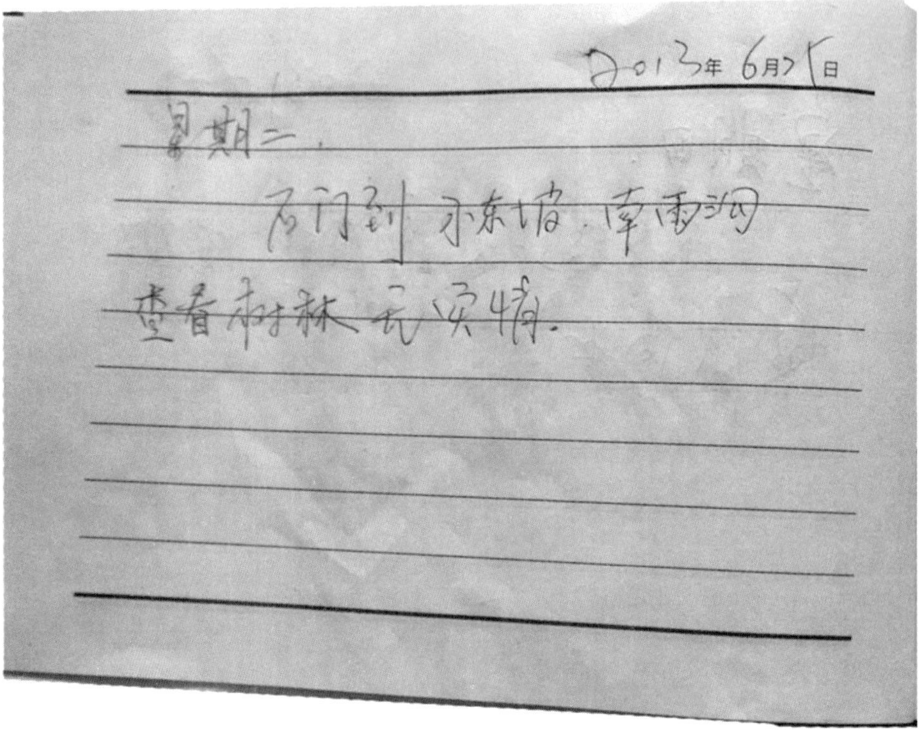
2013年6月25日

星期二。

石门到小东塘、南雨洞

查看树林无灾情。

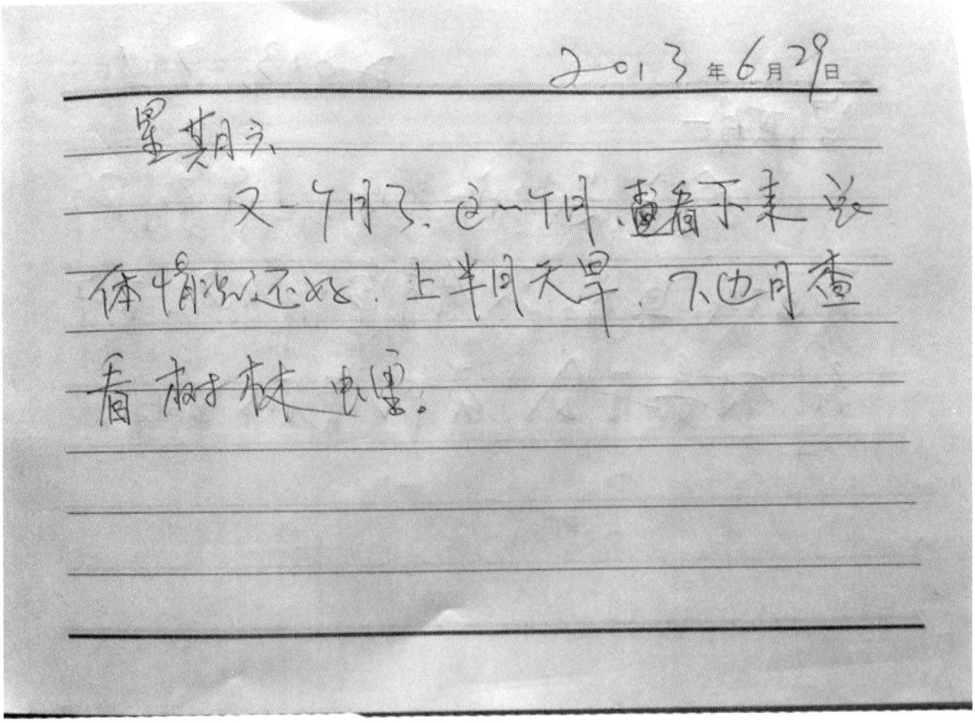
2013年6月29日

星期六、

又一个月了、这一个月、查看下来总

体情况还好、上半月天旱、下边月查

看树林虫害。

图10–66　周王亮巡山护林日志（6月25日／6月29日）

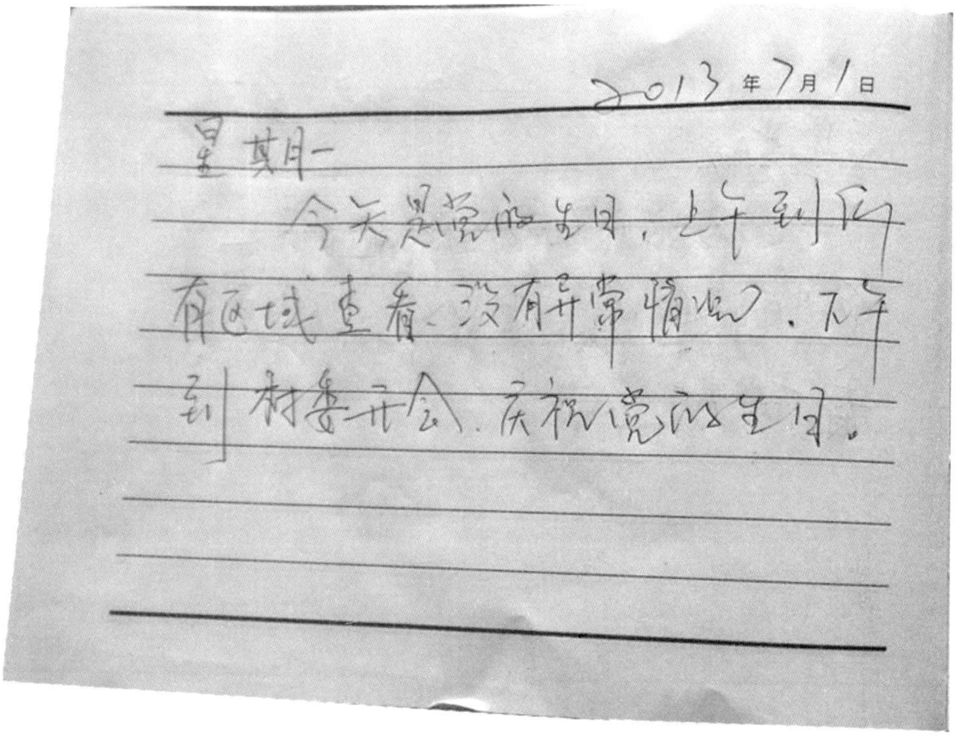

2013年7月1日

星期一

今天是党的生日，上午到所有区域查看，没有异常情况，下午到村委开会，庆祝党的生日。

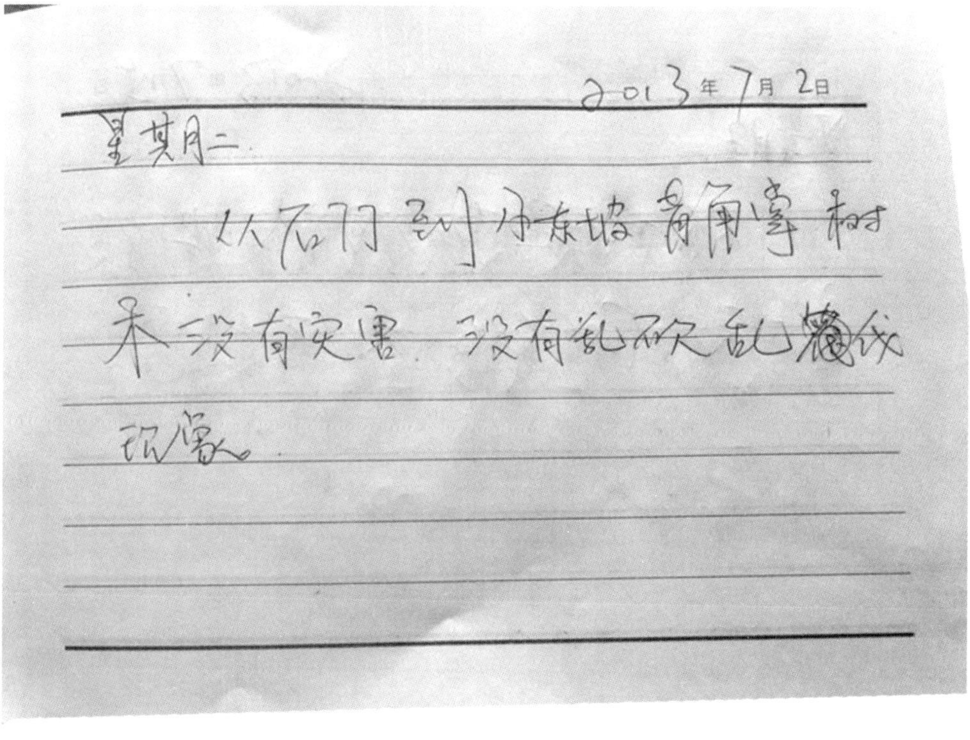

2013年7月2日

星期二

从石门到乐东塘青角寨树木没有灾害，没有乱砍乱伐现象。

图10-67　周王亮巡山护林日志（7月1日 / 7月2日）

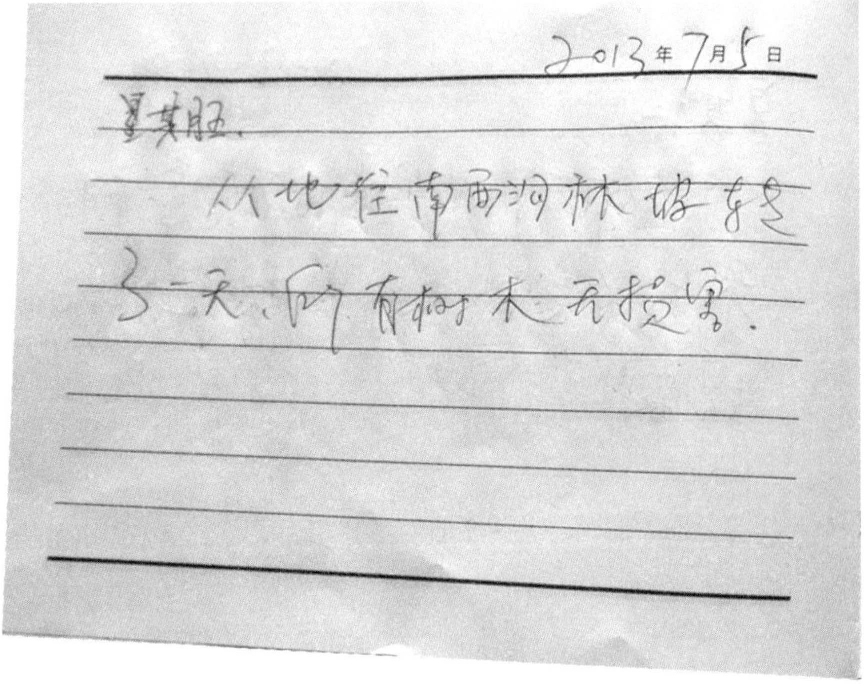

2013年7月5日

星期五

从北往南西洞林场转了一天，所有树木无损害。

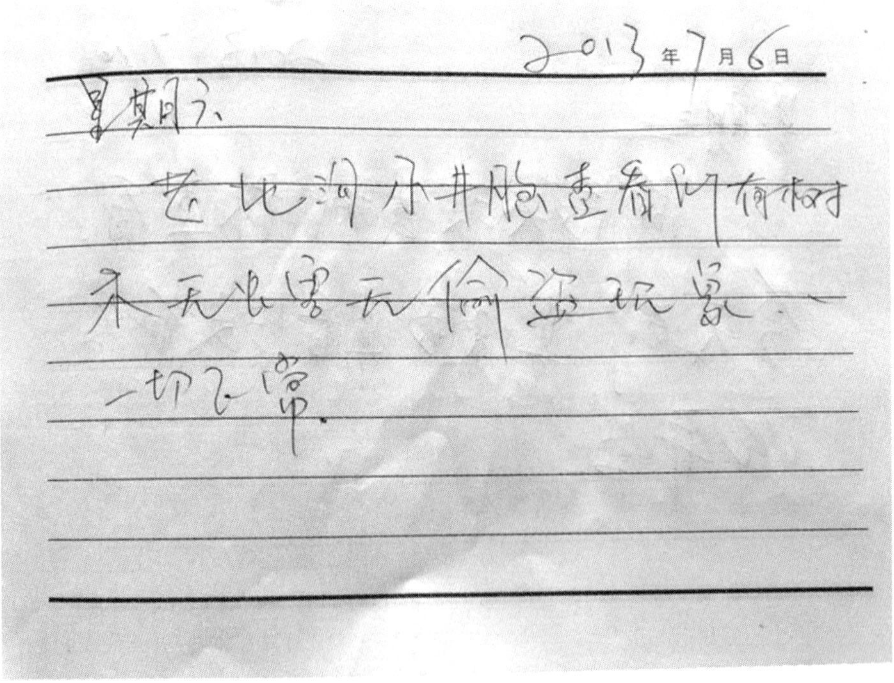

2013年7月6日

星期六

去北洞小井脑查看所有树木无虫害无偷盗现象。

一切正常。

图10-68　周王亮巡山护林日志（7月5日 / 7月6日）

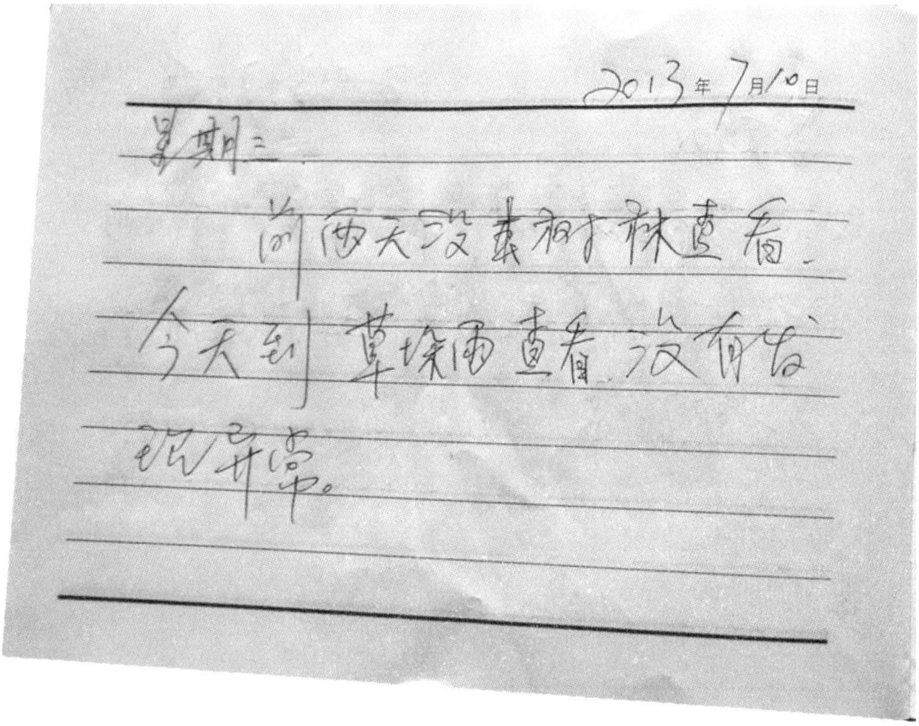

2013年7月10日

星期三

前两天没来树林查看。今天到草垛雨查看，没有发现异常。

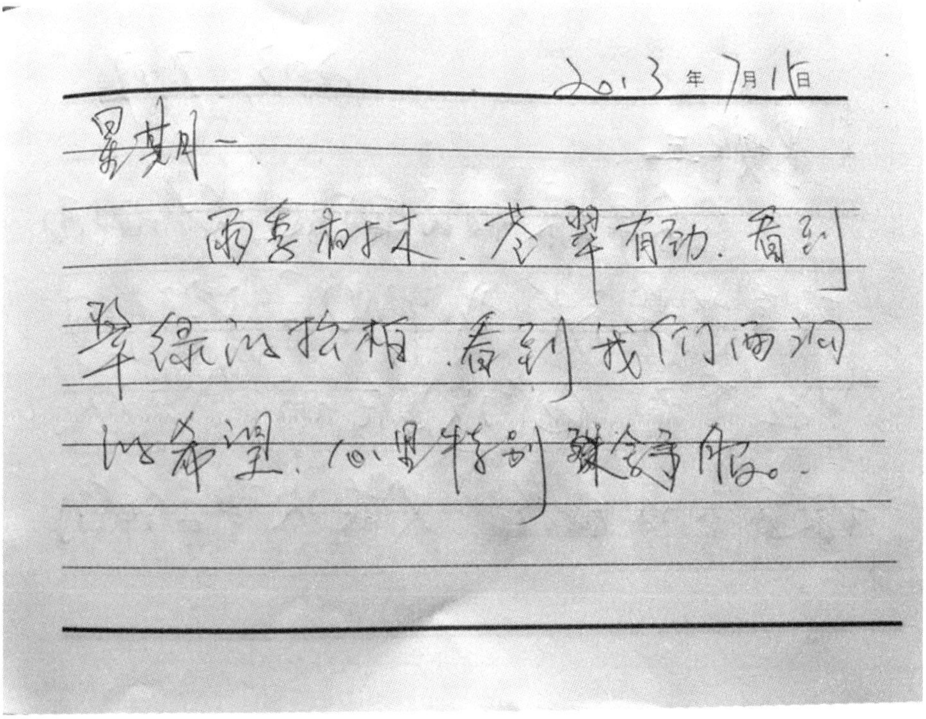

2013年7月15日

星期一

雨后树木，苍翠有动，看到翠绿的松柏，看到我们雨洞的希望，心里特别舒服。

图10-69　周王亮巡山护林日志（7月10日 / 7月15日）

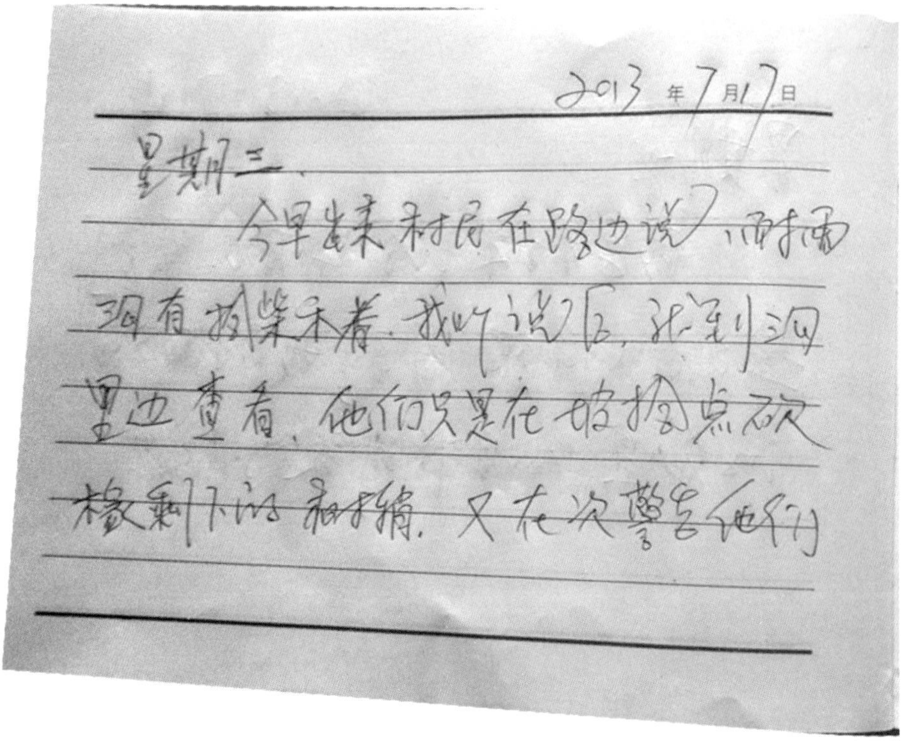

2013年7月17日

星期三

今早出来村民在路边说了，南捅洞有拉柴禾者，我听说后，跑到洞里边查看，他们只是在坡捡点砍橡剩下的树梢，又在次警告他们

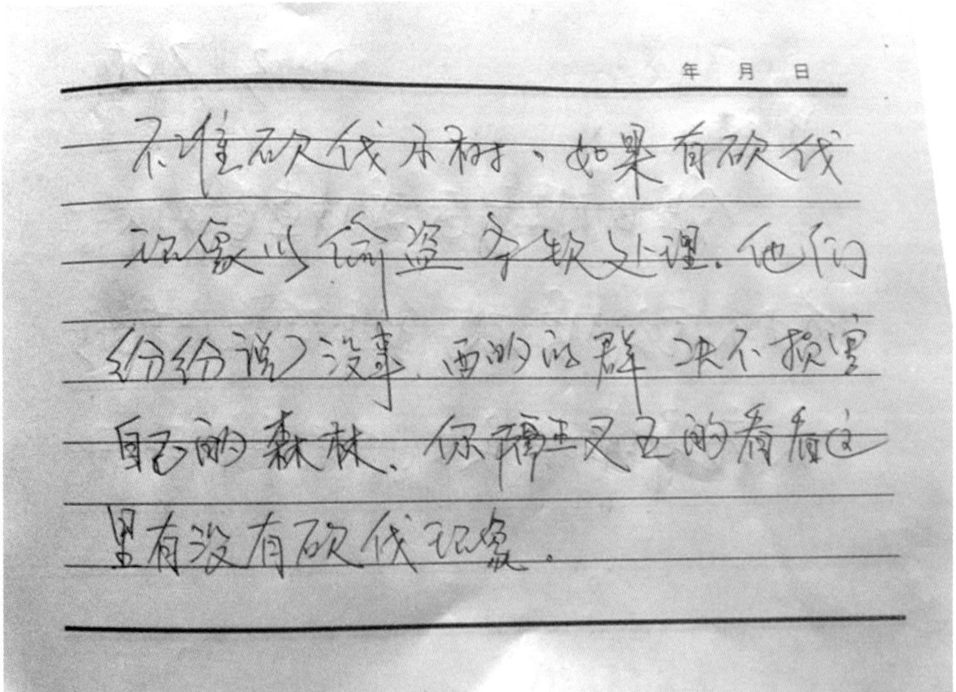

年 月 日

不准砍伐木树，如果有砍伐现象以偷盗予处理，他们纷纷说了没事，西明的群决不损害自己的森林，你再王又王的看看这里有没有砍伐现象。

图10–70　周王亮巡山护林日志（7月17日）

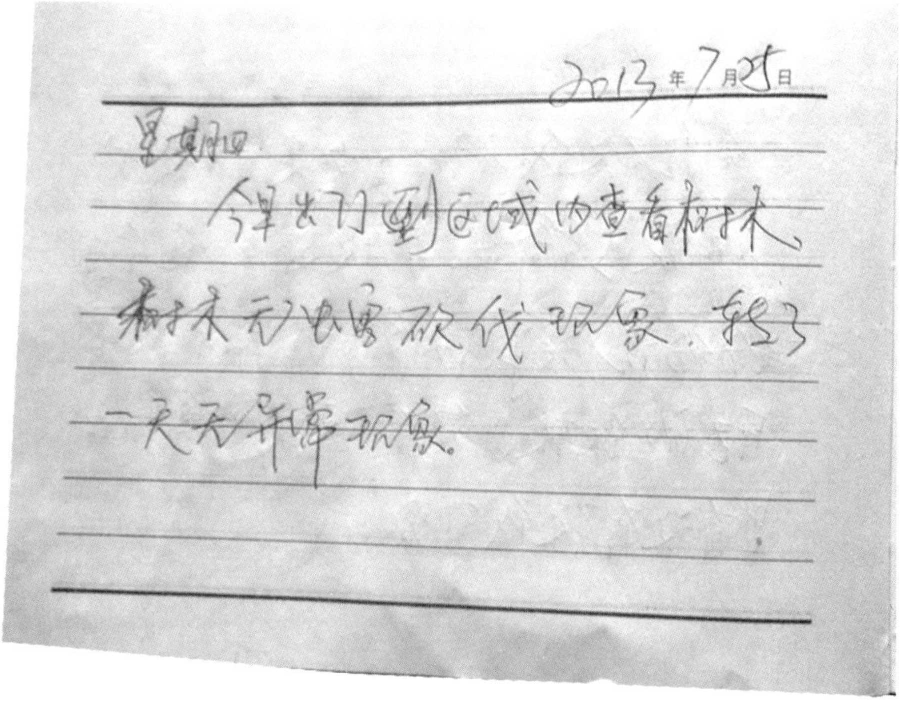

2013年7月25日

星期四

今早出门到区域内查看树林，树林无人为害砍伐现象，转了一天无异常现象。

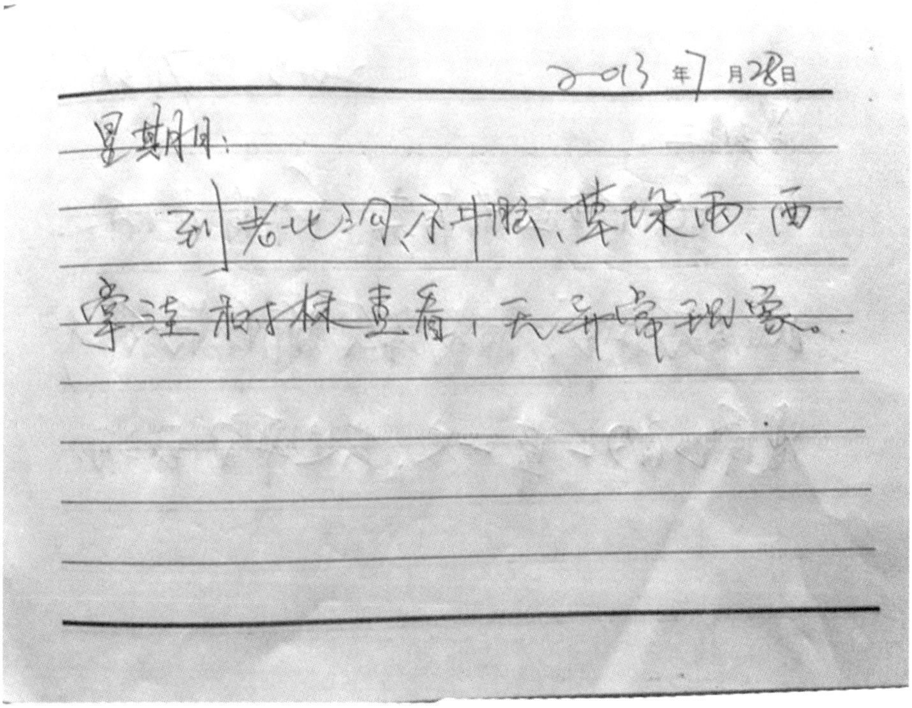

2013年7月28日

星期日：

到若比洞、下井脑、草坪西、西掌洼树林查看，无异常现象。

图10-71　周王亮巡山护林日志（7月25日 / 7月28日）

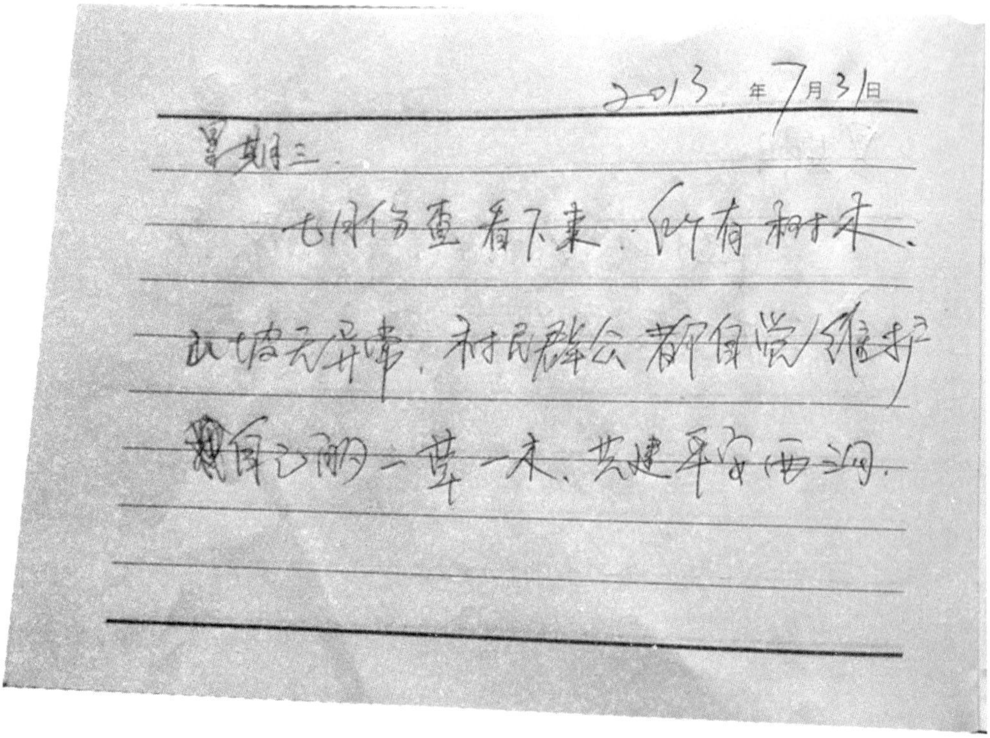

2013年7月31日

星期三

七月份查看下来，所有树木、林场无异常，村民群众都保管/维护自己的一草一木，共建平安西涧。

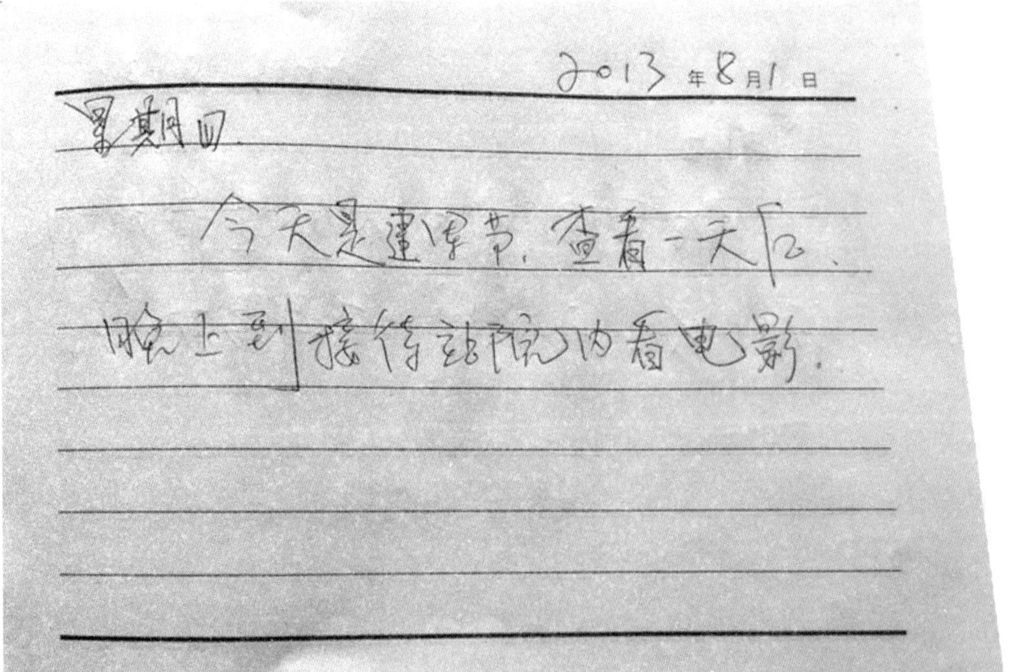

2013年8月1日

星期四

今天是建军节，查看一天后，晚上到接待站院内看电影。

图10-72　周王亮巡山护林日志（7月31日／8月1日）

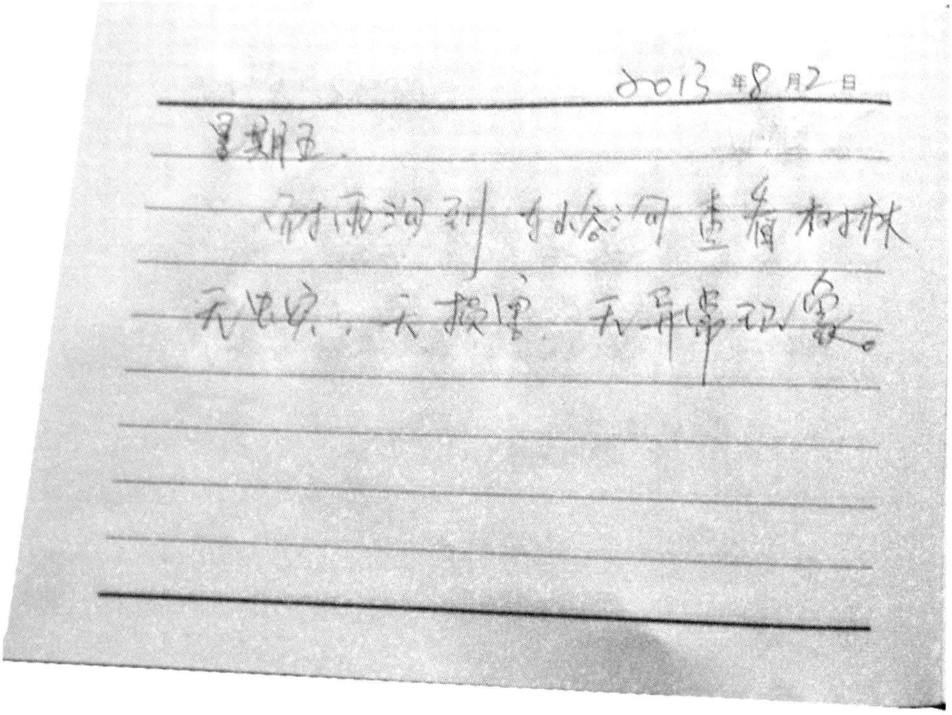

2013年8月2日

星期五

[illegible]到[illegible]查看树林

无火灾，无损害，无异常现象。

2013年8月5日

星期一

查看所属区域没有异常现象

图10-73　周王亮巡山护林日志（8月2日 / 8月5日）

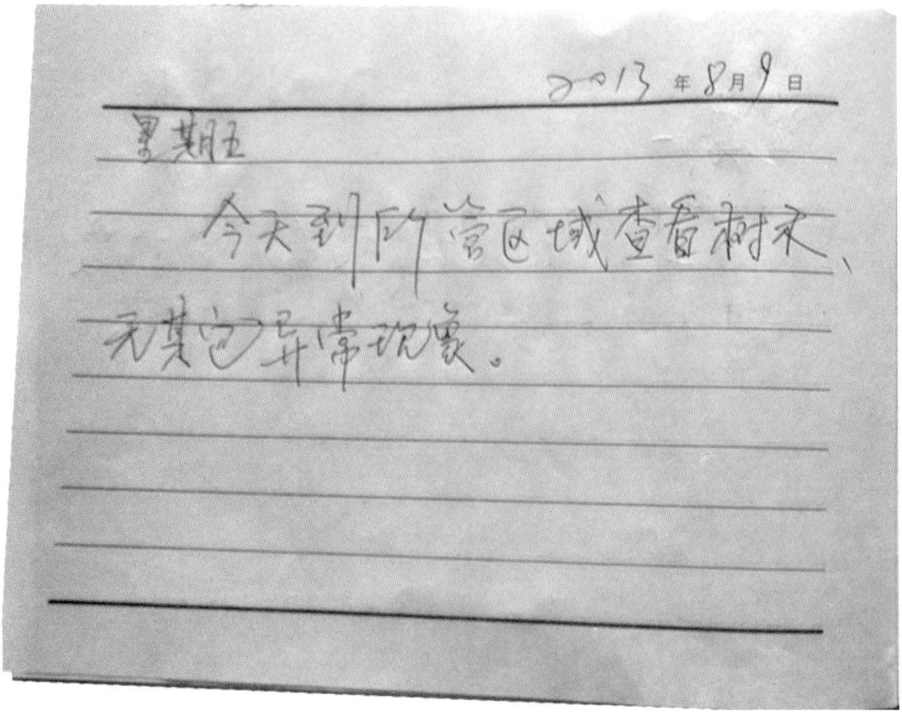
2013年8月9日
星期五
今天到所管区域查看树木、无其它异常现象。

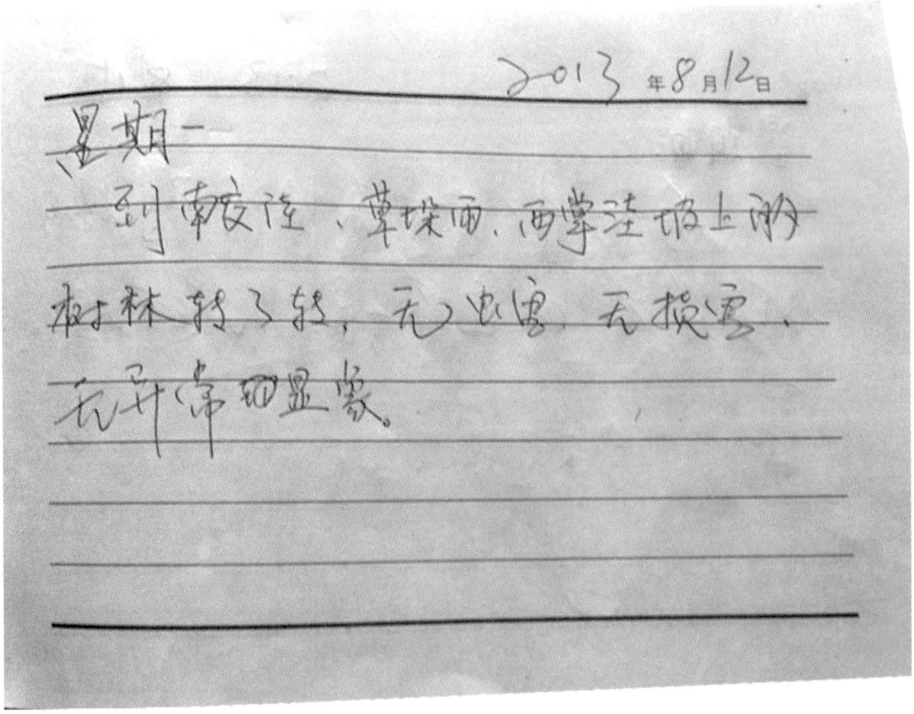
2013年8月12日
星期一
到南安洼、草垛面、西掌洼坡上的树林转了转，无虫害、无损害、无异常现象。

图10-74　周王亮巡山护林日志（8月9日 / 8月12日）

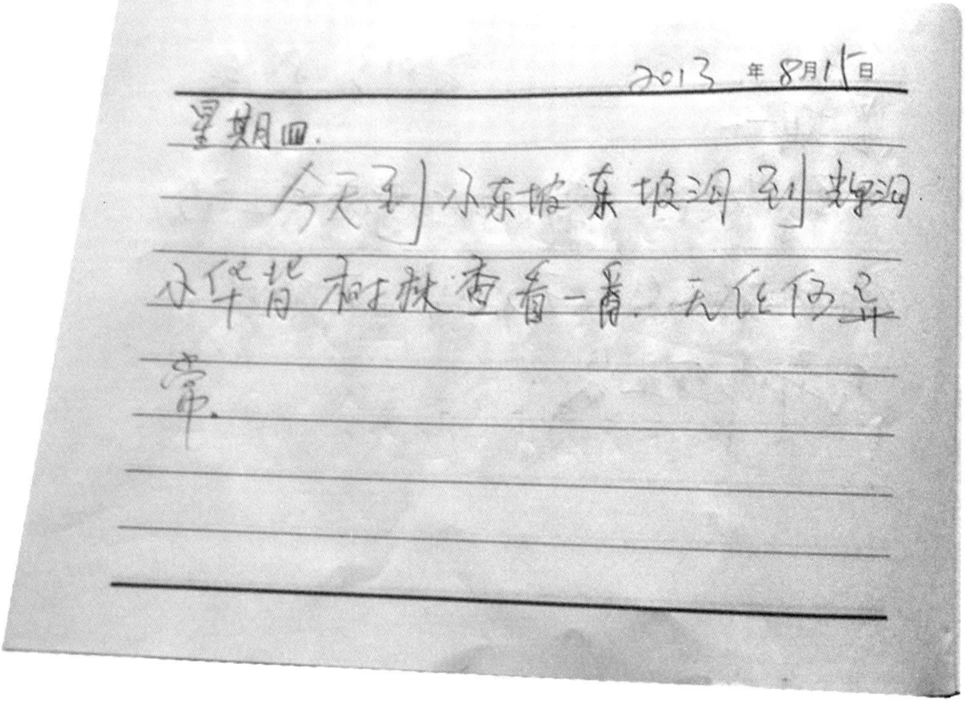

2013年8月15日
星期四.
今天到小东岭东坡洞到料洞小华背树林查看一番.无任何异常.

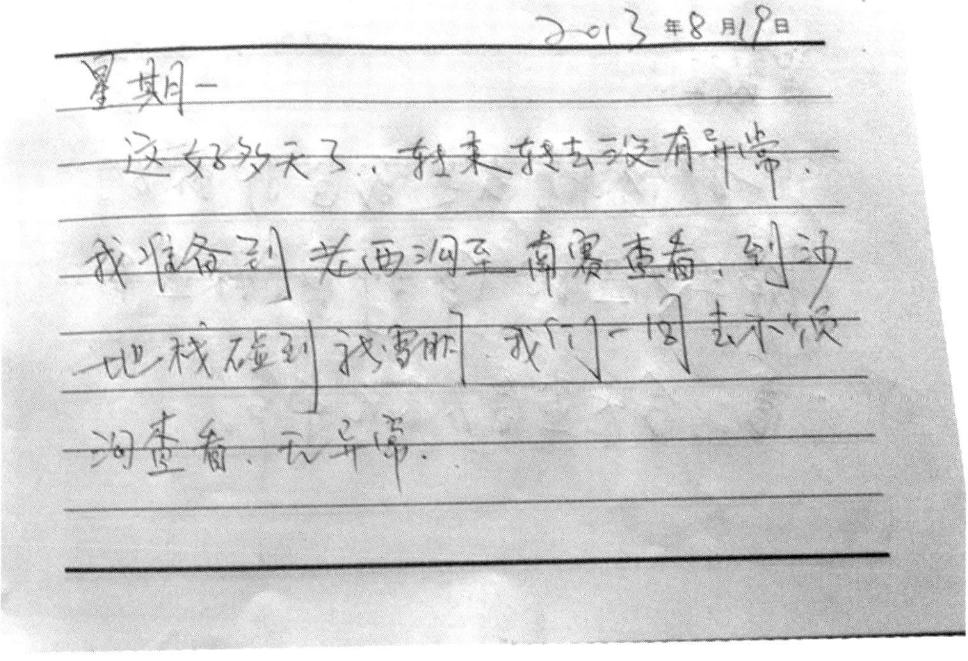

图10–75　周王亮巡山护林日志（8月15日 / 8月19日）

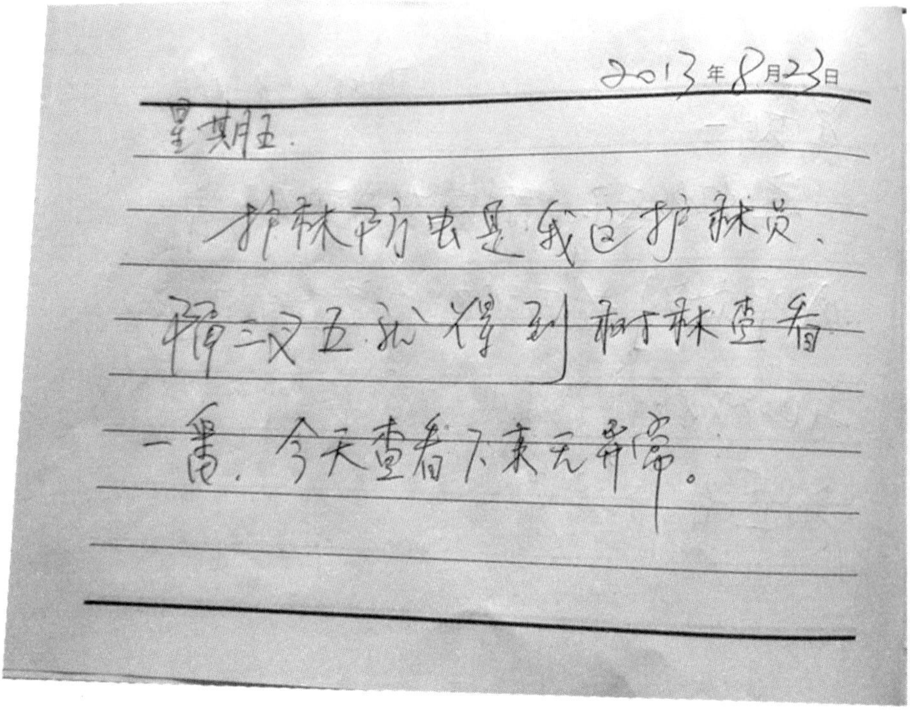

2013年8月23日

星期五

护林防虫是我们护林员，每逢二、五就得到树林查看一番。今天查看下来无异常。

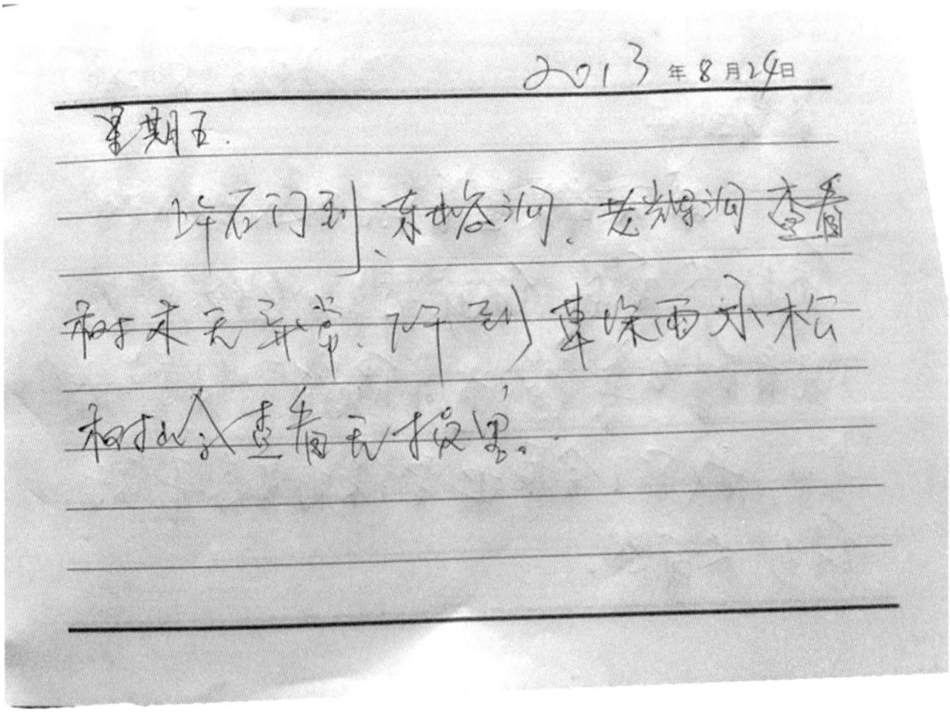

2013年8月24日

星期六

从石门到东岭洞、老湖洞查看树木无异常。下午到草埠面北松树林查看无损害。

图10-76　周王亮巡山护林日志（8月23日 / 8月24日）

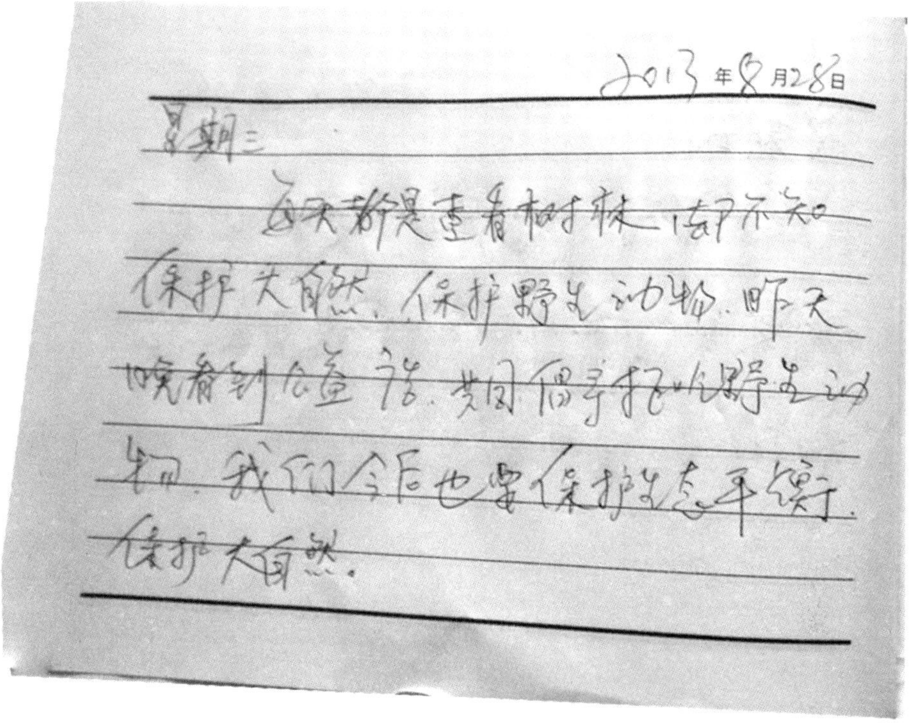

2013年8月28日

星期三

每天都是查看树林，却不知保护大自然，保护野生动物。昨天晚看到公益广告，劝同胞们手护野生动物。我们今后也要保护生态平衡，保护大自然。

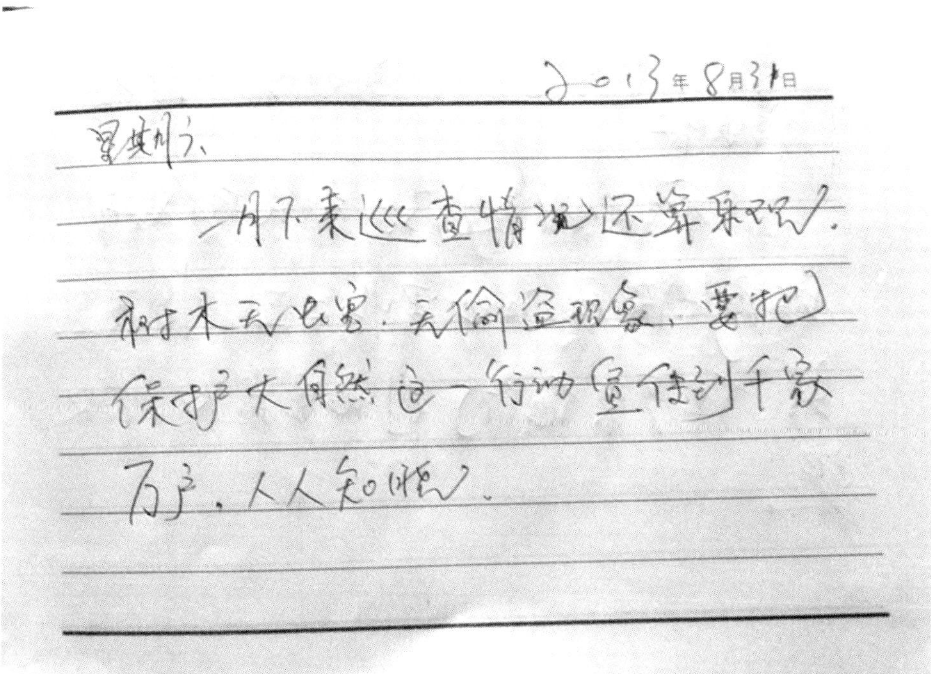

2013年8月31日

星期六

一月下来巡查情况还算乐观，树木无虫害，无偷盗现象，要把保护大自然这一行动宣传到千家万户，人人知晓。

图10-77　周王亮巡山护林日志（8月28日／8月31日）

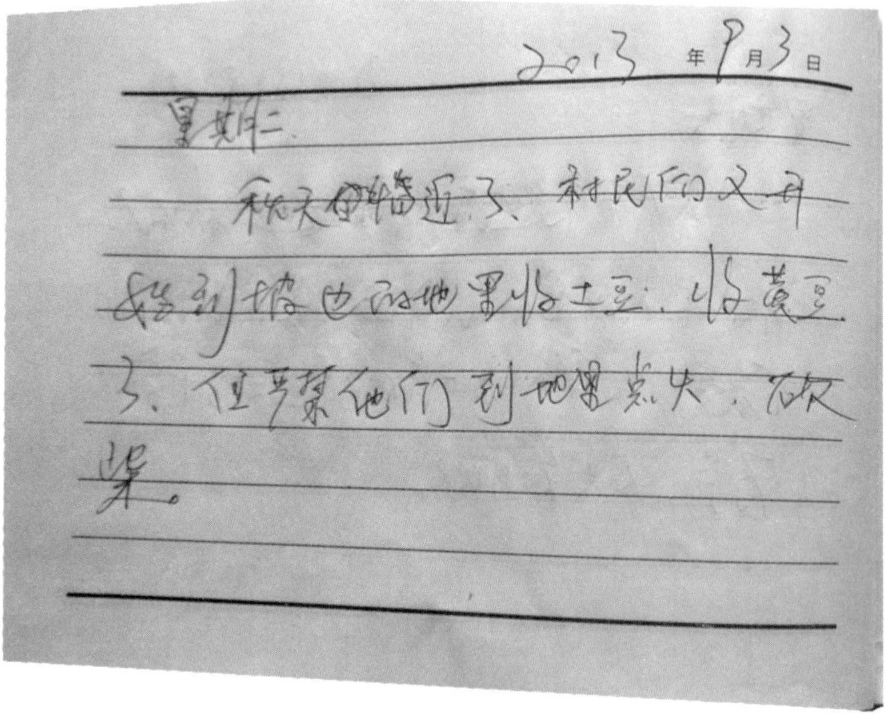

2013年9月3日

星期二。

秋天已临近了、村民们又开始到坡边的地里收土豆、收黄豆了、但要禁他们到地里点火、砍柴。

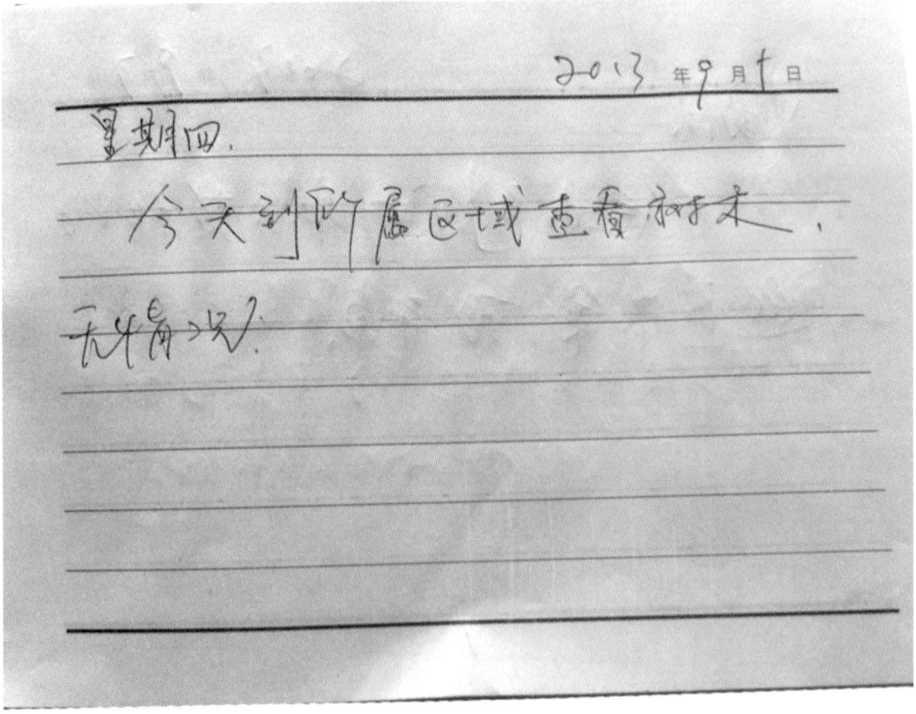

2013年9月5日

星期四。

今天到所属区域查看树木，无情况。

图10–78　周王亮巡山护林日志（9月3日／9月5日）

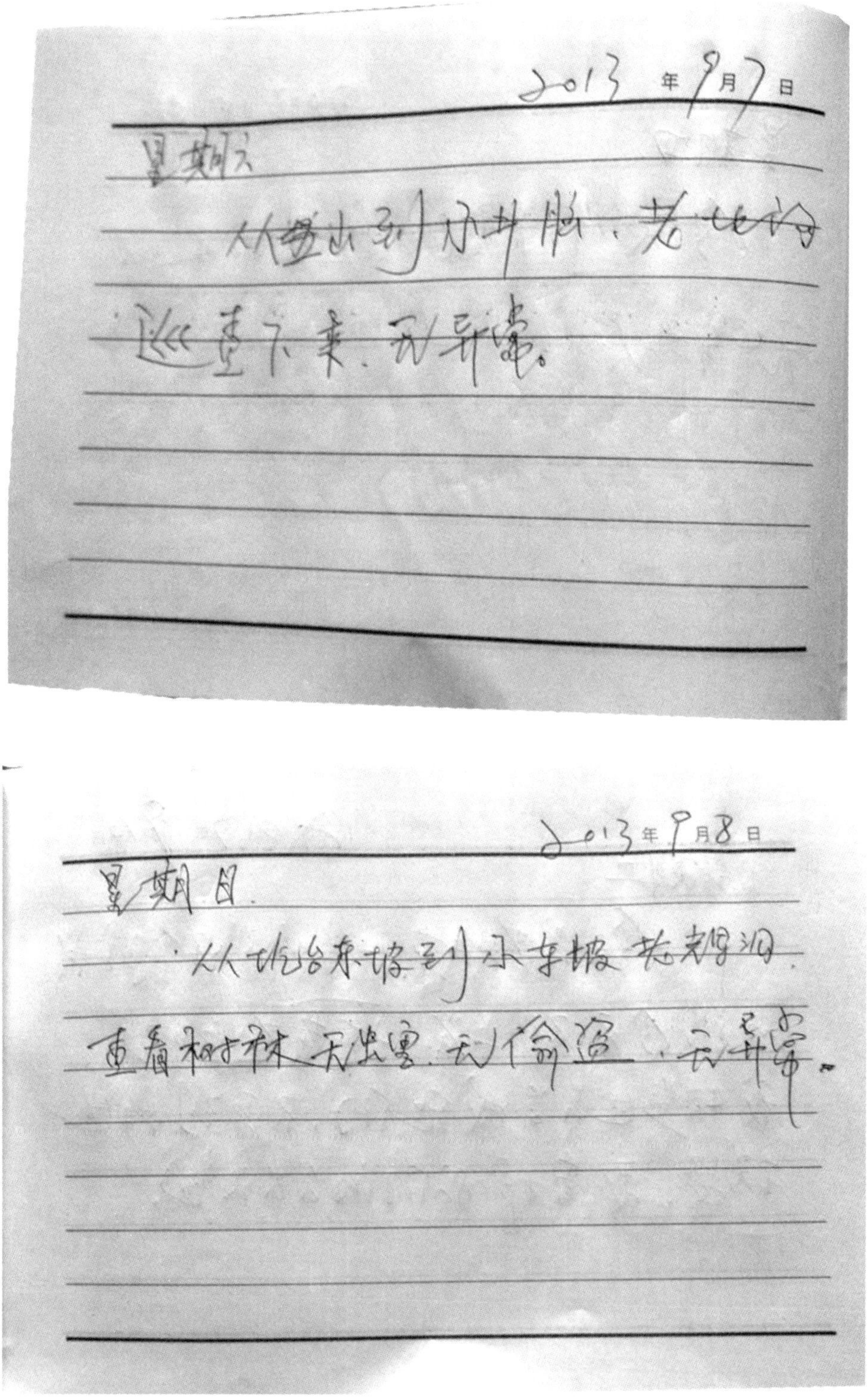

2013年9月7日

星期六

从盘山到小井脑、若比岭巡查下来，无异常。

2013年9月8日

星期日

从垅谷东塘到小东坡、松鹅洞，查看树林，无火灾，无偷盗，无异常。

图10-79　周王亮巡山护林日志（9月7日 / 9月8日）

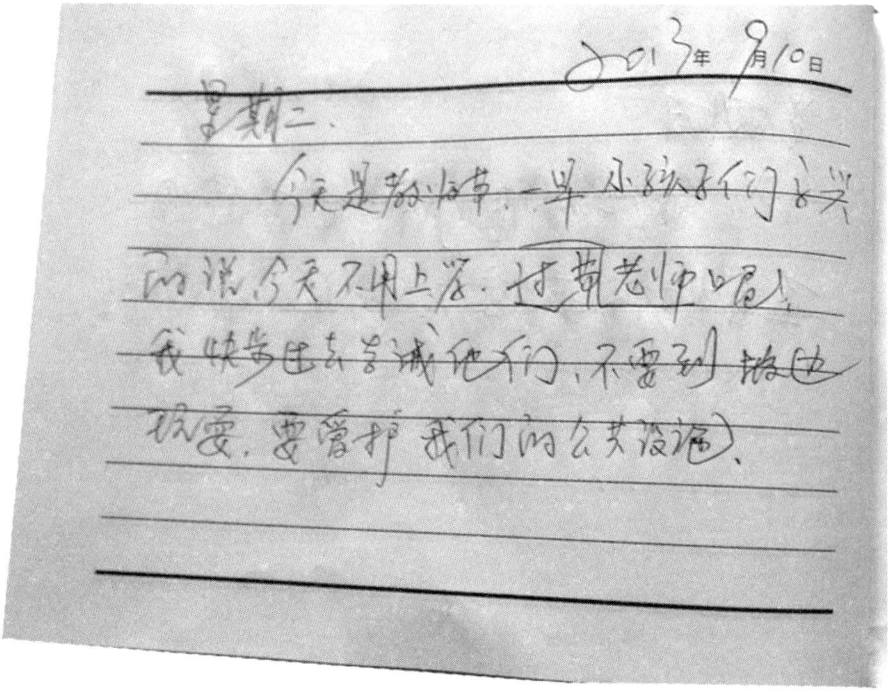

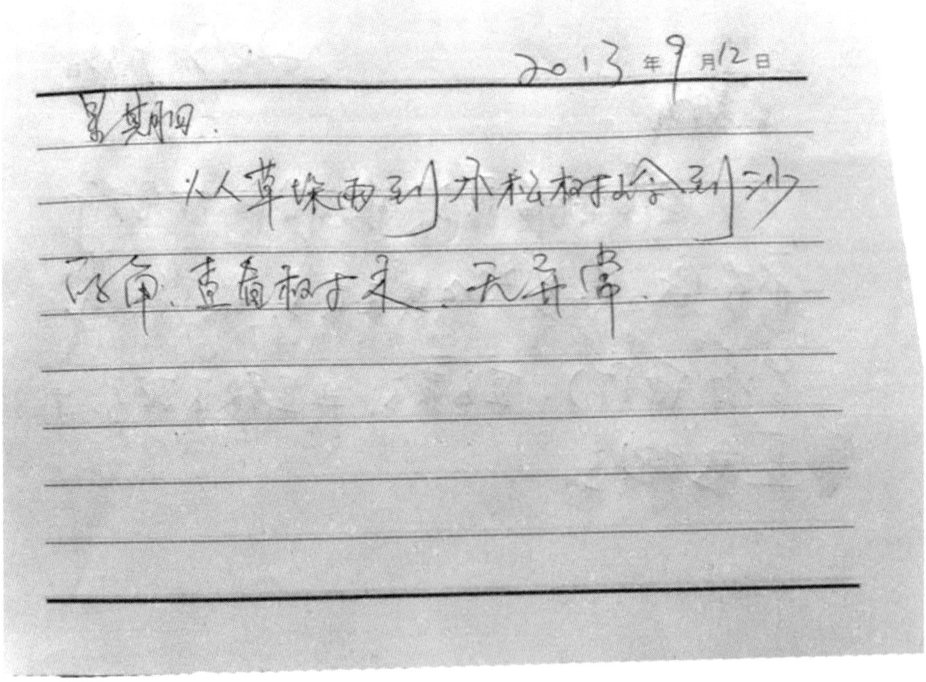

图10-80　周王亮巡山护林日志（9月10日／9月12日）

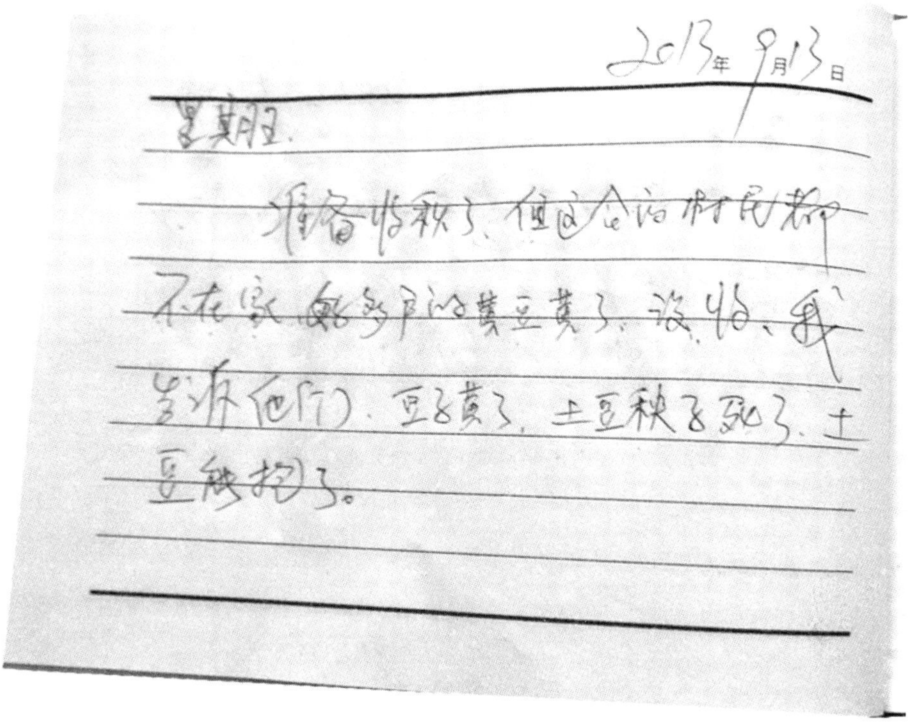

2013年9月13日

星期五

准备收秋了，但这会的村民都不在家，好多户的黄豆黄了，没收，我告诉他们，豆子黄了，土豆秧子死了，土豆能挖了。

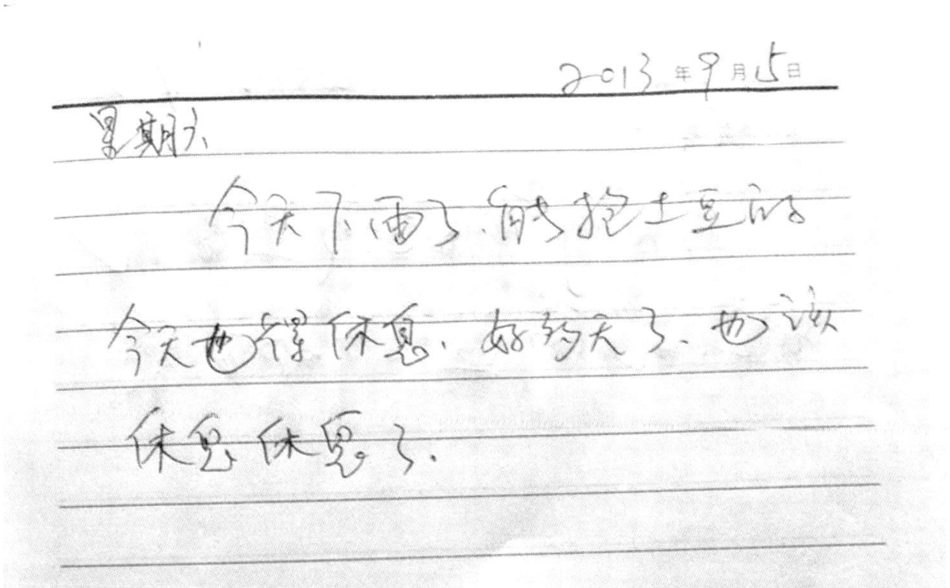

2013年9月15日

星期六

今天下雨了，能挖土豆的今天也得休息，好多天了，也该休息休息了。

图10-81　周王亮巡山护林日志（9月13日／9月15日）

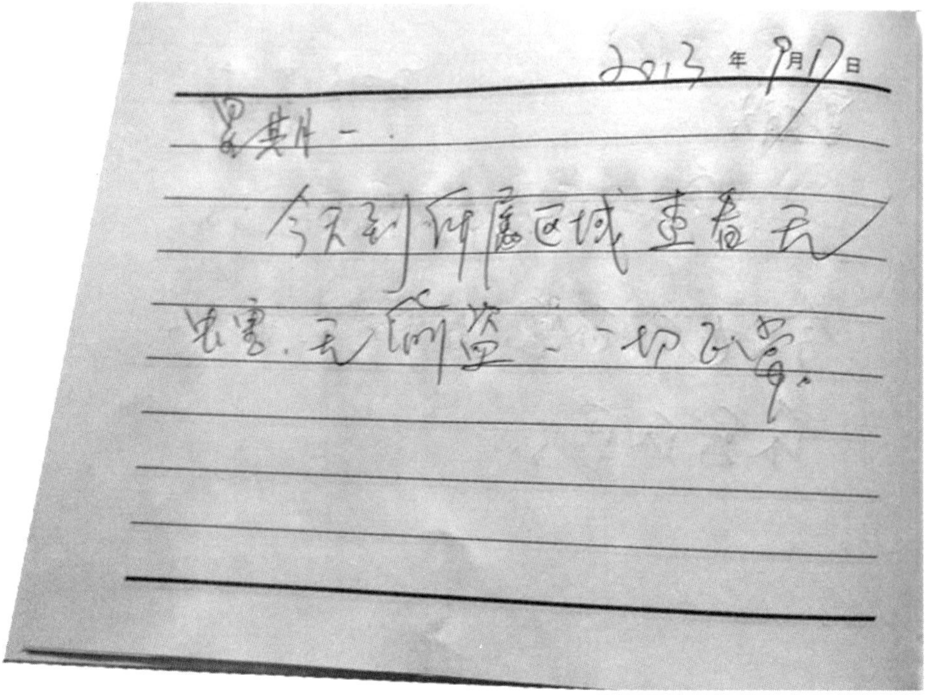

2013年9月17日

星期一。

今天到所属区域查看无虫害，无偷盗，一切正常。

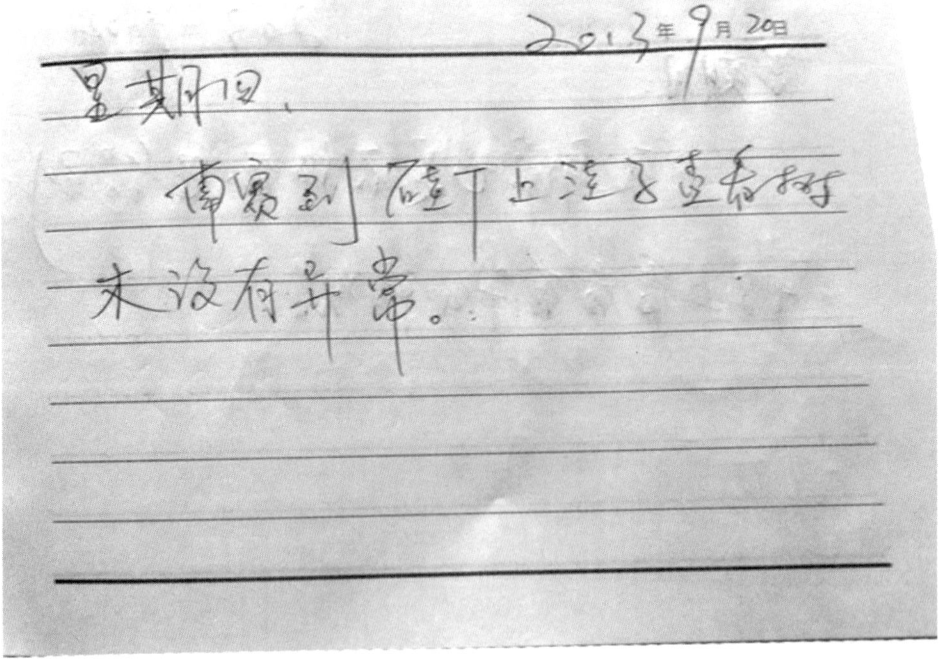

2013年9月20日

星期四，

南坡到碌下上洼子查看树木没有异常。

图10–82　周王亮巡山护林日志（9月17日 / 9月20日）

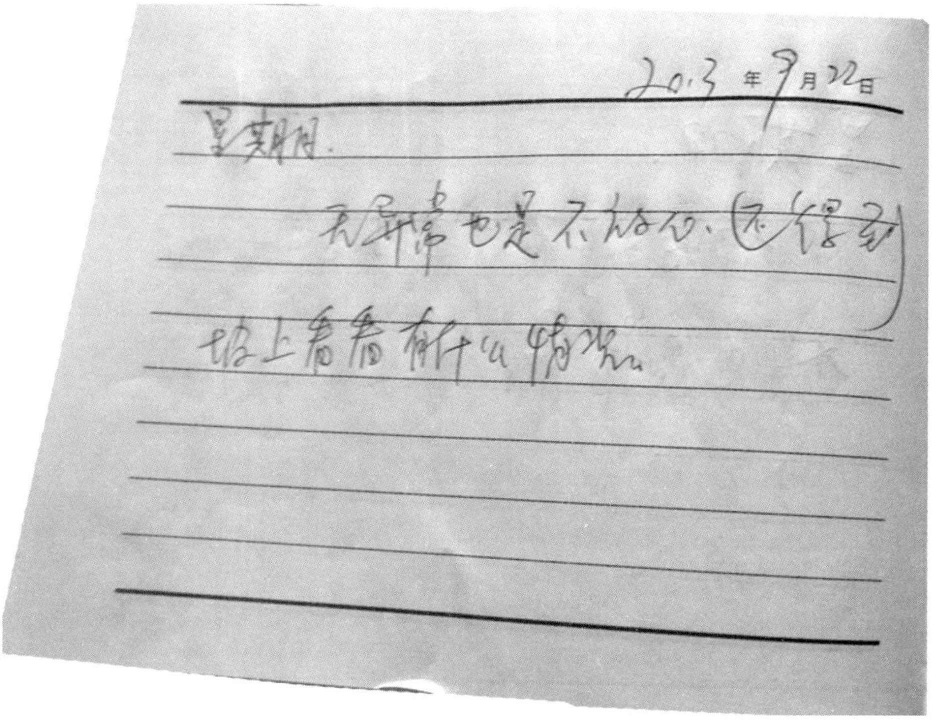

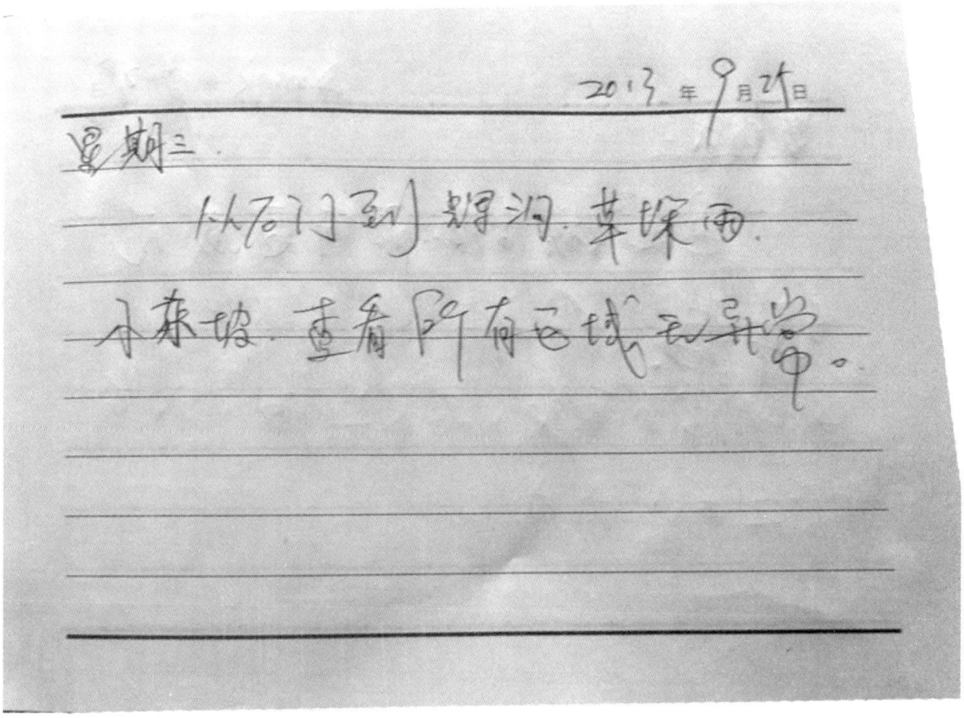

图10-83　周王亮巡山护林日志（9月22日 / 9月25日）

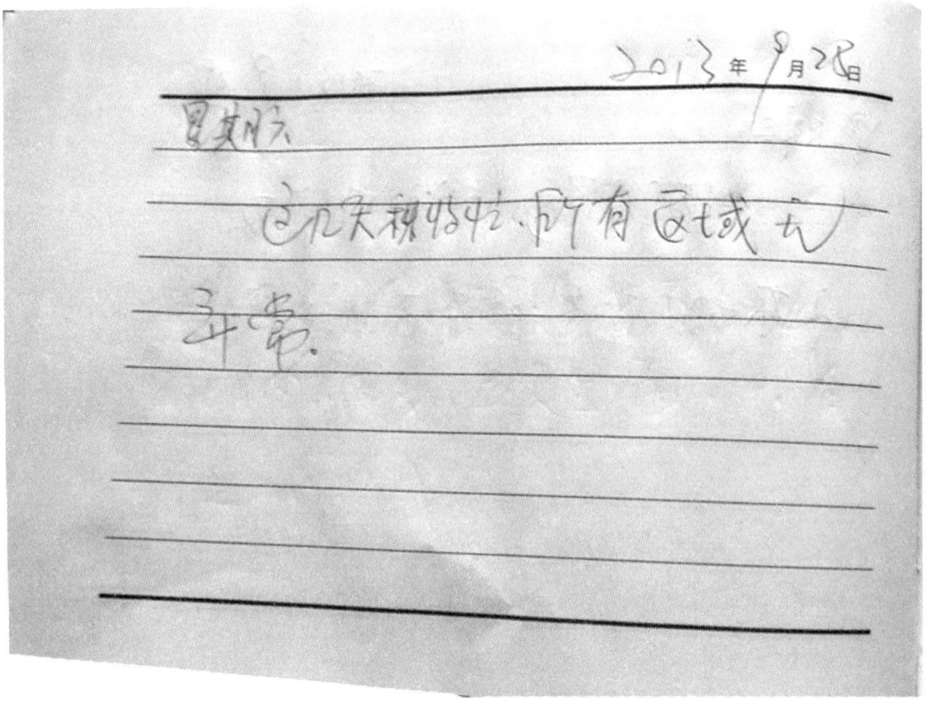

2013年9月28日

星期六

这几天很好，所有区域无异常。

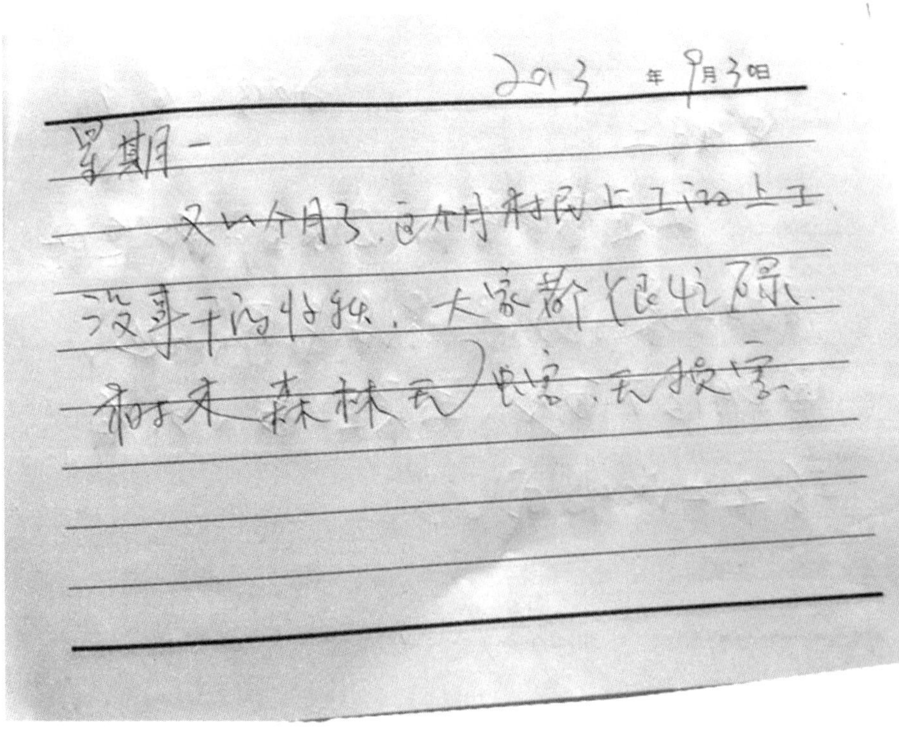

2013年9月30日

星期一

又一个月了，这个月村民上山的上了，没事干的特多，大家都很忙碌，对于森林无虫害，无损害。

图10–84　周王亮巡山护林日志（9月28日／9月30日）

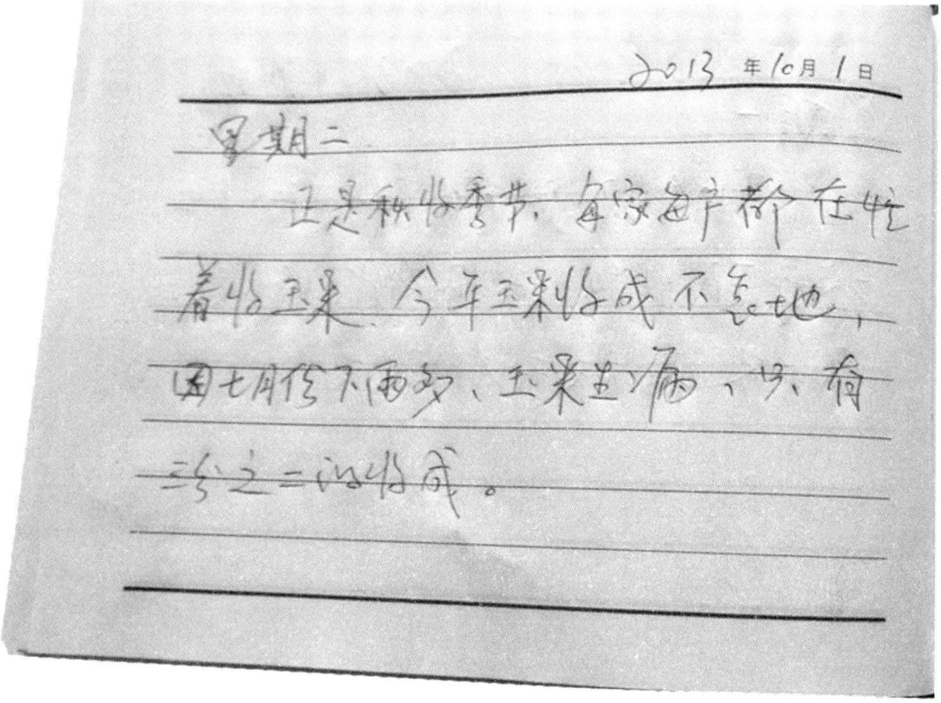

2013年10月1日

星期二

正是秋收季节，每家每户都在忙着收玉米。今年玉米收成不怎么地，因七月份下雨多，玉米生病了，只有三分之二的收成。

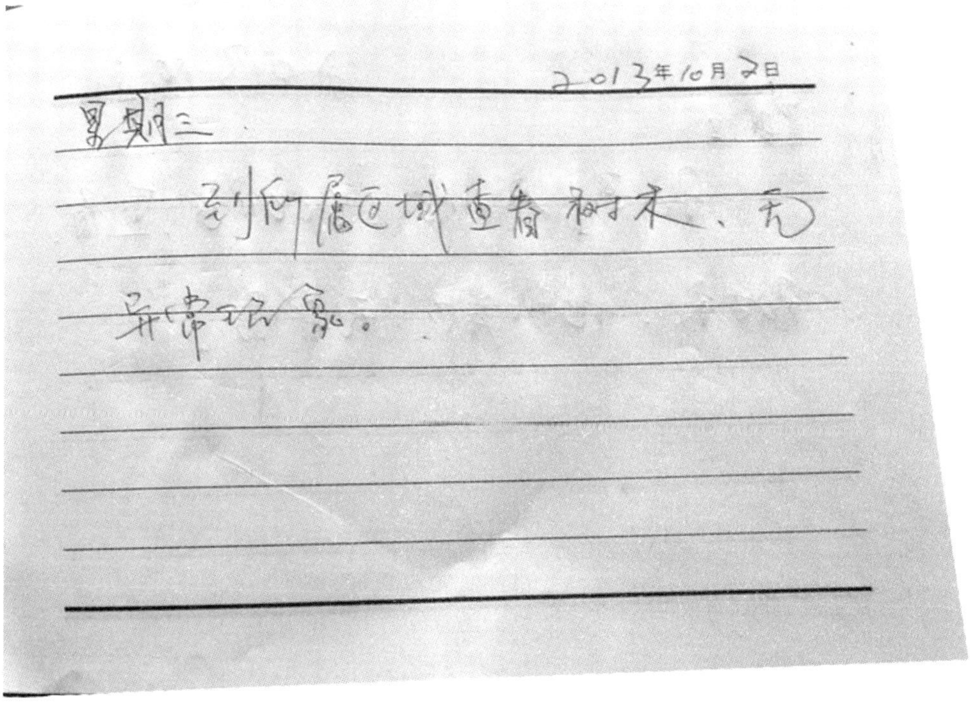

2013年10月2日

星期三

到所属区域查看树木，无异常现象。

图10–85　周王亮巡山护林日志（10月1日 / 10月2日）

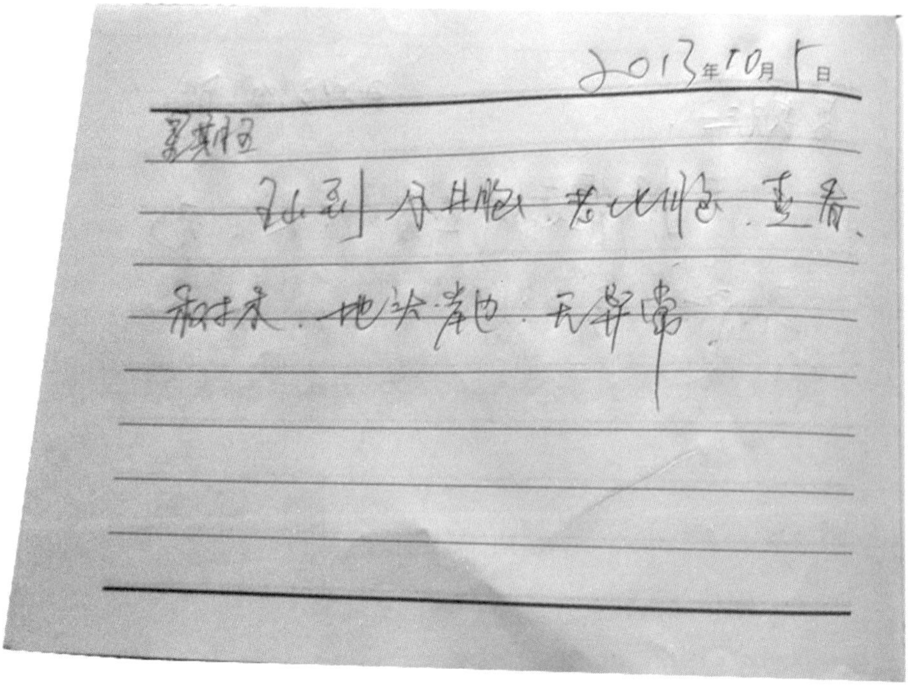
2013年10月5日

……无异常

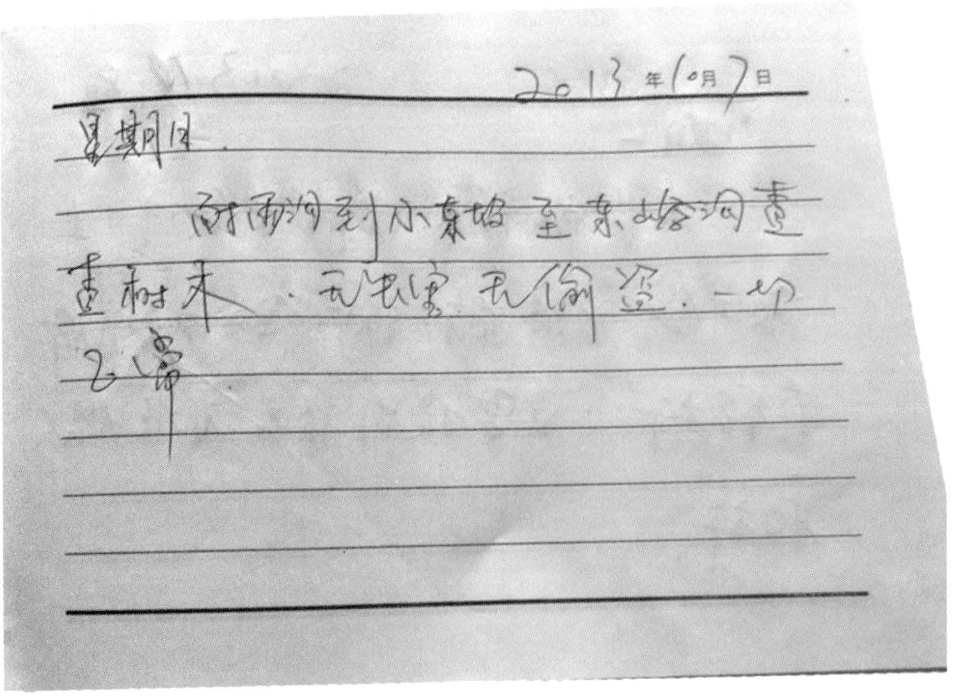
2013年10月7日

星期日

[illegible]到小东坡至东山[illegible]查看树木，无火灾无偷盗，一切正常

图10–86　周王亮巡山护林日志（10月5日／10月7日）

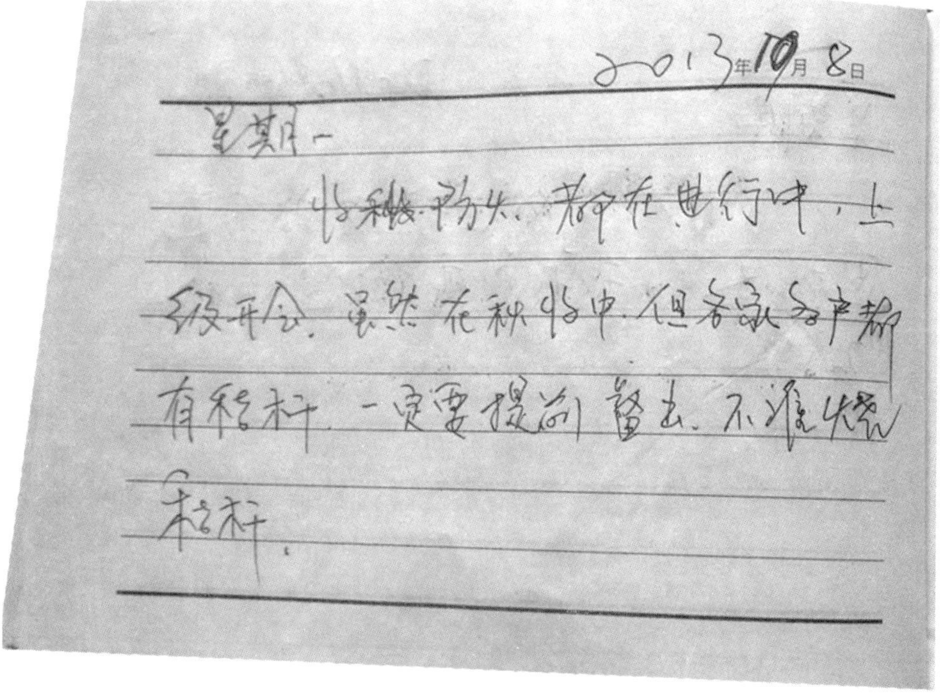

2013年10月8日

星期一

收秋防火，都在进行中，上级开会，虽然在秋收中，但各家各户都有秸秆，一定要提前留意，不准焚烧秸秆。

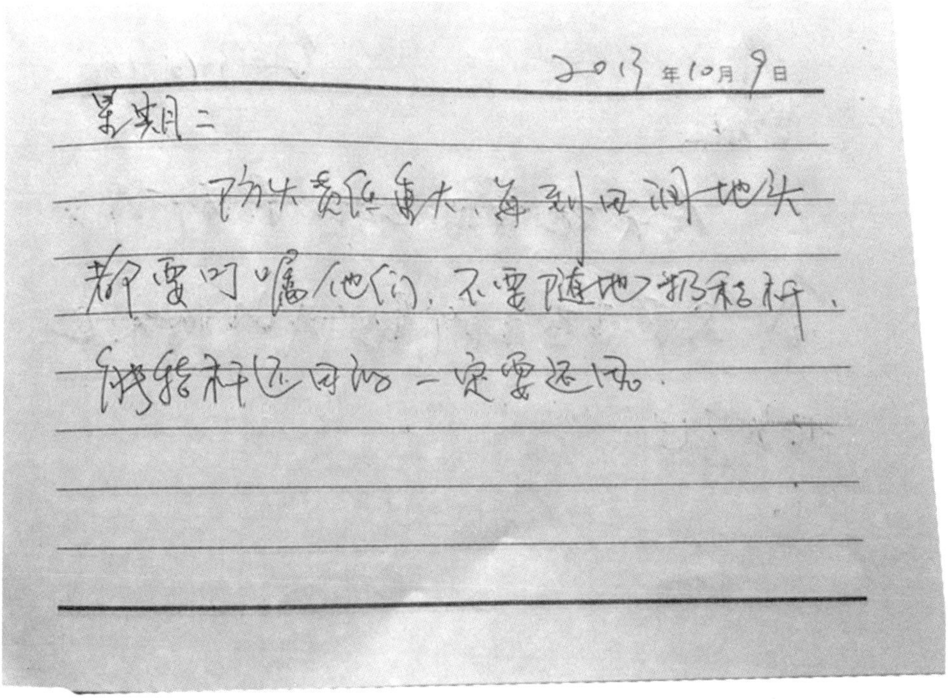

2013年10月9日

星期二

防火责任重大，每到田间地头都要叮嘱他们，不要随地扔秸秆，秸秆运回的一定要运回。

图10-87　周王亮巡山护林日志（10月8日／10月9日）

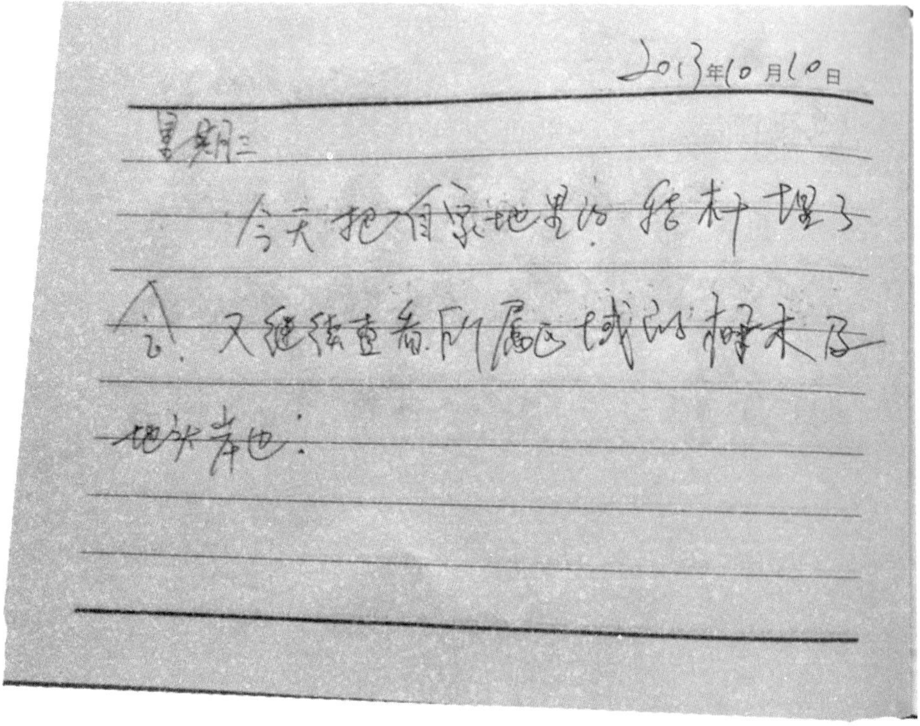

2013年10月10日

星期三

今天把自家地里的秸杆埋了，今天继续查看所属区域的树木及地水岸也。

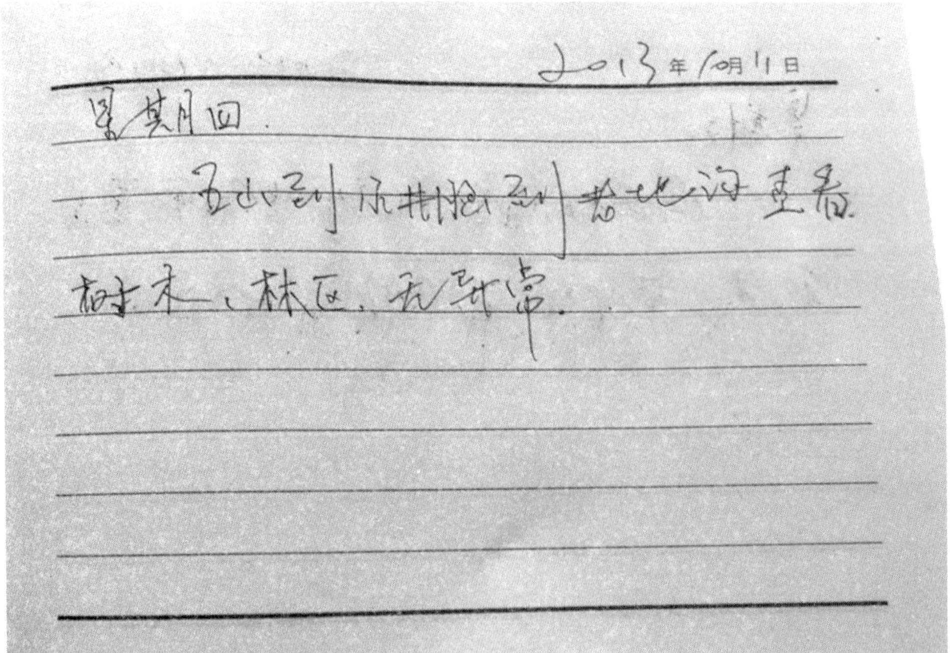

2013年10月11日

星期四

早上到东北坳到枯也沟查看树木、林区，无异常。

图10-88　周王亮巡山护林日志（10月10日／10月11日）

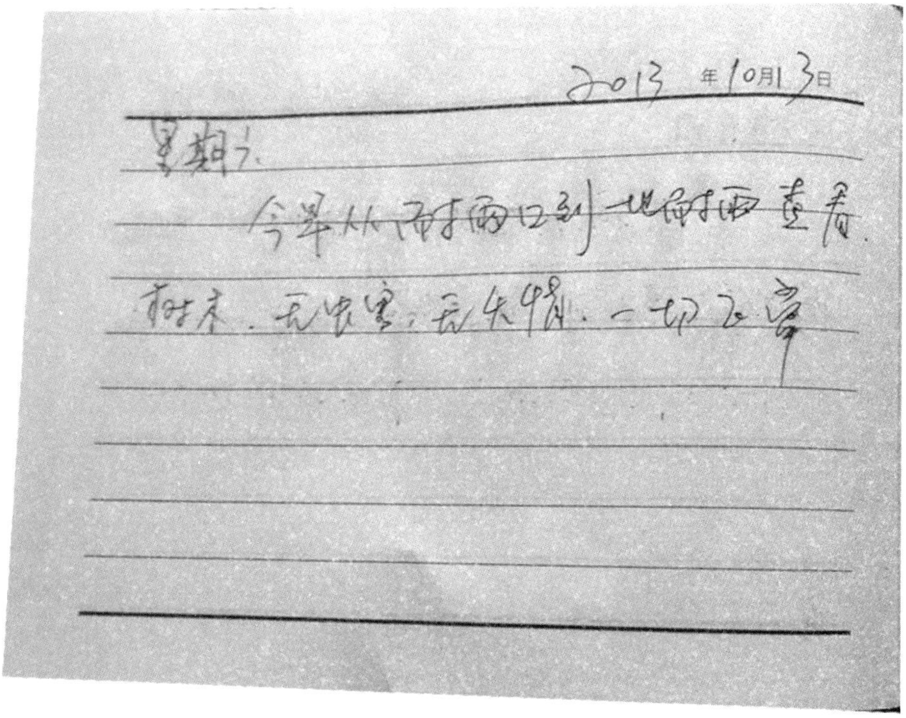

2013年10月13日

星期六

今早从[illegible]西口到[illegible]西查看树木。无虫害，无火情。一切正常

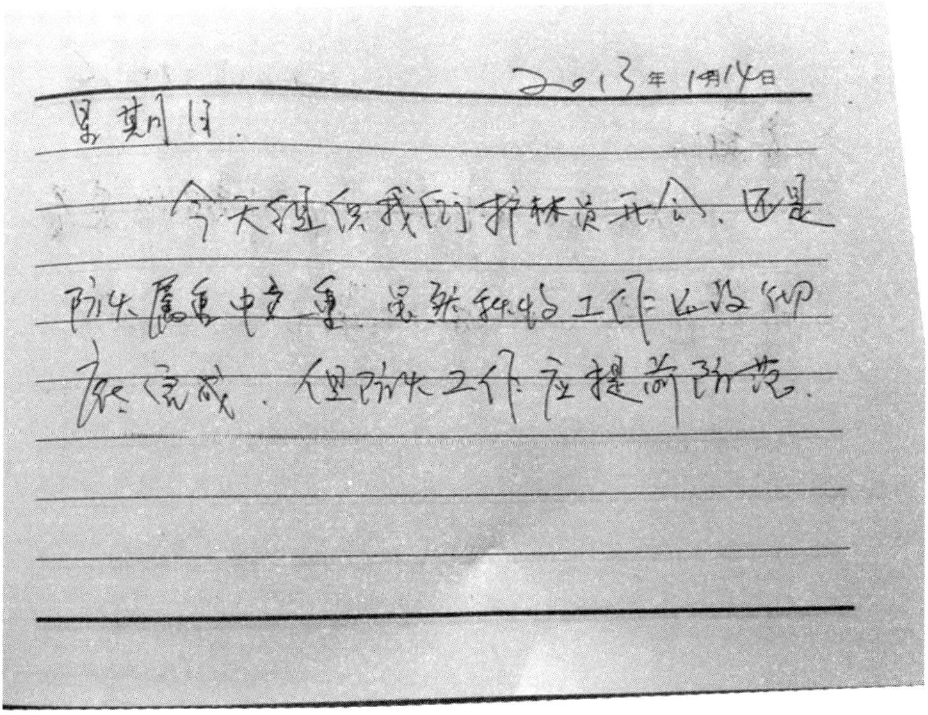

2013年10月14日

星期日。

今天[illegible]我们护林员开会。因是防火属重中之重。虽然秋收工作[illegible]未完成。但防火工作应提前防范。

图10-89　周王亮巡山护林日志（10月13日／10月14日）

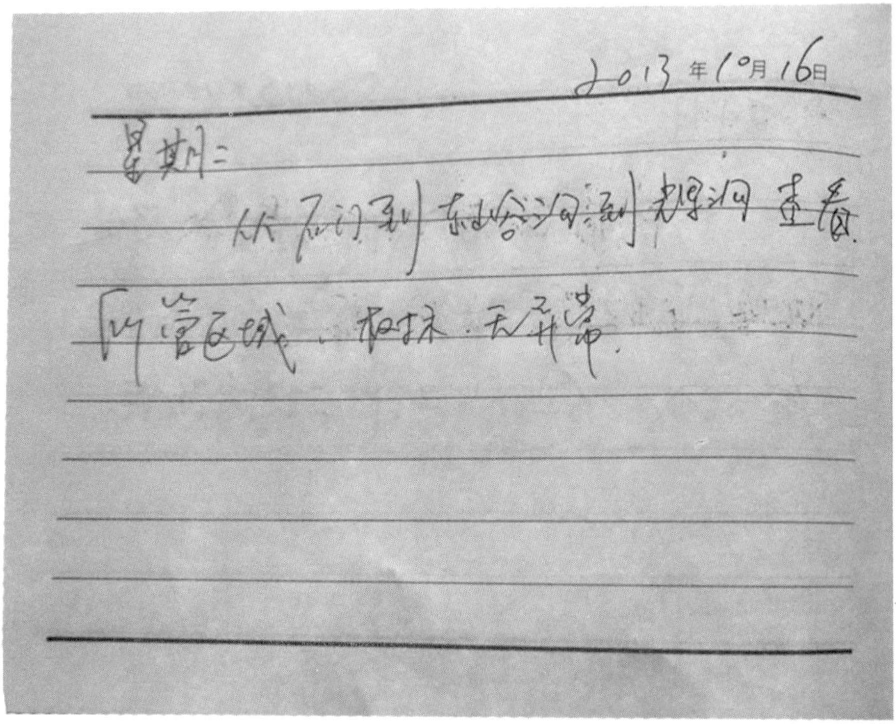
2013年10月16日

星期三

从石门到东山谷洞到[illegible]洞 查看

所管区域，树林无异常。

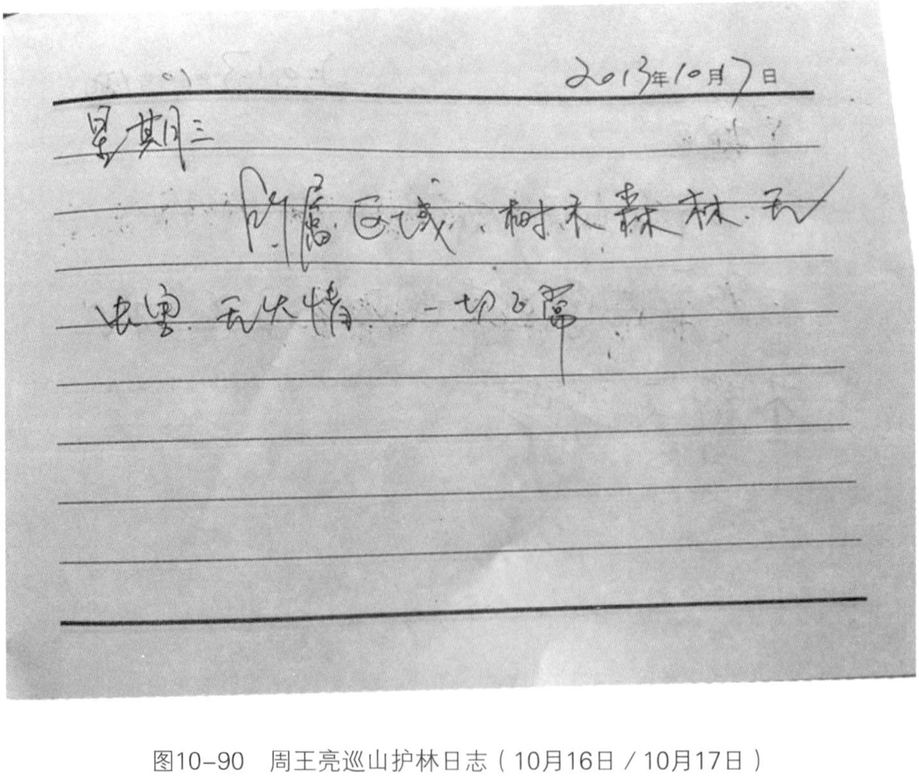
2013年10月17日

星期三

所管区域，树木森林无

虫害，无火情，一切正常

图10-90　周王亮巡山护林日志（10月16日／10月17日）

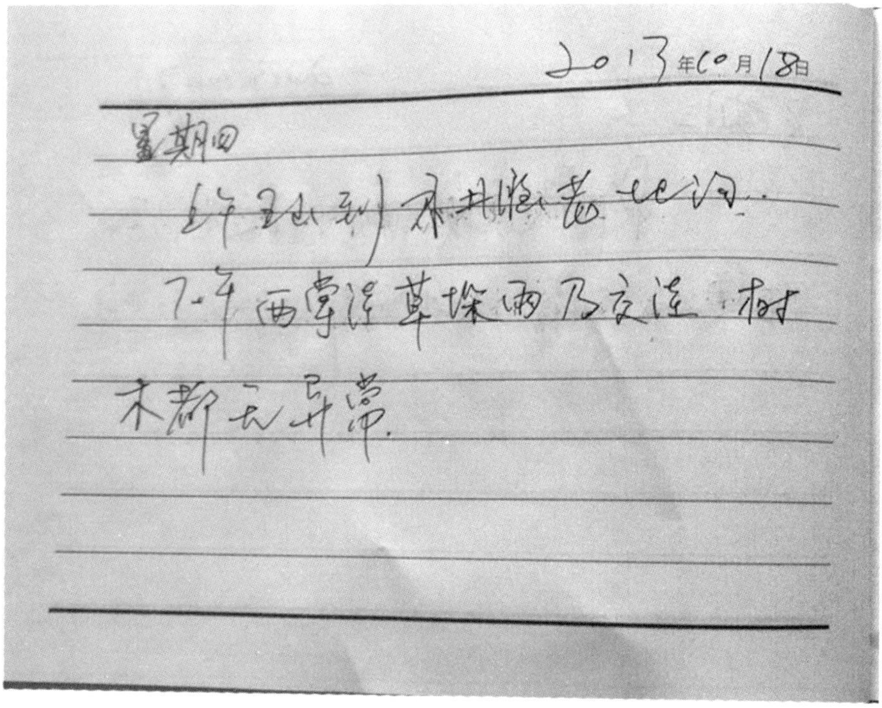

2013年10月18日

星期四

上午王山到木林沟巷巡询。

下午西岸洋草滩雨及交道，树木都无异常。

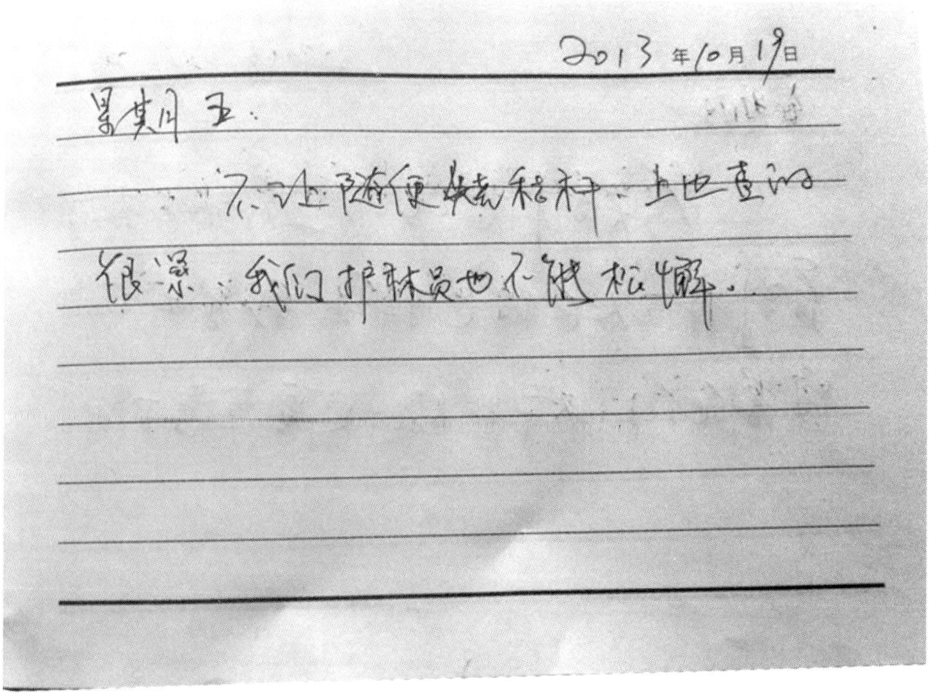

2013年10月19日

星期五：

不让随便砍松树，上面查得很紧，我们护林员也不能松懈。

图10-91　周王亮巡山护林日志（10月18日 / 10月19日）

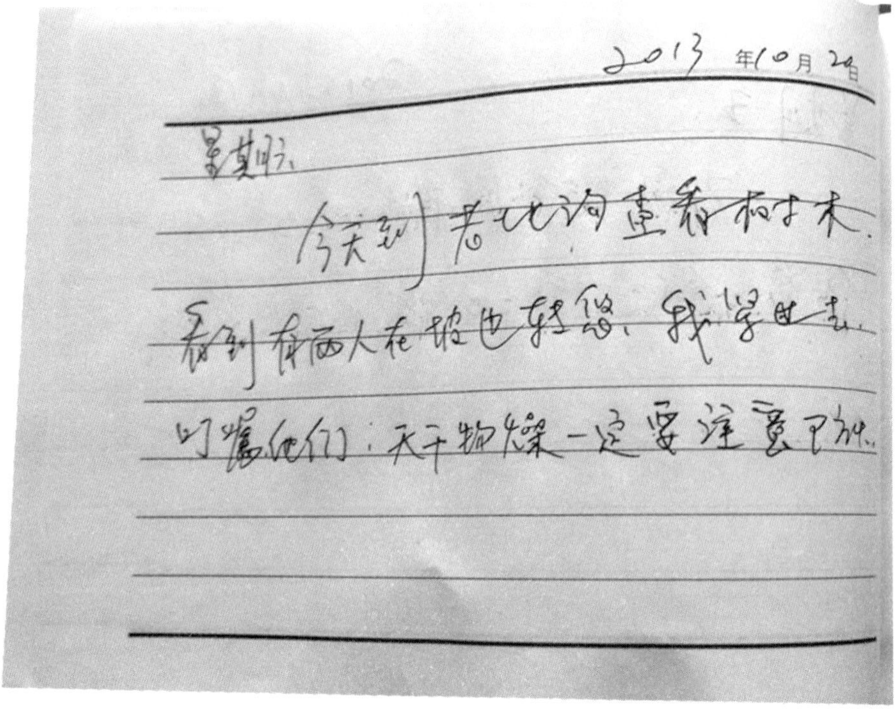

2013年10月20日

星期天

今天到后北沟查看树木，看到有两人在坡边转悠，我上前去，叮嘱他们：天干物燥一定要注意防火。

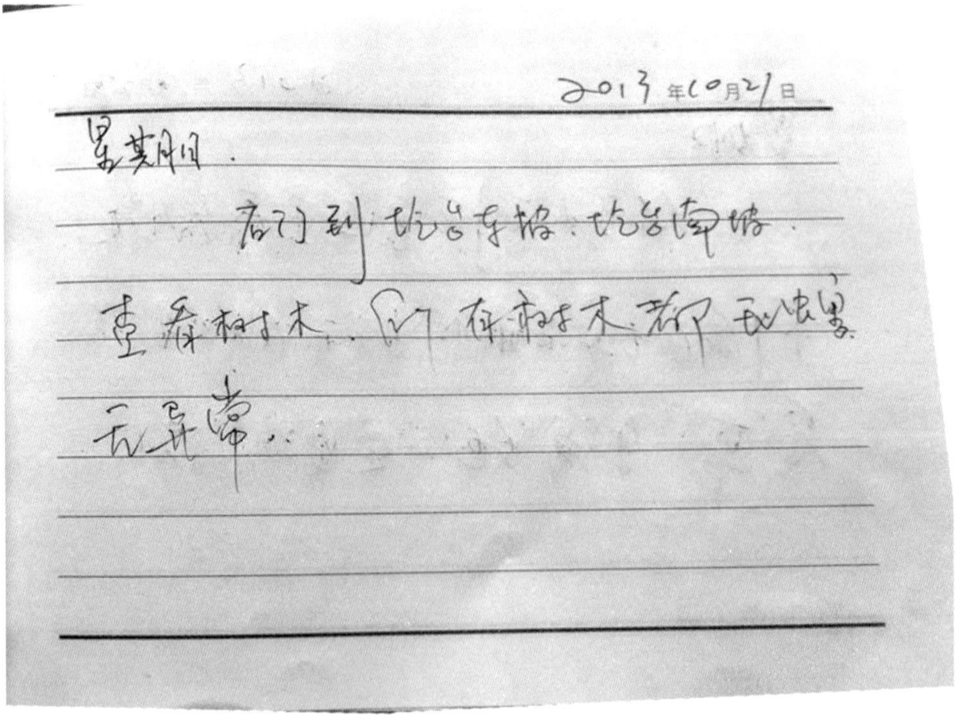

2013年10月21日

星期一

今天到坨台东坡、坨台南坡查看树木，所有树木都很无异常。

图10–92　周王亮巡山护林日志（10月20日／10月21日）

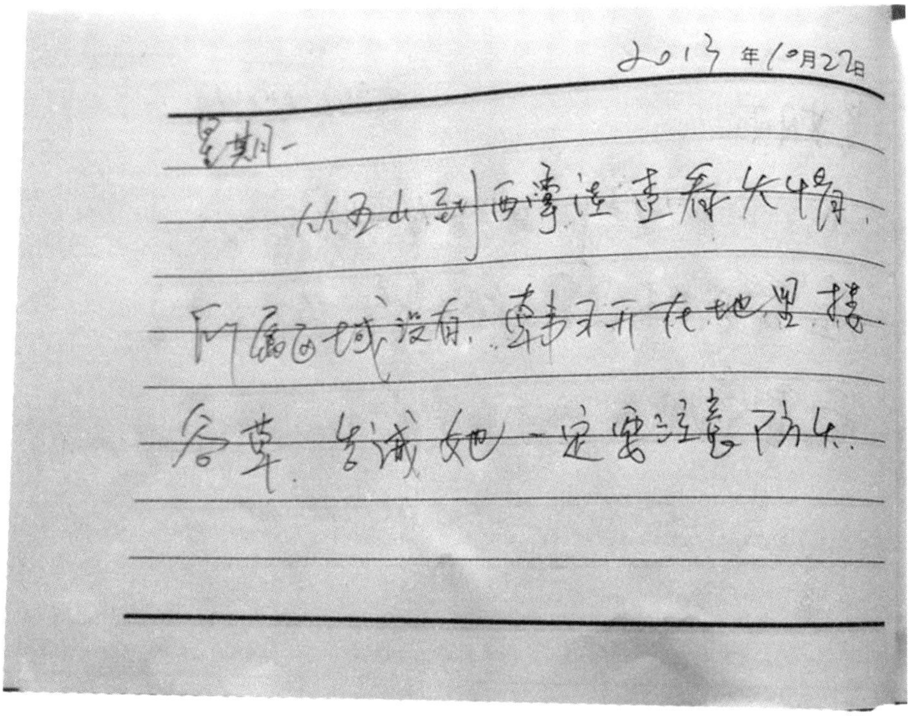

2013年10月22日

星期一

从五山到西湾这查看火情，所属区域没有，草率开在地里搞合草，告诫她一定要注意防火。

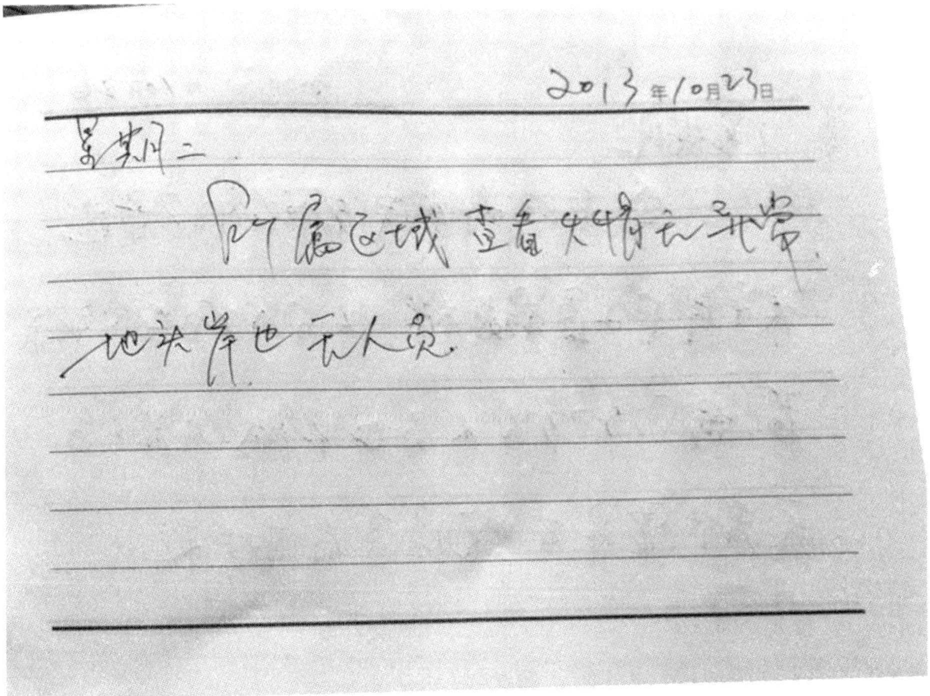

2013年10月23日

星期二

所属区域查看火情无异常，地块岸也无人员。

图10–93　周王亮巡山护林日志（10月22日 / 10月23日）

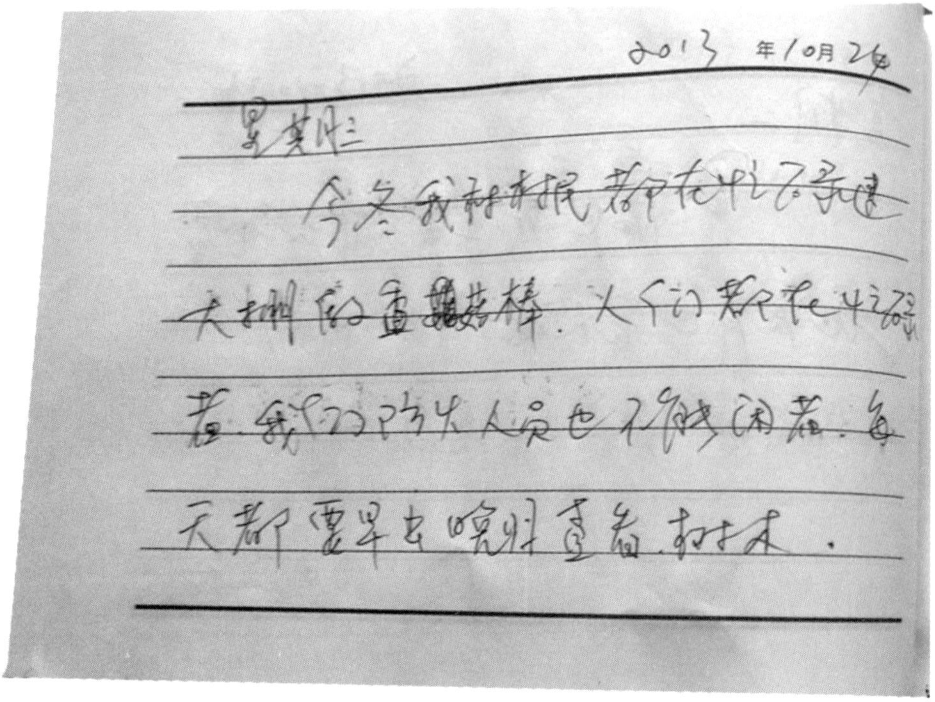

2013 年10月24日

星期三

今冬我村村民都在忙于采摘大棚的香菇棒。人们都在忙碌着。我们防火人员也不能闲着。每天都要早出晚归查看树木。

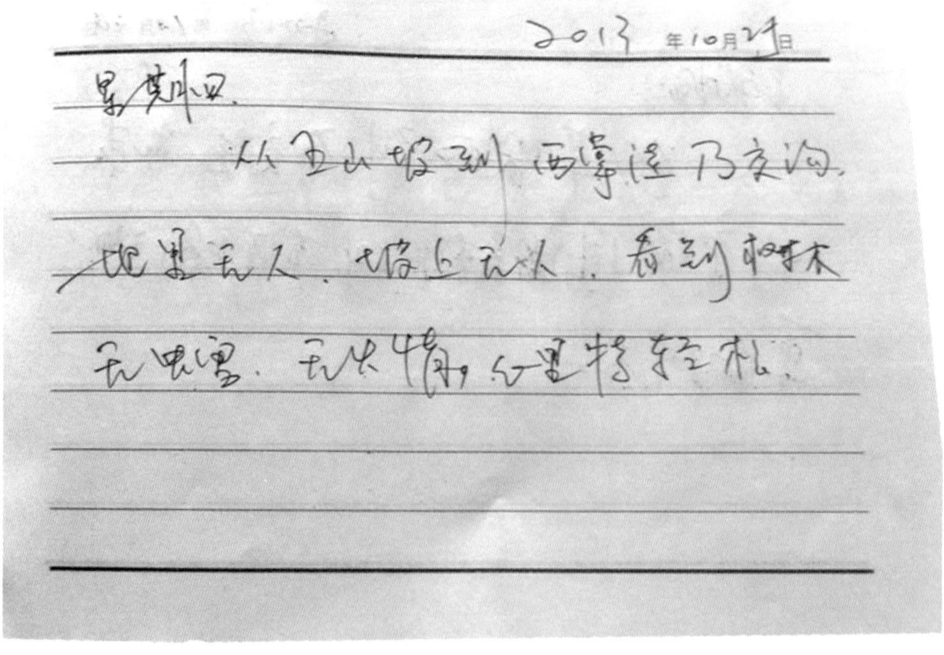

2013 年10月25日

星期四

从王山坡到西寨沟乃交沟。地里无人。路上无人。看到树林无虫害。无火情，心里特轻松。

图10–94　周王亮巡山护林日志（10月24日 / 10月25日）

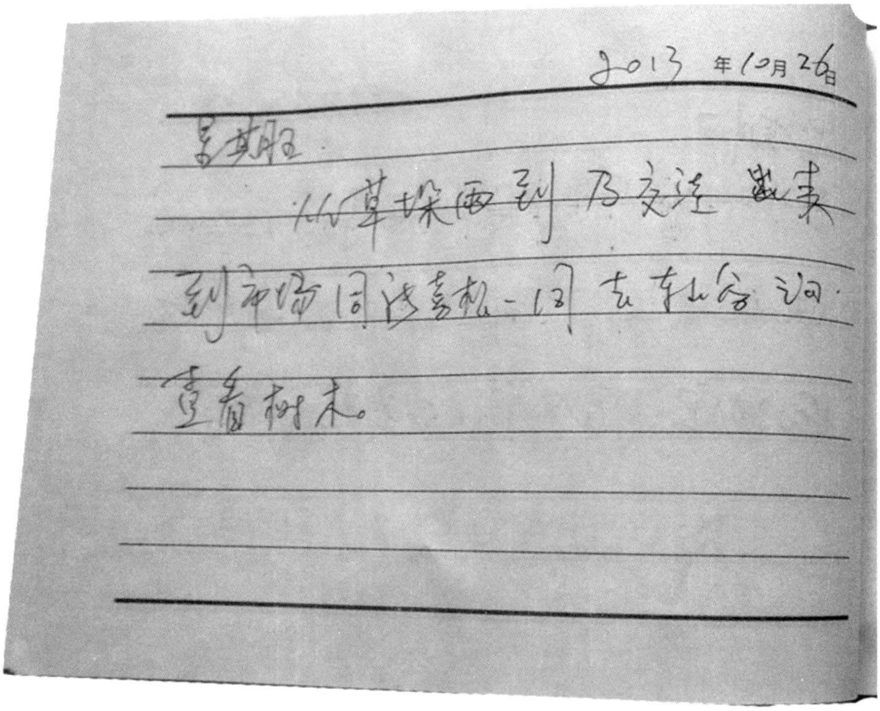

2013年10月26日

星期[illegible]

从草垛西到[illegible]

到[illegible]

查看树木。

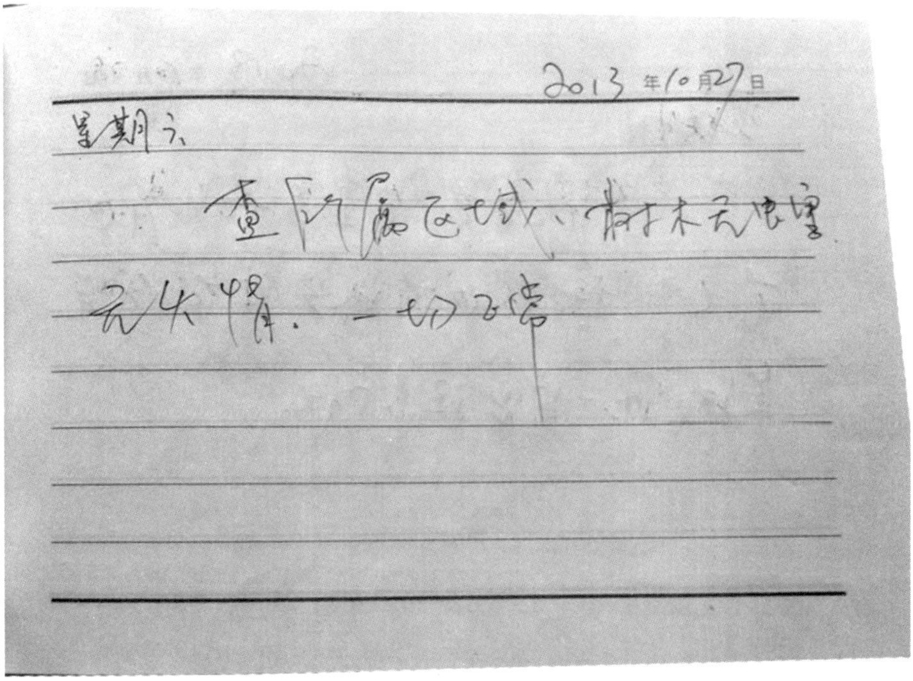

2013年10月27日

星期六

查所属区域、树木无[illegible]

无火情。一切正常

图10-95　周王亮巡山护林日志（10月26日／10月27日）

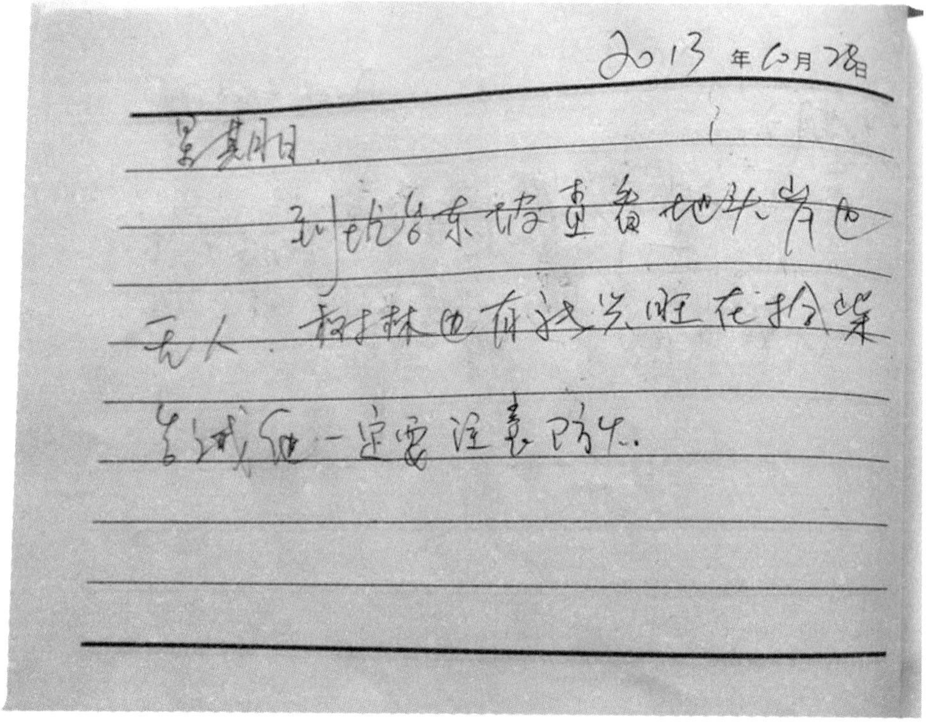

2013年10月28日
星期日。
到地名东坑查看地头岸边无人。村林边有很多人在捡柴，告诫他一定要注意防火。

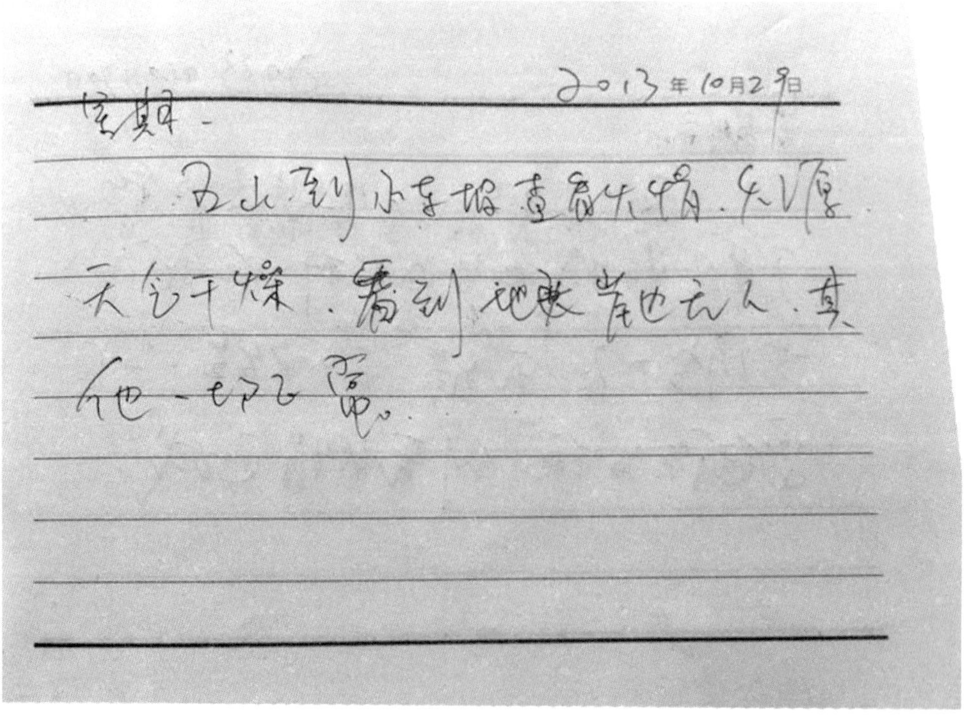

2013年10月29日
星期一。
巡山到小东坑查看火情。今天天气干燥，看到地头岸边无人。其他一切正常。

图10-96　周王亮巡山护林日志（10月28日／10月29日）

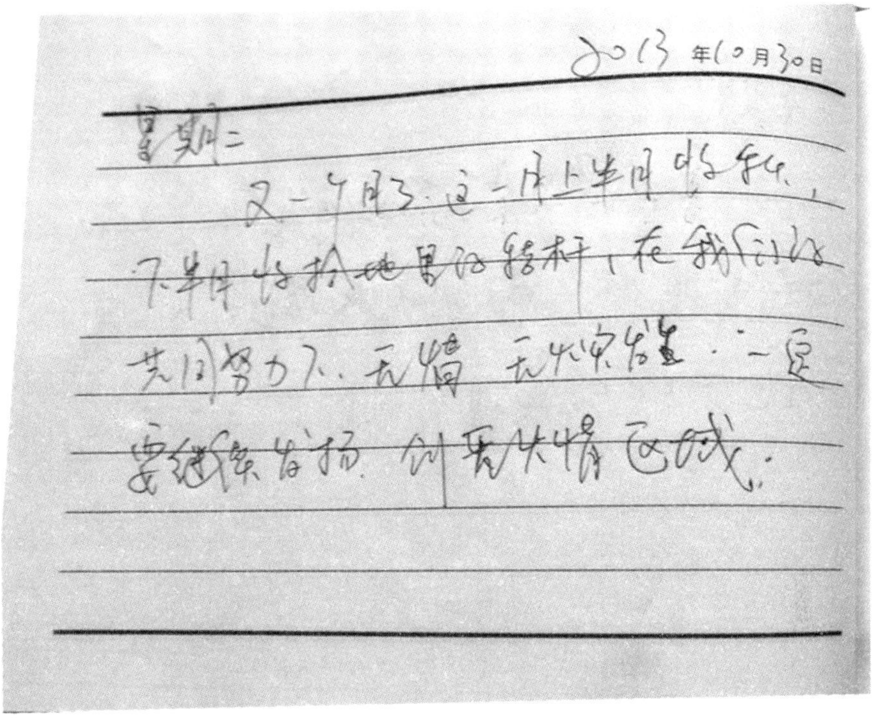

2013年10月30日
星期二
又一个月了，这一月上半月收秋，下半月收拾地里的秸秆，在我们的共同努力下，无情 无火灾发生，一定要继续发扬，创无火情区域。

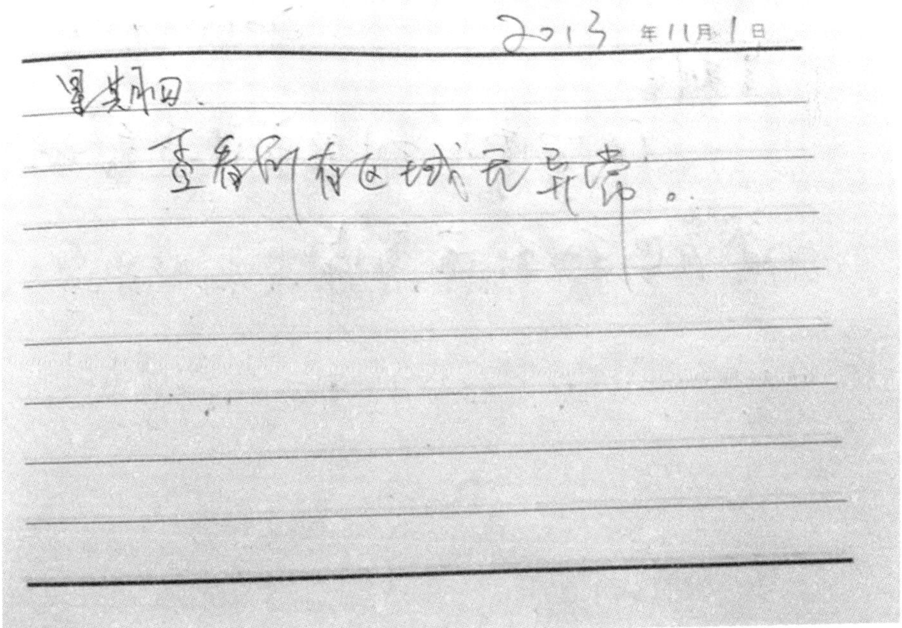

2013年11月1日
星期四
查看所有区域无异常。

图10-97　周王亮巡山护林日志（10月30日／11月1日）

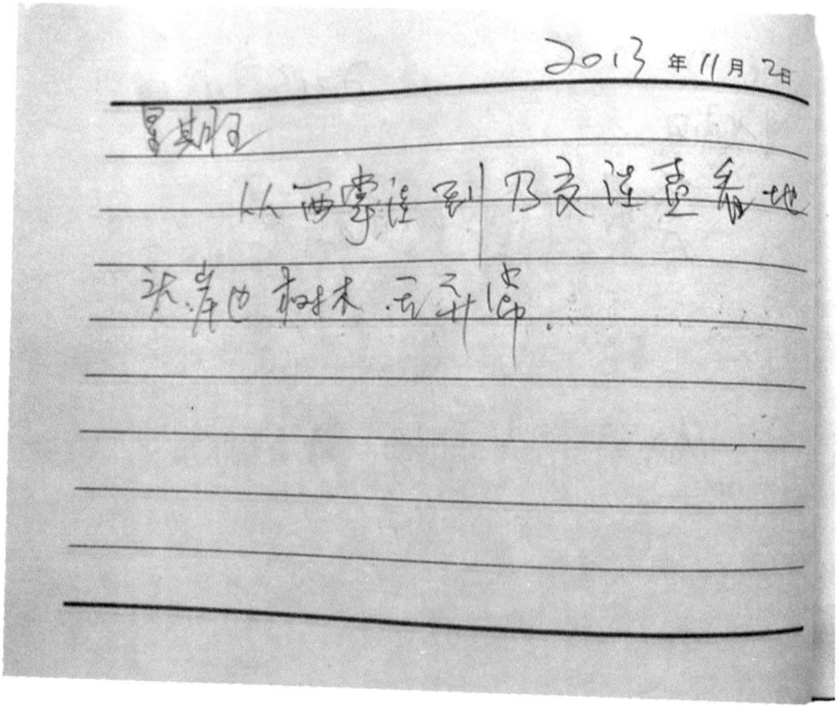

2013年11月2日

星期日

从西亭洼到乃良洼查看地

头岸边树林，无异常。

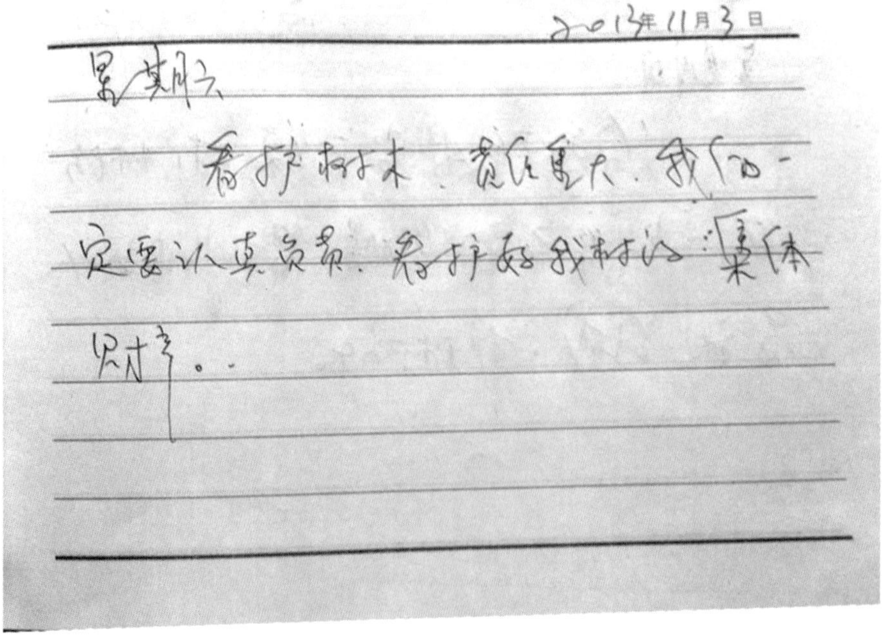

2013年11月3日

星期六

看护树木，责任重大，我们一

定要认真负责，看护好我村的集体

财产。

图10-98　周王亮巡山护林日志（11月2日 / 11月3日）

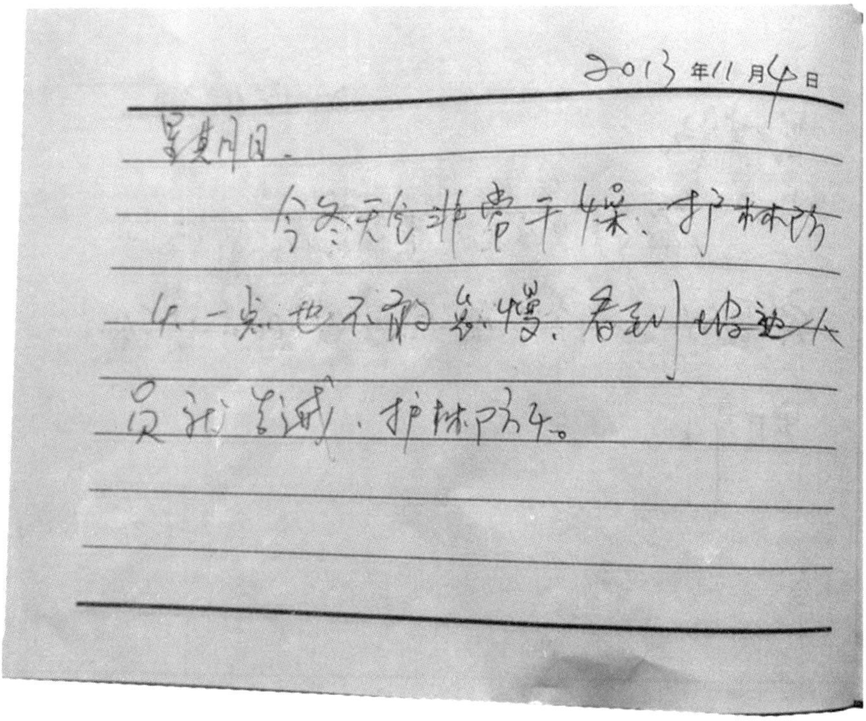

2013年11月4日

星期日。

今冬天气非常干燥，护林防火一点也不能马虎，看到路边人员就宣传，护林防火。

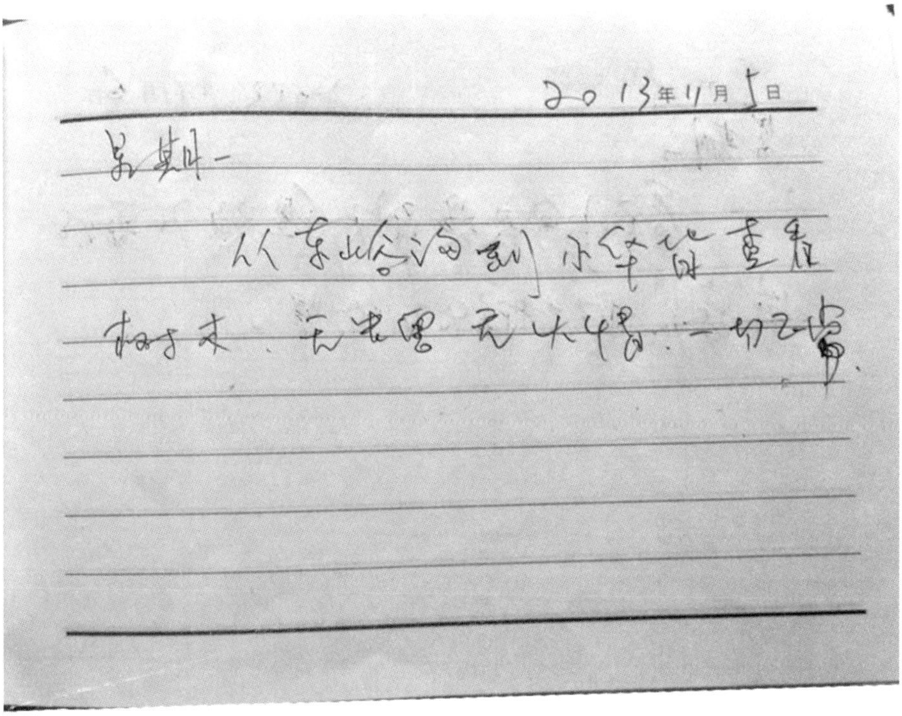

2013年11月5日

星期一

从东山谷沟到小华留查看树木，无虫害无火情，一切正常。

图10-99　周王亮巡山护林日志（11月4日／11月5日）

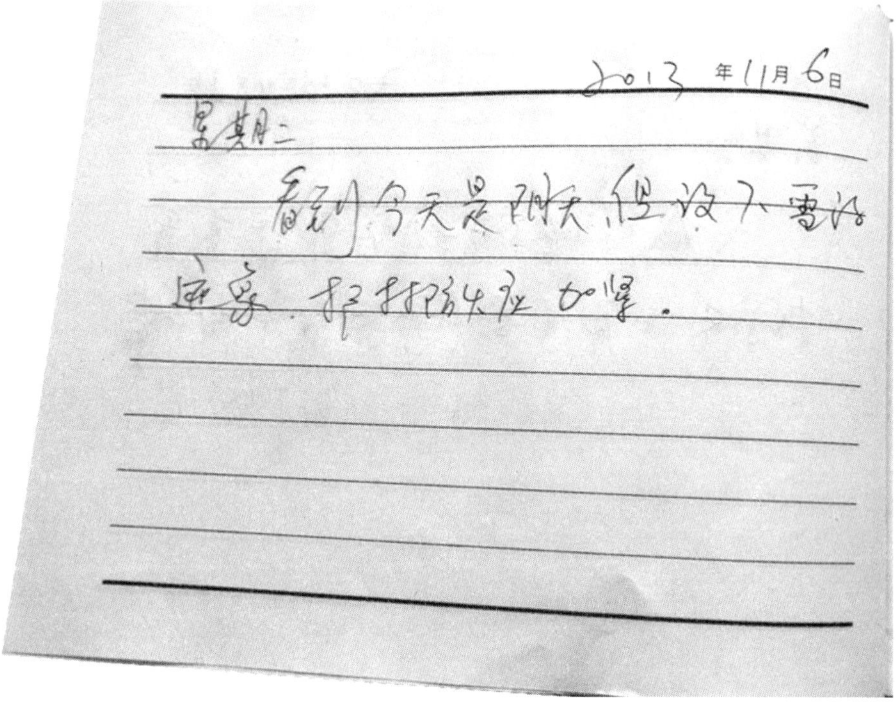

2013年11月6日

星期二

看到今天是阴天，但没下雪的迹象，护林防火加紧。

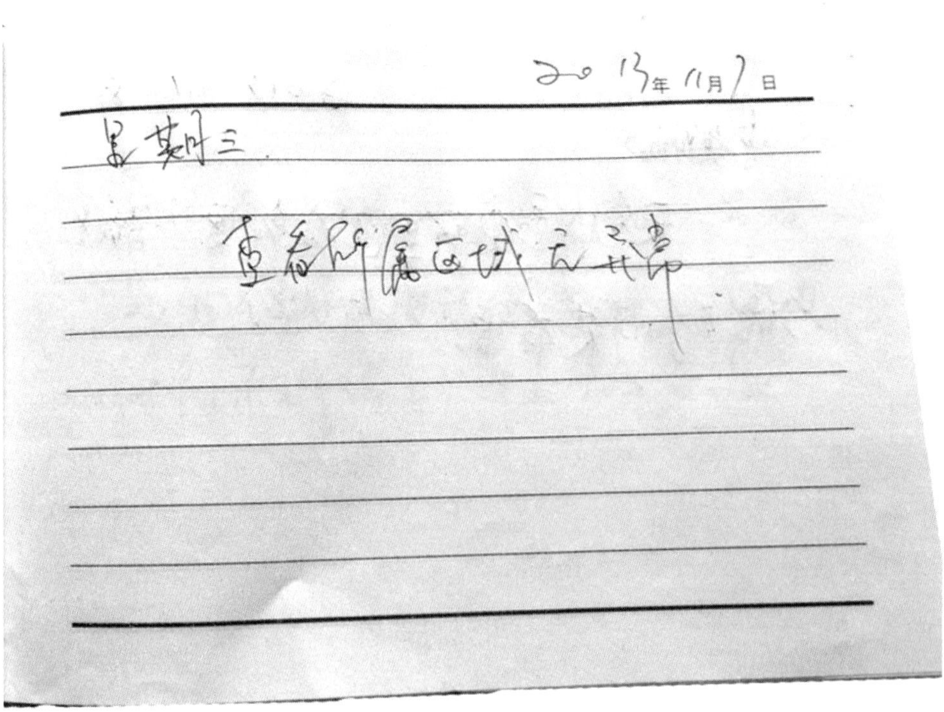

2013年11月7日

星期三

查看所属区域无异常

图10–100　周王亮巡山护林日志（11月6日／11月7日）

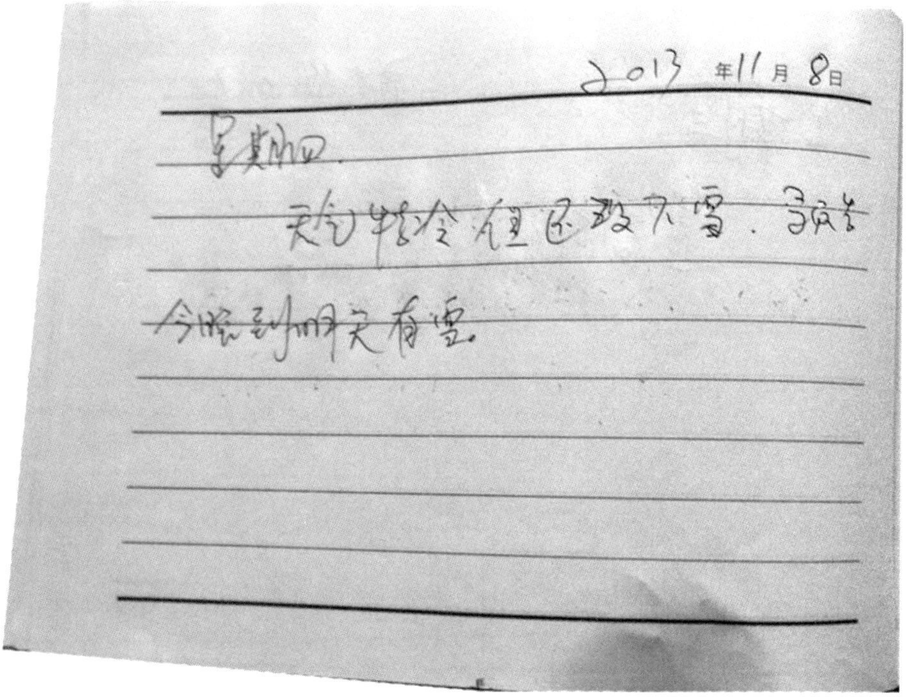

2013年11月8日

星期五.

天气特冷 但还没下雪. 预报今晚到明天有雪。

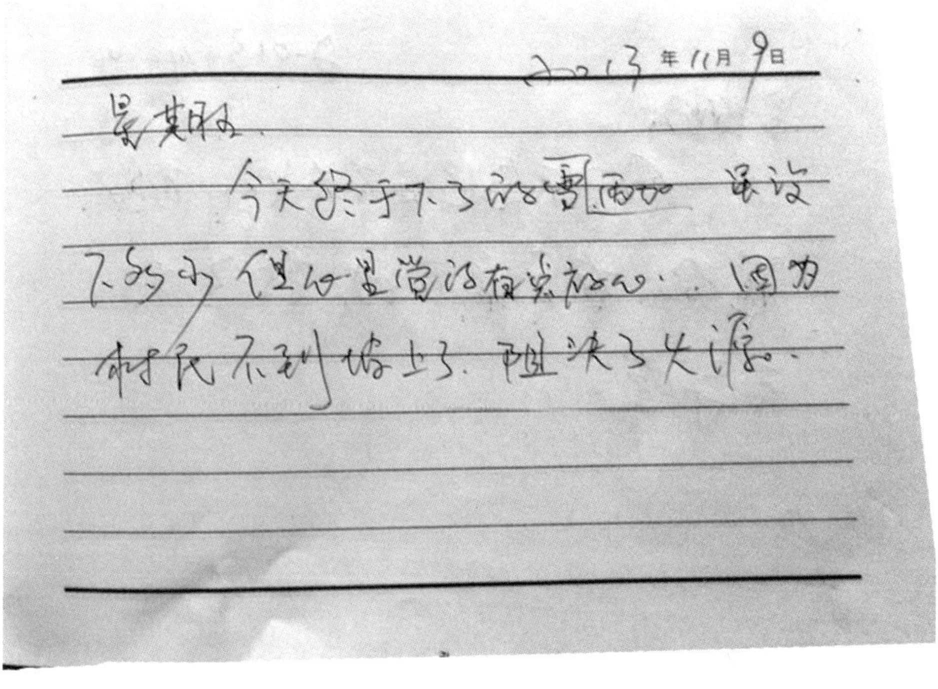

2013年11月9日

星期六.

今天终于下了场雪雨加 虽说下的小 但心里觉得很安心. 因为村民不到坟上去了. 阻止了火源.

图10–101　周王亮巡山护林日志（11月8日／11月9日）

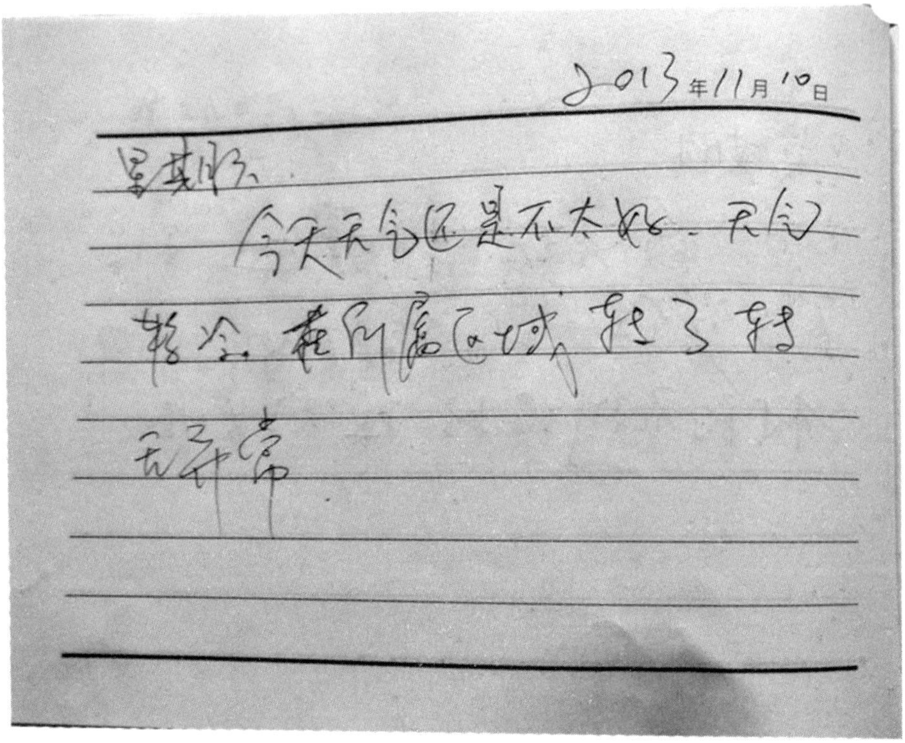

2013年11月10日

星期天，

今天天气还是不太好，天气较冷，在所属区域转了转，无异常。

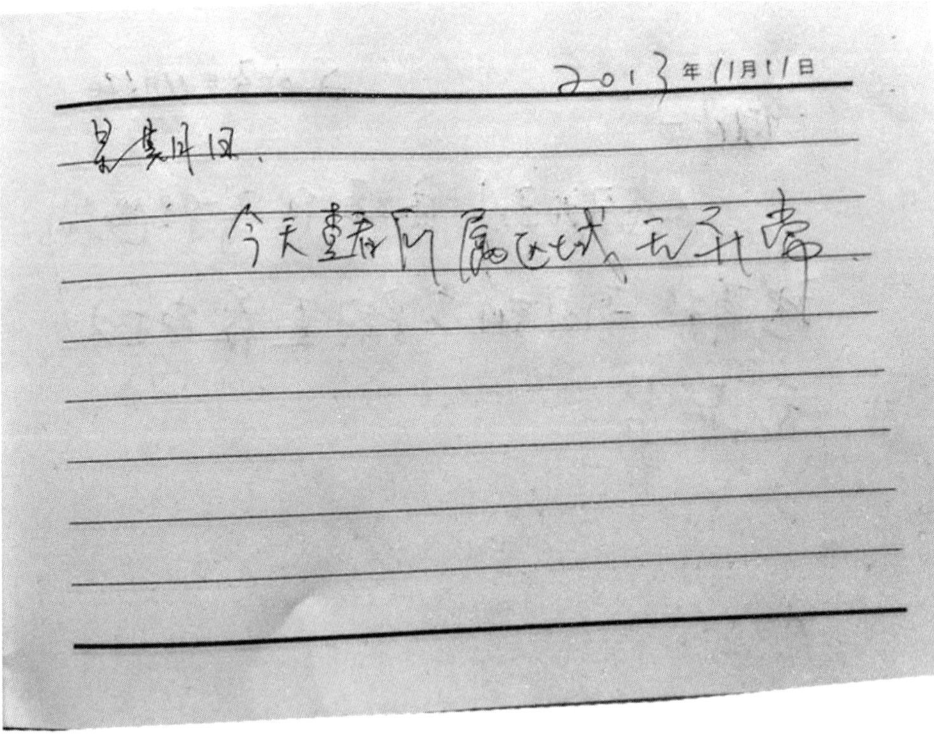

2013年11月11日

星期一，

今天查看所属区域，无异常。

图10-102　周王亮巡山护林日志（11月10日／11月11日）

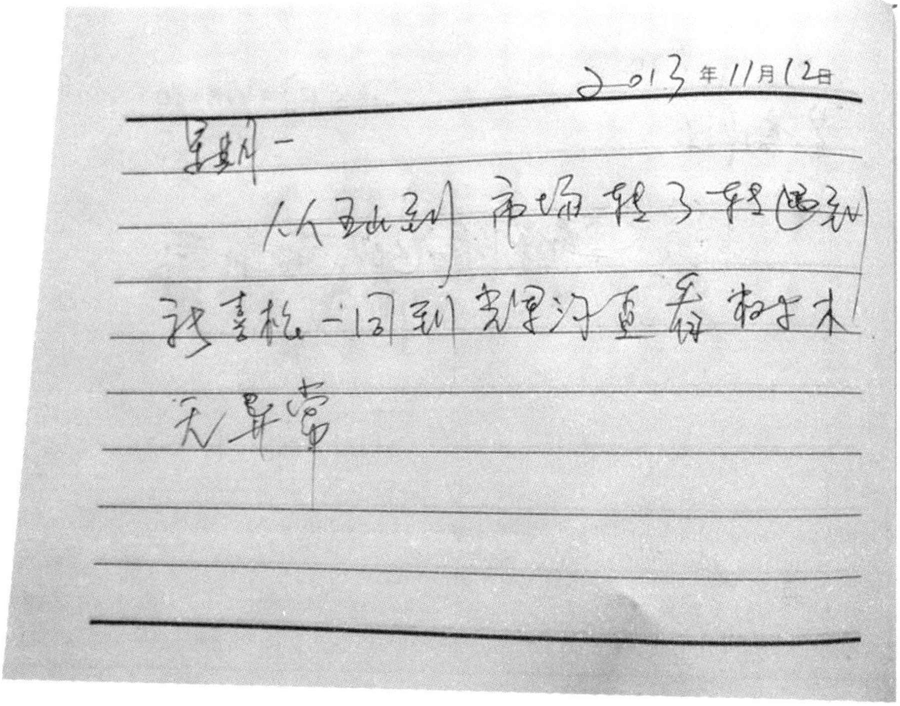

2013年11月12日

星期一

从玉山到市场转了一转遇到孙喜松一同到党渠沟查看林木无异常

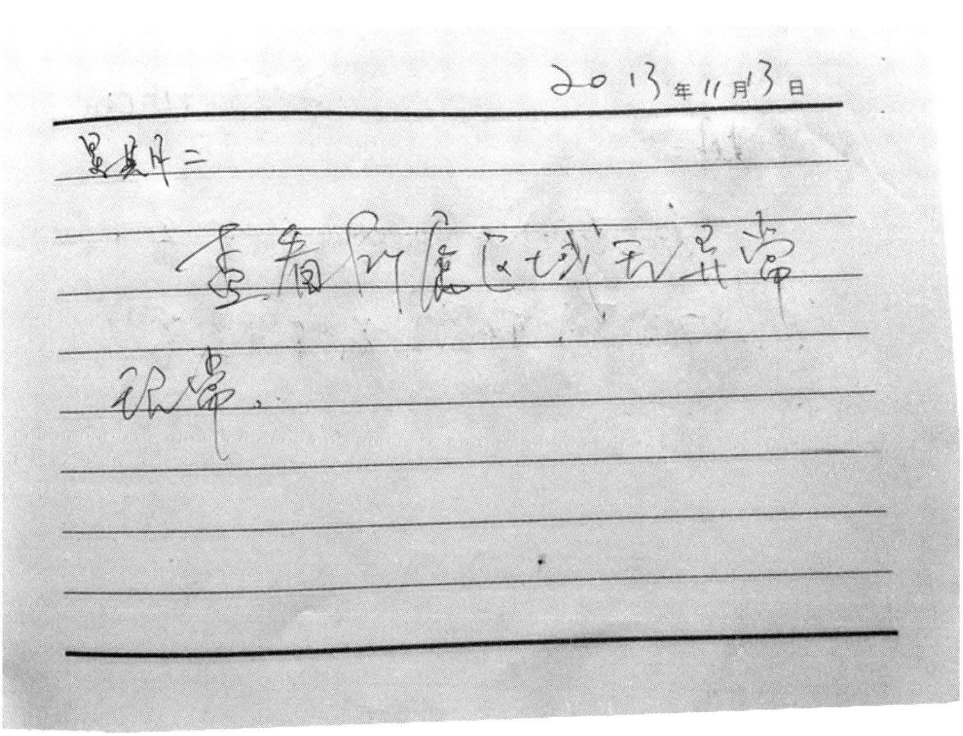

2013年11月13日

星期二

查看所属区域无异常正常。

图10-103　周王亮巡山护林日志（11月12日／11月13日）

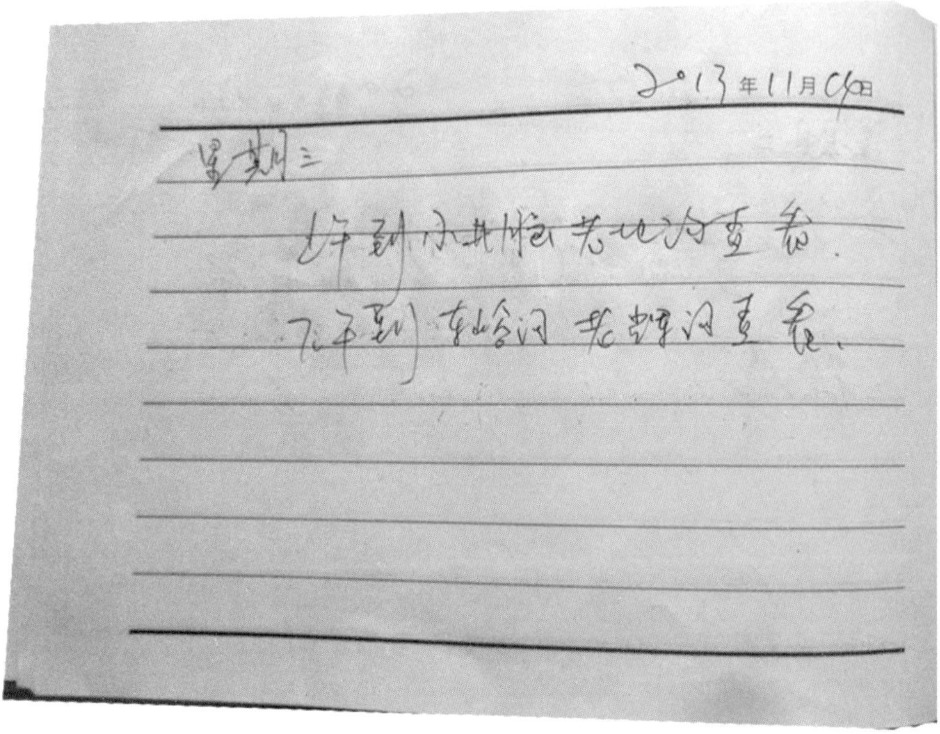

2013年11月14日

星期三

上午到小北岭 老地沟查看。

下午到东岭沟 老虎沟查看。

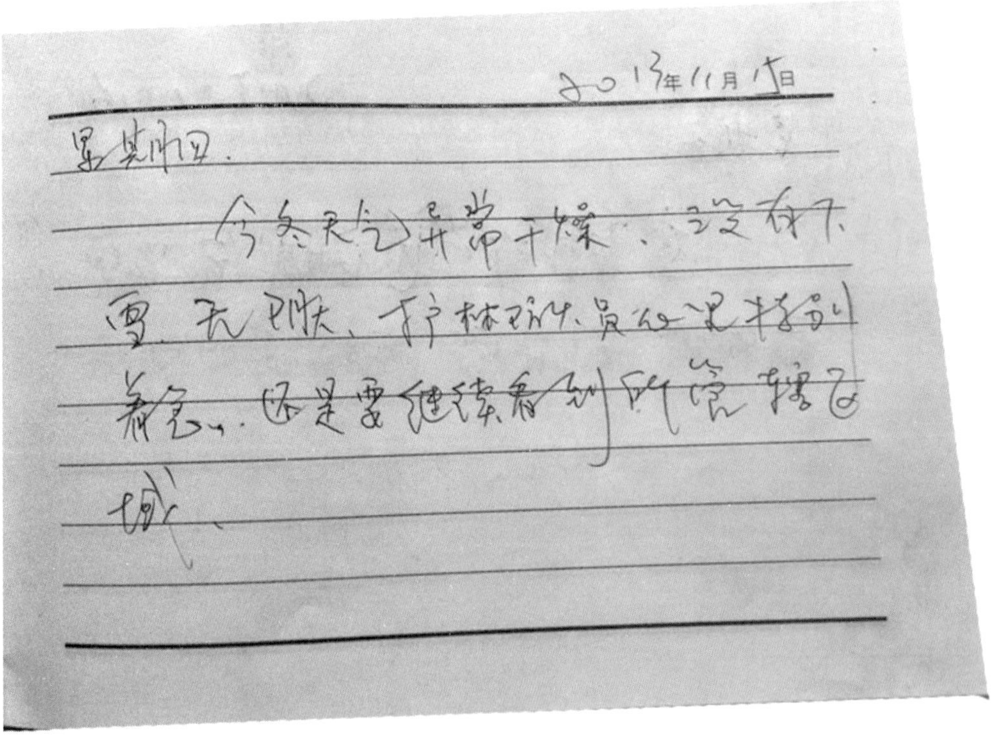

2013年11月15日

星期四.

今冬天气异常干燥，没有下雪，天干风大，护林巡查人员必须特别注意，还是要继续看到所管辖区域。

图10-104　周王亮巡山护林日志（11月14日／11月15日）

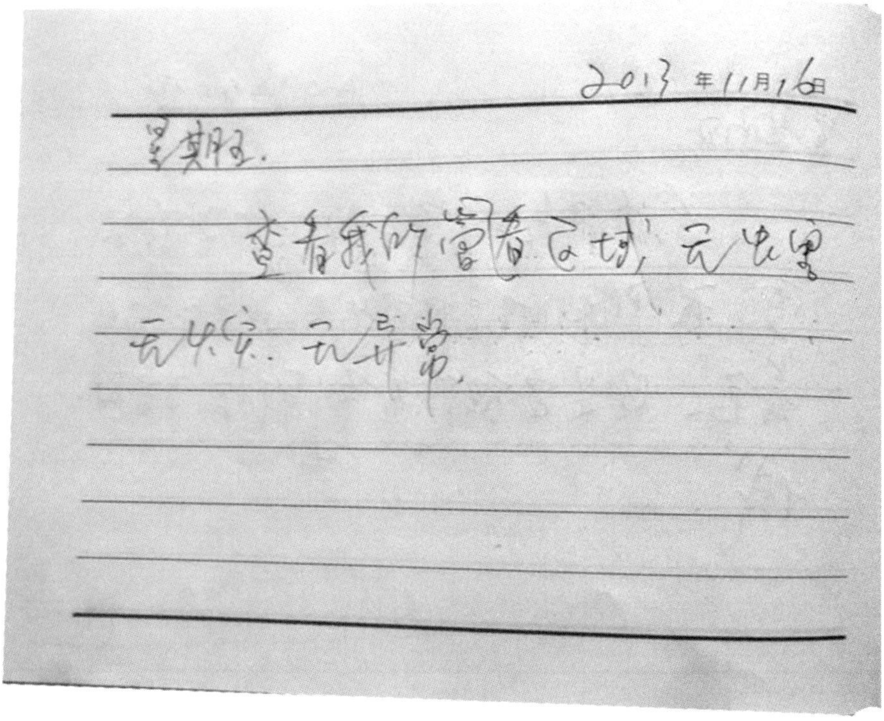

2013年11月16日

星期六。

查看我所管辖区域，无火灾

无火灾，无异常。

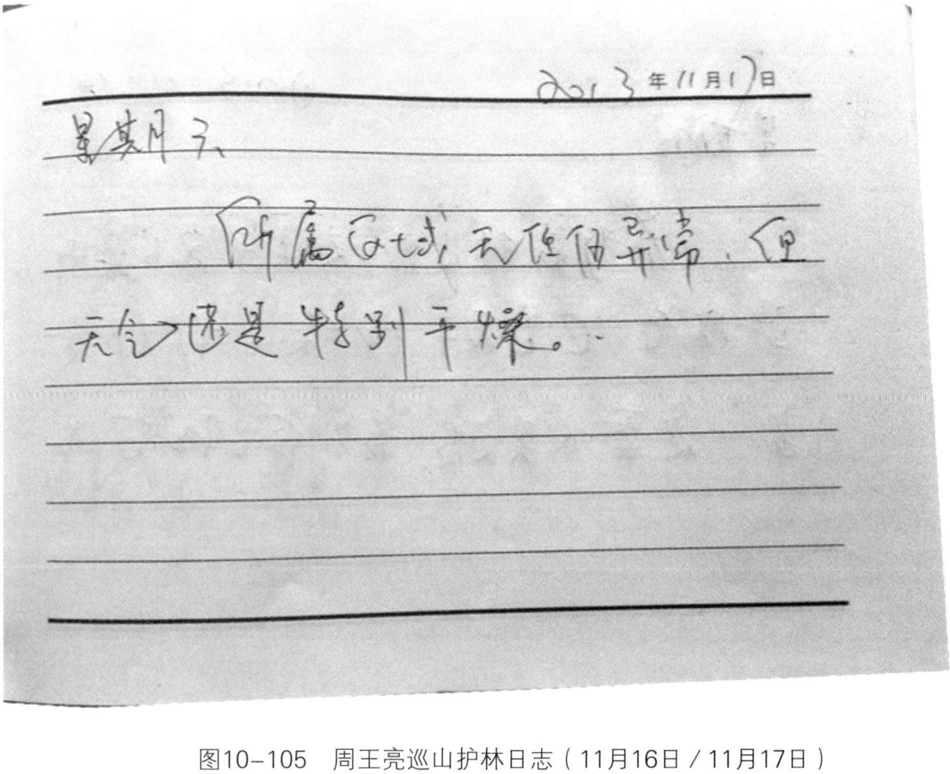

2013年11月17日

星期天。

所属区域无任何异常，但

天气还是特别干燥。

图10-105　周王亮巡山护林日志（11月16日／11月17日）

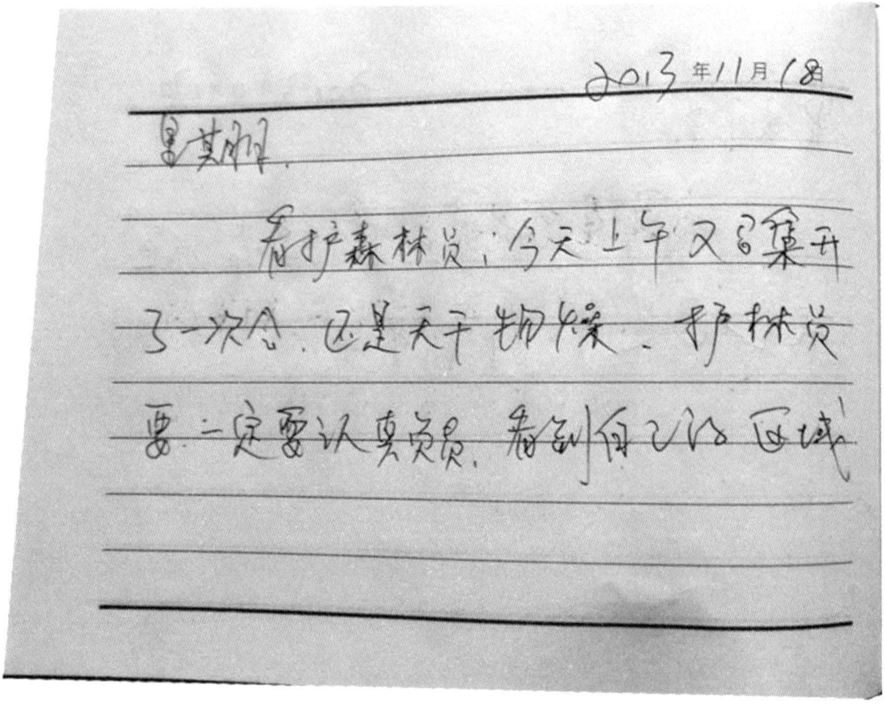

2013年11月18日

星期一

看护森林员：今天上午又召集开了一次会，还是天干物燥，护林员要一定要认真负责，看到自己的区域

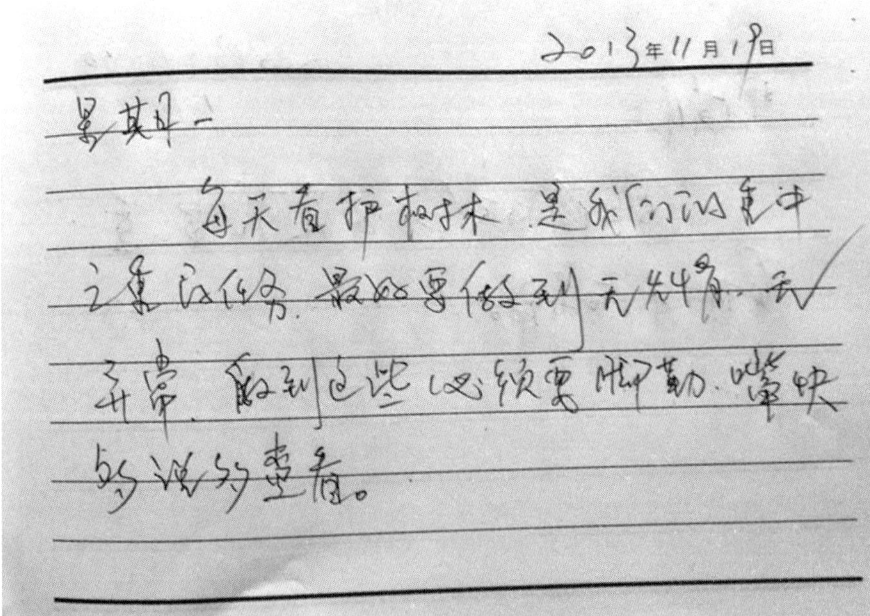

2013年11月19日

星期一

每天看护树林，是我们的重中之重的任务，最好要做到无火情、无异常。能到这些必须要脚勤、嘴快，多说多查看。

图10–106　周王亮巡山护林日志（11月18日／11月19日）

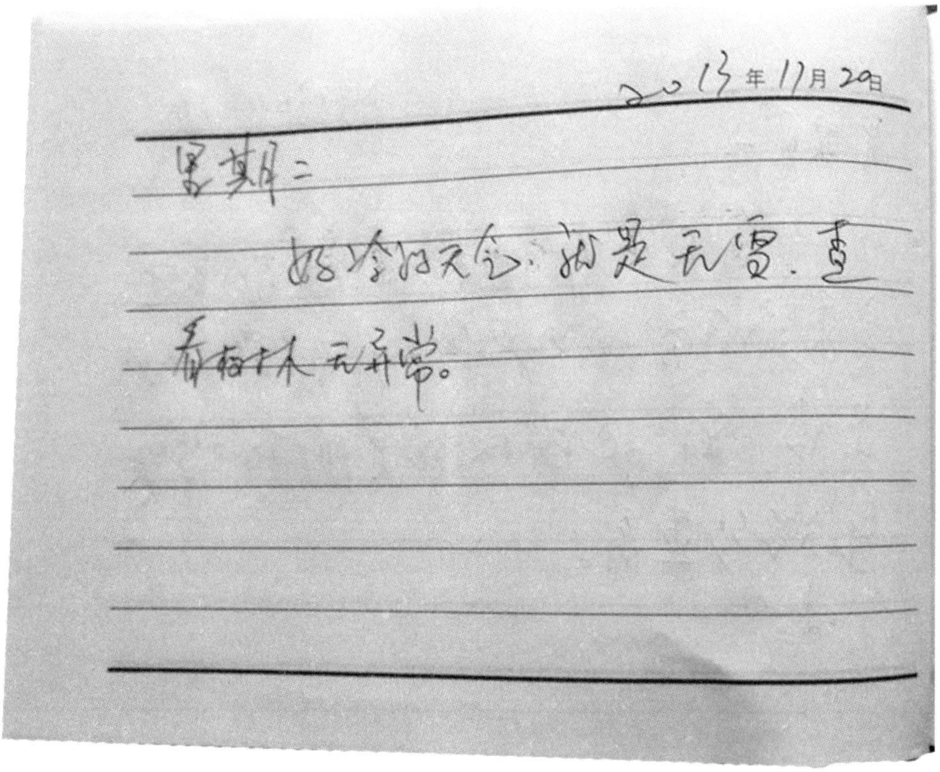

2013年11月20日

星期二

好冷的天气，就是无雪。查

看树林无异常。

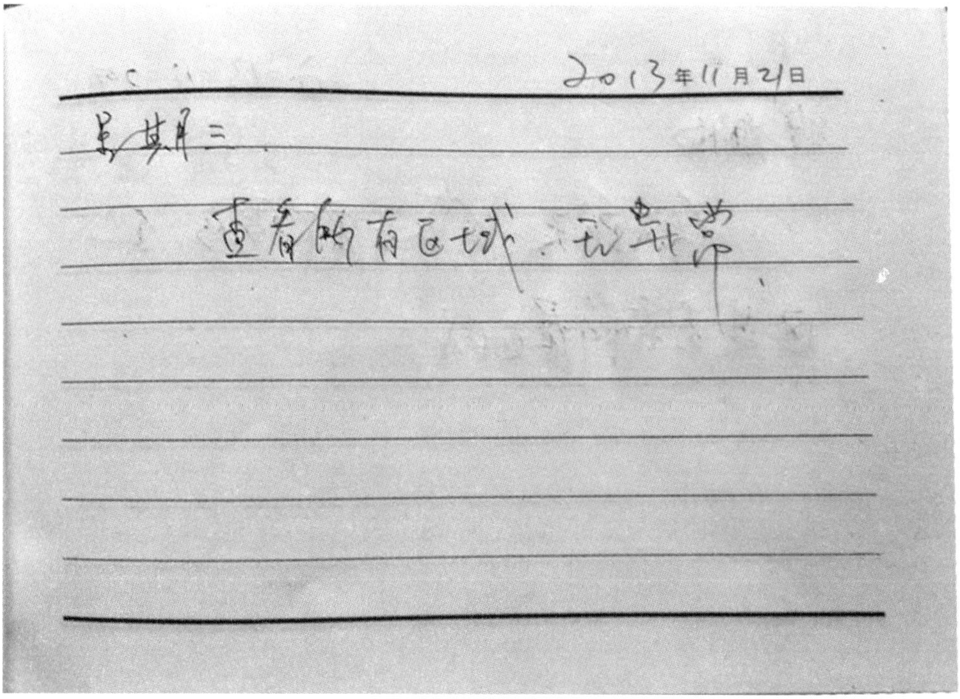

2013年11月21日

星期三

查看所有区域，无异常

图10–107　周王亮巡山护林日志（11月20日／11月21日）

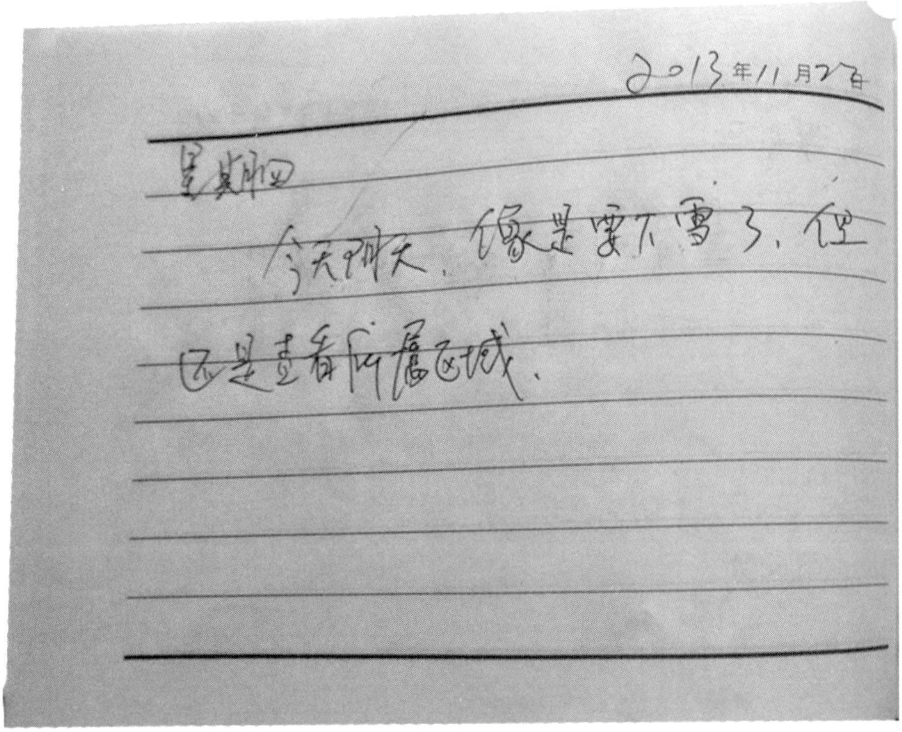

2013年11月22日

星期四

今天阴天，像是要下雪了，但还是查看所属区域。

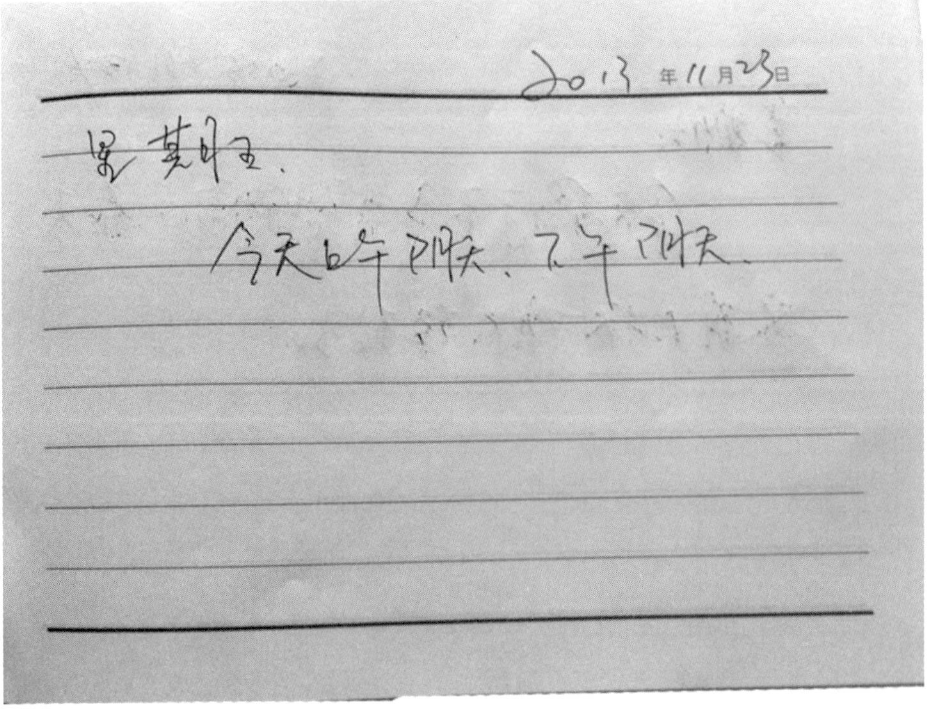

2013年11月23日

星期五。

今天上午阴天，下午阴天。

图10-108　周王亮巡山护林日志（11月22日／11月23日）

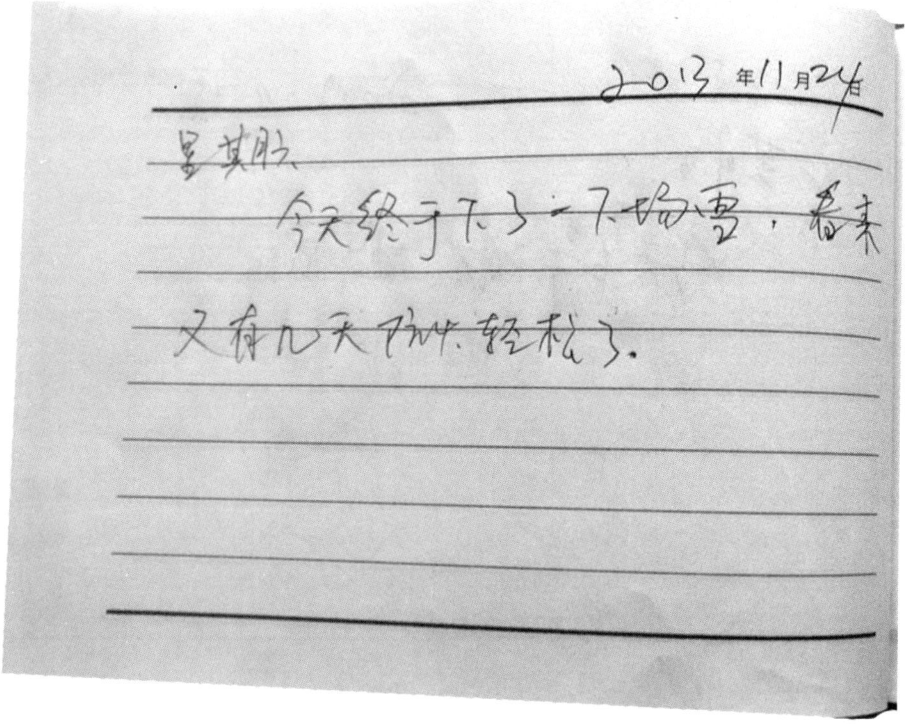

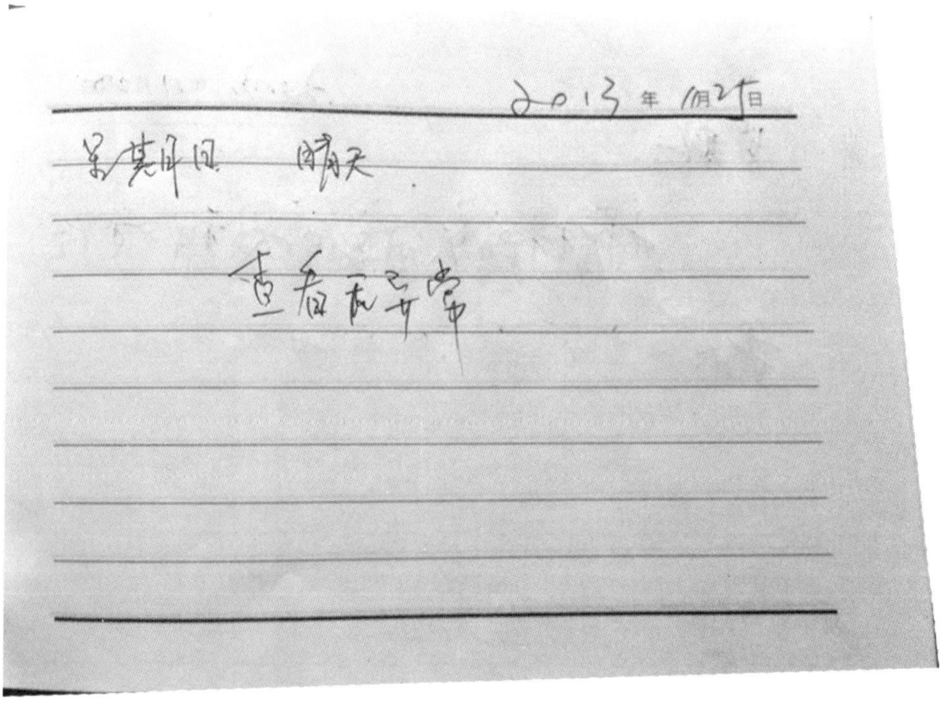

图10-109 周王亮巡山护林日志（11月24日／11月25日）

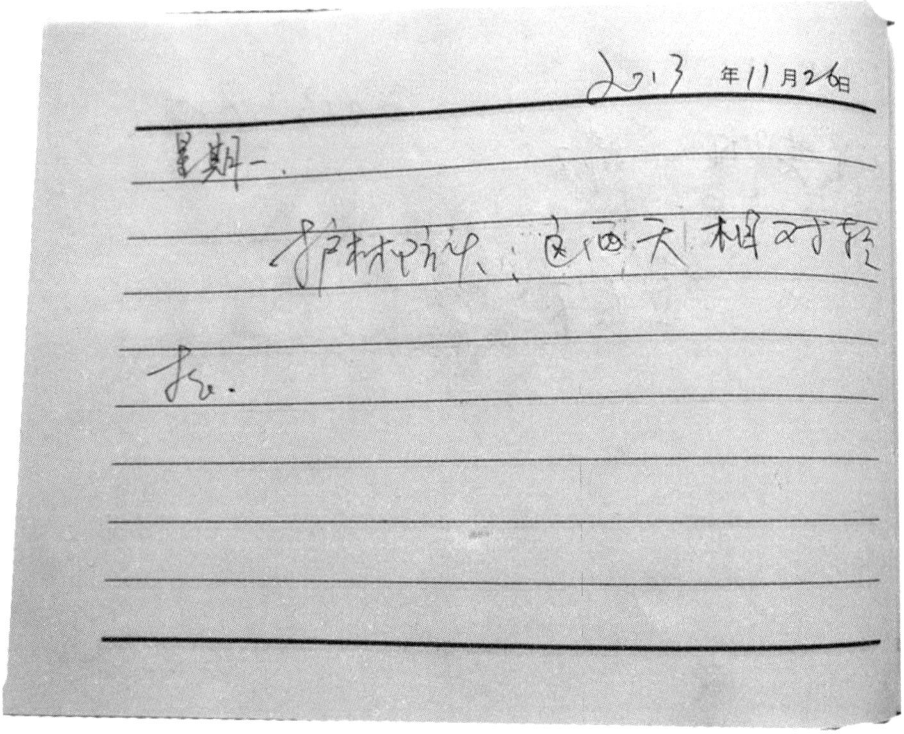

2013年11月26日

星期一

护林巡视，这两天相对轻松。

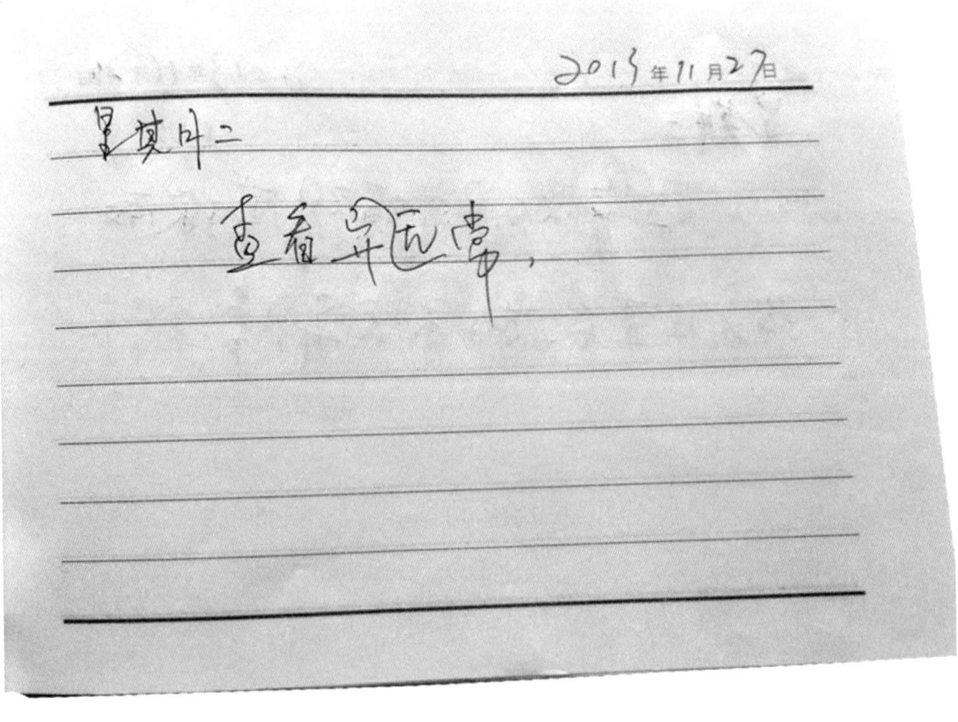

2013年11月27日

星期二

查看无异常，

图10-110　周王亮巡山护林日志（11月26日／11月27日）

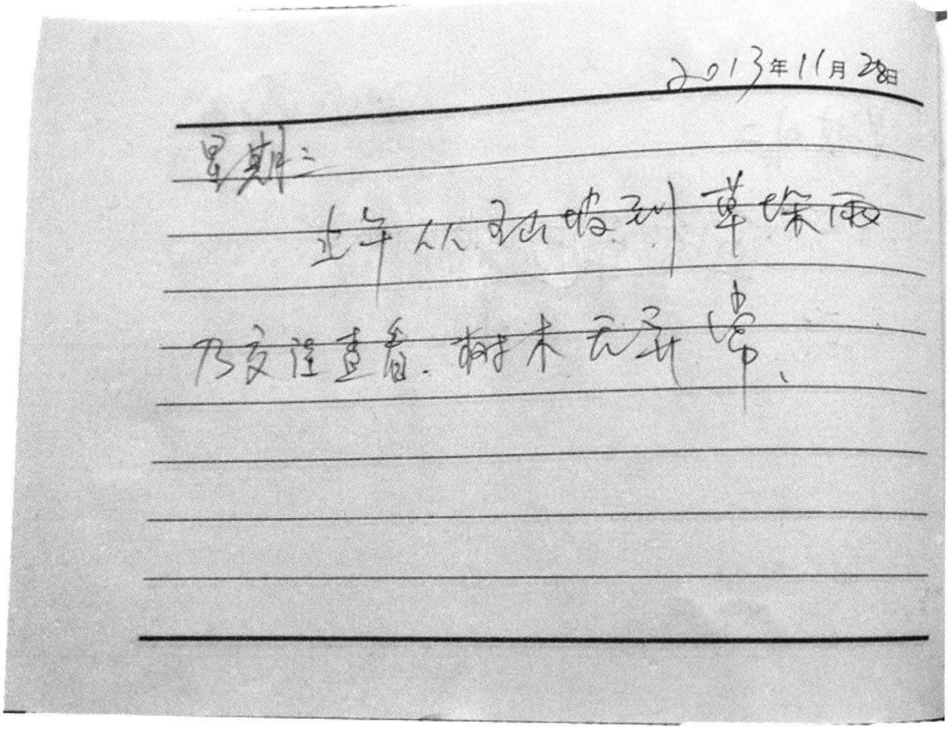

2013年11月28日

星期二

上午从王坑岭到草塘两

乃交往查看。树木无异常。

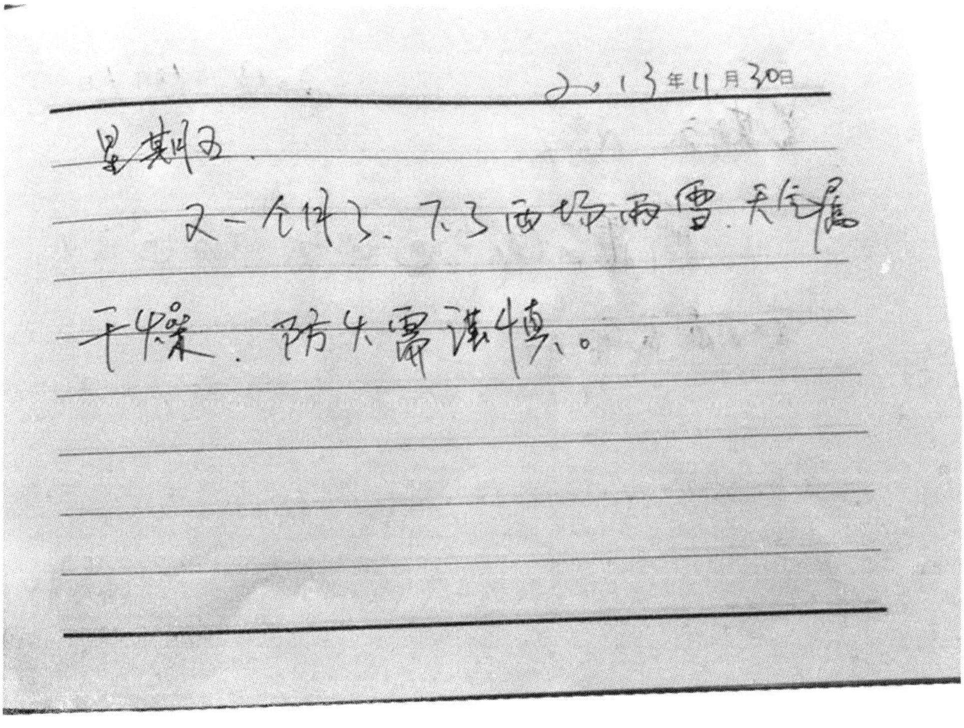

2013年11月30日

星期五

又一个月了。下了两场雨雪。天气属

干燥。防火需谨慎。

图10–111　周王亮巡山护林日志（11月28日 / 11月30日）

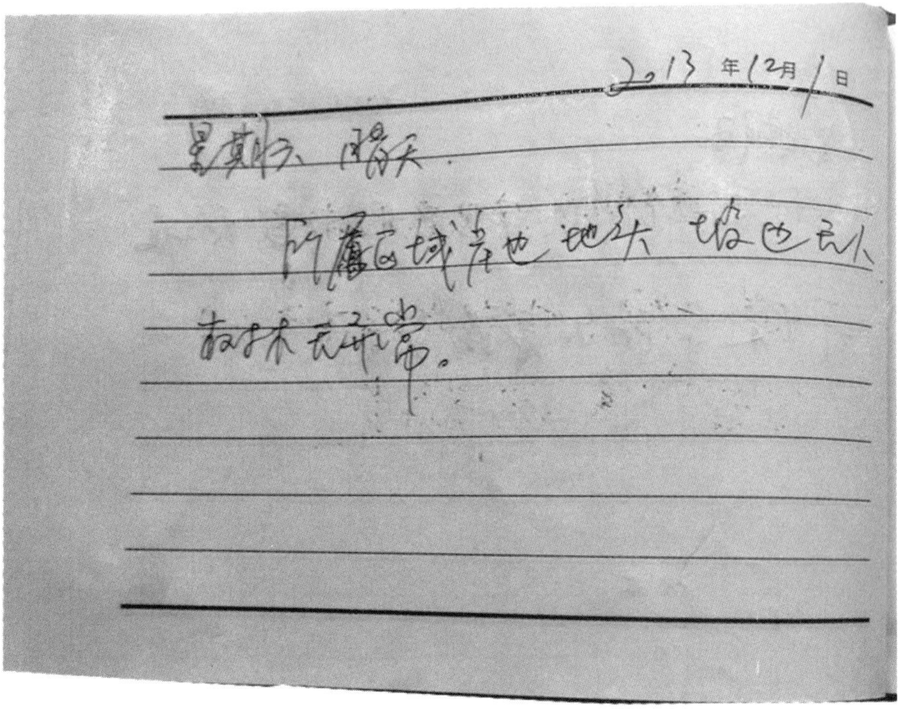

2013年12月1日
星期六 晴天
所属区域无也地块 也无人砍林木无异常。

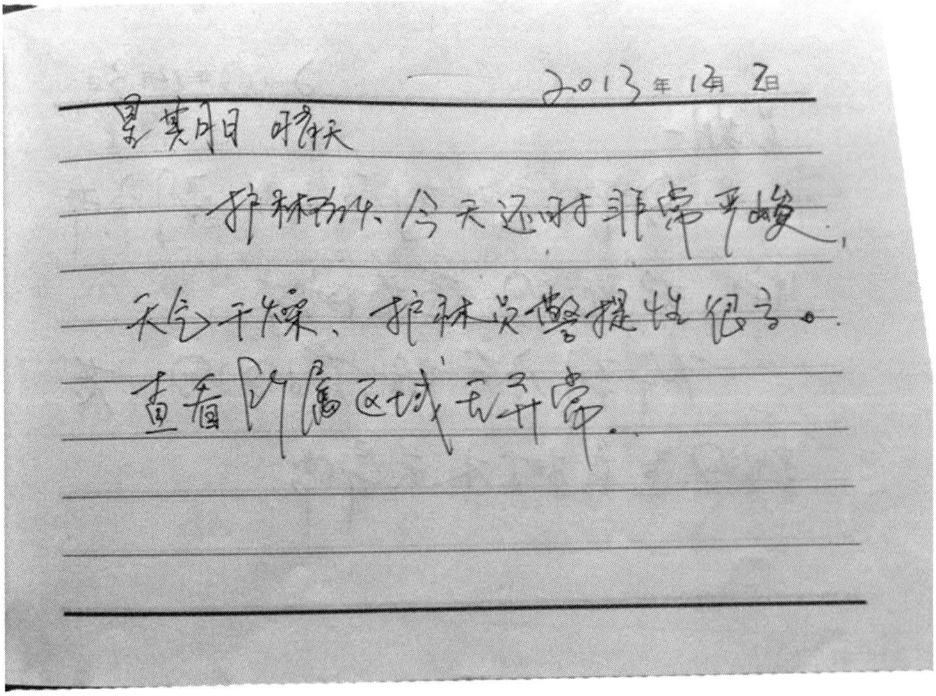

2013年12月2日
星期日 晴天
护林动态，今天还是非常平静，天气干燥，护林员警惕性很高。查看所属区域无异常。

图10-112 周王亮巡山护林日志（12月1日 / 12月2日）

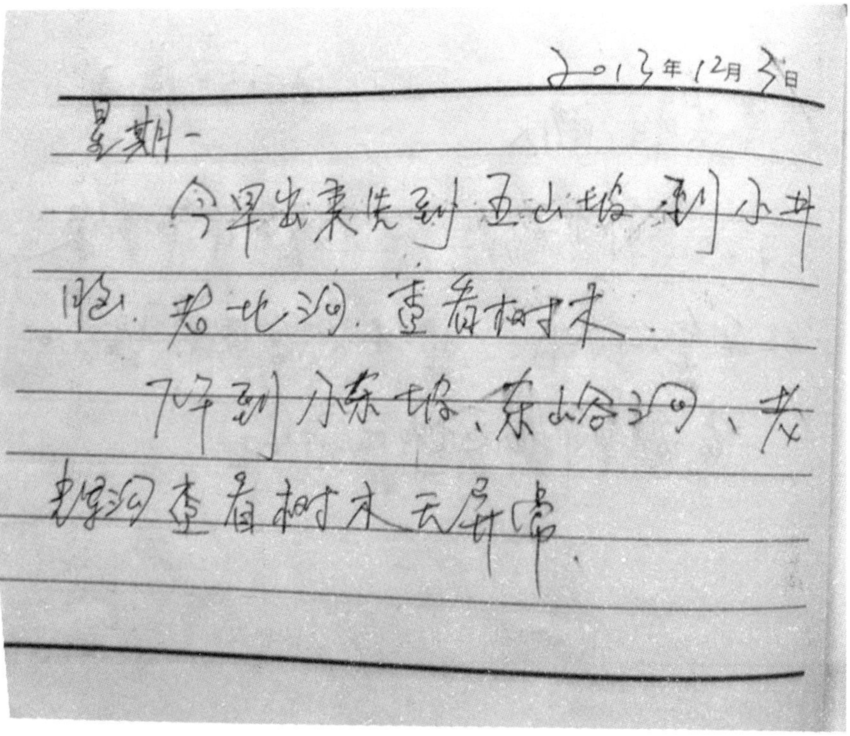

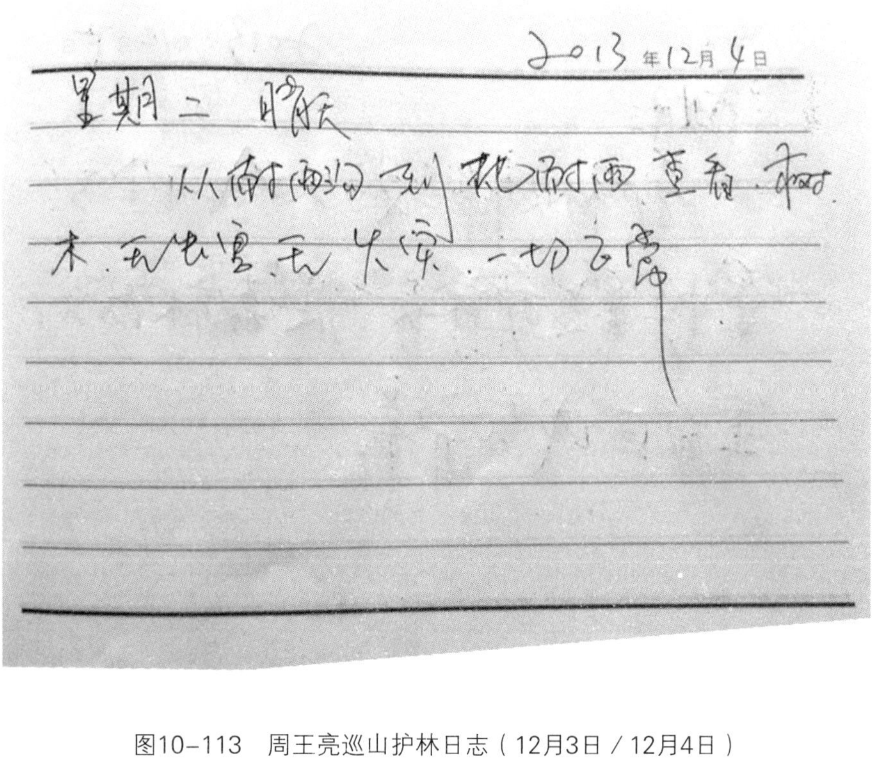

图10-113　周王亮巡山护林日志（12月3日 / 12月4日）

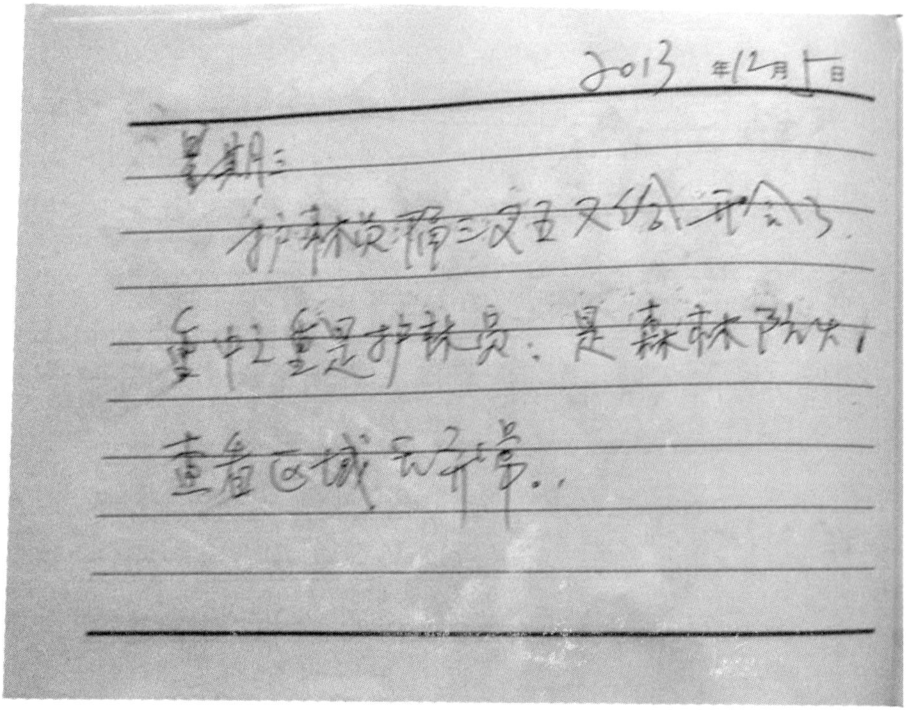

2013年12月5日

星期三

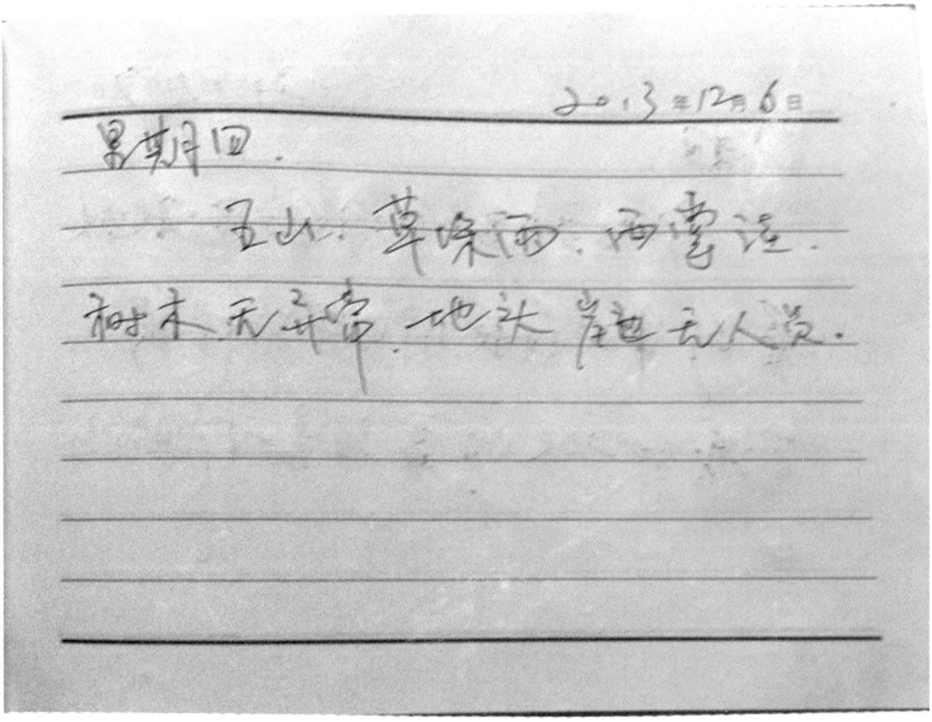

2013年12月6日

星期四。

树木无异常。

图10-114　周王亮巡山护林日志（12月5日／12月6日）

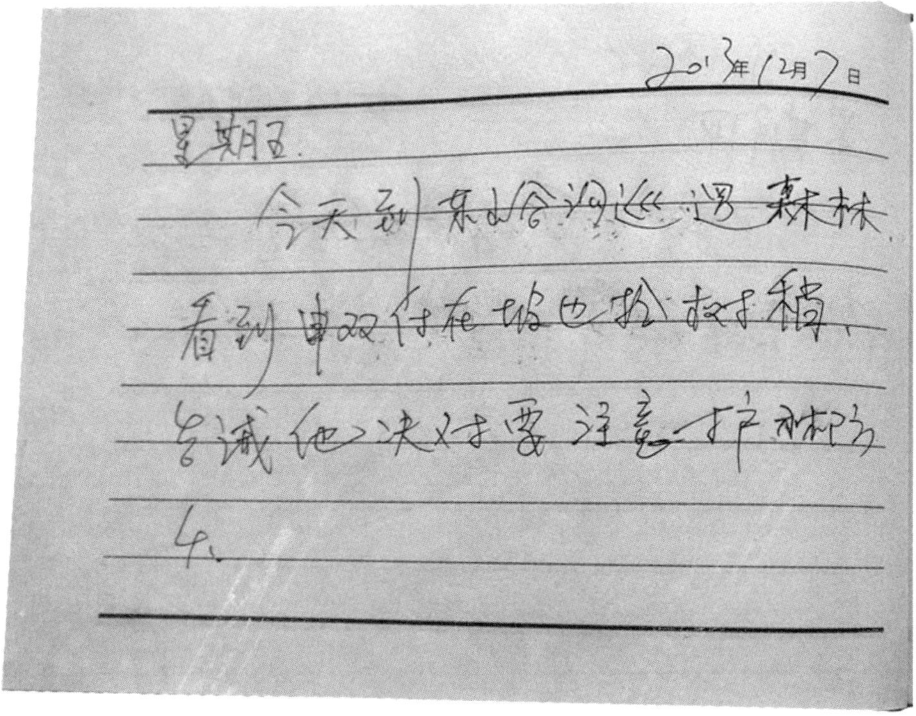
2013年12月7日
星期五.
今天到东山谷洞巡逻森林,
看到申双付在坡边捡树稍,
告诫他决对要注意护林防火.

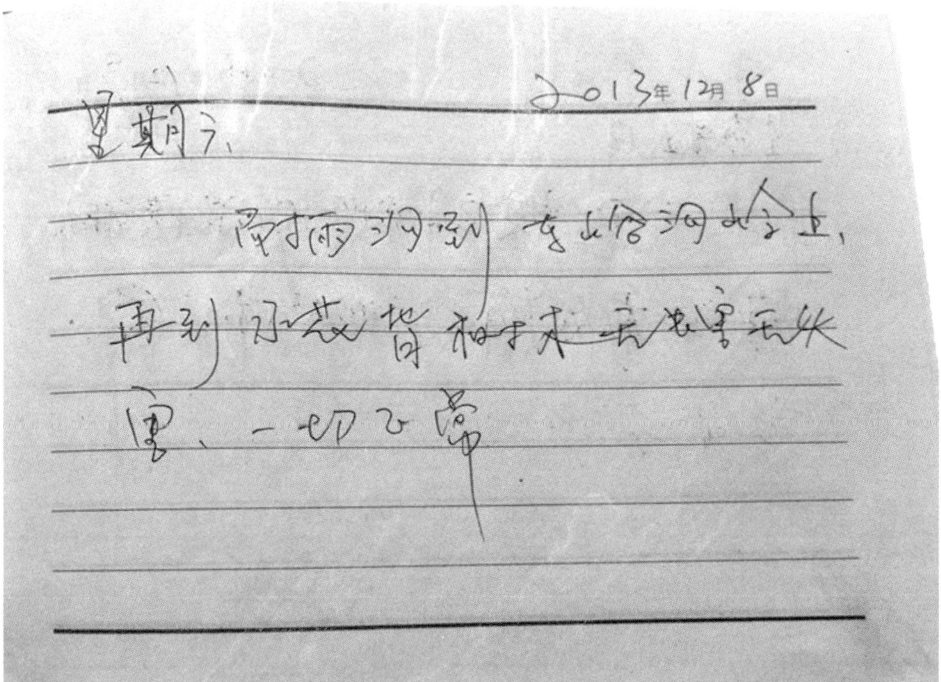
2013年12月8日
星期六,
由滴雨洞到东山谷洞山顶上,
再到双鸡背柏树林未发现火
灾、一切正常

图10–115　周王亮巡山护林日志（12月7日 / 12月8日）

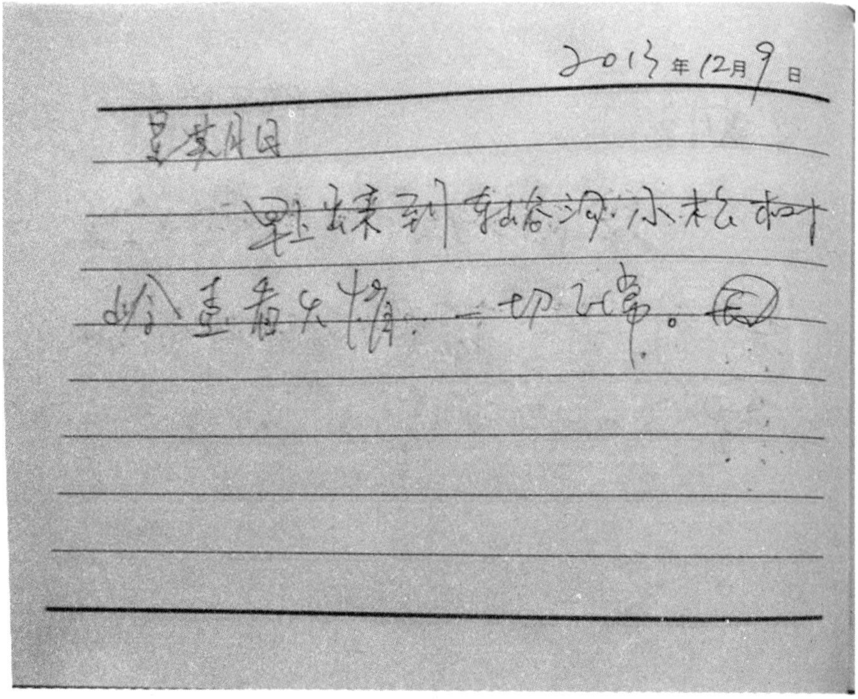

2013年12月9日
星期一
早上从…到…小杉树岭查看火情，一切正常。

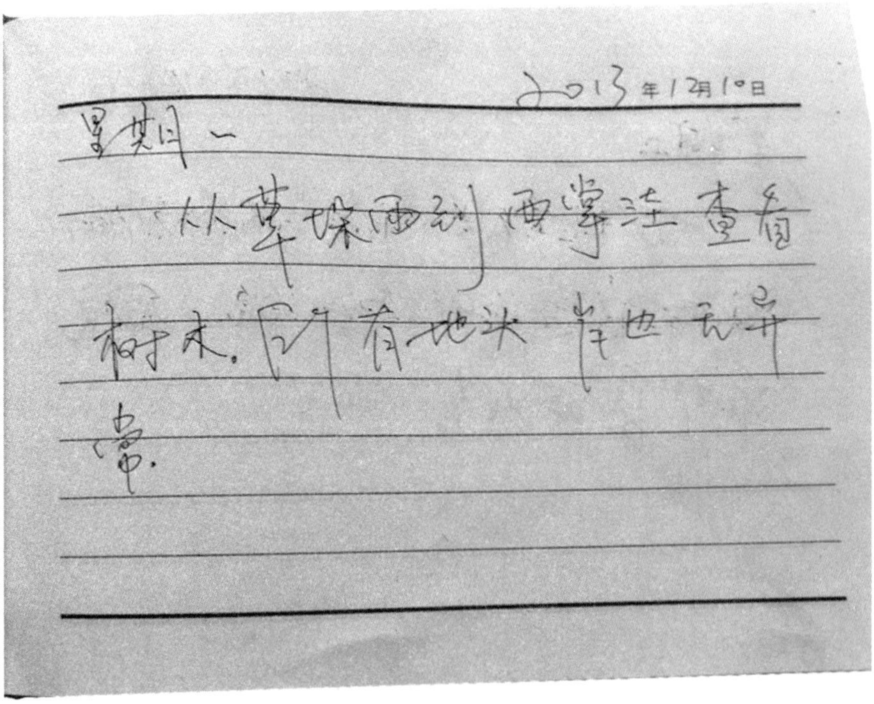

2013年12月10日
星期二
从草垛西到西掌洼查看树木，…也无异常。

图10-116　周王亮巡山护林日志（12月9日／12月10日）

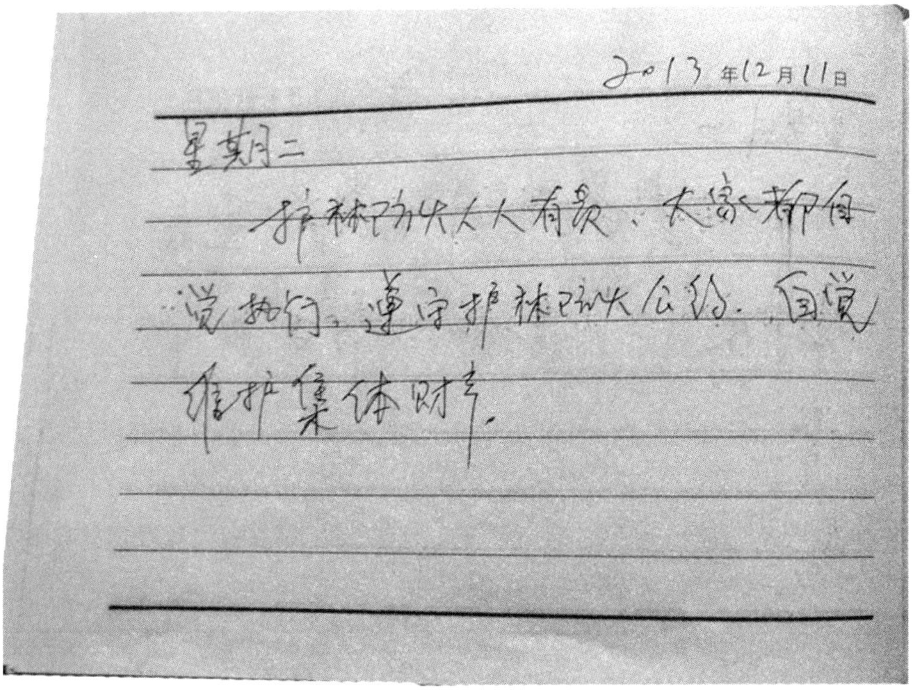

2013年12月11日

星期二

护林防火人人有责，大家都自觉执行，遵守护林防火公约，自觉维护集体财产。

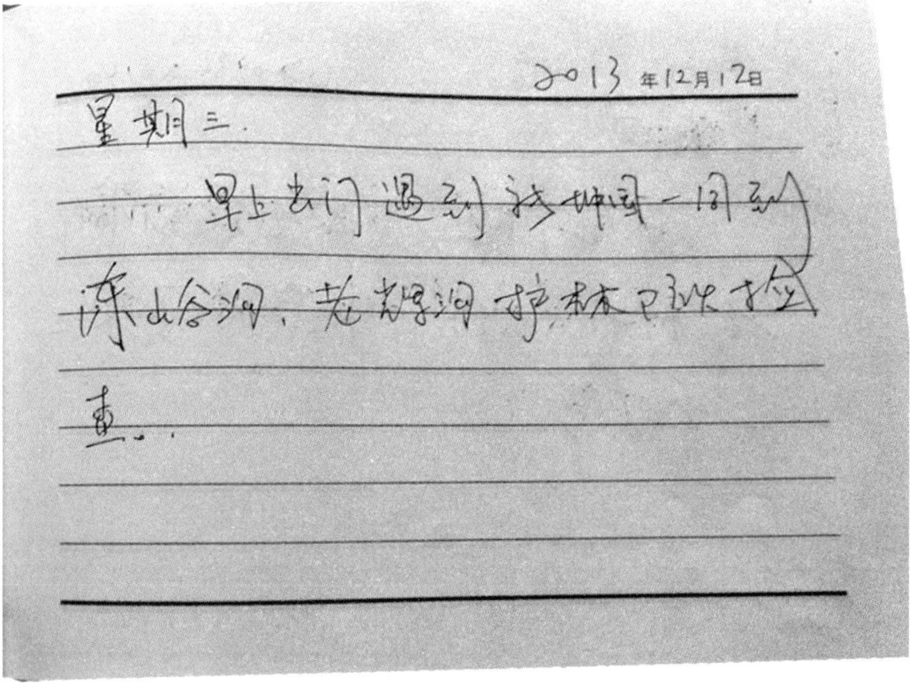

2013年12月12日

星期三.

早上出门遇到林坤国一同到冻山谷洞，老鹅洞护林防火检查。

图10-117　周王亮巡山护林日志（12月11日 / 12月12日）

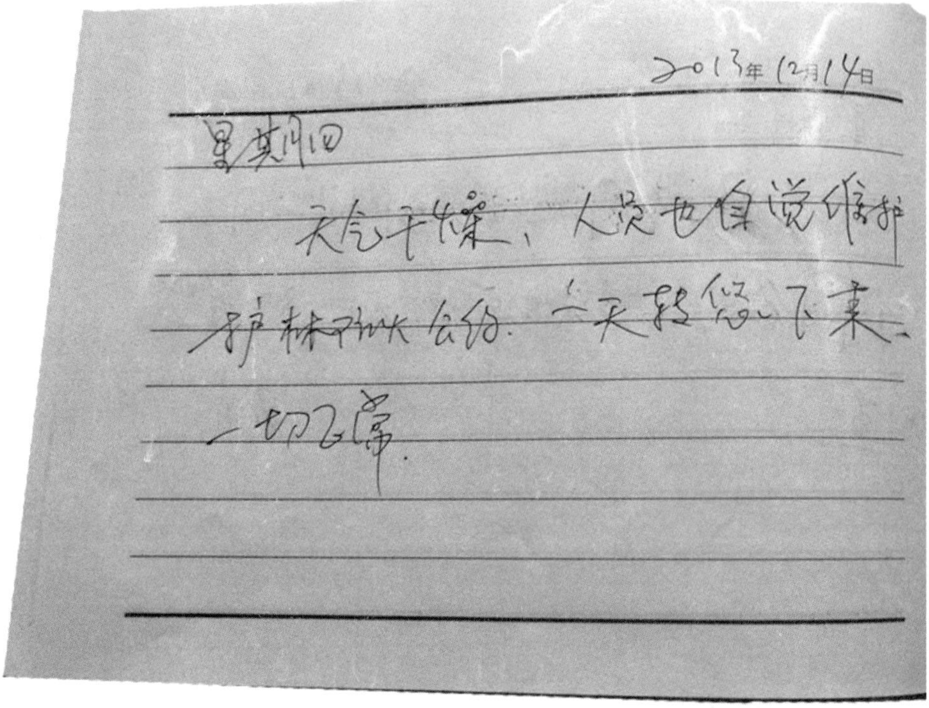
2013年12月14日

星期四

天气干燥，人员也自觉维护护林防火公约，一天转悠下来，一切正常。

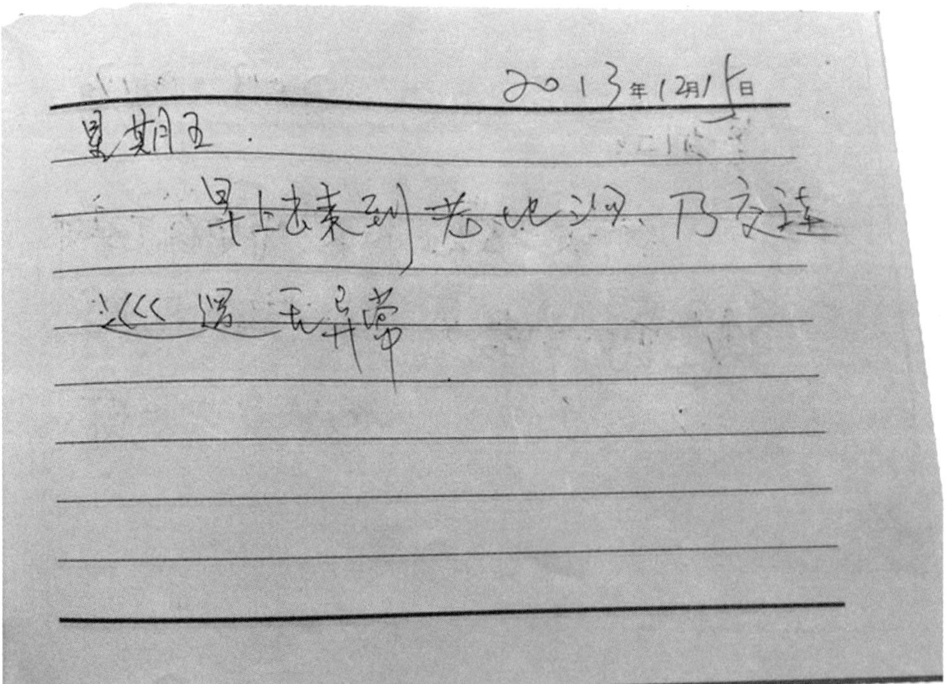
2013年12月15日

星期五。

早上去来到茄比洞、乃交途巡逻无异常

图10-118　周王亮巡山护林日志（12月14日 / 12月15日）

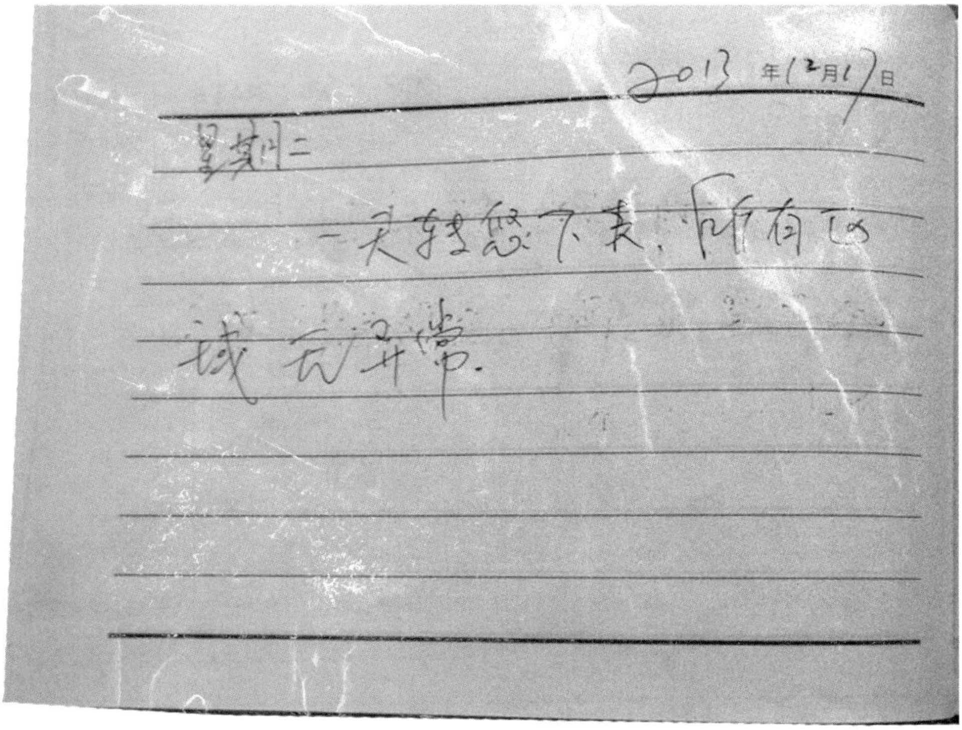

2013年12月17日

星期二

一天转悠下来，所有区域无异常。

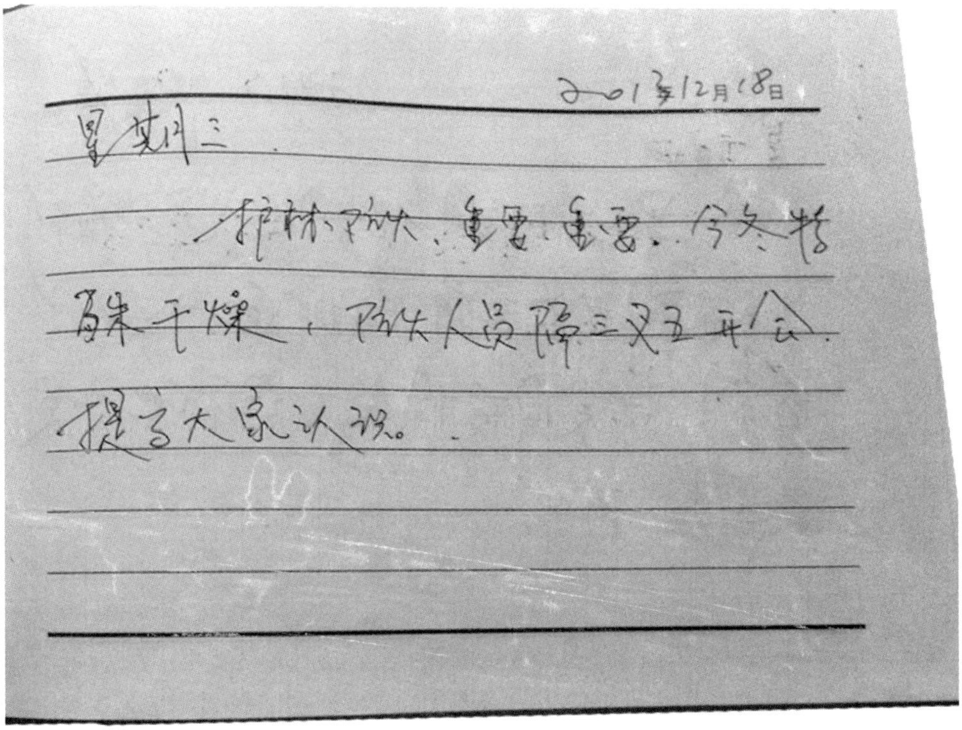

2013年12月18日

星期三

护林防火、重要、重要。今冬特别干燥，防火人员除三叉王开会，提高大家认识。

图10-119　周王亮巡山护林日志（12月17日／12月18日）

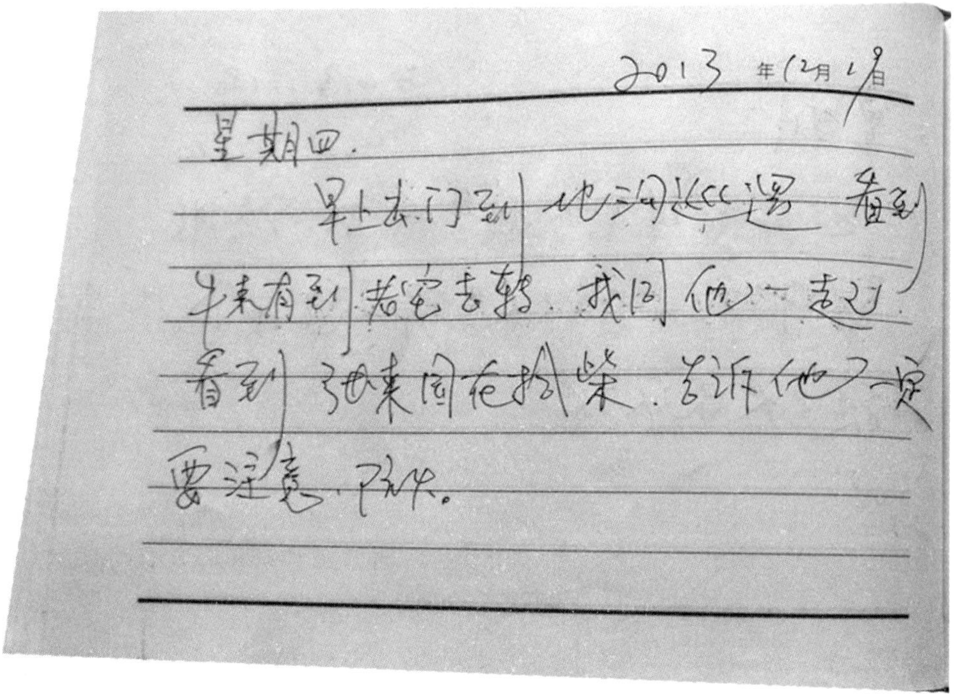

2013年12月19日

星期四.

早上去门到北洞巡逻 看到牛来有到老宅去转. 我同他一起 看到张来阔在捡柴. 告诉他一定要注意防火。

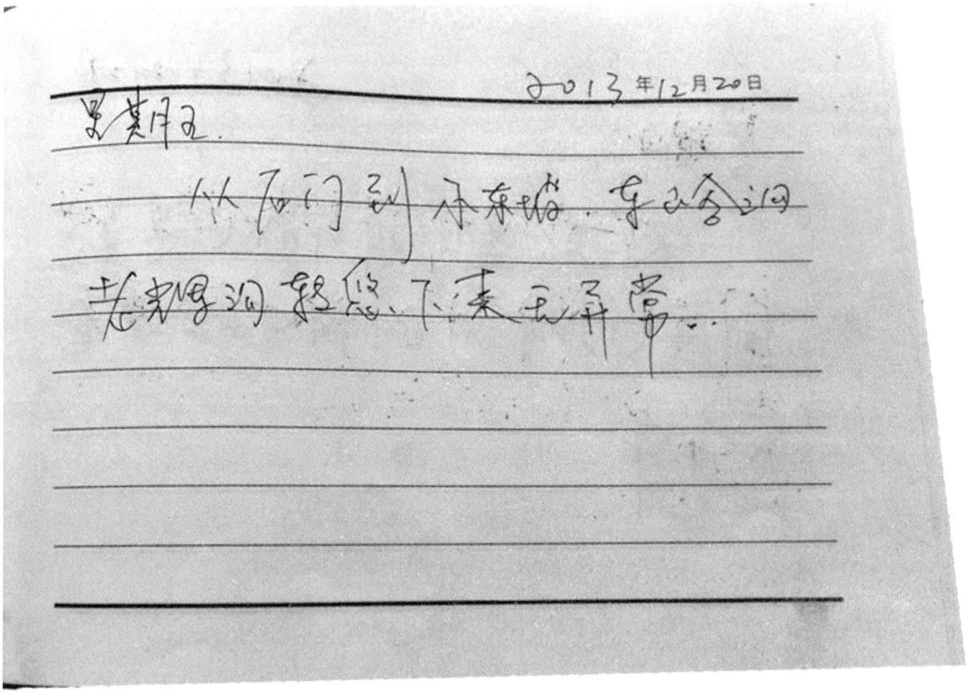

2013年12月20日

星期五.

从石门到小东坳. 牛心谷洞 老鹰嘴洞转悠. 下来无异常。

图10–120　周王亮巡山护林日志（12月19日 / 12月20日）

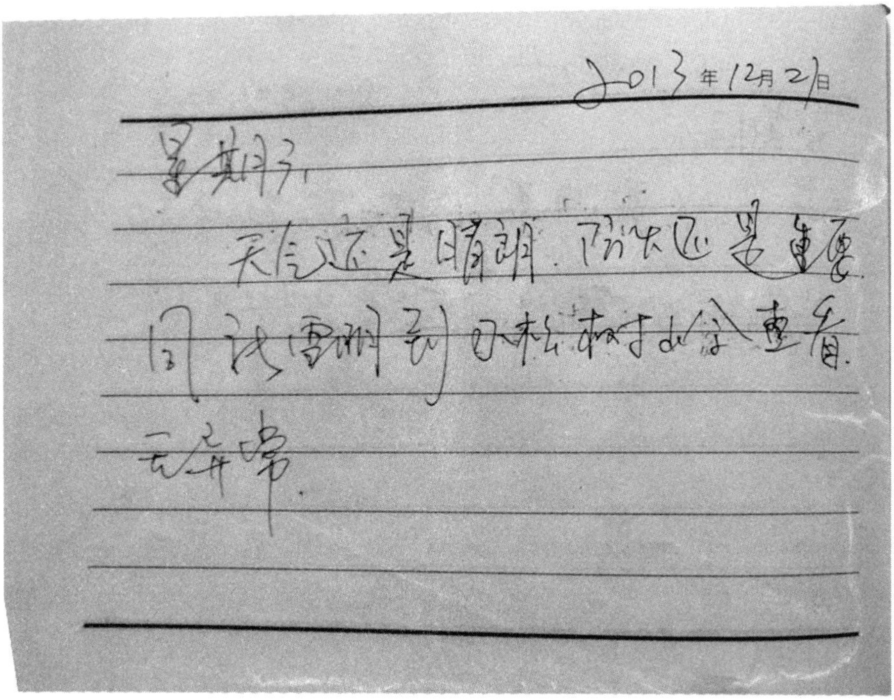
2013年12月21日

星期六，

天气还是晴朗，防火区是重要

同志雪洲到田松林村山谷查看

无异常。

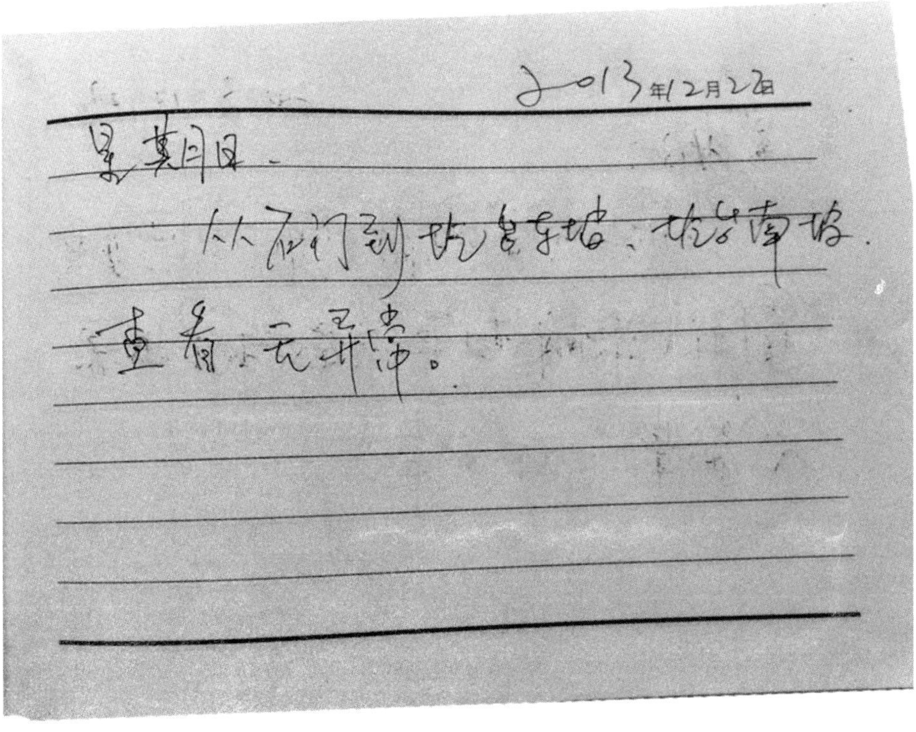
2013年12月22日

星期日。

从石门到坑边东塔、坑谷南塔

查看 无异常。

图10-121　周王亮巡山护林日志（12月21日／12月22日）

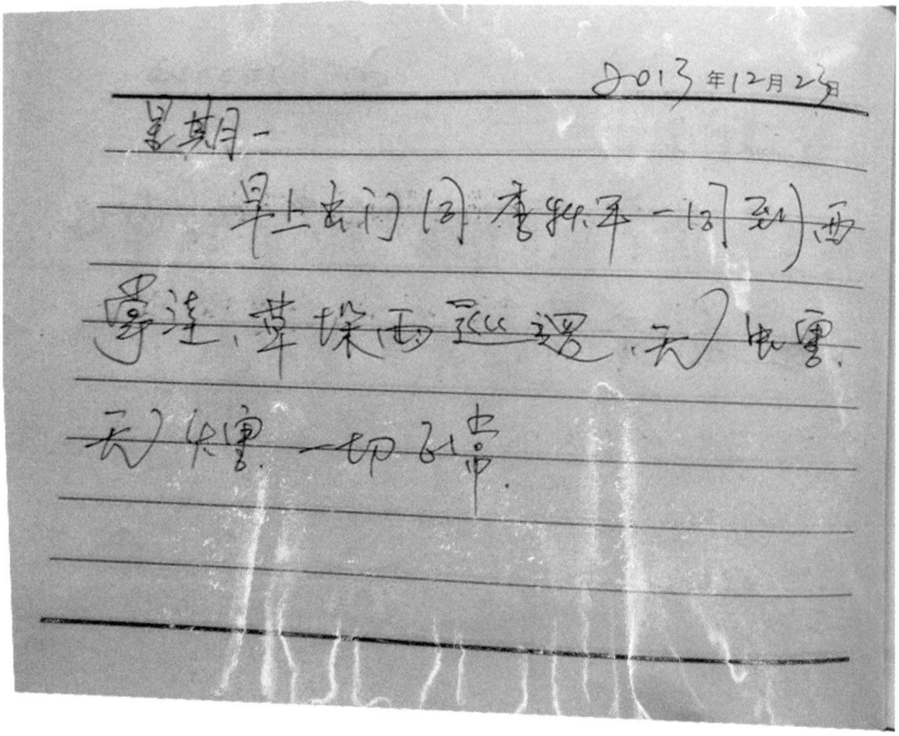

2013年12月23日

星期一

早上出门同李继平一同到西寻庄、草垛西巡逻，无火患，无火灾，一切正常。

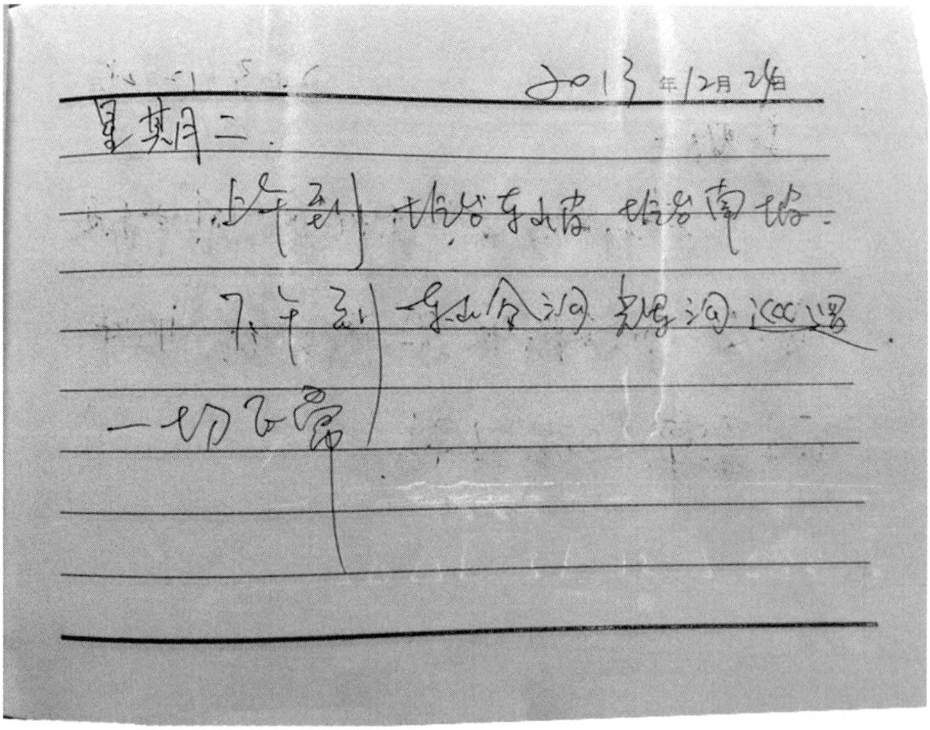

2013年12月24日

星期二

上午到胡谷东山塔、胡谷南塔。

下午到东山合洞、楼洞巡逻。

一切正常

图10-122　周王亮巡山护林日志（12月23日 / 12月24日）

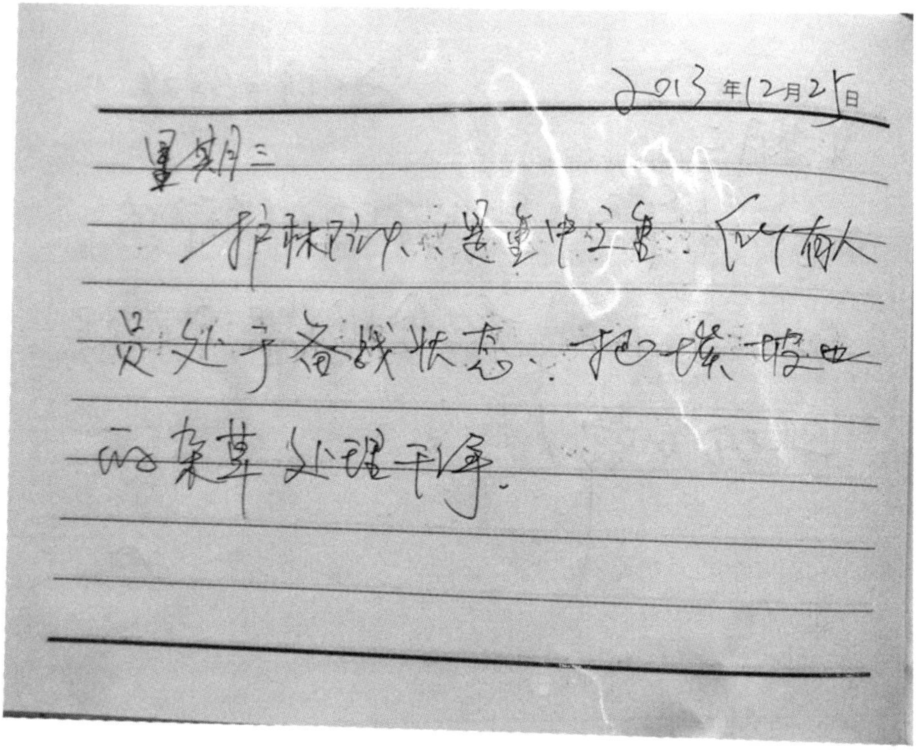

2013年12月25日

星期三

护林队伍，是重中之重，所有人员处于备战状态，把山坡、路边的杂草处理干净。

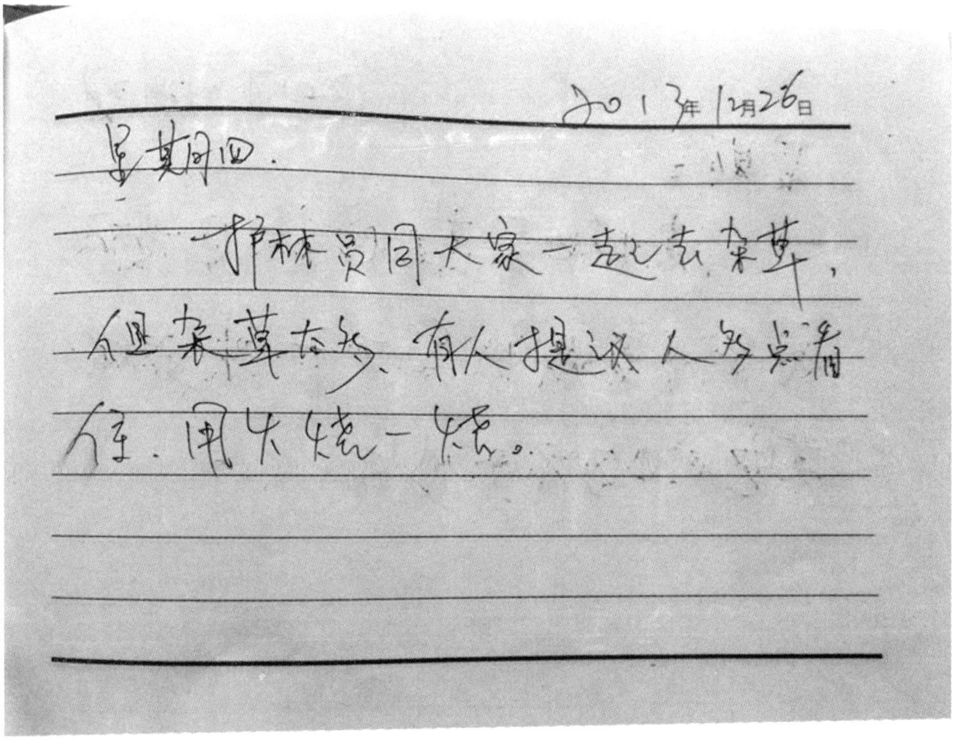

2013年12月26日

星期四。

护林员同大家一起去杂草，但杂草太多，有人提议人多点看住，用火烧一烧。

图10–123　周王亮巡山护林日志（12月25日／12月26日）

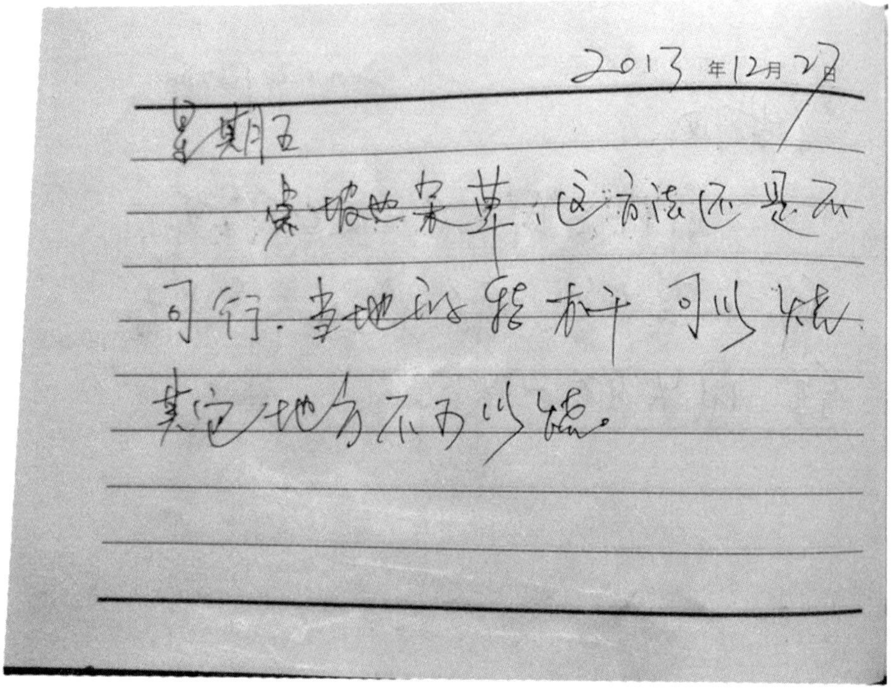

2013年12月27日

星期五

桑塘也采草，这方法还是不可行。李地的路旁可以烧，其它地方不可以烧。

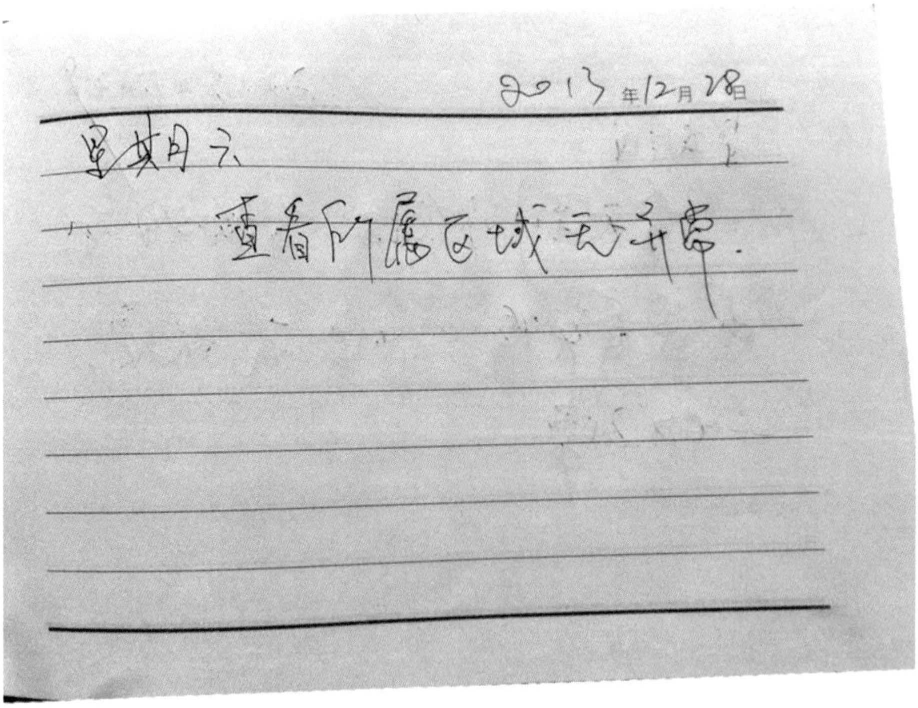

2013年12月28日

星期六

查看所属区域无异常。

图10-124　周王亮巡山护林日志（12月27日／12月28日）

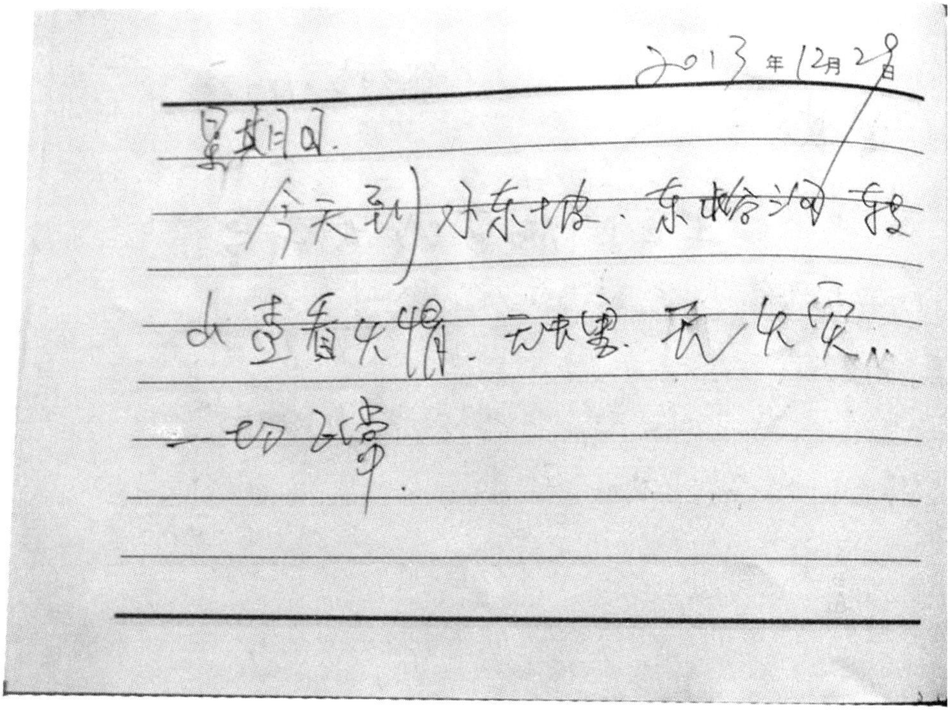

2013年12月29日

星期日。

今天到对东坡、东岭洞转山查看火情。无火灾。无火灾。。

一切正常。

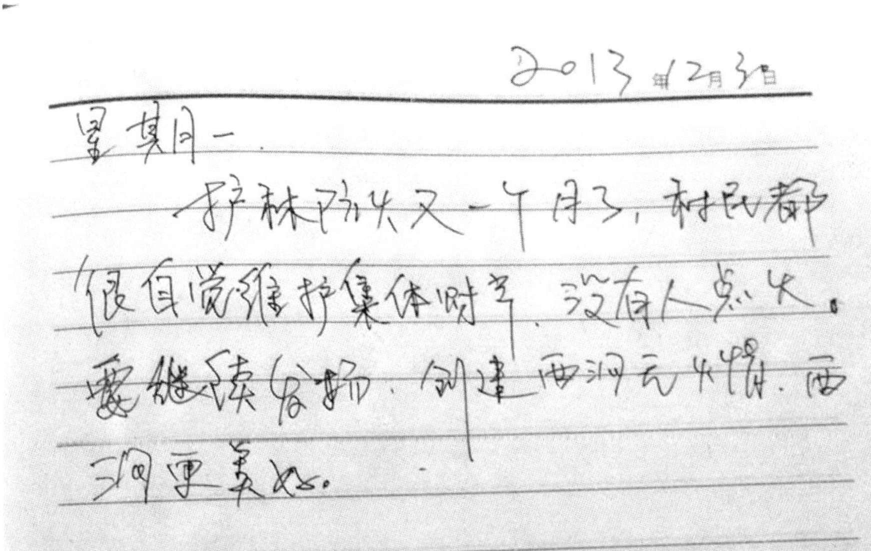

2013年12月30日

星期一。

护林防火又一个月了，村民都很自觉维护集体财产，没有人点火。要继续努力，创建西洞无火情，西洞更美好。

图10–125　周王亮巡山护林日志（12月29日／12月30日）